III

IV

LK
Coburg

Neustadt
b. Coburg

LK
Kronach

Naila •

• Hof

ofen

Coburg

Kronach

Weißer Main

LK
Hof

Rehau •

LK Ebern
ßfurt

Lichtenfels

LK
Kulmbach

Stadtsteinach

Münchberg •

LK
Wunsiedel

in

Main

LK
Lichtenfels

Bad
Staffelstein

Roter Main

Kulmbach

O B E R -

Wunsiedel •

• Marktredwitz

F R A N K E N

LK
Bamberg

Bamberg

Regnitz

LK
Bayreuth

• Bayreuth

• Ebermann-
stadt

Forchheim

• Pegnitz

Höchstadt
a.d. Aisch

LK
Erlangen-
Höchstadt

LK
Forchheim

n

Erlangen

Lauf a.d. Pegnitz
•

L -

Fürth

Nürnberg

Hersbruck •

LK
Fürth

LK
Nürnberger
Land

Schwabach

Rednitz

Roth •

Hilpoltstein •

N K E N

LK
Roth

Gunzenhausen

LK
Weißenburg-
Gunzenhausen

Weißenburg
i.Bayern
•

VI

D1669924

KRÖNERS TASCHENAUSGABE BAND 325

Handbuch
der Historischen Stätten

Bayern II
Franken

Herausgegeben von
Hans-Michael Körner
Alois Schmid
unter Mitarbeit von
Martin Ott

7 Karten, 4 Stadtpläne

ALFRED KRÖNER VERLAG STUTTGART

Handbuch der Historischen Stätten
Bayern II: Franken

Herausgegeben von Hans-Michael Körner und Alois Schmid
unter Mitarbeit von Martin Ott
Stuttgart: Kröner 2006

(Kröners Taschenausgabe; Band 325)
ISBN 3-520-32501-2
ISBN 978-3-520-32501-3

Inhaltsverzeichnis

Mitarbeiterverzeichnis VI
Vorwort XI
Einführung XII
Abkürzungen IXX

Historische Stätten Bayern II: Franken I

Anhang:
Glossar 634
Grundlegende Literatur 638

Karten:
Übersichtskarte Franken . . . . Vorsatz
Gebietskarten I–VI 646–51

Mitarbeiterverzeichnis

Reinhold Albert, Sternberg i. Grabfeld
Dr. Harald Bachmann, Coburg
Dr. Rüdiger Barth, Arzberg
Dr. Rainald Becker, München
Alexander Biernoth, Ansbach
Prof. Dr. Werner K. Blessing, Erlangen
Prof. Dr. Karl Borchardt, Rothenburg o.T.
Dr. Daniel Burger, Neuendettelsau
Dr. Helmut Demattio, München
Prof. Dr. Günter Dippold, Bayreuth
Dr. Roman Fischer, Frankfurt
Dr. Angelika Fox, München
Dr. Sandra Frauenknecht, Berg b. Neumarkt
Ingeborg Fuhrmann-Hoffmann, Erlangen
Beate Greif M.A., München
Dr. Thomas Heiler, Fulda
Dr. Michael Henker, Augsburg
Dr. Thomas Horling, München
Dr. Andreas Jakob, Erlangen
Dr. Manfred Jehle, Berlin
Dr. Norbert Kandler, Würzburg
Wilhelm Otto Keller M.A., Miltenberg
Dr. Georg Knetsch, Würzburg
Ewald Lang, Großostheim
Prof. Dr. Franz Machilek, Bamberg
Johannes Mack M.A., Happertshausen
Jens Martin M.A., Nürnberg
Dr. Uwe Müller, Schweinfurt
Dr. Martin Ott, München
Richard Pfannmüller, Karlstein/Main
Dr. Gerhard Rechter, Nürnberg
Dr. Helmut Richter, Erlangen
Dirk O. Rösing, München

Dr. Volker Rößner, Burgpreppach
Dr. Theodor Ruf, Aschaffenburg
Dr. Klaus Rupprecht, Bamberg
Georg Salzer, Zeitlofs
Martin Schieber M.A., Erlangen
Dr. Erich Schneider, Schwebheim
Dr. Ludwig Schnurrer, Rothenburg o.T.
Dr. Ekhard Schöffler, Würzburg
Dr. Robert Schuh, Nürnberg
Wolfgang Schuster M.A., Neufarn
Dr. Hubertus Seibert, München
Harald Stark, Kulmbach
Prof. Dr. Wilhelm Störmer, München
Dr. Alexander Tittmann, Würzburg
Dr. Werner Trost, Wörth a. Main
Wolfram Unger, Nürnberg
Gertrud Wach M.A., München
Dr. Wolfgang Wach, München
Dr. Heinrich Wagner, Heustreu
Dr. Andreas Otto Weber, Erlangen
Thomas Wehner M.A., Würzburg
Prof. Dr. Dieter J. Weiß, Bayreuth
Dr. Richard Winkler, München
Martin Winter M.A., Berlin
Dr. Hans Jürgen Wunschel, Bamberg
Prof. Dr. Wolfgang Wüst, Erlangen

Vorwort

Sofort nach seinem erstmaligen Erscheinen im Jahre 1961 stieg der von Karl Bosl herausgegebene Band ›Bayern‹ der ›Historischen Stätten Deutschlands‹ zu einem der Grundwerke der Literatur über Bayern auf. Diese Bedeutung kommt in den drei Auflagen, die er erlebte, sachgerecht zum Ausdruck. Der Band fand Eingang in breite Benutzerkreise, deren sehr unterschiedliche Bedürfnisse er offensichtlich bestens erfüllte: Zum einen stellte er für die historische Fachwissenschaft ein nützliches Hilfsmittel zur Erstinformation über die Geschichte der wichtigsten Orte in Bayern dar, zum anderen machten davon auch die Benutzer aus den Bereichen Bildung, Verwaltung oder Medien ausgiebig Gebrauch, und selbst der Tourismus erhielt hier ein vorzüglich einsetzbares Hilfsmittel für die zunehmende Anzahl der Kulturreisenden. Das ›Handbuch der historischen Stätten‹ ist das wichtigste topographische Nachschlagewerk für Bayern geworden, das allen an historischer Grundinformation Interessierten vorzügliche Dienste leistet und das sich durch Handlichkeit, einfache Benutzbarkeit und Verläßlichkeit auf wissenschaftlicher Basis auszeichnet. Der Erfolg der vorgelegten drei Auflagen ermunterte den Alfred Kröner Verlag zum Wagnis der Fortsetzung des Unternehmens. Die ins Auge gefaßte vierte Auflage sollte jedoch völlig neu bearbeitet werden, denn in sie mußten die vielfältigen Forschungsfortschritte der seit der Erarbeitung vergangenen mehr als vier Jahrzehnte einbezogen werden. Dieser Aufgabe nahm sich das Institut für Bayerische Geschichte an der Ludwig-Maximilians-Universität München an, das seit den Anfängen untrennbar mit dem Werk verbunden ist, und es stellte sich dieser Herausforderung im Bewußtsein seiner Verpflichtung, die Ergebnisse der Fachwissenschaft für eine möglichst breite Öffentlichkeit nutzbar zu machen. Mit Unterstützung des Bayerischen Staatsministeriums für Wissenschaft, Forschung und Kunst sowie der Leitung der Universität Mün-

chen gelang es, eine Arbeitsgruppe zu bilden, die die Neube-
arbeitung zielstrebig angehen konnte. Deren redaktionelle
Bearbeitung lag in den Händen von Herrn Dr. Martin Ott,
der alle damit verbundenen Aufgaben − von der Konzeption
über die Ausarbeitung bis zum Abschluß der Drucklegung der
zwei Teilbände − mit Sachkenntnis, Einsatz und Organisa-
tionsgeschick erledigte. Zahlreiche Fachkollegen aus allen
bayerischen Landesteilen ließen dem Vorhaben wertvolle Unterstützung zuteil werden. Für die Erstellung der einzelnen
Artikel konnten die jeweils besten Ortskenner aus den Regio-
nen gewonnen werden.Der Freistaat Bayern setzt sich aus
den drei historischen Landschaften Altbayern, Schwaben und
Franken zusammen. Sie sind durch vielfältige Strukturunter-
schiede gekennzeichnet. So erfolgte etwa in den fränkischen
Landesteilen eine wesentlich ausgeprägtere Zentralortsbil-
dung als im agrarisch bestimmten Altbayern. In dieser Eigen-
heit fand eine andersgeartete historische Entwicklung ihren
bis in die Gegenwart sichtbaren Niederschlag. Angesichts des
in einem Band nicht mehr unterzubringenden Textvolumens
der vorliegenden Neuauflage veranlaßte dieser Befund die
Herausgeber, die drei fränkischen Regierungsbezirke in einem eigenen Teilband abzuhandeln.

Die Herausgeber sprechen allen am Unternehmen Beteiligten ihren aufrichtigen Dank aus. Dieser gilt dem zuständigen Staatsministerium und der Universität als den entscheidenden Förderern des Projektes, den 150 ehrenamtlichen
Autoren, dem Redaktor. Hilfreich zur Seite stand ein wissenschaftlicher Beirat, der die sieben bayerischen Regierungsbezirke repräsentiert. Für organisatorische Unterstützung zu
danken ist den landesgeschichtlichen Lehrstühlen und Profes-
suren an den Universitäten Augsburg, Eichstätt, Erlangen,
Regensburg und Würzburg. Die Stadtpläne setzten Christina
Dieckhoff und Melanie Albrecht graphisch um, die Über-
sichtskarten im Anhang Fritz-Gert Weinrich und Robert
Winkelbauer. Auch der Bayerischen Volksstiftung, der Edith-
Haberland-Wagner-Stiftung und der Kommission für bayerische Landesgeschichte bei der Bayerischen Akademie der

Wissenschaften sei für ihre Unterstützung Dank ausgesprochen. Dieser Dank gilt nicht zuletzt dem Verlagshaus Kröner für sachbezogene Zusammenarbeit über Jahre hinweg. Die Herausgeber hoffen, mit dieser großen Gemeinschaftsleistung ein hilfreiches Nachschlagewerk auf einen zeitgemäßen Stand gebracht zu haben. Es soll möglichst vielen Benutzern die gleichen wertvollen Dienste leisten wie seine Vorgänger.

München, im Juli 2006

Prof. Dr. Hans-Michael Körner   Prof. Dr. Alois Schmid

Einführung

von Martin Ott

Überall in Bayern hat das Bewußtsein für lokale Geschichte an Bedeutung gewonnen: Städte und Gemeinden besinnen sich allenthalben auf ihre mittelalterlichen Wurzeln, feiern historische Jubiläen und verleihen der Erinnerung an ihre Geschichte mit aufwendig gestalteten Buchpublikationen Ausdruck und Dauer. In vielen Landkreisen gerade des nördlichen Bayern, in den fränkischen Regierungsbezirken, blüht eine Kultur der historischen Vereine; lokale Museen und Zeitschriften erschließen die wechselvolle Geschichte der einzelnen historischen Landschaften. Der wissenschaftliche Standard lokalgeschichtlicher Forschungen ist inzwischen zumeist beeindruckend. Studien mit hohem fachlichen Anspruch oder repräsentative Stadtlexika sind den Kommunen auch im materiellen Sinne etwas wert, und in der Tat wird im Wettbewerb der Wirtschaftsstandorte die integrative Bedeutung wie auch die Anziehungskraft der historischen Dimension zunehmend erkannt. Für den Tourismus stand dies ohnehin niemals in Frage.

Dieses Aufblühen der lokalen Geschichte resultiert nicht nur aus dem großen Engagement vor Ort, es ist nicht zu trennen von Entwicklungstendenzen in der universitären Geschichtsforschung. In den 1980er Jahren erreichte, aus Frankreich kommend, der »mikrogeschichtliche« Ansatz die deutsche Geschichtswissenschaft. Die konkreten Lebenszusammenhänge eines Dorfes oder eines Stadtviertels, das Alltagsleben mit all seinen Facetten, fanden nun verstärkt das Interesse auch der historischen Forschung: Die lokale Geschichte emanzipierte sich von der scheinbar »großen«, von der nationalen Historie, und hat sich seitdem im wissenschaftlichen Kanon behauptet. Einer eigenen Rechtfertigung bedarf die lokale Perspektive auf Geschichte, das Interesse für die

Entwicklung von Städten, Dörfern, Klöstern oder Burganlagen, daher heutzutage nicht mehr.

In Bayern profitiert dieser Ansatz außerordentlich von der fortschreitenden Erschließung der bayerischen Orte in den historischen und kunstgeschichtlichen Gesamtaufnahmen des Landes: Die Bände des ›Historischen Atlas von Bayern‹ stellen für jede noch so kleine Siedlung erste Grundinformationen zur Verfügung; erschlossen wird dabei vor allem die mittelalterliche und neuzeitliche Herrschaftsgeschichte. Die Reihe ›Denkmäler in Bayern‹ mit ihrer detaillierten Beschreibung aller registrierten Baudenkmäler und Ensembles eröffnet für eine zunehmende Zahl an Landkreisen und kreisfreien Städten auch den präzisen Einblick in die historische Topographie.

Die universitäre Landesgeschichte begreift es als ihre Pflicht, den aktuellen Forschungs- und Erschließungsstand der lokalen Geschichte in Bayern zusammenzufassen und in Form eines historischen Ortslexikons der Fachwelt, vor allem aber der interessierten Öffentlichkeit zugänglich zu machen. Dafür bietet sich das bewährte Format des ›Handbuchs der historischen Stätten‹ an. Für etwas über 1000 Orte in Altbayern, Schwaben und Franken, von der Großstadt bis zur Burgruine, lassen sich in den beiden Teilbänden in knapper Form die wichtigsten historischen Charakteristika übersichtlich darstellen. Einen Band zu Bayern gibt es in dieser Reihe seit mehr als vier Jahrzehnten. 1961 brachte Karl Bosl die erste Auflage heraus; bis 1981 erschienen zwei kaum veränderte Neuauflagen. Bosls Lexikon entsprach dabei voll und ganz dem landeshistorischen Denken der frühen Nachkriegszeit: Im Zentrum der meisten Artikel stand chronologisch die Epoche von ca. 1200 bis 1800, also das Spätmittelalter und die frühe Neuzeit, thematisch die Herrschafts- und Verfassungsgeschichte. Mit der vorliegenden vierten Auflage erhält das Handbuch nun ein völlig neues Gesicht. Für die Auswahl der aufzunehmenden Orte wurden zeitgemäße Kriterien erarbeitet, die Artikeltexte, die allesamt neu geschrieben wurden, richten sich nach aktualisierten Vorgaben.

Was kommt aber als »historische Stätte« in Betracht, nach welchen Kriterien wurden Orte in das Lexikon aufgenommen? Die offizielle Statistik weist etwa 44.000 »Orte« im bayerischen Staatsgebiet aus, vom Einödhof bis zur Großstadt. Jeder einzelne dieser Orte hat eine Historie von eigenem Wert. Für die Auswahl der rund 1000 Artikel waren daher zwei Kriterien maßgeblich: Zum einen ging es um eine gewisse regionale Ausgewogenheit; alle bayerischen Regierungsbezirke und Landkreise, mithin alle historischen Landschaften in Bayern, sollten angemessen vertreten sein. Zum anderen wird der Benutzer des Handbuchs zurecht gerade diejenigen Stätten erwarten, die in ihrer historischen Bedeutung aus den übrigen hervorragen. Hier galt es jedoch die große thematische Vielfalt lokaler Geschichte zu berücksichtigen: Aus herrschafts- und verfassungsgeschichtlicher Perspektive bestimmen Städte, Märkte und die vielen kleineren lokalen Herrschaftszentren die historische Landschaft. Die Kirchengeschichte wird Klöster und Wallfahrtsstätten für wichtig erachten, die Wirtschaftsgeschichte ebenfalls Städte, Märkte und Klöster als ökonomische Zentren, dann aber vor allem rein gewerbliche Standorte wie Berg- und Hammerwerke, Manufakturen und Zollstätten, aus neuerer Zeit Industrieanlagen. Die Kunstgeschichte fragt nach dem künstlerischen Wert eines Kirchengebäudes oder einer Schloßanlage. Militär- und Kulturhistoriker werden als militärische Entscheidungs- oder kulturgeschichtliche Erinnerungsorte eine Reihe von Schlachtfeldern fordern, etwa ↑ Höchstädt/↑ Blindheim, wo sich 1704 das Kriegsglück im Spanischen Erbfolgekrieg gegen Bayern wendete. Unverzichtbar sind außerdem die Stätten des nationalsozialistischen Terrors, vor allem die Konzentrationslager in ↑ Dachau und im nun auch in das Handbuch aufgenommenen ↑ Flossenbürg. Und wie kaum ein anderer Ort erschließt ↑ Wakkersdorf mit seinem gescheiterten Projekt einer atomaren Wiederaufbereitungsanlage die gesellschaftlichen Konflikte in der zweiten Hälfte des 20. Jahrhunderts. Zuletzt wird die Archäologie zumindest die wichtigsten Bodendenkmäler des

bayerischen Raumes einfordern, etwa eisenzeitliche Befestigungsanlagen oder römische Kastelle, gleichsam als Reprä-
sentanten ihrer jeweiligen Epoche. Immerhin zählt der römische → Limes zu den räumlich ausgedehntesten Denkmälern
überhaupt; er ist nun auch ins Weltkulturerbe der UNESCO
eingereiht worden.

In der Neuauflage wird neben all dem auch die Geschichte
der Juden gewürdigt: In weiten Teilen Frankens und Schwa-
bens zählte die jüdische Kultur zu den prägenden Faktoren
des ländlichen Raumes; eine große Zahl an Synagogen hat
die Katastrophe des 20. Jahrhunderts überstanden, zweckent-
fremdet wie das jetzige Rathaus in → Mönchsroth, als Ge-
denk- oder Begegnungsstätte gepflegt wie etwa in ↑ Bins-
wangen oder in → Memmelsdorf. Zeithistoriker haben für
die Nachkriegsepoche die große Bedeutung der Integration der Flüchtlinge und Vertriebenen des 2. Weltkriegs
für die Entwicklung Bayerns hervorgehoben. In Einzelfällen
kam es dabei zur Neugründung eigenständiger Gemeinwesen
von zumeist städtischem Charakter; selbstverständlich wurden
diese »Flüchtlingsstädte« nun in das Handbuch aufgenommen
(↑ Traunreut, ↑ Geretsried, ↑ Neugablonz, ↑ Neutraubling,
↑ Waldkraiburg, → Bubenreuth).

Vollständigkeit konnte sicherlich nur für einige wenige Ka-
tegorien erreicht werden. So finden sich Artikel zu sämtlichen
wichtigen Zentren unserer Gegenwart: Alle Kreisstädte und
kreisfreien Städte wurden aufgenommen, wie überhaupt alle
größeren Städte und Märkte. Gerade Altbayern ist ein altes
Klosterland, und in aller Regel prägten ländliche Klöster im
Mittelalter und in der frühen Neuzeit ihre umliegende Landschaft auf vielfältige Weise mit. Daher wurden, soweit sie
vor der Säkularisation des frühen 19. Jh.s Bestand hatten,
auch Klöster fast ausnahmslos aufgenommen, letztlich also die
Orte, an denen sie angesiedelt waren. Herrschaftsmittelpunkte
konnten hingegen nur in sehr enger Auswahl berücksichtigt
werden. Angesichts der großen Zahl der in Frage kommenden
Orte spielte es hier vielfach eine Rolle, ob etwa ein Hofmarks-
schloß heute noch vorhanden, noch sichtbar ist oder nicht.

Auch die Gestaltung der einzelnen Artikel ist von der Vielfalt der lokalen Geschichte geprägt. Grundsätzlich kamen für die Texte alle oben beschriebenen historischen Perspektiven in Betracht. Einem starren Schema nach Art eines konkreten »Fragebogens« stand jedoch die regionale Unterschiedlichkeit lokaler Geschichte entgegen: Bei der historischen Charakterisierung einer unterfränkischen Kleinstadt mit intensivem Weinanbau und stark ausgeprägter kommunaler Eigenständigkeit müssen andere Aspekte zur Sprache kommen als bei einem oberbayerischen Marktort mit Kleingewerbe und regionalem Warenaustausch, zumal wenn dieser gar unter der Gerichtsherrschaft eines nahen Klosters stand. Breit ausdifferenziert ist auch das Thema Kirche: Verlief die konfessionelle Entwicklung im katholischen Südbayern so ungestört, daß eine Erwähnung dieses Feldes in den Ortsartikeln unnötig ist, so hatte eine Vielzahl oberpfälzischer Orte mehrere Konfessionswechsel ihrer Landesherren mitzuvollziehen; hier ist die kirchliche Entwicklung ein prägendes Element in der frühneuzeitlichen Geschichte und wird in den jeweiligen Artikeln entsprechend gewürdigt. Hinzu kommen regionale Unterschiede im Zugang zur Ortsgeschichte. So stößt die Geschichte der herrschaftlichen Strukturen, etwa die im Laufe der Jahrhunderte sich verändernde Abfolge der Besitzer eines Gutskomplexes, im fränkischen Raum auf mehr Interesse als in Altbayern.

Letztlich mußte für jeden einzelnen Artikel die Entscheidung neu getroffen werden, welche inhaltlichen Aspekte den Text als Schwerpunkte bestimmen sollten, welche eher am Rande bleiben und welche ganz wegfallen konnten. Angaben zur historischen Topographie – Grundlage der Ortsgeschichte – finden sich jedoch in allen Artikeln: In welchem räumlichen Kontext steht der Ort, wie ist die Verkehrsanbindung? Und auch der innere Aufbau, gerade von Städten und Märkten, wird stets knapp skizziert: Der Benutzer erfährt, ob die Kernstadt von einem zentralen Straßenmarkt oder einem Straßenkreuz geprägt ist, wo sich wichtige Gebäude wie die Pfarrkirche befinden, ob die Stadtbefestigung noch existiert und wie die Stadt aus ihrem historischen Mauerring hinausgewachsen ist. Gerade für kleinere Orte gilt, daß das noch Vorhandene, Sichtbare ebenfalls zur Sprache kommen soll: Verfügt etwa eine Klosteranlage auch über einen Ökonomiehof? Seit wann besteht die Fabrik am Ortsrand? Nahezu jeder Artikel wird dem epochenübergreifenden Charakter der lokalen Geschichte gerecht: Wann immer es sich anbietet, kommen die Vor- und die Frühgeschichte zur Sprache. Ein besonderes Anliegen war es, die Ortsgeschichte stets auch im 19. und 20. Jh. weiterzuverfolgen und wenn möglich bis an die Gegenwart heranzuführen. Und obwohl sich viele Artikel auf eine bestimmte Institution (etwa ein Kloster) oder ein herausragendes Gebäude (z.B. eine Burganlage) konzentrieren, wird doch auch in diesen Fällen die allgemeine Geschichte des jeweiligen Ortes zumindest kurz zusammengefaßt. Auf der anderen Seite enthalten Artikel zu Orten, die erst in jüngster Zeit als historische Stätten hervorgetreten sind, auch Angaben zur älteren, zur mittelalterlichen und frühneuzeitlichen Geschichte. Ziel war in jedem Fall eine zwar kurze, aber stimmige, vielfältige und diachrone Ortsbiographie.

Unter den Literaturangaben zu den einzelnen Artikeln finden sich – soweit bereits erschienen – die einschlägigen Bände der wichtigsten topographischen Reihen: ›Historischer Atlas von Bayern‹ (HAB), ›Denkmäler in Bayern‹ (DiB), ›Historisches Ortsnamenbuch von Bayern‹ (HONB). Vielfach bot es sich außerdem an, auch auf ältere kunsthistorische Reihen zu verweisen: ›Die Kunstdenkmäler von Bayern‹ (KDB) bzw. ›Bayerische Kunstdenkmale‹ (BKD). Angegeben sind auf wissenschaftlicher Grundlage erarbeitete Gesamtdarstellungen zur Ortsgeschichte, bei besonders wichtigen Einzelaspekten der Ortsgeschichte auch Spezialstudien.

Verzichtet wurde auf die Nennung einzelner Internetressourcen. Fast alle Gemeinden verfügen heute über eine eigene Homepage, und von wissenschaftlicher Seite her weist die Bayerische Landesbibliothek Online (www.bayerischelandesbibliothek-online.de) den Weg zu aktuellen Informationsangeboten.

Die abschließende Literaturübersicht öffnet den Blick auf die Forschungslandschaft zur bayerischen Landesgeschichte. Hier finden sich auch Angaben zu den jüngsten Überblicksdarstellungen zur Geschichte Bayerns, von denen gerade in den letzten zwei Jahrzehnten einige neu erschienen sind. Angesichts dieses Angebotes und des beschränkten Umfangs der beiden Teilbände wurde auf eine eigene Gesamtdarstellung zur Landesgeschichte verzichtet; die eingesparten Seiten kamen dem lexikalischen Teil, den Artikeln, zugute.

→	Verweis innerhalb des vorliegenden Bayernbandes
↑	Verweis auf den anderen Bayernband
(I–VI)	Hinweis auf die Gebietskarten im Anhang
Kursivierung:	Noch erhaltene oder zumindest in ihren Resten sichtbare Bauwerke

Abkürzungen

30jg. Krieg	Dreißigjähriger Krieg
A	Autobahn
ä.O.	älterer Ordnung
ahd.	althochdeutsch
ala(e)m.	ala(e)mannisch
altbay.	altbayerisch
B	Bundesstraße
bay.	bayerisch
Bd.	Band
bearb. v.	bearbeitet von
Bf.	Bischof
BKD	Bayerische Kunstdenkmale
böhm.	böhmisch
d.Ä.	der Ältere
DiB	Denkmäler in Bayern
d.J.	der Jüngere
dt.	deutsch
d.T.	der Täufer
ehem.	ehemalig
engl.	englisch
ev.	evangelisch
frk.	fränkisch
frühbay.	frühbayerisch
frühgot.	frühgotisch
frz.	französisch
Fürstbf.	Fürstbischof
Gde.	Gemeinde
gen.	genannt
gest.	gestorben
got.	gotisch
ha	Hektar
HAB	Historischer Atlas von Bayern
hg. v.	herausgegeben v.
HJ	Hitlerjugend
hl.	heilig
HONB	Historisches Ortsnamenbuch von Bayern
Hz.	Herzog
Jh.	Jahrhundert
Jt.	Jahrtausend
jüd.	jüdisch
kath.	katholisch
KDB	Die Kunstdenkmäler von Bayern
Kf.	Kurfürst
Kg.	König
kgl.	königlich
Kgr.	Königreich
km	Kilometer
Ks.	Kaiser
kurbay.	kurbayerisch
kurpfälz.	kurpfälzisch
KZ	Konzentrationslager
lat.	lateinisch
LK	Landkreis
luth.	lutherisch
m	Meter
MFr.	Mittelfranken

n.	nördlich	qkm	Quadratkilo-
NB	Niederbayern		meter
ND	Nach- bzw.	qm	Quadratmeter
	Neudruck	reichsstädt.	reichsstädtisch
neoroman.	neoromanisch	röm.	römisch
neuböhm.	neuböhmisch	roman.	romanisch
neugot.	neugotisch	s.	südlich
N. F.	Neue Folge	SA	Sturmabteilung
niederbay.	niederbayerisch	sächs.	sächsisch
nö.	nordöstlich	Schw.	Schwaben
nordbay.	nordbayerisch	schwäb.	schwäbisch
NS	National-	schwed.	schwedisch
	sozialismus	slaw.	slawisch
NSDAP	Nationalsozia-	sog.	sogenannt
	listische Deut-	spätgot.	spätgotisch
	sche Arbeiter-	spätröm.	spätrömisch
	Partei	spätroman.	spätromanisch
nw.	nordwestlich	span.	spanisch
OB	Oberbayern	SS	Schutzstaffel
oberbay.	oberbayerisch	staatl.	staatlich
oberpfälz.	oberpfälzisch	städt.	städtisch
oberschwäb.	oberschwäbisch	sö.	südöstlich
ö.	östlich	südbay.	südbayerisch
österr.	österreichisch	sw.	südwestlich
OFr.	Oberfranken	thür.	thüringisch
o. O.	ohne Ort	UFr.	Unterfranken
OPf.	Oberpfalz	urk.	urkundlich
OSB	Ordo Sancti	w.	westlich
	Benedicti	württ.	württem-
ostschwäb.	ostschwäbisch		bergisch
pfälz.	pfälzisch	ZBLG	Zeitschrift für
pfalzbay.	pfalzbayerisch		bayerische Lan-
preuß.	preußisch		desgeschichte
prot.	protestantisch		

Abenberg, Stadt (LK Roth, MFr.). A. liegt 10 km w. der Kreisstadt → Roth am Kreuzungspunkt alter Handelsstraßen. Als Stammvater der Grafen von A. gilt ein Konrad, 1000–20 als Graf im Rangau bezeugt. Erbauer und Namengeber der »Burg des Abo« ist wohl Adalbert II. (vor 1040–ca. 1060). Die Anlage wurde als Höhenburg vermutlich noch in der 1. Hälfte des 11. Jh.s auf einem Sandsteinhügel der Rhät-Lias-Übergangsschichten dieser Gegend errichtet. – A. wird erstmals unter den Kirchweihen des Bf.s Gundekar II. von ↑ Eichstätt (1057–75) erwähnt. 1150 behauptete Graf Rapoto II. von A. das Familienkloster bei *St. Jakob* (heute *Pfarrkirche*) gegenüber dem Bf. von Eichstätt. Nach dem Aussterben der Abenberger um 1200 kam das Erbe an die Burggrafen von Nürnberg, die A. 1296 an das Hochstift Eichstätt verkauften. Der Erwerb brachte den Bf.n von Eichstätt einen beachtlichen politischen und wirtschaftlichen Machtzuwachs. Die weit nach Norden vorgeschobene Burg bedeutete Schutz vor Nürnberger und markgräflichen Übergriffen. – A. war wohl schon Stadt, als Bf. Reinboto Anfang 1297 drei »burger ze Abenberg« erwähnt. Ob die Stadtrechtsverleihung unter den Burggrafen oder erst nach dem Kauf durch den Eichstätter Bf. erfolgte, ist ungeklärt. Bf. Konrad II. umgab A. noch vor 1305 mit einer Mauer. – In dem Dreieck des Ortsgrundrisses bildet die *Burg* die n. Spitze. Die den Ort durchziehende Fernstraße von Roth nach Ansbach bestimmte dessen bauliche Entwicklung. Zwischen dem *Unteren Tor* im Osten und dem *Oberen Tor* im Westen verläuft die bis zu 25 m breite *Marktstraße*. Innerhalb der *Stadtmauer*, von der nur geringe Reste erhalten sind, entwikkelte sich ein Handels- und Verwaltungszentrum (seit 1356 eichstättisches Pflegamt). Bis 1640 betrug die Zahl der Anwesen 96 (zu 90 % eichstättisch). *Rathaus* und *Schulhaus* wurden im 18. Jh. nach Plänen von Gabriel de Gabrieli errichtet. – 1802 wurde A. bay., 1803–06 preuß., ab 1806 kam es zum Kgr. Bayern. – Charakteristisches Handwerk der Stadt war bis ins 20. Jh. hinein die Spitzenklöppelei. – Die seit dem 14. Jh. als Pfleghaus genutzte Burg befand sich von 1802 bis 1984 in Privatbesitz und wurde im 19. Jh. historisierend umgestaltet. Sie beherbergt heute mit dem »*Haus der fränkischen Geschichte*« ein *Museum* sowie ein Restaurant.

1488 gründete der Eichstätter Bf. Wilhelm von Reichenau das Augustinerinnenkloster Marienburg und besetzte es mit Augustinerchorfrauen aus Marienstein bei Eichstätt und → Königshofen (a. d. Heide). Die Stiftung erfolgte an der Stätte der Verehrung der seligen Stilla (gest. 1147) aus dem Abenberger Grafengeschlecht, die auf dem Petershügel 700 m s. der Stadt ein Kirchlein errichten ließ, in dem sie später beigesetzt wurde (*Klosterkirche St. Peter*, 17. Jh.). In der Reformationszeit war der Konvent in seiner Existenz bedroht; von 1562 bis 1588 stand das Kloster leer. Die *Klostergebäude* aus dem 17./18. Jh. (z. T. von Gabriel de Gabrieli) wurden nach der Säkularisation des Klosters 1806 z. T. abgerissen. Seit 1920 im Besitz der franziskanischen Schwestern der Kongregation von der Schmerzhaften Mutter, beherbergt der großzügig ausgebaute Komplex heute den bay. Sitz des Ordens, eine Mädchenrealschule mit Internat sowie ein Seniorenzentrum.

(VI)   *Wolfram Unger*

500 Jahre Kloster Marienburg. Beiträge zum Jubiläum der Gründung des Augustinerinnenklosters 1488, A. 1988. – F. Eigler, HAB Schwabach, 1990. – J. Zeune u. a., A. und Cadolzburg. Zwei Hohenzollernburgen, in: Altnürnberger Landschaft, Mitteilungen 48 (1999), S. 329–346. – F. Machilek, Die Grafen von A.-Frensdorf, in: F. Kramer/W. Störmer (Hg.), Hochmittelalterliche Adelsfamilien in Altbayern, Franken und Schwaben, München 2005, S. 213–238.

Absberg, Markt (LK Weißenburg-Gunzenhausen, MFr.). Der Markt A. liegt auf einem Bergsporn oberhalb des Kleinen Brombachsees und des Igelsbachsees. Das Ortsbild wird geprägt durch das barocke *Schloß*, eine stattliche Dreiflügelanlage des Deutschen Ordens, um 1725 durch den Baumeister Franz Keller errichtet. – A. wird als »Abbatesberc« erstmals anläßlich einer Kirchenweihe des Eichstätter Bf.s Gundekar (1057–75) erwähnt. 1327 wurde A. als Pfarrei von der Mutterkirche Pfofeld abgetrennt. Edelfreie Herren von A. sind ab 1238 belegt. Im Spätmittelalter waren zwei Absberger Sitze vorhanden, wobei der ältere als Reichslehen das Geleit und seit 1455 Blutbann und Halsgericht einschloß. Der neue Sitz war Allod; der Bau dürfte auf eine Bewilligung Kg. Karls IV. aus dem Jahre 1349 zurückgehen. 1372 wurde die Abhaltung von 4 Wochenmärkten gestattet. 1456 genehmigte Friedrich III., Juden in A. aufzunehmen und anzusiedeln. Vom 14. Jh. bis 1799 war A. als Freiung mit einjährigem Asylrecht anerkannt. – Aufgrund räuberischer Gewalttaten des Hans Thomas von A. führte der Schwäbische Bund 1523 eine Strafaktion durch, in deren Folge neben A. 22 weitere Burgen gebrochen wurden. Die Reste der zerstörten Burg sind wohl in dem stattlichen *Burgstall* sw. des Schlosses zu sehen. Die Familie derer von A., welche 1533 die Reformation eingeführt hatte, erlosch 1647. – Mit den Reichslehen zu A. wurde nach mehrjährigen Erbstreitigkeiten 1651 der Deutsche Orden belehnt, der durch Tausch auch die alloden Güter erhielt. A. wurde zu einem Vogteiamt der Deutschordensballei Franken ausgebaut und mit dieser durch Preußen 1796 mediatisiert. – 1806 fiel A. an Bayern. Bis zur Einrichtung der Schloßkapelle als *kath. Pfarrkirche St. Ottilie* 1834 wurde die *Pfarrkirche* simultan durch Evangelische und Katholiken genutzt. Seit 1909/10 wird im Schloß das Pflegeheim St. Ottilien durch die Regens-Wagner-Stiftung betrieben. Unter nationalsozialistischer Herrschaft kam es im Zuge der »Euthanasie« zu Abtransporten der Heiminsassen. – Durch seine Lage hat sich der staatl. anerkannte Erholungsort (1998) A. seit dem Ende des 20. Jh.s zu einem touristischen Zentrum des Neuen Fränkischen Seenlandes entwickelt.

(VI)   *Daniel Burger*

H. Wilhelm, Die Edlen von und zum A. Ein Beitrag zur fränkischen Geschichte, in: Alt-Gunzenhausen 8 (1931). – H. H. Hofmann, HAB Gunzenhausen-Weißenburg, 1960. – G. Kiessling, DiB Landkreis Weißenburg-Gunzenhausen, 1999.

Adelsdorf (LK Erlangen-Höchstadt, MFr.). Der 1869 in der Nähe gefundene, ins 8./9. Jh. datierte »Adelsdorfer Silberschatz« deutet auf ein höheres Alter des 1121 als Otlohesdorf bezeugten Ortes hin, der im durch ausgedehnte Waldgebiete und zur Karpfenzucht (Aischgründer Spiegelkarpfen) künstlich angelegte Weiher charakterisierten flachen unteren Aischtal liegt. – Nach dem Aussterben der Schlüsselberger 1347 fiel A. an das Hochstift Bamberg. Der grundherrlich stark zersplitterte Ort wurde im Bauernkrieg 1525 und im 2. Markgrafenkrieg 1553 schwer in Mitleidenschaft gezogen. Nach mehrfachem Besitzerwechsel und Rückfall an das Bistum Bamberg erwarben 1696 die Freiherren von Bibra das vorher im Ritterkanton Rhön-Werra, nun im Kanton Steigerwald immatrikulierte Rittergut. Neben der Dorf- und Gemeindeherrschaft erlangte die Herrschaft A. Ende des 17. Jh.s auch die volle Hochgerichtsbarkeit. Nach dem Anfall an Bayern 1803/06 erhielten die Bibra 1816 ein eigenes Orts- bzw. Patrimonialgericht, das 1848 aufgehoben und dem Landgericht Höchstadt zugeteilt wurde. – Die heute das Ortsbild prägende *St. Stephans-Kirche* entstand 1908/09 als Basilika in romanisierenden Formen neben dem alten Gotteshaus, das 1929 abbrannte. Das Patronat über diese 1308 erwähnte Stephanskirche, die ursprünglich wohl weltliche Eigenkirche war, hatte später der Bamberger Dompropst. Eine einstige Abhängigkeit von St. Martin in → Forchheim ist nicht nachweisbar. Nach der durch Markgraf Albrecht Alcibiades 1550/52 gewaltsam eingeführten Reformation erfolgte bis 1631 die Rekatholisierung, der sich nur die Schloßherren, die im 18. Jh. in der Schloßkapelle prot. Gottesdienste abhielten, entziehen konnten. – In dem als Folge der Peuplierungspolitik der Herrschaft zum Teil in kleinste landwirtschaftliche Betriebseinheiten aufgeteilten Ort lebten viele Einwohner als Handwerker, Hausierer, Wandermusikanten oder Mattenflechter. Die Reste der seit 1448 nachweisbaren bedeutenden jüd. Gde., die hier im 18. Jh. Rabbinat und Judenschule errichtete, und die zu Beginn des 19. Jh.s ein Viertel der Einwohner ausmachte, fielen der Herrschaft der Nationalsozialisten zum Opfer bzw. wanderten aus. – Seit 1968/72 sind in der Gde. A. 9 Ortsteile vereinigt. 1892–1988 war der Ort an die Lokalbahn Forchheim-A.-Höchstadt angeschlossen. Durch die Lage an der A 3 (Nürnberg-Würzburg) seit 1960 und durch die Ausweisung großer Gewerbe-

und Wohngebiete veränderte sich das Erscheinungsbild von A. erheblich. (III) *Andreas Jakob*

A. Jakob, Das Kollegiatstift bei St. Martin in Forchheim, Lichtenfels 1998. – M. E. von Matuschka, A. im Aischgrund und die angeschlossenen Ortschaften, Bamberg 1999.

Allersberg, Markt (LK Roth, MFr.). Der Name leitet sich von »befestigte Anlage (-berg) des Aller/Alaheri« ab, etwa an der Stelle, wo heute die *Alte Pfarrkirche Allerheiligen* steht. Ein Burgstall ist mehrfach bezeugt. Im Osten davon um den heutigen Hinteren Markt entwickelte sich das Dorf A. 1254 wird es als »Alrsperch« erstmals erwähnt. – Seit 1291 nannten sich die Reichsministerialen von Sulzbürg nach der Burg Wolfstein bei ↑ Neumarkt i.d. OPf. Sie hatten A. als Lehen des Bf. von Eichstätt inne. Kg. Ludwig der Bayer gab den Wolfsteinern 1323 das Privileg auf Markt- und Befestigungsrechte für A., wie sie die Stadt Neumarkt besaß. Trotzdem fiel A. bald wieder auf den Status eines Marktes zurück. – Über zwei Tore, von denen das *Untere Tor* noch steht, und eine Grabenanlage kam die Befestigung wohl nie hinaus. Der Ort war Sitz eines Halsgerichts und einer Zollstätte an der Straße Nürnberg-Freystadt. Beim stadtmäßigen Ausbau von A. in der 1. Hälfte des 14. Jh.s wurden zwei parallele, miteinander verbundene Straßenmärkte angelegt. Der Ursprung der Ortsentwicklung liegt am Westende (*Hinterer Markt*), wo sich die ursprünglich befestigte *Alte Pfarrkirche* erhebt. Die Wasserburg der Wolfsteiner am Nordrand des Ortskerns wurde wahrscheinlich 1552 zerstört und nach 1700 ganz abgetragen. – 1475 kam A. als eichstättisches Lehen an die Hz.e von Bayern-Landshut, 1505 wurde es zu Pfalz-Neuburg geschlagen und war 1542–78 an die Reichsstadt → Nürnberg verpfändet. In dem seit dieser Zeit ev. A. wurde 1627 die Gegenreformation durchgeführt. 1777 wurde A. wieder bay. – Ende des 17. Jh.s verdankte A. seine barocke Ausgestaltung (vor allem des Vorderen Marktes, des heutigen *Marktplatzes*) den Familien Heckel und Gilardi, die zu dieser Zeit die leonische Drahtfabrikation in die Stadt brachten. Am Bau des *Heckelhauses* dürfte Gabriel de Gabrieli beteiligt gewesen sein, für das *Gilardihaus* ist dieser Baumeister nachweislich verantwortlich. Die *Neue Pfarrkirche Mariae Himmelfahrt* wurde 1708/10 anstelle der mittelalterlichen Spitalkirche gebaut. Das 1339 von den Wolfsteinern gestiftete *Spital* wurde 1736–39 neu errichtet. – Mit dem Niedergang der leonischen Industrie und der Verlegung der Fernhandelsstraße ging die Wirtschaftskraft des Ortes seit dem frühen 19. Jh. deutlich zurück. In den letzten Tagen des 2. Weltkriegs erlitt A. schwere Kriegszerstörungen. In der Nachkriegszeit profitierte der Ort von seiner nun wieder verkehrsgünstigen Lage an der A 9 (Nürnberg-München). (VI) *Wolfram Unger*

W. Wiessner, HAB Hilpoltstein, 1978. – F. Mader, KDB Hilpoltstein, 1929, ND 1983.

Altdorf b. Nürnberg, Stadt (LK Nürnberg, MFr.). A. liegt 25 km sö. von → Nürnberg und 18 km n. von Neumarkt i. d. OPf. am Rande des Frk. Jura. Die Siedlung reicht in ihren Anfängen in das 7. Jh. zurück und war um 800 ein frk. Königshof. Urk. tritt der Name A. erstmals 1129 auf. Bis zur Verpfändung an die Burggräfin Anna aus dem Hause Nassau 1299 durch Kg. Albrecht I. war A. Reichsgut und wechselte in den folgenden Jh.n mehrfach die Besitzer. 1368 erhielt A. das Marktrecht, im Jahr 1387, dem Zeitpunkt der ersten Erwähnung als Stadt, wurde unter pommerscher Landeshoheit mit dem Bau der *Stadtmauer* begonnen, die unter pfälz. Herrschaft 1447 vollendet wurde. 1407 wurde an der Stelle der Kapelle St. Martin des Altdorfer Königshofes eine neue Kirche gebaut, die 1753 teilweise abgebrochen wurde, um die jetzige ev. *Laurentiuskirche* zu schaffen. – Infolge des Landshuter Erbfolgekrieges fiel A. 1504 an die Reichsstadt Nürnberg und wurde im 2. Markgrafenkrieg 1533 durch den Kulmbacher Markgrafen Albrecht Alcibiades fast vollständig zerstört. Nürnberg förderte daraufhin den Wiederaufbau, errichtete 1558 das *Pflegamtschloß* und 1565 das *Rathaus.* Von Nürnberg aus wurde 1527 auch in A. die ev. Lehre eingeführt. Erst nach 1806, als Nürnberg mit seinem ganzen Umland dem Kgr. Bayern eingegliedert wurde, kamen wieder vereinzelt Katholiken nach

A., besonders aus der benachbarten Oberpfalz. Sie wurden zunächst (1828) der kath. Pfarrei ↑ Gnadenberg zugewiesen, bis A. 1876 zur selbständigen Pfarrei erhoben wurde. – In der frühen Neuzeit war A. Sitz einer bedeutenden prot. Universität. Von Nürnberg nach A. verlegt, nahm die Einrichtung zunächst als Gymnasium 1575 den Lehrbetrieb auf, wurde 1578 zur Akademie und 1622 zur Universität erhoben. Die reichsstädt. nürnbergische Universität A. wurde 1809, nach dem Übergang an Bayern, geschlossen. 1824 erhielt die Stadt zur Kompensation ein Lehrerbildungsseminar. – Das seit 1894 aufgeführte Volksschauspiel »Wallenstein in Altdorf« erinnert an den Feldherrn Albrecht von Wallenstein, der 1599 nur wenige Monate in A. die Universität besuchte, bis er wegen seines tadelhaften Verhaltens ausgeschlossen wurde. – Vor allem im 19. Jh. prägte der Hopfenanbau das wirtschaftliche Leben von A. Seit 1878 besteht Anschluß an das Eisenbahnnetz (seit 1992 Nürnberger S-Bahn-Netz). Erst mit dem Zuzug von Flüchtlingen und Vertriebenen nach dem 2. Weltkrieg setzte eine nennenswerte Ansiedlung von Industriebetrieben ein.

(VI) *Sandra Frauenknecht*

H. C. Recktenwald, Die fränkische Universität A., Nürnberg 1966, [2]1990.

Alte Veste (Gde. Zirndorf, LK Fürth, MFr.): → Zirndorf.

Alzenau i. UFr., Stadt (LK Aschaffenburg, UFr.). Ca. 25 km ö. von Frankfurt a. Main am w. Rand des Spessarts, auf halbem Wege zwischen → Aschaffenburg und Hanau, liegt A. Keltische Grabhügel lassen auf sehr frühe Besiedelung schließen. Erste urk. Erwähnung findet der Ort – noch unter dem Namen Willmundsheim – in der Mitte des 11. Jh.s. – 1298–1386 stand A. unter dem Einfluß des örtlichen Geschlechtes der Randenberger, anschließend beherrschten die Erzbf.e von Mainz und die Grafen von Hanau das Freigericht und den Ort. Ende des 14. Jh.s errichtete Mainz die *Burg A.* 1401 erlangte der Ort die Stadt- und Marktrechte, blieb jedoch wegen der nie abgeschlossenen Stadtbefestigung ein offener

Marktflecken. Im Laufe des 15. Jh.s änderte sich der Ortsname in A., möglicherweise nach dem Wiederaufbau des zerstörten alten Ortes. Nach dem Aussterben der Grafen von Hanau-Lichtenberg kam Mainz 1740 in den alleinigen Besitz. – 1816 gelangte A. an Bayern. Zu einer wirtschaftlichen Verbesserung für A. und die umliegenden Orte kam es 1898 mit dem Bau der Kahlgrundbahn. Durch die A 45 wurde A. 1978 besser an den Großwirtschaftsraum Frankfurt angeschlossen und besitzt heute ein umfangreiches Industriegebiet sowie Handel und Gewerbe. – Die *Burg* wurde 1974/75 umfangreich saniert. Sie befindet sich im Besitz des Freistaates Bayern, beherbergt eine Zweigstelle des Amtsgerichts Aschaffenburg und wird auch für kulturelle Veranstaltungen genutzt.   (I)   *Gertrud Wach*

J. Fächer, HAB Alzenau, 1968. – Alzenauer Stadtbuch. 600 Jahre Burg und Stadtrecht, 50 Jahre neues Stadtrecht, A. 2001.

Amorbach, Stadt (LK Miltenberg, UFr.). Das im Odenwald gelegene Benediktinerkloster A., nach der klösterlichen Hausüberlieferung 734 gegründet, um 800 Karl dem Großen übertragen und mit Kloster → Neustadt a. Main verbunden, wurde intensiv zur karolingischen Sachsenmission herangezogen. 3 Amorbacher Äbte wurden die ersten Bf.e von Verden an der Aller (bis ca. 831). A. wurde 993 Würzburger Eigenkloster, öffnete sich anschließend der Gorzer Reform. 1012–39 erhielt das Kloster in Abt Richard I. einen Mann von überragender Bedeutung; er wurde auch Abt von Fulda. – Im. 11. Jh. kam es zu intensiver Rodungstätigkeit von A. im Odenwald. Im frühen 12. Jh. erfolgte die Erbauung der roman. Abteikirche, deren *Türme* noch vorhanden sind. Im 13. Jh. setzte der Niedergang des Klosters ein, das sich im Spätmittelalter zu einem typischen Adelskloster entwickelte. An die Reform zu Anfang des 15. Jh.s schloß sich eine geistige und wirtschaftliche Konsolidierung an. Das Kloster wurde im 16. Jh. durch Bauernkrieg, 1631 durch Schweden verwüstet, 1632–34 war es aufgehoben. Schon vorher erlitt es erhebliche Gebietsverluste durch adelige Lehensträger. Trotzdem hatte A. noch bis zu seinem Ende (1803) Besitz in über 100 Orten zwischen Main und Jagst. 1655 der Diözese Mainz zugeordnet, war es somit noch stärker dem Territorialherrn Kurmainz unterstellt. – Kurz nach der 1000-Jahr-Feier entstand 1743–47 der Neubau der *Abteikirche*, 1783–87 dann der Neubau von *Prälatur* mit Bibliothek, Refektorium und Grünem Saal. 1802/03 kam es zur Säkularisation und zur Übernahme durch die Fürsten Leiningen.

Auf einem Bergsporn n. der Stadt liegt Gotthardsberg ob A., der legendäre Sitz des Amorbacher Klostergründers. Hier entstand im 12. Jh. das »castrum« Frankenberg, eine Vogteiburg, die 1168 auf kaiserlichen Befehl zerstört wurde. Die frühe Entwicklung des Frauenklosters St. Godehard, das wohl erst nach der Schleifung der Burg dort errichtet wurde, bleibt im Dunkeln, doch sind beachtliche Reste der roman. *Klosterkirche* bis heute erhalten. 1236 versuchte Konrad von Dürn, der das Kloster Seligental bei Schlierbach gegründet hatte, das Kloster auf dem Gotthardsberg in sein neues Kloster zu zwingen. 1244 vertrieb der Vogt die St. Godeharder Nonnen mit Gewalt und begann mit dem Bau einer neuen Burganlage auf dem Berg (nicht mehr vorhanden). – 1245 befahl der Papst dem Konrad von Dürn, das zerstörte St. Godehard-Kloster zu restituieren. Das Nonnenkloster wurde seitdem eine Propstei des Klosters A., das es 1499 wegen Verfalls aufhob.

In Amorsbrunn, w. von A., gibt es eine mittelalterliche *Wallfahrtskapelle* und ein *Quellheiligtum* mit Amorkult (seit 15. Jh.). Hier soll angeblich im 8. Jh. das Kloster A. errichtet worden sein, unter einem fiktiven hl. Amor als erstem Abt.

Die Anfänge des Ortes A. am Zusammenfluß zweier Odenwaldbäche bleiben im Dunkeln, bis 1253 Konrad von Dürn, Vogt des Klosters A., hier eine Stadt (civitas) auf Vogteiboden in nächster Nähe des Klosters A. neben dem älteren Klostermarkt errichtete. Seit dem 13. Jh. existierte am w. Stadtrand ein dreigeschossiger Steinbau (heute unhistorisch »*Templerhaus*« bezeichnet), offensichtlich ein Ministerialensitz der Herren von A., deren Nachfahren die Rüd wurden; 1359 wurde das Gebäude als »Rüden-Hof« bezeichnet. Es ist heute noch gut erhalten als zweigeschossiger Steinbau mit zwei Fachwerkobergeschossen. – Schon 1272 verkaufte Ulrich von Dürn seine Stadt A. sowie seine Vogtei- und Centrechte an Kurmainz, das sich später in Auseinandersetzungen zwischen Stadt und Kloster oft als Schlichter für die Bürgerschaft einsetzte. Bald nach 1346 trat A. dem Bund der »Neun Städte des Mainzer Oberstifts« bei (bis 16. Jh.). 1395 gab es neben der ummauerten Stadt bereits eine Vorstadt. Seit der Mitte des 15. Jh.s sind erhebliche z. T. heute noch sichtbare Baumaßnahmen zu verzeichnen, das sog. *Alte Stadthaus* 1475, das *Rathaus* um 1500, die große *Mainzer Kellerei* 1482–85 (im 19. Jh. bis 1928 Amtsgericht, heute *Heimatmuseum*), kurz vorher neue Klosterbauten, so *Klostermühle* 1448, *Klosterscheuer* 1454 (um 1803 fürstliches Theater). – Der Bauernkrieg 1525, in dem sich die Amorbacher Bürger bei der Zerstörung des Klosters A. beteiligt hatten, brachte eine Wende: Nicht nur der »Neunstädtebund« wurde zerschlagen, Amtmann und Keller beherrschten künftig den Stadtrat. Auch in der frühen Neuzeit war A. geprägt durch das Mit- und Gegeneinander von Stadt und Kloster. Erst im 18. Jh. erfolgte ein neuer repräsentativer Aufschwung durch Erbauung der prächtigen barocken *Stadtpfarrkirche* (1750–54) und des daneben liegenden Oberamtmannssitzes (1724–27, heute *Palais der Fürsten zu Leiningen*), beide vom gleichen Baumeister errichtet, gleichsam als kurmainzischstädt. Gegengewicht zum Kloster. Die Stadt war wirtschaftlich geprägt von Kleinhandwerkern mit agrarischem Nebenerwerb. – 1803 wurde die Abtei A. aufgehoben und das neue Fürstentum Leiningen geschaffen, wobei A. nicht Hauptstadt, wohl aber Wohnsitz der fürstlichen Familie wurde. 1806 fiel A. nach der Auflösung des Leiningen-Staates an Baden, 1810 an Hessen, 1816 an Bayern. Folge war eine ausgesprochene Randlage von A. Das Städtchen barg bis 1848 ein Herrschaftsgericht I. Klasse, dann bis 1862 ein bay. Landgericht, bis 1932 Amtsgericht, seither nur mehr das Finanzamt. Seit 1880 ist A. an das Eisenbahnnetz angeschlossen. Erst seit 1950 kam es zu einer größeren Ausdehnung der Stadt, wobei der Kern (ohne Stadtmauer) im wesentlichen erhalten blieb und zu einer Touristenattraktion wurde. (I) *Wilhelm Störmer*

R. Krebs, A. im Odenwald. Ein Heimatbuch, A. 1923, ND 1983. – A. Beiträge zu Kultur und Geschichte von Abtei, Stadt und Herrschaft, Würzburg 1953 (Neujahrsblätter 25). – W. Störmer, HAB Miltenberg, 1979. – F. Oswald/W. Störmer (Hg.), Die Abtei A. im Odenwald. Neue Beiträge zur Geschichte und Kultur des Klosters und seines Herrschaftsgebietes, Sigmaringen 1984.

Amorsbrunn (Stadt Amorbach, LK Miltenberg, UFr.): → Amorbach.

Ansbach, Stadt (LK Ansbach, MFr.). Die ersten Spuren einer Besiedlung im Rezattal, dort wo Onolzbach, Hennenbach und Dombach in die Fränkische Rezat münden, stammen aus der Mittelsteinzeit. 1924 wurden im Ansbacher Stadtteil Eyb Reste einer mittelsteinzeitlichen Wohngrube aus dem 6. Jt. v. Chr. gefunden; die archäologischen Nachweise belegen eine Besiedlung bis ungefähr zur Zeitenwende. Im Zuge der frk. Landnahme stieß im 8. Jh. der Siedler Onold von der Windsheimer Bucht ins Tal der Rezat vor. In einem Schreiben von Papst Zacharias von 748 wird dem frk. Edelfreien Gundpert für die Stiftung eines Benediktinerklosters gedankt. Den ersten sicheren Hinweis einer Ansiedlung gibt aber erst eine Urkunde Karls des Großen 786, worin er dem von Gumbertus errichteten Kloster im Vircunnia-Wald am Zusammenfluß von Rezat und Onolzbach Immunität und freie Abtwahl garantiert. Noch vor 800 gab er das Kloster an das Bistum Würzburg, um 960 wurde die Abtei aufgelöst und 1040 als Augustinerchorherrenstift neu gegründet. Aus den Jahren 1039/42 ist noch eine roman. Krypta in der Gumbertus-Kirche erhalten. Diese erste roman. Steinkirche ist um das Jahr 1280 abgebrannt und wurde durch eine zweite roman. Kirche ersetzt, von der heute noch das n. Seitenschiff (*Georgskapelle*) erhalten ist.

Die Siedlung, die neben dem Stift entstand (1040 »villa«), wurde 1221 erstmals als Stadt erwähnt. Die Stadterhebung muß aber früher erfolgt sein, da aus staufischer Zeit, um 1160/70, *Stadtmauerreste* erhalten sind. Eine Pfarrei ist für 1139 nachweisbar, als sie der Würzburger Bf. Embricho an das Gumbertus-Stift schenkte. – Kurz nach der Neugründung des Chorherrenstiftes übte ein freies Geschlecht aus dem Tauberraum, nach dem häufig vorkommenden Namen Ebo auch Ebonen genannt, die Vogteirechte über das Stift und die Ansiedlung aus. Im 12. Jh. lag die Vogtei bei Friedrich von Hohenstaufen. Spätestens seit 1144 setzten die Staufer erbliche Untervögte ein, die sich nach ihren Burgen erst Herren von Schalkhausen, dann von Dornberg nannten. Nach dem Aussterben der Dornberger im Mannesstamm 1288 erbten die Grafen von Oettingen die Vogtei über Stadt und Stift Onolzbach, wie A. damals noch hieß, und 1331 verkauften sie ihre Rechte an die Burggrafen von Nürnberg, die Hohenzollern. Um 1400 errichteten diese eine erste befestigte Anlage direkt am Zusammenfluß von Rezat und Onolzbach; 1456 verlegte Markgraf Albrecht Achilles seine Hauptresidenz von der → Cadolzburg nach A. 1470 begründete er den südt. Zweig des Schwanenritterordens, die *Stiftskirche St. Gumbertus* wurde zur Ordenskirche. Der in der 1. Hälfte des 19. Jh.s als Schwanenritterkapelle eingerichtete Chorraum erinnert noch heute an die glanzvolle ritterliche Zeit. – Unter Albrechts Enkel, dem Markgrafen Georg dem Frommen, wurde 1528 die Reformation eingeführt, das Stift bestand allerdings noch bis 1563. 1533 verfügte Georg die brandenburgisch-nürnbergische Kirchenordnung und wurde damit vorbildlich für die kleineren frk. Reichsstände. Auf den Rat Melanchthons ließ er 1528 eine Lateinschule einrichten, die später zum Gymnasium erweitert wurde und noch heute besteht. Nach dem Tod Georgs 1543 wurde Georg Friedrich sein Nachfolger; mit ihm starb 1603 die ältere Linie der Ansbacher Markgrafen aus. Das Fürstentum A. fiel als Sekundogenitur an die brandenburgischen Kf.n. Mit Joachim Ernst wurde ein Sohn von Kf. Johann Georg Markgraf von A. – Nach dem 30jg. Krieg gelang nur langsam ein Aufschwung; erst mit der Markgräfin Christiane Charlotte, die zusammen mit ihrem Mann, Markgraf Wilhelm Friedrich, ab 1703 und nach dessen Tod ab 1723 allein die Regentschaft führte, wurde A. zu einer barocken Residenzstadt um das völlig neu gestaltete *Schloß* ausgebaut. Ihrem Sohn Markgraf Carl Wilhelm Friedrich verdankt A. die Stadterweiterung nach Süden, die sog. Neue Auslage, mit dem *Karlsplatz* als Zentrum. Sein Sohn, Carl Alexander, übernahm ab 1769 in Personalunion auch die Regierung im Fürstentum Bayreuth. 1791 dankte er zugunsten seiner Verwandtschaft in Berlin ab und in A. residierte als preuß. Statthalter Karl August von Hardenberg.

1806 wurde A. Teil des neugegründeten Kgr.s Bayern und durch den Sitz der Regierung des Rezatkreises, ab 1837 von Mittelfranken, Verwaltungsmittelpunkt. Von 1831 bis 1833 lebte Kaspar Hauser in A. und wurde am 14.12.1833 im *Hofgarten* niedergestochen. Im 2. Weltkrieg erlitt die Stadt durch zwei Bombenangriffe (22./23.2.1945) rund um den Bahnhof schwere Zerstörungen. Nach dem Krieg wurde A. durch die alle zwei Jahre stattfindende Bachwoche international bekannt. Durch die Gebietsreform wurde A. 1972 zur fünftgrößten Stadt Bayerns mit rund 100 qkm Fläche.

(V)   *Alexander Biernoth*

F. Vogtherr, Geschichte der Stadt A., A. 1927. – A. Bayer, S. Gumberts Kloster und Stift in A., Würzburg 1948. – G. Schuhmann, Die Markgrafen von Brandenburg-A., A. 1980 (= Jahrbuch des Historischen Vereins für Mittelfranken 90). – H. Dallhammer, A. Geschichte einer Stadt, A. 1993.

Arberg, Markt (LK Ansbach, MFr.). Mit der Nennung eines Zeugen »H[einricus] minister de A.« wird der Siedlungsname 1229 erstmals erwähnt. Die eichstättischen Ministerialen zu A., die im genealogischen Verbund mit den früher belegten Schenken von Hirschlach stehen, werden seit 1253 als Schenken von A. bezeichnet. Die Errichtung der seit dem 13. Jh. bezeugten Burg liegt im Dunkeln. A. war als fester Eichstätter Posten von großer Bedeutung im Kampf gegen die Vögte an der oberen Altmühl, die Grafen von Oettingen, im ersten Drittel des 14. Jh.s (→ Herrieden, → Ornbau, → Wahrberg). – Die erhöht am Südrand des Ortes, in beherrschender Hanglage über dem Wiesethtal erbaute Burg, die zu

Beginn des 19. Jh.s samt Schloßkapelle bis auf sehr geringe Reste abgebrochen wurde, war vermutlich unter Bf. Reinboto (1279–97) verstärkt worden (1613 Neubau eines Teiles der Wohngebäude). 1383 erfolgte der Bau eines Turmes (1464 und 1636 erneuert). Bf. Konrad II. (1297–1305) ließ den Burgflecken (suburbium) A. ummauern, unter Bf. Raban (1365–83) und Bf. Friedrich IV. (1383–1415) wurde die Befestigung verstärkt. Teile der *Verteidigungsmauer* sind erhalten, ebenso der spätmittelalterliche *Pfarrturm* und der 1531 errichtete, 1735 umgebaute *Torturm*. 1454 wurde A. zum Markt erhoben. – Um 1300 war A. Hauptsitz eines von einem eichstättischen »officialis« verwalteten Amtes; ein Kastner zu A. ist seit 1274 belegt. Nach der Neuordnung der eichstättischen Ämter im 14. Jh. wurde das von einem »Pfleger« (seit 1346 erwähnt) versehene Amt, dessen eigentlichen Verwaltungsmittelpunkt Ornbau bildete, Aufsichts- und Mittelbehörde für das Stadtvogtei- und das Kastenamt Ornbau mit dem aufgelösten Amt (Groß-)Lellenfeld, später, als »Ober- und Pflegamt A.« (auch: »Arberg-Ornbau«) ebenso für die Vogteien Cronheim, Eybburg und Königshofen a.d. Heide. Das Amt A. hatte einen eigenen, seit 1537 auch vertraglich abgesicherten Hochgerichtssprengel und bildete, wie die Ämter Abenberg, Sandsee, Wahrberg und Wernfels, eine eichstättische Exklave in brandenburg-ansbachischer Umgebung. So blieb A. in der Reformationszeit und danach beim alten Glauben. Pfarrer zu A. sind seit 1281 urk. erwähnt. Saalbau und Turm der heutigen *Pfarrkirche St. Blasius* wurden 1709 neu erbaut; der spätgot. Chor wurde erst 1936/37 abgebrochen und samt Querhaus und Sakristei neu errichtet. Auf eine 1481 erstmals erwähnte Wallfahrtskapelle geht die *Friedhofskirche Hl. Kreuz* zurück, die 1586 aufgeführt wurde (Neubau des Chores 1922). – Im Zuge der Säkularisation des Hochstifts Eichstätt ergriff Bayern 1802 auch von dem Amt und von dem damals aus rund 100 Haushalten bestehenden Markt A. Besitz, trat den Komplex aber mit dem eichstättischen Oberstift 1803 an Preußen ab (Besitzergreifung 1804). Mit dem preuß. Fürstentum Ansbach kam A. dann 1806 endgültig an Bayern. – A. hat

nach dem 2. Weltkrieg eine durchgreifende Umstrukturie-
rung erfahren und ist heute nicht mehr bäuerlich, sondern
vor allem handwerklich geprägt. Neue wirtschaftliche Impulse kommen durch den ansteigenden Fremdenverkehr im
»Fränkischen Seenland«.   (V)   *Robert Schuh*

H. K. Ramisch, BKD Feuchtwangen, 1964. – R. Schuh, Territorienbildung im oberen Altmühlraum. Grundlagen und Entwicklung der eichstättischen Herrschaft im 13. und 14. Jahrhundert, in: ZBLG 50 (1987),
S. 463–491.

Arnstein, Stadt (LK Main-Spessart, UFr.). A. liegt auf halbem
Weg zwischen → Würzburg und → Schweinfurt an einem
Bergsporn im siedlungsgünstigen Werntal, in dem erste Streu-
und Siedlungsspuren bis in die Jungsteinzeit zurückreichen.
Bei der frühmittelalterlichen Vorgängersiedlung Sondheim,
dem heutigen Maria Sondheim, trafen sich an einer Furt
durch die Wern die wichtigen Straßen Würzburg-Fulda und
Frankfurt-Schweinfurt. – Sondheim wurde aufgegeben als
sich am gegenüberliegenden Wernufer eine Siedlung unter-
halb einer schützenden Burg auf der Anhöhe entwickelte. Ein
Mauerring faßte Burg und Siedlung zu einer Einheit zusammen. A. wird als »Hernustestein« 1034 erstmals genannt, die
Burg ist ab 1225 urk. belegt. 1292 gelangte A. an das Hochstift
Würzburg. 1333 verlieh Ks. Ludwig der Bayer der Siedlung,
die 1317 erstmals als »civitas« bezeichnet wurde, die Stadt- und
Marktrechte. A. wurde zu einem hochstiftischen Amt ausgebaut, die Burg zum Sitz des Amtmanns. Das Amt wurde in der
Folgezeit immer wieder verpfändet, so 1381–1489 an die von
Hutten. – Die Familie von Hutten bestimmte die *Wallfahrtskirche Maria Sondheim*, die aus einer Kapelle des 11. Jh.s hervorging, 1307 vergrößert und 1440 in spätgot. Form umgebaut
wurde, zur Familiengrablege. Der alte Pfarrsitz in Maria Sondheim ist bis heute Pfarrkirche der Stadt. Die *Stadtkirche St. Nikolaus* entstand vor 1400 und wurde 1722–29 umgebaut. Der
Eichstätter Bf. Moritz von Hutten stiftete 1547 das *Pfründner-
spital*, das 1730 barock neu erbaut wurde. Seit einer Renovierung 1985–87 ist es ein staatl. Alters- und Pflegeheim.

1492 wurde das benachbarte Amt Binsfeld, 1769 das Amt Büchold dem Amt A. eingegliedert. Büchold, wo sich jungeiszeitliche, hallstattzeitliche und keltische Siedlungsspuren finden, wurde 788 erstmals erwähnt. 1299 gründete der Johanniterorden hier eine Kommende, doch verkaufte der Orden 1364 die Herrschaft an die Herren von Thüngen, 1723 fiel Büchold an das Hochstift Würzburg. – Die *Burg,* 1299 erstmals erwähnt, wurde 1525 zerstört und danach wieder aufgebaut. Nach der Auflösung des Amtes ließ der Würzburger Bf. das Schloßgebäude im 18. Jh. abbrechen. Von der auf einem Höhenvorsprung gelegenen, fast kreisrunden Anlage sind Bering, Bergfried und Kellergewölbe des früheren Wohnhauses erhalten. Heute ist das Anwesen in Privatbesitz und wird landwirtschaftlich genutzt.

Die Arnsteiner Burg wurde ebenfalls im Bauernkrieg 1525 zerstört und 1540–44 als fürstbischöfliches *Jagdschloß* wiederaufgebaut. – Eine jüd. Kultusgde. bestand bis 1938. Die 1819 im klassizistischen Stil errichtete *Synagoge* überstand die Reichspogromnacht von 1938. Heute ist das leerstehende Gebäude in Privatbesitz. – Im Kgr. Bayern wurde A. Landgericht und kam 1862 an das Bezirksamt (später LK) Karlstadt, mit der Gebietsreform 1972/73 an den LK Main-Spessart. 1841 erhielt A. eine Poststation, 1879 eine Bahnstation an der Bahnstrecke Gemünden-Schweinfurt. – Die Wirtschaft von A. war bis Mitte des 19. Jh.s von Landwirtschaft (Weinbau), Handwerk und Handel geprägt. Zur langsam wachsenden Industrie (1919 Backofenbau-Unternehmen MIWE, heute einer der Weltmarktführer im Bereich Bäckereitechnik) kamen nach dem 2. Weltkrieg neue Betriebe hinzu. Die Autobahnen Nürnberg-Würzburg-Frankfurt und Würzburg-Fulda brachten die Anbindung an die Ballungszentren. Heute gewinnt der Fremdenverkehr immer mehr an Bedeutung.

(II) *Wolfgang Schuster*

E. Riedenauer, HAB Karlstadt, 1963. – O. Seuffert, A. und der Werngrund. Die Entwicklung einer Würzburger Amtsstadt vornehmlich im 16. Jahrhundert, Würzburg 1990. – W. Herdrich/E. Füller, Büchold. Die Geschichte eines unterfränkischen Dorfes, Büchold 1998.

Arzberg, Stadt (LK Wunsiedel, OFr.). Die Stadt im Südostraum der Fichtelgebirgshochfläche liegt nahe dem Schnittpunkt der 1061 genannten Altstraße von Forchheim über
Kemnath nach Eger und einer aus dem Regensburger Raum
über Weiden, durch das Fichtelgebirge und das Vogtland nach
Mitteldeutschland führenden Verkehrsachse. Schon der Ortsname verrät den Charakter A.s als alte Bergstadt. Der Eisenerzbergbau wurde hier schon vor der ersten urk. Nennung
1268 betrieben. Um 1360 vergab die mit dem Forstmeisteramt
im Egerland betraute Familie Nothaft Berglehen um A.,
und auch die Deutschordenskomturei Eger hatte hier Mutungsrechte. 1536 war man im Untertagebau bis 12 m unter
den Grundwasserspiegel gekommen. Die Zerstörungen des
30jg. Krieges brachten den vorläufigen Niedergang des Arzberger Bergbaus, der erst durch die Bemühungen des jungen
Alexander von Humboldt, der seit 1793 als Oberbergmeister
in der preuß. Provinz Bayreuth tätigt war, wiederbelebt wurde.
1796 gründete Humboldt hier eine bis 1806 bestehende Bergschule. Noch um 1820 wurden um A. 42 Gruben mit rund 150
Bergleuten betrieben und jährlich rund 3000 Tonnen Eisenerz gewonnen; die letzte Eisenerzgrube wurde 1941 stillgelegt.
– Nach dem Aussterben der Reichsministerialen von Liebenstein 1292 fiel A. als erledigtes Reichslehen aus dem Bestand
des Egerlandes an die Burggrafen von Nürnberg. Bis zur Verwaltungsreform von 1613 bildete A. zusammen mit → Hohenberg a.d. Eger eine eigene Hauptmannschaft, die dem Amtmann auf der Burg Hohenberg unterstand, danach war A. das
Zentrum eines markgräflichen Richteramtes, welches bis
1797 bestand. 1408 verlieh Burggraf Johann III. von Nürnberg
den Bürgern zu A. das → Wunsiedler Stadtrecht, welches 1606
letztmalig bestätigt wurde. Seit 1687 setzten sich Bürgermeister und Rat zu A. wiederholt für das Wiederaufleben der alten Privilegien ihres im 30jg. Krieg zerstörten Gemeinwesens
ein, doch erst 1876 erfolgte eine erneute Stadtrechtsverleihung. – 1430 verteidigten die Arzberger ihre *Kirchenburg*, von
der sich bis heute umfangreiches Mauerwerk sowie der sog.
Pulverturm erhalten hat, erfolgreich gegen die Hussiten. – Bis

in das 19. Jh. wurde das Gewerbe in A. durch den Bergbau und die Eisenverarbeitung bestimmt. Nach dem 30jg. Krieg gewann auch die Leinen- und Barchentweberei, im 18. Jh. die Kunsttöpferei an Bedeutung. Nachdem im frühen 19. Jh. in der Umgebung verwertbare Rohstoffe zur Porzellanherstellung entdeckt worden waren, wurde 1838 eine erste Porzellanfabrik in A. gegründet, um 1900 wurde in 3 Fabriken Porzellan produziert. Bis zum Niedergang gegen Ende des 20. Jh.s zählte A. zu den führenden Plätzen der bay. Porzellanindustrie. Aus dem 1915 in Betrieb genommenen Kohlekraftwerk A. hat sich die größte nordbay. Stromerzeugungsanlage entwickelt; 2001 wurde die Stillegung beschlossen.   (IV)   *Harald Stark*

F. W. Singer, Arzberger Bilderbuch. Das Beispiel einer oberfränkischen Grenzstadt in Geschichte und Lebensart, A. 1974. – Ders., Aus Stadt und Gericht A., Hohenberg/Eger 1986. – E. Weiss u. a., Alexander von Humboldt und das Bergstädtlein A. Fünf Vorträge über den ehemaligen Bergbau in A., A. 1999. – B. Münzer-Glas, GründerFamilien – FamilienGründungen. Ein Beitrag zur Geschichte der Porzellanindustrie Nordost-Bayerns, Hohenberg/Eger 2002.

Aschach (Gde. Bad Bocklet, LK Bad Kissingen, UFr.). Das *Schloß* in A. (auch »Waldaschach« zur Unterscheidung von Gauaschach, LK Main-Spessart) liegt auf einer sanften Anhöhe s. der Einmündung der 1059 in einer fuldischen Wildbannbeschreibung erwähnten Aschach in die Fränkische Saale; n. der Aschach liegt das gleichnamige Dorf (früher »Nusezze«) mit *Pfarrkirche*. Die erste sichere Nennung betrifft eine 1244 von Graf Otto von Botenlauben und seiner Frau Beatrix an Kloster → Frauenroth geschenkte Mühle in »Ascha«. Das »castrum« A., auf dem nach der Hauptteilung des Jahres 1274 eine Linie der Grafen von Henneberg residierte, wird 1277 erstmals erwähnt, ein gleichnamiges Amt ist im Jahr 1306 bezeugt. Die Grafen von Henneberg-A. traten 1378 das Erbe der ausgestorbenen Hartenberger Linie an und verlegten ihre Residenz auf die Hartenburg (Burgstall bei Römhild, LK Hildburghausen, Thüringen). A. wurde 1391 gegen Burg Hallenberg (alter LK Schmalkalden, Thüringen) an die Bibra vertauscht, doch wurde der Wiederkauf vorbehalten. 1401 wurde es vom

Hochstift Würzburg erworben, das es jedoch 1434 an die Grafen von Henneberg Römhilder Linie verpfändete und von diesen erst 1491 wieder auslöste. – Die Burg wurde im Bauernkrieg 1525 beschädigt, war aber schon 1530 wiederhergestellt. Im 2. Markgrafenkrieg 1553/54 wurde der Hauptbau durch Brand zerstört und erst 1571 durch Fürstbf. Friedrich von Wirsberg als Amtsschloß neu errichtet. Sein Nachfolger Julius Echter ließ 1609 die von Graf Georg I. von Henneberg (-Römhild) ab 1447 neuerrichtete Pfarrkirche restaurieren (»Echter-Turm«). – Nach der Säkularisation und dem Übergang an Bayern 1802 wurde das Amt A. aufgelöst und mit dem Amt Kissingen vereinigt, das Schloß 1829 an den → Schweinfurter Industriellen Wilhelm Sattler verkauft, der darin eine Manufaktur einrichtete, in der »englisches« Steingut erzeugt (besser: gefälscht) wurde. 1873 erwarb das ab 1860 nicht mehr industriell genutzte Schloß der damalige Regierungspräsident von Unterfranken, Graf Luxburg, dessen Familie es samt den wertvollen Sammlungen (Spätmittelalter bis 19. Jh., Alt-China-Sammlung, historisierendes Interieur der Gründerjahre) im Jahr 1955 dem Bezirk Unterfranken schenkte, der es seit 1957 als »*Graf Luxburg-Museum*« (mit angegliedertem *Schulmuseum* des Bezirks Unterfranken im Nebenbau) weiterführt.

(II)   *Heinrich Wagner*

L. Böhm/K. Rützel, Geschichte des Marktes A. in Unterfranken, in: Archiv des Historischen Vereins für Unterfranken und Aschaffenburg 44 (1902), S. 1–126. – K. Gröber, KDB Bad Kissingen, 1914, ND 1983. – M. von Freeden, Schloß A. bei Bad Kissingen. Graf-Luxburg-Museum des Bezirks Unterfranken, München 1982, ²1987.

Aschaffenburg, Stadt (UFr.). A. liegt an der Westseite des Spessarts am Eintritt des Mains in die Untermainebene, nahe der Mündung der Aschaff, die dem Ort den Namen gab. Von alters her war A. Schnittpunkt bedeutender Verkehrswege, nämlich des Mains selbst mit seinen Uferstraßen, die flußaufwärts nach Miltenberg und von dort nach Nürnberg oder Augsburg führten, flußabwärts nach Frankfurt und Mainz, sodann der alten Heerstraße nach Südosten durch den Spessart in Richtung Würzburg, und der karolingischen Königsstraße nach Worms. Wohl jüngeren Datums ist eine Straße nach Osten quer durch den Spessart nach Lohr. – Vielfältige Spuren zeugen von einer kontinuierlichen Besiedlung des Stadtgebiets in prähistorischer Zeit. Von den in der Umgebung siedelnden Kelten wurde das dreieckige Hochplateau über dem Main zwischen Löhergraben, Landinggraben und Schloßberg jedoch nicht befestigt. Das Altstadtgebiet rechts des Mains lag außerhalb des röm. Imperiums, das hier durch den »nassen → Limes« begrenzt wurde, zwischen den röm. Kastellen → Stockstadt und → Obernburg. Seit im 3. Jh. der röm. Limes unter den Angriffen der Alemannen zusammenbrach und die Grenze an den Rhein zurückverlegt werden mußte, besiedelten die Sieger bis in das 6. Jh. hinein das gesamte Untermaingebiet. Nach der Niederlage der Alemannen gegen den frk. Kg. Chlodwig im Jahr 496 blieben im Aschaffenburger Raum die alten Strukturen zunächst erhalten, wurden von der frk. Oberschicht jedoch überherrscht. Frk. Einfluß ist im 6. und 7. Jh. in Reihengräbern, Töpfereien und Münzfunden bezeugt. In die alem. Zeit zurück reicht auch die erste schriftliche Erwähnung von A. durch den Geographen von Ravenna, der am Anfang des 9. Jh.s unter den alem. Städten auch eine »civitas« mit dem Namen »Ascapha« bzw. »Asciburgo« nennt.

Erstes Zeugnis für eine planmäßige Christianisierung des Untermaingebietes durch das Bistum Mainz bildet eine Weihinschrift von 711/16 an einer Kapelle in Nilkheim. Zu dieser Zeit war A. Bestandteil eines thür. Herzogtumes mit dem Mittelpunkt → Würzburg, nach dessen Ende es wieder in den unmittelbaren Einflußbereich des Königtums zurückkehrte, um Bestandteil des umfangreichen Königsgutkomplexes im Rhein-Main-Gebiet zu werden, der von der Wetterau über die Dreieich bis in den Spessart reichte. Zwischen 865 und 874, vermutlich im Herbst 869, war A. Schauplatz der Heirat von Kg. Ludwig III., dem Jüngeren, und der sächs. Grafentochter Liutgard. Sowohl Königin Liutgard als auch ihre Tochter Hildegard sind hier beigesetzt. Hochzeit und Grablegung setzen zwingend die Existenz einer karolingischen

Kirche und eines Herrenhofes sowie die Zugehörigkeit zum Königsgut voraus. Auch der Spessart ist seit 839 als kgl. Forst bezeugt.

Auf nicht ganz geklärtem Weg gelangte A. im 10. Jh. aus kgl. Besitz in den Einflußbereich der konradinischen Herzogsfamilie. Hz. Liudolf von Schwaben, Sohn von Ks. Otto dem Großen, gründete in der Mitte des 10. Jh.s die Stiftskirche (heute *kath. Stadtpfarrkirche*) *St. Peter und Alexander*, die er und später sein Sohn, Hz. Otto von Bayern und Schwaben, reich dotierten. Das Stift war wohl als Mittelpunkt eines konradinischen Besitzkomplexes im Zentrum des Reiches zwischen dem Stammland Sachsen und dem Herzogtum Schwaben geplant. Ein eindrucksvoller ottonischer Kirchenbau, der dem heutigen an Größe kaum nachstand, konnte durch Grabungen exakt rekonstruiert werden. – Im Zusammenhang mit der Gründung des Stiftes setzt auch die urk. Überlieferung der »civitas Ascaffaburg« auf breiter Basis ein. Als Hz. Otto bei einem Italienzug 982 starb, ohne Erben zu hinterlassen, brachen diese dynastischen Pläne zusammen. Noch auf dem Sterbebett vermachte Otto Stadt und Stift A. dem Erzstift Mainz, nachdem Ks. Otto II. bereits 980/82 den Wildbann des kgl. Forstes Spessart an das Erzstift übereignet hatte. Erzbf. Willigis ließ in A. an der Stelle der alten Furt über den Main eine hölzerne Mainbrücke errichten. Für das 11. Jh. sind nur sehr spärliche Zeugnisse überliefert; es ist wohl mit einer rückläufigen Entwicklung zu rechnen.

Erst 1122 tritt A. wieder ins Licht der Geschichte: Erzbf. Adalbert I., der der Fürstenopposition gegen Ks. Heinrich V. beigetreten war, befestigte Burg und Stadt A. neu, wovon eine Inschrift am Döngestor zeugt. Der Verlauf der Stadtmauern entsprach der Befestigungslinie der alem. Volksburg, die durch die Topographie bedingt war: Vom Döngestor an der Stiftskirche zogen sich die Mauern zum Schloßberg, von dort parallel zum Main bis zum Windfang, wo sich mit dem Metzgertor das zweite Stadttor befand, und von dort wieder zurück zum Stift bzw. zum Döngestor. – Gleichzeitig mit dieser Befestigung wurde in A. ein Viztum als Vertreter des

Erzbf. eingesetzt, der die gesamten Mainzer Besitzungen am Main, im Spessart, Odenwald und an der Tauber zu verwalten hatte. – Im Verlauf des 12. Jh.s entwickelte sich A. auch zur Stadt im eigentlichen Sinne. 1144 ist erstmals der Markt urk. erwähnt, in der Mitte des 12. Jh.s weitere Sondermärkte (Milchmarkt, Salzmarkt und Heumarkt) sowie eine Münzstätte, die 1160 an einen anderen Platz verlegt werden mußte. 1157 bestätigte Ks. Friedrich Barbarossa gegen die Proteste vieler Kaufleute den Aschaffenburger Mainzoll, während alle übrigen Mainzölle zwischen Mainz und → Bamberg außer Frankfurt und → Neustadt a. Main aufgehoben wurden. Unter Erzbf. Konrad von Wittelsbach (1161–65 und 1183–1200) scheint es auch eine förmliche Stadtrechtsverleihung gegeben zu haben, die allerdings nur indirekt durch eine Urkunde Erzbf. Christians II. aus dem Jahr 1249 zu erschließen ist. Die Bevölkerung nahm stark zu, denn schon 1183 ist eine zweite (*U. L. Frau*) und 1184 eine dritte Pfarrkirche (*St. Agatha*) nachzuweisen, letztere außerhalb der Mauern (»extra muros«). Damit war die Stadt über ihren Befestigungsring von 1122 bereits hinausgewachsen. Ungefähr zur gleichen Zeit, um 1180, entstand das Stäblerhaus, wohl Wohn- und Amtssitz des Stadtschultheißen, einer der seltenen roman. Profanbauten in Deutschland (1953 abgerissen).

Im 13. Jh. setzte sich die Aufwärtsentwicklung der Stadt, freilich verhaltener, fort. 1219 erhob das bürgerliche Gemeinwesen eigene Steuern und zog seine Bürger zu Wachdiensten heran. 1229 werden Aschaffenburger Münzen (Pfennige) und Maße (Malter) erwähnt. Zwischen 1200 und 1250 wurde die ottonische Anlage der Stiftskirche durch einen völligen Neubau ersetzt. 1255 trat A. dem rheinischen Städtebund bei. Zu dieser Zeit ist auch ein Rabbiner Abraham aus A. nachweisbar; wenig später, 1267/68, wird im ältesten Nekrolog des Stifts die »scola Judeorum« erwähnt. – Während des Interregnums kam es zu einem heftigen Konflikt zwischen den Erzbf.n von Mainz und den Grafen von Rieneck um die Vorherrschaft im Spessart, in dessen Verlauf auch die Vorstädte von A. befestigt wurden. – Im Laufe des 13. Jh.s ließen sich immer mehr Adelige aus der Umgebung in der Stadt nieder. Die neuen Bettelorden fanden hier keinen Eingang. – Aufenthalte der Mainzer Erzbf.e sind nunmehr so häufig belegt, daß man A. als Nebenresidenz bezeichnen kann. 1304 empörte sich die Bürgerschaft unter der Führung ihres Schultheißen erfolglos gegen die Stiftsgeistlichkeit. Während des Konfliktes zwischen Balduin von Trier und Heinrich von Virneburg um den Mainzer Erzstuhl verweigerte sie 1332 ihrem Stadtherrn Balduin den Gehorsam und versuchte eine Ratsverfassung einzuführen; auch hier erlitt sie eine Niederlage. Dennoch wurde die Handwerkerschaft künftig am Stadtregiment beteiligt. Zwischen 1331 und 1346 bildete sich ein Bund der Neun Städte des Mainzer Oberstifts heraus, der sich ein Mitwirkungsrecht bei der Steuerbewilligung und weitere Privilegien erringen konnte.

Im 14. und 15. Jh. wuchs die Stadt nur noch langsam: 1346 wurde die Vorstadt von St. Agatha befestigt, 1374 das Fischerviertel, unter Erzbf. Dietrich von Erbach (1434–59) der Bezirk n. der Burg mit dem Dingstalltor; unter ihm wurde auch der Tiergarten im heutigen Schöntal sowie das Maintor angelegt. Damit hatte A. im wesentlichen den Umfang erreicht, den es bis ins 19. Jh. hinein behielt. Die Bevölkerungszahl betrug um 1500 etwa 2000 Einwohner. – Wirtschaftlich und kulturell erlebte A. im 15. Jh. eine Blütezeit. 1447 fand hier ein Fürstentag statt, der die sog. Aschaffenburger Punktationen beschloß, die zu dem Wiener Konkordat von 1448 führten. Um 1500 wirkten in A. und seiner Umgebung Matthias Grünewald und Tilman Riemenschneider.

Im Bauernkrieg schlossen sich die Bürger und die Bauern der Umgebung den Aufständischen an, weshalb sie ihre Privilegien einbüßten. Nicht zuletzt deshalb konnte auch die Reformation hier keinen Einzug halten. Im Schmalkaldischen Krieg wurde A. 1546 und 1547 geplündert und teilweise in Brand gesteckt, noch schlimmer im 2. Markgrafenkrieg 1552, wobei auch das alte erzbischöfliche Schloß in Flammen aufging. Es dauerte Jahrzehnte, bis die wirtschaftlichen Folgen überwunden waren. Erst unter Erzbf. Johann Schweickard von Kronberg erlebte A. eine neue Blüte. Zwischen 1605 und 1614 errichtete Georg Ridinger den repräsentativen Renaissancebau des *Schlosses Johannisburg*, eine regelmäßige Vierflügel-Anlage aus rotem Sandstein unter Einbeziehung des erhaltenen mittelalterlichen Bergfrieds. – 1612 berief Kronberg die Jesuiten nach A., die 1620 ein Kolleg eröffneten. Etwa gleichzeitig ließen sich auch die Kapuziner nieder, die sich vor allem durch ihre Volksnähe große Beliebtheit erwarben. Durch den Einmarsch der schwed. Truppen im 30jg. Krieg (1631) wurde dieser Aufschwung abrupt unterbrochen. Nach einer Pestwelle, die 1635 etwa 3 Viertel der Bevölkerung dahinraffte, traf das letzte Dezennium des Krieges A. besonders hart. Erneut dauerte es Jahrzehnte, bis sich die Wunden geschlossen hatten. – Einziges größeres Bauwerk der Barockzeit ist der *Schönborner Hof*, 1676–78 durch den Vizedom und Obersthofmarschall Melchior Friedrich von Schönborn errichtet. Die Kf.n der späteren Barockzeit waren mit A. besonders verbunden, vor allem Anselm Franz von Ingelheim (1679–95) und Lothar Franz von Schönborn (1695–1729). – Friedrich Karl Joseph von Erthal (1774–1802) verlegte, von den Franzosen aus Mainz vertrieben, Regierung und Hofstaat nach A. Bereits vorher hatte er seine höfischen Parkschöpfungen begonnen, die bis heute A. besonders prägen: *Schönbusch*, *Schöntal* und *Fasanerie*. Im Schönbusch wurde ein älterer Wildpark durch den Architekten Emmanuel d'Herigoyen, seit 1785 auch unter Mitarbeit von Friedrich Ludwig Sckell, in einen Landschaftsgarten nach dem neuen engl. Stil umgestaltet und 1778–82 mit einem klassizistischen *Schlößchen* und weiteren Parkbauten versehen.

Nach dem Ende des Mainzer Kurstaats durch den Reichsdeputationshauptschluß 1803 wurde für den letzten Mainzer Kf. Karl von Dalberg (ab 1802) das Fürstentum A. geschaffen, das 1810 zum Großherzogtum Frankfurt erweitert wurde. Damit wurde A. zur Residenzstadt, Teile von Hofstaat und Beamtenschaft zogen aus Mainz nach A. Eine rege Bautätigkeit setzte ein; so entstanden eine ganze Straße aus klassizistischen Gebäuden (*Karlstraße*) und das *Stadttheater*. Besonders das Bildungswesen erlebte durch die Gründung von geistlichem Lyzeum, Forsthochschule (seit 1807) und Karls-Universität (seit 1808) einen Aufschwung.

Der Übergang an das Kgr. Bayern 1814 bedeutete für A. den Verlust der Residenz-Eigenschaft, von Universität und Hochschulen. Der Kronprinz und spätere Kg. Ludwig I. bemühte sich indessen sehr um die Integration des neuen Landesteils. Er nannte A. das »bayerische Nizza« und entwarf an exponierter Stelle über dem Main den Plan der Nachbildung einer röm. Villa nach dem Vorbild des 1828/29 ausgegrabenen Hauses von Castor und Pollux in Pompeji, mit dessen Durchführung er Friedrich von Gärtner beauftragte. Eingebettet in eine mediterrane Vegetation, wurde das *Pompejanum* 1850 vollendet. Ebenfalls unter Kg. Ludwig I. erfolgte 1839 die Einweihung der ersten ev. Kirche (*Christuskirche*), nachdem schon 1796 unter der Regierung Erthals der erste Protestant das Aschaffenburger Bürgerrecht erhalten hatte. – 1854 erhielt A. Anschluß an die Ludwigs-Westbahn (Nürnberg-Frankfurt). 1858 kam eine Eisenbahnlinie nach Darmstadt hinzu, 1876 eine Verbindung nach Miltenberg. Mit einer Buntpapierfabrik setzte 1810 die Industrialisierung ein, die sich allerdings erst in den Jahren nach 1870 nachhaltiger durchsetzte. An erster Stelle ist hier die Bekleidungsindustrie zu nennen (seit 1874), die sich zum bedeutendsten Industriezweig am Untermain entwickelte. Seit den 1880er Jahren wurde die Meßwerkzeugindustrie zum Schrittmacher des Maschinenbaus. – Durch die Kanalisierung des Mains und dessen Ausbau zu einer Großschiffahrtsstraße erhielt A. 1921 einen Hafen. – Die jüd. Gde. errichtete 1893 eine Synagoge im maurischen Stil und besaß ein *Rabbinerhaus* (heute *jüd. Museum*) und ein Ritualbad (Mikwe). Die Synagoge wurde in der Pogromnacht 1938 durch Feuer zerstört und danach abgerissen (am Standort auf dem Wolfsthalplatz heute *Gedenkstätte*); die letzten Aschaffenburger Juden wurden während des 2. Weltkriegs von den Nationalsozialisten deportiert und ermordet. – Im 2. Weltkrieg stark zerstört, wird die Stadt nach ihrem Wiederaufbau heute von Stahl-, Maschinen-

und Fahrzeugbau sowie von Informationstechnologie geprägt. Seit 1995 ist sie Sitz einer Fachhochschule.

(I) *Roman Fischer*

Aschaffenburger Jahrbuch für Geschichte, Landeskunde und Kunst des Untermaingebietes, 1952 ff. – G. Christ, HAB Aschaffenburg, 1963. – Mitteilungen aus dem Stadt- und Stiftsarchiv A., 1983/86 ff. – A. Grimm u. a., Aschaffenburger Häuserbuch. 5 Bde., A. 1985–2001. – R. Fischer, A. im Mittelalter. Studien zur Geschichte der Stadt von den Anfängen bis zum Beginn der Neuzeit, A. 1989. – H. Fussbahn, Die Stadtverfassung A.s in der frühen Neuzeit, A. 2000.

Astheim (Stadt Volkach, LK Kitzingen, UFr.): → Volkach.

Aub, Stadt (LK Würzburg, UFr.). Keimzelle des im s. Ochsenfurter Gau in Hanglage oberhalb des Flüßchens Gollach gelegenen und 1136 erstmals urk. erwähnten Ortes war die dem → Würzburger Benediktinerkloster St. Burkard unterstellte Propstei (an der Stelle der heutigen *Stadtpfarrkirche Unser liebe Frau »in der Aue«*, 1464 aufgelöst), ursprünglich wohl als religiöser Gegenpol zu der bambergischen *Kunigundenkapelle* auf dem Altenberg gedacht. – Bis Ende des 14. Jh.s im Besitz der Hohenlohe, kam die damals bereits befestigte und mit Marktrechten ausgestattete Siedlung 1396/1406 durch Heirat an den Reichserbkämmerer Konrad von Weinsberg. Eine Hälfte des Ortes wurde 1398/99 an Hans Truchseß von Baldersheim verkauft. Beide Herrschaften erreichten 1404 bei Kg. Ruprecht die förmliche Erhebung zur Stadt. 1436 wurde sie endgültig in eine weinsbergische Hälfte und zwei truchsessische Viertel geteilt. Nach dem Aussterben der Herren von Weinsberg erwarb das Hochstift Würzburg 1521 deren Anteil. Ein Viertel der Truchseß kam nach dem Erlöschen der Familie 1602 an Würzburg, das zweite über die Rosenberg und die Pfalz schließlich an den Deutschen Orden (1668), so daß sich am Ende des Alten Reiches 3 Viertel in würzburgischem, ein Viertel in deutschherrischem Besitz befanden. – Mittelpunktfunktion erlangte das Städtchen als Sitz eines Centgerichts und eines kleinen würzburgischen Amtes, das in dem am höchsten Punkt des Geländes im sw.

Eck der *Stadtbefestigung* gelegenen *Schloß* untergebracht war (1369 als »Veste« bezeichnet; im 15./16. Jh. von den Truchseß, nach 1602 unter Fürstbf. Julius Echter erweitert). Von der Lage an einem Kreuzungspunkt mittelalterlicher Verkehrswege (Nürnberg-Frankfurt, Würzburg-Augsburg) profitierten zahlreiche Handwerker; die wirtschaftliche Entwicklung blieb jedoch bescheiden. Um 1480 wurde an der Ostseite des Marktplatzes das *Rathaus* erbaut. Am Ufer der Gollach hatte Gottfried II. von Brauneck um 1350 ein *Spital* gestiftet, das über erheblichen Grundbesitz und einen eigenen Pfarrer verfügte (1978 aufgelöst). Jenseits der Gollach lag bereits außerhalb der Stadt die *Zollstätte* der Markgrafen von Ansbach. – Seit 1814 endgültig bay., war A. 1840–1950 Sitz eines Land- bzw. Amtsgerichts. Im April 1945 wurden Teile der Stadt durch amerikanischen Artilleriebeschuß zerstört. Die Entwicklung von A. stagnierte in einem agrarisch geprägten Umfeld bis in die Gegenwart, die Einwohnerzahl (ca. 1100) stieg seit 1800 nur mehr geringfügig an. – Jüd. Einwohner werden im Zusammenhang mit den Pogromen von 1298 und 1336 genannt. Sie wohnten im Viertel oberhalb des *Spitals*, wo spätestens im 16. Jh. auch eine *Synagoge* bestand. Von den um 1900 mehr als 100 Juden (ca. 10 % der Einwohner) hatten die letzten 1939 ihre Heimat bereits verlassen.

Als Verwaltungsmittelpunkt umfangreicher Güter des Bistums Bamberg diente die 1230 erstmals genannte *Veste Reichelsberg* auf einem flach abfallenden Bergsporn oberhalb der Gollach 1 km sw. von A. Die Linie Hohenlohe-Brauneck besaß Burg und Amt bis zum Aussterben 1390 als bambergisches Lehen. Nach dem Heimfall vertauschte Bamberg den Besitz an Würzburg, das 1397/1401 Konrad von Weinsberg damit belehnte. Im 15. Jh. zeitweilig Wohnsitz der Herren von Weinsberg, kamen Burg und Amt aus deren Erbe 1521 an das Hochstift Würzburg. Die bereits 1525 im Bauernkrieg zerstörte Burg diente den Einwohnern der umliegenden Orte vor allem im 19. Jh. als Steinbruch.

Auf dem nur wenig entfernten Altenberg, ebenfalls einem Bergsporn oberhalb der Gollach, existierte in der Jungsteinzeit eine Siedlung mit Wallanlage. Die kunstgeschichtlich bedeutende, spätroman. *Kunigundenkapelle*, deren Wurzeln wohl ins 11. Jh. zurückreichen, bildete den religiösen Mittelpunkt der bambergischen Besitzungen. Jedoch hatte sich bis zum 15. Jh. das kirchliche Leben in das benachbarte Burgerroth verlagert. Auch die seit dem 10. Jh. nachweisbare mittelalterliche Altenberg-Siedlung ging zu dieser Zeit ein. Als Wallfahrtsstätte wird die Kirche bis in die Gegenwart genutzt.

(V)   *Thomas Horling*

G. Menth, St. Kunigund auf dem Altenberg, Wolfratshausen 1985. – Ders., Stadt A., Baldersheim, Burgerroth, Wolfratshausen 1988.

Aufseß (LK Bayreuth, OFr.). Inmitten der Fränkischen Schweiz, an einer Kreuzung einer durch das »Gebürg« verlaufenden Nord-Süd-Verbindung (Streitberg-Hollfeld) mit der Route Bamberg-Bayreuth, liegt auf einer das Aufseßtal verengenden Anhöhe die *Burg Unteraufseß*, um die sich die Häuser des Dorfes A. gruppieren. Es ist der namengebende Stammsitz des edelfreien Geschlechts von A., das erstmals 1114 eindeutig genannt wird und später zu den bedeutendsten Adelsfamilien des Kantons Gebürg der Fränkischen Reichsritterschaft zählte. Spätestens 1387 hatten die Aufseß auch das Hochgericht innerhalb einer Fraischgrenze inne, worüber es allerdings seit dem 16. Jh. immer wieder zu Konflikten mit dem Hochstift Bamberg kam. Die Aufseß bauten die hochmittelalterliche Burg im 14. Jh. zu einer mehrteiligen Ganerbenburg mit doppeltem Mauerring und einer Reihe von Wohnbauten aus, deren Kernburg nach mehreren Umbauten erhalten ist. Im Bereich der äußeren Befestigung fand später ein Marktflecken seinen Platz, der ummauert und durch – zum Teil erhaltene – *Tore* zugänglich war. 1436 im Hussitenkrieg, 1525 im Bauernkrieg beschädigt, wurden Burg und Dorf 1634 im 30jg. Krieg von kaiserlichen Kroaten geplündert und in Brand gesteckt, dann von der Pest weitgehend entvölkert. Nach einer Repeuplierung kam es 1677 zum Bau der heutigen, neben dem *Bergfried* und weiteren hochmittelalterlichen Gebäuden gelegenen, barocken Zweiflügelanlage. – Wie viele Reichsritter führten die Aufseß vor 1593 die Reformation ein, nahmen Juden unter ihren Schutz und siedelten sie in A. an, was aber erst sicher vor 1699 nachgewiesen ist. 1719 kam es zum Bau einer Synagoge mit Schule, Gebetsraum und Mikwe, 1722 wurde im Westen des Ortes der gut erhaltene *jüd. Friedhof* begründet, auf dem 1938 (nach einer Schändung 1937) zuletzt bestattet wurde. – 1703 wurde Friedrich von A. zusammen mit anderen Familienmitgliedern kath., worüber es zu gewalttätigen Auseinandersetzungen mit seinem Bruder Karl Heinrich kam, der das seit 1690 etwas talaufwärts erbaute *Schloß Oberaufseß* bezog. In A. kam es zu einem heftigen Konfessionsstreit zwischen kath. Schloßherrn und ev. Bevölkerung, mit durch Waffengewalt durchgesetztem Kirchenneubau im Schloßhof (*Schloß- und Pfarrkirche* von 1740–42), der 1752 in einem Freundschaftsvertrag der beiden Linien endete. – 1799 kam A. an Preußen, 1806 an das Kgr. Bayern, 1812–48 war es Patrimonialgericht. In der 1. Hälfte des 19. Jh.s nahm der Anteil der jüd. Bevölkerung zu (1840: 17,5 %), bis 1900 jedoch durch Landflucht und Auswanderung wieder stark ab (1900: 5,8 %). Nach der Reichspogromnacht im November 1938 wanderten die letzten Juden ab.　　　　　(III)　　*Andreas O. Weber*

T. Eckert u. a., Die Burgen der Fränkischen Schweiz. Ein Kulturführer, Forchheim 1997. – P. Landendörfer, A., in: Jüdisches Leben in der Fränkischen Schweiz, Erlangen 1997, S. 518–557.

Bad Berneck i. Fichtelgebirge, Stadt (LK Bayreuth, OFr.). Archäologische Funde zeugen vom Bestand dreier frühmittelalterlicher Burganlagen in der unmittelbaren Umgebung von Bad B. Sie dienten vermutlich der Sicherung einer von hier ostwärts über das Fichtelgebirge ins Regnitz- und Egerland führenden Straße und waren wohl zugleich ab dem ausgehenden 10. Jh. herrschaftliche Stützpunkte des edelfreien Adelsgeschlechtes der Walpoten, das im Bad Bernecker Raum eine intensive Rodungs- und Siedlungstätigkeit entfaltete. 1168 wurde der Ort erstmals urk. erwähnt, als der Walpote Ulrich II. sich nach seiner Burg »Bernecke« nannte, die er kurz zuvor auf der oberen Terrasse des Schloßberges hatte erbauen lassen.

Da sich die Befestigung auf dem Grund des → Bamberger Kollegiatstifts St. Jakob befand, erfolgte 1177 die Lehenauftragung an das Hochstift Bamberg. Nach 1203 gelangte die Burg als bambergisches Lehen an die Hz.e von Andechs-Meranien, geriet jedoch offenbar schon bald in Verfall, weshalb die Hz.e noch vor ihrem Aussterben 1248 auf der unteren Terrasse des Schloßberges auf allodialem Grund eine neue Befestigung errichten ließen. Die Veste gelangte – ebenso wie die am Fuß des Schloßberges erwachsene Siedlung B. – bald nach 1250 an die Grafen von Orlamünde, die 1340 von den Burggrafen von Nürnberg beerbt wurden. Zwischen 1350 und 1357 verliehen sie dem Ort das Stadtrecht nach → Kulmbacher Vorbild. Bis 1791 gehörte B. zum Markgraftum Brandenburg-Bayreuth, anschließend bis 1806 zum Kgr. Preußen. Auf die frz. Verwaltung folgte 1810 der Übergang an das Kgr. Bayern. – Das Stadtbild wird geprägt durch die Lage im Engtal der Ölschnitz am Südwesthang des Fichtelgebirges. Die bis zu 160 m aus dem Talgrund aufsteigenden Berg- und Felswände bildeten einen natürlichen Schutz, der die Errichtung von Stadtmauern weitgehend überflüssig machte. 1365 erhielt B. eine eigene Pfarrei, die bis zur Einführung der Reformation 1529 dem Bistum Bamberg unterstand. Ein Brand 1692 zerstörte die ca. 550 Einwohner zählende Stadt fast vollständig. Wirtschaftlich spielte neben dem Handwerk – insbesondere der Leinenweberei, Gerberei und Weißnäherei – bis ins 19. Jh. die Landwirtschaft der Ackerbürger eine wichtige Rolle. – Der Eisenbahnanschluß 1896 begünstigte die Ansiedlung von Betrieben der Holz- und Steinindustrie und förderte zugleich den 1857 begründeten Kurbetrieb, der sich mit der Eröffnung einer städt. Kneippbadeanstalt 1930 zu einem wichtigen Wirtschaftsfaktor entwickelte. Die Bedeutung B.s als Heilbad und Luftkurort wurde 1950 durch die Verleihung des Titels »Bad« unterstrichen. Die Einwohnerzahl verdreifachte sich zwischen 1800 und 1995 auf 3400. – Von den für die Herrschaftsgeschichte wichtigen Befestigungsanlagen B.s sind lediglich Reste vorhanden. Die Meranierburg, das sog. *Alte Schloß,* diente bis 1501 als markgräflicher Amtssitz. Danach verfiel die

Anlage, von der nur mehr die Ruine des Palas und der mächtige Bergfried zeugen. An der Stelle der ehem. Walpotenburg errichtete ab 1478 Veit von Wallenrode als markgräfliches Lehen das *Schloß Hohenberneck*, auch »Neuwallenrode« genannt. Nach Verkauf 1499 wurde der Bau durch Albrecht von Wirsberg vollendet, der das Schloß 1501 an den Markgrafen veräußerte. Zunächst als landesherrlicher Amtssitz genutzt, war es 1553–1737 erneut im Besitz des Ritteradelsgeschlechts der Freiherrn von Wallenrode. Von der 1732 bereits stark beschädigten Anlaß blieben in der Folgezeit nur die Ruinen der Burgkapelle sowie des Palas mit Torturm und Bastionen erhalten.   (IV)   *Richard Winkler*

Geschichte der Stadt Bad B. im Fichtelgebirge, Bad B. 1957. – R. Winkler, HAB Bayreuth, 1999.

Bad Bocklet, Markt (LK Bad Kissingen, UFr.). Bad B. liegt 7 km n. von → Bad Kissingen am linken Ufer der von Niederlauer (LK Rhön-Grabfeld) bis → Hausen (Stadt Bad Kissingen) stark mäandrierenden Fränkischen Saale. Der Ort wird erstmals in einem Verzeichnis von Gütern genannt, die vom Kloster Aura a. d. Saale zur Zeit des dritten Abtes Volknand (bezeugt 1137) erworben wurden, ansonsten aber bis ins späte Mittelalter hinein kaum erwähnt. 1287 wurden die Frauenklöster → Wechterswinkel und → Frauenroth mit Wiesen bei B. bedacht. Eine Seitenlinie der hennebergisch-coburgischen Schenken von (Unter-)Siemau (LK Coburg) nennt sich 1362 nach B., ist also spätestens nach Mitte des 14. Jh.s dort ansässig geworden. – Der Ort teilte die Schicksale des zunächst hennebergischen, ab 1401 würzburgischen Amtes Aschach. Bekannt wurde er durch seine Mineralquellen, die im Jahr 1724 von dem Aschacher Pfarrer Johann Georg Schöppner entdeckt und auf Anweisung des Würzburger Fürstbf.s Christoph Franz von Hutten durch Balthasar Neumann gefaßt wurden. Die Entwicklung des Ortes zum vielbesuchten Heilbad begann jedoch erst 1754 mit der erneuten Fassung der Quellen im Auftrag des Fürstbf.s Philipp Karl von Greiffenclau. Dessen Nachfolger, die öfters zur Kur in B. weilten, förderten den

Kurbetrieb durch die Errichtung der erforderlichen Bauten (*Fürstenbau* 1766) und die Anlegung eines *Kurgartens* (1786, *Brunnengebäude* 1787). Nach 1785 wurden die insgesamt 9 Quellen voneinander getrennt gefaßt. Am bekanntesten ist heute die Stahlquelle, die B. die Bezeichnung »Stahlbad« eingebracht hat. (II)   *Heinrich Wagner*

K. Gröber, KDB Bad Kissingen, 1914, ND 1983.

Bad Brückenau, Stadt (LK Bad Kissingen, UFr.). B. (seit 1970 Bad B.) verdankt seine Entstehung der Lage am Übergang der alten, seit dem 8. Jh. bezeugten Handelsstraße Würzburg-Fulda über das Flüßchen Sinn, das die Hohe Rhön von der Südrhön trennt. In der Umgebung von B. ist bereits frühgeschichtliche Besiedlung durch Funde nachgewiesen. In historischer Zeit gehörte das Gebiet um B. zum Besitz des Klosters Fulda, für das es als Landbrücke zwischen dem fuldischen Besitz um → Hammelburg im Süden und dem Kerngebiet im Norden von Bedeutung war. Auseinandersetzungen Fuldas mit dem expandierenden Hochstift Würzburg, in dessen Territorium das fuldische Gebiet wie ein Keil hineinragte, führten um 1260 zur Befestigung der Siedlung am Sinnübergang, die bei ihrer ersten urk. Erwähnung 1294 bereits als befestigter Platz (oppidum) bezeichnet wird. – 1310 verlieh Kg. Heinrich VII. B. das Stadtrecht nach dem Vorbild von → Schweinfurt und Gelnhausen. Weitere Gerechtsame traten im Spätmittelalter hinzu, so daß sich B., das im 14. Jh. Sitz des Zentgerichts wurde, zum Hauptort des oberen Sinntals entwickelte. Bereits 1337 wurde eine Stadterweiterung im Osten in den Mauerring einbezogen, die Bevölkerungszahl stieg bis zum Ende des Mittelalters auf etwa 400. Mehrere Verpfändungen änderten nichts an der Zugehörigkeit zu Fulda, die bis zum Ende des Alten Reiches andauerte. 1360 begann mit der Stiftung einer Frühmesse die Abspaltung von der Urpfarrei im benachbarten Oberleichtersbach (seit 836 bezeugt), selbständige Pfarrei wurde B. jedoch erst 1694. 1525 schloß sich die Stadt den aufständischen Bauern an. Die Lehre Luthers fand auch in B. Eingang, blieb jedoch Episode. Die gegen Ende des Jh.s durch die Fuldaer Äbte energisch betriebene Gegenreformation war 1604 abgeschlossen. Im 30jg. Krieg litt B. unter wiederholten Durchzügen und war 1631–34 von hessischen Truppen besetzt. – Im 18. Jh. begann B.s Entwicklung zum Kurbad. 1747 wurde ca. 2 km sw. der Stadt sinnabwärts die erste der seit dem Mittelalter bekannten Heilquellen gefaßt. Unter der Ägide der Fuldaer Fürstbf.e (seit 1752) erfolgte die Erschließung weiterer Quellen und eine erste bauliche und gärtnerische Anlage des Bades. Deren Kernstück war eine das Sinntal rechtwinklig kreuzende Lindenallee, die von barocken Pavillons (erhalten: »*Haus zum Hirsch*«) flankiert und an der Nordseite durch den *Fürstenbau* abgeschlossen wurde. In der 2. Hälfte des 18. Jh.s beherbergte das Bad prominente Gäste und erlebte einen wirtschaftlichen Aufschwung, dem freilich in napoleonischer Zeit, bedingt durch kriegerische Ereignisse und mehrere Herrschaftswechsel, der Niedergang folgte. Erst mit dem Übergang B.s an Bayern 1816 begann eine neue Blütezeit des Bades. Sie verbindet sich mit dem Namen Kg. Ludwigs I. von Bayern, der das Bad (heute Staatsbad) B. ab 1818 bis zu seinem Tod 1868 insgesamt 26 mal besuchte. Das Bad verdankt dem großzügigen Mäzenatentum und der Bauleidenschaft des Kg.s vor allem den 1827–33 nach Vorbildern der florentinischen Renaissance errichteten *Kursaal* sowie mehrere bauliche Ergänzungen und Erweiterungen. Nicht zuletzt die häufige Anwesenheit des Kg.s steigerte das Ansehen des Bades, das bis zum Beginn des 20. Jh.s u. a. durch den Bau eines neuen *Kurhauses* weitere Ausgestaltung erfuhr. – 1876 vernichtete eine verheerende Brandkatastrophe den größten Teil der Stadt B. einschließlich der 1780–83 errichteten barocken Stadtkirche. Durch den Wiederaufbau erhielt das Zentrum B.s im wesentlichen seine heutige Gestalt, da Teile der alten Stadtbefestigung abgebrochen und neue Straßenzüge angelegt wurden. 1891 gewann B. Anschluß an das Eisenbahnnetz, 1906 wurden auch im Bereich der Stadt Heilquellen erschlossen. In den 1930er Jahren folgte die Erweiterung der Stadt nach Süden und die Eingemeindung der benachbarten Orte Römershag und Wernarz. Unter nationalsozialistischer Herrschaft kam 1941 auch in B. das Ende für die dort seit 1628 belegte jüd. Gde., die 1913 erbaute Synagoge fiel der Reichspogromnacht 1938 zum Opfer. – Am 5.4.1945 wurde das von Kriegszerstörungen weitgehend verschont gebliebene B. von den Amerikanern besetzt. War bis dahin der Kurbetrieb neben einzelnen holzverarbeitenden Betrieben der wichtigste Wirtschaftszweig, siedelten sich in der Nachkriegszeit auch Betriebe der Metall- und Elektroindustrie an. Mit der Rhönautobahn Würzburg-Kassel erhielt erhielt Bad B. Anfang der 1970er Jahre Anschluß an das Autobahnnetz.

Auf dem n. von Bad B. gelegenen Volkersberg ist 1378 erstmals eine Wallfahrtskapelle zum Hl. Kreuz urk. bezeugt, die 1453 erweitert wurde. 1657/58 übernahmen Franziskaner die Wallfahrtsseelsorge, ab 1661 entstanden die *Klostergebäude* und ab 1664 eine neue barocke *Kirche*. 1678 erfolgte die Einweihung. Das Kloster überlebte die Säkularisation und bestand bis 1966. Heute werden die Gebäude als Jugendhaus der Diözese Würzburg genutzt. (II) *Georg Salzer*

K. Gartenhof, Studien zur Geschichte der Stadt B., Würzburg 1973. – G. H. Wich, HAB Brückenau-Hammelburg, 1973. – E. Wegner/H. Wehner, Bad B. im Wandel der Jahrhunderte. Ein Städtebild aus mehr als 7 Jahrhunderten, Bad B. 1976, ²1994.

Bad Kissingen, Stadt (LK Bad Kissingen, UFr.). Der alte Ortskern von K. liegt in einer Talweitung am Mittellauf der Fränkischen Saale auf einer hochwasserfreien Terrasse links des Flusses. K. wird als im Saalegau gelegene »villa chizziche« 801 in einer Schenkung an das Kloster Fulda erstmals erwähnt. Die oftmals behauptete Existenz von Königsgut am Ort ist Spekulation, die sich nur darauf stützen kann, daß Ks. Ludwig der Fromme hier – wahrscheinlich aber nur das Gastungsrecht des Herrschers im Kissinger Haupthof (curia) der Reichsabtei Fulda wahrnehmend – am 12. Mai 840 eine Urkunde ausstellte. 823 erhielt Fulda einen Anteil an der Oberen und an der Unteren Saline sowie einen Anteil an der »oberen Salzquelle in Kissinger Mark«. Von Fulda gelangte K. 953 durch Tausch an einen Rudolf und dessen Söhne Adalbraht und Liu[t]bold, wohl nahe Verwandte der Markgrafen von Schweinfurt, von deren andechsischen Nacherben es an die Grafen von Henneberg kam. Der 1234 genannte hennebergische Fronhof (»dominicale«) in K. dürfte mit dem ehemals fuldischen Hof identisch sein. 1258 wurde ein Streit zwischen Henneberg und Würzburg um den Bestand einer hennebergischen Befestigung (municio) inner- bzw. außerhalb des »alten Grabens« beigelegt. – Im Laufe des 13. Jh.s wurde K. zur Stadt. 1279 wird es »oppidum« genannt, 1286 ist ein Bürger (civis) erwähnt, 1292 wird K. »castrum cum opido« als Pfand eingesetzt, 1297 ist ein Schultheiß bezeugt. Noch auf das 13. Jh. und hennebergische Initiative wird die planmäßige, annähernd quadratische Anlage der Stadt zurückgehen, während die ö. davon gelegene ältere, dörfliche Siedlung als »Altstadt« samt ihrer Marienkirche außerhalb der schützenden Mauern blieb und mit der Zeit aufgelassen wurde. – K. und Umgebung waren bis 1353 Bestandteil der sog. Neuen Herrschaft Henneberg. Ihren Anteil verkauften die Hz.e von Stettin als hennebergische Nacherben 1394 an Würzburg. – Von der mittelalterlichen Befestigung ist nur noch die nö. Ecke mit dem sog. *Feuerturm* erhalten geblieben. – 1206 wird erstmals ein Pfarrer (plebanus) für K. genannt. Die *Jakobuskirche* in der Stadt wurde offenbar kurz vor 1286 (in diesem Jahr als »neue Kirche« bezeichnet) errichtet und in der Echterzeit umgebaut; 1772 wurde mit einem Neubau begonnen, der 1775 vollendet war. Die ursprüngliche Pfarrkirche von K. war wohl *St. Burkhard* (in der Flur »Altstadt« gelegen, früher mit Marienpatrozinium); sie diente nach Gründung der Stadt als Friedhofskirche. 1348 wird eine Stiftung für den Bau der Marienkirche zu K. beurkundet. Nach der erhaltenen Bauinschrift wurde 1446 ein Neubau begonnen, dessen Langhaus 1725 abgebrochen und nach Plänen Balthasar Neumanns ab 1726 neu errichtet wurde. – Im dt.-dt. Krieg 1866 fand in unmittelbarer Nähe von K. ein Gefecht zwischen preuß. und bay. Verbänden statt, das die Preußen für sich entscheiden konnten (zahlreiche *Grabdenkmäler* in der Flur um K.). – 1871 wurde die Bahnlinie Schweinfurt-K. eröffnet, ab 1874 konnte man von Ebenhausen aus auch den Norden (Meiningen) erreichen; eine Verbesserung der Verkehrssituation, die dem Kurbetrieb in K. entschieden zugute kam. Die ersten Nachrichten über die Nutzung der Mineralquellen in und um K. zu Kurzwecken datieren aus dem 16. Jh., doch herrschte zunächst noch die Salzerzeugung vor (ganz aufgegeben erst 1968). Die Säkularisation 1802 bzw. die endgültige Eingliederung von K. und seiner Umgebung in das Kgr. Bayern 1814 brachte auch die bauliche Umgestaltung der frühneuzeitlichen Kuranlagen, mit der Kg. Ludwig I. seinen Architekten Friedrich von Gärtner (*Arkadenbau* mit Konversationssaal, *Krugmagazin* für den Versand von Heilwasser 1839, Ludwigsbrücke, eiserner *Brunnenpavillon*) beauftragte. – Da die Innenstadt keinen ausreichenden Raum für einen notwendig gewordenen Neubau bot, wurde 1884 für die kath. Pfarrgde. außerhalb der alten Mauern die neugot. *Herz-Jesu-Kirche* erbaut. Infolge des seit Mitte des 19. Jh.s sehr lebhaften Kurbetriebs, der internationales Publikum anzog, wurden auch Sakralbauten für andere Religionen bzw. Konfessionen errichtet, u. a. eine *orthodoxe Kirche.* – Die auf Grund der Judenemanzipation und infolge des Aufstiegs zum Weltbad besonders in der 2. Hälfte des 19. Jh.s stark angewachsene jüd. Gde. K.s hatte schon seit 1705 neben dem Ghetto (»*Judenhof*«) ein Bet- und Schulhaus, das 1851/52 durch einen Neubau, die »Alte Synagoge«, abgelöst wurde (1927/28 abgerissen). 1902 konnte die im neoroman. Stil erbaute »Neue Synagoge« eingeweiht werden (am 10.11.1938 in Brand gesteckt, 1939 abgebrochen). 1959 wurde der Betsaal im *jüd. Gemeindehaus* wieder eröffnet. – Der bekannteste Kurgast des 19. Jh.s war neben gekrönten Häuptern nahezu aller europäischer Staaten Reichskanzler Otto von Bismarck, der K. (wo er in der *Oberen Saline* n. der Stadt zu wohnen pflegte; seit 1998 *Bismarck-Museum*) 1874–93 nicht weniger als 15 mal aufsuchte und 1877 im sog. Kissinger Diktat seine Sicht der Rolle des Deutschen Reiches im Konzert der europäischen Großmächte beschrieb. Zu Beginn des 20. Jh.s wurden die Kuranlagen unter Prinzregent Luitpold nochmals großzügig erweitert und ausgebaut (Max

Littmann: *Kurtheater* 1905, »*Regentenbau*« u. a.). – 1823 entstand eine erste öffentliche Badeanstalt zu Kurzwecken, doch erhielt K. erst 1883 die amtliche Bezeichnung »Bad«. Ab 1908 war K. (mit Unterbrechung von 1940–48) kreisfreie Stadt bis zur Gebietsreform 1972, mit der es »Große Kreisstadt« (mit zahlreichen Eingemeindungen) wurde. – Die wirtschaftliche Situation nach den beiden Weltkriegen, vor allem aber die Maßnahmen des Gesetzgebers zur Kostendämpfung im Gesundheitswesen beeinträchtigten den Kurbetrieb auch in K. erheblich. Nach dem Fall des »Eisernen Vorhangs« 1990 wurde die amerikanische Garnison abgezogen. Durch Freizeitangebote (Golfplatz 1911, erstes *Terrassenschwimmbad* der Bundesrepublik Deutschland 1954, *Eissporthalle* 1977) und Traditionspflege (Rakoczy-Fest) sowie überregionale kulturelle Angebote (u. a. das inzwischen fest etablierte Musikfestival »Kissinger Sommer«) wurde und wird versucht, die Attraktivität des einst so renommierten Kurortes wiederzugewinnen. (II) *Heinrich Wagner*

K. Gröber, KDB Bad Kissingen, 1914, ND 1983. – A. Memminger, K. Geschichte der Stadt und des Bades, Würzburg 1923. – H.-J. Beck/ R. Walter, Jüdisches Leben in Bad K., Bad K. 1990. – D. A. Chevalley/ S. Gerlach, DiB Stadt Bad K., 1998. – T. Ahnert u. a. (Hg.), 1200 Jahre Bad K. 801–2001, Bad K. 2001.

Bad Königshofen i. Grabfeld, Stadt (LK Rhön-Grabfeld, UFr.). Schon in vorgeschichtlicher Zeit war die Gegend um Bad K. besiedelt. 738 wurde das Grabfeld, Bindeglied zwischen Mainfranken und Thüringen und eine der am frühesten bezeugten frk. Landschaften, erstmals genannt. Es reichte von Fulda über Schmalkalden bis ins Coburger Land und an den Main bei Schweinfurt. Der Name leitet sich vom slaw. Wort »grap« (Buche) ab. – 741/42 wurde »Chuningishaoba in pago Graffeldi« erstmals urk. erwähnt. Der Königshof war ein bedeutender Stützpunkt für die militärische Sicherung und die wirtschaftliche Erschließung des verkehrsstrategisch wichtigen Grabfelds. Seit dem 13. Jh. waren die Grafen von Henneberg im Besitz K.s. 1245 wird die Stadtburg erwähnt, 1292 K. als »oppidum« bezeichnet und befestigt. 1323 erhielt K. durch

Kg. Ludwig den Bayern das Marktrecht. 1354 kam es durch Heirat in den Besitz des Grafen Eberhard von Württemberg, der die Stadt an das Hochstift Würzburg verkaufte. K., nun Sitz eines würzburgischen Amtes, war 1397/98 freie Reichsstadt. Kg. Wenzel zog jedoch die 11 Städten gewährte Vergünstigung nach 3 Monaten wieder ein. 1442 begann der Bau der *Stadtpfarrkirche*, die eine bereits 822 erwähnte Kirche ersetzte. – 1525 beteiligen sich Königshöfer Bauern im sog. Bildhäuser Haufen am Bauernaufstand. 1562 vernichtete ein Großbrand 3 Viertel der Stadt. 1565 wurde K. wegen seiner militärgeographisch wichtigen Lage erstmals als fürstbischöfliche Grenzfestung bezeichnet und insbesondere in der Echterzeit um 1600 ausgebaut (Entfestigung ab 1826). 1575 wurde das *Rathaus* errichtet. 1584/85 entstand das *Juliusspital* am Kirchplatz. 1596 wurde der *Vierröhrenbrunnen* aufgerichtet, 1697 folgte der *Michaelsbrunnen* und 1911 als dritter Brunnen auf dem Marktplatz der *Prinzregent Luitpold-Brunnen*. – 1660/61 wurde die im 30jg. Krieg zerstörte mittelalterliche Ratsschenke, das *Schlundhaus*, wieder aufgebaut, 1665 ein Kapuzinerkloster eingeweiht. Das Konventsgebäude wich im 20. Jh. einem modernen *Hotelkomplex*. 1693 wurde der Wechterswinklische Schüttbau (»*Schranne*«) errichtet. Das Bauwerk beherbergt seit 1988 ein archäologisches *Museum*. Seit 1767 war K. Knotenpunkt der Thurn- und Taxisschen Postverbindung Würzburg-Hildburghausen. – 1802/03 kam K. an Bayern und wurde 1862 Sitz eines Bezirksamts. 1893 verkehrte der erste Zug auf der neu gebauten Stichbahn Neustadt-K. (Personenverkehr 1976 eingestellt, Abbau der Bahngleise 1997). Eine *ev. Kirche* gibt es seit 1894/98. – K. besaß seit 1800 eine bedeutende jüd. Gde. 1900 lag die Mehrheit der Geschäfte in jüd. Hand. 1903 errichtete die jüd. Gde. eine stattliche Synagoge, die in der Pogromnacht im November 1938 stark beschädigt und 1951 abgetragen wurde. In der Zeit der nationalsozialistischen Herrschaft wanderten die jüd. Bürger der Stadt aus oder wurden deportiert und ermordet. – Im 2. Weltkrieg war die Stadt Ziel von Bombenangriffen. Zahlreiche Flüchtlinge und Vertriebene fanden nach dem Krieg im Grabfeld eine neue Heimat. – 1945–89 waren K. und das Grabfeld durch die Zonengrenze von ihrem natürlichen Hinterland in Südthüringen abgeriegelt; schwerwiegende wirtschaftliche Probleme waren die Folge. Das Grabfeld wies die geringste Industriedichte Bayerns auf. 1947 wurde ein Progymnasium, 1961 eine Realschule gegründet. 1972 wurde der LK K. aufgelöst und mit den Kreisen → Bad Neustadt a.d. Saale und → Mellrichstadt zum LK Rhön-Grabfeld vereinigt. – 1896 war anläßlich von Trinkwasserbohrungen in K. eine Mineralquelle entdeckt worden. Dies führte 1900 zur Eröffnung eines Badebetriebs. 1974 wurde K. zur Badestadt erhoben. Ein *Kurzentrum* wurde gebaut und der Kurpark erweitert. (II) *Reinhold Albert*

H. Karlinger, KDB Königshofen, 1915, ND 1983. – J. Sperl, Stadt und Festung K. i. Grabfeld. Ein geschichtlicher Abriß, K. 1974. – Bad K. mit seinen Stadtteilen in Vergangenheit und Gegenwart, Bad K./Würzburg 1982.

Bad Neustadt a.d. Saale, Stadt (LK Rhön-Grabfeld, UFr.). Auf dem sw. von Bad N. gelegenen Veitsberg, einer in die Flußniederung der Fränkischen Saale vorgeschobenen stumpfen Bergnase in gemäßigter Schutzlage gegenüber dem Dorf → Salz befand sich wohl die ottonische Pfalz (»civitas« 940) Salz, vielleicht hervorgegangen aus einem karolingerzeitlichen Forst- und Jagdhof. Im Zentrum einer heute verebneten karolingisch-ottonischen Wallanlage fanden sich u. a. Reste einer Steinrotunde von 13 m Durchmesser und 1,80 m Mauerstärke. Bei diesen Dimensionen ist am ehesten an einen Sakralbau, wohl die 1284 erstmals urk. erwähnte Veitskapelle zu denken, die dem Berg den Namen gab. Die Wallanlage sowie Aufenthalte Kg. Heinrichs I. 927 und 931 in »Salz« deuten auf eine Rolle im Rahmen der Landesverteidigung gegen die Ungarn hin.

Die *Salzburg* bei Bad N. wird ca. 1160 erstmals genannt. Sie war von Anlage und Umfang her als würzburgisch-landesherrliche Ganerbenburg konzipiert und sollte wohl in erster Linie den von Ks. Otto III. im Jahr 1000 an das Hochstift Würzburg geschenkten Salzgau militärisch gegen die Grafen von Henneberg sichern. Darüber hinaus diente sie wohl auch der Sicherung der Verbindung über → Mellrichstadt nach dem bis 1542 würzburgischen Amt Meiningen. Vor Gründung der Stadt N. war die Salzburg Verwaltungsmittelpunkt eines würzburgischen Amtes. 1258 wird eine umfangreiche Dienstmannschaft genannt, deren Nachfolger als Ganerben seit dem 15. Jh. ihr Verhältnis untereinander in Burgfrieden regelten. Bf. Johann I. bestellte 1407 einen Münzmeister zu N.; vielleicht ist der »Münz« genannte Ansitz auf der Salzburg damit in Verbindung zu bringen. Nach dem Bauernkrieg zerfiel die Salzburg zum größeren Teil; heute ist nur noch der frühere Voitsche Ansitz bewohnt. Die Burg selbst ging nach mehrfachen Besitzerwechseln in das Alleineigentum der von Guttenberg über. – 1841 wurde – in der irrigen Annahme, daß Bonifatius auf der Salzburg den ersten Bf. von Würzburg geweiht habe – in Anwesenheit Kg. Ludwigs I. von Bayern der Grundstein zu einer *Kapelle* gelegt, die 2001 umfassend restauriert und mit zeitgenössischen Kunstwerken ausgestattet wurde. – Am Fuß des Burgberges entstand ab 1853 das private, von den Eigentümern der Salzburg betriebene Heilbad Neuhaus, hervorgegangen aus einem adeligen, seit dem 16. Jh. reichsritterschaftlichen Gut, das in der frühen Neuzeit eine große jüd. Gde. beherbergte. Zu Beginn der 1970er Jahre wurden an der Salzburgleite die gesichtslosen Betonbauten des sog. *Rhön-Klinikums* errichtet, die als Therapiezentrum konzipiert waren, infolge der Maßnahmen zur Kostendämpfung im Gesundheitswesen aber mehrfach umgewidmet werden mußten.

N. wird 1232 erstmals als »nova civitas« erwähnt. Es lag im Schnittpunkt einer überregional bedeutenden Nord-Süd-Verbindung (etwa im Verlauf der heutigen B 19) und einer Nordwest-Südost-Verbindung, die von Fulda nach Bamberg (und weiter nach Regensburg) führte. N. löste die Salzburg als Mittelpunkt des ehem. Königsgutbezirks Salz ab, der im Laufe des 11. Jh.s zur Gänze an das Hochstift Würzburg gekommen war. Eine frühere Besiedlung des heutigen »Stadthügels«, einer annähernd keilförmigen Landzunge zwischen Fränkischer

Saale und Brend, konnte nicht nachgewiesen werden. – Die Gründung der »neuen Stadt« zwischen 1216 und 1232 dürfte in den Kampf der werdenden Territorien um die Landeshoheit zwischen dem Hochstift Würzburg und den Grafen von Henneberg einzuordnen sein. Die Orte → Brend(-lorenzen) und → Salz sowie Herschfeld und Mühlbach hatten bis 1860 mit N. eine nur nach außen hin versteinte Universalmarkung (»Hohe Mark«). – Im Laufe des Spätmittelalters zog N. alle wesentlichen Kompetenzen der umliegenden Orte an sich: Von Brend die Pfarrei-, von Salz die Zent-, von der Salzburg die Verwaltungsfunktion. Eine förmliche Stadtrechtsverleihung ist nicht bekannt. Die Stadtverfassung zeigt sich aber schon in der 2. Hälfte des 13. Jh.s voll entwickelt. Bf. Gerhard von Schwarzburg erließ 1385 die erste bekannte Stadtordnung. 1352 siedelten sich Karmeliten in N. an (*Kirche* des 14. Jh.s; *ehem. Klostergebäude,* heute Amtsgericht). Die Pfarrkirche St. Georg und Oswald wurde 1783 eingelegt und durch einen w. orientierten *Neubau* (Mariae Himmelfahrt) ersetzt, der ein wichtiges Beispiel des Spätklassizismus in Franken darstellt. – Das 19. und das 20. Jh. sahen die Zurückdrängung des Ackerbaus und den Vormarsch der Industrie (u. a. Preh-Werke 1919). Mit der Eingemeindung von Bad Neuhaus 1934 ging das Prädikat »Bad« auch auf N. über. Die Lage an der Eisenbahnstrecke Stuttgart-Berlin (Bahnanschluß seit 1874) führte im Zusammenwirken mit dem Bestreben, Arbeitsplätze in der Rhön zu schaffen und das Deutsche Reich durch Dezentralisation kriegsfähig zu machen, zur Ansiedlung eines Siemens-Schuckert-Zweigwerkes (Baubeginn 1937). 1972 wurde N. im Rahmen der Gebietsreform zur Kreisstadt des aus den alten LKn Bad N., Mellrichstadt und (→ Bad) Königshofen i. Grabfeld gebildeten Großkreises Rhön-Grabfeld. Dem Rückgang des Kurwesens begegnete man durch Ansiedlung von Spezialkliniken.   (II)   *Heinrich Wagner*

K. Gröber, KDB Neustadt a. Saale, 1922, ND 1983. – H. Wagner, HAB Neustadt a.d. Saale, 1982. – L. Benkert, Bad N. an der Saale. Die Stadtchronik, Bad N. 1985. – J. Zeune, Führer durch die Salzburg, Bad N./Creußen 1994. – H. Wagner, Zur Topographie von Königsgut und Pfalz

Salz, in: Deutsche Königspfalzen, Bd. 4: Pfalzen, Reichsgut, Königshöfe, hg. v. L. Fenske, Göttingen 1996, S. 149–183.

Bad Rodach, Stadt (LK Coburg, OFr.). Im alten Siedlungsgebiet zwischen Thüringen und Franken wurde der »Grabfeldgau« gegen die Slawen stabilisiert. R. wird mit einer Urkunde 899 von Ks. Arnulf als Lehensgut dem Grafen Poppo zurückgegeben und damit erstmals zuverlässig genannt. Damit verfügt die kleine Stadt in der Nordwestecke des LK Coburg über 1100 Jahre faßbare Geschichte als Ort der Henneberger, ab 1353 der Wettiner bis 1918, seit 1920 als bay. Stadt, von 1945 bis 1990 im toten Winkel an der Zonengrenze und heute als Thermalbadstadt mit rund 6000 Einwohnern einschließlich Eingemeindungen. – Im 13. Jh. bildete sich eine stadtähnliche Siedlung um den heutigen *Marktplatz* und die *Johanniskirche.* R. wurde 1317 erstmals als Stadt bezeichnet, 1362 mit Stadt- und Marktrecht ausgestattet; hinzu kam später die eigene Gerichtsbarkeit. Ein *Mauerring* mit 3 Stadttoren umschloß die Stadt. – Auf dem Höhepunkt der konfessionellen Auseinandersetzungen trafen sich die Vertreter der prot. Religion 1529 in der Rodacher Johanniskirche, um über ein Verteidigungsbündnis der ev. Fürsten und Städte in Deutschland zu beraten. So wurden die »Rodacher Artikel« zur Grundlage des Schmalkaldischen Bundes. – Im 30jg. Krieg brannte die Stadt nieder. Der Wiederaufbau ließ die Johanniskirche wieder erstehen, daneben die »*Alte Schule*« (1697) und vor allem auf Anordnung des Hz.s Franz Josias von Sachsen-Coburg-Saalfeld das *Jagdschloß* durch den → Ansbacher Baumeister Johann David Steingruber 1748/49. Das alte *Pfarrhaus* und die *Bürgerhäuser* um den Marktplatz kennzeichnen das historische Stadtensemble von R. – Im Jahr 1972 nahm mit der Entdeckung und Erbohrung der Thermalquellen auf freiem Feld im Südwesten vor der Stadt die Errichtung eines Kurviertels mit *Thermalbad, Kurpark,* einem *Klinikum, Hotel* und *Appartementhäusern* ihren Ausgang. Seit 1999 trägt »Rodach b. Coburg« das Prädikat »Bad«. (III) *Harald Bachmann*

Schriften des Rodacher Rückert-Kreises, 1976 ff.

Bad Staffelstein, Stadt (LK Lichtenfels, OFr.). Im oberen Maintal am Fuß des → Staffelbergs gelegen, erscheint S. erstmals in der Beschreibung des Gutsbezirks Banz, die, im Codex Eberhardi überliefert, wohl um 800 entstand. 4 frühgermanische Abfallgruben aus dem frühen 1. Jh., ein thür. Frauengrab der Zeit um 500 und ein merowingerzeitliches Gräberfeld in der Gemarkung deuten auf eine weiter zurückreichende Besiedlung hin. Auffällig ist ferner der ausgedehnte Sprengel der vor 1007 errichteten Pfarrei St. Kilian (*Pfarrkirche* beim Stadtbrand 1473 vernichtet, anschließend Wiederaufbau). – Vor 1120/24 fiel der Fronhof S. an das Domkapitel → Bamberg, das 1130 bei Kg. Lothar ein Marktrechtsprivileg erwirkte. Das Domkapitel war nicht nur der größte Grundherr, sondern erwarb im 14. und 15. Jh. die volle Gerichtsbarkeit (1422 Blutbann) und baute den Ort zur Stadt aus. Von der Stadtmauer sind *Reste* erhalten, von den 4 Tortürmen nur das *Bamberger Tor* (1573 von Jakob Wolff). In der Frühneuzeit war S., obwohl Teil des Hochstifts Bamberg, der landesherrlichen Gewalt des Bf. weitestgehend entzogen, ebenso das zugehörige kleine domkapitelische Amt (*Kastenhof* 1714/17 nach Plänen von Friedrich Rosenzweig d.Ä.). – Ein Stadtbrand vernichtete 1684 340 Gebäude. Die danach wiedererrichteten *Bürgerhäuser* mit Fachwerkobergeschoß prägen den Marktplatz (*Rathaus* 1686/87 von Zimmermeister Adam Cuntzelmann). Im 18. Jh. wohnten in S. mehrere Maurer-, Zimmermanns-, Bildhauer-, Stukkatoren- und Schreinerfamilien, die an Bau und Ausstattung der benachbarten → Klöster Banz und → Langheim und der Wallfahrtskirche → Vierzehnheiligen mitwirkten (u. a. der Baumeister Johann Thomas Nißler). – Nachdem die Stadt 1804 den Amtssitz verloren hatte, begann 1846 mit dem Anschluß an die Ludwig-Süd-Nord-Bahn (*Bahnhof* 1845/47 von Friedrich Bürklein) eine neue Blüte. Ab 1862 war S. wieder Amtsstadt (bis 1972). – Durch eine 1600 m tiefe Bohrung 1975 wurde eine ca. 50 C° warme, eisen- und kohlensäurehaltige Thermalsole aus dem Buntsandstein erschlossen. Ein Thermalbad wurde 1986 eröffnet. 2001 erhielt die Stadt den Titel »Bad«.　　　　　　　　　　　　　(III)　*Günter Dippold*

H. Karl, Staffelsteiner Chronik, S. 1905. – S. Die Geschichte einer fränkischen Stadt, S. 1980. – G. Dippold/A. Meixner (Hg.), Staffelsteiner Lebensbilder, S. 2000. – G. Dippold, Bad S. Kleinod im Gottesgarten am Obermain, Stuttgart 2001.

Bad Steben, Markt (LK Hof, OFr.): → Lichtenberg.

Bad Windsheim, Stadt (LK Neustadt a.d. Aisch-Bad Windsheim, MFr.). W. entstand aus einer Siedlung, die sich neben der auf dem überschwemmungssicheren Hügel im Aischtal stehenden *Gebietskirche St. Martin* befand. W. davon befindet sich die 1820 eingemeindete *Kleinwindsheimer Mühle*, die ehemals 741/42 als »villa Uuinidesheim«, dem Heim des Winid, zum Ausstattungsgut des Bistums Würzburg gehörte. Die 2000 erfolgten Ausgrabungen wiesen eine Siedlungskontinuität seit dem 10. Jh. nach. Der Umfang dieser 1234 erstmals urk. faßbaren Gründung ist an den Straßenzügen Alte Weed, Schirmergasse, Holzmarkt und Metzgergasse noch deutlich erkennbar. – 1235 trat das Bistum Würzburg den florierenden Markt an das Reich ab. Vermutlich 1284, spätestens 1295 war W. Reichsstadt. In das 13. Jh. fällt in W. auch die Errichtung einer ersten Ummauerung und der Pfarrkirche St. Kilian. Um seine Stellung gegenüber dem Ks. zu festigen, kaufte W. durch Ausübung des Landfriedensrechts umliegende Güter des Landadels auf und trat 1383 dem Schwäbischen Bund bei. – Wie alle kleineren frk. Reichsstädte wurde W. mehrfach verpfändet (1297–1302, 1325–41 und 1347–60). Patriziat und Bürgern gelang es zweimal mit enormen Geldmitteln (1360: 28.000 Gulden), die Stadt beim Ks. auszulösen. Als Gegenleistung stellten Ludwig der Bayer und Karl IV. »privilegia de non alienando« aus, garantierten also die zukünftige Unverpfändbarkeit. Ks. Sigmund sicherte W. 1433 Gerichtshoheit zu und Friedrich III. überließ ihr 1464 den Blutbann. – Die Stadt wuchs beständig, so daß sowohl 1379/81 als auch 1424–34 die *Stadtbefestigung* eine wesentliche Erweiterung erfuhr. Ende des 15. Jh.s mußten die Markgrafen von Brandenburg-Ansbach-Kulmbach, die 1282 noch als Burggrafen von Nürnberg den benachbarten Markt Lenkersheim als Reichslehen erhalten und die Stellung W.s durch Gebietskäufe bewußt zu schwächen versucht hatten, die Gerichtshoheit des Rates anerkennen. 1525 schloß sich die Stadt der Reformation an und unterzeichnete 1530 die Confessio Augustana; in der Folgezeit wurden Kirchen, Sozialstiftungen und das 1291 gegründete Augustinereremitenkloster sowie die Zisterzienserabtei → Heilsbronn säkularisiert; das Kloster wurde bis auf den Chor der *Augustinerkirche*, in dem sich heute die Stadtbibliothek befindet, 1713 abgerissen. – W., das im Jahr 1550 etwa 750 Einwohner zählte, verlor seit dem 16. Jh. vor allem durch die Folgen des 2. Markgrafenkrieges 1552/54 und des 30jg. Krieges an Bedeutung (1635 angeblich noch 50 Bürger). 1596–97 fanden Hexenprozesse auch gegen Angehörige ratsherrlicher Familien statt. – Die viereckige Innenstadtanlage mit ca. 11 ha Fläche paßte sich schrittweise den veränderten, auch repräsentativen Bedürfnissen des wachsenden Gemeinwesens an. 1531 wurde der *Friedhof* vor die Tore der Stadt verlegt, 1564 das 1393/1400 errichtete Rathaus umgebaut und 1573 die *Neue Lateinschule* errichtet. Das 1317 von Konrad, genannt Forster, gestiftete *Hl.-Geist-Spital* erhielt 1569 erhebliche Erweiterungsbauten. – Die *Stadtpfarrkirche*, Teile des Hospitals, etliche Privathäuser und das nach den Plänen von Gabriel de Gabrieli 1713–17 im Barockstil errichtete *Rathaus* fielen 1730 einem verheerenden Stadtbrand zum Opfer und wurden bis 1733 wieder aufgebaut. Der städt. *Bauhof* aus dem 15. Jh., der zu den Meisterwerken der Zimmermannskunst gehört, blieb verschont.

1802 endete die reichsstädt. Epoche. 1810 kam W. endgültig zum Kgr. Bayern. 1876 erfolgte der Anschluss an die Eisenbahn. Ab 1888 begann mit der Etablierung 5 größerer Betriebe der industriellen Fertigung auch für W. das Industriezeitalter. Bereits 1888 wurde das Gipswerk Spät gegründet, es folgten zwei Maschinenfabriken (1905/19) und eine Eisengießerei (1922); neben der Weberei Voack (1946; geschlossen 1983) siedelten sich zuletzt das Fränkische Zahnradwerk (FZ) und die Getränkefirmen Nawinta und Frankenbrunnen an. – Mit der Entdeckung von Heilquellen auf dem Gebiet der

Stadt begann Ende des 19. Jh.s die Entwicklung eines neuen Wirtschaftszweiges. Die → Würzburger Brüder Johann und Georg Schwarz kauften eine im Juli 1891 entdeckte solehaltige Heilquelle. Weitere Quellen wurden erschlossen, darunter 1904 in knapp 158 m Tiefe eine der stärksten Solequellen Europas. 1906 wurde in W. mit der Anerkennung als Solbad das erste *Kurhaus* errichtet; ein blühender Kurtourismus etablierte sich. – Nach dem 2. Weltkrieg stieg die Bevölkerungszahl sprunghaft an, die Stadt durchlebte jedoch einen Strukturwandel, der den Schwerpunkt von der industriellen Fertigung auf Tourismus und Dienstleistung verlagerte. 1961 erhielt die Stadt das Prädikat »Bad« und mit der *Frankenland-Klinik* ein modernes Sanatorium. Systematisch wurden Stadt und Kurbetrieb ausgebaut: Nach der Errichtung eines neuen Kurzentrums mit *Sole-Park* (1974) wurde 1976 eine grundlegende Altstadtsanierung begonnen. 1984 erfolgte die Errichtung eines neuen *Schulkomplexes* mit Sportzentrum.

Die nicht unbedeutende jüd. Gde. W.s wurde durch ein Pogrom im Jahre 1298 ausgelöscht, der Besitz eingezogen. Ab 1874 bewirkte der Zuzug jüd. Bevölkerung aus den umliegenden Dörfern die Gründung einer neuen Israelitischen Kultusgde. (1877). 1878 richtete die Gde. in einem Wohnhaus am Hafenmarkt eine Synagoge und ein rituelles Bad (Mikwe) ein. 1938 wurde die Synagoge im Zuge der Reichspogromnacht zerstört und die jüd. Bevölkerung W.s in der Folge in die Emigration getrieben oder deportiert und ermordet. – Das *Fränkische Freilandmuseum* (seit 1982) und das *Reichsstadtmuseum* bewahren die Zeugnisse zur Geschichte der Reichsstadt und des Umlandes.   (V)   *Beate Greif*

R. A. Müller/B. Buberl (Hg.), Reichsstädte in Franken, München 1987. – A. Estermann, Bad W. Geschichte einer Stadt in Bildern, Bad W. ³1989. – H. Steinmetz/H. Hofmann, Die Juden in W. nach 1871, Bad W. 1992.

Baiersdorf, Stadt (LK Erlangen-Höchstadt, MFr.). Das in dem vom Königshof → Forchheim verwalteten Forst ö. der Regnitz auf der hochwassersicheren Uferterrasse als Rodungssiedlung entstandene »Peieresuorhahe« kam 1062 an die

→ Bamberger Kirche. Um 1133/37 schenkte es Bf. Otto von Bamberg an das Kloster → Münchaurach. Als dessen Vögte ab 1158 konnten die Burggrafen von Nürnberg auch in dem s. nahe der zweiten Bamberger Hauptstadt Forchheim gelegenen Ort Fuß fassen und von Kg. Karl IV. 1353 das Recht zur Stadtgründung erlangen. In der Folge wurde B., dessen Dreitoranlage ähnlich wie in Forchheim oder der Altstadt → Erlangen mit Achse in Nord-Süd-Richtung und einem Zugang von Westen die Hauptrichtungen der Verkehrswege zeigt, zum Sitz eines Amtes mit eigenem Halsgericht ausgebaut. Das Amt wurde 1402/03 dem Unterland des Markgraftums Kulmbach-Bayreuth zugeteilt und 1541 der neugebildeten Landeshauptmannschaft mit Sitz in → Neustadt a.d. Aisch unterstellt. Der Amtssprengel, zu dem schließlich 125 Dörfer gehörten, reichte nach der Besetzung des → Nürnberger Landgebietes 1796 durch Preußen sogar bis an die Mauern der Reichsstadt. – Spätestens seit dem 14. Jh. führte die Handelsstraße von Nürnberg in Richtung Leipzig über B., bis wohin die Markgrafen das Geleitsrecht gegenüber den Bf.n durchsetzen konnten. 1391 erwarben sie auch den noch beim Kloster Münchaurach verbliebenen Besitz mit Ausnahme des Patronats über die *Pfarrkirche St. Nikolaus*, das ihnen erst nach der Reformation 1525/28 zufiel. Dem um 1558 gebildeten Dekanat B. unterstanden bis 1810 zeitweise 32 Pfarreien. – 1388 im Städtekrieg, 1449 und 1553 in den beiden Markgrafenkriegen, ferner 1474 durch einen Stadtbrand sowie 1632 im 30jg. Krieg erlitt B. Zerstörungen. 1632 wurde auch das etwas außerhalb gelegene Schloß Scharfeneck zerstört, das bis Anfang des 14. Jh.s zurückreichte und seit 1627 in der Art des → Aschaffenburger Schlosses als prächtige Vierflügelanlage neu errichtet worden war, die Ruine wurde 1891 abgebrochen. – Vermutlich schon seit Ende des 14. Jh.s bis 1938 hatte B. eine jüd. Gde., die im 18. Jh. zur größten im Markgraftum Kulmbach-Bayreuth anwuchs und hier eine Synagoge und einen bedeutenden *Friedhof* mit überregionalem Einzugsbereich besaß. 1611–1813 gab es hier den Oberlandesrabbiner für das Fürstentum, bis 1894 einen Distriktsrabbiner. Im Zuge der Reichspogromnacht im November 1938 wurde die Synagoge zerstört. – Spätestens seit 1420 war B. Sitz einer ursprünglich große Teile Nordbayerns umfassenden Zunft der Kessler und Kupferschmiede, seit 1694 auch eines u. a. für die Mühlen und Wasserschöpfräder in der Regnitz zuständigen Wassergerichtes. – Seit der Errichtung einer Amtshauptmannschaft in Erlangen 1708 ging die Stellung von B. als Zentralort des Bayreuther Unterlandes mit Ober-, Richter-, Kammer- und Kastenamt zunehmend verloren. Die Zahl der Einwohner sank im 19. Jh. vor allem durch den Wegzug der meisten Juden, die zeitweise knapp 30 % der Bevölkerung ausgemacht hatten. Nach dem 2. Weltkrieg erlebte der Ort durch den Zuzug von Vertriebenen einen neuen Aufschwung. Heute besitzt B. einen malerischen historischen Ortskern mit zahlreichen *Fachwerkhäusern* und ist ein Zentrum der Kren-(Meerrettich-)Verarbeitung, die Umgebung nimmt an der allgemeinen Zersiedelung des verkehrsgünstig an Eisenbahn (seit 1844) und Frankenschnellweg (A 73) gelegenen Regnitzgrundes teil. (III) *Andreas Jakob*

J. Bischoff, B. Entwicklungsgeschichte einer fränkischen Kleinstadt, B. 1953. – I. Bog, HAB Forchheim, 1955. – C. Friederich u. a. (Hg.), Erlanger Stadtlexikon, Nürnberg 2002.

Bamberg, Stadt (OFr.). Das »castrum Babenberh« wird bei Regino von Prüm zum Jahr 902 im Zusammenhang mit der Babenbergerfehde als Besitz der Babenberger (auch Popponen) erstmals erwähnt, doch war der Domberg bereits in der Hallstattzeit besiedelt. Vorsiedlungen bildeten außerdem die Theuerstadt und der 805 (Diedenhofer Kapitulare) als Handelsplatz belegte Königshof → Hallstadt mit der Kilians-Urpfarrei. – Der Burg- oder Domberg mit seiner umfangreichen Befestigungsanlage auf einem Ausläufer des Steigerwalds über der Regnitzebene bildete den Ausgangspunkt und blieb das Zentrum der Stadt, des Hochstifts und der Diözese. Bei Grabungen stieß man auf karolingerzeitliche Befestigungen. Unterhalb mündete ein Querweg über den Steigerwald aus Würzburg in die die Obermain- und Regnitzfurche benüt-

zende Nord-Süd-Verbindung (Magdeburg-Erfurt-B.-Forch-
heim-Regensburg). Weiter nach Osten verlief eine alte Straße
in Richtung der späteren Orte Kulmbach und Bayreuth. Eine
wichtige Verkehrsverbindung bildet auch der Main.

Die Burg B. gelangte in den Besitz des Reiches, jedenfalls
wurde dort 963 Kg. Berengar II. »von Italien« von Ks. Otto I.
interniert. Seine 966 »more regio« erfolgte Beisetzung setzt
stattliche Bauten voraus. Ks. Otto II. schenkte 973 das Königsgut B. an seinen Vetter, Hz. Heinrich den Zänker von Bayern.
Dessen Sohn, Hz. Heinrich IV., der nachmalige Ks. Heinrich
II., übertrug nach Thietmar von Merseburg um 998/1000 B.
als Morgengabe an seine Gemahlin Kunigunde. – Spätestens
nach der Niederschlagung des Nordgauaufstandes 1003 wird
Heinrich II. den Plan zur Errichtung eines Bistums in B. gefaßt haben, dessen Kirche er im Mai 1007 seinen Besitz im
Volkfeld- und Radenzgau schenkte. Auf der Mainzer Pfingst-
synode ertauschte er den ö. Teil der Würzburger Diözese,
1016 konnte er die Neugründung um den n. Teil des Bistums
Eichstätt erweitern. Im November 1007 dotierte er auf der
Frankfurter Reichssynode seine Stiftung mit weiteren reichen Schenkungen. – Die Gestalt des 1012 geweihten Heinrichsdomes ist durch Grabungen erschlossen, es handelte sich
um eine dreischiffige Basilika mit Westquerhaus und zwei
Chören. Ihre Hauptpatrone (St. Georg und St. Petrus) symbolisieren die Spitzen des mittelalterlichen Ordo. Die *Kathe-
drale* trafen mehrfach Brandunglücke, der heutige Bau wurde
durch Bf. Ekbert von Andechs-Meranien nach dem Vorbild
des Heinrichsdomes errichtet (Weihe 1237). Das Grab (Mo-
nument 1513 von Tilman Riemenschneider) des 1146 heilig-
gesprochenen Ks. und seiner 1200 kanonisierten Gemahlin
Kunigunde bildet sein Zentrum. – B. wird wegen der Konzeption Heinrichs II. auch als dt. Rom bezeichnet. Hof-
und Reichstage bis in die Stauferzeit (1035, 1122, 1135), die
hochrangige Dombibliothek und die Domschule, aus der
über die Reichskanzlei zahlreiche Bf.e des 11. Jh.s hervorgin-
gen, machten B. zeitweilig zu einem Mittelpunkt des Reiches.

Mit Suidger (1040–47) bestieg 1046 unter Ks. Heinrich III. der zweite Bamberger Bf. den Papstthron (Clemens II.), sein Grab befindet sich auf dem Peterschor des Domes. Bf. Otto I. (1102–39, 1189 heiliggesprochen, Grabmal in Kloster Michelsberg) widmete sich der Festigung des Bistums und der Gründung zahlreicher Eigenklöster der Reformorden. Bf. Eberhard II. (1146–70) stand in einem engen Vertrauensverhältnis zu den staufischen Herrschern. In der Krypta des Ostchors befindet sich das Grab Kg. Konrads III. Die Bf.e aus der Familie der Andechs-Meranier konsolidierten das Hochstift, einen Einschnitt bedeutete die Ermordung Kg. Philipps von Schwaben 1208 in der Bamberger Pfalz. Das Aussterben mehrerer Dynastengeschlechter erleichterte den Ausbau des Hochstiftsterritoriums am Obermain, der unter Lamprecht von Brunn (1374–99) zum Stillstand kam.

An Stelle der auf dem Domberg von Heinrich II. erbauten Pfalz mit Palas (Kapelle St. Thomas 1020, St. Andreas 1030 bezeugt) liegt heute die *Alte Hofhaltung*, die in Renaissance-Form mit der neuen Ratsstube errichtet wurde. Fürstbf. Lothar Franz von Schönborn ließ ab 1695 die Zweiflügel-Anlage der *Neuen Residenz* durch Johann Leonhard Dientzenhofer erbauen. Nachdem im 13. Jh. die Domkapitulare ihr gemeinsames klösterliches Leben aufgegeben hatten, erbauten sie sich *Kurien* auf dem Gebiet der Burg. Auswärtige Klöster und Adelige errichteten w. der Dom- und Pfalzanlage *Stadthöfe*. – Heinrich II. begründete die Bamberger Sakrallandschaft. Der Dom wird flankiert vom *Kollegiatstift St. Stephan* (1009), der *Oberen Pfarrkirche* (um 1140) und dem *Frauenkloster St. Theodor* (2. Hälfte 12. Jh.) im Südosten sowie dem *Benediktinerkloster Michelsberg* (1015) und dem *Kollegiatstift St. Jakob* (1071) im Norden; auf dem rechten Regnitzufer in der Theuerstadt liegt das *Stift St. Maria und Gangolf* (um 1057/69). Ab dem 13. Jh. entstanden Konvente der Bettelorden (Franziskaner, Klarissen, Karmeliten, Dominikaner, Dominikanerinnen).

Eine erste bürgerliche, nichtagrarische Siedlung entstand wohl noch in der Babenbergerzeit im »Sand« zwischen Burg und linkem Regnitzarm. Für diese Siedlung bildete St. Maria

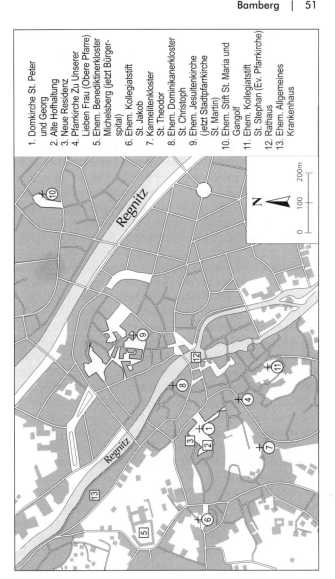

1. Domkirche St. Peter und Georg
2. Alte Hofhaltung
3. Neue Residenz
4. Pfarrkirche Zu Unserer Lieben Frau (Obere Pfarre)
5. Ehem. Benediktinerkloster Michelsberg (jetzt Bürgerspital)
6. Ehem. Kollegiatstift St. Jakob
7. Karmelitenkloster St. Theodor
8. Ehem. Dominikanerkloster St. Christoph
9. Ehem. Jesuitenkirche (jetzt Stadtpfarrkirche St. Martin)
10. Ehem. Stift St. Maria und Gangolf
11. Ehem. Kollegiatstift St. Stephan (Ev. Pfarrkirche)
12. Rathaus
13. Ehem. Allgemeines Krankenhaus

auf dem Kaulberg (Obere Pfarre) die Pfarrei. Der w. Regnitzarm war wohl nahe an den Fuß des Burgbergs geführt worden, um hier Mühlen zu betreiben. Für die Entwicklung der
Siedlung auf der Insel spielte die 1020 erwähnte Brücke über
den w. Regnitzarm eine wichtige Rolle. Ob sich der 1062 bezeugte Markt hier oder doch – gemäß älterer Auffassung – im
Sand befand, ist nicht zu entscheiden. Um mehrere Märkte
(Fisch-, Milch-, Grüner Markt) entwickelte sich die bürgerliche Inselsiedlung mit den Achsen Grüner Markt und Lange
Straße. Hier befanden sich die um 1255 bezeugte Pfarrkirche
St. Martin (1804 abgebrochen; Pfarrrechte auf die *ehem. Jesuitenkirche* übertragen) und eine Nikolausfriedhofskapelle (sicher belegt 1505/06). – Die Stadtwerdung unter dem Bf. als
Stadtherrn vollzog sich in einem längeren Prozeß. Bf. Otto I.
gelang es, den kgl. Markt zu erwerben. Ks. Friedrich I. Barbarossa erteilte 1163 den Bamberger Kaufleuten Handels-
privilegien. Die »civitas« umfaßte sowohl die Inselsiedlung
wie den »Sand« und den Kaulberg; dazu kam ö. der Regnitz
die Theuerstadt. Die Hochgerichtsbarkeit übte das bischöfliche Zentgericht aus (1189 Einziehung der Hochstiftsvogtei).
Ministeriale, Kaufleute und Handwerker stellten die Schöffen des seit dem 12. Jh. bezeugten Stadtgerichts unter dem
Schultheißen. Seit dem 13. Jh. begegnen die »cives« in den
Quellen neben den Immunitätsbewohnern. Das Zentrum der
ummauerten inneren Inselstadt bildete seit dem Ende des Jh.s
wohl das Vorgängergebäude der »*Alten Mauth*« beim Schnittpunkt Grüner Markt und Lange Straße. Ein Stadtrat ist zu
Anfang des 14. Jh.s, eine Stadtordnung 1320 und ein gelehrter
Stadtschreiber 1346 belegt. In diesem Zeitraum wurde das
Rathaus auf der beide Stadtteile verbindenden Oberen Brük-
ke errichtet. Mitte des 15. Jh.s gab sich der vom Patriziat geleitete Magistrat eine Ratsordnung, die vom Bf. bestätigt
wurde. Die Handwerker waren in Zünften organisiert. Das
seit 1279 nachweisbare Siegel zeigt das spätere Wappen der
Stadt, den hl. Georg mit einem Adlerschild. – Außerhalb der
bürgerlichen Stadtverfassung bildeten die Immunitäten des
Domes sowie der 3 Nebenstifte und des Klosters Michelsberg

(mit Abtswörth) Sonderrechtsbezirke. Ihre Bewohner hatten keine kommunalen Rechte, genossen aber wirtschaftliche Vorteile und Steuerfreiheit gegenüber dem Bf. Ihre Vorrechte mit eigenen Niedergerichten und der Steuerdruck des Bf. auf die bürgerliche Marktsiedlung führten seit dem 13. Jh. zu Streitigkeiten, die im »Immunitätenkrieg« 1435 gipfelten. Die Bürger verloren 1437/39 die ihnen erst 1431 von Kg. Sigmund verliehenen Rechte der Steuererhebung und der Befestigung, zumal sich die Stifte einer städt. Gesamtbefestigung widersetzten, während der Bestand der Immunitäten gesichert wurde. – Spätestens seit der 2. Hälfte des 12. Jh.s bildeten Juden eine Gde. s. des Sandviertels mit eigener Gerichtsbarkeit, Synagoge, Schul- und Gemeinderäumen an der Judenstraße. 1298 wurden beim sog. Rindfleisch-Pogrom 126 namentlich bekannte Juden ermordet. Nach der durch die Pest ausgelösten Verfolgung 1349 wurde die Judengde. erneut dezimiert, die Synagoge (später Marienkapelle) und die Häuser gingen in den Besitz des Bf.s über. Ab 1356 ließen sich wieder Juden, die im Finanzgeschäft tätig waren, an verschiedenen Stellen der Stadt (Keßler-, Hellerstraße mit 1423 bezeugter *Judenschule*) nieder. 1478 wurden sie aus Stadt und Hochstift verwiesen; ein Teil siedelte sich auf dem Land in ritterschaftlichen Dörfern an, einige kehrten bald wieder zurück.

Unter Bf. Weigand von Redwitz (1522–56) bedrohten die Reformation, der Bauernkrieg und die Raubkriege (1546/53) des Markgrafen Albrecht Alcibiades von Brandenburg-Kulmbach das Bistum in seiner Existenz. Die Diözesangewalt des Bf.s wurde weitgehend auf den Bereich des Hochstifts zurückgedrängt, reformatorische Bestrebungen unter den Bürgern (Buchdrucker Georg Erlinger) wurden aber weitgehend unterdrückt. Zunächst zaghaft setzte unter den Bf.n Veit II. von Würtzburg (1561–77) und Ernst von Mengersdorf (1583–91) die kath. Reform ein (1586 Priesterseminar). Neithard von Thüngen (1591–98) verschärfte die gegenreformatorischen Maßnahmen (1596 Visitation der Stadt B.), die ausschließliche Katholizität des Hochstifts wurde erst durch

Johann Gottfried von Aschhausen (1609–22) erreicht (1610 Berufung der Jesuiten). Im 30jg. Krieg stand B. auf seiten der Liga und wurde 1631 durch Kg. Gustav Adolf von Schweden besetzt. Kurzfristig gehörte das Hochstift zum kurzlebigen Herzogtum Franken Bernhards von Sachsen-Weimar. – Die *Universität* ging aus dem Seminarium Ernestinum und dem Jesuitengymnasium hervor. Bf. Melchior Otto Voit von Salzburg erwirkte 1648 das kaiserliche und päpstliche Privileg für seine Akademiegründung, deren beide Fakultäten (Philosophie und Theologie) in der Hand des Jesuitenordens lagen. Friedrich Karl von Schönborn ließ 1735 eine juristische Fakultät einrichten, 1749 folgte eine medizinische.

Der adelige Oberschultheiß, der vom Fürstbf. mit Zustimmung des Kapitels eingesetzt wurde, kontrollierte die Verwaltung der Stadt in der frühen Neuzeit. Sein Einfluß auf die Wahl von Bürgermeister und Ratsmitgliedern nahm im Laufe des 17. Jh.s zu. 1748 verzichtete das Domkapitel nach langwierigen Auseinandersetzungen gegen eine finanzielle Entschädigung auf die Immunitäten. Erst seitdem unterstand die gesamte Stadt, deren Bezirke und Verwaltung neu geordnet wurden, der bischöflichen Herrschaft. Unter den Fürstbf.n Adam Friedrich von Seinsheim (1757–79) und Franz Ludwig von Erthal (1779–95) fanden Reformen aus dem Geist der kath. Aufklärung besonders an der Universität, bei der Lehrerbildung (1776 Normalschule, 1791 Lehrerseminar) und im Gesundheitswesen (*Allgemeines Krankenhaus* 1787/89) statt.

Im Zuge von Säkularisation und Mediatisierung wurde B. 1802 von bay. Truppen besetzt und dem 1806 errichteten Kgr. Bayern einverleibt. Dies brachte den Verlust der Residenzfunktion, der Universität und von Teilen des Archivs und des Domschatzes mit sich. 1810 wurden die in B. eingerichteten Mittelbehörden nach → Bayreuth verlegt, nur das nachmalige Oberlandesgericht, Staatsarchiv und -bibliothek blieben. Seit 1818 standen zwei Bürgermeister und zwölf bürgerliche Magistratsräte sowie ein Gemeindebevollmächtigtenkolleg an der Spitze der Stadt. Zeitweilig wirkte in B. ein Romantikerkreis (Ernst Theodor Amadeus Hoffmann). –

Die Kirchenprovinz des neugebildeten Erzbistums B. (1818) umfaßt mit den Suffraganbistümern Würzburg, Eichstätt und Speyer Franken und die Pfalz. Die Kirche des säkularisierten Stiftes St. Stephan dient seit 1808 der neugegründeten luth. Gde. als *Pfarrkirche*, auch die kath. Pfarreien wurden neu eingeteilt. Einen Ersatz für die Universität boten das für die Priesterausbildung fortbestehende Lyceum (seit 1923 Philosophisch-Theologische Hochschule) und das 1873 eröffnete Lehrerseminar. Kg. Ludwig I. konzipierte die neoroman., durch Friedrich von Gärtner radikal purifizierte Gestaltung des Bamberger Domes als »teutsches« Nationaldenkmal (1837). – Bürgermeister Franz Ludwig von Hornthal (1760–1833) gehörte zu den führenden Exponenten des Liberalismus in Bayern. Die Märzrevolution 1848 verlief in B. heftiger als in anderen frk. Städten, weil wirtschaftliche Schwierigkeiten (Niedergang des Speditionshandels infolge technischer Neuerungen) mit einer radikalen Zeitschrift (»Fränkischer Merkur«) zusammentrafen. Die Stadt entsandte den Republikaner Nikolaus Titus (»14 Bamberger Artikel«) in das Frankfurter Vorparlament, doch siegten auch in B. die konstitutionellen Kräfte. – 1836/46 ließ Kg. Ludwig I. den *Ludwig-Donau-Main-Kanal* von B. nach Kelheim erbauen, 1912 wurde der Prinz-Ludwig-Hafen eröffnet. Heute liegt der erweiterte Hafen am neuen Main-Donau-Kanal. Zukunftsweisender war der Bau der Eisenbahnlinie Nürnberg-B. (1844), die nach Hof und Sachsen weitergeführt wurde. 1852 wurde die »Ludwigs-Westbahn« nach Schweinfurt und Würzburg eröffnet. – Besonders seit der Reichsgründung entwickelte sich B. dank eines stabilen kath. Sozialmilieus zu einer Hochburg der Bayerischen Patriotenpartei respektive des Zentrums, während der Liberalismus an Einfluß verlor. Allmähliches Bevölkerungswachstum (1871: 25.738; 1910: 48.063 Einwohner), eine größere Garnison und die langsam einsetzende Industrialisierung bewirkten Veränderungen. Die Lage des *Bahnhofs* im Südwesten gab der Bebauung eine neue Richtung, im Bereich der Eisenbahn ließen sich Brauereien und Mälzereien nieder, Bier wurde zu einem wichtigen Exportartikel. Der Hopfenhandel blühte mit fast 100 Firmen (1914). Daneben entstanden Betriebe für Baumwollspinnerei, elektrotechnische Fabrikationen, Metallwaren, Textilien u.ä., obwohl die Stadtverwaltung bis zur Jahrhundertwende sehr restriktiv bei der Ansiedlung neuer Gewerbe war. Ein wichtiger Wirtschaftszweig blieben die Gärtnereien. Zahlreiche jüd. Familien, oft aus vormals ritterschaftlichen Dörfern, ließen sich im 19. Jh. (1861 Aufhebung der Matrikelpflicht) in B. nieder und belebten den Handel; 1910 betrug ihr Anteil an der Bevölkerung 2,5 % (1177 Köpfe). – Der Stadtausbau erfaßte zunächst die n. und s. der Insel anstoßenden Gebiete, am Hain entstand ein Villenviertel. Im Norden und Osten siedelten sich Industriebetriebe an, durchsetzt von Wohnhäusern und Gärtnereien. Ein selbständiger Wohnbereich entwickelte sich am Rande des Hauptmoorwaldes in der Gartenstadt. Moderne kommunale Versorgungsbetriebe entstanden.

Nach der Radikalisierung der → Münchner Revolution floh die Staatsregierung Johannes Hofmann im April 1919 nach B., wo die Verfassung des Freistaates am 12. August verabschiedet wurde. In der Zwischenkriegszeit blieb die BVP die bestimmende Kraft in der Stadt. 1925 zählte die Bevölkerung mosaischen Bekenntnisses 972 Köpfe, die sich besonders im Handel und in akademischen Berufen engagierten. 1933 lebten 812 und nach den nationalsozialistischen Gewaltausbrüchen 1938 (Brandstiftung an der neuen, Verwüstung der alten Synagoge, Verschleppung von 120 Juden ins KZ ↑ Dachau) im Jahr 1939 noch 394 Juden in B. Zwischen 1933 und 1943 verzogen 66 jüd. Bürger aus der Stadt, 443 wanderten aus und 228 wurden ab 1941 in verschiedene Lager im Osten deportiert. Der jüd. Besitz wurde großteils enteignet. – B. blieb von den großen Zerstörungen des 2. Weltkriegs weitgehend verschont (schwer betroffen Grüner Markt, Hauptwachstraße; Sprengung der Brücken). Im Kasernenviertel bezogen US-Einheiten Quartier. Zahlreiche Vertriebene fanden Aufnahme. Die Bamberger Symphoniker entstanden nach 1945 aus Mitgliedern des Deutschen Philharmonischen Orchesters Prag. Der Wohnungsbau wurde besonders durch

die St. Joseph-Stiftung forciert. Mit Eröffnung des *Staatsha-*
*fens*1 962 wurde B. Endpunkt der Main-Donau-Großschif-
fahrtsstraße (Europa-Kanal). Das Lehrerseminar wurde 1958
zur Pädagogischen Hochschule B. der Universität Würzburg erhoben. 1972 entstand durch ihre Vereinigung mit der
Phil.-Theol. Hochschule die Gesamthochschule B., die 1979
zur Universität ausgebaut und der 1988 der Name Otto-
Friedrich-Universität verliehen wurde. – 1981 erklärte die
UNESCO B. als »größte erhaltene Altstadt Deutschlands«
zum Stadtdenkmal, 1995 zum »Weltkulturerbe der Mensch-
heit«. (III) *Dieter J. Weiß*

B. Schimmelpfennig, B. im Mittelalter. Siedelgebiete und Bevölkerung bis 1370, Lübeck/Hamburg 1964. – I. Maierhöfer, B. Geschichte
und Kunst. Ein Stadtführer, Weißenhorn 1973. – H. Weiss, HAB Bamberg, 1974. – T. Breuer/R. Gutbier, KDB Stadt B. 5: Innere Inselstadt,
1990. – M. Krapf, B. im 19. Jahrhundert. Bürgermeister und Modernisierung 1870 bis 1914, in: Bericht des Historischen Vereins B. 132 (1996),
S. 141–187. – T. Breuer/R. Gutbier, KDB Stadt B. 4: Bürgerliche Bergstadt, 1997. – H. Loebl, Juden in B. Die Jahrzehnte vor dem Holocaust,
B. 1999. – Kaiser Heinrich II. 1002–1024, hg. v. J. Kirmeier u. a., Stuttgart
2002.

Banz:→ Kloster Banz.

Baunach, Stadt (LK Bamberg, OFr.). Die Siedlung B. auf einer
Bodenwelle am Zusammenfluß von Baunach, Itz und Lauter
unweit der Einmündung in den Main wird erstmals 802/04
erwähnt, als Gerhard und Ippin, Mitglieder einer Familie der
frk. Reichsaristokratie, vielleicht Vorfahren der Markgrafen
von Schweinfurt, dortigen Besitz dem Kloster Fulda schenkten, das bis ins Spätmittelalter in B. Lehensherr blieb. Etwa
815/16 wurde dort eine Kirche erbaut, die 823 vom Würzburger Bf. geweiht worden sein soll. Erst 1124 wird der Ort wieder genannt, als Ortsadelige in Zeugenreihen auftreten. – B.
gehörte den Markgrafen von Schweinfurt, die 1057 ausstarben. Durch Heirat kam das Erbe an die Andechs-Meranier.
Deren Versuch, ihre Herrschaftsrechte auszuweiten und durch
Verlegung der Zent aus dem würzburgischen Medlitz nach B.

die Gerichtsrechte der Bf.e von Würzburg zurückzudrängen, blieb ohne Erfolg: Nach einem Schiedsspruch des Bamberger Bf. von 1244 wurde das Gericht nach Medlitz zurückverlegt. Wiederum durch Heirat kam der Baunacher Komplex nach dem Aussterben der Andechs-Meranier 1248 nach langwierigen Auseinandersetzungen mit dem Hochstift Bamberg an Friedrich IV. von Truhendingen und damit an eine Familie, deren Besitzschwerpunkt bisher die Gegend um → Heidenheim am Hahnenkamm gewesen war. Sie ließen den Besitzkomplex B. durch Vögte von der oberhalb des Ortes gelegenen Amtsburg Stiefenberg (auch: Stufenberg) aus verwalten. – Bei Ks. Ludwig dem Bayern erwirkten die Truhendinger das Stadtrecht für B., verbunden mit dem Recht auf einen Wochenmarkt und der Befestigung mit Mauern und Gräben. Das Privileg, von dem zwei Ausfertigungen von 1328 und 1341 bekannt sind, konnte allerdings nur teilweise realisiert werden: B. wurde bis zur Stadterhebung im Jahr 1954 weiterhin als Markt bezeichnet. – Die Familie der Ortsherren geriet in der 2. Hälfte des 14. Jh.s in wachsende Geldnöte und war dann dem Expansionsstreben des ö. unmittelbar angrenzenden Hochstifts Bamberg nicht mehr gewachsen. 1376 mußte Heinrich II. von Truhendingen dem Bf. von Bamberg das Öffnungsrecht für sein Haus in B. und für Burg Stiefenberg verkaufen, im selben Jahr auch den Markt und die Burg verpfänden. 1388 konnte der Bf. den Eigenbesitz und die Lehenrechte des Abts von Fulda erwerben, wurde also in B. und auf Stiefenberg Lehensherr der Truhendinger und konnte 1396/97 diesen Besitz, das künftige Oberamt B., endgültig erwerben. Unter der neuen Herrschaft erhielt B. 1447 Wappen und Stadtsiegel, wobei als Wappenhalter neben anderen Heiligen auch der Ortsheilige Überkom eingesetzt wird, dessen Grab in der *Magdalenenkapelle* Ziel einer rege besuchten Wallfahrt wurde, obwohl der kirchlich für B. zuständige Bf. von Würzburg 1508 die erbetene Kanonisation abgelehnt und nur einen Ablaß gewährt hatte. – Nach der Zerstörung der dann nicht wieder aufgebauten Burg Stiefenberg durch Markgraf Albrecht Alcibiades 1553 wurde B. endgültig Amtssitz des bambergischen Kastners, der gegen Ende des Alten Reiches zugleich Zentrichter, Vogt, Steuereinnehmer und Forstmeister war. Die erste bekannte Gemeindeordnung stammt aus dem Jahr 1514, das *Rathaus* wurde 1744 auf dem Platz einer älteren Burganlage errichtet. – Auch nach der Säkularisation blieb B. mit nur kurzzeitiger Unterbrechung Amtssitz zuerst eines Landgerichts (ä. O.), dann eines Amtsgerichts, das schließlich den Sparmaßnahmen des Jahres 1931 zum Opfer fiel. Seit 1895 besteht eine Eisenbahnverbindung nach Bamberg. 1978 wurde im Nordosten der Stadt ein Industriegebiet erschlossen.

(III)   *Hans J. Wunschel*

A. Schenk, Chronik von B., B. 1924, ND 2001. – I. Maierhöfer, HAB Ebern, 1964. – K. Krimm, Stadt und Amt B., Hallstadt 1974, ND B. 2001. – Chronik Stadt B., Bd. 3, B. 2002.

Bayreuth, Stadt (OFr.). 1194 wird B. als Ausstellungsort einer Schenkungsurkunde des Bamberger Bf. Otto II. für das Kloster Prüfening (↑ Regensburg) erstmals erwähnt. Die frühe Ortsgeschichte ist nicht gesichert. Nach allgemeiner Deutung verweist der Ortsname B. auf die Rodungstätigkeit bay. Siedler. Der bay. Einfluß geht wohl entweder auf die Markgrafen von Schweinfurt zurück, die Grafen im bay. Nordgau waren und bis zu ihrem Aussterben 1057 im Bayreuther Raum eine intensive Rodungspolitik betrieben, oder aber auf die bay. Grafen von Andechs als Erben der Schweinfurter am Obermain. Die vermutlich im 11. oder frühen 12. Jh. angelegte Rodung der Bayern ist sehr wahrscheinlich auf den heutigen Stadtteil Altstadt – etwa 2 km w. des Stadtzentrums – zu beziehen. Durch die Grafen von Andechs (seit 1180 Hz.e von Meranien) erfolgte dann eine Verlegung der Siedlung auf das Sandsteinplateau über dem Tal des Roten Mains an die Altstraße Nürnberg-Eger sowie die Verleihung des Stadtrechts zwischen 1200 und 1231. Die planmäßige Anlage – ausgehend vom breiten, langgezogenen Straßenmarkt bay. Prägung (*Maximilianstraße*) mit dem ursprünglich in der Mitte befindlichen Rathaus als ältestem Siedlungskern, dessen Erweiterung in s. Richtung auf den Kirchplatz hin erfolgte –

ist als glockenförmiger Altstadtkern im Stadtgrundriß deutlich erkennbar.

Nach dem Tod des letzten Meranierherzogs 1248 fiel B. an die dem Geschlecht der Hohenzollern entstammenden Burggrafen von Nürnberg (ab 1415 Markgrafen von Brandenburg). Die Stadt zählte seit dem Spätmittelalter zum Markgraftum Brandenburg-Kulmbach. 1361 erhielt Burggraf Friedrich V. durch kaiserliches Privileg das Münzrecht für B. Nach erheblichen Zerstörungen durch die Hussiten 1430 erließ Markgraf Friedrich I. 1432 eine neue Ratsverfassung und bestätigte 1439 die Privilegien der etwa 1500 Einwohner umfassenden Stadtgde. Gleichzeitig wurde die Stadtmauer (*Mauerreste*, meist überbaut) verstärkt, mit dem Bau des Langhauses der *Stadtpfarrkirche* begonnen und das Bürgerspital mit der *Spitalkirche* (erneuert 1748/50) neu errichtet. Markgraf Georg führte in der bis dahin dem Bistum Bamberg unterstehenden Pfarrei 1529 die Reformation durch. – Markgraf Christian verlegte nach seinem Regierungsantritt 1603 die Residenz des Markgraftums von Kulmbach nach B. Das vermutlich auf einer andechs-meranischen Burg fußende, schon im 15. und 16. Jh. erweiterte *Alte Schloß* wurde in der Folgezeit zum Residenzschloß ausgebaut. Die Stadtbrände von 1605/21, die einen Großteil der Bürgerhäuser zerstörten, und die darauffolgenden Plünderungen im 30jg. Krieg hemmten vorübergehend die städt. Entwicklung. 1664 stiftete Markgraf Christian Ernst in der Nachfolge einer bereits vor 1430 bestehenden Lateinschule das nach ihm benannte Gymnasium Christian-Ernestinum. 1686 entstand durch die Aufnahme von etwa 100 aus Frankreich vertriebenen Hugenotten eine reformierte Gde.

Mit Beginn des 18. Jh.s entfaltete das Repräsentationsbedürfnis des markgräflichen Hofes eine intensive Bautätigkeit. Ab 1701 gründete Erbprinz Georg Wilhelm nö. der Stadtgrenze am Ufer des sog. Brandenburger Weihers die Planstadt *St. Georgen* (eingemeindet 1811) mit einem *Schloß* (erbaut 1725/27, heute Justizvollzugsanstalt) und der 1705/11 errichteten *Sophienkirche*. 1715/19 folgte ö. der Stadt die Anlage der *Eremitage* mit dem *Alten Schloß* als Mittelpunkt eines originä-

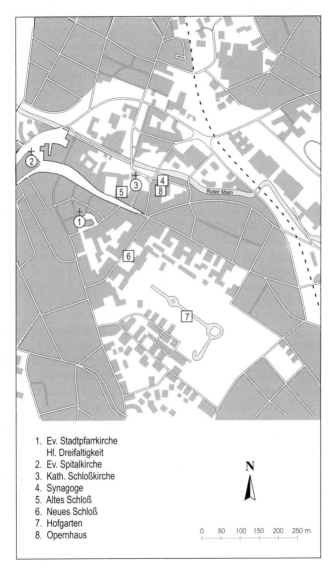

1. Ev. Stadtpfarrkirche
   Hl. Dreifaltigkeit
2. Ev. Spitalkirche
3. Kath. Schloßkirche
4. Synagoge
5. Altes Schloß
6. Neues Schloß
7. Hofgarten
8. Opernhaus

N

0   50   100 150 200 250 m

ren, am engl. Vorbild orientierten sentimentalen Landschaftsgartens. Unter Markgraf Friedrich und seiner Gemahlin Wilhelmine, der Schwester Kg. Friedrichs II. von Preußen, gelangte in B. der Glanz des Rokoko mit einer Reihe von
Bauwerken von europäischem Rang zu höchster Blüte. Dazu
zählen das ab 1749 errichtete *Neue Schloß* in der Eremitage mit
seinem originellen Ruinentheater, das 1753 nach dem Brand
des Alten Schlosses begonnene Bayreuther *Neue Schloß* (heute
Staatsgalerie) mit seiner qualitätvollen Rokoko–Dekoration
und dem *Hofgarten* sowie das 1748 eröffnete *Opernhaus*, seiner-
zeit eines der prachtvollsten Europas. Im Verbund mit den
Prachtbauten der Residenz wurde die Stadt nach Südosten
hin durch die Anlage der repräsentativen *Friedrichstraße* erweitert. Die 1753/56 errichtete *Schloßkirche* (seit 1813 kath. Pfarrkirche) birgt die Gruftkapelle des Markgrafenpaares. 1742 erfolgte in B. die Gründung der »Fridericiana« als markgräflicher
Landesuniversität, die 1743 nach → Erlangen verlegt wurde.

Nach dem Erlöschen der Bayreuther Linie der Hohenzollern 1769 und der Vereinigung des Bayreuther Landes mit
dem Markgraftum Ansbach verlor die Stadt ihre Residenzfunktion. Nach dem Übergang an das Kgr. Preußen 1792 und
der ab 1806 folgenden frz. Verwaltung kam B. 1810 an das Kgr.
Bayern und wurde Hauptstadt des Regierungsbezirks Oberfranken. Von 1804 bis zu seinem Tod 1825 lebte hier der Dichter Jean Paul. – Der 1853 realisierte und 1877 durch den Bau
einer direkten Streckenverbindung nach Nürnberg erweiterte
Eisenbahnanschluß förderte die Industrieansiedlung. Neben
der bis nach dem 2. Weltkrieg dominierenden Textilindustrie
entwickelten sich die Nahrungs- und Genußmittelindustrie,
der Maschinen- und Fahrzeugbau sowie Betriebe der Elektrotechnik, Feinmechanik und Optik. Der Anschluß an die
Reichsautobahn München-Berlin 1937 verbesserte die Anbindung an den Fernverkehr. Ein Regionalflughafen nahm
1925 den Betrieb auf. – Einen kulturellen Aufschwung erlebte
die Stadt 1872 durch die Übersiedlung Richard Wagners und
die Errichtung des *Festspielhauses* zur Aufführung seiner Mu-
sikdramen. Die 1876 begründeten Richard-Wagner-Festspie-

le und der damit verbundene Fremdenverkehr bilden einen wichtigen Wirtschaftsfaktor. – Zwischen 1800 und 1939 vervierfachte sich die Zahl der Einwohner auf 42.000. Damit verbunden war ein starkes bauliches Wachstum in den Vorstädten. Nach der Machtergreifung der Nationalsozialisten 1933 wurde B. Hauptstadt des NS-Gaues Bayerische Ostmark und Sitz der Reichszentrale des NS-Lehrerbundes. Schwere Luftangriffe im April 1945 zerstörten über ein Drittel der städt. Bausubstanz. Die seit Mitte des 13. Jh.s nachweisbare jüd. Gde., die 1939 noch über 100 Personen umfaßte, wurde 1941/42 deportiert und ermordet. Sie erstand in der Nachkriegszeit mit der 1966 erneuerten *Synagoge* neu.

Im Bereich der Innenstadt wurde 1968 mit der Schaffung eines Stadtkernrings eine Neuordnung des Hauptverkehrsstraßennetzes realisiert. 1978/84 folgte die Einrichtung einer Fußgängerzone. Am Nordostrand des Stadtgebietes entstand an der Autobahn München-Berlin ein ausgedehntes Gewerbegebiet. 1975 nahm die neugegründete Universität ihren Studienbetrieb auf. Im Zuge der Gebietsreform 1972/78 verdoppelte sich das Stadtgebiet. Mit 77 400 Einwohnern (2001) ist B. die größte Stadt Oberfrankens.   (IV) *Richard Winkler*

K. Müssel, B. in acht Jahrhunderten. Geschichte der Stadt, B. 1993. – R. Trübsbach, Geschichte der Stadt B. 1194–1994, B. 1993. – R. Endres (Hg.), B. Aus einer 800jährigen Geschichte, Köln u. a. 1995.

Bechhofen, Markt (LK Ansbach, MFr.). Schon um 870 ist in der Heidegegend s. von → Ansbach die Gewinnung von Pech aus den harzreichen und zahlreich vorkommenden Föhren nachgewiesen. Der Ortsname B. kann als »zu den Pechöfen« gedeutet werden; im Wappen führt der Ort 4 stilisierte Öfen, die zum Sieden von Pech verwendet wurden. – Die Entstehung des Ortes, erstmals 1311 als »Bechouen an der Wisent« belegt, kann für das 12. Jh. angenommen werden. 1351 verlieh Kg. Karl IV. dem Konrad Küchenmeister, genannt von Forndorf, für seinen Markt B. das Gerichtsrecht sowie das Recht, an jedem Montag einen Markt abzuhalten. Seit 1410 besaßen die Seckendorff-Pfaff B. und residierten im *Seckendorffschen Schloß* (heute Privatbesitz). 1565 wurde die Reformation eingeführt; bis 1902 gehörte B. zur Pfarrei des nahegelegenen (→ Bad) Königshofen. Das Rittergut B. fiel 1617 an den Ansbacher Markgrafen heim. – Als Marktort profitierte B. von seiner Lage am Schnittpunkt zweier wichtiger Handelsstraßen. Die eine führte von Feuchtwangen nach Gunzenhausen und die andere von Nürnberg über Schwabach nach → Dinkelsbühl, von wo aus ein Großteil der Warentransporte nach Schwaben, nach Frankreich und in die Schweiz abgewickelt wurde. Im 14. Jh. wurde B. mit einer schützenden Mauer umgeben und führte von 1364 bis in die Mitte des 17. Jh.s hinein die Bezeichnung »Stadt«. Später ist in allen Schriftstücken wieder nur vom »Markt Bechhofen« die Rede. – Seit 1792 preuß., kam B. 1806 zu Bayern. Im 19. Jh. wurde das Pinselmacherhandwerk eingeführt; B. entwickelte sich zum Zentrum der dt. Pinselherstellung (*Deutsches Bürsten- und Pinselmachermuseum*). – Seit dem Mittelalter besaß B. eine jüd. Gde., die in der Mitte des 16. Jh.s eine Scheunensynagoge errichtete. Dieses Gotteshaus, das von außen unscheinbar einer Scheune ähnelte, war im Inneren mit reichhaltigen Malereien ausgeschmückt und eine kunsthistorische Besonderheit. Im November 1938 wurde die Synagoge niedergebrannt. Der rund 2,5 ha große jüd. *Friedhof* auf einer Anhöhe im Nordwesten des Ortes mit mehr als 8000 Grabstellen zeugt noch heute von der Größe und dem Reichtum der jüd. Gde. Aus vielen umliegenden Orten, auch aus Ansbach, wurden die Juden in B. zur letzten Ruhe gebettet. Mit mehreren tausend erhaltenen Grabsteinen ist die Begräbnisstätte eine der bedeutendsten ihrer Art im südd. Raum. Der jüd. Anteil an der Bevölkerung von B. blieb außergewöhnlich hoch, bevor im Verlauf des 19. Jh.s ein Großteil der Juden abwanderte; die letzten wurden 1938 von den Nationalsozialisten vertrieben.   (V) *Alexander Biernoth*

E. Bock, Vom Werden des Pinselmacherortes B. und des dort und in der Umgebung heimischen Handwerkszweiges, B. 1969. – G. Rechter, Die Seckendorff. Quellen und Studien zur Genealogie und Besitzgeschichte, Bd. 2: Die Linien Nold, Egersdorf, Hoheneck und Pfaff, Neustadt/Aisch 1990. – Festschrift und Heimatbuch, hg. v. Evang.-luth. Pfarramt B., Arberg 1997.

Bergel: → Marktbergel.

Berneck: → Bad Berneck i. Fichtelgebirge.

Berolzheim: → Markt Berolzheim.

Bettenburg (Stadt Hofheim i. UFr., LK Haßberge, UFr.): → Hofheim i. UFr.

Betzenstein, Stadt (LK Bayreuth, OFr.). Noch bevor die namengebende Burg auf dem Nordgipfel des Burgbergs über der heutigen Stadt B. entstand, befand sich auf dem etwa 400 m w. gelegenen Klauskirchenberg die 1108 und 1112 genannte Burg Albeguinstein. Bf. Otto I. von Bamberg hatte sie aus Reichsbesitz erworben. Sie fiel allem Anschein nach der Auseinandersetzung Konrads von Hohenstaufen mit dem Bistum Bamberg zum Opfer. Bedeutender für die Entwicklung des Ortes sollte jedoch die Burg B. sein. 1187 wird der Name mit Friedrich von B. erstmals erwähnt. Sein Ministerialengeschlecht dürfte die Burg testamentarisch an das Bistum Bamberg vermacht haben, in dessen Eigentum sie sich 1311 befand, als sie Bf. Wulfing von Stubenberg Konrad von Schlüsselberg zu Lehen auftrug. In unmittelbarer Nachbarschaft errichteten die Landgrafen von Leuchtenberg auf dem flacheren Südgipfel des Burgberges eine zweite Burganlage. 1359 befanden sich die Leuchtenberger im Besitz beider Burgen und erwirkten von Ks. Karl IV. die Erteilung des Marktrechtes für die zu Füßen des Burgberges entstandene Siedlung. Verbunden mit dem Marktprivileg war das Recht, den Ort zur Stadt mit Mauer, Türmen und Graben auszubauen. Es entstand ein sich von Süd nach Nord verbreiternder langgezogener Straßenmarkt mit nur je einer Parallelstraße im Osten und im Westen, steil überragt vom Burgberg. – 1418 verkauften die Leuchtenberger Burg und Markt an die Wittelsbacher. Im wittelsbachischen Familienkonflikt zwischen Hz. Ludwig von Bayern-Ingolstadt und den Hz.n Johann, Wilhelm, Ernst und Heinrich von Bayern wurde die Burg

1421 zerstört. Damit brachen die unter den Leuchtenbergern
begonnenen Förderungsmaßnahmen für den Markt ab. – Infolge der → Nürnberger Expansion nach Osten im Landshuter Erbfolgekrieg gelangte B. 1504 in den Besitz der Reichsstadt. Ab 1528 bauten die Nürnberger die *Burg* wieder auf
und umgaben den Markt mit einer Mauer, so wie es bereits
im Privileg von 1359 vorgesehen war. Das Städtchen wurde
nach der Zerstörung der nahegelegenen Burg Stierberg 1553
Sitz des Nürnberger Pflegamtes B.-Stierberg. Der Pfleger
nahm seinen Sitz am Markt; erst 1669/70 wurde sein Anwesen in schlichtem Renaissancestil unter den Bürgerhäusern
hervorgehoben. – Die Mutterkirche der Pfarrei B. lag im gut
2 km n. gelegenen Hüll. Wohl in leuchtenbergischer Zeit siedelte der Pfarrer nach B. über. Die seit 1526 ev. Nürnberger
Landstadt erhielt zwischen 1733 und 1748 einen typisch
prot.-barocken *Kirchenbau*. Hervorzuheben ist die Baulei-
stung der Jahre zwischen 1543 und 1549, in denen der *Tiefe
Brunnen* entstand, der mit seinen mehr als 78 m Tiefe die Was-
serknappheit der auf der Albhochfläche gelegenen Stadt lin-
derte und bis zum Bau der Wasserleitung 1902 die Bevölkerung versorgte. Die Reichsstadt Nürnberg förderte im 16. Jh.
den Erzbergbau im Amt B., der jedoch gegen Ende des
17. Jh.s wegen Unrentabilität eingestellt wurde. Daraufhin
galt B. als eines der ärmsten Nürnberger Pflegämter. – Nach
dem Übergang der Reichsstadt an Bayern wurde B. Teil des
LK Pegnitz. Die wirtschaftliche Entwicklung ging jedoch
weiterhin an dem Städtchen vorbei, vor allem, als der erhoffte
Anschluß an die Bahnlinie Nürnberg-Bayreuth nicht ver-
wirklicht wurde. Bis heute zählt B. zu den kleinsten Städten
Bayerns. (III) *Martin Schieber*

H. Kunstmann, Die Burgen der östlichen Fränkischen Schweiz, Würzburg 1965. – G. Kolbmann, Betzensteiner Geschichtsbilder, Nürnberg
1973. – W. Wagner, 800 Jahre B. 1187–1987, B. 1987.

Biebelried (LK Kitzingen, UFr.). Das an der ehem. Reichsstraße von Würzburg nach Nürnberg w. von → Kitzingen gelegene B. wird 892 erstmals erwähnt. Im 12. Jh. werden Ministeria-

len der Grafen von Castell in B. genannt. Eine Burg bestand wohl bereits um 1100. – 1244 kaufte der Würzburger Bf. Hermann von Lobdeburg die Güter der Herren von B. und veräußerte sie im gleichen Jahr an die Johanniter in → Würzburg weiter. Weitere Erwerbungen brachten den Orden vermutlich rasch in den Besitz des ganzen Dorfes. Die als Dorfherrschaft etablierten Johanniter errichteten ausgehend von diesen Besitzungen eine Kommende. – 1275 wurde durch den Komtur Heinrich von Boxberg anstelle einer (Vorgänger-)Burg ein Kastell errichtet, das im 15. Jh. umgebaut wurde. Dem teilweise erhaltenen, fast quadratischen Bau des *Johanniterkastells* aus dem 13. Jh. mit seinen massiven Buckelquadern, kommt in der südt. Burgenlandschaft eine besondere Stellung zu. – 1385–1418 waren Kastell und Dorf verpfändet. Das Kastell wurde im Bauernkrieg und im 30jg. Krieg stark beschädigt. 1728 erfolgten der Abbruch des Bergfrieds und der Neubau des Komturhauses. Seitdem diente es nur noch als Gutshof, der sich seit der Enteignung des Johanniterordens (1806) und dem Verkauf des Besitzes (1814) in Privateigentum befindet. Der letzte Komtur starb 1812. – Die erste Kapelle des Ortes wurde 1251 vom Würzburger Domkapitel dem Johanniterorden übergeben und wurde dann Pfarrkirche. Die heutige *kath. Pfarrkirche* geht auf das Jahr 1606 zurück; 1744 wurde B. eigene Pfarrei. – Seit 1814 gehört B. zu Bayern. 1897 fand während der Würzburger Fürstentage die Große (Militär-)Parade bei B. statt. Der seit dem Mittelalter betriebene Weinbau wurde mit Beginn des 20. Jh.s eingestellt. Der Ort ist heute als Schnittpunkt der Autobahnen A 7 und A 3 – Autobahndreieck 1965, Autobahnkreuz 1981 – bekannt. (II) *Dirk Rösing*

J. Hoh, Das ehemalige Johanniterkastell in B., in: Mainfränkisches Jahrbuch 4 (1952), S. 319–326. – H. Weber, HAB Kitzingen, 1967. – 1100 Jahre B., B. 1992.

Bildhausen: → Maria Bildhausen.

Birkenfeld (Gde. Maroldsweisach, LK Haßberge, UFr.). Das ehem. Rittergut mit Marktrecht liegt inmitten des Ermeztales

an der Verbindungsstraße von Hofheim zur alten Handelsstraße Fulda/Bamberg. Belegbar wird die Geschichte von B.
um 1300 mit den Zollner von Rotenstein, als Conrad Zollner
eine eigene Linie B. gründete. 1492 erwarb Johann Conrad
von Hutten das Rittergut. Dort wurden Moritz von Hutten,
Fürstbf. von Eichstätt, und sein Bruder Philipp, Konquistador
in Südamerika und Generalkapitän von Venezuela, geboren. –
Unter Johann Philipp Friedrich von Hutten blühte B. im
18. Jh. zu einem für die Zeit typischen Ritterort mit *Schloß*,
Dorf, Kirche, Gastwirtschaft und weitläufigen Gartenanlagen
und Fischteichen auf, der in seinen wesentlichen Zügen bis
heute abgelesen werden kann. Das Schloßanwesen wurde ab
1735 geplant und 1738–52 erbaut. In Franken fast einzigartig
ist die Umsetzung des Villentypus mit Hauptgebäude, frei-
stehenden Seitenflügeln und angegliedertem Wirtschaftshof.
Die 1772–75 geschaffene Innenausstattung zählt zu den bedeutendsten Schöpfungen des frk. Rokoko. – Von den weitläufigen Gartenanlagen und Fischteichen, die unter Hutten
ab 1750 entstanden und im 19. Jh. umgestaltet und erweitert
wurden, ist sehr wenig erhalten. Nach dem Tod von Johann
Philipp Friedrich von Hutten 1783 fiel der Besitz nach längerem Erbstreit an die Familie der Freiherrn von Wöllwarth.
1841 heiratete Julie von Wöllwarth Franz Carl Graf zu Or-
tenburg-Tambach und brachte das Rittergut mit in die Ehe.
Bis heute ist das Schloßanwesen im Besitz der Grafen zu
Ortenburg.   (III)   *Volker Rößner*

F. Klemm, Rund um den Zeilberg. Markt Maroldsweisach mit allen
Ortsteilen, Maroldsweisach 1988. – P. Sörgel, Die Zollner von Rotenstein und ihre Stammesgenossen Lantman, Dinstman, von Fuchsstadt in
den Haßbergen, Hofheim 1999. – V. Rößner, Schlossbau des 18. Jahrhunderts im Ritterkanton Baunach, Neustadt/Aisch 2000.

Birkenfeld (Stadt Neustadt a.d. Aisch, LK Neustadt a.d. Aisch-
Bad Windsheim, MFr.). Wohl 1275 stifteten Burggraf Friedrich III. von Nürnberg und seine Gemahlin Helena »auf der
mit Birken bestandenen Flur« aischaufwärts ihrer neuen Stadt
an der Aisch (→ Neustadt a.d. Aisch) ein Zisterzienserinnenkloster. Mit dem Bau der der Gottesmutter Maria geweihten

Kirche wurde angeblich 1276 begonnen. Die unter geistlicher Aufsicht des Abts von → Ebrach sowie unter Schutz und Schirm der Zollern stehende Zisterze erfüllte ihren Hauptzweck, die Aufnahme unversorgter Töchter der Stifterfamilie wie des frk. Ritteradels (wobei die Seckendorff 3 von 17 Äbtissinnen stellten), bis zur Aufhebung und Umwandlung in ein Klosteramt im Zuge der Reformation 1544/45. 1535 gab es noch 5 Nonnen im Kloster. – 1495/96 waren B. 118 Holden in 31 Orten grundbar, insgesamt ist Besitz in 42 Orten belegt. Das im Städtekrieg 1388 geschädigte Kloster wurde im Bauernkrieg 1525 schwer geplündert, wobei fast sämtliche schriftliche Unterlagen vernichtet wurden. Im 2. Markgrafenkrieg (1553) und im 30jg. Krieg (1631, 1645) entstanden erneut erhebliche Schäden. Von der frühgot. *Kirche* werden heute noch Chor und ehem. Laienkirche sakral genutzt, die w. anschließende Nonnenempore mit Gruftkirche wurde 1683–86 abgetrennt und profaniert, letzte Nutzung als Stallung. Seit 1982/83 werden Restaurierungsarbeiten mit Dacherneuerung (einschließlich Dachreiter) durchgeführt. Die in der Grundsubstanz erhalten gebliebene *Vierflügelanlage* des Klosters mit Konventbau (Ostflügel), Refektorium (Nordflügel) und Äbtissinnenbau (Westflügel) wird nach baulichen Umgestaltungen heute privat genutzt. – 1730–37 wurde die das Kloster mit den zugehörigen Wirtschaftsgebäuden umgebende Mauer (mit Torhaus und Turm an der Südostecke) im s. und w. Teil zum Bau von Wohnungen und Stallungen benutzt; 1862 wurden die Reste abgetragen und zum Bau der Bahnstrecke Nürnberg-Würzburg verwendet. – In B. sind 1495/97 nur Wirt, Schmied und Müller nachweisbar, während die Nonnen und 3 Pfründner von 4 Köchinnen, Keller, Gastknecht und anderem Personal versorgt wurden. Die Geschichte des Dorfes B. begann erst 1703 mit dem Verkauf der Klosteramtsmeierei an Privatleute. 1819 wurde B. Ruralgde., 1972 nach Neustadt a. d. Aisch eingemeindet.   (V)   *Gerhard Rechter*

W. Funk, Das ehemalige Zisterzienserinnenkloster B. an der Aisch und die Zisterziensernonnenklöster in Franken, Neustadt/Aisch 1934, ND 1978. – W. Mück, Mitten in Franken: Neustadt an der Aisch. Politisches,

wirtschaftliches und kulturelles Zentrum im Aischgrund, Neustadt/
Aisch 1999.

Bischofsheim a.d. Rhön, Stadt (LK Rhön-Grabfeld, UFr.). Die
1182 erstmals genannte Osterburg war als würzburgisch-
landesherrliche Ganerbenburg konzipiert, die wohl nicht nur
als Grenzfestung gegen die rivalisierende Reichsabtei Fulda
gesehen werden darf, sondern vor allem der Sicherheit der
Paßstraßen über die Rhön und als Verwaltungsmittelpunkt für
die würzburgischen Ortschaften im oberen Brendtal diente.
Mit ihrer Zerstörung im Verlauf von Kämpfen mit Fulda
übernahm das anläßlich seiner Eroberung durch den fuldischen Abt Bertho II. 1270 erstmals genannte »oppidum«
B. ihre Funktionen. Unsachgemäße Restaurierungsversuche
und Schatzgräberei im 19. Jh. haben den ursprünglichen Zustand der stauferzeitlichen *Burgruine* Osterburg stark gestört.
Da der Würzburger Bf. Iring noch 1259 eine Urkunde in der
Osterburg ausstellte, hat B. damals vielleicht noch nicht bestanden. Die angebliche Existenz eines frühmittelalterlichen
Klosters der hl. Lioba in B. geht auf eine Verwechslung mit
Tauberbischofsheim zurück. – Das von der Natur wenig begünstigte B. genoß auf Grund seiner strategischen Bedeutung
(Lage an einer wichtigen Paßstraße über die Rhön; heute B
279 Fulda-Bamberg) zahlreiche fiskalische Vorteile. 1292 erhielt Konrad von Trimberg für den Verzicht auf seinen Anteil
am trimbergischen Erbe die Einkünfte u. a. des Amtes B. übertragen. – B. hatte mehrfach durch Brände zu leiden (1426,
1639, 1795, 1846, 1850). Es war Sitz einer Pfarrei, einer Zent
und eines würzburgischen Amtes, das 1802 bay. und 1862 dem
Amt Neustadt a.d. Saale zugeschlagen wurde. Der heute isoliert stehende sog. *Zehntturm* (vermutlich 13. Jh.) gehörte
ursprünglich wohl zur ersten (Pfarr-)Kirche der Stadt. Die
älteste Stadtordnung stammt von 1489. – In der frühen Neuzeit wurden vielfache Bemühungen unternommen, in B. Gewerbe anzusiedeln. Aus einer kurzlebigen Eisengießerei des
16. Jh.s stammen die Platten des *Stadtbrunnens* auf dem Marktplatz. Auf dem nahegelegenen Adelsgut Holzberghof richte-

ten die Herren von Thüngen eine (bald wieder eingegangene) Glashütte ein. Auch die Braunkohlevorkommen am Bauersberg wurden in dieser Zeit, jedoch mit nur geringem Erfolg, ausgebeutet (weitere fehlgeschlagene Versuche im 18. und 19. Jh.). Seit dem 17. Jh. verschaffte die Tuchmacherei der Stadt eine bescheidene wirtschaftliche Blüte, die ihren Höhepunkt in den Jahrzehnten um 1800 erreichte (Militärlieferungen). Billigere Fabrikware ruinierte nur wenige Jahre nach Bayerns Beitritt zum Deutschen Zollverein 1833 die nicht mehr konkurrenzfähigen Bischofsheimer Manufakturen. Die vom Polytechnischen Verein Würzburg in Poppenhausen (LK Fulda) errichtete Holzschnitzerschule wurde vor 1876 nach B. verlegt. 1885 wurde B. durch eine Stichbahn von Neustadt a. d. Saale mit der Strecke Stuttgart-Berlin verbunden. Im 20. Jh. entwickelte sich B. zu einem Zentrum des Rhöntourismus.

1646 siedelten sich zur Betreuung der Wallfahrt auf dem Kreuzberg (1161 noch »Askeberc«; Wallfahrtskapelle 1598) Franziskaner in B. an, die nach Fertigstellung von *Kirche* und *Kloster* 1692 dorthin umzogen. Der »Heilige Berg Frankens« ist heute einer der bekanntesten und meistbesuchten Wallfahrtsorte in Süddeutschland. Ein Kreuzweg führt zur oberhalb des Klosters gelegenen *Kreuzigungsgruppe*; auf dem Gipfel befindet sich der Rundfunk- und Fernsehsender Kreuzberg. – Erwähnenswert ist eine ca. 4 m hohe *Säule* mit irischem Radkreuz an der Straße nach Sandberg. (II) *Heinrich Wagner*

A. Schumm, Geschichte der Stadt B. vor der Rhön, Würzburg 1875, ND Sondheim/Rh. 1980. – K. Gröber, KDB Neustadt a. Saale, 1922, ND 1983. – H. Wagner, HAB Neustadt a.d. Saale, 1982.

Bocklet: → Bad Bocklet.

Botenlauben (Stadt Bad Kissingen, LK Bad Kissingen, UFr.). Die *Burgruine* B., eine 110 m lange, bis zu etwa 30 m breite, im Norden und Süden jeweils durch einen runden Bergfried (beide mit Aussichtsplattform) gesicherte Befestigung, liegt beherrschend auf einem Bergrücken oberhalb von → Bad

Kissingen und dem hier in N-S-Richtung verlaufenden Tal der Fränkischen Saale. Die Burg wird erstmals 1206 erwähnt, als sich der als Minnesänger bekannt gewordene hennebergische Graf Otto I. von B. benennt. Da dessen Mutter aus dem Haus Andechs-Meranien stammte, welches die Markgrafen von Schweinfurt zum Teil beerbt hatte, könnte B. nach Graf Boto von Kärnten benannt sein, der eine Erbtochter des letzten Markgrafen von Schweinfurt geheiratet hatte. Otto I. von B. gelang es als einzigem dt. Adeligen von Rang, in die frz. dominierte Herrenschicht des Heiligen Landes einzuheiraten. Aus dem Vermögen seiner Gattin Beatrix von Courtenay, die 1220 ihr Erbe im Heiligen Land an den Deutschen Orden verkaufte, dürften zum größeren Teil die Mittel für den Aus- bzw. Neubau einer ungewöhnlich anspruchsvollen Burganlage (mit »palatium« im Nordteil und Privatkapelle im Südturm) stammen, deren feste Mauern von dem Minnesänger Gottfried von Neuffen gerühmt werden. – Da Sohn und Enkel in den Deutschen Orden eintraten, veräußerte das gräfliche Paar die Burg und die zugehörige kleine Herrschaft 1234 an das Hochstift Würzburg, das die Burg zum Mittelpunkt eines Amtes machte, welches in der Folgezeit mehrfach verpfändet wurde. In der Vorburg (= Südhälfte) befanden sich mehrere Burgmannensitze; 1435 wird dort eine »Kemenate« genannt. – B. wurde, da im Bauernkrieg 1525 schwer beschädigt, nicht wieder aufgebaut; bis ins 17. Jh. diente die Burg als Steinbruch, während das gleichnamige Amt bis zu seiner Auflösung 1670 zwar bestehen blieb, aber vom benachbarten Amt Ebenhausen verwaltet wurde. Im 19. Jh. wurden – auch auf Betreiben von Kissinger Kurgästen – Sicherungs- und Erhaltungsarbeiten durchgeführt, die den ursprünglichen Baubefund z. T. stark verändert haben. Um die Erhaltung der Ruine bemüht sich der Heimatverein B., Reiterswiesen e. V., der dort alljährlich ein »mittelalterliches« Burgfest abhält.

(II)   *Heinrich Wagner*

C. Boxberger, Geschichte des Schlosses und Amtes B. und seiner Besitzer, in: Archiv des Historischen Vereins für Unterfranken und Aschaffenburg 19,1 (1866), S. 1–169. – R. von Bibra, Bodenlauben bei Bad Kis-

singen. Geschichte der Burg und des Amtes, Bad Kissingen 1903. –
T. Steinmetz, Die Burg B. bei Bad Kissingen: Die Burg des Minnesängers
Otto von B., in: Jahrbuch des Hennebergisch-Fränkischen Geschichts-
vereins 15 (2000), S. 105–128.

Brachau: → Kloster Brachau.

Bramberg (Stadt Ebern, LK Haßberge, UFr.). Die *Burg* B. gehört neben Altenstein, Lichtenstein, Rotenhan und → Raueneck zu den gut erhaltenen Ruinen der Haßberge und liegt auf
einem das Umland beherrschenden Basaltkegel. Die Ritter
von B. werden 1108 erstmalig erwähnt. 1168 kam es zur Zerstörung der Burg durch den Würzburger Bf. mit kaiserlicher
Zustimmung. Im 14. Jh. war die Burg ein Amtssitz des Bistums
Würzburg. Die im Bauernkrieg 1525 beschädigte Burg geriet
ab 1560 durch die Einrichtung eines Doppelamtes B.-Rauen-
eck mit Hauptsitz in Raueneck in Verfall. Im burgenbegei-
sterten 19. Jh. stand hier ein hölzerner Aussichtsturm. – Nach
dem 2. Weltkrieg wurde der Säulenbasalt am B. abgebaut und
die Ruine dadurch gefährdet. In den 1970er Jahren sollten Si-
cherungsversuche den weiteren Verfall aufhalten. Erhalten
sind die Kernburg im Südosten (14. Jh., mit Torturmbau des
16. Jh.), ein jüngerer Gebäudetrakt im Nordwesten (nicht datiert) sowie das Zugangstor aus dem 15./16. Jh.

(III) *Volker Rößner*

G. Lill/F. Mader, KDB Hofheim, 1912, ND 1983. – S. Zeissner, Beiträge
zur Geschichte mainfränkischer Burgen, in: Mainfränkisches Jahrbuch 6
(1954), S. 106–114. – W. Berninger, Die Edelfreien von B. – Leuchnitz –
Raueneck, in: Würzburger Diözesangeschichtsblätter 57 (1995), S. 79–
106. – Symbole von Macht und Vergänglichkeit. Burgenkundlicher
Lehrpfad Haßberge, Haßfurt 1996.

Brendlorenzen (Stadt Bad Neustadt a.d. Saale, LK Rhön-
Grabfeld, UFr.). Das heute als Straßendorf wirkende B. liegt
unmittelbar n. von → Bad Neustadt a.d. Saale. – Die Martinskirche in B. (heute *Pfarrkirche St. Johannes d.T.*) gehört zu den
Kirchen, die der Hausmeier Karlmann an das 741 von Bonifatius gegründete Bistum Würzburg übertrug. Bf. Berowelf ver-

tauschte sie zu unbekannter Zeit an Karl den Großen u. a. gegen das Kloster → Ansbach. Das Stift → Aschaffenburg erhielt 974 auf Veranlassung seines Gönners, Hz. Ottos von Bayern und Schwaben, von dessen Onkel, Ks. Otto II., die Kirchen (ecclesias) »in loco Salze« und »in villa Brende« übertragen. Eine päpstliche Besitzbestätigung von 1184 nennt u. a. eine »curtis Brendi« mit Pfarrei (parochia) und Zehnten. Mit der fortschreitenden Erschließung der im Jahr 1000 an Würzburg übertragenen »unzähligen Wälder« scheint das Stift die »Salzforstpfarrei« Brend errichtet zu haben, deren Tochterkirchen hauptsächlich entlang der Saale und ihren Zuflüssen lagen. – Mit der Gründung von Neustadt a. d. Saale zwischen 1216 und 1232 läßt sich hier wie in vielen anderen Fällen beobachten, daß die pfarrlichen Rechte im Laufe der Zeit von der Mutter- auf die einstige Tochterkirche übergingen. In den Jahren 1307 bis 1324 vertauschte das Stift Aschaffenburg die Pfarrei B. an die Zisterzienserabtei (→ Maria) Bildhausen. In der frühen Neuzeit wuchsen die Siedlung um die St. Johannes d. T. geweihte Kirche und diejenige um die *St. Laurentiuskirche* (Obern Brende 1360) zu B. zusammen. Überbaut wurde dabei auch das etwa auf halbem Wege zwischen beiden Hofgruppen gelegene Gelände um die wüstgefallene St. Bartholomäuskirche (genannt 1426). – Das aufgehende Mauerwerk des Langhauses der Johanneskirche stammt vermutlich noch aus karolingischer Zeit. Die wohl von den Herren von Brend gestiftete, 1423 vollendete Kapelle (vielleicht an Stelle einer 1300 genannten [Tauf-]Kapelle St. Johannes d. T.) birgt spätmittelalterliche Fresken, die neben Darstellungen einzelner Heiliger auch einen Passionszyklus bieten. Der vor Entdeckung der Fresken 1969 als Sakristei genutzte Anbau wurde nach deren Freilegung 1970/71 wieder zur Kapelle umgewidmet. – B. wurde 1978 nach Bad Neustadt a. d. Saale eingemeindet. Eine Neutrassierung der B 279, die früher durch den Ort ging und heute n. an B. vorbeiführt, trug zur Verkehrsberuhigung und ebenso wie der wirtschaftliche Strukturwandel dazu bei, daß B. stärker als vorher als Wohngebiet des benachbarten Bad Neustadt a. d. Saale angenommen wird.   (II) *Heinrich Wagner*

K. Gröber, KDB Neustadt a. Saale, 1922, ND 1983. – H. Wagner, HAB
Neustadt a.d. Saale, 1982. – 1250 Jahre Pfarrkirche in B., Bad Neustadt
1992.

Bruckberg (LK Ansbach, MFr.). Der nö. von → Ansbach gelegene Ort war im Mittelalter Sitz einer Ministerialenfamilie,
die ebenso wie die benachbarten und eng verwandten Ministerialen von Vestenberg wahrscheinlich Nachkommen der
Ministerialen des Grafen Kuno (Konrad) von Horburg in
Großhaslach waren. Die vornehmliche Aufgabe der Bruckberger ebenso wie der Vestenberger dürfte im Dienst für das
Kloster → Heilsbronn bestanden haben, von dem beide Familien dafür umfangreiche jährliche Reichnisse bezogen. Im
13. Jh. werden die Bruckberger und Vestenberger auch im
Dienst der staufischen Kg.e und deren Nachfolger genannt. –
Die Erben des 1398 letztmals erwähnten Heinrich von B.
verpfändeten und verkauften das Schloß, das 1401 im Besitz
von Friedrich von Seckendorff und seit 1417 im Besitz von
→ Nürnberger Bürgern war. Im Krieg mit Nürnberg besetzte Markgraf Albrecht Achilles die Nürnberger Festungen B.
und → Lichtenau, die er 1453 wieder herausgab. 1504 unterwarf sich der Nürnberger Bürger Christoph Rothan als Besitzer dem Schutz des Markgrafen, wodurch die Landeshoheit und Hochgerichtsbarkeit des Markgraftums Ansbach
bestätigt wurde. Auf dem Erbwege gelangte B. 1534 an Peter
von Eyb. – 1715 kaufte Markgraf Wilhelm Friedrich das
Schloß und die Herrschaft von der Familie von Eyb. Der
Markgraf verzichtete auf die sonst übliche Einrichtung eines
Vogtamtes in B. und richtete statt dessen eine Wohnung für
den fürstlichen Prinzen ein. 1727 wurde unter der Leitung
des Ansbacher Hofbaumeisters Karl Friedrich Zocha ein
Neubau für das *Schloß* begonnen, der aber nicht zu Ende gebracht wurde. 1762 wurde das Schloß umgebaut, um die
markgräfliche Porzellan-Fabrikation aus Ansbach hierher zu
verlegen; 1763 begann die Produktion, die nach Angaben
von Johann Bernhard Fischer eine Qualität erreichte, die sich
mit dem Porzellan aus Dresden und Höchst vergleichen las-

sen konnte; ein großer Teil der Produktion waren einfache Becher, die in großen Mengen in der Türkei abgesetzt wurden. – Nachdem B. mit dem Markgraftum Ansbach bay. geworden war, wurde die Porzellanmanufaktur an Privatunternehmer verkauft. Der Betrieb wurde 1861 eingestellt. – Das Schloß gehört seit 1891 zur Diakonissenanstalt → Neuendettelsau, die hier 1892 eine Behinderteneinrichtung eröffnete. Ein Großteil der Insassen der bis heute bestehenden Institution wurde im 2. Weltkrieg von den Nationalsozialisten im Rahmen der »Euthanasie«-Maßnahmen verschleppt und ermordet. (V) *Manfred Jehle*

A. Bayer, Ansbacher Porzellan. Geschichte und Leistung der Ansbach-Bruckberger Porzellanmanufaktur, Ansbach 1933.

Brückenau: → Bad Brückenau.

Bubenreuth (LK Erlangen, MFr.). Der Ortsname von B., das nö. von → Erlangen liegt, läßt auf eine Ortsgründung eines Bubo oder Budbert in der 2. Hälfte des 11. Jh.s schließen. Erstmals urk. erwähnt wird B. in einer kgl. Urkunde von 1243. Im 14. Jh. hatte die → Bamberger Dompropstei die Dorfherrschaft inne, die Vogtei der Bf. von Bamberg. Im 16. Jh. wurde B. der markgräflich brandenburgischen Hochgerichtsbarkeit und damit dem Oberamt → Baiersdorf unterstellt. Mit den Pariser Verträgen infolge der Mediatisierung der Fürstentümer Ansbach und Bayreuth kam B. 1810 an das Kgr. Bayern. – Seit Mitte des 19. Jh.s lag B. zwar an wichtigen Verkehrsverbindungen – Bahnlinie Nürnberg-Berlin und Ludwig-Donau-Main-Kanal – konnte davon aber nicht profitieren. So blieb B. bis nach dem 2. Weltkrieg ein landwirtschaftlich geprägter Ort. Erst die geschlossene Ansiedlung der aus Schönbach bei Eger (Cheb) vertriebenen sudetendt. Instrumentenbauer veränderte das Ortsbild grundlegend. Im Oktober 1949 wurde der Grundstein für die *Geigenbauer-Siedlung* mit 636 Wohneinheiten gelegt. Bedeutendster Bauherr der bis 1957 errichteten und ursprünglich vom Ortskern getrennten Siedlung war die »St. Joseph-Stiftung für die Erzdiözese Bamberg«. Zwischen 1939 und 1959 stieg die Einwohnerzahl sprunghaft von 415 auf 2878 Personen an; heute wohnen mehr als 4000 Menschen in B. (VI) *Angelika Fox*

Der Landkreis Erlangen-Höchstadt, Hof/Saale 1979. – Die Geschichte des Dorfes B. 1243–1993, B. 1993.

Büchold (Stadt Arnstein, LK Main-Spessart, UFr.): → Arnstein.

Bürgstadt, Markt (LK Miltenberg, UFr.). B. liegt am Osteingang zum Miltenberger Talkessel auf einer Schwemmterrasse zwischen der Erfmündung und dem Main. Einer der größten *Ringwälle* Mainfrankens auf dem Bürgstadter Berg mit Funden aus Jungsteinzeit und Urnenfelderzeit beherrscht nicht nur den Main, sondern auch die wichtige Wegeverbindung zwischen dem Rhein/Main-Gebiet und sö. gelegenen Siedlungsgebieten vom Tauberraum bis hin zur Donau (Ausgrabung 1987/88). – Der Ortsname weist auf eine frühmittelalterliche Besiedlung von B. hin. Mit seiner dem Stiftsheiligen St. Martin geweihten Kirche dürfte der Ort bereits im 8. Jh. in der Hand der Mainzer Erzbischöfe gewesen sein und die Verbindung zu deren Besitzungen an der Tauber gehalten haben. Über die Mutterpfarrei B. mit zahlreichen Filialen wahrte Mainz seine kirchlichen Interessen im Grenzraum zum Bistum Würzburg. – In einer Schenkung für das → Aschaffenburger Stift St. Peter und Alexander wird B. 1181 erstmals urk. erwähnt. Um 1250 erscheint es als mainzisches Verwaltungszentrum im sw. Mainviereck. B. war Sitz eines Centgerichts und Vorort der Dörfer des Kammerforsts. Bis zur Mitte des 14. Jh.s verlor es zentrale Funktionen an das benachbarte → Miltenberg. – Im klimatisch begünstigten Maintal bildete Wein über Jh.e die Grundlage für die Wirtschaft von B. Bis ins 18. Jh. kann man von einer Weinmonokultur sprechen. Auf dem Main und über die durch Miltenberg führende Straße Nürnberg-Frankfurt fanden die Weine ihren Absatz. Zeugnisse des Wohlstandes sind das 1592 vollendete *Renaissance-Rathaus,* die 1593 mit einer Biblia pauperum mit 40 Medaillons ausgemalte *Martinskapelle* und die 1607 erweiterte *Wehrkirche St. Margaretha.* Im 19. Jh.

verlor der bereits durch Klimaverschlechterungen im 17. Jh.
beeinträchtigte Weinbau erheblich an Bedeutung zugunsten
des – im Erbteilungsgebiet weniger ertragreichen – Ackerbaus. – 1661 verlieh der Erzbf. den noch bestehenden Martini-
markt. Nach dem Ende des Erzstifts Mainz 1803 wechselte B.
zusammen mit dem Amt Miltenberg mehrmals den Ortsherrn und kam 1816 an Bayern. In der 2. Hälfte des 19. Jh.s
entwickelten sich der Sandsteinabbau am gegenüberliegenden Mainufer und die heute noch blühende Möbelherstel-
lung. Neben der Gewinnung von Mainsand und -kies und
dem Bau von Großtanks hat in den letzten zwei Jahrzehnten
des 20. Jh.s der Weinbau – vor allem der Anbau von Rotwein
– wieder erheblich an Bedeutung gewonnen.

(I)   Wilhelm O. Keller

W. Störmer, HAB Miltenberg, 1979. – L. Wamser, Abschluß der archäologischen Untersuchungen am Ringwall auf dem Bürgstadter Berg, in:
Das archäologische Jahr in Bayern 1988, S. 66–68. – 400 Jahre Historisches Rathaus B. am Main, B. 1992.

Bullenheimer Berg (Gde. Ippesheim, LK Neustadt a.d. Aisch-
Bad Windsheim, MFr.). Der B. Berg, ca. 1,5 km ö. der Ortschaft Bullenheim (Gde. Ippesheim) am Westrand des Steigerwalds gelegen, gehört zu den eindrucksvollsten Bodendenk-
mälern Frankens. Das Hochplateau des B. Berges, das sich über
150 m aus dem Maintal erhebt, fällt auch auf seiner Ostseite
zum Steigerwald relativ steil ab. Das gesamte Plateau von
ca. 30 ha wird von einem an der Hangkante verlaufenden,
größtenteils gut erkennbaren *Ringwall* umschlossen. Etwa in
der Mitte riegeln 3 *Querwälle* einen zentralen Bereich von
dem übrigen Plateau ab. – In der frühen Bronzezeit bestand
wohl schon am Rand des Plateaus eine unbefestigte Siedlung.
Die Befestigung durch den Ringwall läßt sich nach archäologischen Untersuchungen in 5 Phasen unterteilen. Die ersten 4
werden in die Bronze- und Urnenfelderzeit und die jüngste in
das frühe Mittelalter eingeordnet. – Die ständige Besiedlung
des B. Berges setzte wohl mit dem Jungneolithikum ein. Sie
verstärkte sich in der frühen Bronzezeit, in die auch die erste

Befestigung des Plateaus fällt. Der siedlungsgeschichtliche Zusammenhang der befestigten Höhensiedlung mit mehreren kleineren urnenfelderzeitlichen Siedlungen im Umland ist noch nicht hinreichend geklärt. – Die starke Befestigung, die Spuren von Metallverarbeitung und bislang ca. 20 Depotfunde unterstreichen die bedeutende Stellung der Siedlung in der Urnenfelderzeit. In der späten Urnenfelderzeit brach die Besiedlung ab und setzte erst in der Frühlatènezeit wieder ein. – Die frühmittelalterliche Siedlungsphase ist nur unzureichend belegt. Im Hoch- und Spätmittelalter befand sich auf einem w. vorgelagerten Sporn ein durch einen Doppelgraben abgetrennter Burgstall. Auf einer Terrasse w. unterhalb des Burgstalls befinden sich die Reste der *Kunigundenkapelle*, die in ihrem Bauzustand in die Mitte des 15. Jh.s datiert wird. Es soll an gleicher Stelle einen hölzernen Vorgängerbau gegeben haben. – Auf dem Gelände des ehem. Burgstalls, das durch den deutlich erkennbaren *Doppelgraben* von dem Plateau abgegrenzt ist, steht seit 1972 ein *Aussichtsturm*. Ö. davon befand sich bis zum Ende des 1. Weltkriegs ein Bergwerk zur Scheuersandgewinnung.   (V)   *Martin Winter*

B.-U. Abels, Würzburg, Karlstadt, Iphofen, Schweinfurt, Mainz 1975 (Führer zu vor- und frühgeschichtlichen Denkmälern 27). – G. Diemer, Der B. Berg und seine Stellung im Siedlungsgefüge der Urnenfelderkultur Mainfrankens, Kallmünz 1995. – Menschen, Metalle, Macht. Die Urnenfelderzeit auf dem B. Berg, Würzburg 1998.

Bundorf (LK Haßberge, UFr.). N. des Haßbergkamms, am Oberlauf der Baunach befindet sich die ehem. »Hovemarc« B., die ursprünglich noch die Dörfer Kimmelsbach und Stökkach sowie das auf der Südseite der Haßberge gelegene Nassach umfaßte. 1170 gelangte sie vom Bf. von Würzburg an das Kloster → Ebrach, anschließend bis 1298 an die Grafen von Wildberg, die 1301 die Pfarrei fundierten. Es folgten verschiedene Adelige wie die von Heldriet und die Markgräfin Anna von Brandenburg (eine geborene Hennebergerin), bis B. 1354 mit dem Amt Rodenstein wieder ganz dem Hochstift Würzburg zufiel. Nach Abgabe durch die Zollner von Birkenfeld 1452 wurden die Truchseß von Wetzhausen endgültig damit belehnt, die seitdem bis heute ihren Sitz in B. haben und sich entsprechend »Truchseß von Wetzhausen zu B.« nennen. – Das wenig geschlossene Rittergut umfaßte 5 Dörfer, erhielt als Lehen seine Bedeutung aber vor allem durch das ursprünglich dazugehörige Erbförsteramt am großen Haßberg. Die Eigenständigkeit der Hofmark als Gerichtsbezirk hat sich (was Zent und Dorfgericht anlangt) das ganze Mittelalter hindurch und noch weit in die Neuzeit hinein erhalten. Bei der Gebietsreform 1978 erhielt B. mit der Eingemeindung von Kimmelsbach, Neuses, Schweinshaupten, Stöckach und Walchenfeld wieder die Kernorte (außer Nassach) der alten Hofmark zurück. – Das aus 3 ungleichen Flügeln bestehende, im Kern mittelalterliche *Schloß* zeigt nach außen überwiegend Renaissanceformen und erzielt durch seine asymmetrische Anlage mit Eckerker und Turm eine ausgesprochen malerische Wirkung. (II) *Johannes Mack*

S. Zeissner, Haßbergland in vergangenen Tagen, Hofheim i. UFr. 1924. – H. Kössler, HAB Hofheim, 1964. – W. Schmiedel, HONB Ebern-Hofheim, 1973.

Burgbernheim, Stadt (LK Neustadt a.d. Aisch-Bad Windsheim, MFr.). Die Stadt B. liegt 8 km sw. von → Bad Windsheim am Aufstieg zur Frankenhöhe. In B. entstand in karolingischer Zeit ein Königshof, der etwas abseits der Fernverkehrswege lag. Aus einer Urkundenbestätigung von 889 geht hervor, daß der Zehnt des Königsgutes »Berenheim« 741 zur Gründungsausstattung des Bistums Würzburg gehörte. Im Jahr 1000 wird in B. ein »castellum« erwähnt, das wohl in spätkarolingisch-ottonischer Zeit entstanden ist und noch nicht lokalisiert werden konnte; vermutlich lag die Befestigung nicht auf dem oberhalb der Kirche gelegenen »Schloßberg«. – Seit dem Beginn des 13. Jh.s ist ein Ministerialengeschlecht nachgewiesen, das sich nach Bernheim nannte. 1281 verpfändete der Bf. von Würzburg dem Nürnberger Burggrafen Friedrich III. u. a. das Dorf Bernheim sowie den zugehörigen Wald. 1282 wurde den zollerischen Burggrafen auch die Vogtei übertragen, die zuvor die Grafen von Truhendingen innehatten. Hier erscheint auch erstmals der heutige Namenszusatz »Burg«, offenbar zur Unterscheidung von dem Ort → Mainbernheim. B. wurde in den zollerischen Erbverträgen des 14. und 15. Jh.s dem obergebirgischen Landesteil zugeordnet. – Der Zeitpunkt der Verleihung verschiedener Privilegien, unter anderem des Marktrechts läßt sich nicht eindeutig klären, da sie großenteils mit einer Serie von Urkundenfälschungen des Burgbernheimer Gerichtsschreibers Sixtus Halbmeyr aus dem 17. Jh. zusammenhängen. In einem Rechtsstreit mit der Gde. → Marktbergel, in der es vor allem um das Blutgericht ging, zeigte der Rat von B. 1620 dem Markgrafen das Wiederauffinden einer Serie älterer Privilegien an. Diese wurden 1623 durch Ks. Ferdinand II. bestätigt und B. die Hochgerichtsbarkeit über die Nachbargde. und andere umfangreiche Privilegien zugesprochen. – Erhalten sind die ehem. *Friedhofsbefestigung* aus dem 16. Jh., die *ev. Pfarrkirche* (ehemals Johannes d.T., Turm 13. Jh., Chor 1443, Langhaus unter der Verwendung des roman. Portals 1876 neu erbaut) und die *Roßmühle*. – 1792 wurde B. preuß. und 1799 das Schultheißen-Amt in das Kammeramt Ipsheim einverleibt. 1810 gelangte B. an das Kgr. Bayern. 1954 wurde der Marktflecken zur Stadt erhoben. – Mit der Eröffnung der Bahnlinie Ansbach-Würzburg 1864 und der »Windsheimer« Bahn 1898 wurde B. an das Eisenbahnnetz angeschlossen. Wichtige Wirtschaftszweige bildeten im 18. und 19. Jh. Viehhandel und Lohgerberei. Die Ansiedlung von Evakuierten und Vertriebenen brachte der Stadt nach 1945 einen erheblichen Bevölkerungszuwachs.

Etwa 2,5 km sw. der Stadt liegt das Wildbad B. In einer schmalen Schlucht der Frankenhöhe entspringen hier mehrere Mineralquellen, die der Legende nach bereits durch die Ks. Lothar II. und Karl IV. genutzt worden sein sollen. *Badehäuser* wurden 1487, 1587 und 1718 errichtet. 1789 ließ Markgraf Carl Alexander oberhalb der Schlucht das sog. *Markgrafenschloß* errichten. Das gut erhaltene Ensemble ist ein beliebter Ausflugs- und Erholungsort. (V) *Martin Winter*

P. Hupfer, B. Ein Heimatbuch von der Frankenhöhe, Neustadt/Aisch 1932, Bad Windsheim ²1976. – H. H. Hofmann, HAB Neustadt-Winds-

heim, 1953. – E. Fuchshuber, HONB Uffenheim, 1982. – K.-E. Lupprian,
Fälschungen und Fiktionen, München 1986.

Burgebrach, Markt (LK Bamberg, OFr.). In B. im Steigerwald
dürfte um 800 eine der »Slawenkirchen« gebaut worden sein,
deren Errichtung Karl der Große den Bf.n von Würzburg zur
Erfassung der Slawen aufgetragen hatte. Urk. genannt wird
die Siedlung »ad urbem Eberaha« erstmals 1023. Zur Unterscheidung von der Klostergründung → Ebrach festigte sich
der Name B. schon im 12. Jh. – Dorf, Burg und Zentgericht
zu B., zunächst verliehen an die Herren von Windeck, in der
2. Hälfte des 14. Jh.s wieder bei Würzburg, kamen bis 1377/
90 an das Hochstift Bamberg. Das Oberamt B.-Schönbrunn
teilte bis zur Säkularisation die Schicksale des Hochstifts. Als
bedeutendster Ort des Amtes, verkehrsgünstig an der Straße
von Bamberg nach Würzburg gelegen, erhielt B. 1472 das
Marktrecht mit 4 Jahrmärkten, die bis ins beginnende 20. Jh.
abgehalten wurden. 1480 erwirkte der Ort beim Bamberger
Bf. die Verleihung von Wappen und Siegel und 1499 die Ge-
nehmigung zur Befestigung des Ortes; in der Folgezeit beschränkte man sich auf die Errichtung dreier Torhäuser. Ein
Rathaus wurde erst ab 1720 gebaut, eine eigene Schule 1850/
51. Nach dem Übergang an Bayern wurde 1804 ein Landgericht ä. O. B. gebildet, das als Amtsgericht bis 1932 bestand. –
Wenn auch schon im Spätmittelalter ein Jude in B. erwähnt
wird, so bildete sich eine eigene Gde. wohl erst im 18. Jh., zu
dessen Beginn 4, am Ende 37 Juden hier ansässig waren. Ihren
größten Umfang erreichte die jüd. Population in der Mitte
des 19. Jh.s, als sie mit 98 Personen 10 % der Bevölkerung ausmachte. Die Gde. besaß im Ortszentrum eine eigene *Synagoge*
und eine Mikwe, aber keinen Friedhof. Obwohl es im Umkreis bedeutendere Gde.n gab, war B. 1826–1906 Sitz des Bezirksrabbinats für die Bezirksämter Bamberg II und B., da dieses nach der bay. Judengesetzgebung am Sitz einer Polizeibehörde gebildet werden mußte. Bis 1938 verließen die jüd.
Bewohner von B. den Ort.   (III)   *Hans J. Wunschel*

H. Weiss, HAB Bamberg, 1974. – J. Neundorfer, Heimatbuch des Marktes B., B. 1986. – K. Guth (Hg.), Jüdische Landgemeinden in Ober-

franken (1800–1942). Ein historisch-topographisches Handbuch, Bamberg 1988.

Burgfarrnbach (Stadt Fürth, MFr.). Das 1923 nach → Fürth eingemeindete B. geht auf Besiedlung in karolingischer Zeit zurück. Die bereits 1287 mit einem Ablaß bedachte Johanneskapelle wurde 1349 selbständige Pfarrei unter → Nürnberger Kirchenherrschaft. Der sog. Untere Sitz war nach mehreren Vorbesitzern seit 1704 im Besitz der ursprünglich in bayreuthischen Diensten stehenden Grafen von Pückler, die 1747 von den Markgrafen von Ansbach die Hochgerichtsbarkeit über das ganze Dorf verliehen erhielten (der »Obere Sitz« ist seit dem 30jg. Krieg abgängig). Sie ergänzten die ursprüngliche Wasserburg 1734 um einen barocken Witwensitz und ersetzten sie wegen Baufälligkeit durch einen klassizistischen *Schloßneubau*, der seit 1968 im Eigentum der Stadt Fürth ist und heute das Stadtarchiv beherbergt. – 1806 fiel B. an Bayern. Bis 1848 waren die Pückler(-Limpurg), die seit dem 18. Jh. erfolgreich eine bekannte Brauerei in B. betrieben, Inhaber der Patrimonialgerichtsbarkeit. Seit 1975/81 ist der namhafte Spielwarenhersteller Bruder in B. ansässig.

(VI) *Helmut Richter*

H. H. Hofmann, HAB Nürnberg-Fürth, 1954. – H. Habel, DiB Stadt Fürth, 1994.

Burg Feuerstein (Stadt Ebermannstadt, LK Forchheim, OFr.): → Ebermannstadt.

Burggrumbach (Gde. Unterpleichfeld, LK Würzburg, UFr.). Der bereits in der 2. Hälfte des 8. Jh.s in einer Güterübergabe an das Kloster Fulda genannte Ort liegt in einem nö. von → Würzburg sich ausbreitenden Streifen eines Altsiedelgebiets, das als Teil des historischen »Gozfeldes« mehrere Ortschaften umfaßt, die in den schriftlichen Quellen bereits in der Karolingerzeit erwähnt werden (Kürnach, Estenfeld, Pleichfeld, Prosselsheim, Bergtheim). Neben einer mutmaßlich in das Jahr 822 zu setzenden Urkunde, in der Güter an das Kloster

Fulda geschenkt werden, entstammt das erste sicher datierbare Zeugnis einem Tausch des Jahres 844, bei dem Graf Hessi Güter und Leibeigene in Pleichfeld und Grumbach von Fulda erhielt. Das edelfreie Geschlecht der nach dem Ort benannten Herren von Grumbach, die mit Markward I. seit 1099 als Vögte der Klöster Schlüchtern und → Neustadt a. Main bezeugt sind, stellte mit Markward II. (gest. 1171) einen engen Vertrauten Ks. Friedrich Barbarossas. – Nach dem Aussterben der Grumbacher in männlicher Linie 1243 gelangten deren Besitzungen durch Heirat an die Grafen von Rieneck, die 1328 die Burg und den Ort an die Ministerialenfamilie von Wolfskeel verkauften, die sich fortan von Grumbach nannte. Mit Wolfram (1322–33) und Johann III. (1455–66) stellte die Familie zwei Würzburger Bf.e. Wie letzterer stammte auch Wilhelm von Grumbach, der mit seinen kriegerischen Zügen gegen die Würzburger Bf.e im ganzen Reich Aufsehen erregte und als Landfriedensbrecher 1567 in Gotha gevierteilt wurde, aus der → Rimparer Linie. 1593 kam die Herrschaft samt dem Dorf Grumbach, das man seit dem 16. Jh. zur Unterscheidung vom nw. gelegenen Heugrumbach bei Arnstein B. nannte, durch Kauf an das Hochstift Würzburg. 1796 wurde das Dorf durch frz. Truppen niedergebrannt. – Von der *Burg* sind nur noch Teile der Ringmauer und ein spätmittelalterlicher Satteldachbau erhalten. (II) *Thomas Heiler*

F. Hausmann, Die Edelfreien von Grumbach und Rothenfels, in: A. Haidacher/H. E. Mayer (Hg.), Festschrift Karl Pivec zum 60. Geburtstag, Innsbruck 1966, S. 167–199.

Burgkunstadt, Stadt (LK Lichtenfels, OFr.). Das »Kunestat« einer Fuldaer Traditionsnotiz aus dem späten 8. oder der 1. Hälfte des 9. Jh.s war nicht B., sondern der jenseits des Mains gelegene Nachbarort Altenkunstadt, Sitz einer Urpfarrei, wo eine karolingerzeitliche Kirche archäologisch nachgewiesen ist. Auf B. dagegen bezieht sich die Nennung eines »Aepelin de Covnstat« 1059. Die Burg, nach der er sich benannte, war offenbar im frühen 9. Jh. auf einem Bergsporn errichtet worden, der sich fast 30 m über das Maintal erhebt. Im 10. Jh. war sie

wohl in der Hand der Grafen von Schweinfurt. Eine Brand-
schicht deutet auf die Zerstörung der Burg im Zuge der Auseinandersetzungen zwischen Graf Hezilo und Kg. Heinrich II.
im Jahr 1003 hin. Nach dem Aussterben der Schweinfurter
1057 brachte die Bamberger Kirche B. an sich; bambergische
Ministerialen, die sich nach (Burg-)Kunstadt benannten, sind
ab 1116 nachweisbar. Die Stadt war Sitz eines Amtmanns,
oft aus dem örtlichen Adel, und eines Vogtes. – B. ist, ähnlich
→ Kronach, in Ober- und Unterstadt gegliedert, erstere beherrscht vom *Rathaus* (errichtet 1689/90, Fachwerk von Jörg
Hoffmann) und der *Vogtei* (Adelssitz des 15./16. Jh.s, wieder-
errichet im späten 17. Jh., erweitert 1762) am Bergsporn zum
Maintal, mittlerweile aber mehr vom Heim der Regens-Wagner-Stiftung (1894 als *Cretinenanstalt* gegründet). Am Marktplatz der Oberstadt mit der *Pfarrkirche St. Heinrich und Kunigunde* (1811/12), lebte die bäuerlich-handwerklich geprägte
Bürgerschaft, während die Landstraße am Fuß des Sandstein-
felsens durch die große jüd. Gde. bestimmt war, die mit Unterbrechungen ab 1298 nachzuweisen ist (Synagoge 1938 vernichtet). 1 km von der Stadt entfernt liegt der *Friedhof* für
eine Reihe jüd. Gde.n (ca. 2000 Grabsteine 1623–1940). Bis
1914 war B. Sitz eines Distriktsrabbiners; der wohl bedeutendste Amtsinhaber war der Reformer Leopold Stein (1810–85),
ab 1844 Rabbiner in Frankfurt. – Der Anschluß an die Ludwig-Süd-Nord-Bahn 1846 (*Bahnhof* 1848/49 von Eduard
Rüber) erleichterte die Industrialisierung. Der Eröffnung
einer Schuhfabrik durch Joseph Weiermann 1888 folgten bald
Konkurrenzgründungen, wegen denen B. als »fränkisches Pir-
masens« galt. 1914 beschäftigten die Schuhfabriken rund 800
Menschen, in den 1920er Jahren bis zu 2000. Aus einem 1925
gegründeten Schuhversand entstand ab 1959 das Versandhaus
Friedrich Baur GmbH. Die letzten Schuhfabriken schlossen
1990. In Erinnerung an diese Industrie besteht seit 1986 das
Deutsche Schustermuseum. (III) *Günter Dippold*

J. B. Müller, B. Eine karolingische Burgstadt. Von ihren frühmittelalterlichen Siedlungsanfängen bis ins hohe Mittelalter, Lichtenfels 1984. –
G. Dippold (Hg.), Im oberen Maintal, auf dem Jura, an Rodach und Itz.

Landschaft, Geschichte, Kultur, Lichtenfels 1990. – J. Motschmann/ S. Rudolph, »Guter Ort« über dem Maintal. Der jüdische Friedhof bei B., Lichtenfels 1999.

Burgpreppach, Markt (LK Haßberge, UFr.). Der Ort liegt inmitten der Haßberge, in einem Seitental der Baunach an der alten Handelsstraße von Schweinfurt nach Coburg. B. (in frühen Quellen auch Breitbach oder Burgbreitbach) war bis 1333 im Besitz der Grafen von Rieneck, dann Würzburger Lehen und seit etwa 1300 Sitz der Flieger von Breitbach als Dienstmannen. Ab 1344 waren die Fuchs Dorfherren, mit denen die Ortsgeschichte in der Folge eng verbunden blieb. – Eine lange Tradition der hohen und niederen Gerichtsbarkeit (für die Fuchs bestätigt 1557 durch Ks. Ferdinand I.) sowie frühe und kirchliche Rechte für B. weisen auf alte grundherrliche Rechte seit dem Mittelalter zurück. Ab 1548 war B. Lehen der Fuchs von Bimbach als Erben der Fuchs von B. Das seit 1558 prot. Dorf verwüsteten die 30jg. Krieg durchmarschierende Truppen. Aus dieser Zeit ist das älteste Profangebäude des Ortes erhalten, die *Schloßmühle* (frühes 16. Jh.). – Die Wiederbelebung des Ortes erfolgte unter Eitel Heinrich Fuchs vom Bimbach nach 1648, dabei kam es auch verstärkt zur Ansiedlung von Juden. Durch Patronage der Würzburger Fürstbischöfe Johann Gottfried von Guttenberg und Johann Philipp von Greiffenclau erlangten die Söhne des Eitel Heinrich, die Brüder Christoph Ernst und Ludwig Reinhold Fuchs von Bimbach, 1699 die Freiherrenwürde und das Marktrecht für den Ort sowie das Recht, den Namen des aussterbenden Familienzweigs »Dornheim« zu tragen. Unter der Vormundschaft des Würzburger Fürstbf.s über Johann Philipp Dietrich Ernst Fuchs von Bimbach und Dornheim erfolgte die Konversion des Mündels und 1717–24 die Erbauung des *Schlosses.* Architekt war der fürstbischöfliche Baumeister Joseph Greissing; eine statische Sicherung und den Plan des Treppenhauses übernahm Balthasar Neumann. – Turm und Chor der *ev. Kirche* entstanden um 1585, das Langhaus 1734. Durch die Konversion der herrschaftlichen Familie siedelten sich verstärkt Katholiken an. 1784–87 wurde un-

ter Hilfe der Kapuziner aus dem Nachbarort Leuzendorf
eine kath. Kirche im Südwestpavillon des Schlosses angelegt;
die jetzige *kath. Kirche* wurde 1934 erbaut. – 1806 wohnten
43 ev., 26 kath. und 48 jüd. Familien in B. Hier war der Sitz
des Bezirksrabbiners. 1874 wurde eine Talmud-Thora-Schule
gegründet; mit der Zerstörung der Synagoge 1938 endete
die jüd. Kultur. – Von 1886 bis 1912 baute die Frankfurter Firma Philipp Holzmann auf dem naheliegenden Eichel- und
Rauhberg industriell den Burgpreppacher Sandstein ab; er
fand Verwendung am Reichstagsgebäude in Berlin. Der Abbau am Rauhberg dauert bis in die Gegenwart fort. – Die
freiherrliche Familie Fuchs von Bimbach und Dornheim erlosch 1987 im Mannesstamm. Das Schloßgut ist weiterhin im
Besitz der Familie. (III) *Volker Rößner*

I. Maierhöfer, HAB Ebern, 1964. – L. Höhn, B. Marktgemeinde und
Schloß. Eine Heimatgeschichte, Hofheim/Ufr. 1982. – W. Berninger, B.
und die Grafen von Rieneck, in: Würzburger Diözesangeschichtsblätter
60 (1998), S. 195–212.

Burgsalach (LK Weißenburg-Gunzenhausen, MFr.). B. liegt
9 km ö. von → Weißenburg am röm. → Limes. Eine prähisto-
rische Besiedlung ist durch mehrere Grabhügel sw. und Siedlungsfunde sö. des Ortes belegt. Am sw. Waldrand liegen die
konservierten Mauerzüge eines röm. *Kleinkastells* von rund
32 m Seitenlänge. Die rund 1,3 km hinter dem Limes stationierte Mannschaft hatte etwa die Stärke einer Centurie von
rund 80 Mann, damit gehörte die Anlage zu den Numeruska-
stellen. Im Gegensatz zu den üblichen spätkaiserzeitlichen
Kleinkastellen sind die Gebäude um einen Innenhof angelegt
und direkt mit der Umwehrung verbunden. Dieses ist am
obergermanisch-raetischen Limes einzigartig und besitzt Par-
allelen aus dem 3. Jh. im nordafrikanischen Raum. – Der Vorgänger war ein wesentlich größeres Kastell rund 300 m s. Das
größere Lager scheint (vor dem Bau des Burgus?) auf das nw.
Viertel verkleinert worden zu sein. Das ausgedehnte Lagerdorf ist w. des Kleinkastells und der Römerstraße nachgewiesen. – Im auf 1029 gefälschten Weißenburger Dienstmannen-

recht wird unter den zum Hof nach Weißenburg gehörigen Ministerialen ein Reginzo de Salehach erwähnt. Die Herren von Salach zählten zu den wichtigen Dienstmannenge-schlechtern der Weißenburger Gegend. Um den *Pfarrhof* sind Spuren eines vierseitigen Grabens zu erkennen, der auf den Standort der Burg der Herren von Salach hinweisen könnte. Auf die Salacher folgten nach deren Erlöschen 1406 die Schenk von Geyern. – Das Kirchenpatronat war bereits zu-vor auf das Kloster → Wülzburg bzw. nach der Aufhebung des Klosters auf den Markgrafen von Brandenburg-Ansbach übergegangen. 1546 wurde der erste ev. Pfarrer eingesetzt. Die ev.-luth. *Pfarrkirche St. Koloman* geht auf einen durch den Eichstätter Bf. Gundekar im 11. Jh. geweihten Bau zurück. Der Turm stammt in der unteren Hälfte noch aus dem Spät-mittelalter, während das Langhaus 1746–47 nach einem Brand neu errichtet wurde. Im Inneren ist der Bau nach zurück-gebauten Purifizierungen der 1960er Jahre weitgehend neu gestaltet. – Der Ort zeigt, wenn auch durch moderne Verän-derungen beeinträchtigt, das Bild eines landwirtschaftlich orientierten Juradorfes mit den charakteristischen Legschie-ferdächern.   (VI)   *Daniel Burger*

H. H. Hofmann, HAB Gunzenhausen-Weißenburg, 1960. – C.-M.Hüs-sen, Kleinkastell und Kastell B. in: Der römische Limes in Bayern. 100 Jahre Limesforschung, München 1992, S. 44–45. – K. Treiber, Chronik B., Indernbuch, Pfraunfeld, Treuchtlingen 1995. – G. Kiessling, DiB Landkreis Weißenburg-Gunzenhausen, 1999.

Burgsinn, Markt (LK Main-Spessart, UFr.). Der n. von → Rieneck am Zusammenfluß von Aura und Sinn gelegene Ort wird 1001 erstmals erwähnt, dürfte jedoch wesentlich weiter zurückreichen und war Siedlungsmittelpunkt des Sinntals. Von Anfang an war er umkämpft zwischen den Grafen von Rieneck und dem Hochstift Würzburg, deren Besitzungen in diesem Raum zusammenstießen. Rieneck besaß im 12. Jh. die Hälfte der Burg und ihrer Zugehörungen als Lehen von Würzburg, verlor dieses jedoch nach 1333. Später wurde B. teilweise an Rieneck verpfändet, 1405 dann an die Herren von Thüngen verkauft. Die *Wasserburg* dürfte bis ins 12. Jh.

zurückreichen; der Ort (1334 Marktrecht) scheint von einer Ringmauer umgeben gewesen zu sein. Die Thüngen trugen B. 1438 an Brandenburg zu Lehen auf; im 16. Jh. erbauten sie das sog. *Neue Schloß.* – Spätestens um die Mitte der 1560er Jahre führten die Thüngen in B. die Reformation ein. Ein Konflikt zwischen der Dorfgde. und den Thüngen eskalierte 1626, als über die Schloßherren die Acht verhängt wurde. Mit der Exekution beauftragte das Reichskammergericht 1630 Kurmainz, das in B. 1631 die kath. Konfession durchsetzte. Der Ort blieb nach der Wiederherstellung der Thüngenschen Herrschaft 1697/99 überwiegend kath., doch errichteten die Thüngen 1704 auch eine ev. Gde. – 1814 kam B. an Bayern. 1872 wurde der Ort an die Eisenbahnstrecke Gemünden-Fulda angeschlossen. – Seit dem 15. Jh. waren Juden in B. ansässig; die Kultusgde. errichtete im 19. Jh. eine *Synagoge* (heute Privatbesitz) und bestand bis in die Zeit der nationalsozialistischen Herrschaft. (I) *Theodor Ruf*

K. Richter, HAB Gemünden, 1963. – 1000 Jahre B., B. 2001.

Burgwindheim, Markt (LK Bamberg, OFr.). Die Geschichte von B. ist bis zur Säkularisation eng mit dem Kloster → Ebrach verknüpft. Die hier ansässigen Herren von Windheim, von denen 1136 erstmals ein Otto de Windeheim als Ministeriale in einer Urkunde des Bf. von Würzburg genannt wird, haben das Kloster seit 1174 mit Stiftungen bedacht. Der 1278 in das Kloster eintretende Ludwig von Windeheim schenkte diesem damals seine Burg und das Dorf (villa) Windheim mit weiterem Zubehör, bis dahin ein würzburgisches Lehen; hiermit hatte Ebrach eine seiner bedeutendsten Schenkungen überhaupt erhalten. Fundamente der Burg sollen Anfang des 19. Jh.s bei der Trockenlegung des Dorfweihers noch erkennbar gewesen sein. – Der Name B. setzte sich erst im 14. Jh. durch. Ebrach erlangte 1363 von Ks. Karl IV. das Marktrecht und von Kg. Wenzel 1398 die Halsgerichtsbarkeit für B., mußte letztere aber in einem Vertrag von 1561 dem Hochstift Würzburg überlassen. – Am Ort eines Hostienwunders wurde 1467 eine *Kapelle zum Hl. Blut* errichtet, erhalten ist der Nachfolgebau aus dem Jahr 1594 mit Innenausstattung aus Barock und Rokoko. Die Wallfahrt zum Hl. Blut von B. erhielt noch stärkeren Zulauf, nachdem 1626 in unmittelbarer Nähe zur Kapelle eine heilkräftige Quelle entdeckt worden war; diese wurde 1690 in ein quadratisches *Brunnenhaus* eingefaßt. Zur Pflege der Wallfahrt, die noch heute besteht, wurde 1649 eine eigene Bruderschaft gegründet. – Im 18. Jh. verlegte das Kloster Ebrach seinen bisher in Mönchherrnsdorf gelegenen Amtshof nach B. An der Poststraße von Bamberg nach Würzburg, auf einer Terrasse am Rande des Dorfweihers, wurde in den Jahren 1720–25 ein *Amtsschloß* errichtet. Der Bau hat die Form eines H, die Ecken sind als Pavillons gestaltet; seine gefälligen Proportionen sind vom frz. Schloßbau des 17. Jh.s inspiriert. Während der Hl.-Blut-Wallfahrt diente das Schloß regelmäßig den Äbten von Ebrach kurzzeitig als Sommerresidenz. – Nach der Säkularisation wurde das Amtsschloß als Pfarramt und, bis 1928, als Finanzamt genutzt. Der 1904 eingerichtete Bahnanschluß nach Bamberg bestand bis 1961 (Personenverkehr) bzw. 1999 (Güterverkehr). (II) *Hans J. Wunschel*

O. Schnell, Beiträge zur Geschichte des Marktfleckens B., in: Archiv des Historischen Vereines von Unterfranken und Aschaffenburg 25 (1881), S. 359–443. – C. Wenzel, Die Curie in B., ein Frühwerk Balthasar Neumanns, München 1988.

Cadolzburg, Markt (LK Fürth, MFr.). Der Markt C. liegt rund 15 km w. von → Nürnberg um den Hang des Dillberges. Ein frühmittelalterliches Reihengräberfeld wurde am Farrnbach freigelegt. 1157 ist der Ort erstmals belegt. Im 13. Jh. gelangten die Burggrafen von Nürnberg in den Besitz des Ortes, in dem sie 1246 erstmals urkundeten und um 1250–60 die große *Burg* neu errichteten, die im Spätmittelalter zu einem der Hauptsitze der Zollern wurde. Zahlreiche Besuche von Kg.n und Ks.n zwischen 1268 und 1541 belegen die Bedeutung der Anlage, welche im 14., späten 15. und beginnenden 17. Jh. repräsentative Ausbauten erhielt. Bemerkenswert ist neben der Kernburg mit hoher Mantelmauer das Vorburgtor des mittleren

15. Jh.s mit den Ehewappen Brandenburgs und Bayerns, Brandenburgs und Sachsens sowie einem antijüd. Relief. Die Übersiedlung von Cadolzburger Juden nach Nürnberg ist in den Jahren 1324 bis 1343 belegt. – Der Bezug von Siedlung und Burg ist bis heute ersichtlich: Auf der Spornspitze befindet sich die Dynastenburg des 13. Jh.s mit befestigter Vorburg, welcher der spätmittelalterliche Marktflecken, wohl eine Gründung des 14. Jh.s, vorgelagert ist. Eine erste Zerstörung erlitt der Markt im Städtekrieg 1388. Weite Strecken der *Marktbefestigung* mit Mauer und Graben sowie dem *Oberen Markttor* (Torturm 1476) sind erhalten. Die steinerne Marktbefestigung erfolgte nach der neuerlichen Brandzerstörung der Siedlung im 1. Markgrafenkrieg 1449. Aufgrund der schweren Verwüstungen des 30jg. Krieges ist der Ortskern vornehmlich von Gebäuden des ausgehenden 17. und 18. Jh.s geprägt. Die *ev. Pfarrkirche St. Cäcilie* befindet sich sö. unterhalb der Burg, die dortigen Anwesen »Im Tal« markieren wohl einen älteren Siedlungskern. 1750–51 wurde die spätgot. Kirche bis auf die untere Turmhälfte durch einen Neubau ersetzt. – 1361/64 wird erstmals das Amt in C. erwähnt. Seit 1456 ist C. als markgräfliches Oberamt belegt, welches die Vogtei bis an die Nürnberger Stadtmauern beanspruchte. Weiterhin war hier ein Kastenamt vorhanden. Das Gericht des Oberamtes hatte seinen Sitz ebenfalls in C., doch war das Hochgericht bei → Langenzenn und wurde erst 1739 hierher verlegt. Ab 1792 preuß., gelangte C. 1806 an Bayern. – Im ausgehenden 19. Jh. wuchs der landwirtschaftlich-gewerbliche Marktflecken. 1891 wurde C. an die Lokalbahnlinie Nürnberg-Zirndorf angebunden, 1893 der markante *Aussichtsturm* (»Bleistift«) zur Förderung des Ausflugsverkehrs errichtet. 1929 wurde das Finanzamt, 1931 das Amtsgericht nach → Fürth verlegt. Die Burg war 1933–45 HJ-Gebietsführerschule. Am 17.4.1945 zerstörten Bodenkämpfe zwischen dt. und amerikanischen Truppen die Burg nebst etlichen Anwesen des Marktes. Seit 1978 erfolgt der Wiederaufbau der Burg durch den Freistaat. In der 2. Hälfte des 20. Jh.s entstanden in der Tendenz zur Umwandlung des Ortes in eine Wohnsiedlung ausgedehnte

Neubaugebiete, in der Niederung wurden zudem umfangreiche Industriegebiete geschaffen. (VI) *Daniel Burger*

M. Kroner, C. Im Wandel von der Hohenzollernresidenz und dem Ämtersitz zum gewerblich-industriellen Markt, C. 1993. – H. W. Kress, Die Burg brennt! April 1945. Der Vorstoß der amerikanischen Armee von Neustadt über C. nach Schwabach, C. 2003. – D. Burger, Die C. Dynastenburg der Hohenzollern und markgräflicher Amtssitz, Nürnberg 2005.

Callenberg (Stadt Coburg, OFr.). Das wenige km nw. von → Coburg gelegene C. wird 1122 als »Chawlinberch« erstmals genannt und war bis zum 1231 erfolgten Verkauf an das Hochstift Würzburg im Besitz des gleichnamigen Adelsgeschlechts. 1592 fielen Schloß und Herrschaft nach dem Aussterben des Callenberger Zweigs der Herren von Sternberg, die es seit 1317 von den Grafen von Henneberg zu Lehen hatten, an Hz. Johann Casimir von Sachsen-Coburg. Seither ist es mit einer etwa zehnjährigen Unterbrechung im Besitz der herzoglichen Familie. – Auf dem Burgbezirk entstanden bereits im Mittelalter ein *oberes* und ein *unteres Schloß,* die zwischen 1592 und 1639 in vom Manierismus geprägten Baumaßnahmen, im 19. Jh. von neugot. Um- und Neubauten und baulichen Eingriffen in der 1. Hälfte des 20. Jh.s mehrfache Änderungen der Anmutung und Nutzung erfuhren, bis 1985–97 die Sanierung und teilweise Restaurierung der Anlage zur heutigen Nutzung als *Museum* der herzoglichen Kunstsammlungen führte. Bedeutendstes Einzelbauwerk ist die im ersten Drittel des 17. Jh.s wohl nach Plänen von Giovanni Bonalino fertiggestellte *Schloßkirche,* einer der frühesten klar als Zentralraum geordneten prot. Kirchenneubauten. Entsprechend dem Geist der Neugotik stellen sich natürliche Lage, umgebender *Landschaftspark* und Bauwerk seit den Baumaßnahmen des 19. Jh.s als harmonische Einheit dar. – Die seit 1825 dem Haus Sachsen-Coburg und Gotha gehörende Anlage diente den Hz.n vornehmlich als Jagdschloß sowie ab 1905 dem letzten regierenden Hz. Carl Eduard als Sommerresidenz und Wohnstätte, von der aus er am 14.11.1918 auf der letzten Sitzung des gemeinschaftlichen Landtags in Gotha seine Niederlegung der Regierungsgeschäfte erklärte. (III) *Michael Henker*

P. Lehfeld/G. Voss, Bau- und Kunstdenkmäler Thüringens 32: Herzogtum Sachsen-Coburg und Gotha, Jena 1891. – R. Teufel, Bau- und Kunstdenkmäler im Landkreis Coburg, Coburg 1956. – M. Henker (Hg.), Ein Herzogtum und viele Kronen. Coburg in Bayern und Europa, Augsburg 1997.

Castell (LK Kitzingen, UFr.). Am Westrand des Steigerwaldes und nö. des Schwanbergs gelegen, hat das Dorf C. seinen Charakter als kleiner Residenzort einer reichsunmittelbaren Grafschaft im Alten Reich weitgehend bewahrt. Die erste Erwähnung wird mit der Stiftungsurkunde für das Benediktinerkloster Megingaudshausen auf 816 datiert. Der 1091 belegte Rupert de Castello gilt als Ahnherr der späteren Grafen (seit dem frühen 13. Jh.) bzw. Fürsten (seit 1901) von C. – Nachhaltig wirksam blieb die Teilung des Castellschen Besitzes unter zwei Linien 1265/67, die in den beiden s. des Ortes gelegenen Casteller Burgen residierten: der »oberen Burg« auf dem Schloßberg und einer Burg auf dem Herrenberg. Der mit letzterer verbundene Besitz ging 1328 an die Burggrafen von Nürnberg, die späteren Markgrafen von Brandenburg-Ansbach; die Wehranlage verfiel nach ihrer Zerstörung im Bauernkrieg. – Bis 1684 blieb der Ort unter den Ansbacher Markgrafen und den Grafen von C. aufgeteilt. Nach der Zerstörung beider Burgen im Bauernkrieg wurde nur das obere Schloß auf dem Schloßberg wiederhergestellt. In diesem Jahr erwarb Wolfgang Dietrich Graf zu C.-Remlingen den ansbachischen Teil zurück und errichtete 1687–91 im Ort das heutige *Fürstlich Castellsche Schloß* als dreiflügelige Anlage; ein Umbau erfolgte 1863–69. Der ursprünglich barocke Schloßgarten wurde 1820 in einen Landschaftsgarten umgestaltet. Das alte Schloß auf dem Schloßberg blieb zunächst Wirtschaftsgebäude und wurde bis auf den *Treppenturm* seit Mitte des 18. Jh.s abgetragen. – Um die Mitte des 16. Jh.s führten die Grafen von C. die Reformation ein. Die an der Stelle eines Vorgängerbaus 1784–88 errichtete *ev. Grafschaftskirche St. Johannis* überragt den Ort. Der repräsentative, dem Resi-

denzcharakter C.s angemessene Kirchenbau vereint barocke
und klassizistische Elemente. – Seit 1399 ist das Casteller
Wildbad bezeugt. Das 1601 an der Dorfstraße errichtete Badhaus diente nach der Schließung des Bades 1678 u. a. als
Regierungsgebäude und ist seit Beginn des 20. Jh.s *Fürstlich-
Castellsches Archivgebäude.* 1774 wurde hier die bis heute bestehende C.-Bank gegründet; Inhaber sind die Fürstenhäuser
C.-Rüdenhausen und C.-C. Die Zentrale wurde 1972 nach
Würzburg verlegt. – Mit der Grafschaft kam auch der Ort C.
1806 an Bayern. Die Gde. C. ist seit 1976 Teil der Verwal-
tungsgemeinschaft → Wiesentheid.

Das *Alte Schloß* im 2 km n. gelegenen Rüdenhausen war seit
der Teilung der Grafschaft C. 1597 Sitz der Linie C.-Rüden-
hausen. Der Ort wurde vor allem unter Johann Friedrich zu
C.-Rüdenhausen (1675–1749) repräsentativ ausgebaut und
1747 zum Markt erhoben. Nach dem Aussterben der (älteren)
Linie C.-Rüdenhausen 1803 spaltete sich aus der Hauptlinie
eine (neue) Linie C.-Rüdenhausen ab, die das Schloß bis
heute bewohnt. Das 1854–57 errichtete, klassizistische Neue
Schloß wurde 1973 abgerissen.   (II)   *Martin Ott*

O. Meyer/H. Kunstmann, C. Landesherrschaft, Burgen, Standesherrschaft, Neustadt/Aisch 1979 (Neujahrsblätter der Gesellschaft für Fränkische Geschichte 37). – A. Wendehorst (Hg.), Das Land zwischen Main
und Steigerwald im Mittelalter, Erlangen 1998. – E. Kramer/J. Kramer,
Casteller Häuserchronik, Neustadt/Aisch 2000. – B. Tucher, Öffentliche
Badhäuser in Deutschland und der Schweiz im Mittelalter und der frühen Neuzeit, Petersberg 2003. – J. Graf zu Dohna (Hg.), Auf den Spuren
der Grafen von C., C. 2004. – K. Andermann/J. Graf zu Dohna, Die
Herren und Grafen zu C. im hohen Mittelalter, in: F. Kramer/W. Störmer
(Hg.), Hochmittelalterliche Adelsfamilien in Altbayern, Franken und
Schwaben, München 2005, S. 449–471.

Coburg, Stadt (OFr.). Die Entstehung der Stadt C. wurde
entscheidend von der geographischen Lage zwischen der
Südabdachung des Thüringer Waldes und dem Hügelland
am Obermain geprägt. Die sog. Coburger Pforte an der Itz
begünstigte nach der Völkerwanderungszeit am Fuß des die
Region beherrschenden Festungsberges die Anlage einer

Vorgängersiedlung mit dem von einem thür. Volksstamm abgeleiteten Namen »Tufalistat«. Doch sind deren Name und Lage innerhalb der sich allmählich bildenden Talsiedlung, die von der »Chouburg« den Namen angenommen hat, bis heute nicht geklärt. – 1056 tritt der Name C. in einer Schenkungsurkunde der Enkelin Ks. Ottos II. und vertriebenen Polenkönigin Richeza erstmals auf, allerdings nur für deren Güter im Umkreis des Berges C., was 1126 durch eine Urkunde des Papstes Honorius II. für die Abtei Saalfeld nochmals unterstrichen wird, die von einer Kirche und Gütern auf dem Berg C. spricht. Dabei stellt sich die bis heute ungeklärte Frage nach der Ableitung des Namens C. von »Cobenburg«. 1182 bestätigt Papst Lucius III. dem Stift Haug in → Würzburg den Zehnten C.s. In einer Urkunde von 1217 ist die Rede von »in burgo Choburg …«, also der Stadt C. – Nach dem Aussterben der Andechs-Meranier 1248 bauten die ins Coburger Land vordrängenden Grafen von Henneberg die Stadt als Hauptort ihrer »Neuen Herrschaft C.« aus. Die sich auf dem Coburger Marktplatz kreuzenden überregionalen Handelsstraßen von Nürnberg und Würzburg nach Erfurt, Leipzig und Böhmen ließen einen wichtigen Handelsplatz mit Mauerring, 4 inneren Stadttoren und Vorstädten entstehen, der 1331 das Selbstverwaltungsrecht nach → Schweinfurter Vorbild verliehen bekam. Der alte Siedlungskern um die spätgot. *Stadtpfarrkirche St. Moriz* und die ehem. Saalfelder Propstei blieb weiterhin das geistlich-geistige Zentrum der Stadt mit Pfarrhäusern und Schulen, so der Ratsschule und später dem Gymnasium. – 1353 fiel das Coburger Land im Erbgang an das Haus Wettin, wuchs von Franken hinaus nach Thüringen und spielte nun bis 1918 eine eigene Rolle im frk.-thür. Raum. Als »Sächsisches Ortland in Franken« oder »Pflege C.« bildete es nun den südlichsten Teil des ernestinischen Kurfürstentums, weshalb Martin Luther auf der *Veste C.* 1530 zurückbleiben mußte, um von dort den ↑ Augsburger Reichstag, an dem er aus Sicherheitsgründen nicht ohne weiteres teilnehmen konnte, zu verfolgen. Inzwischen war die St. Morizkirche zur ev. Hauptkirche geworden, und an der Stelle des fast benachbarten aufgelösten Barfüßerklosters ließ Johann Ernst, der Halbbruder des Kf.n Johann Friedrich des Großmütigen und erste selbständig regierende Hz. in C. das *Schloß Ehrenburg* erbauen, von 1547 bis 1918 Stadtresidenz. – Hz. Johann Casimir machte mit seinen repräsentativen Bauten aus C. eine Stadt im Stil der Thüringer Renaissance. 1597–99 ließ er am Marktplatz gegenüber dem bürgerlichen Rathaus sein *Regierungsgebäude* als Sitz der herzoglichen Behörden errichten, bis heute mit seinen »Coburger Erkern« und Zwerchgiebeln eines der markanten Gebäude der Stadt. 1601–05 entstand das *Gymnasium Casimirianum* gegenüber der Kirche St. Moriz und schließlich 1616–21 das wuchtige *Zeughaus*, heute Sitz des Staatsarchivs C. Das *Rathaus* am Marktplatz, das aus einem Renaissancebau, von dem nur noch der »Coburger Erker« erhalten ist, und einem spätgot. Hauptbau bestand, erfuhr zwischen 1750 und 1752 einen alle bisherigen Einzelhäuser umfassenden Umbau in barocker Manier.

Von den Erbstreitigkeiten des 18. Jh.s und den napoleonischen Kriegen erholten sich Stadt und Land C. erst richtig im 19. Jh., als Hz. Ernst I. 1826 durch seine Ehe mit der letzten Erbin das Herzogtum Sachsen-Gotha in Personalunion erwerben konnte. 1827 gründete er das Sachsen-Coburg-Gothaische Hoftheater, das 1840 das bis heute bespielte *Theatergebäude* am Schloßplatz zu C. als Heimstätte erhielt. Eine geschickte Heiratspolitik führte Mitglieder des Hauses Sachsen-Coburg und Gotha auf die Throne von Belgien, England, Portugal-Brasilien, Bulgarien, Rumänien sowie in enge verwandtschaftliche Nähe zu den Herrscherhäusern in Frankreich, Rußland, Österreich-Ungarn, Schweden und Spanien. Der Coburger *Schloßplatz*, der mit seinen repräsentativen Bauten zu einem der gelungenen Residenzplätze des 19. Jh.s zählt, sah nun bis zum 1. Weltkrieg zahlreiche Besucher aus dem europäischen Hochadel. – Hz. Ernst II. betrieb den Ausbau der sog. Werratalbahn, die ab 1858/59 C. mit → Lichtenfels und Eisenach verband. Damit wurde sie zur frühesten Verbindungsbahn zwischen den bay. und thür.-preuß. Bahnstrecken.

Neben einer bedeutenden Karosseriefabrik, Maschinen- und Polstermöbelfabrikation war seit dem späten 19. Jh. vor allem die Puppen- und Spielwarenindustrie für die Stadt C. und ihr Umland prägend geworden. Aufgrund der weltweiten Verwandtschaften der Coburger Dynastie mit zahlreichen Thronen in Europa und davon abhängiger Länder in Übersee kam es zur Gründung von Konsulaten und damit Handelsniederlassungen in C., so daß bis zum 1. Weltkrieg der Export von Spielwaren, besonders von Puppen, aus dem Coburger Land erleichtert wurde. – Nach dem Ende der Monarchie stimmte das Coburger Land am 30.11.1919 in einer Volksabstimmung mit überwältigender Mehrheit für den Anschluß an Bayern und bildet seitdem einen oberfränk. LK. Der bay. Staat hat weitgehend den Unterhalt der Coburger Kultureinrichtungen übernommen: das Theater, die Kunstsammlungen der Veste C., Schloß Ehrenburg, die Landesbibliothek, das *Naturkunde-Museum*, das Staatsarchiv, die Fachhochschule für Architektur und 4 Gymnasien. (III) *Harald Bachmann*

Jahrbuch der Coburger Landesstiftung, 1956 ff. – Coburger Geschichtsblätter, N.F., 1993 ff. – M. Henker (Hg.), Ein Herzogtum und viele Kronen. C. in Bayern und Europa, Augsburg 1997. – R. Butz/G. Melville (Hg.), C. 1353. Stadt und Land C. im Spätmittelalter, C. 2003.

Collenberg (LK Miltenberg, UFr.). Die Gde. C. wurde 1971 am n. Mainufer aus den vormals selbständigen Gde.n Fechenbach und Reistenhausen gebildet. Die namengebende Burg C. (heute *Ruine Kollenberg* über dem Maintal) ist spätestens zu Beginn des 14. Jh.s entstanden. 1306 teilte sich die Ministerialenfamilie Rüdt in zwei Linien auf: Burg C. mit den Besitzungen um den Main und Burg Bödigheim mit den s. Familiengütern. Mit C. waren die Rüdt zunächst Lehenträger der Grafen von Wertheim. 1327 verkaufte Graf Boppo von Eberstein, Erbe der Grafen von Wertheim, diese Burg und verschiedene Orte, darunter Fechenbach, dem Deutschen Orden. 1331 begegnen erstmals die Rüdt als Edelknechte von C. als Leheninhaber der Burg. Bis 1484 waren die Rüdt von C. dann vorwiegend Lehenträger der Deutschordenskommende (→ Stadt-)Prozelten, danach des Mainzer Kurstaats. Ihre Burg C. wurde noch um 1600 zu einem prächtigen Renaissanceschloß umgebaut. – Auffällig ist, daß die Rüdt erst 1450 den unmittelbar bei der C. liegenden Ort Fechenbach von den Herren von (→ Burg-)Grumbach erwarben und erst dann eine Art niederadelige »Hofmark« mit Burg und Dorfherrschaft schaffen konnten. In Fechenbach saßen im 13./14. Jh. die einflußreichen Kurmainzer Ministerialen von Fechenbach, die 1315 den Ort → Laudenbach bei → Miltenberg erwarben und dort ihren Stammsitz wählten. Im Nachbarort Reistenhausen saßen im 13./14. Jh. die Ritter von Reistenhausen, die wohl zunehmend in würzburgische Dienste gingen. Ihre Nachfolger waren die Ritter von (Burg-)Grumbach bei Würzburg. 1541 erhielten die Rüdt von C. durch Ks. Karl V. eigene Halsgerichtsbarkeit über die Burg C., Reistenhausen und Fechenbach. Im folgenden Jahr bereits erließen sie gemeinsam mit den Reistenhausener Mitdorfherren, dem Frauenkloster → Himmelthal/Spessart, eine umfangreiche Dorfordnung.

Der Fall Fechenbach-Reistenhausen ist für die Motorik der Entwicklung von Kleinherrschaften von großem Interesse, da die Rüdt von C. (ausgestorben 1635) und deren Rechtsnachfolger, die Freiherren von Reigersberg, bis zum Ausgang des Alten Reiches versucht haben, auf der Basis der Hochgerichtsbarkeit als überwölbendem Schlußstein ihre Rechte in der »Herrschaft« Fechenbach-Reistenhausen als eine Art ritterschaftlicher »Landeshoheit« zu beanspruchen, und dies, obgleich Kurmainz nach dem Tod des letzten Rüdt von C. die Burg mit »Herrschaft« als erledigtes Lehen einzog. – Neue Mainzische Lehensträger wurden die Herren von Hoheneck und Ehrenberg, beide der Mainzer Klientel zugehörig, später die Herren (seit 1816 Grafen) von Reigersberg, die im 18. Jh. in Fechenbach ein stattliches *Schloß* bauen ließen. 1818/20 wurde es Sitz eines Patrimonialgerichts I. Klasse, aber 1836 von Reigersberg dem bay. Staat verkauft. 1842 ging das Rittergut Fechenbach-Reistenhausen durch Kauf an die Freiherren von Bethmann über. – Seit 1555 hatten die Rüdt und ihre Nachfolger in diesen Orten das Recht des Judenschutzes. Im 20. Jh. wohnten freilich nur mehr wenige Juden dort. – In der 2. Hälfte des 19. Jh.s entwickelte sich vor allem Reistenhausen zu einem Schwerpunkt der Buntsandsteinbrüche und der Steinindustrie, beide Orte gleichzeitig auch der Mainschiffahrt. Die respektablen *Sandstein-Unternehmervillen* sind noch heute im Osten des Ortes Reistenhausen zu sehen. Diese Entwicklung, die in der 2. Hälfte des 20. Jh.s rasch endete, spiegelt sich auch im Grabsteinbestand des christlichen *Friedhofs* wider. – Während Fechenbach eine kleine jüd. *Synagoge* besaß, wurden Juden – auch der weiteren Umgebung – bis in die NS-Zeit auf dem großen, heute noch existierenden *Judenfriedhof* oberhalb des Ortes Reistenhausen bestattet.   (I)   *Wilhelm Störmer*

R. Bauer, Heimatbuch Reistenhausen mit Kirschfurt, Reistenhausen 1965. – W. Störmer, HAB Miltenberg, 1979.

Colmberg, Markt (LK Ansbach, MFr.). C. liegt im oberen Altmühltal im Bezirk des im Jahr 1000 beschriebenen und von Ks. Otto III. bestätigten Würzburger Wildbanns von → Burgbernheim und → Leutershausen, wird aber in dieser Urkunde noch nicht erwähnt; die erste Nennung erfolgte 1269. Von den Edelfreien von Spielberg (→ Gnotzheim), die 1180 mit Besitz und einem Ministerialen bei Leutershausen und C. genannt werden, dürften Leutershausen und C. an die Grafen von Truhendingen gelangt sein, die in C. auch einen Sitz hatten. – Das lebhafte Interesse zahlreicher auswärtiger Herrschaftsträger an dieser Region galt den Verkehrsstraßen, die hier aus Westen und Süden kommend bei Leutershausen kreuzten. Die Grafen von Truhendingen verkauften 1318 die Burg C. und die Stadt Leutershausen an Burggraf Friedrich IV. von Nürnberg. An dieser Herrschaft hatten die bay. Wittelsbacher Lehenrechte, auf die sie 1319 zugunsten des Reiches verzichteten, so daß Kg. Ludwig der Bayer den Burggrafen damit belehnen konnte. C. wurde Sitz eines burggräflichen Kastenamtes, das in vogteilichen Angelegenheiten für das Amt C., in fiskalischen auch für das Amt Leutershausen zuständig war, während das Halsgericht seit der Ordnung von

1434 in Leutershausen ansässig war. Mit dem Markgraftum Ansbach seit 1528 ev., war C. seit dem 17. Jh. Sitz eines Oberamtes und in bay. Zeit (ab 1806) bis 1880 Sitz eines Rentamtes. Heute ist das *Schloß* in Privatbesitz. – Der Ort C. besaß zwar seit dem Mittelalter Marktrechte, war jedoch stets landwirtschaftlich geprägt und behielt die Gestalt eines langgestreckten Straßendorfes. Zu Ende des 2. Weltkriegs wurden viele Gebäude durch Kampfhandlungen schwer beschädigt. – In C. bestand – ebenso wie in den benachbarten Orten Leutershausen, → Jochsberg und Wiedersbach – eine jüd. Gde., deren Synagoge ca. 1734 erbaut worden war. Die jüd. Gde. C. wurde 1932 der Kultusgde. → Feuchtwangen angeschlossen. Die letzten in C. lebenden Juden mußten den Ort im Zuge des Pogroms von 1938 verlassen. Die Synagoge wurde während des 2. Weltkriegs abgerissen. (V) *Manfred Jehle*

C. Broser, Chronik der Marktgemeinde C. 888–1500, Leutershausen 1988. – K. E. Stimpfig, Die Juden in Leutershausen, Jochsberg, C. und Wiedersbach. Eine Dokumentation, Leutershausen 2000.

Craheim (Gde. Stadtlauringen, LK Schweinfurt, UFr.): → Wetzhausen.

Creußen, Stadt (LK Bayreuth, OFr.). C., am Oberlauf des Roten Mains gelegen, wird erstmals in der Chronik Thietmars von Merseburg für das Jahr 1003 als Besitz des Markgrafen Heinrich von Schweinfurt erwähnt. Verkehrstechnisch günstig gelegen – in der Nähe kreuzten sich zwei wichtige Straßenverbindungen – bildete C. ein Zentrum des Macht- und Siedlungsausbaus der Markgrafen von Schweinfurt, als sich diese im Waldgebiet des Nordgaus Eigengut durch Rodungen schufen. Neben der bei Thietmar erwähnten Burg ist schon um 1000 eine Eigenkirche der Schweinfurter zu vermuten, Kern der Urpfarrei C. – Die Burg kam nach mehrmaligem Besitzerwechsel 1188 in staufische Hände, wurde 1251 von Kg. Konrad IV. als Reichslehen an Burggraf Friedrich III. von Nürnberg gegeben und blieb im Besitz der Hohenzollern bis zum Ende des Alten Reiches. Ab dem 14. Jh. trat die

Burg in den Schatten der wachsenden Siedlung, die zu einem Markt angewachsen war und schließlich 1358 mit Billigung Ks. Karls IV. zur Stadt erhoben wurde. Verpfändungen im 14. und 15. Jh. sowie Zerstörungen in den Hussitenkriegen 1430 und im 30jg. Krieg 1633 behinderten die wirtschaftliche Entwicklung. Bedeutung erlangte C. durch die Produktion von Fayencen, vor allem der braunglasierten Creußener Krüge. Auch Kacheln machten die Stadt im 17. Jh. überregional bekannt. – Die Oberstadt liegt auf einem trapezförmigen Sandsteinplateau, so daß die *Stadtbefestigung* nach wie vor ein eindrucksvolles Bild bietet. Neben der seit 1528 ev. *Pfarrkirche St. Jakob,* deren Langhaus im Jahr 1700 nach Plänen von Antonio della Porta barock erweitert wurde, liegt die Stätte der früheren Burg. Sie wurde 1633 endgültig zerstört, und 1764 entstand an ihrer Stelle das *Palais Schirnding*, das seit 1871 als Pfarrhof dient. – Der Anschluß an die Bahnlinie Nürnberg-Bayreuth 1877 und die Lage an der heutigen B 2 (Nürnberg-Bayreuth) sicherten C. im 19. und 20. Jh. einen gewissen wirtschaftlichen Aufschwung. Mit dem Großteil des ehem. LK Pegnitz gehört die Stadt seit der Gebietsreform 1972 zum LK Bayreuth. (IV) *Martin Schieber*

J. Kröll, Geschichte der Stadt C., C. 1958. – A. Schädler, KDB Pegnitz, 1961. – H. Hiery/F. Spörrer, C. Geschichte einer oberfränkischen Stadt. 1800–2000, C. 2000.

Dambach (Gde. Ehingen, LK Ansbach, MFr.). Nach dem ca. 1 km s. des raetischen → Limes gelegenen Dorf D. ist ein Limeskastell mit umgebender Zivilsiedlung (vicus) benannt. Grabungen der Reichslimeskommission brachten 1892–96 und ab 1980 die Überreste einer röm. Kommandantur (praetorium) und eines Steinkastells aus der Zeit Ks. Hadrians (2. Jh. n. Chr.) beim heutigen Kreutweiher nö. des Dorfes zutage. Durch den feuchten Untergrund sind archäologische Kleinfunde und organisches Material in gutem Zustand erhalten geblieben. So wurde 2002 ein röm. Schwellbalken entdeckt, der als Fundament eines Hauses im Vicus diente. Ein ovaler Ringwall aus Erde auf dem Gelände des Kastells läßt

sich als einfache röm. Arena deuten. – Im späten 2. Jh. wurde
das Numerus-Kastell erweitert, jedoch bleibt unklar, ob hier
eine berittene Armeeabteilung, die Cohors II Aquitanorum
equitata aus ↑ Regensburg-Kumpfmühl, untergebracht war.
Wohl um 260 wurde das röm. D. bei einer Brandkatastrophe
zerstört. – Der Ort D. wird 1311 urk. erwähnt, als Heinrich
von Kemenaten Güter an das Kloster → Heilsbronn verkaufte.
Prägend im heutigen Ortsbild ist die *ev. Pfarrkirche* aus dem
späten 14. Jh. mit kreuzrippengewölbtem Chor, in dem jedoch die Gewölbemalereien aus der Bauzeit vollständig über-
malt wurden.   (V)   *Beate Greif*

F. Baumeister, Hesselbergland. Land und Leute in Ehingen, D. und Lentersheim, Gunzenhausen 1991.

Dettelbach, Stadt (LK Kitzingen, UFr.). Das Winzerstädtchen
D. liegt wenige km n. der Kreisstadt → Kitzingen an der
B 22 (Würzburg-Bamberg). Bereits in frühgeschichtlicher
Zeit stieg hier der n. der beiden Verkehrswege von Würzburg
nach Regensburg ins Maintal ab. Der Ort liegt im Flußtal des
Maindreiecks an der südlichsten Biegung der beiden Main-
schleifen an einem leichten Hang; die Altstadt und auch die
Neubaugebiete sind in Weinberge eingebettet. Durch den
Ort selbst fließt der Dettelbach und teilt die Altstadt in einen
ö. Altsiedlungteil (um die *Pfarrkirche St. Augustinus*) und einen w. gelegenen jüngeren Teil (15. Jh.). – D. wird erstmals in
der sog. Gründungsurkunde des Bistums Würzburg 741/68
als Königshof »Tetilabah« genannt und zählt damit zu den typischen Siedlungen der frk. Landnahme. – Ab dem 12./13. Jh.
werden die Ritter von D. erwähnt; ihre Burg befand sich auf
einer Anhöhe innerhalb des Ortes, auf der heute die Pfarrkirche steht. Das Ministerialengeschlecht zählte zur Dienstmannschaft der Hohenlohe und verschwand im 16. Jh. –
Durch Verkäufe und Schenkungen wechselten die Besitz-
verhältnisse in D. im Mittelalter häufig. Die Abtei Fulda,
das Frauenkloster in Kitzingen, das Kloster St. Stephan in
→ Würzburg, die Abtei Münsterschwarzach (→ Schwarzach
a. Main) und die Herren von Hohenlohe-Brauneck waren

zeitweise Grund- oder Ortsherren. Immer wieder gelang es dem Hochstift Würzburg, den Ort zurückzugewinnen. 1484 vergab Fürstbf. Rudolf von Scherenberg an D. Stadt- und Marktrechte und erhob es zum Amtssitz für die umliegenden Ortschaften; bis 1804 blieb das Hochstift Ortsherr. – Das 16. Jh. war eine Blütezeit für den Ort, gekennzeichnet durch die Ausdehnung des Weinbaus und neue Bauwerke. Im 30jg. Krieg wurde D. 1631 durch die Schweden geplündert. Ende des 17. Jh.s nahmen Weinbau und Gewerbe einen neuen Aufschwung. Der im 18. Jh. einsetzende Bevölkerungsanstieg führte zu einer Besitzzersplitterung und einer Verdichtung der Bebauung in der Altstadt. Die Bedeutung des Warenumschlages auf dem Main stieg durch den Bau der (neuen) Straße von Würzburg nach Bamberg 1770 weiter an. – 1804/14 kam D. zum Kgr. Bayern und wurde Landgerichtssitz. Im 19. Jh. büßten Weinbau und Handwerk an Bedeutung ein. 1844 begann die Bebauung vor der Kernstadt; 3 Stadttore mußten dem Verkehr weichen. Bis Mitte des 20. Jh.s verlor D. seine überörtlichen Verwaltungsfunktionen. In den 1960er Jahren sank die Weinbaufläche auf Dettelbacher Flur auf ihren Tiefpunkt; danach nahm der Weinbau allmählich wieder zu. Mit der Gebietsreform 1978 wurde D. Zentrum für 9 Ortsteile; neue Wohngebiete entstanden im Osten und Westen des Ortskerns. Um die Jahrtausendwende wurde ein bedeutendes Gewerbe-, Handels- und Freizeitgebiet mit überregionalem Einzugsgebiet (Autobahnnähe) geschaffen. – Bis zur Deportation 1942 bestand in D. eine jüd. Kultusgde., die eine Synagoge (1862), ein Gemeindehaus und eine Mikwe besaß. Die Synagoge wurde nach dem Novemberpogrom 1938 als Volksschule genutzt und 1962 abgerissen.

Nach der Stadterhebung 1484 wurde D. auch Pfarrei; der Neubau der kath. Pfarrkirche St. Augustinus entstand im 15./16. Jh. Vom Vorgängerbau ist noch der 1444 vollendete *Vierkantturm* erhalten. Die Kirche wurde im 18. Jh. barockisiert und ihr dabei ein neuer Chor angebaut. 1889 wurde sie im Stil der Neugotik umgestaltet und im 20. Jh. purifiziert. Die Türme der Stadtpfarrkirche sind heute das Wahrzeichen von D. –

Nachdem 1504 eine Wallfahrt zu einem Marienbildstock in den Weinbergen begonnen hatte, wurde bald darauf eine Kapelle dort errichtet und 1608–13 im Zeichen der kath. Reform wesentlich erweitert; die heutige *Wallfahrtskirche Maria im Sand* ist als Gesamtbau ein typisches Bauwerk der Echterzeit. Die Betreuung der Pilger übernahmen die Franziskaner; 1617–20 entstand das an die Wallfahrtskirche angrenzende und noch immer bestehende *Franziskanerkloster.* – Die Altstadt von D. ist geprägt von *Fachwerkhäusern* des 15. bis 17. Jh.s und *Bürgerhäusern* im Barock- und Rokokostil des 18. Jh.s. Die ehem. *Würzburger Amtskellerei* aus dem 18. Jh. neben der Pfarrkirche an der Stelle der ehem. Burg (später Landgericht, Rentamt, Polizeistation, Franziskanerinnen-Kloster mit Mädchenschule, heute Weinkellerei) und der *Birklinger Hof* (Zehnthof des Klosters Birklingen; 16. Jh.) dokumentieren die frühere Bedeutung des Ortes. Das repräsentative *Rathaus* wurde 1492/1512 anstelle eines Vorgängerbaus errichtet. Es ist auf ein Kreuzgewölbe über den Dettelbach gestützt. Die *Befestigungsanlagen*, bereits im 15. Jh. vorhanden, wurden nach der Stadterhebung systematisch ausgebaut und umgeben bis heute die gesamte Altstadt. (II) *Dirk Rösing*

H. Weber, HAB Kitzingen, 1967. – H. Bauer, D. Geschichte einer romantischen Stadt am Main und ihrer Ortsteile, D. 1983. – D. 1484–1984. Festschrift und kleine Charakteristik einer 500jährigen Stadt, D. 1984. – H. Schnell, Wallfahrtskirche Maria im Sand, D. am Main, Regensburg ⁹1999 (Kleine Kunstführer 679).

Dettingen a. Main (Gde. Karlstein a. Main, LK Aschaffenburg, UFr.): → Karlstein a. Main.

Dietenhofen, Markt (LK Ansbach, MFr.). Der Ort im Biberttal weist zahlreiche vorgeschichtliche Funde auf und wird erstmals 1235 erwähnt, als Burggraf Konrad von Nürnberg dem »Rudigerus de Dietenhofen« gestattete, Güter am Ort (»zu den Höfen des Dieto«) an den Deutschen Orden zu → Nürnberg zu geben. Unsicher bleibt, ob D. Königsgut bzw. -hof war; ebenso unbekannt ist die Lage des ortsadeligen Sitzes. Die als Hofmarschälle im Dienst des Bf.s von Eichstätt

stehenden Ritter von D. hatten bis zum Ende des 14. Jh.s wohl den größten Teil ihres Besitzes (mit Gütern in D.?) an die Zisterze → Heilsbronn veräußert; andere Güter am Stammort waren spätestens 1417 an die Herren von Leonrod gekommen, die am Ort ein Amtshaus errichteten. – 1719 erhielt Brandenburg-Bayreuth im Heilsbronnischen Rezeß die 1684 von Brandenburg-Ansbach erworbenen leonrodischen Güter, 1754 im Zuge der Einigung mit dem Deutschen Orden diejenigen der Kommende Nürnberg. Mit dem bayreuthischen Oberamt Neuhof fiel auch D. 1810 an Bayern. 1862 kam es zum Bezirksamt Neustadt a.d. Aisch, 1972 zum LK Ansbach. – Ein Pfarrer ist erstmals 1297 genannt. Die von 1524 an *ev.-luth. Pfarrkirche St. Andreas* ist seit 1431 belegt und Grablege der Herren von Leonrod (bis 1684). – D. wird im 17. Jh. als Marktort genannt. Im 18. und 19. Jh. gab es hier zahlreiche Handwerksbetriebe, von 1914 bis 1971 bestand Anschluß an die Biberttalbahn. Seit 1945 wird, nach kurzem Zwischenspiel als Naherholungsgebiet für den Großraum Nürnberg-Fürth und Luftkurort in den 1960er Jahren, die wirtschaftliche Entwicklung hauptsächlich durch alteingesessene und neu angesiedelte mittelständische Bau- und Industriebetriebe bestimmt.   (V)   *Gerhard Rechter*
J. Kollar (Hg.), Markt D., D. 1985.

Dinkelsbühl, Stadt (LK Ansbach, MFr.). D. liegt an der w. Talmulde der Wörnitz und dem anschließenden Talhang. Zwei vorstädt. Siedlungskerne sind zu vermuten: ein sicher bis in die spätsalisch-frühstaufische, vielleicht sogar bis in die frk. Zeit zurückreichender Königshof (villa), wahrscheinlich auf dem »Hoffeld« im Süden der Stadt, wohl als Wirtschafts- und Verwaltungsmittelpunkt des Reichs- bzw. kgl. Hausguts der Umgebung; und eine Furtsiedlung an der Wörnitz bei der Kreuzung zweier bedeutender Altstraßen: einer Nord-Süd-Straße (Würzburg-Augsburg; Rompilgerstraße) und einer Ost-West-Straße (vom Mittelrhein zur Donau; »Nibelungenstraße«), zu deren Schutz vielleicht auch eine Befestigungsanlage ö. der Wörnitz erbaut wurde (»Burgbühl«).

Die Stadt wurde durch den Stauferkaiser Friedrich I. um 1170/80 auf Königs- bzw. staufischem Hausgut gegründet, wohl vorwiegend zur militärischen Sicherung des Reichsstraßenkreuzes. 1188 wird D. erstmals als »burgus« genannt. Die erste Stadtanlage auf der hochwasserfreien Terrasse des Talgrunds und dem unteren Teil des Talhangs war fast kreisrund, die Befestigung durch 4 Tore gesichert, vor denen sich entlang der Durchfahrtsstraßen Vorstädte entwickelten, die um 1372 bis etwa 1435 abschnittsweise in einen zweiten *Befestigungsring* einbezogen wurden; dieser ist in seiner charakteristischen Schuhform bis heute erhalten geblieben. Nach 1425 wurden weitere vorgelagerte Areale als Barchentbleiche und Loderanger ummauert, später die Hauptbefestigung durch einen Zwingermauerring verstärkt. – Die staufische Königsstadt wandelte sich nach dem Interregnum zur Reichsstadt und erlangte stufenweise durch kgl. und kaiserliche Privilegien weitgehende Selbständigkeit. Hervorzuheben sind vor allem die Verleihung des Ulmer Stadtrechts 1305 und mehrerer Jahrmärkte, das »privilegium de non evocando« und die Verpfändung des Ammannamtes an die Stadt 1401. In diesem reichsrechtlichen Rahmen entwickelte sich seit dem Ende des 13. Jh.s eine Ratsverfassung, nach der 32 patrizische Räte die Stadt regierten. 1387 erzwangen nach einem Aufstand die Handwerkerzünfte Teilhabe an einem Inneren und Äußeren Rat. 1378 schloß sich D. dem Schwäbischen Städtebund, 1488 dem großen Schwäbischen Bund, 1531 dem Schmalkaldischen Bund an.

Wirtschaftliche Basis der Stadt war, neben dem Marktbetrieb, der reiche Grundbesitz der Patrizier und der geistlichen und sozialen Stiftungen. Es gelang ihr aber nicht, über ihre Markung hinaus, die sie mit Weiherketten und Landgräben befestigte, Landeshoheit über ein größeres städt. Territorium auszubilden; der Druck der benachbarten Fürstenstaaten, des Markgraftums Brandenburg-Ansbach im Norden, Westen und Osten sowie der Grafschaft Oettingen im Süden, war übermächtig. – Reiche Entfaltung erlebten die Handwerke, am frühesten das Textilgewerbe, der Loden- und Wollenweber (mit einem kgl. Privileg von 1323) und vorübergehend im 15. Jh. der Barchentweber. Später kamen die eisenverarbeitenden Schmiede (in den 4 Schmiedgassen ansässig), vorab die Sichel- und Sensenschmiede, zu überregionaler Bedeutung. Sehr ertragreich und exportintensiv war auch die Teichwirtschaft mit Fischzucht. – Kirchlich war die Stadt im Mittelalter eine Filiale der dem Kloster → Mönchsroth inkorporierten Pfarrei Segringen (w. von D.). 1532 ermöglichte der käufliche Erwerb des Patronatsrechts über die Stadtpfarrei die teilweise Durchführung der Reformation. 1448–99 hatte man durch die Baumeister Nikolaus Eseler Vater und Sohn die spätgot. *Hallenkirche St. Georg* erbauen lassen, während ein um 1290 gegründetes Karmeliterkloster sich zunächst um bürgerliche Seelsorge kümmerte. Seit 1280 übernahm ein Bürgerspital die Hauptlast der sozialen Fürsorge; ein Leprosenhaus St. Leonhard lag vor der Stadt. Der Deutsche Orden war seit der Mitte des 14. Jh.s in Stadt und Umland tätig, bildete ein eigenes Amt im Rahmen der Kommende Mergentheim (später → Nürnberg) aus und ließ noch 1760–64 einen barocken Prachtbau errichten (*Deutschordenshaus*, heute Finanzamt). Eine kleine Judengde. ist seit dem frühen 14. Jh. nachweisbar; sie blieb aber unbedeutend und verschwand gegen Ende des Jh.s. – Neben einer Deutschen Schule entstand gegen Anfang des 16. Jh.s eine Lateinschule, deren Schicksale auch durch die konfessionelle Spaltung bestimmt waren. Die Reformation fand in Ansätzen seit 1523, endgültig von 1531–1534 Aufnahme in der Stadt, konnte aber eine kath. Minderheit nicht überwinden, die sogar bei der kaiserlichen Verfassungsreform von 1552 (bis 1648) die alleinige Ratsherrschaft zugesprochen bekam. Die daraus entstehenden konfessionellen Streitigkeiten wurden erst mit dem Westfälischen Frieden und der darin festgelegten politischen Parität der beiden Konfessionen reichsrechtlich beigelegt, wenn auch nicht völlig beseitigt. – Den Bauernkrieg 1525 überstand D. ohne größere Schäden, obwohl der große Ellwanger Haufen vor der Stadt lag und von dort aus Beutezüge unternahm. Im 30jg. Krieg wurde sie aber, neben fast jährlichen Durchzügen, Einquartierungen und endlosen

Kontributionen, fünfmal gewaltsam eingenommen (Erinnerungen daran werden seit dem Ende des 19. Jh.s durch das Festspiel der »Kinderzeche« wachgehalten). Gegenreformatorische Aktivität entwickelte während des Krieges und später das 1622–24 errichtete *Kapuzinerkloster.* Nach 1648 sank die politische und wirtschaftliche Bedeutung der Stadt beträchtlich, ungünstig beeinflußt auch durch endlose, aus der Parität entstandene Verfassungs- und Konfessionskonflikte.

1802–06 wurde D. dem Kgr. Bayern einverleibt. Die beiden Klöster wurden 1803, das Deutschordensamt 1806 säkularisiert. Die Stadt wurde Sitz von staatl. Unterbehörden (Landgericht, Rentamt) und spielte, auch wegen ihrer grenznahen Lage zu Württemberg, das ganze 19. Jh. hindurch eine unbedeutende Rolle. Erst kurz vor 1900 blühte sie seit dem Eisenbahnanschluß (1878/81) und durch den beginnenden Fremdenverkehr wieder auf. Das sehr gut erhaltene spätmittelalterliche und frühneuzeitliche *Stadtensemble* und die fast komplett erhaltene *Wehranlage* bilden, neben einigen kleineren industriellen Ansiedlungen nach 1945, das verläßlichste Kapital der ehem. Reichsstadt.   (V)   *Ludwig Schnurrer*

F. Mader, KDB Dinkelsbühl, 1931. – P. Gluth, D. Eine Stadttopographie auf wirtschaftsgeographischer Grundlage, D. 1958. – L. Schnurrer, Die Urkunden der Stadt D. 1282–1500, 2 Bde., München 1960–62. – A. Gebessler, BKD D., 1962.

Donndorf (Gde. Eckersdorf, LK Bayreuth, OFr.). Der Ort liegt wenige km w. von → Bayreuth an der Bundesstraße Bayreuth-Bamberg. Ein 1223 in herzoglich-bay. Diensten nachweisbares Ministerialengeschlecht »de Tandorf« ist mit einiger Wahrscheinlichkeit auf D. zu beziehen. Ab 1375 nannte sich ein Dienstmannengeschlecht der Burggrafen von Nürnberg (ab 1415 Markgrafen von Brandenburg) nach seinem Stammsitz D. 1455 gelangte der Besitz als markgräfliches Lehen an die Herren von Weiher, 1526 an die Herren von Berg. 1533 erwarben die Herren von Lüchau das seit Beginn des 16. Jh.s der Fränkischen Reichsritterschaft immatrikulierte Rittergut D., das nach dem Erlöschen der Familie 1757 an das Markgraftum

Brandenburg-Bayreuth fiel.– 1758 ließ Markgräfin Wilhelmine Pläne für einen Schloßbau ausarbeiten. Das 1765 vollendete *Schloß Fantaisie* mit weitläufigem *Landschaftsgarten* im Stil des Rokoko war bis 1780 Landsitz ihrer Tochter, Herzogin Elisabeth Friederike Sophie von Württemberg. Ab 1793 erfolgte eine Umwandlung großer Teile des Parks nach engl. Geschmack mit antikisierenden Gedenkstätten in klassizistisch-sentimentaler Manier. Hz. Alexander von Württemberg veranlaßte Mitte des 19. Jh.s eine Umgestaltung des Schlosses in Neorenaissanceformen. Ab 1937 diente der Bau als Schulungszentrum des NS-Lehrerbundes. Nach umfangreicher Restaurierung der Gesamtanlage beherbergt das Schloß seit 2000 ein *Museum für Gartenkunst*.   (IV)   *Richard Winkler*

I. Strebel, Die Gartenanlage von Schloß Fantaisie in D. von 1757 bis 1795, in: Archiv für Geschichte von Oberfranken 70 (1990), S. 123–206. – R. Winkler, HAB Bayreuth, 1999. – E. Janowitz, Gartenkunst-Museum Schloss Fantaisie. Museumsführer, München 2000.

Ebermannstadt, Stadt (LK Forchheim, OFr.). Das → Wiesenttal führt von Forchheim aus als breite fruchtbare Ebene zwischen den Hängen des Jura in die Fränkische Schweiz. Kurz vor der Verengung des Tales und der Abzweigung von Seitentälern liegt E. auf einer Insel zweier Flußarme. Die Stadt, die sich heute vor allem an den n. Hanglagen ausbreitet, ist eine typische Plangründung des 13. Jh.s mit regelmäßigem Straßenmarktplatz, der eine Station an der Geleitstraße Forchheim/Baiersdorf-Bayreuth war. Eine erheblich ältere Vorgängersiedlung dürfte auf ein frühmittelalterliches Villikationszentrum im Umkreis der Königspfalz → Forchheim zurückgehen. – Nur wenige Jahre nachdem Ks. Otto II. die wichtige Pfalzkirche St. Martin in Forchheim an das Bistum Würzburg geschenkt hatte, griff er nochmals in die Machtverhältnisse in deren Umfeld ein: 981 entzog er die Untertanen der »villa Ebermarestad« der Gerichtsbarkeit des Radenzgauer Grafen und unterstellte sie dem Propst und Vogt des ottonischen Hausstiftes St. Peter in → Aschaffenburg, das zuvor Grundherr geworden war. Damit wurde die Reichskirche in diesem

Grenzraum gegen das Ausgreifen der bay. Luitpoldinger durch
Immunitätsrechte gestärkt. – Mitte des 11. Jh.s ist erstmals das
Bistum Bamberg als Grundherr hier nachweisbar, 1109 auch
das von Bf. Otto neugegründete Bamberger St. Jakobsstift.
Ende des 12. Jh.s ist ein in Bezug zu Bamberg stehender Ortsadel genannt (Waischenfelder), als dessen Erben die Schlüsselberger nach 1216 hier auftraten und wohl die Stadt gründeten,
wobei ein neues Siedlungsareal n. des Kirchenbezirks von
St. Nikolaus entstand, der nicht in die Stadtbefestigung einbezogen wurde, sondern eine eigene Sicherung besaß. – Konrad
von Schlüsselberg nahm angesichts der Pogrome von 1289
(»Rindfleisch-Aufstand«) Juden unter seinen Schutz. So entstand 1289/90 eine reich illustrierte und kostbar verzierte
Pentateuch-Handschrift eines Moses aus E. Die jüd. Gde.
bestand bis um 1500. – Ks. Ludwig der Bayer verlieh in Anerkennung der Dienste des letzten Schlüsselbergers Konrad
1323 das Nürnberger Stadtrecht. 1349 wurde der Bf. von
Bamberg Stadtherr und gliederte E. dem neu entstandenen
Amt Neideck ein, 1469 wurde durch Lösung von der Pfarrei
→ Pretzfeld eine eigene Kirchengde. begründet. 1430 im
Hussitenkrieg abgebrannt, wurde E. 1452 und 1512 neu befestigt. 1501 ging von hier ein »Bierkrieg« gegen Pretzfeld
zur Verteidigung der Braurechte aus, im Bauernkrieg zerstörte der Ebermannstädter Haufen viele Rittersitze der Umgebung. 1633 brannten schwed. Soldaten nach ihrer Niederlage
gegen ein bay.-bambergisches Heer bei Pretzfeld 80 von
ca. 100 Wohnhäusern in der Stadt nieder. Während der Hun-
gersnot von 1699, in der die Bf. Lothar Franz von Schönborn Getreide an holländische Juden verkauft hatte, ging von E. ein
räuberischer Aufruhr gegen Juden in der Umgebung aus. –
1803 wurde E. Sitz eines bay. Landgerichts. Eine Eisenbahnverbindung nach Forchheim besteht seit 1891. Unter der
Herrschaft der Nationalsozialisten legte 1934 der Reichs-
arbeitsdienst auf dem Feuerstein über E. ein burgartiges Lager
an, das 1941 in ein Laboratorium für Hochfrequenztech-
nik umgewandelt wurde, in dem angeblich »Wunderwaffen«
hergestellt wurden (heute *Jugendhaus* der Diözese Bamberg).

1972 wurde der LK E. aufgelöst und dem LK Forchheim eingegliedert. Dieser Bedeutungsverlust sollte 1996 durch Rückführung mehrerer Landkreisämter nach E. ausgeglichen werden. (III) *Andreas O. Weber*

G. Förtsch u. a. (Hg.), E. Ein Heimatbuch, E. 1973. – D. Fastnacht, HONB Ebermannstadt, 2000.

Ebern, Stadt (LK Haßberge, UFr.). E. liegt auf erhöhtem Gelände über dem Rand der Baunachniederung und bildet den städt. und wirtschaftlichen Mittelpunkt für die ländlich strukturierten Gde.n des mittleren Baunachgrundes. Bis 1972 Kreisstadt, gehört E. seit der kommunalen Gebietsreform zum neuen LK Haßberge. – Urk. bezeugt wird die Siedlung, die mit dem Vorstoß der frk. Kolonisation in die s. Haßberge während des 8. Jh.s entstanden ist, indirekt erstmals 1158. 1203 nennt sich in einer Bamberger Urkunde ein Ministeriale Albert nach E. Die urbane Entwicklung des 1230 »civitas« genannten E. vollzog sich zu einer Zeit, als das Hochstift Würzburg seine expansive Territorialpolitik durch eine Welle von Städtegründungen zu unterstützen suchte. Eine nachträgliche Stadtrechtsverleihung erwirkte der Würzburger Bf. als Stadtherr 1335 von Ks. Ludwig dem Bayern. – Wesentlich für die städt. Entwicklung von E. war die Funktion als hochstiftisch-würzburgische Amtsstadt und Sitz eines Hochgerichts. Kirchlich gehörte E. ursprünglich zur Würzburger Ur- bzw. Großpfarrei → Pfarrweisach und wurde 1232 durch Bf. Hermann I. von Lobdeburg zur selbständigen Pfarrei erhoben. – Die Altstadt hat einen nahezu rechteckigen Grundriß und wird in Nord-Süd-Richtung von der Hauptstraße, die sich straßenplatzartig zum Markt erweitert, durchschnitten. An dessen Nordostecke steht die spätgot. *Stadtpfarrkirche St. Laurentius.* Auf den Vorgängerbau geht vermutlich der dem heutigen Hauptschiff zugewandte Teil des Emporenunterbaues zurück. An der gegenüberliegenden Seite des Marktplatzes steht das *Rathaus.* Vom ursprünglichen, 1604 erbauten Renaissancebau hat sich nur das Untergeschoß erhalten, während der Fachwerkoberbau erst 1690 errichtet wurde. Die zumeist zweistöckigen giebelständigen *Bürgerhäuser* entsprechen dem Charakter der Hauptstraße. Am n. Stadtrand, inmitten des Friedhofs, steht die Ende des 15. Jh.s erbaute *Marienkapelle* mit ihrem 1518 vollendeten Chor. – Zu Beginn des 14. Jh.s erfolgte die Befestigung der Stadt mit einer doppelschaligen Stadtmauer, 2 Toren und 6 Türmen. Von diesen Befestigungsanlagen haben sich noch die *Stadtmauer*, soweit nicht überbaut, und das s. Stadttor (*Grautor*) erhalten. Die übrigen 5 Türme wurden in der 1. Hälfte des 19. Jh.s abgebrochen. Der vorgelagerte, im 18./19. Jh. eingeebnete Graben schloß später die Vorstädte mit ein. – Im 14. und 15. Jh. wuchs die Stadt über ihre Befestigung hinaus und erreichte bereits die Ausdehnung, die sie dann bis zum beginnenden 19. Jh. behielt. Im Norden entstand etwa die sog. Spitalvorstadt mit dem 1352 gestifteten, im Stadtbrand von 1430 zerstörten und durch Fürstbf. Julius Echter von Mespelbrunn 1614/16 neuerbauten Spital. Während die unter Echter erbaute *Spitalkirche St. Elisabeth* noch heute steht, wurde das *Spitalgebäude* Mitte des 18. Jh.s neu errichtet. – Wirtschaftlich profitierte E. bis zur Katastrophe des 30jg. Krieges vor allem vom regen Handel und Verkehr auf der Fernstraße Nürnberg-Coburg-Erfurt. Daneben entwickelte sich im Mittelalter ein breitgefächertes Handwerk (u. a. Gerber, Tuchmacher). Seit 1636 sind für E. 7 Jahrmärkte bezeugt. Aufgrund der nahen Tongruben war um 1700 das Hafnerhandwerk in der Stadt stark vertreten. – Das Eisenbahnzeitalter begann für die Stadt 1895 mit der Verbindung nach Bamberg. Im 1. Viertel des 20. Jh.s setzte in der zuvor von Handwerk, Verwaltung (Sitz des Landgerichts bzw. Bezirksamtes) und Kleinbürgertum geprägten Stadt die Industrialisierung mit einzelnen kleinen Betrieben verschiedenster Branchen sehr zögerlich ein. Daß E. nach 1945 trotz seiner Randlage infolge der dt.-dt. Grenzziehung ein regionales Wirtschaftszentrum werden konnte, verdankt die Stadt vor allem der → Schweinfurter Weltfirma FAG Kugelfischer, die bereits während des Krieges Teile ihrer Wälzlager-Produktion nach E. verlegt hatte und 1948 die Herstellung wieder aufnahm. 1964 wurde E. Bundeswehrstandort. Seitdem wuchs die Stadt rasch nach Nordosten.

Im 2 km n. gelegenen Dorf Eyrichshof, 1971 nach E. eingemeindet, errichtete die aus bambergischer Dienstmannschaft erwachsene, dem Kanton Baunach inkorporierte und im 18. Jh. in den Freiherrenstand erhobene reichsritterschaftlichen Familie von Rotenhan nach der Schleifung der Burg Rotenhan im 14. Jh. als neuen Herrschaftsmittelpunkt ein *Schloß* mit Wassergraben und dazugehörigem Hofgut. Die Anlage wurde in der 2. Hälfte des 16. Jh.s erneuert und erhielt einen Renaissanceanbau als Südflügel. 1579 wurde ein prot. Schloßgeistlicher eingesetzt. Zur förmlichen Gründung der ev. Pfarrei kam es jedoch erst 1611. Der barocke Ausbau des Rittersitzes begann 1686/87 mit der Errichtung der *Schloß*- und *ev. Pfarrkirche St. Bartholomäus* ö. des Schlosses. Ab 1690 wurde s. des Schlosses ein frz. Garten angelegt und das 1846 zur Schule umgestaltete *Gartenhaus* mit Orangerie und Festsaal erbaut. Ab 1735 entstand der im sog. Ansbacher Stil erbaute Nordflügel des Schlosses. 1760 erfolgte der Abbruch der Zugbrücke und 1846/47 das Auffüllen der Wassergräben. In der 2. Hälfte des 19. Jh.s wurde die Schloßanlage durch Sigmund von Rotenhan in ihrer heutigen Gestalt ausgebaut.

(III)   Thomas Wehner

I. Maierhöfer, HAB Ebern, 1964. – Dies., E. Bild einer fränkischen Kleinstadt, Weißenhorn 1980. – G. von Rotenhan, Die Rotenhan. Genealogie einer fränkischen Familie von 1229 bis zum Dreißigjährigen Krieg, Neustadt/Aisch 1985. – V. Rößner, Schlossbau des 18. Jahrhunderts im Ritterkanton Baunach, Neustadt/Aisch 2000.

Ebrach, Markt (LK Bamberg, OFr.). Das Kloster E. wurde, den zisterziensischen Regeln entsprechend, in sumpfiger Lage im Tal der mittleren Ebrach als erste Zisterze ö. des Rheins 1127 gegründet. Das Gründungsgut stifteten die wohl aus der Ministerialität, vielleicht auch aus der Schicht der Edelfreien stammenden Brüder Berno und Riwin, doch war sicher auch der spätere Kg. Konrad III. an der Erstausstattung beteiligt, da sowohl er wie seine Gemahlin Gertrud und sein Sohn Friedrich hier begraben wurden. Aus Morimond, Tochterkloster von

Citeaux, wurde die Neugründung besiedelt, die bereits unter dem ersten Abt eine wirtschaftliche Blüte erlebte. Abt Adam gründete über Franken hinaus in den nächsten Jahrzehnten eine große Zahl von Filiationen bis in die Steiermark (1129 Rein) und nach Böhmen (1145 Nepomuk) und war außerdem, staufisch gesinnt, vielfach im Reichsdienst tätig. – Die Würzburger Bf.e, die hier mindestens seit 1287 und bis 1573 ihre Herzen beim Hochaltar beisetzen ließen, förderten das Kloster in vielfacher Weise. Ihre Schenkungen sowie die des Adels des Umlandes und des Patriziats insbesondere der Städte → Würzburg und → Nürnberg begründeten in den ersten zwei Jh.n seines Bestehens den Reichtum des Klosters. Vom Hochstift Würzburg wurden die Gerichtsrechte des Klosters mehrfach erweitert. Den Ambitionen der Äbte auf Erlangung der Reichsunmittelbarkeit setzte Würzburg allerdings entschiedenen und erfolgreichen Widerstand entgegen. Die Auseinandersetzungen hierum nahmen im 16. Jh. gewaltsame Formen an und wurden vom letzten Abt des Klosters, Eugen Montag, mit Streitschriften bis ins Ende des 18. Jh.s fortgeführt. Kurioserweise bezeichnete erst der Reichsdeputationshauptschluß von 1803, der die Existenz des Instituts beendete, das Kloster als reichsunmittelbar. – Die erste Kirche wurde 1134 geweiht, die heutige *Kirche* 1200–85 errichtet. Auf kreuzförmigem Grundriß erhebt sich eine spätroman.-frühgot. dreischiffige Basilika, an die sich die *Michaelskapelle*, eine Gruftkapelle mit Krypta für die Stifter, anlehnt. Sie ist der am ursprünglichsten erhaltene Bauteil, doch auch bei der Klosterkirche wurde das Äußere späterhin nur noch wenig verändert. Die Innenausstattung wurde im Bauernkrieg 1525 zerstört. – Aus dem wirtschaftlich und personell desolaten Zustand nach Ende des 30jg. Krieges gelang dem Kloster unter tüchtigen Äbten ein bemerkenswerter Aufschwung, der ab 1686 in eine rastlose Bautätigkeit mündete. So entstand in den nächsten 100 Jahren eine barocke Großanlage, deren Höhepunkte der *Treppenhausbau* und die Gestaltung des *Ehrenhofes* sind. Die Bautätigkeit griff bis zu den Ebracher Besitzungen in → Burgwindheim, → Oberschwappach, Sulzheim und Nürnberg aus, wo

Amtsschlösser entstanden. Ende des 18. Jh.s erhielt die Klosterkirche eine bereits frühklassizistische Neuausstattung. – Nach der Säkularisation konnte die Klosterkirche als Pfarrkirche erhalten werden, die Klostergebäude standen zunächst leer. 1851 wurde in ihnen ein Gefängnis eingerichtet; heute dienen sie als Justizvollzugsanstalt für Jugendliche. – Der Ort E. mit der Klosteranlage im Zentrum ist seit der Mitte des 19. Jh.s Marktgde. Ein 1904 eingerichteter Lokalbahnanschluß nach Bamberg bestand bis 1961 (Personenverkehr) bzw. 1999 (Güterverkehr).   (II)   *Hans J. Wunschel*

W. Wiemer, Zisterzienserabtei E. Geschichte und Kunst, München/Zürich 1992. – E. Goez, Das Zisterzienserkloster E. in seiner fränkischen Umwelt, in: Jahrbuch des Historischen Vereins für Mittelfranken 98 (1996–99), S. 1–27. – Codex diplomaticus Ebracensis I. Die Urkunden der Zisterze E. 1127–1306, bearb. von E. Goez, Neustadt/Aisch 2001.

Effeltrich (LK Forchheim, OFr.). Der um 1120 als »Affeltere«, 1174 als »Effeldera« erwähnte Ort, dessen Name auf den Apfelanbau verweist, liegt in einer für ihren Obstanbau (ebenso Birnen, Kirschen, Zwetschgen, früher auch Wein) seit alters bekannten Gegend nahe dem steil ansteigenden Hetzles am Westrand der Fränkischen Schweiz. Seit ca. 1650 ist der Export von auf großen Obstbaumkulturen gezogenen Bäumchen belegt. E. gehörte in Hinblick auf Hochgericht sowie Dorf- und Gemeindeherrschaft zur bambergischen Hofmark (später zum Amt) → Neunkirchen am Brand und befand sich mit dieser im 13. Jh. zeitweise im Pfandbesitz der Reichsministerialen von Gründlach. – Mittelpunkt des unteren Dorfes ist die an der Stelle der 1433 genannten Kapelle um 1450 errichtete und 1720/30 barockisierte got. *St. Georgs-Kirche*, die eine Ende des 15. Jh.s entstandene, mit 5 Türmen bewehrte Mauer umgibt. Gegenüber dem Eingang dieser *Kirchenburg*, die zu den größten und am besten erhaltenen in Franken gehört, steht die »tausendjährige«, etwa 8 m hohe, am Boden 9 m umfassende *Dorf-* oder *Tanzlinde*, deren Zweige zwei Reihen von Holzpfeilern auf Steinsockeln stützen. – Der 1552 im 2. Markgrafenkrieg und im 30jg. Krieg heimgesuchte Ort, in dem außer dem Bf. von Bamberg auch die Markgrafen, die Grafen von Seinsheim, die Horneck von Weinheim und die Stromer von Reichenbach begütert waren, gehörte kirchlich ursprünglich zur Pfarrei Neunkirchen am Brand, bevor er 1661 nach Kersbach umgepfarrt wurde; die Erhebung zur Pfarrei erfolgte erst 1937. 1802 kam E. mit dem Hochstift Bamberg an Bayern, 1818 wurde die Gde. selbständig. Durch Zuwachs insbesondere von Vertriebenen stieg die Einwohnerzahl nach 1945 stark an. Heute besitzt der durch schöne *Fachwerkhäuser* geprägte Ort als »Trachteninsel« große Bedeutung für das regionale Brauchtum, das mit Fasalecken, Georgiritt sowie Prozessionen am Ostermontag und zu Fronleichnam gepflegt wird. (III) *Andreas Jakob*

I. Bog, HAB Forchheim, 1955. – Realschematismus des Erzbistums Bamberg, Bd. 1, Bamberg 1960. – T. Breuer, BKD Forchheim, 1961. – R. Kotz, E. Gemeinde und Pfarrei, Erlangen 1980.

Egenhausen (Gde. Obernzenn, LK Neustadt a.d. Aisch-Bad Windsheim, MFr.). Der Ort liegt 2 km s. von → Obernzenn. Unter den von Bf. Gundekar von Eichstätt zwischen 1057 und 1075 geweihten Kirchen befand sich auch die zu »Eginhusen«, den Häusern des Ago oder Ego. 1259 kamen mit → Virnsberg auch Güter in E. an die Burggrafen von Nürnberg. Wohl diese wurden an die Seckendorff zu Lehen ausgegeben bzw. 1294 dem Deutschen Orden geschenkt. Spätestens 1288 unterhielt das Stift → Herrieden in E. ein eigenes Amt. Der Amtshof kam nach 1368 schrittweise an die Seckendorff zu → Unternzenn, die nach dem Erwerb von Gerichtsrechten 1342 eine (fast) geschlossene Ortsherrschaft aufbauten. 1685 wurde der Amtshof unter Christoph Sigmund von Seckendorff-Aberdar abgebrochen und als Adelssitz aufgebaut; 1693 brannte er nieder, der Nachfolgebau brannte 1750 ebenfalls ab. Die in einfacher Form wiedererrichtete Anlage des *Schlosses* ist heute vom Verfall bedroht. – Die *Wehrkirche* (Patrozinium Allerheiligen) war Tochterkirche von (→ Markt-)Bergel(-Niederhofen); auf 1768 geht eine Erhöhung des Langhauses zurück. Das Patronatsrecht erwarben die Seckendorff zu Unternzenn 1552 vom Stift St. Nicolai in → Spalt; Unternzenn wurde als Filiale zugewiesen. – 1614 erwarb die Judenheit von Obernzenn u. a. am Secherstein ebenda, aber in der Gemarkung E., ein Grundstück als *Friedhof* (1653 umzäumt, 1700 erweitert). Von 1719 datiert der Erstbeleg für Juden in E., 1746 wurde die *Judenschule* errichtet. 1910 lebten noch 25 Juden in E., 1933 noch 4, bis 1939 hatten diese den Ort verlassen. (V) *Gerhard Rechter*

E. Fuchshuber, HONB Uffenheim, 1982. – G. Rechter, Die Seckendorff. Quellen und Studien zur Genealogie und Besitzgeschichte, Bd. 3: Die Linien Aberdar und Hörauf, Neustadt/Aisch 1997.

Eggolsheim, Markt (LK Forchheim, OFr.). Auf einer Geländestufe am ö. Rand des als breite Ebene nach Norden führenden Regnitztales fanden Archäologen 1982 nahe dem im frühen Mittelalter genutzten Gräberfeld von E. ein reich ausgestattetes urnenfelderzeitliches Adelsgrab aus der Zeit um 1200 v. Chr. Der singuläre Fund und die Ausstattung des Leichnams zeigen enge Verbindungen zur frühen Mittelpunktsiedlung auf der → Ehrenbürg. An gleicher Stelle entstand im 8.–6. Jh. v. Chr. ein großer frühkeltischer Grabhügelfriedhof. Nach einer ersten Ansiedlung germanischer Gruppen in augusteischer Zeit kam es zur Zeit der Markomannenkriege (160/70 n. Chr.) zu einer starken Zuwanderung elbgermanischer, wohl juthungischer Bevölkerung in das Regnitztal, wobei in E. eine große Siedlung entstand, deren Oberschicht sich durch röm. Jahresgeldzahlungen finanziert zu haben scheint. Im 4./5. Jh. kamen ostgermanische, im 6. Jh. dann w., frk. Einflüsse hinzu, jedoch keine thür. Für die Etablierung einer frk.-merowingischen Herrschaftsschicht spricht neben einem karolingischen Reihengräberfeld auch das Martinspatrozinium der Pfarrkirche, die mit der Königspfalz im nahen → Forchheim zusammenhing, und zu deren Versorgung E. beigetragen haben dürfte. Der Ort war also bereits lange vor seiner ersten Erwähnung im Jahr 1002 besiedelt und von Bedeutung. – Vom Stift Haug in → Würzburg kam E. 1017 durch Tausch an das neugegründete Bistum Bamberg, zu dessen Diözese und Territorium es bis 1803 gehörte. Unter der Herrschaft der Bf.e konnte sich der Ort trotz seiner Nähe zu Forchheim entwikkeln. Der bischöfliche Marktort wird 1380 als »oppidum« bezeichnet. Dieser planmäßig angelegte Markt ist bis heute ein eindrucksvolles Ensemble mit einem breiten ost-west ausgerichteten Anger mit Bachlauf, an dessen Seiten zahlreiche *Häuser* der Handwerker, Ackerbürger und Brauer aus dem 17.–19. Jh. stehen, außerdem das *Rathaus* und das ehem. *Amtshaus*. Am Nordrand des Marktes liegt die *Pfarrkirche St. Martin*, ein klassizistischer Neubau von 1827–30 mit Turm von 1405. Die Marktsiedlung war von einer Grabenanlage mit 4 Toren umgeben, von denen das *Forchheimer Tor* erhalten ist.

(III)   *Andreas O. Weber*

T. Breuer, BKD Forchheim, 1961. – B.-U. Abels, Ein urnenfelderzeitliches Adelsgrab aus E., Ldkr. Forchheim, in: Archäologisches Korrespondenzblatt 13 (1983), S. 345–354. – M. Knorr, Aus der Geschichte des Marktes E. bis um 1850, E. 1993. – J. Haberstroh, Germanische Stammesverbände an Obermain und Regnitz, in: Archiv für Geschichte von Oberfranken 75 (1995), S. 7–38.

Egloffstein, Markt (LK Forchheim, OFr.). Das tief in die Fränkische Alb eingeschnittene Tal um E. war schon in der späten Hallstatt- und Frühlatènezeit besiedelt. Dies zeigt die *Ringwallanlage* auf dem n. gelegenen Heidelberg und die s., von den Kelten kultisch genutzte *Dietersberghöhle*. – E. entspricht dem Idealbild eines reichsritterschaftlichen Ortes: Auf einem senkrechten Felssporn dominiert die aus mehreren hohen Wohntürmen bestehende *Burg* mit der daneben liegenden *Schloß- und Pfarrkirche* weithin sichtbar das Tal. Auf dem steilen Hang darunter liegt in eng gedrängter Bauweise der zugehörige Marktort, der neben vielen Kleinanwesen durch die mächtige barocke *Zehntscheuer* (einst Witwenschloß) geprägt ist. – E. ist Stammsitz der Freiherren und Grafen von und zu E. und wird 1180 erstmals erwähnt. Diese bedeutende frk. Ritterfamilie besaß eine Reihe weiterer Burgen in der Fränkischen Schweiz. Die Geschichte der Burg, die die Familie bis heute bewohnt, ist geprägt von Auseinandersetzungen mit den wachsenden Territorien des Hochstifts Bamberg, der Burggrafen von Nürnberg sowie der Reichsstadt → Nürnberg, die jeweils versucht haben, diese Ganerbenburg in ihre

Hände zu bekommen. Im 1. Markgrafenkrieg wurde E. 1450 von Nürnberger Truppen angegriffen. Zwischen 1509 und 1516 unterstellten die Eigentümer der Burg ihre Anteile der Lehenshoheit des Bf.s von Bamberg gegen Geldzahlungen. Seither kam es immer wieder zu Streit und Kampf um verschiedene Hoheitsfragen, seit der Einführung der Reformation kurz nach 1520 besonders um die Konfession. Im Bauernkrieg 1525 brannte die Burg ab, wurde wiederaufgebaut und 1563 von Bamberger Truppen verwüstet. Im 30jg. Krieg setzte Bf. Johann Georg II. von Bamberg 1629 durch Waffengewalt in E. einen kath. Pfarrer ein, worüber es zu einem Prozeß beim Reichskammergericht kam, bei dem sich die E. auf ihre Reichsunmittelbarkeit als Reichsritter beriefen und sich 1634 durchsetzten. 1632 und 1645 folgten erneut Kriegszerstörungen, danach wurde die Anlage auf die Hauptburg an der Spitze des Felssporns reduziert. – Im Ort siedelte man nach dem 30jg. Krieg landfremde Siedler an, darunter auch Juden. Besonders im 19. Jh. entwickelte sich eine kleine Judengde., die 1800–66 eine eigene Synagoge besaß und bis 1895 bestand. 1750 entstand die neue *Schloß- und Pfarrkirche St. Bartholomäus*, ein Beispiel für ev.-ritterschaftlichen Kirchenbau mit Kanzelaltar, Herrschaftsstand und Grabdenkmälern. Oberhalb der Kirche stehen das 1771 erbaute *Amtshaus* sowie das *Majoratshaus* von 1811. Aus einem Umbau der Burg 1834 sowie einer umfassenden Sanierung 1996 ergab sich weitgehend ihr heutiges Aussehen.

Schloß Hundshaupten, das etwa 3 km nw. auf einem Bergsporn über einem Ausläufer des Trubachtales liegt, geht als barockes Jagdschloß auf eine mittelalterliche Anlage wohl des 12. Jh.s zurück. Erstmals erwähnt wird die Burg, als sie 1368 von Heinrich von Wiesenthau der Lehenshoheit des Bf. von Bamberg unterstellt wird. 1388 im Städtekrieg und nochmals 1412 eroberten Nürnberger Truppen die Burg und brannten sie ab, da Dietrich von Wiesenthau in Fehde mit dem Nürnberger Rat lag. Bis 1613 blieb Hundshaupten Sitz einer Linie der Herren von Wiesenthau, nach deren Aussterben kaufte es Hieronymus Christoph von Pölnitz, der 1690 mit einem Um-

bau in die heutige Vierflügelanlage begann, der 1734 abgeschlossen wurde. Die Freiherren von Pölnitz statteten das
Schloß mit reichem Kunstinventar aus.

(III)   *Andreas O. Weber*

H. Kunstmann, Die Burgen der westlichen und nördlichen Fränkischen
Schweiz, Bd. 1, Würzburg 1971, ²1971. – P. Weiss, E., in: Jüdisches Leben
in der Fränkischen Schweiz, Erlangen 1997, S. 493–517.

Ehrenbürg (Gde. Kirchehrenbach, LK Forchheim, OFr.). Das
von Forchheim als breite Ebene in die Fränkische Alb hinein-
führende → Wiesenttal wird bei Wiesenthau und Kirch-
renbach von einem mächtigen, an allen Seiten felsig und steil
abfallenden Zeugenberg überragt. Dieses bis zu 250 m über
dem Talgrund liegende Hochplateau, die E., mit seinen zwei
Gipfeln Walberla und Rodenstein, ist komplett von *Wallanlagen* umgeben und war seit der frühen Jungsteinzeit besiedelt.
Für die Urnenfelderzeit (1400–800 v. Chr.) ist die E. zu den
bedeutendsten befestigten Mittelpunktsiedlungen Nordbayerns zu zählen. Nach einer 300jährigen Unterbrechung war
die Hochfläche in der späten Hallstattzeit wieder besiedelt
und befestigt. In der Frühlatènezeit (5. Jh. v. Chr.) nahm eine
gewaltige, stadtartige Höhensiedlung, von mächtigen Befestigungsanlagen umgeben, die gesamte Hochfläche ein. Diese
hatte den Funden nach sehr weiten Kulturkontakt bis in den
Mittelmeerraum und dürfte das politische und wirtschaftliche Zentrum des Regnitztales und der w. Frankenalb gewesen sein; archäologisch bezeugt sind Bronze- und Eisenverarbeitung. Zur eigentlichen Blütezeit der keltischen Oppidum-
Kultur im 2. und frühen 1. Jh. v. Chr. spielte sie keine Rolle
mehr. Eine erneute Besiedlung ist wieder für das 4./5. Jh.
n.Chr. mit einer elbgermanischen Befestigung auf dem Rodenstein nachweisbar. Eine mittelalterliche Nutzung als Siedlung oder Burg gab es nicht. – Erst 1360 wird die *Walburgiska-
pelle* auf dem Walberla erwähnt. Ob sie in einem Bezug zu
St. Walburg in ↑ Eichstätt steht, ist unklar, ebenso ihr Alter
und der Ursprung der hierher führenden Wallfahrt. Möglicherweise kann deren Beginn aber mit der bewußten Förde-

rung und Verbreitung der Walburgisverehrung durch Bf. Philipp von Eichstätt im frühen 14. Jh. erklärt werden. Aus der Wallfahrt entwickelte sich spätestens Mitte des 18. Jh.s ein Jahrmarkt, das Walberla-Volksfest am 1. Mai, das in den 1820er Jahren auch die Romantiker und die Erlanger Studenten anzog, und das heute am ersten Maiwochenende auf dem Bergplateau stattfindet.   (III)   *Andreas O. Weber*

T. Breuer, BKD Forchheim, 1961. – B.-U. Abels, Archäologischer Führer Oberfranken, Stuttgart 1986. – Ders., Überblick über die Besiedlung der E. in vorgeschichtlicher Zeit, in: Bericht der bayerischen Bodendenkmalpflege 30/31 (1989/90), S. 103–122.

Eibelstadt, Stadt (LK Würzburg, UFr.). Die am rechten Mainufer gelegene »Stätte des Isolf« wird um 787 erstmals urk. erwähnt. Am Ende des 11. Jh.s besaß das Kloster Comburg (bei Schwäbisch Hall) hier einen bedeutenden Güterkomplex. Auf Comburg geht auch das Nikolaus-Patrozinium der *Stadtpfarrkirche* (wesentliche Bauteile 1480–1525, barocke Innenausstattung) zurück. Als größter Grundherr konnte der Würzburger Dompropst im Spätmittelalter einen Anteil an der Ortsherrschaft behaupten, die er gemeinsam mit dem Domkapitel und den Marschällen von Pappenheim, den beiden Vogteiherren, ausübte. Die Vogtei wurde als Reichslehen bis zum Ende des Alten Reiches vom Ks. verliehen. – 1434 erhielt der Ort von Ks. Sigmund das Recht, Märkte abzuhalten, ein Wappen zu führen und eine *Ummauerung* zu errichten, was die Entwicklung zur Stadt förderte. Wenig später entstand ein eigenes *Rathaus* (1706–08 neu erbaut) als repräsentativer Mittelpunkt. – Von den Pappenheimern begünstigt, siedelten sich Juden an. In der Reformationszeit gewann der neue Glauben viele Anhänger. Erst nach dem 30jg. Krieg gelang es dem Domkapitel, die verbliebenen Protestanten und die Juden endgültig aus der Stadt zu vertreiben. Dies wurde möglich, nachdem Dompropst und Kapitel 1619/20 den Anteil der Marschälle von Pappenheim (*Turmhof*) erworben hatten und die Stadtherrschaft alleine ausübten (bis 1803). – Das wirtschaftliche Leben wurde seit jeher vom Weinbau bestimmt. Dementsprechend setzte sich die Bevölkerung überwiegend aus Häckern, die auf den durch die Realteilung entstandenen Kleinstparzellen ihren Lebensunterhalt erwirtschafteten, und einigen Handwerkern zusammen. – Als attraktiver Wohnort im Würzburger Umland kann E. heute dank einer überdurchschnittlichen Steuerkraft seiner ca. 3000 Einwohner zu den wohlhabenden Kommunen gezählt werden. (II) *Thomas Horling*

R. Redelberger, E. Bild einer mainfränkischen Kleinstadt in der Nachbarschaft Würzburgs, Würzburg 1971. – Heimatbogen, hg. v. Heimatverein E., 1984 ff.

Einersheim: → Markt Einersheim.

Eiringsburg (Gde. Bad Kissingen, LK Bad Kissingen, UFr.). Der Burgstall E. ist eine relativ gut erhaltene karolingerzeitliche, annähernd rechteckige Wallanlage mit umlaufendem Graben (Umfang etwa 120 x 65 m). Ihren Namen dürfte sie einem 822 genannten Grundherrn Iring verdanken, der in diesem Jahr Güter in (→ Bad) Kissingen und Lollbach (wüst Gde. Arnshausen) – d. h. n. und s. der heutigen Wüstung Eiringshausen (Gde. Arnshausen) und der E. – an die Reichsabtei Fulda schenkte. Sie liegt auf dem Hochberg, einem nach Westen in das Tal der Fränkischen Saale vorgeschobenen Geländesporn ö. des heutigen Golfplatzes von Bad Kissingen und war von ihrer Ausdehnung her wohl nicht nur Herrenburg (des Iring), sondern auch Fluchtburg für die im Tal gelegenen Hofgruppen, darunter sicher das schon 822 genannte Lollbach (Lullubach) sowie das erstmals 953 bezeugte »Iringeshuson«. Im Osten und Süden der Anlage biegen die 2,5 bis 3 m starken Trockenmauern aus Sandstein nach innen und formten damit Zangentore (im ö. wurde später eine Sperrmauer eingesetzt) mit sich nach innen verjüngenden Torgassen, die den Zugang sichern sollten. – Da Grabungen noch ausstehen, sind von diesem Platz bisher keine Funde bekannt geworden. (II) *Heinrich Wagner*

G. Hock, Die E. bei Bad Kissingen, in: Bayerische Vorgeschichtsblätter 13 (1936), S. 73–87. – K. Schwarz, Der frühmittelalterliche Landesausbau in Nordost-Bayern archäologisch gesehen, in: Ausgrabungen in Deutschland, Teil 2: Römische Kaiserzeit im freien Germanien. Frühmittelalter I, Mainz 1975, ²1975, S. 338–409. – B.-U. Abels, Die E. bei Arnshausen, in: Bad Kissingen. Fränkische Saale. Grabfeld. Südliche Rhön, Mainz 1975 (Führer zu vor- und frühgeschichtlichen Denkmälern 28), S. 116–118.

Ellingen, Stadt (LK Weißenburg-Gunzenhausen, MFr.). Die Stadt E. liegt im breiten Tal der Schwäbischen Rezat, rund 3 km n. von → Weißenburg an der Kreuzung zweier Bundesstraßen, die hier auf Altstraßen zurückgehen. Ö. liegt die teilkonservierte Ruine des röm. *Numeruskastells Sablonetum*. – Der Ort »Ellingan« wird 899 als Reichsgut erstmals genannt. In der 2. Hälfte des 12. Jh.s stiftete Ritter Walter von E. ein Spital, welches Ks. Friedrich I. dem Augustinerchorherrenstift ↑ Berchtesgaden übertrug. Kg. Friedrich II. übergab das Spital 1216 dem Deutschen Orden, die Einsprüche Berchtesgadens konnten erst 1307 endgültig geregelt werden. Bedeutender Güterzuwachs seit dem 13. Jh. ermöglichte die Bildung einer Deutschordenskommende, die 1269 erstmals erwähnt wird. Bis zur Mediatisierung durch Preußen 1796 blieb der Deutsche Orden für E. bestimmend, der hier seit dem frühen 14. Jh. den Sitz des Landkomturs der Ballei Franken einrichtete. – Kg. Ludwig der Bayer verlieh 1322 das Stock- und Halsgericht. Eine Erlaubnis zur Befestigung des Dorfes 1377/78 wurde (wohl auf Intervention der Reichsstadt Weißenburg) widerrufen, erst an der Wende zum 16. Jh. erfolgte der Bau einer *Mauer* mit einzelnen *Wehrtürmen*. Erhalten blieb das wappengeschmückte *Pleinfelder Tor* von 1660. Die St. Georgskirche unterstand bis 1406 der Pfarrkirche St. Andreas zu Weißenburg und damit der Benediktinerabtei → Wülzburg. Die Kirche wurde 1406 von der Kommende zur Pfarrkirche erhoben. – Nach Zerstörung im 2. Markgrafenkrieg 1552 sowie völligem Ruin im 30jg. Krieg 1632/33 erfolgte nach 1700 ein nahezu vollständiger Neubau des *Schlosses*. In einer ersten Phase 1708–11 wurde der Ostflügel erneuert. Unter Landkomtur Karl Heinrich Freiherr von Hornstein wurde dann 1718–24 das monumentale dreiflügelige *Barockschloß* unter der Leitung des Baumeisters Franz Keller und dessen Nachfolgers Franz Josef Roth errichtet. Auch das Ortsbild E.s wird von Bauten des 18. Jh.s geprägt, wie das *Elisabethspital* (um 1705, erweitert 1753), die *Pfarrkirche St. Georg* (1729–31) mit der *Mariahilfkapelle*, die *Maximilianskirche* (1734), die *Franziskanerkirche* (1738–40) und das *Rathaus* (1744–47 von F. J. Roth) sowie zahlreiche Bürgerhäuser (besonders der *Römische Kaiser*, 1724) zeigen. Durch den dritten großen Baumeister Matthias Binder entstand nach 1760 sö. des Schlosses die *Neue Gasse* als barocke Musterstraße. In dieser wurde 1759 eine *Synagoge* für die jüd. Gde. errichtet (1938 geschändet, heute Wohnhaus). – Nach dem Tod des Landkomturs von Lehrbach 1787 unterstellte sich die Ballei dem Deutschmeister. Die Ballei Franken wurde 1789 mit dem Hoch- und Deutschmeistertum Mergentheim vereinigt. 1796 kam E. an Preußen, 1806 an Bayern; 1810 wurde es zur Stadt erhoben. Kg. Max I. Joseph übergab 1815 E. mit 19 Dörfern und 16 Weilern als Thronlehen seinem Feldmarschall Fürst Carl Philipp von Wrede. Das Patrimonialgericht wurde 1848 aufgelöst und E. 1862 dem Bezirksamt Weißenburg unterstellt. 1924/25 errichtete die ev. Gde. im Stadtgarten eine *ev. Pfarrkirche* nach Plänen von German Bestelmeyer. Durch einen Bombenangriff am 23.2.1945 wurde der Stadtkern mit der Pfarrkirche und dem Rathaus schwer beschädigt, jedoch konnte das Stadtbild wiederhergestellt werden. Das Schloß ist heute *Museum* und wird vom Freistaat Bayern unterhalten, seit 1981 ist es auch die Heimat des Kulturzentrums Ostpreußen.   (VI)   *Daniel Burger*

J. Wehn, Chronik der Stadt E. i. B. vormals Commende und Sitz der Deutschmeister, Land- und Haus-Commenthuren und Ritter des Deutschen Ordens, E. ²1923, ND 1997. – H. H. Hofmann, HAB Gunzenhausen-Weißenburg, 1960. – W. Zanier, Das römische Kastell E., Mainz 1992. – G. Kiessling, DiB Landkreis Weißenburg-Gunzenhausen, 1999. – 1100 Jahre E. in Geschichte und Gegenwart, E. 1999.

Eltmann, Stadt (LK Haßberge, UFr.). E. liegt zwischen dem Nordrand des Steigerwalds und dem Main, im Mittelalter die bedeutendste Verkehrsader des Raumes. Nach der Vita St. Burchardi wurde es Mitte des 8. Jh.s von einem Grafen Guntbert an das Hochstift Würzburg geschenkt. Grabhügel sowie weitere Funde aus der Bronzezeit sprechen für eine

mögliche Besiedlung bereits um das Jahr 1000 v. Chr. – E. war
ursprünglich eine Burg, die einen Mittelpunkt frk. Siedlung
am Obermain darstellte. Die rechteckige Stadtanlage, die lediglich wegen der Geländeverhältnisse im Nordwesten etwas
verschoben ist, läßt darauf schließen, daß die Befestigung
nicht erst später um einen fertigen Häuserkomplex angelegt
wurde, sondern militärischen Erwägungen ihre Form und
Entstehung verdankt. Im Nordosten stieß die Mauer an den
Main, der Flußlauf wurde durch den Zentturm beherrscht.
Ältester Siedlungskern ist wohl der Bereich um den Marktplatz mit der Pfarrkirche in der Nähe des w. »oberen Tores«.
Hier befindet sich das *ehem. Amtsgerichtsgebäude*, das in würzburgischer Zeit Sitz des Centgerichts war. Die Stadt war Zentrum des gleichnamigen würzburgischen Amtes, ein Vogt zu
E. ist erstmals 1278 belegt. – Die alte, aus der Zeit um 1300
stammende *Pfarrkirche* wurde im 19. Jh. abgerissen und durch
einen neoroman. Bau nach einem Plan Leo von Klenzes ersetzt. Sehr alt ist die 1182 erstmals genannte Pfarrei E., die
wohl bis ins 8. Jh. zurückgeht und über einen ungewöhnlich
großen Sprengel verfügte. – 1335 erfolgte die Stadterhebung
durch Ks. Ludwig den Bayern. E. erhielt dadurch das Befestigungsrecht, das wohl nur den älteren Bestand legitimierte,
sowie einen Wochenmarkt, der aber kaum Bedeutung gewinnen konnte. Ein Stadtgericht wurde E. 1387 durch den Würzburger Bf. gewährt. Der würzburgische Amtmann bzw. Cent-
graf führte als »Stadtschultheiß« den Vorsitz, als Schöffen
dienten die 12 Ratsherren. Im 14. und 15. Jh. wurden Stadt
und Amt E. mehrfach verpfändet. Um 1600 lag die Führung
der Stadt und die Verwaltung des gemeindlichen Vermögens
in der Hand des Stadtrats. Dieser bestand aus dem Ober- und
dem Unterbürgermeister sowie 10 Räten. Bei den Ratssitzungen führte der Würzburger Amtmann den Vorsitz. – Sö.
der Stadt befindet sich auf einer Anhöhe die Ruine der 1303
erstmals genannten Wallburg. Die Burg als Sitz des würzburgischen Amtmanns wurde im Bauernkrieg zerstört und anschließend wiederaufgebaut, 1777 dann endgültig aufgehoben. Von den Wallanlagen ist kaum mehr etwas erkenntlich,

da die Steine von der Stadtbevölkerung für eigene Bauten verwendet wurden. Erhalten blieb lediglich der Bergfried, heute unter dem Namen »*Krautstücht*« das Wahrzeichen der Stadt. 1890 wurde der im oberen Teil baufällig gewordene Turm in seiner Höhe reduziert und an Stelle der ursprünglichen Haube mit Zinnen versehen. – Anfang des 20. Jh.s war E. Sitz von bedeutenden Firmen der Steinindustrie mit über 1000 Steinhauern; heute besteht noch die Naturstein Vetter GmbH mit knapp 200 Arbeitsplätzen im Stammwerk E. Mit der Errichtung eines Zweigwerks der Firma FAG Kugelfischer 1939 begann in E. die Zeit der Großindustrie, mit der Errichtung der Papierfabrik Palm 1994 wurde der Industriestandort E. weiter gestärkt. (III)   *Alexander Tittmann*

G. Goepfert, Amt Wallburg und Stadt E. Ein Beitrag zur fränkischen Geschichte, E. 1908, ND 1983. – 650 Jahre Stadt E. 1335–1985, E. 1985. – S. Diller, Die Stadt E. in Geschichte und Gegenwart, E. 2001. – A. Tittmann, HAB Haßfurt, 2003.

Emskirchen, Markt (LK Neustadt a.d. Aisch-Bad Windsheim, MFr.). Der Ort lag im Mittelalter an der bedeutenden Verkehrsverbindung zwischen Nürnberg und Frankfurt. Er wird erstmals 1156 erwähnt, als der Bf. von Würzburg Güter der Pfarrkirche E. an das Kloster → Münchaurach tauschte. 1258 kam auch das Patronat der Pfarrkirche an das Kloster. Die Burggrafen von Nürnberg erwarben den Ort 1361 von den Herren von Seckendorff und errichteten hier einen Amtssitz. Wann E. zum Markt erhoben wurde, ist unbekannt. – Nach der Aufhebung des Edikts von Nantes 1685 kamen frz. Hugenotten auch nach E., wo sie 1705/06 eine Kirche errichteten. Der Ort gehörte zum Markgraftum Brandenburg-Bayreuth, wurde 1792 preuß., kam 1807 durch den Tilsiter Frieden unter frz. Militärverwaltung und 1810 schließlich an Bayern. Den Amtssitz verlor E. 1812. – Der Ort wurde geprägt von Handwerk und Verkehr. 1623 wurde eine Poststation (*Gasthof »Goldener Hirsch«)* und 1865 eine Bahnstation an der Strecke Nürnberg-Frankfurt errichtet. Die Eisenbahn gab der Wirtschaft kräftigen Auftrieb, sie erhielt nach dem 2. Weltkrieg

durch zahlreiche Flüchtlinge, die Feinmechanik und Musik-
instrumentenbau einführten, weitere Impulse. – Die *Kilianskirche* hat einen spätroman. Turm aus dem 13. Jh., dessen älteste Glocke um 1300 gegossen wurde. Sakristei und Langhaus
wurden im 18. Jh. im typischen Markgrafenstil erbaut. Die
heutige *Friedhofskapelle* wurde 1705/06 von Hugenotten als
quadratischer Saalbau mit Spitzbogenfenstern gebaut. 1823
kam sie an die ev.-luth. Kirchengde. Das sog. *Brandenburger
Haus* wurde 1784 erbaut und diente den Zünften als Zunft-
herberge. (VI) *Manfred Jehle*

H. H. Hofmann, HAB Höchstadt-Herzogenaurach, 1951. – S. Schwarz
(Hg.), Emskirchner Allerlei. Ein Spaziergang durch 600 Jahre Emskirchner Geschichte, E. 1993.

Engelthal (LK Nürnberger Land, MFr.). E. liegt im Hammer-
bachtal, 8 km s. von → Hersbruck. – Im Jahre 1240 nahm der
Reichsministeriale Ulrich II. von Königstein eine Beginen-
gruppe auf und überließ ihr einen Meierhof in Engelschalks-
dorf. 1243 schenkte er den Frauen das Dorf Swinach zur Errichtung von Klosterbauten. 1244 bestätigte Bf. Friedrich II.
von Eichstätt dem Konvent die Klostergründung. Der Name
»Swinach« war bereits 1243 in E. geändert worden; an das
alte Dorf erinnert nur die 1058 von Bf. Gundekar II. von
Eichstätt geweihte *Willibaldskapelle*. – 1248 unterstellte der
Papst Kloster E. dem Dominikanerorden. Zwischen 1260 und
1270 wurde die *Klosterkirche St. Johannes d. T.* geweiht. An sie
schloß sich s. der rechteckige Klosterhof an, um den sich die
Konventbauten gruppierten. Die *Wirtschaftsgebäude* umgab
eine teilweise noch sichtbare *Umfassungsmauer*, von der das
Ost- und *Nordtor* erhalten sind. – Im 14. Jh. war E. ein Zentrum der dominikanischen Frauenmystik (Christina Ebner,
Adelheid Langmann). – 1504 erhielt infolge des Landshuter
Erbfolgekrieges die – seit 1525 prot. – Reichsstadt → Nürnberg die Landeshoheit über E. Das Kloster widersetzte sich
energisch der Reformation. Selbst nachdem E. im 2. Markgrafenkrieg 1552 völlig niedergebrannt war, kehrten 1554
zehn Frauen aus ihrem Nürnberger Exil in notdürftig herge-

richtete Bauten zurück. Die Kirche und weitere Konventbauten wurden 1557–63 wieder errichtet. 1565 übergaben jedoch die beiden letzten Nonnen den gesamten Besitz dem Rat der Stadt Nürnberg. E. blieb bis zum Ende des Alten Reiches ein nürnbergisches Pflegamt und kam 1806 mit der Reichsstadt zu Bayern. – Nach der Auflösung des Klosters wurde die Klosterkirche wiederholt umgebaut, 1747–51 barockisiert und als ev. Pfarrkirche für das Dorf E. genutzt. Die ehem. Willibaldskapelle wurde 1811 profaniert und findet heute als Scheune Verwendung. – 1898/99 errichtete der »Heilstättenverband Nürnberg« die Lungenheilstätte E.; die Einrichtung wurde nach dem 2. Weltkrieg vom Bezirk Mittelfranken übernommen. Seit 1973 wird das Sanatorium als Bezirkskrankenhaus E. weitergeführt. (VI) *Sandra Frauenknecht*

W. Schwemmer/G. Voit, HAB Lauf-Hersbruck, 1967. – G. Voit, E. Geschichte eines Dominikanerinnenklosters im Nürnberger Raum, 2 Bde., Nürnberg 1977/78. – 750 Jahre E., Simmelsdorf 1994 (= Altnürnberger Landschaft 41).

Epprechtstein (Stadt Kirchenlamitz, LK Wunsiedel, OFr.): → Kirchenlamitz.

Erlangen, Stadt (MFr.). Der Ort wird 1002 als »villa Erlangon« erstmals erwähnt, als Kg. Heinrich II. dem neugegründeten Stift Haug bei → Würzburg das im Radenzgau gelegene Pfalzstift → Forchheim zusammen mit den Orten E. und → Eggolsheim übertrug. Das hochmittelalterliche E. wurde zunächst ö. der Regnitz im Gebiet der heutigen Altstadt vermutet. Heute gilt jedoch die auch durch den Ortsnamen Alterlangen als älter ausgewiesene Siedlung w. der Regnitz als Urzelle. – 1361 verkauften der Bamberger Bf. Lupold von Bebenburg, Domdekan Friedrich von Truhendingen und das Bamberger Kapitel ihre Güter im Dorf E. ö. der Regnitz – also außerhalb der Urzelle – an Ks. Karl IV. Alterlangen verlieb dagegen bis zur Säkularisation beim Domkapitel Bamberg. – E. rechts der Regnitz wurde nun ein Lehen der böhm. Krone, freilich nicht als geschlossenes Herrschaftsgebiet. Karl IV. forcierte jedoch die politisch-wirtschaftliche Verdichtung um den Ort. 1367

ließ er für die Bürger und Leute zu »Erlang« seitens des Nürnberger Burggrafen Friedrich III. Weiderechte im Sebalder
Reichswald einräumen. Er verlegte die kgl. Münze aus → Lauf
nach E. und gewährte der Siedlung Marktrechte (1374) und
administrative Zentralitätsfunktionen (Amtmann 1376 belegt). Als Richter fungierte ein Vogt, der einem 1389 bezeugten Schöffengericht vorsaß. Ein förmliches Stadtrecht verlieh
dann allerdings erst Kg. Wenzel 1398. Ein Bürgermeister ist
erst 1424 bezeugt, zuvor lag die Verantwortung der Ratspoli-
tik bei »schöpff, rath vnd gemeindte«. Im 16. Jh. wechselten
sich dann die Ratsmitglieder in vierwöchigem Turnus als
Bürgermeister ab; seit 1697/1715 gab es in der Neu- und in
der Altstadt jeweils 4 Bürgermeister, die nacheinander die Geschäfte führten. In der Neustadt waren außerdem die Hugenotten (»Franzosen«) an allen Ratsämtern zumindest paritä-
tisch beteiligt. – 1402 verpfändete Wenzel die kleine dreitori-
ge Stadtanlage an die Burggrafen von Nürnberg. Später ging
E. in deren Eigentum über und fiel 1404 nach einer dynastischen Landesteilung den hohenzollerischen Burggrafen (später Markgrafen von Brandenburg-Kulmbach-Bayreuth) zu.
Für E. wurde diese Randlage im Kulmbacher Landesteil bis in
die Frühmoderne prägend. Deshalb kam es erst spät zu Beginn
des 18. Jh.s zu einer eigenen Residenzenentwicklung unter
Markgraf Christian Ernst. Im 15. Jh. haben auch die Burggrafen E. mehrfach verpfändet, meist an Nürnberger Patrizier.
Unter Franz Pfinzing kam dann 1435 auch die kirchliche
Eigenentwicklung mit der Abtrennung der neuen Pfarrei aus
dem Forchheimer Sprengel zu einem Abschluß.

Im 2. Markgrafenkrieg gegen Markgraf Albrecht Alcibiades
wurde E. von → Nürnberg erobert und gebrandschatzt. Auch
im 30jg. Krieg litt der Ort stark: 1632 verheerte die Forchheimer Besatzung E. Insgesamt fielen bis 1648 etwa 3 Viertel der
Einwohner Gewalt, Hunger und Seuchen zum Opfer. 1706
brannten die erst nach 1648 wiederhergestellte *Altstädter Kirche*, das Rathaus und 52 Gebäude nieder. Der Wiederaufbau
begann unmittelbar, doch nach dem Vorbild der 1686 gegründeten Neustadt mit begradigten Platz- und Straßenfron-

ten. – 1528 führte Markgraf Georg der Fromme auch in E. die Reformation ein. Das koordinierte Vorgehen von Nürnberg und dem Markgraftum bei der ersten Kirchenvisitation 1528 und der gemeinsamen Kirchenordnung 1533 trug angesichts der bedrohlichen Nähe zum altgläubigen Hochstift Bamberg maßgeblich zum raschen politischen Erfolg der Reformation bei. Der Widerstand gegen das Interim 1548/49, das Markgraf Albrecht Alcibiades unterstützt hatte, zeigte die Verfestigung der Reformation in E., die dann mit dem ↑ Augsburger Religionsfrieden 1555 reichsrechtlich endgültig wurde. Seit 1558 war E. der Superintendentur → Baiersdorf unterstellt, aus der sich bis 1814 schrittweise das ev.-luth. Dekanat E. entwickelte.

1686 trafen erstmals frz. Réfugiés aus der Champagnestadt Vitry-le-François im noch kleinen E. ein. Damit hielt eine neue Konfessionsrichtung – die frz. reformierte Variante des Calvinismus – Einzug. Städt.-territoriale Modernisierung und fürstliche Zukunftsvisionen ließen sich bald auch am Städtebild ablesen. Jetzt entstand auch in Franken die frühmoderne Planstadt. Der Stadtgrundriß von E. – wesentlich von dem markgräflichen Baumeister Johann Moritz Richter gestaltet – besteht aus einem geradlinigen System von Straßen, in das rechteckige Baublöcke eingewoben wurden. Bestimmend wurde eine breite Mittelachse, die sich quer durch die Neustadt von der Siedlungsgrenze zur Erlanger Altstadt bis zum Nürnberger Tor erstreckte. An ihr lagen als markante Punkte zwei Plätze, die quadratische »Grande Place« und der wiederum rechteckige Platz »devand le Temple et la Douane«. Der Stadtplan bezog sich vielfach auf Idealmaße, derer sich europäische Architekturtheoretiker seit der Renaissance in Rückgriff auf die Antike wieder gerne bedienten. Der »Goldene Schnitt« als eine nach Harmonie strebende Raumordnung bestimmte auch die Städteplanung der → Bayreuther Regierung für diesen Teil der frk. Zollernlande. – Das 1701–1812 nach dem Landesherrn benannte »Christian-Erlang« war die wichtigste Niederlassung der Hugenotten im Südosten des Alten Reiches. Frz. war bis ins 19. Jh. gleichberechtigte Amtssprache. Die Fertigkeiten der Hugenotten führten zu einer Ausdifferenzierung der Handwerksbetriebe. Export-orientiert arbeiteten vor allem die Hut-, Strumpf- und Hand-schuhfabrikation; erstmals entstanden in Franken auch Ma-nufakturen. – Bald nahm E. auch deutschstämmige Siedler auf, darunter Reformierte aus der Pfalz, die vor den Franzo-seneinfällen unter Ludwig XIV. geflohen waren, dann auch Wallonen und Schweizer, so daß neben der frz. auch eine dt.-reformierte Gde. entstand. Im Profil des frz.-reformierten Zentralbaus der *Hugenottenkirche* (1686–93) – dort wurde bis 1822 frz. gepredigt – und der dt.-reformierten Kirche am Bohlenplatz (heute *Gemeindehaus* der ev.-luth. Kirchengde.) sind die ethnischen, kulturellen und konfessionellen Linien bis heute erkennbar. – 1723–37 errichtete die ev.-luth. Gde. die *Neustädter Kirche*, die seit 1837 auch den Universitätsgot-tesdiensten dient. Der Markgraf stellte mit einer zweiten De-klaration zur Konfessionsfrage alle religiösen Gruppen in der Neustadt gleich. Ausgenommen waren kath. Siedler; sie wur-den vom luth. Landesherrn auch in E. nur mit Einschränkun-gen toleriert. Das erste kath. Gotteshaus wurde erst nach dem Anfall an Bayern 1810 erbaut.

E. wurde erst relativ spät auch Residenzstadt. 1700 begann nach den Plänen von Antonio della Porta der Bau des *Schlos-ses* am Ostrand der frühmodernen Rasterstadt. Dort folgten 1705 die *Orangerie*, 1715 ein *Theater* und 1718 das Redouten-haus. Die 1708/10 unter Leitung Gottfried von Gedelers als architektonisches Gegenstück zur Orangerie erbaute *Concor-dienkirche* – die geplanten gebogenen Flügel blieben allerdings unausgeführt – sollte dem Gottesdienst beider Konfessionen dienen. Die irenischen Bemühungen scheiterten; 1744 wurde der Concordien-Altar abgebrochen und in die Neustädter Kirche integriert. – 1703 schenkte der Markgraf das neue Schloß als »withumb« seiner dritten Gemahlin Elisabetha So-phie von Brandenburg-Preußen. Nach ihr sollte das Schloß bald auch den Namen »Elisabethenburg« tragen. E. wurde Witwensitz, im weiteren Verlauf des 18. Jh.s auch für Sophie von Sachsen-Weißenfels und Sophie Caroline Marie von Braunschweig-Wolfenbüttel.

Die Universität hatte Vorläufer. Zwar kam das für die Hugenotten vorgesehene »Collège« nicht zustande, doch wurde der
Plan einer *Ritterakademie* zur Ausbildung heranwachsender
Adeliger 1701 Realität. Ihre Einkünfte wurden aber 1741
durch Markgraf Friedrich von Bayreuth dem Gymnasium Ernestinum und der geplanten Bayreuther Akademie zugewiesen. In die leerstehenden Gebäude der Ritterakademie zog die
zunächst in → Bayreuth 1743 begründete Universität ein.
Nach der Vereinigung der beiden Landesteile Ansbach und
Bayreuth 1769 avancierte sie zur brandenburgischen Landesuniversität. Dennoch blieb die Zahl der Studenten in markgräflicher Zeit mit ca. 200 überschaubar.   *Wolfgang Wüst*

1810 kam die Gewerbe- und Universitätsstadt mit nun rund
9000 Einwohnern an Bayern. Damit begann, nachdem sie
1792 an Preußen gefallen und seit dessen Zusammenbruch
1806 von Frankreich verwaltet worden war, ein Jh. staatl.
Kontinuität, doch zunehmenden Strukturwandels. Der geistige Hauptort zweier kleiner luth. Territorien, der nach Norden geblickt hatte, gewann in dem zwar paritätischen, aber
durch Bevölkerung, Dynastie und Leittradition dominant
kath. Staatsbayern für dessen prot. Minderheit eine Rolle, die
ihm über seine Größe hinaus kulturelle Zentralität gab. Denn
die Universität blieb, als andere Hochschulen in Neubayern
Montgelas' Rationalisierung zum Opfer fielen, primär für den
Pfarrernachwuchs erhalten, weshalb ihr bis in das späte 19. Jh.
hauptsächlich die Theologische Fakultät, zeitweise mit der
Hälfte aller Studenten, Gewicht, Rang und einen weiten Ein-
zugskreis gab. Als sie durch eine konfessionelle Erfahrungs-
theologie aus dem Geist der Restauration, die seit den 1830/
40er Jahren die aufgeklärte Moralreligion ablöste, das einheit-
lich konservativ-neuluth. Profil der »Erlanger Theologie« –
Adolf Harleß, Johann Hofmann, Reinhold Frank und andere
– gewann, zog die führende Bildungsinstanz des prot. Bayern zugleich Studenten aus dem gesamten deutschsprachigen
Raum an, auch für Jura, Medizin oder philosophische Fächer.
– Großzügige, palaisartig in Neobarock, Neorenaissance oder

Jugendstil gebaute *Kliniken* und Institute, *Kollegienhaus, Universitätsbibliothek*, dazu *Verbindungshäuser* erweiterten entlang des *Schloßgartens* die Stadt bis zum 1. Weltkrieg um ein repräsentatives, weitgehend erhaltenes Universitätsviertel. Das wies auch auf die wirtschaftliche und soziale Bedeutung der Universität, die Gewerbsleute und Vermieter ernährte und eine Korporationsgesellligkeit schuf.

1812 verbanden sich die Neustadt mit ihren inzwischen assimilierten Hugenotten und das alte Ackerbürger-E. unter Staatsdruck zu einer Gde.; im Stadtkörper bestand die Teilung weiter. Wirtschaftlich litt besonders die Neustadt unter der allgemeinen Stockung und Verarmung; ihre bedeutende Strumpfwirkerei wurde ruiniert. Eine Besserung begann in den 1850er Jahren, als zunächst der 1842 fertiggestellte Ludwig-Donau-Main-Kanal, dauerhaft dann seit 1844 eine der ersten bay. Eisenbahnlinien E. an den überregionalen Güterverkehr angeschlossen hatte, das Gewerbespektrum marktgerechter wurde, Maschinen die Produktivität enorm steigerten, Aktiengesellschaften Kapital zusammenführten und 1864 Bayern die Gewerbefreiheit einführte. Bis Anfang des 20. Jh.s entstand aus Brauereien – um 1870 war E. mit 18 Brauereien Bayerns größter Bierexporteur –, einer Großspinnerei, kleinen oder mittleren, meist aus Handwerksbetrieben gewachsenen Handschuh-, Bürsten-, Kamm-, Spiegel-, Kartonagenfabriken und der vom Universitätsmechaniker Reiniger begründeten Medizintechnik eine stark exportorientierte Industrie. Schornsteine, viele Werkstätten und einige große *Fabrikgebäude* – die der Firma Reiniger, Gebbert & Schall stehen heute als exemplarische Backstein-Industriebauten unter Denkmalschutz – veränderten die Stadt, die mit den Betrieben und Arbeiterquartieren, u. a. im Stubenloh, auf flachem Terrain nach Süden und Osten wuchs.

Nach Osten wurde E. auch von seinem dritten Entwicklungsfaktor im 19. Jh., der 1868 errichteten und auf zwei Regimenter, Infanterie und Feldartillerie, mit rund 2000 Mann ausgebauten Garnison, erweitert: In den 1870er Jahren nahe dem Universitätsviertel durch die Jäger-Kaserne (1955 abgebrochen), um 1900 weiter ö. durch Exerzierplatz, neue *Infanteriekaserne* und *Artilleriekaserne*, deren weitläufiger Backstein-Komplex nach dem Abzug der US-Garnison nun, denkmalgeschützt, von Universität und Firmen genutzt wird. – Gleichfalls um die Jahrhundertwende, als das Wohnen am Stadtrand unter Professoren, Fabrikanten, Privatiers Mode wurde, griff die Stadt mit *Villen* unterschiedlichen Stils n. aus in die Gärten beiderseits der Schwabach und auf dem Burgberg, wo man seit 1755 vor den Bierkellern, die zum Teil bis ins 17. Jh. zurückgehen, das Erlanger Hauptfest, die Bergkirchweih, feiert.

Zwischen den 1880er Jahren und dem 1. Weltkrieg führte ein Modernisierungsschub zum systematischen Ausbau des Straßennetzes, zu Kanalisation und effizienter Wasser-, Gas- und Stromversorgung – *Elektrizitätswerk* und *Wasserturm* sind erhalten –, zu Schlachthof, neuen Schulen und einem *Zentralfriedhof* für alle Konfessionen sowie zur ersten städt. Arbeitslosenunterstützung Bayerns. Die kommunale Daseinsvorsorge holte den sozioökonomischen Wandel ein. – Politisch dominierte zunächst der Liberalismus, der in den 1860er Jahren, als Professoren eine maßgebliche Stimme gewannen, durch Schleswig-Holstein-Verein und Fortschrittspartei, deren bay. Zentrum E. wurde, für die nationale Einigung agierte und seit 1871 das Kaiserreich lebhaft bejahte. Als um 1900 die Sozialdemokratie Reichstags- und Landtagsmandat eroberte, war – auch wenn bei ersterem die zum Wahlkreis gehörende Industriestadt → Fürth den Ausschlag gab – evident, wie gewichtig neben den »vaterländischen« Bürger- und Universitätskreisen die Arbeiterschaft mit ihrer Gegenkultur geworden war.

In der Zeit der Weimarer Republik waren gemäßigte Sozialdemokraten zunächst mit gut 40 % stärkste politische Kraft. Ihnen stand die Mehrheit des nationalprot. Bürgertums scharf gegenüber, das nun von den Liberalen zur nationalkonservativen DNVP überging. Dies und die wirtschaftlichen Schwierigkeiten, darunter die hier gewichtige Verarmung unter den Studenten, führte vor allem Jüngere in Universität und Stadt zahlreich Hitler zu. – Die Kommune schuf über die vor 1914 erreichte Grundversorgung hinaus neue Einrichtungen, u. a. Freibad und Altenheim, und engagierte sich wie viele Städte im Wohnungsbau, auch durch Förderung von Genossenschaften, u. a. einer 1913 an der Nürnberger Straße in historisierender Form begonnenen, nun in Neuer Sachlichkeit fortgeführten *Arbeitersiedlung* vom Gartenstadttyp. Die Stadt wuchs durch Eingemeindungen im Osten, Süden und vor allem im Westen, jenseits der Regnitz. – Ab 1933 gelang dem NS-Regime die gesellschaftliche »Gleichschaltung« in der überschaubaren Stadt mit nationalprot. Bürgertum relativ rasch. Hitlers Geltung festigte ein auch durch die Aufrüstung bedingter wirtschaftlicher Aufschwung, den man vor allem am Ausbau der Elektroindustrie ablesen konnte. Zugleich brachte die Wiedereinführung der Wehrpflicht eine Erweiterung der Kasernen, besonders eine Panzerkaserne mit den für die Wehrmacht typischen, parallel gesetzten glatten Blöcken (1998 abgerissen). Die nach dem »Führerprinzip« ausgerichtete Universität nutzte dem Regime, dem sich die Studenten großenteils anschlossen und sich die meist deutschnationalen Professoren zumindest fügten, mit ihrer Autorität und Repräsentation; doch war die Universität auch ein Refugium bürgerlicher Kultur. – Der 2. Weltkrieg griff tief in den Alltag, überfüllte die Stadt durch die großen Lazarette, ausländische Zwangsarbeiter und Evakuierte, aber endete für sie, die nur am Rand bombardiert und der US-Army kampflos übergeben wurde, glimpflich: E. kam fast unzerstört in eine neue Zeit.

Nicht zuletzt deshalb begann ein steiler Aufstieg als Industriestadt wie als Universitätsort. Noch 1945 kamen aus Berlin Teile der Weltfirma Siemens, die bereits 1932 Reiniger, Gebbert & Schall in die Siemens-Reiniger-Werke übernommen hatte. Siemens-Schuckert wuchs stark, bis in den Erlanger Betrieben der 1966 zur Siemens AG integrierten Firmen in den 1980er Jahren insgesamt über 30.000 Arbeitskräfte vorwiegend in Verwaltung und Forschung beschäftigt waren. – Die Universität war nach den Zerstörungen in ↑ München und → Würzburg zunächst die einzige intakte Bayerns. In der Nachkriegszeit stieg die Zahl der Studenten bis auf 28.000

Anfang der 1990er Jahre an. Das lag nicht zuletzt an der Erweiterung des Fächerspektrums zwischen 1961 und 1972 um eine Wirtschafts- und Sozialwissenschaftliche und eine Erziehungswissenschaftliche Fakultät in Nürnberg (früher Handelshochschule und Pädagogische Hochschule) sowie um die neue Technische Fakultät, die Universität und Siemens enger verband. Beider Wachstum hat E. 1974 zur Großstadt werden lassen. – Siemens setzte mit dem monumentalen *Schuckert-Stammhaus* im Stil der klassischen Moderne (der inzwischen denkmalgeschützte »Himbeerpalast«), anschließend mit Bauten internationaler Industriearchitektur an der Werner v. Siemens-Straße und mit weiteren Ensembles wie dem *Medizintechnischen Werk* an der Hartmannstraße städtebauliche Zeichen und schuf gut 7000 Werkswohnungen in durchgrünten Wohnpark-Siedlungen. Die Universität trat in den 1950er Jahren in eine zweite Ausbauphase, die mit einer neuen *Universitätsbibliothek*, hohen *Institutsgebäuden* und großen *Kliniken*, teils sachlich, teils postmodern gebaut, Teile der Stadt beherrschte und diese im Osten, Norden und durch einen *Campus* für die Technische Fakultät besonders im Süden erweiterte. – Die Kommune baute oder förderte zunächst vor allem mehrere tausend Sozialwohnungen, die auch der Flüchtlingsintegration dienten, bis sie seit den 1960er Jahren angesichts des starken Wachstums im Wettstreit mit Privaten einen modernen Ausbau forcierte: So entstanden der von einem ambitiösen *Rathaus* überragte *Neue Markt* als neues Zentrum, *Wohnhochhäuser* im Westen und breite Straßen, aber auch die vom Bund auf das Bett des Ludwig-Kanals gelegte Autobahn, der *Frankenschnellweg*. Da diese Modernisierung empfindlich in den historischen Stadtkörper griff, suchte man seit den 1970er Jahren neben den Prosperitätserfordernissen die gewachsene Lebenswelt so weit zu bewahren, daß E. im allgemeinen Wahrnehmungswandel ein mehrfach ausgezeichneter Vorreiter wurde, besonders 1990 als »Bundeshauptstadt für Natur- und Umweltschutz« und als erster in die Ehrenliste der UN-Umweltbehörde eingetragener dt. Preisträger. Seit den späten 1990er Jahren betont man wieder mehr die Wirtschaftsförderung am Hochtechnologieplatz E. – der sich besonders auf dem ehem. US-Garnisonsgelände (*Röthelheimpark*) großzügig entfalten kann – mit dem Leitziel »Bundeshauptstadt der Medizin«. (VI) *Werner K. Blessing*

J. Sandweg (Hg.), E. Von der Strumpfer- zur Siemensstadt. Beiträge zur Geschichte E.s vom 18. zum 20. Jahrhundert, E. 1982, ²1983. – A. Jakob, Die Neustadt E. Planung und Entstehung, E. 1986. – C. Friederich (Hg.), Die Friedrich-Alexander-Universität E.-Nürnberg. 1743–1993, E. 1993. – A. Wendehorst, Geschichte der Friedrich-Alexander-Universität E.-Nürnberg. 1743–1993, München 1993. – J. Sandweg/G. Lehmann (Hg.), Hinter unzerstörten Fassaden. E. 1945–1955, E. 1996. – C. Friederich u. a. (Hg.), Erlanger Stadtlexikon, Nürnberg 2002. – C. Hofmann-Randall (Hg.), Das Erlanger Schloß als Witwensitz. 1712–1817, E. 2002. – A. Jakob/C. Hofmann-Randall (Hg.), Erlanger Stadtansichten. Zeichnungen, Gemälde und Graphiken aus sieben Jahrhunderten, E. 2003.

Erlbach: → Markt Erlbach.

Erlenbach a. Main, Stadt (LK Miltenberg, UFr.). Das Maintal zwischen → Aschaffenburg und → Miltenberg wies bereits zur Urnenfelderzeit (ca. 1200–750 v. Chr.) eine beträchtliche Siedlungsdichte auf. Auch am Ortsrand von E. wurden zwei Urnengräber mit Resten von Brandbestattungen gefunden. – Die urk. Ersterwähnung des Ortes datiert aus dem Jahr 1236. Friedrich von Kesselberg übergab das Patronatsrecht der Kirche in E. (das vorher in den Händen von Rieneck/Henneberg war) an das 1232 gegründete Zisterzienserkloster → Himmelthal. Die früh- und hochmittelalterliche Entwicklung von E. läßt sich aus den vorhandenen Spuren ansatzweise rekonstruieren. Der Ortsname dürfte von der gleichnamigen vorstädt. Siedlung auf der gegenüberliegenden Mainseite übernommen worden sein; noch im 13. Jh. wurde E. »ista parte« (diesseits des Mains, vom Hauptgebiet der Cent zur Eich aus gesehen) von Ur-E. (der späteren Stadt → Wörth a. Main) abgegrenzt, mit dem es markgenossenschaftlich und pfarreirechtlich verbunden war. – Eine zentrale Bedeutung für die Entwicklung des Orts läßt sich für die Regierungszeit Ks. Friedrichs I. Barbarossa (1152–90) erschließen. Auf dem gut zu sichernden hochwasserfreien Schwemmkegel wurde um die *Kirche St. Peter und Paul* eine Siedlung befestigt, von der aus die rechtsmainische Fernhandelsstraße und der Schiffsverkehr auf dem Main kontrolliert werden konnten; der Leinpfad für die Treidelschiffe lief unmittelbar unterhalb des Kirchenhügels vorbei. Die Ansiedlung von Ministerialen ist wohl in engem funktionalem Zusammenhang mit der stauferzeitlichen Burg im benachbarten → Klingenberg zu sehen. – Auf ein mittelalterliches Marktrecht von E. deutet das historische *Marktkreuz* mit einem Hahn auf der Spitze, Handschuh und Schwert an den Querbalken hin, heute auf einem Torbogen bei der alten Schule angebracht. Auch pfarreirechtlich wurde E. selbständig. Der bis zum Reichsdeputationshauptschluß kurmainzische Ort gehört seit 1814 zu Bayern. – E., jahrhundertelang ein kleines Dorf mit Bauern, Winzern und Handwerkern, erlebte nach dem Anschluß an die Maintalbahn 1876 im 20. Jh. einen rasanten Aufschwung. Die Übersiedlung der Werft von Wörth an das Erlenbacher Ufer (1918) und die Ansiedlung der Glanzstoffwerke am Nordrand der Gemeindeflur (ab 1922) brachten einen wirtschaftlichen Aufschwung, der sich auch im Siedlungsbild niederschlug (1937 Glanzstoff-Siedlung, später Kreiskrankenhaus und Schulzentrum) und für E. die Erhebung zum Markt (1956) und schließlich zur Stadt (1970) zur Folge hatte. (I) *Werner Trost*

E. am Main im Spiegel der alten und neuen Zeitgeschichte, E. 1958. – R. Wohner, HAB Obernburg, 1968.

Ermershausen (LK Haßberge, UFr.). E. liegt an einem Kreuzungspunkt, an dem die alte Handels- und Heerstraße von Fulda nach Bamberg die Nebenroute von Hofheim nach Thüringen trifft. Die erste Erwähnung datiert von 1049, als ein Ritter Roho seinen Besitz dem Kloster Fulda zum Lehen gab. 1232 gehörte der Ort zur Urpfarrei → Pfarrweisach. Im 14. Jh. war er Lehen der Grafen von Henneberg. Unter den Lehensträgern waren die Flieger und später die Truchseß von Sternberg. Im 16. Jh. kam es zu mehreren Besitzerwechseln, bis 1587 Wilhelm von Kotzau zu Brennhausen E. an seinen Schwager Georg Ludwig von Hutten verkaufte. Die Hutten führten 1588 den ev. Glauben ein. Der Ort wurde vom benachbarten → Birkenfeld aus verwaltet. – Wie bei vielen Dörfern an den großen Verbindungsstraßen kam es auch in E. zu Plünderung und Zerstörung im 30jg. Krieg. Der Turm der *Kirche* wurde 1729 erneuert, das Langhaus 1744 erbaut. – Bekannt ist der Ort vor allem seit 1978 wegen der Ereignisse um die Gebietsreform. Trotz Bemühungen der Gde. E. um eine Abänderung der Reform, die vorsah, die seit 1973 bestehende Gde. E.-Birkenfeld-Dippach der Großgde. → Maroldsweisach zuzuordnen, wurde dieser Beschluß der Regierung von Unterfranken 1978 vollzogen. Die Bürger von E. jedoch besetzten den Zugang zu ihrem Rathaus und verhinderten ein Abholen von Gemeindeakten. Dennoch wurden schließlich unter erheblichem Polizeiaufwand die Unterlagen abtransportiert. Seitdem leisteten die Einwohner passiven Widerstand gegen die Gde. Maroldsweisach, der sich über ein Jahrzehnt erstreckte. Bei einer Bürgerbefragung im Juli 1993 stimmten 81,1 % der Einwohner E.s für ihre Selbständigkeit, woraufhin der Bay. Landtag der Gde. 1994 die politische Eigenständigkeit zurückgab. (III) *Volker Rößner*

E. Holtmann/W. Killisch, Lokale Identität und Gebietsreform. Der Streitfall E., Erlangen 1991. – 950 Jahre E. 1049–1999, E. 1999.

Ermreuth (Gde. Neunkirchen am Brand, LK Forchheim, OFr.). In einem Seitental der oberen Schwabach im w. Frk. Jura wurde wohl im 11./12. Jh. gerodet, wobei die Orte E. und Rödlas unweit der mittelalterlichen Fernstraße Regensburg-Hersbruck-Forchheim entstanden. Als erste Ortsherren sind 1358 die Freiherren von Egloffstein bezeugt, die hier wie in → Kunreuth eine Wasserburg errichteten, die 1400 zusammen mit dem halben Dorf an die → Nürnberger Patrizierfamilie Muffel verkauft wurde. 1464 erwarben diese den Rest der insgesamt 26 Bauernhöfe und etablierten so eine geschlossene Dorfherrschaft mit Niedergerichtsbarkeit, während die Hochgerichtsbarkeit, die Kg. Maximilian I. 1501 gewährt hatte, durch Ansprüche des bambergischen Amts Neunkirchen am Brand beschränkt blieb. 1542 wurde das Dorf markgräflich-ansbachischer Lehenshoheit unterstellt. Weitere Dorf- und Rittergutsherren waren unter anderem seit 1573 die Stiebar von Buttenheim, von 1664 bis 1858 die von Künßberg. – Das *Schloß*, das 1525 im Bauernkrieg ausgebrannt war, wurde in seiner heutigen Form um 1600 neu errichtet, die Obergeschosse wurden im 18. Jh. ausgebaut. – Spätestens 1616 wurde in E. die Reformation eingeführt. Als Sitz eines reichsritterschaftlichen Rittergutes entwickelte sich ein dichtbebautes Dorf mit nur wenigen Bauernhöfen, dafür einer Vielzahl an Kleinanwesen für Handwerker und Kleinhändler. – In E. befinden sich eine gut erhaltene *Synagoge* (Neubau 1822, heute *Synagogenmuseum*) und ein am Waldrand n. des Ortes gelegener *Judenfriedhof*. Über die Entstehung der Judengde. gibt es keine gesicherten Daten, erst 1696 ist sie in einer Gemeindeordnung eindeutig bezeugt. Sie stand unter reichsritterschaftlichem Schutz und wuchs im 18. Jh. stark an. Bis in das frühe 18. Jh. unterstand sie dem Rabbinat Hagenbach (→ Pretzfeld). Ab 1879 bis 1910 verkleinerte sich die Gde. jedoch stark; 1916 wurde die jüd. Schule geschlossen. Bis 1939 lebten Juden in E.; die Synagoge entging in der Pogromnacht von 1938 wegen der baulichen Enge des Ortes der Zerstörung durch Feuer. – Im Rahmen der Gebietsreform wurde E. 1972 nach → Neunkirchen am Brand eingemeindet.   (VI)   *Andreas O. Weber*

G. P. Wolf, E., in: Jüdisches Leben in der Fränkischen Schweiz, Erlangen 1997, S. 297–342.

Eschau, Markt (LK Miltenberg, UFr.). Das im Spessart auf fruchtbarem Lößboden an der Elsava gelegene E. wird um die Mitte des 13. Jh.s erstmals erwähnt. In der 2. Hälfte des 13. Jh.s wurde es zu einem Kristallisationspunkt in den Kämpfen zwischen den Grafen von Rieneck und dem Erzstift Mainz um die Vorherrschaft im Spessart. Die 3 km ö. von E. gelegene, bescheidene *Burg Wildenstein*, fortifikatorisch ungünstig positioniert, könnte zum Schutz einer Neurodung errichtet worden sein. Auf solche Neurodungen mußte Rieneck nach dem Frieden mit Mainz ab spätestens 1271 verzichten, genauso wie auf den Bau weiterer Burgen, selbst auf eigenem Boden. Wildenstein, E. und Zugehörungen wurden zur Absicherung nach und nach der Pfalz zum Lehen aufgetragen. Kg. Rudolf von Habsburg verlieh E. 1285 Marktrechte. – Nach dem Aussterben der Rienecker 1559 erhielten die Grafen von Erbach Wildenstein und E. als Allod (bis 1806). – 1814 kam E. zu Bayern. Die weitgehend verfallene Burg Wildenstein wurde in jüngster Zeit teilweise saniert. Zu E. gehören auch die Ortsteile Sommerau und Unteraulenbach mit auf das 12. bzw. 15. Jh. zurückgehenden *Wasserschlössern*, ehemals in niederadeligem Besitz.

3 km w. von E. liegt das Kloster Himmelthal. 1232 schenkte Graf Ludwig II. von Rieneck das an der Elsava gelegene Gut Wolperg und das Dorf Eichelbach dem Zisterzienserorden zur Gründung eines Frauenklosters in Wolperg, das den Namen Himmelthal erhielt. Anders als bei der rieneckischen Gründung Schönau (bei → Gemünden a. Main) unterstand Himmelthal jedoch nicht einem Weiserabt, sondern nur dem Erzbf. von Mainz bzw. den Grafen von Rieneck. Die Gründung ist zum einen ein zeitgemäßer religiöser Akt, zum anderen in territorialpolitischer Hinsicht relevant, ließ sich so doch die rieneckische Herrschaft in dieser durch das Erzstift Mainz gefährdeten Region verankern. Zeitweise war Himmelthal Grablege der Rienecker, jedoch trat kein Mitglied des Hauses selbst ein, während der umliegende Niederadel seine unverheirateten Töchter mit Vorliebe nach Himmelthal schickte. – Das bescheidene Kloster verfiel wirtschaftlich seit Beginn des 15. Jh.s. 1595 übertrug Mainz die Liegenschaften an den Jesuitenorden, nach dessen Aufhebung 1773 wurden sie dem → Aschaffenburger Studienfond zugewiesen (heute verwaltet vom Stiftungsamt Aschaffenburg). Die Jesuiten bauten die *Kirche St. Sebastian* und die *Klosteranlage* wieder auf; der jetzige Bestand geht auf das 18. Jh. zurück. – Die seit 1974 renovierten Bauten beherbergen heute eine Berufsbildungsstätte und die Elsavaschule zur Erziehungshilfe.

(I)   *Theodor Ruf*

R. Wohner, HAB Obernburg, 1968. – E.-M. Schlicht, 750 Jahre Kloster Himmelthal, Aschaffenburg 1983. – K. Appel, Eschauer Heimatbuch. 700 Jahre Markt E., E. 1985.

Eschenau, Markt (Gde. Eckental, LK Erlangen-Höchstadt, MFr.). Vor 1050 errichtete der Reichsministeriale Otnand die Burg E., die seine Nachkommen zum erstmals 1132 bezeugten namengebenden Stammsitz und Herrschaftszentrum ausbauten. Sie diente zur Sicherung des von Ks. Heinrich III. revindizierten Reichsgutes gegen die Besitzansprüche des Hochstifts Bamberg im n. (Sebalder) Reichswald. In einigem Abstand zur 1449 und 1553 zerstörten Burg (dem späteren *Muffelschen Schloß*; 3. Neubau 1603–11) nahe der von Schnaittach nach Forchheim führenden Eisenstraße entstand die 1298 erstmals urk. erwähnte Siedlung. Ks. Ludwig der Bayer verlieh ihr 1331/34 auf Bitten der → Nürnberger Bürgerin Offney Weigel Marktrechte nach → Laufer Vorbild und Ks. Karl IV., als (böhm.) Lehensherr nach kurz zuvor erfolgter Lehnsauftragung, 1376 das Stadtrecht der Städte jenseits des Böhmerwaldes. – Von 1330 bis 1751 war die Herrschaft über Burg und Markt zweigeteilt: Einen Halbteil besaßen bis 1504 das Nürnberger Patriziergeschlecht der Weigel (ab 1330/31) und ihre (1379/85) angeheirateten Verwandten, die Haller; den zweiten Teil behaupteten ab 1360 als Erben der Weigel zunächst die Herren von Wolfstein und seit 1382, durch Kauf, die Nürnberger Patrizierfamilie Muffel. Durch die Vereinigung beider Teile in ihrer Hand 1504 gelang den Muffel die Ausbildung der kleinen Herrschaft E., über die sie bis 1751 die niedere und hohe Gerichtsbarkeit ausübten. – Der seit etwa 1525 ev. Ort erhielt 1533 vom Nürnberger Rat eine Kirchenordnung. – 1751 verkauften die hochverschuldeten Muffel E. an die Markgrafen von Bayreuth, die hier – ohne die (kaiserliche) Belehnung zu erhalten – ein eigenes Oberamt einrichteten. In die kurze Zeit unter preuß. Hoheit seit 1792 fiel die Anlage einer Militärstraße durch bay. Gebiet von E. nach Pegnitz; 1810 gelangte E. an das Kgr. Bayern. – Die politische und wirtschaftliche Entwicklung von E. im 19. und 20. Jh. wurde entscheidend bestimmt durch den Anschluß an die Bahnlinie Erlangen-Gräfenberg (vor 1900) und die Eröffnung der Lokalbahn Nürnberg-E. 1908, nach 1950 durch seinen Aufstieg zu einem wichtigen Standort der metallverarbeitenden Industrie und die Eingemeindung in die Marktgde. Eckental 1972.

(VI)   *Hubertus Seibert*

W. Held, Aus der Geschichte des Marktes E., Lauf a.d. Pegnitz 1967. – Der Landkreis Erlangen-Höchstadt, Hof/Saale 1979. – G. Voit, Der Adel an der Pegnitz. 1100 bis 1400, Neustadt/Aisch 1979.

Eyb (Stadt Ansbach, MFr.): → Ansbach.

Eyrichshof (Stadt Ebern, LK Haßberge, UFr.): → Ebern.

Fechenbach (Gde. Collenberg, LK Miltenberg, UFr.): → Collenberg.

Feucht, Markt (LK Nürnberger Land, MFr.). Zum → Nürnberger Reichsgut gehörend und an der Handelsstraße von Würzburg nach Regensburg gelegen, wird »Fuohte« erstmals um 1189 anläßlich der Weihe einer Kirche durch Bf. Otto von Eichstätt erwähnt. Während des Mittelalters waren hier mehrere Reichsministerialengeschlechter begütert. Anfang des 13. Jh.s erscheint F. im Besitz des Geschlechts der Waldstromer; eine vom 14.–16. Jh. hier ansässige Ministerialenfamilie benannte sich nach F. (»die Feuchter«). – Wegen seiner zahlreichen Zeidelgüter stieg F. im 13. Jh. zum Hauptort der Zeidler im Gebiet des Lorenzer Reichswaldes und zum Sitz des kaiserlich befreiten Zeidelgerichts (1296–1796) auf. Heute erinnert das seit 1983 im restaurierten *Hutzlerhaus* untergebrachte frk. *Imkereimuseum* an die bis zum 16. Jh. wirtschaftlich ertragreiche Waldbienenzucht. – Seit 1469 durch Kauf im Besitz des Nürnberger Rats wurde das nach 1431 befestigte F. im 2. Markgrafenkrieg 1552/53 weitgehend zerstört. – Der Anschluß an die Bahnlinie Nürnberg-Regensburg 1871 bescherte der 1796 zur preuß. Provinz Ansbach gehörenden, seit 1806 bay. Marktgde. einen deutlichen wirtschaftlichen Aufschwung. Die 1935 auf Feuchter Grund errichtete Munitionsanstalt der Wehrmacht ging endgültig 1953 in den Besitz der US-Streitkräfte über, die auf dem erweiterten Areal seit 1967 ein Tanklager, einen Flugplatz für Hubschrauber und einen Truppenübungsplatz einrichteten. Nach dem Abzug der Amerikaner 1992 wurde auf dem nunmehr als Gewerbegebiet ausgewiesenen Gelände ein *Frachtpostzentrum* erbaut. – Bauliche Wahrzeichen von F. sind die 3 ehem. Herrensitze: das 1428 errichtete, um 1556 wiederaufgebaute *Zeidlerschloß*, der dreigeschossige Sandsteinquaderbau des *Tucherschlosses* von 1590/91 und das um 1460 zunächst als Wehrbau entstandene, 1560–65 im Stil der Renaissance neugebaute *Pfinzingschloß* mit dem benachbarten, 1971 gegründeten *Hermann-Oberth-Raumfahrt-Museum*. (VI) *Hubertus Seibert*

J. Pelhak, Das kaiserlich befreite Zeidelgericht zu F., Erlangen 1970. – O. Heinl (Hg.), F. Moosbach, Weiherhaus, Hahnhof, Nürnberg 1999.

Feuchtwangen, Stadt (LK Ansbach, MFr.). F. liegt zu beiden Seiten des Sulzachtals; die Ausbauten steigen auf die ö. Talhänge der Keuperhügel hinauf. Das *Benediktinerkloster F.* wurde Ende des 8. Jh.s wahrscheinlich als Eigenkloster des Bf.s von Augsburg, vielleicht auch auf Veranlassung Karls des Großen im nördlichsten Teil der Diözese gegründet (erste gesicherte Erwähnung 817). Gegen Ende des 10. Jh.s wurde das Kloster nach fast völligem Erliegen des monastischen Lebens von ↑ Tegernsee aus neu besetzt. Die Neubesiedlung blieb auf die Dauer erfolglos. Im 12. Jh. löste der Bf. von Augsburg den Mönchsverband auf und wandelte ihn in ein weltliches Chorherrenstift um, das durch den stets in ↑ Augsburg residierenden Propst eng mit dem Bischofssitz verbunden blieb (Erstnennung eines Propstes 1197). Die dem Bf. zustehende Stiftsvogtei wurde an die Grafen von Oettingen übertragen. Daneben beanspruchte auch der Kg. spätestens seit Friedrich I. Barbarossa die Schirmherrschaft, auf deren Basis die Gründung der kgl. Stadt F. erfolgte. 1376 (gleichzeitig mit der Verpfändung der Stadt) übertrug der Bf. dem Burggrafen Friedrich V. von Nürnberg die Besorgung der weltlichen Angelegenheiten des Stifts; seitdem wurde die

Oberhoheit des Bf.s zurückgedrängt. 1537 wurde konse-
quenterweise die brandenburgische ev. Kirchenordnung im
Stift eingeführt, nach dem Absterben der letzten kath. gesinnten Chorherren 1554 das Stift endgültig säkularisiert.
Erhalten geblieben ist, neben der *Stiftskirche*, lediglich ein Teil
des roman. *Kreuzgangs.*

Die Stadt F. wurde, aus einer vorstädt. Siedlung heraus, um
1230 wohl von dem Stauferkönig Heinrich (VII.), dem Sohn
Ks. Friedrichs II., als Königsstadt an einem strategisch wichtigen Punkt (Lage an der bedeutenden Fernstraße Augsburg-
Würzburg) gegründet. Seit etwa 1273 Reichsstadt, wurde sie
in der Folgezeit mehrmals verpfändet und wieder ausgelöst,
endgültig 1376 zusammen mit dem Stift und der »Vogtei« (als
einem Verwaltungsbezirk um die Stadt) an die Burggrafen
von Nürnberg, die späteren Markgrafen von Brandenburg-
Ansbach. F. wurde Sitz eines markgräflichen Oberamts. Daneben entwickelte sich eine eigene, wenn auch stark abhängige
Gerichtsbarkeit mit einem Stiftschorherren als vorsitzendem
Ammann. – 1388 zerstörten im Krieg des Schwäbischen Städ-
tebunds gegen die Fürsten reichsstädt. Truppen vom benachbarten → Dinkelsbühl aus die Stadt, die sich von 1395 an mit
einer neuen *Stadtbefestigung* (mit 3 Toren, davon das *Obere Tor*
noch erhalten, und 13 Türmen) umgab (wenige *Reste* sichtbar). – 1528 wurde durch den Stadtherrn, Markgraf Georg
von Brandenburg, die Reformation eingeführt. Der Versuch
des Markgrafen ab 1531, statt des säkularisierten Stifts eine
Universität zu gründen, blieb in ersten Ansätzen stecken.
Während des Schmalkaldischen und des 30jg. Kriegs wurde
die Stadt mehrmals durch Plünderungen, Einquartierungen
und Kontributionen schwer geschädigt. – 1792 fiel F. mit der
Markgrafschaft an Preußen, 1806 an Bayern. Es wurde Sitz eines Landgerichts und eines Rentamts. 1876 wurde F. an das
Eisenbahnnetz angeschlossen. – Nach 1945 vergrößerte sich
die Stadt durch Ansiedlung von Industrien (vor allem Rehau-
Plastik seit 1951) beträchtlich. Eine Realschule, später ein
Gymnasium wurden errichtet. Von überörtlicher Bedeutung
sind das *Fränkische Museum* (für Volkskunst und -kunde), die

Kreuzgangsfestspiele (seit 1949) und seit kurzem die offizielle Spielbank des Regierungsbezirks Mittelfranken. – 1274 ist erstmals ein jüd. Einwohner in F. bezeugt, weitere im 14. und 15. Jh. Seit dem 16. Jh. ist eine jüd. Gde. belegt, seit dem 17. Jh. eine Synagoge, die 1833 durch einen Neubau ersetzt wurde. Bereits vor der Reichspogromnacht im November 1938, in der die Synagoge durch Feuer zerstört wurde, hatten die letzten jüd. Bürger F. verlassen. (V) *Ludwig Schnurrer*

W. Schaudig, Geschichte der Stadt und des ehemaligen Stiftes F., F. 1927. – H. K. Ramisch, BKD Feuchtwangen, 1964. – D. Weiss, Aus der Geschichte der jüdischen Gemeinde von F. 1274–1938, in: Feuchtwanger Heimatgeschichte 3 (1991), S. 9–107.

Fladungen, Stadt (LK Rhön-Grabfeld, UFr.). F. liegt im oberen Streutal am Fuß der Hochrhön. Es wird 789 als im Baringau gelegen in einer Schenkung an die Reichsabtei Fulda erstmals urk. erwähnt. Auf Grund seines Namens läßt es sich einer vorfränk., thür. Siedlungsschicht zuweisen. 1217 werden Angehörige eines niederadeligen Geschlechts von F. genannt. Um 1220 erscheint F. als Markt (forum); es wurde damals als Zubehör der durch Heirat der hiltenburgischen Erbtochter an Graf Otto II. von Botenlauben-Henneberg übergegangenen, nach fuldischer Auffassung jedoch heimgefallenen Herrschaft Lichtenberg (um → Ostheim v.d. Rhön) von Fulda beansprucht. Durch Kauf ging F. 1230 an → Würzburg über. Zwischen 1323 und 1335 verlegte Würzburg den Zentsitz vom fuldischen Sondheim/Rhön nach F. und erwirkte 1335 für dieses die Verleihung des Stadtrechts von Gelnhausen durch Ks. Ludwig den Bayern, wobei es dem Bf. wie dem Rhönstädtchen wohl in erster Linie auf das darin verbriefte Befestigungs- sowie das Marktrecht ankam. – Der *Mauerring* des späten Mittelalters (mit 3 *Türmen*, »*Reitertürmchen*« und vorgelagertem *Trockengraben*) ist noch fast vollständig erhalten (u. a. »*Maulaffenturm*« am Oberen Tor). Das Ortsbild bestimmen zahlreiche *Fachwerkbauten* und *Hausmadonnen*. – 1399/1400 nahm F. am »Fränkischen Städtebund« teil, dessen Heer am 11.4.1400 vom hochstiftischen Aufgebot in der Schlacht bei Bergtheim (LK Würzburg) geschlagen wurde. Bf. Rudolph von Scherenberg erließ die erste bekannte Stadtordnung 1489. – 1360 wurde F. von Nordheim/Rhön (dieses war selbst ehem. Filiale der großen Altpfarrei → Mellrichstadt) abgetrennt und zur Pfarrei erhoben. Die heutige *Pfarrkirche St. Kilian* wurde 1656–59 neu erbaut, da die Stadt und mit ihr die Kirche 1635 einem Großbrand zum Opfer gefallen war. Gleich neben der Kirche befindet sich das unter Fürstbf. Adolph von Ehrenberg errichtete *Amtshaus*, nachdem der Sitz des Amtes im Jahr 1600 von der Hiltenburg nach F. verlegt worden war. Neben der Stadtverwaltung ist auch das *Rhönmuseum* (gegründet 1921) darin untergebracht. Außerhalb der Altstadt besteht ein *Freilichtmuseum* mit Beispielen frk. Baukultur aus Rhön und Grabfeld. – 1972 kam es zur Eingemeindung der umliegenden kleineren Ortschaften, 1980 zur Anerkennung als Kleinzentrum. Auf dem nahen Hamelsberg steht als Endpunkt eines Kreuzweges eine *Gangolfkapelle* (erbaut 1597, geweiht 1601).

Der frühere Amtsmittelpunkt, die *Hiltenburg* (heute *Burgstall* mit Weiler Hillenberg, Gde. Hausen v.d. Rhön) wird 1116 erstmals als Sitz eines edelfreien Geschlechts erwähnt, das wohl eines Stammes mit den Herren und Grafen von Wildberg sowie den Herren von Allfeld (Baden-Württemberg) war. Sie waren Vögte der Frauenklöster → Thulba und Rohr (Thüringen) und sind häufig in Urkunden Ks. Friedrichs I. Barbarossa bezeugt. Die Herrschaft Hiltenburg gelangte durch Heirat der Erbtochter an Graf Otto II. von Henneberg-Botenlauben. 1230 löste das Paar seine Ehe auf und verkaufte in demselben Jahr die Herrschaft Hiltenburg an das Hochstift Würzburg. Die Burg wurde zwar bis ins 14. Jh. hinein an die Henneberger verpfändet, war und blieb jedoch würzburgische Amtsburg. – Die Gebäude des vor der Burg gelegenen *Wirtschaftshofes* (heute Weiler Hillenberg; Gaststätte) dienten bis 1600 (Verlegung des Amtssitzes nach F.) der Sammlung und Aufbewahrung der Amtsgefälle. Die Hiltenburg war eine klassische Höhenburg in Spornlage (tiefer Halsgraben), von der heute nur noch wenige *Umfas-*

sungsmauern erhalten sind (ein Turmfundament neu aufgemauert). (II) *Heinrich Wagner*

K. Gröber, KDB Mellrichstadt, 1921, ND 1983. – K. Weegmann, Fest-
schrift zur 600 Jahr-Feier der Stadt F., Bamberg 1935. – H. Holzapfel,
Kirchliches und städtisches Leben in F. v.d. Rhön bis zum Ende des 30-
jährigen Kriegs, Würzburg 1940. – H. Wagner, HAB Mellrichstadt, 1992.
– Ders., Die Edelherren von Hiltenburg in Nordfranken, in: F. Kramer/
W. Störmer (Hg.), Hochmittelalterliche Adelsfamilien in Altbayern,
Franken und Schwaben, München 2005, S. 141–175.

Forchheim, Stadt (LK Forchheim, OFr.). F. entwickelte sich
an einer Verengung des Regnitztales zwischen den Ausläu-
fern des Steigerwaldes im Westen und den ö. gelegenen
Höhenzügen des Fränkischen Jura an der Einmündung der
Wiesent in die Regnitz, die von hier ab als Wasserstraße zum
Main diente. Als Kreuzung einer Nord-Süd-Verbindung, die
seit dem frühen Mittelalter Regensburg mit Erfurt verband,
mit der von Osten über Würzburg und den Aischgrund nach
Böhmen führenden Route war der Raum früh von hoher
Verkehrsbedeutung. – Archäologische Funde belegen eine
Besiedlung des Stadtgebiets seit der mittleren Steinzeit. Besonders für die Hallstatt- und Latènezeit zeugen prachtvolle
Gefäße und Schmuck von der Anwesenheit wohlhabender
keltischer Bevölkerung, die sicher in Zusammenhang mit der
bedeutenden Höhensiedlung auf der → Ehrenbürg (Walberla)
zu sehen ist. Daneben bestand spätestens um Christi Geburt
eine umfangreiche spätkeltische Siedlung im Süden der heutigen Stadt auf einer hochwassergeschützten Hochterrasse bei
Kersbach.

Siedlungsspuren innerhalb der Altstadt belegen germanische Besiedlung vom 3./4. bis zum 7./8. Jh. Für ein vermutetes frühes fränk. Kastell links der Regnitz im Ortsteil Burk
und eine spätere Siedlungsverlegung über die Regnitz gibt es
keine stichhaltigen Anhaltspunkte. Möglicherweise kam es
schon unter Karl Martell und Pippin d.J. (714–68) zur Anlage
eines Königshofes innerhalb der heutigen Altstadt, aus dem
sich spätestens im 9. Jh. eine karolingische Pfalz entwickelte.
Ob diese an der Stelle der im späten 14. Jh. erbauten bamber-

gischen Bischofsresidenz lag, ist nach jüngsten Ausgrabungen unwahrscheinlich, vermutlich lag sie w. der *Kirche St. Martin.* – Erstmals erwähnt 805 im Diedenhofener Kapitulare Karls des Großen, wird F. dort als Ort eines kontrollierten Waffenhandels mit Slawen und Awaren genannt. Seine Lage nahe der Grenze des ostfränk. Reichs gegen die Slawen, aber auch die Nähe zur Nordgrenze Bayerns, dem Kernland der ostfränk. Karolinger, machten F. zusammen mit den genannten Fernverbindungen seit der späteren Karolingerzeit zu einem Ort zahlreicher und bedeutender Reichs-, Fürsten- und Kirchenversammlungen. Unter Kg. Ludwig dem Deutschen fanden hier 849 und 858 Hoftage statt, 872 eine Reichsversammlung, 874 wurde hier Frieden mit dem Mährerherzog Swatopluk/Zwentibold geschlossen. Auch Kg. Ludwig d. J. und besonders oft Kg. Arnulf suchten F. zu Reichstagen und Synoden auf. Arnulfs Sohn und Nachfolger, Kg. Ludwig das Kind, wurde 900 hier zum Kg. gewählt und gekrönt. Auch sein Nachfolger, Kg. Konrad I., wurde hier gewählt. Ks. Otto II. schenkte 976 seine Kirche St. Martin in F. dem Bistum Würzburg. Diese Kirche mit ihrer frühroman. Unterkirche ist wohl auch identisch mit der nur dieses eine Mal genannten »abbatia« F., die 1002 von Kg. Heinrich II. dem → Würzburger Stift Haug geschenkt wurde.

Entscheidend für F.s weitere Entwicklung bis 1802 ist Heinrichs II. Schenkung des kgl. Gutes F. an das von ihm neugegründete Bistum → Bamberg 1007. 1077 wurde hier Rudolf von Rheinfelden zum Gegenkönig Heinrichs IV. gewählt, für den ebenfalls Aufenthalte in F. bezeugt sind. Danach sind nur noch wenige Kg.e des Mittelalters in F. gewesen. – Die Königspfalz war nach 1007 Bischofspfalz. Bf. Otto der Heilige baute ein neues Gebäude und eine *Marienkapelle,* die im Kern bis heute besteht. Wohl noch im 12. Jh. kam es auch zur Neuanlage einer nord-süd-orientierten Marktstraße ö. der bestehenden Pfalz- und Kirchensiedlung um die Pfarrkirche St. Martin. – Wann F. Stadtrechte erhielt, ist nicht bekannt, vor 1300 verfügte es über Marktrecht, Selbstverwaltung und Ummauerung (1838 abgerissen, erhalten blieb nur der *Saltorturm*),

1310 wird es in einer Urkunde als »civitas« bezeichnet. Eine Judengde. ist für 1289 im Zusammenhang mit einem Pogrom bezeugt. Nach ihrer Wiederansiedlung wurden die Juden 1400 unter bischöflichen Schutz gestellt, jedoch 1499 ausgewiesen. – Im 14. Jh. wurde F. zur wichtigsten Festung des Hochstifts Bamberg mit festem Mauerring, die Stadt erlebte einen Aufschwung. Bei der in dieser Zeit erweiterten Pfarrkirche St. Martin wurde 1354 ein *Kollegiatstift* mit angeschlossener Kollegiatschule gegründet. Auch der Ostbau des *Rathauses*, das n. über einen Wiesentarm gebaute *Spital St. Katharina*, die Befestigungsanlagen der *Bischofspfalz*, vor allem aber der Neubau des mächtigen bischöflichen Schlosses nach 1377 durch Bf. Lambert von Brun (heute *Pfalzmuseum*) sind bis heute prägend. Das Bischofsschloß wurde zu einem beliebten Aufenthaltsort der Bamberger Fürstbf.e und entsprechend mit zum Teil erhaltenen Wandmalereien ausgestattet. Aus dem späten 15. Jh. stammen vor allem der Rathausbau (um 1490) und w. anschließende *Fachwerkbauten*.

Trotz Inhaftierung von luth. Predigern breitete sich die ev. Bewegung auch in F. aus, die Stadt wurde erst gegen Ende des 16. Jh.s allmählich rekatholisiert. Im 2. Markgrafenkrieg (1552–54) wurde F. mit mächtigen Steinbollwerken befestigt, so daß es in der zweiten Phase des Kriegs sicherer Aufenthaltsort des Bamberger Bf.s war. – Infolge der Kriegsereignisse wurden F.s Befestigungen bis 1698 immer wieder verstärkt, die Stadt nahm von außen die Gestalt einer durch große Bastionsanlagen geprägten Festungsstadt an. Erhalten sind das 1689 errichtete, prächtige *Nürnberger Tor* im Süden, die *St. Veit-Bastion* beim Amtsgericht mit Kasematten (1553 nach italienischem System erbaut), die 1561 aus den Steinen der zerstörten Nachbarstadt → Baiersdorf gefügte *Bastion am Saltorturm*, der befestigte Wiesentdurchfluß sowie aus dem 17. Jh. die *Zwingerbastion* und n. die *Dernbachbastion*. An die militärische Bedeutung als »Landesfestung« des Hochstifts Bamberg erinnern auch die *Torhäuser* des Zeughofs, die *Fürstbischöfliche Kommandantur* und die *Hauptwache* am Paradeplatz sowie *Kasernengebäude*. – In der zweiten Residenz des Fürstentums

Bamberg entstanden viele bürgerliche und herrschaftliche Bauwerke des 16. bis 18. Jh.s. Bedeutend ist das *fürstbischöfliche Amtshaus* in der Nürnberger Straße. Mitte des 17. Jh.s wurde am Ostrand der Altstadt ein Franziskanerkloster gegründet und mit einer schlichten Barockkirche ausgestattet (heute *Redemptoristenkloster St. Anton*). Ebenfalls Mitte des 17. Jh.s besaß F. wieder eine jüd. Gde., 1763 die drittgrößte im Hochstift Bamberg. – Die wirtschaftliche Entwicklung F.s war vor 1800 eher unauffällig. Seit 1310 ist Bierbrauwesen bezeugt; es gab lokalen Hopfenbau und an den Hängen des Wiesenttales bis in das 17. Jh. ausgedehnte Weingärten. Daneben waren vor 1800 Papierherstellung, Pulverproduktion, Spiegelfabrikation, Glocken- und Geschützgießerei, Ziegelbrennerei und Pottascheproduktion von Bedeutung.

Nach dem Ende des Hochstifts 1802 und dem Übergang an Bayern blieb F. als Sitz eines Landgerichts und später eines Bezirksamtes Verwaltungssitz. Im 19. Jh. entwickelte sich F. zu einer nicht unbedeutenden Industriestadt mit Textil-, Papier-, Folien-, Farben-, Leim-, Metall- und Schokoladefabriken. Die Entwicklung wurde durch die Lage am Donau-Main-Kanal Kg. Ludwigs I. (1843) mit eigenem Hafen, besonders aber durch die Eröffnung der Eisenbahn Nürnberg-Bamberg (1844) gefördert. 1898 erhielt F. eine höhere Schule. Seit 1875 bis nach dem 1. Weltkrieg änderte sich das Stadtbild durch das schrittweise Abtragen der Befestigungen und die Entstehung neuer, zum Teil prachtvoller Villenbebauung und neuer Sakralbauten (*ev.-luth. Kirche, Friedhof*). – Nachdem die NSDAP 1933 in F. nur 33 % der Stimmen erhalten hatte, nahm die Pogromnacht des 9./10. November 1938 einen besonders barbarischen Verlauf, der in der Sprengung der Synagoge gipfelte (*Denkmal* in der Wiesentstraße). – Im 2. Weltkrieg blieb F. von Bombenangriffen weitgehend verschont und konnte so nach 1945 zu einem wichtigen Aufnahmeort für Flüchtlinge und Vertriebene werden. Neue Industrieansiedlungen entstanden (Süßwaren, Verpackung, Papier, Futtermittel, Elektrotechnik). Das große Wohnbaugebiet F.-Nord bot neuen Wohnraum, wodurch Lagersiedlungen aufgelöst werden konnten.

Nachdem die Textilindustrie ab 1960 verstärkt auch türkische Arbeitskräfte beschäftigte, betraf ihr Niedergang nach 1984 vor allem die türkische, aber auch die einheimische Bevölkerung. – Seit 1985 errichtete Siemens auf altem Industriegelände mehrere medizintechnische Werke. – F. ist heute Sitz eines Landratsamtes und Einkaufszentrums, dessen Einzugsgebiet bis in die Nachbarstädte reicht.　(III)　*Andreas O. Weber*

M. Gückel, Beiträge zur Geschichte der Stadt F. im 16. Jahrhundert, Bamberg 1898. – K. Kupfer, F. Geschichte einer alten fränkischen Stadt, Nürnberg 1960. – K. Sitzmann, DiB Stadt F., 1989. – A. Jakob, Das Kollegiatstift bei St. Martin in F., Bamberg 1998.

Fossa Carolina (»Karlsgraben«) (LK Weißenburg-Gunzenhausen, MFr.). N. der Stadt → Treuchtlingen, an der Europäischen Wasserscheide, sind am Rand des Dorfes Graben im Gelände die *Reste* des 793 durch Karl den Großen angelegten Wasserwegs zur Verbindung von Altmühl und Schwäbischer Rezat (und damit der Flußsysteme von Rhein/Main und Donau) erhalten. Sichtbar sind noch rund 1300 m. Insbesondere der s. Teil, der zwischen den hohen, bewaldeten *Aushubwällen* noch Wasser führt, ist ein herausragendes technikgeschichtliches Denkmal. Neueste Untersuchungen haben gezeigt, daß die Fahrrinne des »Karlsgrabens« mehr als 1000 m weiter nach Norden fortgeschritten war als bislang vermutet. Da zudem sw. des Dorfes Dettenheim ein künstlicher *Staudamm* entdeckt wurde, ist ein Betrieb des »Karlsgrabens« entgegen der historischen Überlieferung wahrscheinlich. – Der Ort ist 867 als »Groba« erstmals erwähnt. In der ev. *Kirche* sind got. Fresken erhalten.　(VI)　*Daniel Burger*

H. H. Hofmann, HAB Gunzenhausen-Weißenburg, 1960. – R. Koch, Fossa C. 1200 Jahre Karlsgraben, München 1993.

Frammersbach, Markt (LK Main-Spessart, UFr.). Der Ort liegt im Spessartseitental der Lohr. Die Besiedlung geht wohl auf das 12. Jh. zurück; der Ort wird erstmals 1339 schriftlich bezeugt. Wie viele Orte im Spessart war F. immer wieder umstrittener und zersplitterter Besitz zwischen den Grafen von Rieneck, dem Stift → Aschaffenburg, dem Erzstift Mainz und dem örtlichen Niederadel. – Bekannt wurde F. durch seine Fuhrleute, die etwa seit dem 14. Jh. einen Großteil des Warenverkehrs im Auftrag der Großhändler hauptsächlich auf der Route Antwerpen-Frankfurt-Nürnberg bestritten. Das Dorf gelangte dadurch zu überdurchschnittlich hoher Einwohnerzahl und relativem Reichtum. Unklar ist immer noch, warum gerade die Frammersbacher in dieser Branche tätig und inwieweit die Grafen von Rieneck an diesem Geschäft beteiligt waren. Das Fuhrmannsgewerbe erlosch mit den veränderten Warenwegen und Transportmöglichkeiten im 19. Jh. – Die außerhalb des Ortes gelegene *Kreuzkapelle* könnte auf die Glasmacher zurückgehen, ein Gewerbe, das unter dem Schutz der Grafen von Rieneck die Wirtschaft des Spessarts lange Zeit prägte. (I) *Theodor Ruf*

P. Moser, Mittel- und nordwesteuropäischer Landtransport. Die Frammersbacher Fuhrleute und ihr Beitrag zur Transportgeschichte (15.–19. Jahrhundert), Diss. Bamberg 1990.

Frankenberg: → Schloß Frankenberg.

Frauenaurach (Stadt Erlangen, MFr.). Im sw. Stadtgebiet von → Erlangen, heute unmittelbar am Main-Donau-Kanal, liegt F. Wohl einige Jahre vor der ersten Erwähnung von Ort und *Kloster* 1271 gründete hier der Reichsministeriale Herdegen von Gründlach ein Dominikanerinnenkloster, das der Bamberger Bf. mit dem Patronatsrecht über die Kirche im Ort (»Niederaurach«) versah. Seit 1390 unter der Schutzvogtei der Burggrafen von Nürnberg (später Markgrafen von Kulmbach), nahm das reich mit Grundbesitz ausgestattete Kloster vor allem Töchter aus dem frk. Adel auf. – Bereits in den 1530er Jahren ist ein ev. Prediger in F. belegt. Aufgehoben wurde das Kloster erst 1549/50 durch Markgraf Albrecht Alcibiades; die Anlage wurde im 2. Markgrafenkrieg 1553 zerstört. Nur die *Klosterkirche* wurde 1586–88 wiederhergestellt und seitdem mehrfach umgestaltet; von den Konventsgebäuden sind lediglich *Mauerreste* erhalten. Der ausgedehnte Klosterbezirk spiegelt sich in der Ortsanlage wider. – Den

Klosterbesitz betreute nun das markgräfliche Klosterverwalteramt F. Ein 1616 auf den Mauern des Klosterdormitoriums errichteter Schloßbau diente nach dem 30jg. Krieg an Stelle des 1627 kriegszerstörten Schlosses in → Baiersdorf als Jagd- und Sommersitz der Markgrafen. Der im 30jg. Krieg entvölkerte Ort wurde vor allem durch prot. Exulanten aus Niederösterreich wieder aufgesiedelt und entwickelte sich zu einem zunächst vom Handwerk im Umfeld des Fürstensitzes geprägten Dorf. Schloß F. verlor jedoch nach der Fertigstellung des markgräflichen Schlosses im nahen Erlangen 1704 seine Bedeutung, wurde um 1710 in eine Kaserne umgestaltet, diente später als Getreidespeicher und wurde schließlich 1859/62 abgebrochen. – Seit 1810 bay., erhielt F. 1894 Bahnanschluß an die Lokalbahn Erlangen-Herzogenaurach (Personenverkehr 1984 eingestellt). Im Zuge der Gebietsreform wurde der durch den Zuzug von Flüchtlingen und Vertriebenen nach dem 2. Weltkrieg besonders stark gewachsene und nunmehr auch industriell geprägte Ort (u. a. *Großkraftwerk Franken II*, errichtet 1964–66) 1972 nach Erlangen eingemeindet. (VI) *Martin Ott*

H. H. Hofmann, HAB Höchstadt-Herzogenaurach, 1951. – C. Friederich u. a. (Hg.), Erlanger Stadtlexikon, Nürnberg 2002.

Frauenroth (Gde. Burkardroth, LK Bad Kissingen, UFr.). Da sie »keinen Erben auf Erden« hatten (weil Sohn und Enkel geistlich geworden waren und damit keine Aussicht auf Fortbestand dieser Linie der Grafen von Henneberg bestand), ertauschten 1231 der Kreuzfahrer und Minnesänger Graf Otto I. von Botenlauben und seine Gemahlin Beatrix von Courtenay vom Hochstift Würzburg den Ort (»locus«) Burkardroth und gründeten dort das Zisterzienserinnenkloster F. (»Novale sancte Marie«). Schon 1234 erhielt es von Papst Gregor IX. das große Zisterzienserprivileg. Wegen Beeinträchtigung der Nonnen zerstörte Graf Otto I. 1244 die nahegelegene Burg der würzburgischen Ministerialen von Burkardroth (Turmhügelanlage 150 m sw. der *Kirche*). Der Würzburger Bf. Hermann von Lobdeburg billigte diese Maßnahme nicht nur, son-

dern verbot auch, die Burg jemals wieder aufzubauen. – Eine
förmliche Angliederung von F. an den Zisterzienserorden ist
zwar nicht überliefert, doch erscheint F. im 15. Jh. in den
Statuten des Generalkapitels. – F. war wohl bereits seit seiner
Gründung (urk. bezeugt 1281) der Zisterzienserabtei (→ Maria) Bildhausen unterstellt, dessen Abt den Nonnen von F.
Kapläne für die gottesdienstlichen Verrichtungen zuwies. Im
Laufe des Spätmittelalters entwickelte sich F. wie viele andere
Klöster zu einem Versorgungsinstitut des niederen Adels und
des patrizischen Bürgertums der benachbarten Landstädte,
was einen Niedergang der monastischen Disziplin zur Folge
hatte. – Im Bauernkrieg 1525 wurde F. so gründlich geplündert und verwüstet, daß die nach → Würzburg geflohenen
Nonnen ihr Kloster erst sechs Jahre später wieder beziehen
konnten. Infolge der Reformation und des dadurch (mit-)ver-
ursachten Mangels an Nonnen gelangte F. nicht mehr zur Blüte. Die letzte Äbtissin, Amalia von Romrod, starb 1558 (*Grab-
stein* in der ehem. Klosterkirche). Doch erst Bf. Julius Echter
hob das Kloster auf und wies dessen Einkünfte der Fürstbischöflichen Kammer zu. – Im 30jg. Krieg wurden die Gebäude des ehem. Klosters erneut verwüstet. Ab 1652 wurde die
gesamte Anlage baulich stark verändert; den Maßnahmen fielen u. a. beide Seitenschiffe der Kirche (mit Apsiden) und der
Kreuzgang zum Opfer. Das Klostergut wurde 1691 zerschlagen und an 8 Bauern aus Burkardroth verkauft; damit wurde
die ehem. Klosterkirche zur Dorfkirche (*St. Blasius*) der neu
entstehenden Gde. F. – Die Grabplatte mit lebensgroßen
Plastiken des Stifterpaares aus der 2. Hälfte des 13. Jh.s, ursprünglich Deckplatte einer Tumba in der Mitte des Chores,
zählt zu den besten Erzeugnissen der spätstaufischen Plastik in
Deutschland. Die Kirche wurde 1970–72 umfassend saniert
und restauriert. (II)   *Heinrich Wagner*

F. A. Jäger, Geschichte des Klosters Frauenroda. Aus Urkunden, in: Archiv
des Historischen Vereins für Unterfranken und Aschaffenburg 5,2 (1839),
S. 56–100. – M. Wieland, Das Cistercienserinnenkloster F., in: Cistercienser-Chronik 16 (1904), S. 97–120, 144–147. – K. Gröber, KDB Bad Kissingen, 1914, ND 1983. – L. Bechstein, Geschichte und Gedichte des Minnesängers Graf Otto von Botenlauben, Grafen von Henneberg, Leipzig

1845; neu hg. und vermehrt um ein Vorwort, eine Übersetzung der Lieder Ottos von Botenlauben sowie eine Genealogie der Grafen von Henneberg bis zur Mitte des 13. Jh.s von H. Wagner, Neustadt/Aisch 1995.

Freienfels (Stadt Hollfeld, LK Bayreuth, OFr.): → Hollfeld.

Frickenhausen a. Main, Markt (LK Würzburg, UFr.). An der s. Spitze des Maindreiecks gegenüber von → Ochsenfurt gelegen, werden die »Häuser des Fricho« erstmals 903 urk. erwähnt. In diesem Jahr übergab Kg. Ludwig das Kind die bisher babenbergischen Orte F. und Prosselsheim an Bf. Rudolf von Würzburg. Dieser gehörte zur Sippe der Konradiner, die in der das gesamte Ostfranken erschütternden Auseinandersetzung mit den Babenbergern die Oberhand behalten hatten. Die damals bereits bestehende *Kirche* (St. Gallus-Patrozinium 1342 genannt) wurde zur Mutterpfarrei für die im 12. Jh. gegründete Stadt Ochsenfurt. Versuche der Staufer und der Hohenlohe, eigene Herrschaftspositionen im Ort aufzubauen, scheiterten. 1406 verkaufte der Bf. den Ort an sein Domkapitel, das bis 1803 die Dorfherrschaft ausübte und mit seinen Besitzungen einen eigenständigen Komplex innerhalb des Hochstifts Würzburg bildete. Zahlreiche Klöster (u. a. → Ebrach, ↑ Auhausen, → Münchsteinach) hatten sich Anteile an den hervorragenden Weinlagen gesichert. – Bereits für das 14. Jh. lassen sich Marktrechte und ein bürgerlicher Rat der Gde. nachweisen, ein Jh. später existierten eine *Ortsbefestigung* mit *Tortürmen* und ein *Rathaus* (1476). Die in den Weinbauregionen vorherrschende Realteilung führte zu einer Besitzersplitterung bis in kleinste Parzellen. – Ohne formell jemals Stadtrechte erhalten zu haben, kann der Ort mit seiner dichten Bebauung und zahlreichen Handwerkern in einer Reihe mit weiteren stadtähnlichen Siedlungen (vgl. → Sommerhausen) entlang des Mains genannt werden. Wichtigster Wirtschaftszweig ist bis heute der Weinbau, daneben hat seit einigen Jahren der Tourismus in dem malerischen Ort (ca. 1200 Einwohner) an Bedeutung gewonnen.   (II)   *Thomas Horling*

G. Knetsch, Die Geistlichen in F. a. Main. Grundlagen und Personen, in: K. Wittstadt (Hg.), Kirche und ländliche Gesellschaft in Mainfranken

von der Reformation bis zur neuesten Zeit. Dargestellt an den Dörfern
F. a. Main – Gaukönigshofen – Geldersheim, Würzburg 1988, S. 1–214.

Friedrichsgmünd (Gde. Georgensgmünd, LK Roth, MFr.):
→ Georgensgmünd.

Friesenhausen (Gde. Aidhausen, LK Haßberge, UFr.). Der
früheste Nachweis des am Fuße der Haßberge gelegenen
Marktfleckens datiert von 824, als der vermutliche Namengeber Frieso Besitz in »Frisenhus« an die Reichsabtei Fulda
übertrug. Dort nicht weiter bezeugt, befand es sich im 13. Jh.
(1290 Goteboldus von F.) als Ganerbendorf im Besitz verschiedener Adelsfamilien unter Würzburger Lehensherrschaft
und verfügte wohl schon damals über zwei erst im 14. bzw.
16. Jh. schriftlich fixierte Wasserburgen. Im 14. Jh. erscheinen
die Zollner von Rottenstein, die Heldriet, von Abersfeld, von
der Tann und von Steinau. Die 1404 erstmals erwähnte Pfarrei
sowie die Bevölkerungsmehrheit wurden um 1550 unter den
von Steinau und den Truchseß von Wetzhausen prot. – Durch
Verkauf gelangte der größere Teil des Ortes 1692/94 von den
Marschalk von Ostheim in den Privatbesitz des Würzburger
Fürstbf. Johann Gottfried II. von Guttenberg, aus dessen
Nachlaß 1699 an den Stiftspropst von Neumünster und späteren Würzburger Dompropst Johann Philipp Fuchs von Dornheim. Dieser erweiterte 1700/03 das Ostheimische *Schloß,*
im Kern 1593 errichtet, um zwei Flügel in einem prächtigen, anachronistischen Renaissancestil. Ab 1713 berief er den
fürstbischöflichen Baumeister Joseph Greissing und andere
Hofkünstler zur Errichtung der architekturhistorisch bedeutenden kath. *Schloßkirche,* die mit ihrer Einturmfassade zum
Prototyp für den frk. Landkirchenbau des 18. Jh.s werden sollte. – Ab 1729 hatten die Dalberg die Herrschaft über einen Teil
von F. und 5 weitere zu einem geschlossenen Rittergut gehörende Dörfer, seit 1741 über den ganzen Ort. Das zweite Wasserschloß, das sog. Truchsessisc, im heutigen *Schloßpark* gelegen, ließen sie 1741 abbrechen. Ebenso auf Veranlassung der
Dalberg, die den Besitz in F. bis ins 20. Jh. hielten, wirkten

1731–1806 Patres in einem *Kapuzinerhospiz*. Vom 17. bis zum 19. Jh. bestand eine kleine jüd. Gde. mit eigener Synagoge.

(II) *Johannes Mack*

M. Wieland, Hofheim. Vermehrter und verbesserter Beitrag zu dessen Geschichte, Hofheim i. UFr. 1905. – H. Kössler, HAB Hofheim, 1964. – V. Rößner, Schlossbau des 18. Jahrhunderts im Ritterkanton Baunach, Neustadt/Aisch 2000.

Fürth, Stadt (MFr.). Das Zentrum der Altstadt von F. liegt auf einem Sporn über dem Zusammenfluß von Pegnitz und (bis zur Vereinigung) Rednitz, die ab dem Zusammenfluß Regnitz heißt. – Funde aus der Mittelsteinzeit, der älteren Urnenfelderzeit und Hügelgräber aus der Latènezeit im Regnitztal belegen eine Besiedlung des Raumes bereits in vorgeschichtlicher Zeit. Das Martinspatrozinium eines 1705 noch als Ruine vorhandenen Kirchenbaus im Talgrund der Rednitz ist ein Indiz für die Existenz von Königsgut bereits in karolingischer Zeit. Königsgut und die bei ihm entstehende Siedlung werden in der Nähe der namengebenden Furt der Fernstraße von Regensburg nach Frankfurt durch die Rednitz vermutet. – F. wird 1007 erstmals erwähnt, als Kg. Heinrich II. der Dompropstei des von ihm neugegründeten Bistums Bamberg sein Königsgut in F. schenkte. Noch im gleichen Jh. dürfte F. Marktrecht erhalten haben, das dann nach → Nürnberg transferiert wurde, was sich aus der Rückübertragung von Markt-, Münz- und Zollrecht 1062 nach F. erschließen läßt, die aber für die weitere Entwicklung von F. ohne größere Bedeutung war. – Wichtiger dafür war der Anfang des 14. Jh.s ausgesprochene Verzicht des Burggrafen Konrad des Frommen von Nürnberg auf die Ausübung der Vogtei in F. Bamberg übte von da an die Landeshoheit durch einen in F. sitzenden Amtmann aus. Zur Ausübung des Geleitsrechts, das ihnen seit der Erhebung in den Reichsfürstenstand 1363 zustand, installierten die Burggrafen den Geleitsmann in F., der 1623 ein repräsentatives Gebäude als Amtssitz am Marktplatz erhielt. Die Rivalität zwischen den beiden Beamten vor Ort (und den hinter ihnen stehenden Regierungen) wurde noch verkompliziert durch die Tatsache, daß Nürnberger Bürger und Stiftungen Grundherren in F. geworden waren und daß dem Propst von St. Lorenz in Nürnberg das Besetzungsrecht für die inzwischen an die Stelle der alten Martinskirche getretene *Pfarrkirche St. Michael* zugefallen war, was dazu führte, daß auch in F. 1525 die Reformation eingeführt wurde. Das Nebeneinander von Territorien und Rechten mehrerer Herren an einem Ort führte zu dem Zustand der sog. Dreiherrschaft, in dem sich jede der 3 Parteien darum bemühte, die eigenen Rechte auf Kosten der anderen Beteiligten auszuweiten. Trotz Prozessen vor Reichshofrat und Reichskammergericht kam es zu keiner Klärung bis zum Übergang von F. an Bayern 1806. – Die Dreiherrschaft war der Ausgangspunkt für eine Entwicklung, die F. in der Folgezeit maßgeblich geprägt hat. 1499 waren die Juden endgültig aus Nürnberg vertrieben worden. Die Markgrafen von Brandenburg-Ansbach (vormals Burggrafen von Nürnberg) und später auch die Dompropstei Bamberg erlaubten ihre Ansiedlung in F., gestanden der jüd. Gde. Selbstverwaltung zu und regelten ihre Beteiligung an der Gesamtgde. Es entstanden eine Talmudschule und Druckereien, die den Ruf von F. weit über Franken hinaus verbreiteten. – Trotz einer nahezu totalen Zerstörung im 30jg. Krieg 1634 erlebte F. vor allem im 18. und 19. Jh. dank der handwerklichen und gewerblichen Regsamkeit seiner Einwohner einen bedeutenden wirtschaftlichen Aufschwung. Gewerbe wie Goldschlägerei, Bronzefarbenfabrikation, Buntpapiermacherei, Spiegel- und Brillenherstellung und Zinnfigurengießerei wurden in F. heimisch. Die wirtschaftliche Bedeutung läßt sich im 18. Jh. an der Verlegung der Ansbach-Bayreuther Hof-Banco 1795 nach F. (heute: Bayerische Staatsbank), im 19. Jh. durch die erste dt. Eisenbahn zwischen Nürnberg und F. 1835 ablesen.

Seit dem Übergang an Bayern 1806, der F. 1808 die offizielle Bezeichnung als Stadt einbrachte, ist die Entwicklung geprägt durch kontinuierliche räumliche Ausdehnung und ein Bevölkerungswachstum, das 1951 mit dem Erreichen der Großstadtgrenze von 100.000 Einwohnern einen vorläufigen Abschluß fand (2002: 110.000). – 1840–50 wurde das monumentale *Rathaus* in historisierenden, italienischen Formen errichtet (Eduard Bürklein). – Die bauliche Entwicklung ging in unterschiedliche Richtungen: Nach der Erbauung der Eisenbahn 1835 tendierte sie nach Südosten, in der 2. Hälfte des 19. Jh.s bedingt durch die Kasernenbauten nach Süden. Mit der Eingemeindung des Vorortes → Burgfarrnbach 1923 richtete sich die Entwicklung nach Westen, ablesbar am Flughafen in Atzenhof und dem Industriegebiet auf der »Hard«. Der dortige Werkflughafen war als »Industrieflughafen« nach dem 2. Weltkrieg, der F. ein Zehntel seiner Bausubstanz kostete, der erste betriebsbereite Flughafen im Großraum Nürnberg-F. Die Hard war auch das bevorzugte Erweiterungsgebiet nach dem 2. Weltkrieg, als viele Vertriebene in F. untergebracht werden mußten. – Die jüd. Gde. in F. war bis zur Mitte des 19. Jh.s die größte in Bayern. Die im 17. Jh. errichtete Hauptsynagoge wurde, wie viele andere Bauten des jüd. F., 1938 durch die Nationalsozialisten zerstört. – 1927 gründete Gustav Schickedanz in F. das bis heute florierende Versandhaus Quelle. Aus einem 1930 in F. aufgenommenen Vertriebsgeschäft für Radiogeräte, an dem Max Grundig zunächst nur als einer von mehreren Inhabern beteiligt war, ging das in der Nachkriegszeit für Jahrzehnte marktbeherrschende dt. Elektronikunternehmen und zugleich der bedeutendste Fürther Industriebetrieb hervor. Seit den 1980er Jahren geriet die Grundig AG allerdings immer wieder in wirtschaftliche Schwierigkeiten. – Die Gebietsreform von 1972, die → Nürnberg, F. und → Erlangen zu unmittelbaren Nachbarn machte, brachte F. vor allem die Gde.n Stadeln und Vach im Norden. Nach dem Abzug der amerikanischen Truppen aus dem Kasernengelände im Süden dürfte die künftige Entwicklung der Stadt sich in diese Richtung bewegen. – Das Bild von F. ist geprägt durch die Rivalität mit der Nachbarstadt Nürnberg, die trotz oder wegen mehrerer gescheiterter Zusammenlegungsversuche im 20. Jh. unvermindert fortbesteht.   (VI)   *Helmut Richter*

G. Fronmüller, Chronik der Stadt F., F. ²1887, ND Neustadt/Aisch 1985. – E. Ammon, F., Düsseldorf 1984. – H. Habel, DiB Stadt F., 1994.

Gaibach (Stadt Volkach, LK Kitzingen, UFr.): → Volkach.

Gattendorf (LK Hof, OFr.). Am Nordrand des ehem. Reg-
nitzlandes mit dem Mittelpunkt → Hof liegt nur rund 2 km
von der Grenze zu Sachsen entfernt die Gde. G., zu der das
heutige Gemeindezentrum Neugattendorf, das am Fuße des
Klingenbergs gelegene Kirchgattendorf sowie das auf einem
Bergsporn errichtete Schloßgattendorf gehören. Seit 2001
führt die A 93 (Regensburg-Hof) an der Ortschaft vorbei. –
Die erste urk. Erwähnung 1234 entstammt der Zeit, als die
Hz.e von Andechs-Meranien und die Vögte von Weida das
Land intensiv besiedelten. Die Herren von Kotzau als Ministerialen der Weidaer werden als erste Dorfherren genannt.
Durch Schenkung anläßlich einer Heirat folgte die Familie
Moschler. Durch Tausch wurde 1357 der Markgraf von Meißen neuer Lehensherr. Hussitenstürme und Zerstörungen
durch den Schwäbischen Bund 1523 ließen nur Ruinen zurück. Ab 1524 Lehensherr und ab 1562 Besitzer wurde im folgenden der Markgraf von Brandenburg-Kulmbach. Nach
weiteren Besitzerwechseln kaufte 1700 der Hofer Umgelder
Wolf Christoph von Schmidt das Rittergut und ließ auf den
Ruinen ein neues *Schloß* errichten. Ab 1789 unterlag das Gut
erneut häufigen Wechseln, heute befindet es sich in Privatbesitz und wird als Hotel genutzt. – Im Ortsteil Kirchgattendorf
liegt an einem Hang innerhalb eines ummauerten Friedhofes
die *Kirche*, deren Gründung in die erste Zeit der Herren von
Kotzau zurückgeht. Aufgrund ihrer Wandmalereien aus dem
15. Jh., einer überlebensgroßen Christophorusfigur, einem
Kruzifix mit echtem Haupthaar sowie einem reich ziselierten
Abendmahlskelch von 1640 zählt sie heute zu den kunsthistorisch bedeutendsten Stätten des ehem. Regnitzlandes.
Nach der Errichtung des Schlosses ließ Wolf Christoph von
Schmidt durch den Hofer Bildhauer Johann Nikol Knoll einen barocken Kanzelaltar im Markgrafenstil schaffen, dazu
einen knieenden Taufengel, wie er in Kirchen der Region
häufiger zu finden ist. Der heute im Chor befindliche Kanzelaltar wurde vom Sohn Johann Nikol Knolls, Wolfgang Adam,

geschaffen. Der got. Vorgängeraltar wurde 1919 nach Stein-
wiesen verkauft und befindet sich heute als »Gattendorfer
Marienaltar« im Bamberger Dom.

(IV)   *Ingeborg Fuhrmann-Hoffmann*

A. Gebessler, BKD Hof, 1960. – H. Hofner, G. Ein Zeuge vogtländischer
Geschichte und Kultur, Hof 1963. – M. Brix/K.-L. Lippert, BKD Rehau-Selb, 1974.

Gaukönigshofen (LK Würzburg, UFr.). Inmitten des fruchtbaren Ochsenfurter Gaus gelegen, steht der Ort für den Typus
des wohlhabenden frk. Bauerndorfes. Auf der Gemarkung
konnten zahlreiche vor- und frühgeschichtliche Siedlungsspuren nachgewiesen werden. Die Martinskirche gehörte
ebenso wie die Kirche St. Remigius im benachbarten Sonder-
hofen zu den 25 Königskirchen, die der Hausmeier Karlmann
741/42 dem neugegründeten Bistum Würzburg schenkte.
Der namengebende »Königshof« und die Rolle als »Urpfarrei«, von der aus die umliegenden Ortschaften bis ins Spätmittelalter religiös betreut wurden, verdeutlichen die Bedeutung
des Ortes für die Siedlungsentwicklung »uff dem Gäu«. – Kurz
nach der Jahrtausendwende kam das verbliebene Königsgut an
das → Würzburger Stift Haug, dem es in der 2. Hälfte des
13. Jh.s von den Hohenlohe entfremdet wurde. 1398 verkauften die Hohenlohe das Dorf an den Reichserbkämmerer
Konrad von Weinsberg. Das Hochstift Würzburg erwarb 1521
von dessen Erben mit dem Amt Reichelsberg die Ortsherrschaft (→ Aub) und übte diese bis zum Ende des Alten Reichs
aus. Einzelne Höfe waren jedoch in adeligem Besitz (u. a.
→ Gebsattel, Geyer, Zobel). Der Freihof der Herren von
Rosenbach bildete dabei den Kristallisationskern einer bedeutenden jüd. Gde. (1834: 21 % der Einwohner). Der Hofbankier Jakob Hirsch, aus einer vermögenden Gaukönigsho-
fener Viehhändlerfamilie stammend, wurde 1818 als erster bay.
Jude in den Adelsstand erhoben. Die jüd. Gde. wurde 1942 mit
der Deportation in den Osten vernichtet. Die ehem. *Synagoge*
wurde 1988 als Gedenkstätte eingerichtet. – Seit den 1970er
Jahren hat die Krise der Landwirtschaft zu einer wirtschaft-

lichen Stagnation in der Gde. (ca. 900 Einwohner) geführt, die sich als Zeugen Jh.e währenden bäuerlichen Wohlstands und damit einhergehenden Selbstbewußtseins das *Rathaus* von 1607 und die prächtige barocke *Pfarrkirche zum hl. Schutzengel und hl. Jakobus d. Ä.* (»Gau-Dom«) von 1724–30 bewahrt hat.

(V)   Thomas Horling

T. Michel, Die Juden in G./Unterfranken (1555–1942), Wiesbaden 1988. – 1250 Jahre G. 741–1991, G. 1991.

Gebsattel (LK Ansbach, MFr.). Der Ort hat zwei Siedlungskerne, links der Tauber um die *Kirche*, rechts um das spätere *Schloß*. Zum ursprünglichen Sprengel der Pfarrei G. an der oberen Tauber im Maulachgau zählte neben Kirnberg und wahrscheinlich Neusitz insbesondere der s. Teil des benachbarten → Rothenburg mit dem Neuen Spital und dem Siechhaus. – Die Grafen von Komburg, welche vor dem Neuen Spital auf einem Bergsporn über der Tauber mutmaßlich eine Burg erbauten, hinterließen G. (= Sitz der Geba, wie u. a. die Gemahlin des Grafen Heinrich hieß) dem von ihnen 1078/88 gegründeten Benediktinerkloster auf der Komburg (Baden-Württemberg). Die Vogtei gelangte nach dem Tod des söhnelosen Grafen Heinrich 1116 an die Staufer und wurde durch Reichsministerialen versehen. Die Pfarrei wurde 1254/59 dem Kloster Komburg inkorporiert. Spätestens 1289 besaß das Kloster Komburg eine Propstei in G. Weil im 14. Jh. die Reichsministerialen als Grundherren von bürgerlichen Geschlechtern abgelöst wurden, übernahm die Reichsstadt Rothenburg im Jahre 1400 vertraglich die Schirmherrschaft über den komburgischen Besitz in und um G. Das Kloster (seit 1488 Kollegiatstift) Komburg behielt jedoch die Mehrzahl der Güter im Dorf; ein Verkauf an Rothenburg scheiterte 1515. Wegen der Landeshoheit und der Religionsausübung entstanden nachfolgend einige Streitigkeiten. Der Bf. von Würzburg und sein Ritterstift Komburg sicherten die Gegenreformation und machten G. zu einer kath. Exklave im rothenburgischen Territorium; die reichsstädt. Untertanen in G. pfarrten fortan zur Siechhauskirche St. Leonhard. – Durch die Säkularisation kam

G. 1802/03 mit Komburg an Württemberg, durch den Grenz-
vertrag 1810 an Bayern. Das in der 2. Hälfte des 16. Jh.s erbaute
Schloß, das dem komburgischen Amtmann zur Residenz gedient hatte, kaufte nach mehrfachem Wechsel 1901 Konstantin Freiherr von G., der spätere General, ein führendes Mitglied des Alldeutschen Verbandes, und ließ es durch den
Münchner Architekten Gabriel von Seidl instand setzen.
Konstantins Familie mit dem silbernen Steinbock im roten
Schild nannte sich schon im Mittelalter Rack von G.

(V) *Karl Borchardt*

R. Jooss, Kloster Komburg im Mittelalter. Studien zur Verfassung-, Be-
sitz- und Sozialgeschichte einer fränkischen Benediktinerabtei, Schwäbisch Hall 1971, ²1987. – Ders., G. – ein fränkisches Dorf im Mittelalter,
in: Jahrbuch des Historischen Vereins von Mittelfranken 87 (1973/74),
S. 25–41. – A. Müller, G. Chronik eines fränkischen Dorfes, Bok-
kenfeld 1989. – M. Peters, Konstantin Freiherr von G. (1854–1932), in:
Fränkische Lebensbilder, Bd. 16, hg. v. A. Wendehorst, Neustadt/Aisch
1996, S. 173–187.

Gefrees, Stadt (LK Bayreuth, OFr.). Im Kreuzungspunkt alter
Handelsstraßen liegt G. am Übergang vom Obermaintal zur
Münchberger Gneisebene in Richtung Regnitzland. Im Ab-
stand von nur 3 km führt die A 9 (Nürnberg–Hof) an der
Ortschaft vorbei. – Eine Turmhügelanlage stammt aus der
Zeit um 1100, als die Walpoten von ihrer Burg Zwernitz
(→ Sanspareil) aus mit der Rodungsarbeit in dem Gebiet um
(→ Bad) Berneck begannen. G. gehörte zunächst zur Herrschaft Berneck. Nachdem die Hz.e von Andechs–Meranien
1209–48 die Herrschaft über das Gebiet ausgeübt hatten, erbten die Grafen von Orlamünde mit dem → Kulmbacher Teil
G. 1338 kamen die Burggrafen von Nürnberg in den Besitz
des Orlamünder Teils. Bald darauf, 1366, wird der Ort erstmals urk. erwähnt. – Zur Stadtrechtsverleihung kam es offiziell erst 1880, aber schon 1444 wird G. als Stadt geführt. Der
Bergbau, darunter auch Silbergruben, machte das Gebiet für
den Landesherrn bedeutsam. 1427 wurde es Sitz eines Halsgerichts. Hussitenkriege, Markgrafenkriege sowie mehrere
Brände setzten dem Ort arg zu. – Mit der Reformation 1529

wurde G. von der Mutterkirche → Marktschorgast getrennt und eigene Pfarrei. Die mittelalterliche *Kirche St. Johannes Baptista* wurde nach mehreren Bränden letztmals 1876/79 wiederaufgebaut. Die *ev.-luth. Gottesackerkirche* wurde 1594 erbaut und 1716 erweitert. – 1792 kam G. mit dem Markgraftum Bayreuth zu Preußen, stand 1806–10 unter frz. Verwaltung und fiel dann an Bayern. – Die kargen Böden und das rauhe Klima des Fichtelgebirges ließen vor allem Kartoffeln und Flachs gedeihen, so daß Hausweberei üblich war. Mit dem Eisenbahnbau bis Ende des 19. Jh.s ging für einige Jahrzehnte ein großer Aufschwung des Granitabbaus einher. Beim Bau der Bahnlinie Bamberg-Hof wurde 1846–48 im Bereich der »Schiefen Ebene« Gefreeser Granit in großen Mengen gebraucht. Heute sind Textil- und Maschinenfabriken im Ort ansässig. Mit der Landkreisreform 1972 wurde das bis dahin zum LK Münchberg gehörige G. mit seinen knapp 5000 Einwohnern dem LK Bayreuth zugeordnet.

S. von G. in strategisch wichtiger Lage auf einem Bergsporn im Ölschnitztal liegt die *Burg Stein.* Zwischen 1028 und 1040 waren die Walpoten Besitzer der Burg. 1342 wurde sie erstmals urk. genannt, die Herren von Hirschberg trugen sie dem Hochstift Bamberg zu Lehen auf. Die Herren von Sparneck erwarben sie 1363 und stifteten eine Burgkapelle, die 1377 geweiht wurde. Im Streit um die Vorherrschaft über die Burg zwischen dem Hochstift Bamberg und den Burggrafen von Nürnberg waren letztere erfolgreich. Im 15. Jh. kam die Burg schließlich in die Hände der Markgrafen von Bayreuth. Bereits im 16. Jh. war die Kapelle baufällig, seit 1886 ist der Palas der Burg zur *ev. Ortskirche St. Michael* umgebaut.

(IV)   *Ingeborg Fuhrmann-Hoffmann*

A. C. D. Ellrodt, G. mit seinen im kirchlichen Verbande stehenden Umgebungen, Bayreuth 1832. – T. Breuer, BKD Münchberg, 1961.

Gelbe Bürg (Gde. Dittenheim, LK Weißenburg-Gunzenhausen, MFr.). Die G. Bürg, ein steil aus dem Urstromtal der Altmühl emporragender Berg nö. von → Heidenheim, trug auf seinen zwei etwa dreieckigen, zweifach gestaffelten Plateaus

eine der bedeutendsten süddt. Wehranlagen der Völkerwanderungszeit. Das obere Plateau ist durch Steinbrüche erheblich gestört. – Archäologische Funde belegen eine Besiedlung
bereits in der Urnenfelder- und späten Hallstattzeit. Eine Befestigung mit intensiver Besiedlung und die Anwesenheit einer wohlhabenden Bevölkerung zeigen aber besonders die
umfangreichen und qualitätvollen Funde des 3. bis 5. Jh.
n. Chr. Für diese Zeit sind zwei Bauphasen unterschiedlicher
Konstruktion belegt; auch das untere Plateau war mit einem
Befestigungsring umgeben. Diese befestigte Höhensiedlung
wird als eine alam. Gauburg angesehen. Der Fürstensitz dürfte
ähnlich wie jener des Runden Bergs bei Urach (Baden-
Württemberg) in Folge der Unterwerfung der Alamannen
durch die Franken (496/97) zerstört worden sein. Im 7. Jh.
wurde die Befestigung, deren Name als »Burg des Gebo« zu
deuten ist, erneuert und diente nun wohl als Stützpunkt des
merowinigisch-frk. Königtums. Im frühen 10. Jh. hat die Anlage offenbar letztmalig eine Nutzung als Befestigung erfahren, doch schloß dies keine Weiterführung der Besiedlung
ein. Die Umdeutung des Ortsnamens in »Gelbe« Burg erfolgte erst in der frühen Neuzeit. (VI) *Daniel Burger*

H. H. Hofmann, HAB Gunzenhausen-Weißenburg, 1960. – H. Dann-
heimer, Die germanischen Funde der späten Kaiserzeit und des frühen
Mittelalters in Mittelfranken, Berlin 1962. – M. Winter, Die G. Bürg in
fränkischer Zeit, in: Alt-Gunzenhausen 32 (1964), S. 9–58. – R. Schuh,
HONB Gunzenhausen, 1979.

Geldersheim (LK Schweinfurt, UFr.). Der Ort im fruchtbaren Schweinfurter Gau wird bei seiner Erstnennung 762/
63 als Königshof bezeichnet. Durch archäologische Untersuchungen konnte eine zugehörige Kapelle nachgewiesen
werden. Herrscheraufenthalte sind für 976 (Ks. Otto II.) und
1049 (Ks. Heinrich III.) belegt. – G. besaß im Frühmittelalter
zentralörtliche Funktionen im s. Grabfeld und offensichtlich
größere Bedeutung als die spätere Reichsstadt → Schweinfurt. Bemerkenswert ist die Anlage des Dorfes entlang einer
West-Ost-Achse, die auf eine Straße von Hammelburg nach

Bamberg hindeutet, während die bis zum Bau einer Umgehungsstraße ebenfalls durch den Ort führende und seit ca. 1236 nachweisbare wichtige Nord-Süd-Verbindung von Eisenach nach Würzburg (heute B 19) darauf keinen Einfluß hatte. Zwar war der Ort Sitz eines Centgerichts und Mittelpunkt einer Pfarrei, doch die Verwaltung des Reichsguts hatte sich um 1220 nach Schweinfurt verlagert und das Dorf war zu diesem Zeitpunkt in den Herrschaftsbereich des Würzburger Bf. eingegliedert. Seit dem 16. Jh. gehörte das wohlhabende Bauerndorf nachweislich zum Amt Werneck und verfügte über eine Ummauerung mit zwei *Torhäusern.* – Selbstverwaltungsrechte lagen in den Händen des Dorfgerichts mit dem von der Bürgergde. gewählten Schultheißen und 12 Schöffen. Der in G. geborene Kölner Domherr und Professor Dr. Valentin Engelhard stiftete 1516 ein bis heute bestehendes Spital. Zahlreich beteiligten sich die Einwohner 1525 am Bauernkrieg; im 2. Markgrafenkrieg 1553/54 und während des 30jg. Kriegs wurde der Ort erheblich zerstört. Mit dem Hochstift Würzburg kam G. 1803/14 an Bayern. – Die ehem. *Kirchenburg* mit der *Pfarrkirche St. Nikolaus* (im Kern spätroman., Neubau des Langhauses 1610–18), der *Frühmeßkapelle* (im Kern ebenfalls spätroman.) und der *Gadenanlage* (heute *Museum für Vor- und Frühgeschichte*) ist in Teilen erhalten. – Seinen eigenständigen Charakter hat der Ort (2500 Einwohner) trotz der Nähe zu Schweinfurt bis heute bewahrt. Arbeitsplätze in der dortigen Industrie, obwohl nicht frei von konjunkturellen Schwankungen, halfen in den vergangenen Jahrzehnten, den Strukturwandel in der Landwirtschaft zu bewältigen. (II) *Thomas Horling*

S. Zeissner, Geschichte von G., 1929 (²1987: unveränderter Nachdruck, mit einem Nachwort von A. Wendehorst). – H. Hahn, Die Pfalz G., in: Mainfränkisches Jahrbuch 30 (1978), S. 80–90.

Gemünden a. Main, Stadt (LK Main-Spessart, UFr.). Der in beengter Lage an der Mündung von Sinn und Saale in den Main gelegene Ort dürfte früh besiedelt worden sein. Erwähnt wird G. erstmals 1243 anläßlich einer Auseinandersetzung

zung zwischen den Grafen von Rieneck (den vermutlichen Stadtgründern) und dem Hochstift → Würzburg. Das Aufeinandertreffen territorialer Ansprüche bestimmte in der Folge die Geschichte der Stadt. – Allmählich ging die Lehenshoheit an Würzburg über. Nach dem Aussterben der Linie Rieneck-Rothenfels 1333 gelangte G., erstmals 1316 als Stadt bezeichnet (oppidum), ganz in würzburgische Hand und wurde Amtsstadt, die »*Scherenburg*« Sitz des Amtmanns; die Stadt wurde bescheiden ausgebaut (*Kirche, Rathaus*). – 1814 erfolgte der Übergang an Bayern; in der Folgezeit wurde G. wichtiger Eisenbahnknotenpunkt.

Einige km saaleaufwärts liegt das ehem. *Zisterzienserinnenkloster Schönau*, eine Gründung der Grafen von Rieneck mit der Funktion eines Hausklosters (ältestes rienecksches *Grabmal* von 1311). Die Erstnennung datiert von 1189, doch könnte die Gründung schon weiter zurückliegen, möglicherweise auf Besitz der Abtei Fulda. 1503 verzichtete Rieneck aus ungeklärten Gründen auf die Vogtei, 1564 übergaben die letzten Nonnen den Besitz an die Bf.e von Würzburg. 1699 ging Schönau an die Franziskaner-Minoriten über, die das Kloster bis heute betreuen.   (I)   *Theodor Ruf*

K. Richter, HAB Gemünden, 1963. – B. Bauer, Kloster Schönau, 2 Bde., G. a. Main 1989/97.

Georgensgmünd

Georgensgmünd (LK Roth, MFr.). Der Ort wird 1304 als »Gmündt« bzw. 1410 als »Jorgengemund« erstmals genannt. G. und das nur 600 m entfernte, auf der rechten Rezatseite liegende Petersgmünd bildeten ursprünglich den Ort »Gmünd«. – Ab 1292 erscheinen die von Hausen (mit Sitz in Weiboldshausen bei → Ellingen) als Lehensträger der Burggrafen von Nürnberg u. a. für Besitz in G. und Petersgmünd. Sie besaßen das Patronatsrecht über die Kirche St. Georg. Nach dem Aussterben der von Hausen 1541 kamen die Untertanen an die Markgrafen von Ansbach. – 1608 wird ein eigenes markgräfliches Gericht »Gmündt« erwähnt. Zu dieser Zeit gab es dort nur sechs große Bauernhöfe (davon die Hälfte markgräflich). Zwischen ihnen lagen zahlreiche Seldengüter mit bis zu 30 %

jüd. Bevölkerungsanteil, wohl aus der Herrschaft Pappenheim zugewandert. Heute erinnern daran noch ein *Jüdisches Museum* in der *Synagoge* (Bau von 1736, Einrichtung 1938 zerstört) und ein ausgedehnter *Judenfriedhof*, angelegt um 1550 vom markgräflichen Hofbankier Jakob Jud aus → Roth. Der Friedhof diente auch den jüd. Gde.n der weiteren Umgebung als Begräbnisstätte und wurde im 19. Jh. erweitert.

Innerhalb des Richteramtes Gmünd nahm Friedrichsgmünd, zwischen G. und Petersgmünd gelegen, eine besondere Entwicklung. Markgraf Albrecht V. von Ansbach errichtete dort 1666 das nach seinem Sohn Johann Friedrich benannte *Jagdschlößchen*. Es war bis 1712 Sitz des markgräflichen Wildmeisters, dann »Gasthaus zur Krone«, seit 1995 ist es im Besitz der Gde. G. und wird für kulturelle Zwecke genutzt. 1732 wurden in Friedrichsgmünd ein Eisenhammer mit Tavernenwirtschaft und Brauhaus sowie 5 weitere Häuser genannt, ferner die »Schmelz« oder »Eisenschmelz« (ab 1733 »untere Papiermühle«) und die Ziegelhütte. Diese Anwesen wurden zum neugebildeten »Richterämtlein Friedrichsgmünd« zusammengefaßt.

Bahnstation an der Ludwig-Süd-Nord-Bahn wurde G. bereits 1849. Bis zum 2. Weltkrieg dominierten vor allem Hopfenhandel und Landwirtschaft das Wirtschaftsleben des Ortes. Im 2. Weltkrieg entstanden im Süden des Ortes Produktionsstätten der → Nürnberger Firma Lumophon, die in der Nachkriegszeit von der Firma Grundig übernommen wurden. Durch den Zuzug von Flüchtlingen und Vertriebenen wuchs die Einwohnerzahl beträchtlich an. Die gewerblich genutzten Flächen im Süden des Ortes wurden um 1990 zum regional bedeutenden Gewerbezentrum G. zusammengefaßt.

(VI)   *Wolfram Unger*

F. Eigler, HAB Schwabach, 1990. – G. 700 Jahre Geschichte am Zusammenfluß von Fränkischer und Schwäbischer Rezat, G., 2002.

Gereuth (Gde. Untermerzbach, LK Haßberge, UFr.). G., ein ehem. reichsritterschaftliches Gutsdorf, das bis ins 19. Jh. im Schatten der jeweiligen Gutsherrschaft stand, liegt auf einem

flachwelligen Höhenkamm zwischen Baunach und Itz, 4 km
n. von → Ebern. 1971 wurde der Ort nach → Untermerzbach
eingemeindet. – Das Dorf dürfte im 11./12. Jh. als Rodungsort entstanden sein. 1232 wird er erstmals urk. bezeugt. In G.
scheinen von Anfang an zwei Adelsgeschlechter begütert
gewesen zu sein: die 1304 als → Würzburger Ministerialen
bezeugten Herren von Schaumberg, die nachweislich 1424
Besitz in G. hatten, und das weitverzweigte und in der Gegend reich begüterte Geschlecht derer von Lichtenstein, die
bereits 1354 den Zehnten in G. als Würzburger Lehen einnahmen, und 1576 als Besitzer des Gereuther Schloßgutes
genannt werden. Zu Beginn des 17. Jh.s war die Grundherrschaft in G. zwischen mehreren reichsritterschaftlichen Familien aufgeteilt. Der Ort dürfte um 1540 mit der Mutterpfarrei
Untermerzbach ev. geworden sein. Zur Gründung einer eigenen ev. Pfarrei in G. kam es durch die Lichtenstein 1604. –
1705 erwarb der Würzburger Fürstbf. Johann Philipp von
Greiffenclau das reichsunmittelbare und centfreie Schloßgut
für seine Familie. 1717 kam es in G. durch die Initiative des
Würzburger Bf.s zur Errichtung einer kath. Pfarrei. Der
neue Eigentümer ließ sich ab 1706 am ö. Ortsrand das heutige dreiflügelige *Barockschloß* mit *Wassergraben* (Trockenlegung
um 1850), *Steinbrücke* und *Eckpavillons* errichten. Ab 1713
folgten die *Schloß-* und *kath. Pfarrkirche* mit prächtiger Innenausstattung, ferner das kath. *Pfarrhaus* sowie *Rentei* und *Wirtschaftsgebäude*. Ende des 18. Jh.s ließ Philipp Carl Anton Igna-
tius von Greiffenclau in unmittelbarer Nähe des Schlosses einen engl. Landschaftspark anlegen. – 1815 verkauften die
Greiffenclau die Herrschaft G. an den jüd. Bankier Jakob
Hirsch. Von den Hirsch, die bis 1848 die Patrimonialgerichtsbarkeit in G. ausübten, gelangten Schloß und Gut G.
1859 über die Kaufmannsfamilie Prieger in bürgerlichen
Besitz.   (III)   *Thomas Wehner*

I. Maierhöfer, HAB Ebern, 1964. – H. G. Prieger, Die Herrschaft G. im
Wandel der Zeiten, in: Bericht des Historischen Vereins Bamberg 120
(1984), S. 199–204. – U. Götz, G. Schloß- und Kirchenführer, Erlangen
1998.

Gerolzhofen, Stadt (LK Schweinfurt, UFr.). Zwischen Main und Steigerwald liegt in einer fruchtbaren Ebene am Rand der Gäulandschaft die Stadt G. – Archäologische Funde lassen auf Siedlungen im Stadtgebiet in der Jungsteinzeit, der Urnenfelderzeit und der Latènezeit schließen. – Erstmals genannt wird G. im Zusammenhang mit einer Schenkung an das Kloster Fulda um 750/79, die 906 von Kg. Ludwig dem Kind bestätigt wurde. – 1327 wird G. als Stadt (oppidum) bezeichnet; ab 1340 ist ein Zentgericht nachgewiesen. Auf städt. autonome Selbstverwaltung deuten auch das 1359 bezeugte Siegel und die Einrichtung einer eigenen Münzstätte 1391 hin. 1396 beteiligte sich G. an der Gründung des frk. Städtebundes und erhielt 1397 von Kg. Wenzel die Reichsfreiheit und damit die Gleichstellung mit den Städten im frk. Städtebund. – Eine Verpfändung an Erkinger von Seinsheim Anfang des 15. Jh.s führte zur Verarmung der Stadt, die 1495 aus den Händen der Herren von Schwarzenberg durch den Würzburger Fürstbf. Rudolph von Scherenberg ausgelöst wurde und fortan als Amtssitz im Hochstift Würzburg verblieb. – Die inzwischen wieder aufstrebende Stadt beteiligte sich am Bauernaufstand 1525. Das »Gerolzhofer Fähnlein« zog marodierend umher und verwüstete die Burgen der Umgebung sowie die Zisterzienserabtei → Ebrach. – Die Stadt litt 1542 unter der Pest und wurde im 2. Markgrafenkrieg geplündert. Eine neue wirtschaftliche Blüte brachte die Amtszeit des Fürstbf.s Julius Echter (1573–1617) mit sich. 1615–19 war G. Hauptrichtplatz während der Hexenverfolgungen im Hochstift Würzburg. Im 30jg. Krieg wurde G. erstmals 1631 durch schwed. Truppen geplündert; die Einwohnerzahl ging deutlich zurück. Zur Wiederbesiedlung wurden Kolonisten aus Österreich, der Schweiz und aus der Pfalz angeworben. – Der innere Ring der Stadtbefestigung mit *Graben* und *Mauer*, ehemals mit zwei Stadttoren versehen, bildet ein Rechteck und markiert noch heute den Grundriß der Altstadt. Rings um diese gruppieren sich die weiteren Viertel. Mittelpunkt der planmäßig angelegten Stadt ist der Marktplatz mit dem 1461 erbauten *Rathaus* an der Südseite und der *kath. Stadtpfarrkirche*, die an der Stelle eines im frk.

Städtekrieg 1397 zerstörten Vorgängerbaus im 15. Jh. als drei-schiffige, spätgot. Hallenkirche errichtet wurde und 1479 voll-endet war. Daneben steht die 1497 erbaute *Friedhofskapelle St. Johannes.* – Der ursprüngliche Siedlungskern ist beim *Ober-amtshaus* (bis 1972 Landratsamt) zu suchen. Von der unter Ru-dolph von Scherenberg errichteten viertorigen *Außenbefesti-gung,* die die Zent- und Spitalvorstadt einschloß, sind *Mauerzü-ge* und *Turmstümpfe* erhalten. – Seit dem Mittelalter herrschten auf dem nährstoffreichen Lößboden Acker- und Weinbau vor. Nach Einbrüchen beim Weinbau im 18. und 19. Jh. hat sich die Weinanbaufläche um G. wieder vervielfacht. Auch Salz-handel und Brauwesen spielten in der frühen Neuzeit eine wichtige Rolle im Wirtschaftsleben der Stadt. – Vom Beginn des 18. Jh.s bis zur Deportation 1942 bestand eine jüd. Gde., an die seit 1988 ein *Gedenkstein* erinnert. Neben der 1830 erbau-ten *Synagoge,* heute als Wohnhaus genutzt, besaß die Gde. eine Schule, einen Friedhof und eine Mikwe. – G. kam mit dem Gebiet des Hochstifts Würzburg endgültig 1814 an Bayern. Seit 1893 bestand Bahnanschluß nach Kitzingen, seit 1903 auch nach Schweinfurt (Personenverkehr 1987 stillgelegt). Vor dem 2. Weltkrieg gab es in G. einige Brauereien, eine Druk-kerei, eine Ziegelei und ein Butterwerk. Nach dem Krieg eta-blierte sich ein Zweigwerk der → Schweinfurter Firma FAG Kugelfischer. – Bis zur Gebietsreform 1972 war G. Kreissitz und gehört heute zum LK Schweinfurt. Die Stadt ist Sitz einer Verwaltungsgemeinschaft. (II) *Beate Greif*

1200 Jahre G. Beiträge zur Kultur und Geschichte, G. 1979. – De gerol-deshova, 1986 ff.

Geyern (Gde. Bergen, LK Weißenburg-Gunzenhausen, MFr.). Der Ort nö. von → Weißenburg wird 1255 erstmals erwähnt. Über die Entstehung der *Burg* G. ist nichts bekannt, der hoch-mittelalterliche *Burgstall* in der Nähe muß in diesbezügliche Überlegungen einbezogen werden. – In den Auseinander-setzungen zwischen Hz. Ludwig II. dem Strengen von Bayern und dem Marschall von Pappenheim kam die Burg um 1262 in bay. Besitz. 1276 kaufte Heinrich von Hofstetten, Schenk der Grafen von Hirschberg, die Burg. Die Familie behielt den Titel auch nach dem Erlöschen der Hirschberger 1305 bei und nannte sich Schenk von G. Um 1440 kamen nach Erbteilungen 3 Viertel aller Geyerschen Besitzungen in die Hand der Ehenheimer. Um die Ansprüche Bayerns abzuwehren, wandten sich die Ehenheimer und Schenk von G. an den Markgrafen von Brandenburg-Ansbach. Im Krieg gegen den Hohenzollern 1460 verweigerte man dem bay. Hz. die Öffnung der Burg, der sie daraufhin verwüstete. – Zu Beginn des 16. Jh.s wurde der Markgraf Lehensherr über die Hälfte der Ehenheimschen Anteile an G. Die Schenk von G. traten 1470 mit dem Kauf der Burg Syburg ebenfalls in die Vasallität der Markgrafen ein. Auseinandersetzungen der Ehenheimer mit Bayern mündeten schließlich 1506 in der Anerkennung ihres halben Besitzteils als wittelsbachisches bzw. pfalz-neuburgisches Lehen. Zu Beginn des 16. Jh.s erhielten die Schenk von G. und von Ehenheim von Kg. Maximilian I. das Halsgericht Nennslingen als gemeinsames Reichslehen. Die Kondominatsherrschaft G. verfügte fortan über ein nahezu geschlossenes Landgebiet. – Nach dem Tod des letzten Ehenheimers 1599 rückten der Markgraf von Brandenburg sowie Pfalz-Neuburg in die Kondominatsherrschaft ein; G. wurde in der Folge ev. Ansbach errichtete ein Fraisch- und Verwalteramt, 1662 tauschte man den pfalz-neuburgischen Anteil an G. gegen → Möhren. 1806 wurde das Territorium dem Kgr. Bayern einverleibt, das Patrimonialgericht II. Klasse zu Syburg erlosch 1848. Im Zuge der Gebietsreform kam G. 1978 an die Gde. Bergen. – Die umfangreiche Burganlage ist durch Abbrüche des 18. Jh.s stark reduziert; 1874/75 baute Rudolf Schenk von G. das 1756 errichtete ansbachische Amtshaus als neugot. *Schloß* aus. 1922 erlosch die Familie der Schenk von G. auf G. im Mannesstamm, das in den 1990er Jahren renovierte Anwesen befindet sich in Privatbesitz. Die *ev. Kirche St. Bartholomäus* (Kern 14./15. Jh., Ausbauten 17./18. Jh.) bewahrt im Inneren mehrere Grabsteine der Ehenheimer.   (VI)   *Daniel Burger*

K. Hannakam/L. Veit (Bearb.), Archiv der Freiherrn Schenk von G. auf Schloß Syburg. Mit einem Abriß »Zur Geschichte der Schenk von G.

und ihres Territoriums« von Otto Puchner, München 1958. – H.H. Hofmann, HAB Gunzenhausen-Weißenburg, 1960. – H. Eder, Die Ortsgeschichten von G., Syburg und Nennslingen, Weißenburg 1969. – G. Kiessling, DiB Landkreis Weißenburg-Gunzenhausen, 1999.

Giebelstadt, Markt (LK Würzburg, UFr.). Der wohl auf eine alem. Siedlung (»Stätte des Gibul«) des 5./6. Jh.s zurückgehende Ort wird 820 anläßlich einer Besitzbestätigung für den Bf. von Würzburg erstmals urk. erwähnt. Wie bei den meisten s. des Mains im fruchtbaren Ochsenfurter Gau gelegenen Ortschaften finden sich zahlreiche vor- und frühgeschichtliche Siedlungsspuren. In der Mitte des 11. Jh.s ging der bischöfliche Besitz an das → Würzburger Stift Neumünster über. Seit dem Ende des 13. Jh.s erscheinen jedoch die miteinander verwandten Adelsfamilien der Geyer und Zobel als die dominierenden Herrschaftsträger im Ort, von denen auch die neumünsterschen Güter kontrolliert wurden. Beide Familien trugen im 14. Jh. ihre *Burgen* den Markgrafen von Brandenburg-Ansbach zu Lehen auf. – Der militärisch erfahrene Ritter Florian Geyer stellte sich 1525 im Bauernkrieg auf die Seite der Rebellen. Auf den Gemarkungen der Nachbarorte Sulzdorf und ↑ Ingolstadt erlitten die von ihm angeführten 5000 Aufständischen am 4.6.1525 eine vernichtende Niederlage. – 1549 teilten beide Herrschaften das Dorf in eine untere (geyersche) und eine obere (zobelsche) Hälfte. Den Ort als Ganzes betreffende Angelegenheiten sollten gemeinsam geregelt werden, wie es 1601 bei der Einführung der Reformation geschah. Die Zobel kehrten Ende des 17. Jh.s zum alten Glauben zurück, weshalb sich in ihrer Dorfhälfte in der Folge überwiegend Katholiken ansiedelten. Am Ende des Alten Reichs waren die beiden Konfessionen mit jeweils etwa 250 Personen annähernd gleich stark. Daneben wohnten ca. 100 Juden in G., die bis 1933 überwiegend in die Städte abgewandert waren (Deportation der verbliebenen Juden am 25.4.1942). – Als Reichsritter unterstanden die Dorfherren unmittelbar dem Ks., ihre Besitzungen waren dem Ritterkanton Odenwald inkorporiert. Bei den Dorfbewohnern handelte es sich zumeist um Kleinbauern (Söldner bzw. Köbler), die im Frondienst auf den Rittergütern arbeiten mußten. Mit dem Aussterben der Geyer fiel deren Besitz 1708 an die Markgrafen von Brandenburg-Ansbach und 1792 an Preußen (bis 1803). Nach der Mediatisierung der Reichsritter 1806 und dem Übergang an Bayern wurden die verbliebenen zobelschen Herrschaftsrechte mit der Aufhebung der Patrimonialgerichte 1848 und der Ablösung der Zehnten 1851 beseitigt. – Marktrechte besitzt G. seit 1851/52. Während das *Geyer-Schloß* im 19. Jh. verfiel und durch amerikanischen Beschuß 1945 endgültig zur *Ruine* wurde, sind das *Stammschloß der Zobel* (2. Hälfte des 16. Jh.s) und das von einer Nebenlinie 1686–1700 erbaute, sog. *Friesenhäuser Schloß* (heute *Rathaus*) erhalten. Wegweisend für die Entwicklung im 20. Jh. wurde 1935 die Einrichtung eines *Militärflugplatzes*, der nach 1945 von den US-Streitkräften genutzt wurde. Bis zum Abzug der Amerikaner 2006 waren von den ca. 3200 Einwohnern knapp 25 % US-Bürger. Die Ausweisung von Neubau- und Gewerbegebieten hatte einen bemerkenswerten wirtschaftlichen Aufschwung ermöglicht. (II) *Thomas Horling*

W. Benkert, Beiträge zur Geschichte der Marktgemeinde G., G. 1970. – P. Wamsler, 400 Jahre Reformation 1601 – 2001. Evangelisch-Lutherische Pfarrkirchen Herchsheim und G., Herchsheim-G. 2001.

Giechburg (Stadt Scheßlitz, LK Bamberg, OFr.). Der dem Frk. Jura vorgelagerte Bergsattel, auf dem die G. liegt, war wohl schon in vorgeschichtlicher Zeit Wohnort und Fluchtpunkt, wie Keramikfunde aus der Hallstattzeit nahelegen. Die erste schriftliche Nennung erfolgte 1125 mit einem nicht sicher einzuordnenden »Wilhelmus liber homo de Giche«. Dieser gehört jedenfalls nicht zu den später in den Grafenstand aufsteigenden Herren von Giech, die seit 1149 als Ministerialen der Andechs-Meranier sich nach deren G. nannten (im Mannesstamm ausgestorben 1938). – Nach dem Tod des letzten Meraniers 1248 kam die G. über dessen Schwester Margarethe an die Herren (dann Grafen) von Truhendingen. Von ihnen konnten die Bf.e von Bamberg 1390 den Platz erwerben, den sie in der Folgezeit als Landesfestung, in Notzeiten auch als Residenz nutzten. Schon 1430 wurde der Bamberger Domschatz vor dem Einfall der Hussiten auf der G. in Sicherheit gebracht. Im Bauernkrieg legten die Aufständischen 1525 Feuer in der Burg. Im 2. Markgrafenkrieg wurde die G. 1553 von den Truppen des Markgrafen Albrecht Alcibiades eingenommen und zerstört und blieb ein halbes Jh. lang unbewohntes Trümmerfeld. Dann erfuhr die Anlage unter Fürstbf. Johann Philipp von Gebsattel ab 1602 den letzten großen Ausbau; die damals angebrachten fortifikatorischen Erneuerungen waren so wirkungsvoll, daß die Bergfestung im 30jg. Krieg von den Schweden nicht eingenommen werden konnte. – Seit dem Ende des 17. Jh.s schwand das Interesse der Landesherren an der G., die nur noch von untergeordneten Beamten bewohnt wurde; die Bausubstanz begann bald zu leiden. Nach der Übernahme durch Bayern ließ Bauinspektor von Hohenhausen an mehreren Stellen die Dächer einreißen, um den Verfall zu beschleunigen. Auch der Erwerb durch die Grafen von Giech, die die Burg 1819–1932 besaßen, brachte keine Wende. Erst als der LK Bamberg 1971 die G. von inzwischen bürgerlichen Besitzern erwarb, wurde die Bausubstanz grundlegend restauriert. – Die *Burganlage*, ein unregelmäßiges, langgestrecktes Rechteck, wird noch heute von ihrem ältesten Bauteil, dem weithin sichtbaren hochmittelalterlichen *Bergfried* von quadratischem Grundriß beherrscht; der mächtige, fast ohne Öffnungen errichtete Quaderbau erhielt erst unter Gebsattel einen ebenerdigen Zugang. Aus dem 15. Jh. stammen noch einige *Bastionen* und ein Teil der *Toranlage* mit den Wappen der Bf.e Anton von Rotenhan und Georg von Schaumberg. Die übrigen Bauten gehören stilistisch der Renaissance an. (III) *Hans J. Wunschel*

H. Paschke, Die G. in ihrer Glanzzeit unter Fürstbischof Johann Philipp von Gebsattel (1599–1609) und der Wiederaufbau von Kloster Schlüsselau, in: Bericht des Historischen Vereins Bamberg 111 (1975), S. 329–345. – B.-U. Abels u. a., Oberfranken in vor- und frühgeschichtlicher Zeit, Bamberg 1986, ²1996. – F. K. Hohmann, Giech. Stationen einer fränkischen Bergfeste, Bamberg 1991.

Gnotzheim, Markt (LK Weißenburg-Gunzenhausen, MFr.). Der Ort liegt unterhalb des Hahnenkamms an der alten Handelsstraße von Nürnberg über Gunzenhausen nach Nördlingen. Sw. in etwa 600 m Entfernung befand sich vom 1. bis 3. Jh. das röm. Kohortenkastell Mediana mit einem Lagerdorf, Gräberfeld sowie mehreren Landgütern. Durch archäologische Funde ist bereits eine neolithische Besiedlung der Gegend nachgewiesen, ein Grabhügelfeld der Hallstattzeit liegt nö. des Dorfes. – Ein Reihengräberfeld belegt die Existenz von G. seit dem Frühmittelalter. Eine Kirche zu »Gnozesheim« ist für 1053 bezeugt. Vom ausgehenden 11. bis in die Mitte des 13. Jh.s wird ein edelfreies Geschlecht von G. genannt, das in genealogischer Beziehung zu den Herren von Spielberg stand. Die Grafen von Truhendingen, welche die Gegend um G. und Spielberg beherrschten, wurden im 14. Jh. durch Heirat und Kauf von den Grafen von Oettingen abgelöst. 1388 erhielten die Grafen Ludwig und Friedrich von Oettingen durch Kg. Wenzel das Marktrecht und die Hochgerichtsbarkeit für G. verliehen, 1398 bestätigte er den Grafen eine Zollstation. Die Oettinger übten hier auch das Geleit aus. – G. wurde im 16. Jh. eine kath. Enklave innerhalb des prot. Markgraftums Brandenburg-Ansbach. Deutlich wird dies durch die *kath. Pfarrkirche St. Michael*, 1699–1702 (Weihe 1710) gänzlich erneuert, und die *Kirche St. Georg*, von Francesco de Gabrieli 1725–27 auf spätmittelalterlichen Grundlagen neu erbaut. Markant ist das *Johann-Nepomuk-Denkmal* (um 1730/50) in der Ortsmitte. – 1797 vertauschten die Grafen von Oettingen den Ort, G. wurde preuß. Dorf des Kammeramtes Heidenheim im Kreis Wassertrüdingen. 1806 kam G. an das Kgr. Bayern.

Oberhalb von G. liegt auf einer knapp 600 m hohen, vorgeschobenen Kuppe des Hahnenkamms die *Burg Spielberg* am Rand des gleichnamigen Ortes. Die weithin sichtbare Anlage besaß einen hochmittelalterlichen Vorgänger in Form einer Motte am westsüdwestlichen Hang. Der heutige Bau stammt aus dem Spätmittelalter, mit Ergänzungen und Umbauten der Wohn- und Wirtschaftsgebäude sowie der Kapelle vornehmlich im frühen 18. Jh. – Ein edelfreies Geschlecht ist mit

Dietprecht von Spielberg 1142 erstmals, 1228 mit Ulrich von Spielberg letztmals belegt. Darauf gelangte die Burg an die Grafen von Truhendingen, deren Truchsesse sich nach der Burg nannten. Nach mehreren Besitzerwechseln in der Mitte des 14. Jh.s kam die Burg 1360 an die Grafen von Oettingen, in deren Besitz sie im wesentlichen bis 1796 blieb. Nach einer preuß. Phase kam Spielberg 1806 an Bayern und nach mehreren Besitzerwechseln 1827 wieder an das Haus Oettingen. In der 2. Hälfte des 20. Jh.s erfolgten Sanierungs- und Sicherungsarbeiten am Schloß. Heute dient es dem Bildhauer Ernst Steinacker als »modernes Kunstschloß«.

(V)   *Daniel Burger*

H. H. Hofmann, HAB Gunzenhausen-Weißenburg, 1960. – R. Schuh, HONB Gunzenhausen, 1979. – M. Winter, Zur frühen Geschichte der Herrschaft G.-Spielberg, in: Alt-Gunzenhausen 40 (1983), S. 17–28. – G. Kiessling, DiB Landkreis Weißenburg-Gunzenhausen, 1999.

Gochsheim (LK Schweinfurt, UFr.). G. und das benachbarte Sennfeld zählen zu den sog. Reichsdörfern, von denen lediglich 5 ihren besonderen Status bis 1803 behaupten konnten. Sie liegen im Mainknie s. von → Schweinfurt auf fruchtbarem Boden, weshalb der Gemüseanbau bis in die Gegenwart eine wichtige Rolle im Wirtschaftsleben spielt. – Ebenso wie das 796 erstmals erwähnte G. dürften auch die Anfänge von Sennfeld ins Frühmittelalter zurückreichen. Um die Jahrtausendwende lagen beide Orte im Machtbereich der Markgrafen von Schweinfurt, deren Erben 1094 (Erstnennung Sennfelds) umfangreichen Besitz an das Kloster → Theres schenkten. Am Beginn des 14. Jh.s gehörten beide Orte zur Reichsvogtei Schweinfurt. Sie unterstanden unmittelbar dem Ks., der einen Reichsvogt, meist einen Adeligen aus der Umgebung, mit der Verwaltung beauftragte. Zahlreich war die Beteiligung am Bauernkrieg. 1540 erfolgte die Einführung der Reformation. Die Furcht vor einem Herabsinken zu Untertanen der Reichsstadt Schweinfurt veranlaßte beide Gde.n 1575, sich in den Schutz des Würzburger Fürstbf.s Julius Echter zu begeben, was sich als gravierender Fehler erweisen sollte, denn

Echters Politik zielte auf eine Eingliederung in das Hochstift. Nach langwierigen und kostspieligen Bemühungen konnte 1649 am Ende des 30jg. Kriegs die Wiedererlangung der Reichsfreiheit gefeiert werden. In Verbindung mit der Kirchweih wird alljährlich am ersten Septemberwochenende an dieses Ereignis erinnert. – In beiden Dörfern entwickelte sich eine gemeindliche Selbstverwaltung mit einem Reichsschultheißen an der Spitze, der in G. von den Schöffen des Dorfgerichts, in Sennfeld hingegen von der Versammlung der Gemeindebürger gewählt wurde. Auch die Pfarrer wurden von den Gde.n gewählt. In G. konnte sich eine kleine jüd. Gde. mit *Synagoge* (heute Wohnhaus) etablieren, die bis 1937 bestand. – Einen tiefgreifenden sozialen Wandel bewirkte die Industrialisierung im nahen Schweinfurt, wo um 1910 die Mehrzahl der Einwohner arbeitete. Am Beginn der 1930er Jahre förderte die hohe Arbeitslosigkeit den Aufstieg des Nationalsozialismus, der in beiden Orten breite Unterstützung fand. Während des 2. Weltkriegs verursachten alliierte Luftangriffe auf die Schweinfurter Industrie schwere Schäden; Sennfeld wurde zu 60 % zerstört. So sind an historischen Gebäuden lediglich in G. das *Rathaus* (1561), die *Kirche St. Michael* (um 1500) sowie die zugehörige *Gadenanlage* erhalten. G. (6000 Einwohner) und Sennfeld (4500 Einwohner) sind heute prosperierende Vororte von Schweinfurt. (II) *Thomas Horling*

W. Hein, Reichsschultheiß und ein Ehrbares Gericht. Bürgerliches Leben im freien Reichsdorf G., G. 1994. – D. Badel, Sennfeld. Geschichte eines ehemals freien Reichsdorfes in Franken, Sennfeld 1997.

Gößweinstein, Markt (LK Forchheim, OFr.). Inmitten der Fränkischen Schweiz, hoch über der Stelle, an der die 3 Täler von Wiesent, Ailsbach und Püttlach sich vereinigen, und an einem Knotenpunkt alter Verkehrswege von Franken nach Osten liegt der bedeutende Wallfahrtsort G. – Vor der Entstehung der Wallfahrt bestand hier eine vermutlich salierzeitliche Burg (»Goswinesteyn«). Sie wird erstmals genannt, als Ks. Heinrich IV. 1076 mitten im Investiturstreit hier den Bf. Burkhard von Halberstadt gefangen hielt. Spätestens unter Bf.

Otto I. von Bamberg (1102–39), der einen expansiven Burgenerwerb betrieb, gehörte die Burg dem Bistum Bamberg, das hier Burgleute einsetzte. Nach zwischenzeitlicher Verpfändung an die Schlüsselberger im 13./14. Jh. war G. 1348 Sitz eines bischöflichen Vogteiamtes. Die *Burg*, 1525 im Bauernkrieg in Mitleidenschaft gezogen, blieb bis 1780 bambergischer Amtssitz, war seit 1803 bay. Rentamtssitz und wurde Ende des 19. Jh.s in private Hände verkauft und neugot. umgestaltet. – Eine nennenswerte Wallfahrt nach G. geht wohl erst auf die Mitte des 15. Jh.s zurück, wenn auch bereits 1308 eine Kirche bezeugt ist. Um 1510 entstand in → Bamberg wohl durch Hans Nußbaum das spätgot. *Gnadenbild* der Marienkrönung (freudenreiche Dreifaltigkeit), das Mitte des 16. Jh.s in die Wallfahrtskirche von G. gelangte. Seither entwickelte sich G. zum bedeutendsten Wallfahrtsort zur Hl. Dreifaltigkeit in Deutschland mit hoher Blüte im 17./18. Jh. 1723 stiftete der Bamberger Fürstbf. Lothar Franz von Schönborn ein Kapuzinerkloster (1804 aufgehoben, 1823 als *Franziskanerkloster St. Maria* wiederbegründet). Unter seinem Nachfolger Friedrich Carl von Schönborn wurde 1730 mit dem Bau der zweitürmigen, hoch über den Ort aufragenden barocken *Wallfahrtsbasilika* begonnen, eines der Hauptwerke von Balthasar Neumann. Neben der Wallfahrt bestand bereits im 16./17. Jh. ein typischer großer Marktbetrieb, der vom Dreifaltigkeitssontag an 8–14 Tage dauerte. Das Dorf zwischen Burg und Kirche entwickelte sich so bis 1800 zu einem Marktort mit 4 Jahrmärkten. – Als die Romantiker im 19. Jh. die Fränkische Schweiz als pittoreske Ideallandschaft entdeckten und bekannt machten, wurde auch G. ein Zentrum des frühen Tourismus, was durch den Bau der Eisenbahn zur Talstation Behringersmühle 1930 noch verstärkt wurde. Bis heute ist G. ein Zentrum des Tourismus in der Fränkischen Schweiz, in dem Wallfahrt und Gastgewerbe die Hauptrolle spielen. (III) *Andreas O. Weber*

K. Brückner, Geschichte der Burg, Wallfahrt, Pfarrei und Marktgemeinde G., Ebermannstadt 1906. – L. Helldorfer, G. Burg, Amt, Kirche, Gemeinde, G. 1974.

Goldkronach, Stadt (LK Bayreuth, OFr.). Zehntrechte des Hochstifts Würzburg in G. belegen die Existenz der am Westrand des Fichtelgebirges am Flüßchen Kronach gelegenen Siedlung vor dem Jahr 1007. Als »Dorf Kranach« ist der Ort erstmals 1317 urk. erwähnt. Die 1342 bezeugte, auf einer mittelalterlichen Turmhügelanlage fußende Burg (»Veste Goldeck«) diente ursprünglich der Sicherung eines hier über das Fichtelgebirge nach Eger führenden Fernweges. Die Ursprünge der Befestigung reichen wohl zumindest in das ausgehende 12. Jh. zurück, als die Hz.e von Andechs-Meranien das Gebiet beherrschten. Nach deren Aussterben gelangten Burg und Dorf → Kronach wohl bald nach 1248 an die Grafen von Orlamünde, deren Herrschaft 1340 die Burggrafen von Nürnberg (ab 1415 Markgrafen von Brandenburg) übernahmen. – Im Zuge des nun aufblühenden Gold- und Silberbergbaus setzte sich der Name G. durch. Um das Montangewerbe zu fördern, verlieh Burggraf Friedrich V. dem Ort 1365 das Stadtrecht nach dem Vorbild der mährischen Bergstadt Iglau. Später galt das Kulmbacher Recht. Der ab 1430 einsetzende Niedergang des Bergbaus, dem in der Folgezeit nur mehr eine untergeordnete Bedeutung zukam, schwächte die Finanzkraft der Kommune, weshalb der Bau einer festen Stadtmauer unterblieb und die Gründung einer eigenen prot. Pfarrei sich bis 1590 verzögerte. – Neben dem Handwerk spielte die Landwirtschaft bis ins 20. Jh. eine wichtige Rolle. – Bis 1791 gehörte G. zum Markgraftum Brandenburg-Bayreuth, anschließend bis 1806 zum Kgr. Preußen. Auf die frz. Verwaltung folgte 1810 der Übergang an das Kgr. Bayern. – Seit dem 14. Jh. ist das Stadtbild geprägt vom rechteckigen, durch die Kronach geteilten Markt, der im Osten durch die *Pfarrkirche* seinen Abschluß findet. 1836 zerstörte ein Brand die Stadt nahezu vollständig. Der bebaute Raum erweiterte sich bis zur Mitte des 20. Jh.s kaum. – Das außerhalb des Stadtberings gelegene *Schloß* befand sich wohl bereits zur Zeit der Stadterhebung als burggräfliches Lehen im Besitz des Ritteradelsgeschlechts der Schütz von Laineck. Es diente bis 1557 zugleich als landesherrlicher Amtssitz, wurde nach einem Brand 1559 im Renaissan-

cestil erneuert und erfuhr um 1650 bzw. 1764 weitere bauliche
Veränderungen. Das seit dem 16. Jh. der Fränkischen Reichsritterschaft immatrikulierte Rittergut G. fiel nach dem Erlöschen der Schütz von Laineck 1684 an das Markgraftum Brandenburg-Bayreuth.   (IV)   *Richard Winkler*

W. Emmerich, Sechshundert Jahre Stadt G., in: Archiv für Geschichte
von Oberfranken 45 (1965), S. 89–116. – H. Heinz, Chronik der Stadt G.
Aus Anlaß der 600-Jahr-Feier im Jahre 1965, Bayreuth 1965. – R. Winkler, HAB Bayreuth, 1999. – J. Kiessling, Was Häuser erzählen. Aus der
Geschichte G.s, G. 2003.

Gräfenberg, Stadt (LK Forchheim, OFr.). Oberhalb eines Tal-
kessels am Südrand der Fränkischen Schweiz, 2 km talaufwärts
von Kloster → Weißenohe, wurde am Aufstieg der »Sächsischen Straße« (Nürnberg-Pegnitz-Vogtland-Sachsen) auf die
Albhochfläche und zugleich an der Grenze des bay. Nordgaus
wohl im 12. Jh. die Burg G. erbaut, die entweder auf dem über
dem Ort liegenden Michelsberg oder im Ortsareal selbst zu
suchen ist. 1172 wird der sich danach nennende ministeriale
Ortsadel erstmals genannt, aus dem offensichtlich der bedeutende Minnesänger und Dichter des Heldenepos »Wigalois,
der Ritter mit dem Rade«, Wirnt von Grafenberg, hervorging.
Die Familie der Gräfenberger ist bis zum 13. Jh. von Bedeutung. – Im frühen 14. Jh. war der bei der Burg entstandene Ort
in Besitz der → Nürnberger Patrizierfamilie Graf. Unter Konrad Graf kam es um 1333 zur planmäßigen Anlage einer
Marktsiedlung, der Ks. Ludwig der Bayer das Recht auf einen
Wochenmarkt, 5 Jahrmärkte und die hohe Gerichtsbarkeit
nach dem Muster von Nürnberg verlieh. 1321 und 1343 sind
unter den Einwohnern auch Juden bezeugt; in G. konnten
Nürnberger Juden das Pogrom von 1349 überstehen. Berthold Haller, ebenfalls ein Nürnberger Patrizier, trug 1371 den
Markt Ks. Karl IV. zu Lehen auf, im Gegenzug verlieh der Ks.
G. das Stadtrecht nach dem Muster der Städte in der Ober-
pfalz. Die Stadtentwicklung scheint aber nicht den erhofften
Verlauf genommen zu haben, da die Bezeichnung »Stadt« erst
1449 benutzt wird. Dies ist wohl auch auf die Zerstörung des
Ortes durch die bay. Hz.e im süddt. Städtekrieg 1388 zurück-

zuführen. – Durch den Nürnberger Einfluß scheint es 1499 zu einer Ausweisung der jüd. Einwohner gekommen zu sein. Seit Mitte des 15. Jh.s wurde die Stadtherrschaft auf mehrere Besitzer, meist Nürnberger Patrizier aufgeteilt, was zu vielen Streitigkeiten über die Hoheitsrechte führte, bis der Nürnberger Rat die Herrschaft komplett übernahm und im 1559 umgebauten *Schloß* (im Kern 14. Jh.; heute Sitz der Verwaltungsgemeinschaft) einen Pfleger einsetzte. 1520 wurde die *Stadtmauer* (im Westen teilweise erhalten) der rechteckigen Siedlung um den zentralem *Marktplatz* (in dessen Mitte das 1870 abgebrochene Rathaus stand) mit Türmen und 4 *Stadttoren* (3 erhalten) fertiggestellt. Zahlreiche *Bürgerhäuser* und *Kommunalgebäude* sind erhalten. Neben dem Schloß liegt die um 1300 erstmals erwähnte *Pfarrkirche* (ehem. St. Peter), spätestens 1528 wurde hier die Reformation eingeführt. – Nachdem die Stadt im 2. Markgrafenkrieg 1552 von den Truppen des Markgrafen Albrecht Alcibiades nur erobert, geplündert und gebrandschatzt (aber nicht angezündet) wurde, wurden 1567 bei einem Stadtbrand 58 Häuser zerstört; eine eigene Bauordnung regelte den Wiederaufbau. Auch im 30jg. Krieg kam es vor allem 1632 mehrfach zu Plünderungen und Zerstörungen durch kaiserliche wie schwed. Truppen. Innerhalb der Mauern war der nürnbergische Pfleger, außerhalb der Pfleger von → Hiltpoltstein Gerichtsherr. Auf der w. gelegenen Albhochfläche steht die *Kasberger Linde*, unter der im 14./15. Jh. die Landrichter von ↑ Sulzbach Gericht hielten. 1806 wurde G. Sitz eines bay. Landgerichts, das 1862 dem Bezirksamt Forchheim unterstellt wurde. – Im Krieg von 1866 war das *Hotel Alte Post* zeitweise Hauptquartier des preuß. Heerführers Friedrich Franz Großherzog von Mecklenburg; hier wurde auch der kriegsbeendende Waffenstillstand ausgehandelt. – Mit der Eröffnung der Lokalbahnlinie Erlangen-G. 1886 (1963 eingestellt) und der Bahnlinie G.-Nürnberg 1908 wurden neue Verbindungen geschaffen bzw. alte erneuert. G. ist heute ein Kleinzentrum für Handel und Gewerbe sowie Gastronomie und Brauereiwesen. Durch das 1970 eröffnete Schulzentrum und die Verkehrsanbindung nach Nürnberg wurde es zu einem Wohnort für Pendler. Im Norden der Stadt dehnen sich als größte Wirtschaftsbetriebe ausgedehnte Kalksteinbrüche aus, die vor allem Straßenschotter liefern.

(VI)   *Andreas O. Weber*

H. Ackermann, G. in Vergangenheit und Gegenwart, G. 1973.

Greding, Stadt (LK Roth, MFr.). G. liegt im breiten Tal der Hinteren Schwarzach an den sich zum Jura hinaufziehenden Hängen. Seine Anfänge sollen bis ins 6. Jh. zurückreichen. Gesichert ist ein frk. Königshof und die Urpfarrei *St. Martin* (Turmuntergeschosse aus dem 11. Jh.) mit *Michaelskapelle* aus dem 12. Jh. Das Reichslehen der Babenberger Markgrafen auf dem Nordgau wechselte nach dem Sturz des Markgrafen Heinrich (1003) mehrmals den Besitzer. In einem Verzeichnis der Königshöfe erscheint es unter den »Curie de Bavaria« im Jahre 1064/65 (1152?) als »Gradinga« (Siedlung des Grado). In einer Urkunde von 1091 schenkt Ks. Heinrich IV. »Gredingen« an Oudalrich, Bf. von Eichstätt. 1311 gab es Ks. Heinrich VII. endgültig an das Hochstift Eichstätt. Dabei wurde G. als feste Stadt (oppidum) bezeichnet. – Die Marktsiedlung zu Füßen des Kirchenbezirks ist im 12./13. Jh. entstanden. An der Kreuzung der von Osten (Kinding), Süden (Eichstätt) und Westen (Nürnberg) einlaufenden Straßen liegt der weiträumige, dreieckige *Marktplatz* mit *Pfarrkirche St. Jacobus* (1725/27), *Rathaus* (1699), *ehem. Fürstbischöflichem Schloß, Schulhaus* (ehem. Fürstbischöfliches Forsthaus) und *Gasthäusern*. Ende des 14. Jh.s wurde G. von den Eichstätter Bf.n neu befestigt (*Stadtmauer z. T. mit Wehrgang, Türmen und Toren*). – 1806 kam die Stadt zu Bayern und wurde Sitz des Landgerichts, eines Rentamts und eines kath. Dekanats. 1831 gab es 5 Bierbraustätten, schon seit 1370 war G. Zentrum des Hopfenanbaus des Umlands. 1888 wurde die Lokalbahn G.-Roth eröffnet; sie war bis 1972 in Betrieb. 1935–38 wurde die Reichsautobahn (heute A 9 München-Nürnberg) mit der Anschlußstelle G. gebaut.

(VI)   *Wolfram Unger*

G. Hirschmann, HAB Eichstätt, 1959. – W. Wiessner, HAB Hilpoltstein, 1978. – O. Wagner, G. zwischen zwei Jahrtausenden. 1091–1991, G. 1990.

Greifenstein (Gde. Heiligenstadt i. OFr., LK Bamberg, OFr.). *Burg G.* ist in weithin beherrschender Lage hoch über dem Leinleitertal auf einer Felskuppe erbaut, die nach 3 Seiten steil abfällt. Erstmals nennt sich Eberhard de Grifensten, der zur edelfreien Familie der Schlüsselberger zählt, etwa 1172 nach dieser Burg, die vermutlich nicht lange vorher erbaut worden ist. 1339 wird eine Teilung der Besitzrechte unter den Schlüsselbergern und der Familie der Streitberger erkennbar. Nach dem Aussterben der Schlüsselberger 1347 gelangte deren Anteil an der Burg in den Besitz des Hochstifts Bamberg. In der Folgezeit wurden Anteile von G. vielfach Streitbergern verliehen. – Im Bauernkrieg von 1525 wurde die Burg zerstört und anschließend wieder aufgebaut, doch verfiel die Anlage unter den letzten Besitzern der Familie von Streitberg, die 1690 ausstarb. Danach kam es zu einer grundlegenden Neuordnung: Das Bamberger Domkapitel schenkte 1691 Bf. Marquard Sebastian Schenk von Stauffenberg G. mit der Erlaubnis, dieses Lehen an Brüder und Verwandte weiterzugeben; damit wurde die Besitzkontinuität in der Familie von Stauffenberg bis zur Gegenwart begründet. – Der neue Besitzer, auch Erbauer des Schlosses Seehof, ließ den Bau weitgehend umgestalten. Die neue Anlage ist ein repräsentatives barockes *Bergschloß* mit rechteckigem Hof, Vorhof, zwei Rundtürmen, einem eckigen Turm am Eingang und einem eckigen Bergfried. Die Befestigungsanlagen knüpfen an die mittelalterliche Wehranlage an. Im Inneren befinden sich Repräsentationsräume. Zwischen 1720 und 1781 wurde in zwei Phasen noch ein außerordentlich phantasievoller *Barockgarten* mit einer 500 m langen Lindenallee, einem *Obelisken*, einem *Tempel der Ceres*, einem chinesischen Pavillon, einem *Lustgarten-Sommerhaus*, einem Eremitenhaus und einer *got. Kapellenruine* angelegt. Heute ist die Anlage verwildert; auch die Bauten sind nur noch teilweise erhalten. – Im Jahr 1944 wurde Burg G. ebenso wie aller Besitz der Familie des Hitler-Attentäters Claus von Stauffenberg beschlagnahmt. G. kam damit kurzzeitig unter die Verwaltung der Bezirksfinanzdirektion Nürnberg und ist heute wieder Familienbesitz. (III) *Hans J. Wunschel*

H. Kunstmann, Die Burgen in Oberfranken, Bd. 1: Die Burgen der Edelfreien Geschlechter im Wiesentgebiet, Kulmbach 1953. – Ders., Die
Burgen der westlichen und nördlichen Fränkischen Schweiz, Bd. 2,
Würzburg 1972. – A. Graf von und zu Egloffstein, Ritterschaftliche
Schlösser des 18. Jahrhunderts in Franken. Ein Beitrag zur Bau- und Aus-
stattungskultur des Barock, Rokoko und Frühklassizismus, München
1994.

Großgründlach (Stadt Nürnberg, MFr.). Das am Nordrand
des Knoblauchslandes (im Norden des heutigen → Nürnberger Stadtgebietes) gelegene G. ist erstmals 1021 als »Crintila-
ha« erwähnt. Die seit 1140 nachweisbaren Reichsministerialen von Gründlach starben 1314/15 aus. Ihr Stammsitz ging
1326 durch Kauf an die Burggrafen von Nürnberg, die 1328
von Ks. Ludwig dem Bayern für den Ort ein wohl nur kurzlebiges Stadtrecht erhielten. Zu dieser Zeit bestand bereits die
planmäßig wirkende Erweiterung des Dorfes mit einer platz-
artig ausgebauten Straße nach Art eines Straßenmarktes, die
vom ursprünglichen Ortskern am Übergang über den Fluß
Gründlach nach Norden bis in den Bereich der Burg Gründlach führt. Die Burg wird erstmals 1326 genannt; die Anlage
stammt im Kern spätestens aus der Zeit um 1200. – 1343 erwarb Gräfin Kunigunde von Orlamünde den Ort. Sie stattete
damit das von ihr im gleichen Jahr gestiftete, dem Abt von
→ Langheim unterstellte Zisterzienserinnenkloster Himmelthron aus, das zunächst im Nürnberger Hl.-Geist-Spital eingerichtet wurde und 1348 in die Burg Gründlach übersiedelte. Die Stifterin trat selbst in das Kloster ein und leitete es
1360–82 als Äbtissin. – Das unzureichend mit Besitz ausgestattete Kloster Himmelthron stand seit 1378 unter der Herrschaft der Stadt Nürnberg und diente vor allem der Versorgung von Töchtern des frk. Landadels. Im Zuge der Einführung der Reformation in Nürnberg löste sich der Konvent
1525 auf. – Die Burg und das stattliche Dorf wurden im
2. Markgrafenkrieg 1552 niedergebrannt; die Burg wurde erst
nach dem Kauf durch die Geuder 1572 wieder aufgebaut.
Als Sitz Nürnberger Patrizier – seit 1616 der Pfinzing – im
30jg. Krieg 1634 erneut zerstört und bis ca. 1700 bei Abbruch

des Bergfrieds als *Schloß* mit barocker Vierflügelanlage wiedererrichtet, ist sie seit 1766 Sitz der Haller von Hallerstein. – Die aus einer Burgkapelle wohl im 13. Jh. hervorgegangene *Laurentiuskirche* ö. des Schlosses diente 1348–1525 als Klosterkirche und war zugleich Pfarrkirche der Pfarrei G. Nach Zerstörungen im 16. und 17. Jh. wurde die Kirche 1674–81 wiederhergestellt. – G. war seit 1796 preuß. und kam 1810 an Bayern. Der Ort erlitt bei einem Luftangriff 1943 schwere Kriegsschäden und wandelte sich nach dem 2. Weltkrieg von einem landwirtschaftlich geprägten Dorf zu einem Wohnvorort im Umfeld der Großstadt Nürnberg, der er 1972 eingemeindet wurde.   (VI)   *Martin Ott*

B. von Haller, St. Laurentius in G. Geschichte eines Kulturdenkmals im Knoblauchsland, Nürnberg 1990. – Geschichte(n) aus G., G. 1997. – M. Diefenbacher/R. Endres (Hg.), Stadtlexikon Nürnberg, Nürnberg 1999, ²2000.

Großheubach, Markt (LK Miltenberg, UFr.): → Kleinheubach.

Großostheim, Markt (LK Aschaffenburg, UFr.). Die 16.000 Einwohner zählende Marktgde. liegt im Herzen der einst kgl.-frk. Grafschaft und späteren kurmainzischen Cent Bachgau zwischen Spessart und Odenwald. Die lößbedeckten Vorhöhen des n. Odenwaldes lockten bereits um 2500 v. Chr. jungsteinzeitliche Siedler an. Die Römer vergrößerten die Rodungsinseln, legten im Schutz des nahen → Limes Gutshöfe an und erweiterten das Altwegenetz um noch heute erkennbare Heerstraßen. – Im 5./6. Jh. gründeten die Franken Siedlung und Königshof »Ostheim«. Rasch entwickelte sich der Ort zum Mittelpunkt und Verwaltungssitz der Cent Bachgau. Fruchtbarer Boden, mildes Klima und die Lage an wichtigen Fernhandelsstraßen förderten diese Entwicklung. Karl der Große und Mitglieder des frk. Hochadels schenkten Teile des Bachgaus dem Reichskloster Fulda. Um das Jahr 800 sind sechs Stiftungen in Ostheim im Fuldaer »Codex Eberhardi« verzeichnet. Darunter ist auch die zwischen 780 und 799 zu datierende Ersterwähnung des Ortes und 802/817 die einer Martinskirche. – Die Abtei Fulda setzte als Verwalter des Bachgaus Grafen und im hohen Mittelalter die Reichsministerialen von Hagen-Münzenberg ein. Deren Erben, die Grafen von Hanau, verkauften 1278 den Bachgau an das Hochstift Mainz, unter dessen Herrschaft G. bis 1803 blieb. Nach dem kurzen Intermezzo der Dalbergstaaten (Fürstentum Aschaffenburg und Großherzogtum Frankfurt) kam G. 1814 zu Bayern. – Die Siedlung entwickelte sich um den Kirchberg mit dem geräumigen *Marktplatz*. Diesen säumen repräsentative *Bürgerhäuser* mit Zierfachwerk des 15.–18. Jh.s Ein Glanzpunkt ist das neu renovierte Fachwerkensemble eines *domprobsteilichen Lehenshofes*, erbaut 1421–1628 (heute *Heimatmuseum*). Die Ostseite nimmt die alte *Pfarrkirche St. Peter und Paul* ein. Ein Kranz von 7 meist spätgot. *Kapellen* umgibt den Ort. Die geräumige *Kreuzkapelle* birgt eine lebensgroße Sandsteinkreuzigungsgruppe von Hans Backofen aus dem Jahre 1513. Seit 1490 schützt ein mit runden *Türmen* bewehrter *Mauerring*, von dem noch Teile erhalten sind, den Marktort. – Nach dem Niedergang der Wirtschaft in der nachnapoleonischen Zeit brachte die Heimschneiderei um 1870 einen neuen wirtschaftlichen Aufschwung. Dem Bau der Eisenbahn von Aschaffenburg nach Höchst im Odenwald 1911 folgte die Ansiedlung von Industriebetrieben der Maßkonfektion und der Holzverarbeitung. Besonders seit 1950 nach der Aufnahme vieler Vertriebener dehnte sich der Ort rasch aus. Auf einem ab 1936 angelegten ehem. Militärflugplatz entstand 1950 die Siedlung Ringheim. Heute ist G. mit bedeutenden Industrien des Maschinenbaus, einer Brauerei und dem europäischen Sitz des Spielzeugherstellers Nintendo eingebunden in das Rhein-/Main-Autobahnnetz.

(I)   *Ewald Lang*

G. Christ, HAB Aschaffenburg, 1963. – D. Klinksiek, Chronik des Marktes G. 1803–1978, G. 1994. – Dies. (Hg.), 1200 Jahre G., G. 1999.

Großwallstadt (LK Miltenberg, UFr.). Die beiden Orte Groß- und Kleinwallstadt liegen sich am Main gegenüber. Der Ortsname »Wallstadt« (um 1000 Ualohostad) deutet auf spätantike, roman. Bevölkerung zwischen den beiden röm. Kastellplätzen → Obernburg und Niedernberg hin. Flurnamen und Funde belegen römerzeitliche Zivilsiedlungen auf den lößbedeckten Mainterrassen im s. Bachgau bei G. »Wallstadt« umfaßte aber nicht nur das links-, sondern auch das rechtsmainische Ufer. – Die Namendifferenzierung zwischen G. und Kleinwallstadt ist ein Ergebnis territorialpolitischer Streitigkeiten des 12./13. Jh.s. Das Erzbistum Mainz errichtete ö. von Kleinwallstadt eine Burg »Waleberg«, die zunächst gegen die staufische Reichslandpolitik gerichtet war, einige Jahrzehnte später dann in der Auseinandersetzung mit dem Grafen von Rieneck im nahen Spessart eine wichtige Rolle gespielt haben muß und dabei wohl auch zerstört wurde. Als der langjährige Streit um den linksmainischen Bachgau zwischen Kg. und Erzbf. zugunsten von Mainz entschieden war (endgültige Bestätigung 1314), das Erzbistum also beide Wallstadt-Orte besaß, bürgerte sich die Ortsnamenunterscheidung ein. Der Main trennte nun »Königswallstadt«, bzw. G., in der Cent Bachgau gelegen und zur Vogtei Obernburg gehörig, von »Bischofswallstadt«, bzw. Kleinwallstadt in der »Cent zur Eich«. – Beide Orte wurden mit Mauern und Türmen bewehrt; in G. steht noch der »*Runde Turm*« mit einem steinernen Wächter auf den Zinnen. Während die Mauern des befestigten Kirchhofes in Kleinwallstadt weitgehend verschwunden sind, ist die eindrucksvolle *Kirchhofsbefestigung* in G. mit dem spätroman. Portal noch gut erhalten; die *Kirche* ist ein Neubau, in dem der mittelalterliche Turm und das barocke Portal integriert sind. In Kleinwallstadt dagegen ist die *Pfarrkirche*, deren Sprengel ursprünglich weit in den Spessart hineinragte, mit ihrer barocken Ausstattung noch weitgehend unversehrt. – Beide Orte blieben mainzische Landgde.n bis 1803 bzw. 1814 und kamen dann zum Kgr. Bayern. Kleinwallstadt, Sitz eines kurmainzischen Amtes seit dem 16. Jh. und (1814) eines bay. Landgerichts, hatte mit seinen Versuchen, Amtssitz zu werden, keinen Erfolg. Der Eisenbahnanschluß (1876) ermöglichte in beiden Wallstadt eine Anbindung an das Zentrum der Textilindustrie in → Aschaffenburg

und brachte mit der Heimschneiderei vielen Familien Arbeit
und Brot. (I) *Werner Trost*

H. Kilian, Kleinwallstadt und seine ehemaligen Filialen. Orts- und Heimatgeschichte, Kleinwallstadt 1931. – R. Wohner, HAB Obernburg,
1968. – G. Geschichts- und Heimatbuch, G. 1982.

Großwelzheim (Gde. Karlstein a. Main, LK Aschaffenburg,
UFr.): → Karlstein a. Main.

Grünau (Gde. Schollbrunn, LK Main-Spessart, UFr.). Die
Kartause G. (meist Nova Cella = Neuzelle genannt) wurde
1328 als erste Kartäuserniederlassung in Franken gegründet,
und zwar im einsamen Kropfbachtal im Südspessart (zwischen Hasloch a. Main und Schollbrunn). Die *Kirche* – in einiger Entfernung vom Kloster – war über 100 Jahre älter, 1216
gegründet, 1297 mit einem Ablaß versehen (heutige *Markus-
kapellenruine* im Haselbachtal). Stifterin war die Wertheimer
Grafentochter Elisabeth, Gemahlin des 1290 verstorbenen
Gottfried von Hohenlohe-Röttingen, die auch weitere frk.
Klöster bedachte. G., das auf wertheimischem Erbgut errichtet wurde, erhielt bald Besitzungen und Gefälle vom Wertheimer Grafenhaus, das die Vogtei innehatte, sowie vom Adel der
Umgebung. – Der Konvent blieb klein, er hatte selten über 20
Mitglieder. 1525 wurde die Kartause von den Bauern geplündert; die Mönche flohen in die Kartause Ilmbach/Steiger-
wald. Da die Grafen von Wertheim prot. wurden, begann die
Kartause bald abzusterben. 1557 wurde sie aufgehoben und
die Einkünfte dem Hospital zu Wertheim zugewiesen. 1629
stellte Ks. Ferdinand II. trotz des Protestes der ev. Grafen von
Wertheim die Kartause wieder her, sie wurde aber bereits
1632 durch Kg. Gustav Adolf erneut aufgehoben, bis sie 1635
unter dem Schutz der kath. Grafenlinie von Löwenstein-
Wertheim neu errichtet wurde. Da nun die Zahl der Mönche
auf 4 beschränkt war, blieb das Kloster am Rande der Exi-
stenzfähigkeit. Trotzdem wurde es nach dem 30jg. Krieg neu
aufgebaut. Einzelne *Bauten* sowie *Ummauerung* und *Fischteiche*
sind noch erhalten. – G. wurde 1803 säkularisiert und 1820 in

ein Hofgut der Fürsten Löwenstein-Wertheim-Freudenberg umgewandelt; ein solches ist es bis heute geblieben. Seit 50 Jahren ist es ein beliebter Ausflugsort mit *Wirtshaus* (im ehem. Prior-Bau). (I) *Wilhelm Störmer*

G. Rommel, Geschichte der ehemaligen Kartause G. im Spessart, in: Jahrbuch des Historischen Vereins »Alt-Wertheim« 1932, S. 39–97; 1933, S. 41–74. – J. Hogg, Die Kartause G., in: Wertheimer Jahrbuch 1980/82, S. 37–54.

Grünsberg (Stadt Altdorf b. Nürnberg, LK Nürnberger Land, MFr.). *Burg G.*, erstmals 1231 im Besitz der »Rindesmule de Grundisberc« belegt, liegt 2 km sw. von → Altdorf auf einem Felssporn in halber Höhe über dem Schwarzachtal. Durch ihre Lage an der tiefsten Stelle in einem Talkessel war die Burg von Feinden nur schwer auszumachen und wird dem Typ der »Versteckburg« zugerechnet. – Die Rindsmaul, staufische Ministerialen, wurden mit der Burg belehnt und wählten sie zum Stammsitz. Später war diese mitsamt ihren Ländereien durchgehend an Lehensleute der pfälz. Linie der Wittelsbacher verpfändet. Im Landshuter Erbfolgekrieg 1504 verweigerten die Besitzer die Übergabe der Burg an die Reichsstadt → Nürnberg, die sie daraufhin einnahm und niederbrannte. 1529 verkaufte sie der Rat der Stadt Nürnberg an das Ratsmitglied Friedrich Behaim. Im 2. Markgrafenkrieg wurde die Burg 1552 erneut niedergebrannt, bis 1561 aber wieder aufgebaut. Für die nächsten zwei Jh.e wechselte der Besitz der Burg zwischen verschiedenen Nürnberger Patrizierfamilien, bis sie um 1660 an die Paumgartner kam. Johann Paul III., der 1726 als letzter Paumgartner kinderlos starb, nahm zu Ehren seiner zweiten Frau Sophie einen großen Umbau im Regencestil vor. 1754 heiratete Sophies Tochter aus zweiter Ehe, Eleonore Haller von Hallerstein, Carl Christoph Stromer von Reichenbach. Bis zum Jahr 2000 war Burg G. im Besitz der Patrizierfamilie Stromer von Reichenbach. Nach dem Tod des letzten Eigentümers wandelten seine Erben den Besitz in eine öffentliche gemeinnützige Stiftung um. – Etwa 500 m von der Burg entfernt am Ende einer Allee im Wald liegt die *Sophienquelle*. Die barocke, nach Art eines Amphitheaters gestaltete Quellfassung ließ Johann Paul III. Paumgartner zu Ehren seiner Frau Sophie als Teil eines »sentimentalen Landschaftsgartens« 1724–26 errichten. (VI) *Sandra Frauenknecht*

I. Schönwald, Die Patrizierfamilie Paumgartner auf Burg G. Überlegungen zum Selbstverständnis des Nürnberger Patriziats im ersten Drittel des 18. Jahrhunderts, Lauf 2001. – E. Odörfer, Die Entwicklung der ehemaligen Herrschaft G. und ihrer Ortschaften, in: Altnürnberger Landschaft 52 (2003), S. 713–734.

Gunzenhausen, Stadt (LK Weißenburg-Gunzenhausen, MFr.). Die Stadt G. liegt am ö. Ufer der oberen Altmühl. Besiedlung ist hier seit der Bronze- und Hallstattzeit nachgewiesen. Um die *Pfarrkirche* befand sich seit dem 1. Jh. bis zur Mitte des 3. Jh.s ein röm. Kastell, in wenigen hundert m n. Entfernung führte der → Limes mit der begleitenden Straße über die Altmühl. – Das Kloster »Gunzinhusir« im Sualafeldgau entstand als Eigenkloster, 823 wurde es von Kg. Ludwig dem Frommen zusammen mit der kgl. Grundherrschaft dem Kloster Ellwangen geschenkt. Ein frühmittelalterlicher *Burgstall* (auf vorgeschichtlicher Grundlage) befindet sich ö. oberhalb der Stadt. Die Vogtei übten seit dem 12. Jh. die Grafen von Truhendingen aus. G. wurde wohl bereits unter diesen zur Stadt, wie die Erwähnung von »cives« 1271 nahelegt (das älteste Stadtsiegel stammt von 1402). – Aus dem Truhendinger Erbe kam G. im 14. Jh. zunächst an die Grafen von Oettingen und 1349 an Burkhart von Seckendorff-Jochsberg, wobei die Ellwanger Oberlehenshoheit gewahrt wurde. Dieser stiftete im Zuge seiner Bemühungen zur Schaffung eines eigenen Territoriums 1351 ein *Spital* in G. In dessen *Kirche Zum Hl. Geist* ist sein got. Grabmal erhalten. Bereits sein Sohn, Wilhelm von Seckendorff, verkaufte 1368 G. an Burggraf Friedrich V. von Nürnberg. Die mit dem *Färberturm, Blasturm, Storchenturm* in Teilen erhaltene *Stadtbefestigung* dürfte auf das 14. Jh. zurückgehen. – 1448 begann die Neuerrichtung des Chores der Pfarrkirche *St. Maria*, 1469 folgte das Langhaus. Ab 1524 finden sich erste Anzeichen der Reformation, 1528 amtierte in G. der erste ev. Stadtpfarrer. – Die Zollern richteten in G. ein Oberamt mit Stadtvogteiamt ein, die Stadt war seit dem frühen 17. Jh. eine der beiden markgräflichen Legstädte. Der 30jg. Krieg verwüstete die Stadt schwer, oberösterr. Exulanten förderten den Wiederaufbau. Markgraf Carl Wilhelm Friedrich (1712–57) hielt sich besonders gern in der Altmühlstadt auf, an deren Rand er das (abgegangene) Lustschloß »Falkenlust« errichten ließ. 1748 wurde das im 16. Jh. errichtete Rathaus auf dem Marktplatz abgetragen. Ein projektierter Neubau nach Plänen des Baumeisters Johann David Steingruber wurde als *Palais Heydenab* des markgräflichen Geheimen Rates und Obristfalkenmeisters Ernst von Heydenab realisiert. – 1792 kam G. an Preußen, 1806 an Bayern. 1841–49 wurde vor der Stadt für die Ludwigs-Süd-Nord-Bahn ein neunbogiger *Viadukt* über die Altmühl gebaut. – Die zunächst von → Absberg, ab 1818 von Cronheim betreute kath. Gde. – seit 1721 sind Katholiken in G. wieder nachgewiesen – wuchs nach 1810 an. 1867/68 entstand die *kath. Kirche St. Maria Immaculata*, welche nach Kriegsbeschädigung im 2. Weltkrieg und aufgrund vermehrter Zuwanderung kath. Flüchtlinge 1959/60 durch einen größeren *Neubau* ersetzt wurde. 1897 wurde die kath. Expositur G. zur Pfarrei erhoben. Am Rand des Burgstallwaldes oberhalb der Stadt entstand ab 1905 das *Diakonissen-Mutterhaus* auf der »Hensoltshöhe«, welches nach vielerlei Ausbauten eine beachtenswerte Position im Stadtbild einnimmt. – Die durch Verfolgungen 1284 und danach seit 1334 nachzuweisende jüd. Gde. ging im Dritten Reich unter. Noch 1932 war die Synagoge renoviert worden; 1938 geschändet, wurde der Bau schließlich 1981 zugunsten einer Tiefgarage abgerissen. – 1893 wurde eine vierklassige Realschule eingerichtet, die 1957 zur Oberrealschule und 1965 zum Simon-Marius-Gymnasium (benannt nach dem 1573 in G. geborenen Astronomen) umgewandelt wurde. Durch das Neue Fränkische Seenland, besonders mit dem nahen Altmühlsee, hat die Stadt einen deutlichen Bedeutungszuwachs im Fremdenverkehr erlebt. (VI) *Daniel Burger*

H. H. Hofmann, HAB Gunzenhausen-Weißenburg, 1960. – R. Schuh, HONB G., 1979. – Heimatbuch der Stadt G., G. 1982. – G. Kiessling, DiB Landkreis Weißenburg-G., 1999.

Guttenberg (LK Kulmbach, OFr.). G. liegt am s. Rand des
Frankenwalds im heutigen LK Kulmbach. Erstmals erwähnt
wird der Ort um 1315, als der Ministeriale Heinrich von Plassenberg das »castrum Gutenberg« erbauen ließ und dem Bf.
von Bamberg das Öffnungsrecht zugestand. Die Gegend gehörte zuvor offenbar den edelfreien Walpoten, die ihren Besitz im 13. Jh. stückweise verkauften und schließlich ausstarben. Ab 1337 benannten sich die von Plassenberg »mit dem
Rosensiegel« nach dem Ort G. Im 14. und 15. Jh. konnte die
Familie ihren Besitz erheblich erweitern und durch wichtige
Herrschaftsrechte stärken (1442 Pfarreirecht, 1444 kaiserliches Halsgerichtsprivileg). – In der frühen Neuzeit gehörten
die verschiedenen Rittergüter der G. zum Kanton Gebürg
der Fränkischen Reichsritterschaft. Nach 1555 setzte die Familie in der Patronatspfarrei das luth. Bekenntnis durch. G. ist
bis heute Sitz einer ev. Pfarrei mit gültigem Patronat der Freiherren von G. Der Zweig der von G. zu g. trat jedoch unter
dem Einfluß des Würzburger Fürstbf. Johann Gottfried von
G. (1684–98) zum kath. Glauben über und stärkte danach den
Zuzug von Katholiken. – Die Burg Altguttenberg wurde
nach den Zerstörungen im 30jg. Krieg nicht wieder aufgebaut; *Neuguttenberg* blieb als spätmittelalterlicher Rittersitz mit
Palas sowie ergänzenden barocken Wirtschafts- und Wohngebäuden bis heute erhalten. – Am Ortsbild lassen sich typische Elemente adeliger Familien- und Herrschaftsgeschichte
ablesen. Neben der Burganlage gehören dazu die großräumigen *Rittergutssitze* der verzweigten Familie samt Wirtschaftsgebäuden, Brau- und Wirtshäusern sowie das Nebeneinander
von kath. und ev. *Schulhaus.* – Die Mediatisierung der Reichsritterschaft in Franken 1806 bedeutete das Ende unmittelbarer adeliger Herrschaft; das Patrimonial- bzw. Herrschaftsgericht G. wurde 1848 aufgelöst. – Landwirtschaft und Handwerk prägten über Jh.e das wirtschaftliche Leben im Ort;
Industrie siedelte sich nicht an. Die 1700 mit dem Freiherren-
diplom ausgestatteten Familie G. fand im Kgr. Bayern schnell
Anschluß an die politische und gesellschaftliche Elite und
konnte diese Stellung bis heute erhalten. Davon profitierte

immer wieder auch die Gde. G., sei es in der 2. Hälfte des
19. Jh.s beim frühen Aufblühen des Vereinslebens oder in der
Diskussion um die bay. Gebietsreform. Dank der Bemühungen des Bundestagsabgeordneten und ehem. Staatsministers
im Kanzleramt Karl Theodor Freiherr von G. gelang es, trotz
der lediglich ca. 600 Einwohner die Selbständigkeit von G. im
Rahmen der Verwaltungsgemeinschaft Untersteinach zu bewahren.   (IV) *Klaus Rupprecht*

E. v. Guttenberg/H. H. Hofmann, HAB Stadtsteinach, 1953. – H. Kunstmann, Schloß G. und die früheren oberfränkischen Burgen des Geschlechtes, Würzburg 1966. – J. Bischoff, Genealogie der Ministerialen
von Blassenberg und Freiherren von (und zu) G., Würzburg 1971. –
K. Rupprecht, Ritterschaftliche Herrschaftswahrung in Franken. Die
Geschichte der von G. im Spätmittelalter und zu Beginn der Frühen
Neuzeit, Neustadt/Aisch 1994.

Hagenbach (Gde. Pretzfeld, LK Forchheim, OFr.): → Pretzfeld.

Haimendorf (Stadt Röthenbach a.d. Pegnitz, LK Nürnberger
Land, MFr.): → Röthenbach a.d. Pegnitz.

Hallstadt, Stadt (LK Bamberg, OFr.). Im Schnittpunkt sehr alter vom Westen und Norden kommender und bis Böhmen
führender Fernstraßen (heute A 70 Schweinfurt-Bayreuth)
liegend, diente H. erstmals um 5000 v. Chr. und wieder seit der
jüngeren röm. Kaiserzeit als Siedlungsplatz. – Die Karolinger
bauten den nahe der heutigen Stadtkirche inmitten einer älteren Siedlung mit Friedhof (8. Jh.) gelegenen frk. Königshof,
dessen Zehnterträge der princeps Karlmann um 742 dem neugegründeten Bistum Würzburg schenkte, zu einem wichtigen
Handelszentrum und Etappenort für Kriegszüge nach Osten
aus. Das Diedenhofer Kapitular von 805 nennt H. als einen
von mehreren zentralen Stapelplätzen und Kontrollorten für
den Handel mit den Slawen. – 1007 übertrug Heinrich II. das
Königsgut H. seiner Bistumsgründung → Bamberg; 1013
folgte die dortige, vom Bf. von Würzburg ertauschte, bereits
im 8. Jh. entstandene frk. Eigenkirche St. Martin (seit dem

9. Jh.: St. Kilian). Sie gehörte zu den nur mit Bamberger Dom-
kanonikern besetzten Oberpfarreien des Bistums Bamberg;
ihr Pfarrsprengel erstreckte sich bis um 1400 fast über die ganze Zent → Memmelsdorf. Schon um 1117 Sitz des ältesten –
ursprünglich kgl. – Hochgerichts des Hochstifts Bamberg
(»Kammerfraisch« H.), dem insgesamt 24 aus dem Zentspren-
gel von Memmelsdorf eximierte Ortschaften unterstanden,
erscheint H. Ende des 15. Jh.s auch als Sitz eines landesherrlichen bambergischen Amts. Zur Strafe für die Beteiligung seiner Bauern an der Erstürmung der Alten Hofburg und der
Domherren- und Stiftshöfe in Bamberg ließ Fürstbf. Weigand
von Redwitz im Juni 1525 den gesamten Ort niederbrennen
und seine mittelalterliche Befestigung zerstören. – Der Übergang an Bayern zeitigte 1803/04 die Auflösung des Kammer-
guts und Aufhebung der Oberpfarrei. 1954 feierte H. die Erhebung zur Stadt und den 1300. Jahrestag seiner nur legendär
überlieferten Ersterwähnung als Predigtort des hl. Kilian. –
Die *Hallenkirche St. Kilian* besitzt einen spätgot. Chor von
1380/90 und einen 1738 entstandenen barocken Hochaltar
des Bildhauers Leonhard Gollwitzer. Das 1576/77 erbaute historische *Rathaus* wurde 1951/52 restauriert.

(III)   *Hubertus Seibert*

H. Weiss, HAB Bamberg, 1974. – B.-U. Abels u. a., Oberfranken in vor-
und frühgeschichtlicher Zeit, Bamberg 1986, ²1996. – J. Haberstroh,
Neues aus dem fiscus dominicus Halazestat, in: Das archäologische Jahr
in Bayern 2001, S. 121–123.

Hammelburg, Stadt (LK Bad Kissingen, UFr.). Erste Hinweise
auf Siedlungtätigkeit im Raum H. lassen sich für das spätere
5. Jh. n. Chr. nachweisen, als auf dem im Norden des Stadtgebiets gelegenen Hammelberg eine mit zwei Abschnittswällen
und vorgelagerten Gräben gesicherte kleine thür. Höhensiedlung bestand. Mehrere am Westhang des Berges aufgedeckte
Gräber mit reichen Beigaben dürften dieser Siedlung zuzuordnen sein. – Die Anlegung eines zweiten Siedlungskerns
vermutlich am Fuße des Saaleckberges wurde begünstigt
durch die Lage an einer Furt über die Fränkische Saale und

an der Kreuzung zweier wichtiger Handelsstraßen. Dieses »Hamulo castellum« wurde im Jahr 716 von Hz. Hetan II. aus seinem Familienbesitz dem angelsächs. Missionar Willibrord zum Zweck einer Klostergründung übertragen, die aber wahrscheinlich nie zur Ausführung gelangte. – Dagegen lag die als Mittelpunkt eines größeren Königsgutkomplexes planmäßig angelegte und 836 als »villa« bezeichnete frk. Siedlung »Hamalunburg« in der Südwestecke der heutigen Stadt. Deren Kirche St. Martin wurde mit dem Zehnten in der Mitte des 8. Jh.s von den Karolingern dem neugegründeten Bistum Würzburg geschenkt. Nachfolgebau dieser Urkirche ist die heutige *Pfarrkirche St. Johannes d. T.* (errichtet zwischen 1389 und 1461 als dreischiffiger, basilikaler Bau mit Westempore, nach dem 2. Weltkrieg erweitert). – 774/77 überließ Karl der Große den kgl. Fiskus H. dem Kloster Fulda. Die Anlage der *Burg Saaleck*, der Bau einer steinernen Brücke über die Saale im 12. Jh. (im 16. und 17. Jh. erneuert, 1945 zerstört) und die Errichtung der ersten *Stadtbefestigung* um 1230/40 waren gezielte Maßnahmen der Fuldaer Äbte zur Sicherung ihres wichtigen s. Eckpfeilers gegen würzburgische Expansionsversuche. Mehrfache militärische Angriffe Würzburgs konnten in der Folgezeit abgewehrt werden, so daß ab dem Ende des 14. Jh.s die uneingeschränkte Zugehörigkeit von H. zum fuldischen Territorium de facto geklärt war. Ihr zu diesem Zeitpunkt erreichter Status als Nebenresidenz der Fürstäbte zeigt sich unter anderem 1385 am Bau einer Burg innerhalb der Stadtmauern. – 1303 bestätigte Kg. Albrecht I. der Kommune ihre durch Abt Konrad von Malkos 1240 gewährten städt. Freiheiten mit der Verleihung der Rechte und Freiheiten der Reichsstadt Gelnhausen. Die sich im Laufe des 14. Jh.s entwickelnde starke Stellung des aus Schöffen und Rat zusammengesetzten städt. Führungsgremiums gegenüber dem Stadtherrn zeigt sich in der Errichtung der Marienkapelle 1302 und in der alleinigen Kontrolle über das 1343 gegründete Spital sowie über die seit dem frühen 15. Jh. belegte Schule. Einen Höhepunkt dieser Entwicklung brachte das 16. Jh. mit dem vorübergehenden Übertritt der Stadt zur ev. Lehre

1541 (Rekatholisierung 1603/04), der Errichtung einer neuen städt. Lateinschule 1530 und der repräsentativen Ausgestaltung des *Marktplatzes* durch das 1526–29 erbaute *Rathaus* (beim Stadtbrand 1854 zerstört, 1855/56 neu aufgebaut) und den 1541 errichteten *Marktbrunnen*. Die wirtschaftlichen Grundlagen hierfür bildeten umfangreicher Weinbau und der durch die Lage an einer Fernverkehrsstraße begünstigte Wein- und Textilhandel. – H. war seit dem Mittelalter Sitz eines fuldischen Zentgrafen, später eines Kellers und Oberamtmanns. Als Verwaltungsgebäude fungierte das *Kellereischloß*, das 1725–31 an Stelle eines älteren Baus errichtet wurde. – Nach der Säkularisation des Hochstifts Fulda 1802 erlebte H. in rascher Folge mehrere Landesherren, bevor es 1816 endgültig an Bayern fiel. Auch im neuen Staatsgebilde blieb es eine Kommune mit Mittelpunktsfunktionen und erhielt 1884 einen Bahnanschluß; erst im Zuge der Gebietsreform 1972 ging der LK H. im neuen Großlandkreis Bad Kissingen auf. 1854 zerstörte ein Brand große Teile der Stadt; im Zuge der Wiederaufbaumaßnahmen wurde die mittelalterliche Stadtmauer bis auf 3 *Mauertürme* und geringe, inzwischen rekonstruierte *Reste* hinter der Pfarrkirche niedergelegt. – 1895 errichtete die bay. Armee auf dem s. Steilufer der Saale das *Lager H.* mit einem weitläufigen Truppenübungsplatz. Nach dem 2. Weltkrieg befanden sich dort ein Internierungslager für Mitglieder der NSDAP (1945–47) und ein Flüchtlingslager (1947–58), seit 1956 die Infanterieschule der Bundeswehr.

Am w. Ufer der Fränkischen Saale liegt gegenüber von H. auf einem Höhenzug die Burg Saaleck. Von der ursprünglichen, 1179 erstmals erwähnten Anlage sind noch der dreieckige *Bering* und ein runder *Bergfried* wohl aus der 2. Hälfte des 12. Jh.s erhalten. Die zur Sicherung von H. und seiner Furt angelegte Burg war Sitz eines adeligen fuldischen Amtmanns und wurde im 14. und 15. Jh. häufig verpfändet. In der 1. Hälfte des 17. Jh.s wurde das Amt Saaleck mit dem Kellereiamt H. zum Oberamt H. zusammengefaßt. Seit 1851 sind Burg und Gut Saaleck in Privatbesitz. Nach Beschädigungen im Krieg von 1866 wieder aufgebaut, beherbergt die Anlage heute ein

Hotel und ein städt. Weingut. – Unterhalb der Burg Saaleck liegt das 1649 gegründete *Franziskanerkloster Altstadt*, das als eines von wenigen Klöstern in Unterfranken die Säkularisation unbeschadet überstanden hat.   (II)   *Jens Martin*

C. J. Doell, Geschichtliche und statistische Nachrichten über die Stadt H. und Schloß Saaleck, in: Archiv des Historischen Vereins für Unterfranken und Aschaffenburg 22 (1873), S. 263–552. – G. H. Wich, HAB Brükkenau-Hammelburg, 1973. – J. Leinweber/J. Merz, Der fuldische Süden, in: P. Kolb/E.-G. Krenig (Hg.), Unterfränkische Geschichte, Bd. 2, Würzburg 1992, S. 195–212. – J. Merz, G. Horn (1542–1603) und seine Historia über die Reformation in H. Studien zu Leben, Werk und Umwelt des Autors und Edition der Historia, Neustadt/Aisch 1992.

Hannberg (Gde. Heßdorf, LK Erlangen-Höchstadt, MFr.). Als »Hagenenberc« (»umfriedeter«, d. h. befestigter Berg) wird der hochgelegene Ort mit weiter Sicht in das Umland 1065 erstmals genannt. 1132 war es Sitz von Dienstmannen der hier begüterten Reichsministerialen von Gründlach. Nach ihrem Aussterben 1315 übertrug der Bf. von Bamberg deren Lehen auf die Herren von Hohenlohe-Brauneck, bevor sie zwischen 1340 und 1364 an das Bamberger Domkapitel fielen, das H. mit den benachbarten Dörfern Dannberg, Klebheim, Röhrach und → Hesselberg bis zur Säkularisation als Oblei sowie als Fragment verwaltete und als noch vor → Nürnberger Bürgern wichtigster Grundherr die Vogtei, die Dorf- und Gemeindeherrschaft ausübte. Mit Fraisch, Steuer und Landeshoheit gehörte H. ins bambergische Amt Herzogenaurach. – Die möglicherweise von dem Nürnberger Baumeister Hans Behaim d. Ä. Ende 15./Anfang 16. Jh. an Stelle einer 1348 erwähnten Kapelle erbaute got. *Chorturmanlage*, die mit mehreren *Wehrtürmen* und einer hohen *Mauer* umgeben wurde, gehört als eine der letzten *Kirchenburgen* Frankens und nicht zuletzt aufgrund ihres vorzüglichen Erhaltungszustandes zu den bedeutendsten Anlagen dieser Art. An der Ostseite des Turms der 1721 barockisierten Kirche besitzen heute die Freiherren von Gagern eine Familiengruft. 1505/11 erfolgte die Separation als *Pfarrkirche Mariae Geburt und Katharina* mit 11 Filialorten von der Mutterkirche Büchenbach; bereits 1460 hatte ein Nürnberger Bürger die Frühmesse gestiftet. Das Patronat setzte das Bamberger Domkapitel, das den Oberpfarrer stellte, gegenüber Nürnberg durch, dessen Landalmosenamt das Kirchengut verwaltete; erst 1802 kam H. vom Bistum Würzburg zur Diözese Bamberg. – Der im 30jg. Krieg 1631/ 32 geplünderte Ort fiel mit dem Hochstift Bamberg 1802 an Bayern, 1803 an Preußen und 1810 wieder an Bayern. Seit 1972 gehört H. zur Verwaltungsgemeinschaft Heßdorf.

(VI)   *Andreas Jakob*

H. H. Hofmann, Herzogenaurach. Die Geschichte eines Grenzraumes in Franken, Nürnberg 1950. – Ders., HAB Höchstadt-Herzogenaurach, 1951. – Der Landkreis Erlangen-Höchstadt, Hof/Saale 1979.

Hartenstein (LK Nürnberger Land, MFr.). Auf ehem. Reichsgut erbauten die Reichsministerialen von Neidstein im 12./ 13. Jh. eine *Burg*, die nach der Besitzteilung um 1250 an eine Nebenlinie fiel und für dieses Reichs- und Bamberger Ministerialengeschlecht zum erstmals 1268 erwähnten namengebenden Stammsitz wurde. Nach dessen Aussterben gelangten die Burg und die unterhalb entstehende Siedlung H. 1324/25 zunächst an die Schenken von (Königstein-)Reicheneck und vor 1329 an die pfälz. Wittelsbacher. Das infolge der Verschuldung Kf. Ruprechts des Jüngeren zeitweise (ab 1353) an die böhm. Kg.e aus dem Hause Luxemburg verlorene H. eroberte Kg. Ruprecht von der Pfalz 1400 zurück und restituierte auf der Burg das pfälz. Pflegamt mit Niedergerichtsfunktionen und einem kleinen Fraischbezirk. – 1661 vereinbarte Kf. Ferdinand Maria als Rechtsnachfolger seiner pfälz. Verwandten mit der das Hartensteiner Umland beherrschenden Reichsstadt → Nürnberg, daß das Dorf H. kath., die im Bereich des Nürnberger Pflegamtes Velden wohnenden Hartensteiner Untertanen aber ev. blieben. – Die wiederholt eroberte und stark beschädigte, im 17./18. Jh. zu einer bay. Festung ausgebaute Burg wurde 1794 aufgegeben und parzellenweise an Privatleute verkauft; im 19. und 20. Jh. wechselte sie wiederholt den Besitzer. Während sich von der *Burganlage* des 12./ 13. Jh.s nur wenig erhalten hat, steht von den spätmittelalter-

lichen Gebäuden noch der dreistöckige *Palas* mit Halbwalm-
dach, der im Kern aus der Zeit um 1500 stammt.

(VI) *Hubertus Seibert*

G. Voit, Der Adel an der Pegnitz. 1100 bis 1400, Neustadt/Aisch 1979. –
V. Alberti u. a., Burgen und Schlösser in Hersbruck und Umgebung.
Oberes Pegnitztal, Hersbruck 2003.

Haßfurt, Stadt (LK Haßberge, UFr.). Die Altstadt von H. liegt
auf einer Schwemmsandhalbinsel zwischen dem Main im Süden und der Nassach im Norden und Westen. Bedeutung gewann die Siedlung durch eine Furt über den Main. Die Stadt
wurde durch Bf. Hermann von Lobdeburg zur Sicherung der
Ostgrenze des Hochstifts Würzburg gegründet. Den eigentlichen Siedlungskern bildete dabei der Herrenhof an der Main-
furt, ein festes Steinhaus im Südosten der Stadt im Bereich der
heutigen »oberen Vorstadt«. Die Stadterhebung durch den Bf.
von Würzburg ist zwischen 1230 und 1243 anzusetzen. H.
wurde Mittelpunkt eines würzburgischen Amtes, das im 14.
und 15. Jh. mehrfach verpfändet wurde. – Es ist heute noch gut
zu erkennen, daß es sich bei H. um eine planmäßig angelegte
Stadt handelt. Zentrale Ost-West-Achse des gitterförmigen
Grundrisses ist die leicht gebogene Hauptstraße parallel zum
Main. Im Zentrum befindet sich der Marktplatz mit dem *Rathaus* und der spätgot. *Pfarrkirche*. Die Stadt war durch einem
doppelten Mauerring mit Graben befestigt. Bei der *Marienkapelle* in der ö. Vorstadt handelt es sich um die berühmte Ritter-
kapelle, deren Vorgängerin wohl bis Ende des 14. Jh.s auch
Pfarrkirche für H. war. Die Überlieferung nennt 1390 als Stiftungsjahr des Chores. Gleichzeitig mit dem Bau des Chores
entstand der dreireihige steinerne Wappenfries mit 248 Schil-
den, der die Beteiligung der frk. Ritterschaft an dem Bau dokumentiert. Die Kapelle wurde in der Folgezeit mehrfach
umgebaut, zuletzt im 19. Jh.

Die Interessen des Würzburger Bf. als Stadtherrn wurden
von einem Schultheiß und 11 ritterbürtigen Schöffen als
Stadtrat vertreten. Ein eigener Bürgermeister und Rat sind
in H. seit 1388 nachweisbar. Wohl seit dem 15. Jh. konnten

Handwerker und Bauern Vertreter zu den Ratssitzungen abordnen; dieses Recht endete mit der Niederschlagung des Bauernaufstands 1525. – H. war an den Auseinandersetzungen des Bf.s Gerhard von Schwarzburg mit seinen Städten beteiligt. Als Mitglied des frk. Städtebundes wurde die Stadt im Sommer 1399 sieben Wochen lang ergebnislos belagert, mußte sich dann aber im Februar 1400 dem Bf. unterwerfen. Sie behielt jedoch ihre Rechte und Freiheiten sowie die Stadtbefestigung. Unter Bf. Gerhard von Schwarzburg erhielt H. nicht nur das Recht Bürgermeister zu küren, sondern auch einen Jahrmarkt; zwei weitere Jahrmärkte kamen unter Bf. Johann von Egloffstein hinzu. Ende des 14. Jh.s wurde eine Münzstätte eingerichtet. Wohl in das 16. Jh. fällt die Gründung der für 1596 urk. belegten »lateinischen Schule«. Neben der Cent gab es ein erstmals 1368 genanntes Stadtgericht. – H. wurde wohl erst im Zusammenhang mit der Stadterhebung eigene Pfarrei (erste Nennung 1244). In der 1. Hälfte des 16. Jh.s traten die Einwohner überwiegend zum prot. Glauben über, die durch Bf. Julius Echter eingeleitete Gegenreformation führte aber bis Ende des Jh.s zu einer Rückkehr zum alten Glauben. – Jüd. Bewohner sind in H. seit Beginn des 15. Jh.s nachweisbar; im 19. Jh. nahm die Zahl der jüd. Bürger stetig zu und erreichte um das Jahr 1910 einen Höhepunkt; 1942 wurden die letzten in der Stadt verbliebenen Juden deportiert.

1814 fiel H. endgültig an Bayern. Die Stadt erhielt bereits 1850/52 Anschluß an das entstehende Eisenbahnnetz, n. der Altstadt befinden sich die Gleisanlagen des Bahnhofs. Nach dem 2. Weltkrieg nahm H. eine stetige wirtschaftliche Aufwärtsentwicklung. Durch die Gebietsreform 1972 wurde es zu einem Mittelzentrum. Neben einem breit gefächerten Mittelstand haben sich auch größere Handels- und Produktionsbetriebe mit insgesamt mehreren Tausend Arbeitsplätzen angesiedelt.   (II)   *Alexander Tittmann*

J. Kehl, Chronik von H. Die Geschichte eines fränkischen Landstädtchens, Würzburg 1948. – Stadt H. 1235–1985. Beiträge zur Heimatgeschichte, H. 1985. – A. Tittmann, HAB Haßfurt, 2003.

Hausen (Stadt Bad Kissingen, LK Bad Kissingen, UFr.). Als das von Bf. Otto I. dem Heiligen von Bamberg ab 1108 gegründete Kloster Aura a. d. Saale im Jahr 1150 eine päpstliche Urkunde erhält, erscheint unter seinen Besitzungen auch das unterhalb von (→ Bad) Kissingen an der Fränkischen Saale gelegene H., in dem später 8 Huben als Auraer Besitz genannt werden. 1161 wird bekundet, daß »ein gewisser« Heinrich von Henneberg (kein Graf von Henneberg, sondern würzburgischer Ministeriale) in den vorangegangenen Jahren ein Frauenkloster in dem durch ihn von Bf. Eberhard (II.) von Bamberg ertauschten Ort (locus) H. gegründet und dieses an das Hochstift Würzburg übertragen habe. Die ersten Nonnen kamen wahrscheinlich aus dem von den Hennebergern mit Hilfe Bf. Ottos I. von Bamberg ab 1131 als Prämonstratenser-Doppelkloster gegründeten Veßra (Thüringen), dem sie auch unterstellt waren und mit dem sie zur Zirkarie Ilfeld gehörten. Denn schon Gerboto, der erste bekannte Propst von H., wird in der Zeugenreihe einer Urkunde von 1187 zugunsten des Klosters Veßra unmittelbar nach den Pröpsten von Veßra und (Frauen-) Breitungen aufgeführt. Die Vogtei des Klosters lag bis 1232 in den Händen der Grafen von Henneberg, die im 15. Jh. nochmals von Würzburg mit »Schutz und Schirm« des Klosters betraut wurden. 1465 ist letztmals eine Meisterin genannt, während dem Kloster später (erstmals 1518 genannt) eine Priorin vorstand. Die sicher bereits in der Gründungsphase des Klosters errichtete *Hl.-Kreuz-Kirche* wird 1250 erstmals urk. erwähnt. – Im Bauernkrieg wurde das Kloster geplündert und nach 1553 wohl wegen Nachwuchsmangels aufgehoben. 1556 ist erstmals ein Klosterverwalter bezeugt. Das Vermögen des Klosters wurde 1581 dem Rezeptoratsamt der von Fürstbf. Julius Echter gegründeten Juliusuniversität → Würzburg zugewiesen. Echter ließ auch die Kirche instandsetzen; doch wurde zu Beginn des 18. Jh.s ein Neubau aufgeführt. – 1764 wurde auf Hausener Gemarkung eine Mineralquelle, der später sog. Schönbornsprudel gefaßt. (II) *Heinrich Wagner*

W. Mahr/H. Schiesser, Geschichte von (Kloster-)H. an der Fränkischen Saale (Teil 1; mehr nicht erschienen), in: Mainfränkisches Jahrbuch 14

(1962), S. 101–153. – D. A. Chevalley/S. Gerlach, DiB Stadt Bad Kissingen, 1998.

Heideck, Stadt (LK Roth, MFr.). Die Stammreihe der Herren von H. beginnt mit den erstmals 1129 erwähnten Brüdern Hadebrand und Gottfried von Erlingshofen-Arnsberg. Sie saßen an Altmühl und Anlauter und zählten zur alten Vasallität der Eichstätter Kirche. Gestützt auf Eichstätter Vogteirechte begannen sie mit dem Aufbau einer Rodungsherrschaft um die später namengebende Burg (Alten-)H. (1192 Hadebrand II. von H.). Der Name H. weist auf eine Höhenburg im ausgedehnten Forst »Heide« zwischen der Schwäbischen Rezat, der Roth und dem Liebenstädter Berg hin. – Marquard von H. heiratete die Schwester des Nürnberger Burggrafen Friedrich III. Zu Füßen seiner um 1250 erbauten Burg H. auf dem 607 m hohen Schloßberg (die Altenheidekker Burg, ca. 4 km w. von H. gelegen, wurde aufgegeben) gründete er um 1288 die Stadt H. (»nova civitas«). – Die Anlage scheint nach einheitlichem Bauplan entstanden zu sein. Die *Hauptstraße* schneidet den ovalen Stadtkern und verband die beiden Tore (1881/86 niedergelegt, kurz danach wurde auch die Stadtmauer gänzlich abgetragen). In der Mitte der Stadt – mit der Hauptstraße durch zwei Gassen verbunden – liegt der Marktplatz, der von der *Pfarrkirche St. Johannes d. T.* (1457 geweiht), dem *Rat- und Schulhaus* sowie fachwerkgiebligen *Bürgerhäusern* begrenzt wird. Die *Frauenkapelle* diente bis 1475 als Grablege der Herrschaft von H. – Hinter dem *Rathaus* gibt es zwar ein *Judengäßchen*, doch waren nach dem 30jg. Krieg lediglich zwei Juden ansässig. Von den jüd. Hopfenaufkäufern, die im 19. und 20. Jh. nach H. kamen, siedelte sich keiner hier an. Der Heidecker Hopfenbau wird 1437 erstmals erwähnt. Bis 1952 wuchs der Jahresertrag auf rund 1000 Zentner. Um 1800 gab es 7 Brauhäuser in H.; heute betreibt noch ein Wirtshaus eine Brauerei. – 1360 wurde die Herrschaft H. in die neuböhm. Erwerbungen Ks. Karls IV. eingefügt. Die Burg H. gehörte zur s. Sicherung des von Karl IV. kontrollierten Straßensystems. – Mit Beginn des 15. Jh.s setzte der Niedergang des Heidecker Territoriums ein. Ein Teil fiel an die Reichsstadt → Nürnberg, ein anderer an das Hochstift Eichstätt. Die Ansprüche des Markgrafen Albrecht Achilles von Brandenburg-Ansbach führten schließlich zum Zusammenbruch: Mit dem Tod Konrads II. von H. (1471) fiel die bereits 1455 von ihm verpfändete Herrschaft an Bayern-Landshut und 1506 an Pfalz-Neuburg, das es 1542 an Nürnberg verpfändete. Das von der Reichsstadt reformierte H. wurde 1585 von Pfalz-Neuburg wieder ausgelöst und spätestens 1634 rekatholisiert. H. blieb bei den Wittelsbachern, zunächst als »Neuburger Landstand« und seit 1806 als Stadt des Kgr. Bayern. Zu dieser Zeit hatte H. 788, im Jahr 2000 mit den eingemeindeten Orten (darunter auch Schloßberg und Liebenstadt mit Altenheideck) 4800 Einwohner.

(VI)   *Wolfram Unger*

D. Deeg, Die Herrschaft der Herren von H. Eine Studie zu hochadliger Familien- und Besitzgeschichte, Neustadt/Aisch 1968. – W. Wiessner, HAB Hilpoltstein, 1978. – F. Eigler, HAB Schwabach, 1990.

Heidenfeld (Gde. Röthlein, LK Schweinfurt, UFr.). H. liegt etwa 6 km s. von → Schweinfurt am Main. Frühe, durch Funde belegte Siedlungsspuren reichen bis in die Urnenfelderzeit (um 1200 v. Chr.). Urk. erstmals faßbar dürfte »Heidenvelt« 1040 im Zusammenhang mit einer Schenkung an das Frauenkloster in → Kitzingen sein. Im wesentlichen unterstand es aber den Schweinfurter Markgrafen. – Alberada von Schweinfurt und ihr Gemahl Hermann von Habsberg gründeten der Sage zufolge in H. ein *Kloster* an der Stelle, wo ihr ertrunkener Sohn angeschwemmt worden war. 1069 schenkten sie die Propstei dem Würzburger Bf. Adalbero, einem Onkel der Alberada. Dieser übergab 1071 das Stift den Augustinerchorherren. 1469 wurde das vom Verfall bedrohte Kloster der Windesheimer Kongregation angeschlossen. – Die Gebäude des zwischen Main und Steigerwald begüterten Stiftes wurden im Bauernkrieg 1525 und im 2. Markgrafenkrieg 1554 zerstört. Unter Propst Andreas III. wurde 1628 das Schiff der in das Mittelalter reichenden Stiftskirche erwei-

tert; die Türme wurden erhöht. In der Kirche wurde der
1631 bei Schonungen von Schweden ermordete und 1974
seliggesprochene Märtyrer-Priester Liborius Wagner beigesetzt; nach dem Abbruch der Kirche wurden die Gebeine in
die 1906 erbaute *Pfarrkirche St. Laurentius* überführt. 1723–32
wurden die *Klostergebäude* nach Plänen von Balthasar Neumann als dreiflügelige Anlage neu errichtet; eine geplante Kirche kam nicht zur Ausführung. – Mit der Säkularisation des
Jahres 1802 gelangten die Klosterwälder in den Besitz des Fürstenhauses Thurn und Taxis. Die Gebäude ersteigerte 1804
Graf Türkheim, der die Kirche abbrechen ließ. Seit 1807 war
das Anwesen im Besitz der Freiherren von Bodeck-Ellgau.
1901 gelangte es mit Unterstützung des aus H. stammenden,
späteren Kardinals Michael Faulhaber wieder in kirchliche
Hände. Seitdem gehört es den Schwestern der Kongregation
vom Allerheiligsten Erlöser, die ein Erholungs- und Pflegeheim für Ordensangehörige betreiben. 1935/36 wurde an der
Stelle der abgebrochenen Kirche ein *Neubau* errichtet, der
wieder als Hauskapelle dient. (II) *Erich Schneider*

N. Backmund, Die Chorherrenorden und ihre Stifte in Bayern, Passau
1966. – J. Zimmermann, H. Pfarrei und Dorf. 1141–1991, H. 1991. –
E. Schneider, Klöster und Stifte in Mainfranken, Würzburg 1993.

Heidenheim, Markt (LK Weißenburg-Gunzenhausen, MFr.).
Der Marktort liegt in einem nach Süden offenen Talkessel der
Rohrach am Hahnenkamm. Im Ortskern konnte eine röm.
Besiedlung (1.–3. Jh. n. Chr.) nachgewiesen werden, der eine
alam.-juthungische Siedlung (Heim des Heido) folgte. – 752
gründete der angelsächs. Mönch Wunibald im bereits beste-
henden Ort »Heidanheim« ein *Kloster.* Das (spätgot. gefaßte)
»*Heidenbrünnlein*« hinter dem Kloster erinnert in der lokalen
Überlieferung an die Christianisierung der Region. Nach
Wunibalds Tod 761 übernahm seine Schwester Walburga die
Leitung des Eigenklosters, des zu dieser Zeit einzigen Doppel-
klosters auf dem Kontinent. 776 begann Willibald, Bruder
Wunibalds und erster Bf. von Eichstätt, mit dem Bau einer
neuen Kirche, die Weihe erfolgte 778. Um 790 verwandelte

Bf. Gerhoh das Kloster in ein Stift von Säkularkanonikern; fraglich ist, ob das Frauenkloster zu diesem Zeitpunkt noch bestand. – Nach gescheiterten Versuchen, das Stift zu reformieren, traten 1139 die Bf.e von Mainz, Salzburg und Bamberg gegenüber Bf. Gebhard von Eichstätt für die Wiedereinführung der Mönchsregel ein. Durch hartnäckigen Widerstand der Kanoniker zog sich die Wiedererrichtung des Benediktinerklosters bis 1150/55 hin. – Die nun erbaute neue *Klosterkirche* mit ihren *Klostergebäuden* um den spätgot. *Kreuzgang* bestimmt bis heute das Ortszentrum. Die dreischiffige roman. Pfeilerbasilika mit Querhaus und got. Chor geht auf das 12. Jh. zurück. Die beiden Westtürme wurden neoroman. wiederaufgebaut, nachdem die Vorgänger wegen Baufälligkeit 1866/67 abgetragen werden mußten. – Die Vogtei über das Kloster gelangte nach dem Aussterben der Grafen von Truhendingen in wechselnde Hände und schließlich im 14. Jh. an die Burggrafen von Nürnberg bzw. Markgrafen von Brandenburg-Ansbach. 1535 wurde die Reformation eingeführt, das Oberamt Hohentrüdingen (unter Beibehaltung des Namens) hierher verlegt und in den Klostergebäuden untergebracht. Die Klosterkirche wurde nach einer Brandzerstörung der Pfarrkirche St. Walburga 1551 zur ev. Pfarrkirche. – Um 1400 sind für H. Marktrechte belegt. Ein Heidenheimer Schutzjude wird erstmals 1671 genannt, 1714 sind 10 jüd. Familien belegt. Bis 1938 war H. Heimat einer jüd. Gde. mit *Synagoge* (nach Bränden 1851 und 1854 neu erbaut, 1938 weitgehend zerstört), Schulhaus und Ritualbad. – 1792 kam H. an Preußen, 1806 an Bayern. Der 1855 unternommene Versuch, den Eisenbergbau um H. einzuführen, scheiterte nach wenigen Jahrzehnten. Von 1808 bis 1929 bestand ein Rentamt (ab 1920 Finanzamt) H., von 1862 bis 1959 war hier der Sitz eines Amtsgerichts. Für die zunächst kleine kath. Gde. wurde 1887 im Rentamt, dem ehem. Kapitelsaal des Klosters, ein Betraum geweiht, seit 1977 wird die neue *kath. Kirche St. Walburga* am Westrand des Marktes genutzt. 1972–2004 bestand oberhalb von H. eine der größten Panzerkasernen (»Hahnenkammkaserne«) in Bayern. (VI)   *Daniel Burger*

H. H. Hofmann, HAB Gunzenhausen-Weißenburg, 1960. – R. Schuh, HONB Gunzenhausen, 1979. – 1250 Jahre H. am Hahnenkamm, H. 2002.

Heidingsfeld (Stadt Würzburg, UFr.). H., erstmals 779 erwähnt, liegt in einer Talbucht des Mains s. von → Würzburg. Für die Entwicklung des Ortes war die günstige Verkehrslage an der Kreuzung zweier Altstraßen wichtiger als die eigene Landwirtschaft, obwohl sich für deren wichtigste Produkte, Getreide und Wein, in Würzburg ein guter Absatzmarkt fand. – Im 12. und 13. Jh. saßen in H. staufische und würzburgische Ministerialen. In dieser Zeit muß die Burg entstanden sein. Die *Pfarrkirche St. Laurentius* auf dem Dürrenberg ö. des Dorfbachs wurde im 12. Jh. ausgebaut. – Außerhalb des Dorfes bei der Ägidienkapelle entstand Anfang des 13. Jh.s eine Beginengemeinschaft. 1237 erlaubte Bf. Hermann von Lobdeburg den Frauen, sich innerhalb der Stadt auf einer ihnen gehörenden Hofstatt n. der Pfarrkirche niederzulassen. Auf sein Drängen hin nahmen die Frauen die Benediktinerregel an, der Konvent trug fortan den Namen Paradies. 1267 bestätigte Papst Clemens IV. dem Kloster seinen Besitz. Es diente vor allem als Versorgungseinrichtung für die Töchter des Adels aus der Umgebung. Das Kloster starb im 16. Jh. aus. Nach dem Tod der letzten Äbtissin 1566 wurde der Klosterbesitz bis zur Säkularisation von der bischöflichen Kammer in Würzburg verwaltet. Die Klostergebäude wurden 1769 abgerissen, lediglich die Klosterkirche blieb bis zum 2. Weltkrieg erhalten. – 1252 ist von Bürgern und Bürgermeistern in dem Dorf H. die Rede. Seit 1339 gehörte H. als Pfandschaft des Reichs ganz dem Würzburger Bf. 1366 löste Ks. Karl IV. H. aus; der Ort erhielt im gleichen Jahr das Stadtrecht und befand sich fortan als Reichspfandschaft und -lehen in der Hand des böhm. Kg. und wurde von Böhmen mehrfach verpfändet. – Die Stadtbefestigung wuchs nur allmählich und wurde erst im Laufe des 15. Jh.s vollendet, im 17. Jh. teilweise erneuert. Graben, Wall und Zwinger wurden im 20. Jh. beseitigt, die *Stadtmauer* ist dagegen bis heute weitgehend erhalten geblieben. Auf beiden

Ufern ummauert wurde der die Stadt durchfließende Bach. Das Stadtgebiet zerfällt dadurch in zwei deutlich voneinander abgegrenzte Hälften mit ursprünglich nur einem Übergang, eine schmale *Brücke* beim heutigen Rathausplatz. Hintergrund ist die Entstehung der Stadt aus zwei Herrschaftszentren, einem ö. Teil um den Dürrenberg (Reich) und einem w. Kern (Hochstift Würzburg). – 1521 brachte der Würzburger Bf. Konrad von Thüngen die Stadt durch Ablösung einer Pfandschaft an sich. H. blieb nun bis zur Säkularisation eine würzburgische Amtsstadt. Mit der Auflösung des Hochstifts Würzburg fiel nach der Säkularisation auch H. an Bayern und verlor damit seine Funktion als Amtsstadt. Seit dem 19. Jh. hat H. teil an der industriellen Entwicklung des benachbarten Würzburg; um die Wende zum 20. Jh. entstanden auch in H. mehrere Fabrikanlagen. 1930 erfolgte die Eingemeindung in die Stadt Würzburg. – Eine jüd. Gde. ist in H. erstmals 1378 belegt. Haupterwerbsquelle waren Darlehensgeschäfte und Kleinhandel. Die Heidingsfelder Juden bildeten zunächst zusammen mit den Würzburgern eine Gde., trennten sich aber Mitte des 15. Jh.s ab. Als die Stadt seit Anfang des 16. Jh.s auf Dauer an Würzburg verpfändet wurde, übernahmen die Bf.e den Judenschutz. Im Gegensatz zu Würzburg kam es in H. zu keinen zeitweiligen oder länger andauernden Ausweisungen. Nachdem die Juden im 16. Jh. aus Würzburg vertrieben worden waren, ließen sich viele Familien in H. nieder. Dort nahm auch der Oberrabbiner der Würzburger Landjudenschaft seinen Sitz. Die Heidingsfelder Gde. verlor erst im Laufe des 19. Jh.s an Bedeutung, als sich nach der Säkularisation auch in Würzburg wieder Juden niederlassen konnten. 1813 wurde der Sitz des Oberrabbinats dorthin verlegt. 1937 wurden die verbliebenen Juden der Würzburger Gde. eingegliedert. Die Synagoge wurde im November 1938 niedergebrannt. An die ehem. Gde. erinnert heute nur noch der erhalten gebliebene *Friedhof.*

(II)   *Ekhard Schöffler*

H. Jäger, H. Seine Entwicklung unter besonderer Berücksichtigung von Bevölkerung und Wirtschaft seit dem 19. Jahrhundert, Würzburg 1977.

– K. Borchardt, H., in: U. Wagner (Hg.), Geschichte der Stadt Würzburg, Bd. 1, Stuttgart 2001, S. 543–569. – R. Leng (Hg.), Die Geschichte der Stadt H. Von den Anfängen bis zur Gegenwart, Regensburg 2005.

Heiligenthal (Gde. Schwanfeld, LK Schweinfurt, UFr.). Das ehem. Zisterzienserinnenkloster »Vallis Sanctorum«, 1 km sw. von → Schwanfeld gelegen, wurde 1234 durch die als selig verehrte Äbtissin Jutta von Fuchsstadt gegründet. Sie übereignete dazu ihren ererbten Besitz in Bonebach dem Bf. von Würzburg. – 1255 erteilte Papst Alexander IV. dem Frauenkloster das Privilegium commune. Obwohl nie förmlich in den Orden inkorporiert, wurde H. spätestens 1301 dem Abt des Zisterzienserklosters (→ Maria) Bildhausen unterstellt. Bis zur Mitte des 14. Jh.s sind Schenkungen der Grafen von Henneberg, des Iring von Hohenburg, des Konrad von Saueracker und der Herren von Schletten bezeugt. Trotzdem erlangte H., abgesehen von der Wallfahrt zum Grab seiner Klostergründerin, keine größere Bedeutung. Bereits im 15. Jh. verfiel die klösterliche Ordnung; außerdem sind Güterverkäufe überliefert. 1501 unternahm der Würzburger Fürstbf. Lorenz von Bibra einen Reformversuch und berief einen neuen Konvent aus → Mariaburghausen bei → Haßfurt. – Von den Zerstörungen des Bauernkriegs 1525 erholte sich H. nicht mehr. Noch vor dem Tod der letzten Äbtissin Barbara II. Lamprecht 1564 wurde es einem weltlichen Verwalter bzw. bischöflichen Administratoren unterstellt, bis es Fürstbf. Julius Echter 1577 zugunsten des Juliusspitals in → Würzburg säkularisierte. – Im 19. Jh. erwarb der Fürst von Leiningen den Besitz, der sich heute als Gutsbetrieb in privater Hand befindet. Vom Kloster hat sich nur die *Kirche* des späteren 13. Jh.s als typische frühgot. Zisterzienserinnen-Anlage erhalten. 3 im Mainfränkischen Museum Würzburg aufbewahrte Grabsteine belegen die Rolle von H. als Adelsgrablege: Die Epitaphien des Eberhard (gest. 1379) und des Friedrich von Wolfskeel (gest. 1408) gehören zu den bedeutendsten Leistungen der würzburgischen Plastik. (II) *Erich Schneider*

A. Tausendpfund, Niedergang und Aufhebung des Klosters H., in: Jahrbuch für fränkische Landesforschung 34/35 (1975), S. 501–517. – A. Treiber, H., in: W. Brückner/J. Lenssen (Hg.), Zisterzienser in Franken. Das alte Bistum Würzburg und seine einstigen Zisterzen, Würzburg 1991, ²1994, S. 109–110.

Heilsbronn, Stadt (LK Ansbach, MFr.). Geschichte und Gestalt von H., zwischen → Nürnberg und → Ansbach gelegen, werden bestimmt vom gleichnamigen Zisterzienserkloster. Bf. Otto I. von Bamberg gründete das *Kloster* 1132 in »Haholdesbrunnen«, das er den Grafen von Abenberg abgekauft hatte. Er besetzte die Neugründung mit Zisterziensermönchen aus → Ebrach und kaufte viel Besitz für die Ausstattung seiner Gründung. Der erste Abt mit Namen Rapoto kam vermutlich aus der Familie Grafen von Abenberg, die als Bamberger Hochstiftsvögte auch den Schutz des Klosters ausübten. Als Grablege der Grafen von Abenberg, dann der Heidecker und der zollerischen Burggrafen und Markgrafen (bis ins 17. Jh.) sowie fast des gesamten Ministerialenadels der Umgebung gelangte das Kloster rasch zu großem Reichtum, den es durch eine höchst erfolgreiche Wirtschaftstätigkeit auch noch vermehren konnte. Im 13. und 14. Jh. erlangte das Kloster eine große Bedeutung als Wirtschaftsfaktor in Franken, vor allem durch Finanzgeschäfte und Kredite, aber auch durch den Lebensmittelhandel in großen Städten wie Nürnberg, → Würzburg oder ↑ Nördlingen. – Nach dem Aussterben der Abenberger war im 13. Jh. der Reichsbutigler von Nürnberg für den Schutz zuständig, vor dem Gericht des Schultheißen und des Rats von Nürnberg ließ das Kloster im 13. und 14. Jh. einen großen Teil seiner wichtigen Rechtsgeschäfte beurkunden und besiegeln. Schutz und Hochgericht übten spätestens seit Beginn des 14. Jh.s die Burggrafen von Nürnberg und späteren Markgrafen aus. Sie hatten im Gasthaus des Klosters, dem sog. *Burggrafenhaus* und möglicherweise ehem. Schloß der Grafen von Abenberg, ein ständiges Beherbungsrecht, das sie im 15. Jh. immer extensiver in Anspruch nahmen. H. mußte häufig die kostspielige Versorgung fürstlicher Gäste und der Jagdgesellschaften übernehmen und Zuschüsse zu den markgräflichen Finanzen leisten. – Mit dem Bauernkrieg geriet das Kloster noch mehr unter die Kontrolle der Markgrafen, die

1528 in ihrem Territorium die Reformation einführten. Seit 1561 wurde der Abt wie ein Beamter des Markgrafen behandelt, 1578 folgte schließlich die förmliche Säkularisation. Die roman. *Klosterkirche* (errichtet 1132–39) ist heute ev. Pfarrkirche. Das Klosteramt H. blieb bis 1719 unter der gemeinsamen Verwaltung der Fürstentümer Brandenburg-Ansbach und Bayreuth, dann wurde der Besitz aufgeteilt: H. kam an Ansbach, das Amt Neuhof an der Zenn an Bayreuth. – In der 1534 gegründeten Klosterschule in H. wurde 1581 eine Fürstenschule eingerichtet, die 1737 mit dem Gymnasium in Ansbach vereinigt wurde. Die reiche Klosterbibliothek gelangte an die Universitätsbibliothek → Erlangen. Am Ende des 18. Jh.s wurden in den *Klostergebäuden* eine Krappfabrik und eine Wachstuchfabrik eingerichtet, die aber keinen langen Erfolg hatten. Die Klostergebäude gerieten dabei jedoch in immer schlechteren Zustand; sie wurden nach mehreren Versuchen schließlich auf Initiative des preuß. Kg. Friedrich Wilhelm IV. restauriert. Nach wechselnder Nutzung ist dort heute u. a. das Religionspädagogische Zentrum der ev.-luth. Kirche in Bayern untergebracht. – Der befestigte Ort um die Klosteranlage mit Marktplatz, *Ökonomie*- und *Verwaltungsgebäuden* wurde zum Kern der Marktgde. »Kloster H.«, seit 1932 Stadt H. 1875 erfolgte der Anschluß an die Bahnlinie Nürnberg-Ansbach. Nach dem 2. Weltkrieg wuchs H. durch den Zuzug von Flüchtlingen und Vertriebenen, aber auch in Folge von Industrieansiedlungen, u. a. einer Spielwarenfabrik (Fleischmann) 1964. (VI) *Manfred Jehle*

G. Muck, Geschichte von Kloster H. von der Urzeit bis zur Neuzeit, 3 Bde., Nördlingen 1879/80, ND Neustadt/Aisch 1993. – A. Heidacher, Die Entstehungs- und Wirtschaftsgeschichte des Klosters H. bis zum Ende des 15. Jahrhunderts. Gründung, Gründer, Wirtschafts- und Verfassungsgeschichte, Bonn 1955. – M. Sitzmann, Mönchtum und Reformation. Zur Geschichte monastischer Institutionen in protestantischen Territorien, Neustadt/Aisch 1999. – P. Geissendörfer (Hg.), H. Ein Zisterzienserkloster in Franken, H. 2000.

Helmbrechts, Stadt (LK Hof, OFr.). Am Übergang von der Münchberger Gneismasse zur Randschieferzone des Frankenwaldes liegt am Südosthang des Kirchbergs H. mit seinen rund 10.500 Einwohnern am Selbitzfluß. Erstmals erwähnt wird der Ort in einer Schenkungsurkunde, in der ein Dietericus de Helmb(r)ehtes 1232 genannt ist. Aus einer weiteren Stiftungsurkunde von 1266 geht hervor, daß der Ort zum freien Eigen → Schauenstein gehörte. In den Besitz der schwäb. Familie Wolfstriegel, die 1291 erstmals urk. erscheint, war Schauenstein wohl durch Heirat gekommen. 1350 wurde es dem Burggrafen von Nürnberg zu Lehen aufgetragen und 1386/88 an ihn verkauft. H. wurde Vogteiamt. – Markgraf Friedrich VI. von Brandenburg-Kulmbach gewährte 1422 die Stadterhebung und verlieh Malz- und Braurecht sowie die Gerichtsbarkeit. Hussiten verwüsteten 1430 den Ort. In demselben Jh. wurde das Bergwerk St. Wolfgang am Kirchberg eröffnet. Für den Landesherrn war die Region ihres regen Eisenbergbaus wegen bedeutsam. – Seit 1424 schon war H. eine eigene Pfarrei; 1508 wurde eine Johannes dem Täufer gewidmete *Pfarrkirche* erbaut. Die ursprüngliche Kapelle wurde 1519 in ein Rathaus umgewandelt, das als »geistliches Brunnenrathaus« bezeichnet wurde, nach einem Brand 1524 aber nicht mehr aufgebaut wurde. – 1524 wurde die Reformation eingeführt, 1792 kam H. mit der Markgrafschaft Bayreuth zu Preußen, stand 1806–10 unter frz. Verwaltung und wurde 1810 bay. – Die kargen Böden und das rauhe Klima der Gegend haben den in guter Qualität gedeihenden Flachs sowie einheimische Schafwolle schon im 15. Jh. zu wichtigen Rohstoffen für die ländliche Bevölkerung werden lassen. Vornehmlich in den langen Wintermonaten wurden sie in Hausweberei verarbeitet. Später kam die Baumwolle hinzu. Im 19. Jh. brachte die mechanische Weberei erneut eine Zeit der Blüte. 1887 wurde die Lokalbahn Münchberg-H. dem Personen- und Güterverkehr übergeben. Zu Beginn des 20. Jh.s entwickelte sich H. zum »Kleiderschrank der Welt«, u. a. wurden Ponchos nach Südamerika und Saris nach Indien geliefert. Noch heute werden Schals vom Stadtteil Wüstenselbitz aus in alle Welt exportiert. – 1944 wurde am sw. Stadtrand ein Außenlager des KZ ↑ Flossenbürg für weibliche

Häftlinge eingerichtet, bei dessen Räumung im April 1945 von den 1173 Gefangenen auf dem Fußmarsch ins tschechische Prachatitz mindestens 300 den Tod fanden. – Bis zur Landkreisreform 1972 gehörte H. zum LK Münchberg, seitdem zum LK Hof. (IV) *Ingeborg Fuhrmann-Hoffmann*

T. Breuer, BKD Münchberg, 1961. – O. Knopf, Das H.-Buch. Die Stadt und ihre Ortsteile, H. 1996.

Hemhofen (LK Erlangen-Höchstadt, MFr.). Den 1348 erstmals erwähnten Ort am Ostrand des Aischgrundes, über den dem Bf. von Bamberg die Vogtei zustand, trug 1406 Bf. Albrecht den Truchseß von Pommersfelden als Burghutlehen für → Höchstadt auf. 1354–1803 bezog der Stiftskustos von St. Martin in → Forchheim Einkünfte von seinem Amtsgut in H. Das mit Ansitz ausgestattete, später zum Kanton Steigerwald immatrikulierte Rittergut, dessen Eigentümer die Dorfherrschaft zustand, kam 1650 an die Grafen von Pappenheim, 1684 an die Freiherren von Jöstelsberg, dann an die Freiherren von Buttlar. 1722/31 erwarben es die Freiherren Winkler von Mohrenfels, die das 1715 neu erbaute stattliche *Schloß* als ökologisches Landgut heute noch besitzen.

Zu ihrer Herrschaft H. gehörte seit Anfang des 18. Jh.s das nur aus einem Hof und wenigen Häusern bestehende Zeckern. Der für 1362 erstmals genannte Name stammt wahrscheinlich aus dem Hebräischen (»Secher«) und bezeichnet den etwa 15.000 qm großen *Friedhof*, in dem die jüd. Gde.n aus → Adelsdorf, dem Aischgrund, Hirschaid, Forchheim und → Vestenbergsgreuth wohl seit dem 14. Jh. bis 1941 ihre Toten bestatteten.

1778 wurde H. aus dem Forchheimer Hochgerichtssprengel herausgelöst und zur limitierten Cent H.-Zeckern der Winkler erhoben, die 1802–48 die Patrimonialgerichtsbarkeit besaßen. Die 1715 in H. begründete ev. Schloßprädikatur wurde 1818 Pfarrei. 1794 erfolgte die Gründung einer Berliner-Blau-Fabrik. Heute gehört die 1972 von Ober- nach Mittelfranken abgetretene Gde. zum Wohngürtel vor allem in → Erlangen Beschäftigter. (III) *Andreas Jakob*

I. Bog, HAB Forchheim, 1955. – U. Krzywinski, Jüdische Landgemeinden in Oberfranken (1800–1942), in: M. Treml/J. Kirmeier (Hg.), Geschichte und Kultur der Juden in Bayern. Aufsätze, München 1988, S. 219–223.

Henfenfeld (LK Nürnberger Land, MFr.). Funde von Keramik und bronzezeitlichen Flach- und Urnengräbern zeugen von ersten menschlichen Siedlungen auf den sandigen Uferterrassen entlang der Pegnitz im Raum H. seit ca. 1200 v. Chr. Die hier im 7. Jh. entstandene bajuwarische Ansiedlung Freiling ging später in H. auf, das bei seiner ersten namentlichen Erwähnung 1059 als Sitz eines edelfreien Geschlechts (»Kaezelinus de Hamfenfeld«) begegnet. Noch vor dessen Erlöschen gelangten *Burg* nebst Grundherrschaft und Pfarrkirche von H. über Bf. Otto I. von Bamberg 1119 als Ausstattungsgut an dessen Klostergründung ↑ Michelfeld. – Die auf einem Bergsporn über der sich ö. des Hammerbachs ausbreitenden jüngeren Siedlung gelegene Burg H. wurde seit 1144 namengebender Stammsitz für ein in Diensten der Grafen von Sulzbach und der Bf.e von Bamberg stehendes, nach 1397 erloschenes Ministerialengeschlecht, das 1188 in die Reichsministerialität eintrat und im 13. Jh. in den niederen Adel aufstieg. Wirtschaftliche Schwierigkeiten zwangen Ulrich II. von H. 1372 zum Verkauf seiner Stammburg mit dazugehöriger Herrschaft samt Niedergericht und dem Patronatsrecht als Bamberger Lehen an Hermann II. von Breitenstein. Nach mehreren, zum Teil kurzzeitigen Besitzerwechseln gelangten Burg und Herrschaft H., seit 1504 unter → Nürnberger Oberhoheit, die 1525 die Reformation einführte, von den Rittern von Egloffstein (Besitzer seit 1405) 1530 an das dortige Patriziergeschlecht der Pfinzing (seit 1554 »Pfinzing von H.«). Diese bauten ihre Position in H. durch den Erwerb weiterer Güter und der zweiten Hälfte des Patronatsrechts von Kloster Michelfeld aus und errichteten das 1553 zerstörte Burg neu als *Schloß* mit dreistöckigem Palas, gleichhohem Flügelbau, Barockgarten und Treppenturm (1624). Nach deren Aussterben in männlicher Linie fiel der Besitz 1764 an ihre Erben, die Nürnberger Patrizierfamilie Haller, die ihn 1817 an die Familie Schwarz veräußerten.

– 1806 kam H. an Bayern. Die Eröffnung der Bahnlinie Nürnberg-Hersbruck 1859 brachte dem Ort den Anschluß an die überregionalen Wirtschaftsräume. 1952 erwarb die Deutsche Bundesbahn das Schloß H. und unterhielt hier bis 1983 eine Schule für ihre Mitarbeiter. – Chor und Langhaus der seit dem 16. Jh. *ev.-luth. Pfarrkirche St. Nikolaus* stammen aus dem 14./ 15. Jh., ein roman. Rundbogenfries aus dem 13. Jh.

(VI)   *Hubertus Seibert*

H. Freiherr Haller von Hallerstein, Schloß und Dorf H., Nürnberg 1986. – V. Alberti u. a., Burgen und Schlösser in Hersbruck und Umgebung. Oberes Pegnitztal, Hersbruck 2003.

Henneburg (Stadt Stadtprozelten, LK Miltenberg, UFr.): → Stadtprozelten.

Heroldsbach (LK Forchheim, OFr.). In dem 1007 von Kg. Heinrich II. und 1063 erneut durch Kg. Heinrich IV. mit dem Königsgut → Forchheim zur Ausstattung des Bistums Bamberg geschenkten »Herigoldesbach«, das in einem Waldgebiet in einem Seitental w. der Regnitz liegt, waren um 1125 bis nach 1237 die Edelfreien von H., danach die Schlüsselberger begütert. 1327 erhielten die Gotzman die Burg H. als Burghut zu Lehen. 1470–1852 gehörte es zu den Stammsitzen des → Nürnberger Patriziergeschlechts der Löffelholz von Kolberg, das im kleineren Ortsteil Oberheroldsbach das landsässige Rittergut erworben hatte. 1763 fiel die Dorf- und Gemeindeherrschaft an die seitdem vor allem im n. gelegenen Unterheroldsbach begüterten Freiherren Horneck von Weinheim-Thurn. Die Hochgerichtsbarkeit stand dem Zentamt Forchheim zu. – 1405 erfolgte die Separation der 1398 erwähnten Filialkirche *St. Michael* vom Kollegiatstift Forchheim, das bis 1803 noch kleinere Zehntrechte besaß. Die 1438 errichtete, 1610 jedoch mit der Pfarrei Hausen vereinigte Pfarrei ist seit 1922 wieder selbständig. Das Langhaus der mittelalterlichen Chorturmkirche aus dem 14. Jh. wurde 1895 als neoroman. Pfeilerbasilika neu gebaut. – Unterheroldsbach wurde 1802 bay., 1808 mit mehreren Orten Distriktsgde., 1818 eigene Gde. Oberheroldsbach kam 1803 an Preußen, 1806 unter frz. Verwaltung und 1810 an Bayern. 1818 erfolgte die Vereinigung mit Unterheroldsbach.

1748 erwarben die Horneck das erhöht gelegene, dem Kanton Gebürg immatrikulierte bambergische Rittergut Thurn mit der ursprünglich gleichfalls zu H. gehörenden, aus einem seit 1323/27 belegten Turm entstandenen Wasserburg, die nach dem Erlöschen der Gotzmann 1611 an die von Bünau übergegangen und 1634 zerstört worden war. 1747 erfolgte durch Johann Michael Küchel der großzügige Ausbau zu einem später noch erweiterten prachtvollen *Barockschloß Thurn*, vor dem das gleichnamige Dorf angelegt wurde. 1975 gründeten die Grafen Bentzel-Sturmfeder-Horneck auf dem 40 ha großen Areal des alten Schloßparks einen Erlebnispark mit Westernstadt und Wildgehege.

1949 erlangte H. durch angebliche, von der Amtskirche nicht anerkannte Marienerscheinungen überregionales Aufsehen. 1971 schlossen sich H., Thurn und Oesdorf mit Poppenreuth zur ersten Großgde. im LK Forchheim zusammen.

(III) *Andreas Jakob*

I. Bog, HAB Forchheim, 1955. – C. Göksu, H. Eine verbotene Wallfahrt, Würzburg 1991.

Heroldsberg, Markt (LK Erlangen-Höchstadt, MFr.). Die Marktgde. H. liegt ca. 8 km nö. von Nürnberg. *Hügelgräber* im nahen Reichswald belegen vorgeschichtliche Besiedlung. Der Ort gliedert sich in den (älteren) Oberen Markt um Pfarrkirche und Herrensitze sowie den Unteren Markt, die das Tal der Gründlach trennt. – H. war Reichsgut, das 1295 pfandweise in den Besitz des → Nürnberger Bürgers Konrad Fürer kam, darauf 1299 an die Grafen von Nassau, die den Ort 1348 als förmliches Lehen erhielten und damit die Herrschaft H. formten. 1361 erwarb sie Burggraf Albrecht von Nürnberg. H. diente zur Witwenversorgung und 1374 als Mitgift der Burggräfin Anna bei ihrer Hochzeit mit Hz. Swantibor von Pommern. Dieser verkaufte 1391 seine Güter zu H. mit Hals- und Dorfgericht an die Brüder Konrad und Heinrich

Geuder aus Nürnberg. Die Familie der Geuder spaltete sich im Spätmittelalter in zahlreiche Linien auf, am Ende des 15. Jh.s kamen neben dem ältesten Ansitz, dem *Grünen Schloß*, das *Rote, Gelbe* und *Weiße Schloß* (seit 1920 *Rathaus*) hinzu. Den Gesamtbesitz teilten sich schließlich die Linie Geuder-Rabensteiner (im Grünen Schloß) und die Geuder der Nürnberger Linie (im Roten Schloß). – 1417 verlieh Kg. Sigmund ein Wappen für den erstmals genannten Markt. 1444 wurde der große got. Chor der *Pfarrkirche* St. Margaretha geweiht (seit der Reformation *St. Matthäus*). Der 1. Markgrafenkrieg (1449/50) brachte einen Einschnitt. Martin III. Geuder (1455–1532), Erbauer des Roten Schlosses, war Nürnberger Losunger, Reichsschultheiß und Freund Albrecht Dürers. – 1525 führten die Geuder die Reformation ein. Sämtliche Herrensitze wurden 1552 im 2. Markgrafenkrieg verwüstet, der Wiederaufbau im Stil der Renaissance prägt das Grüne und Rote Schloß bis heute. 1688 verheerte ein Feuer den Unteren Markt. – Im 18. Jh. wurden das Rote, Weiße und Gelbe Schloß umfangreich barockisiert und die Außenansichten durch die Anlage von Gärten neu gestaltet. – 1796 fiel H. an Preußen, stand ab 1806 unter frz. Verwaltung und kam 1810 an Bayern. Im 19. Jh. wurde die spätmittelalterliche *Kirchhofbefestigung* bis auf eine niedrige Mauer abgebrochen. 1908 erfolgte der Anschluß an die Bahnlinie Nürnberg/Nordost-Gräfenberg. 1935 erhielt die kleine kath. Gde. eine eigene Kirche (St. Margaretha, heute *Altentagesstätte*). Nach dem 2. Weltkrieg ließen sich zahlreiche Flüchtlinge und Vertriebene in H. nieder; für die dadurch stark angewachsene kath. Gde. wurde 1970/71 die neue *kath. Pfarrkirche St. Margaretha* errichtet. (VI) *Daniel Burger*

Die Geuder von H. Ausstellung der Stadtbibliothek Nürnberg, Nürnberg 1965. – E. Brunel-Geuder, H. Geschichte einer Marktgemeinde, H. 1990. – E. Brunel-Geuder/V. Alberti, Die Geuder-Rabensteiner und das Weiße Schloss zu H., H. 2002.

Herrieden, Stadt (LK Ansbach, MFr.). Das 797 erstmals genannte Benediktinerkloster »Hasareoda« wurde wohl in der

2. Hälfte des 8. Jh.s gegründet. Erster Abt war der eng dem
karolingischen Hof verbundene Theutgar, der hl. Deocar.
Eine bereits vorhandene Siedlung am Ufer der Altmühl, an
der Altstraße Augsburg-Fulda, mit der Pfarrkirche (heute
kath. Nebenkirche) St. Martin (1380 dem Stift inkorporiert;
1633 niedergebrannt, 1688 Weihe des Neubaus) ist anzunehmen. Von der Neuerrichtung des Klosters und reichen Ausstattung durch den »vir religiosus« Cadolt berichtet Abt Deocar II. im Jahr 832, was wohl nicht als Gründungsbericht auf-
zufassen ist, sondern sich auf eine spätere Verlegung bzw.
Vergrößerung des Klosters beziehen dürfte. – Das 817 unter
den Reichsabteien mittlerer Größe verzeichnete Kloster hatte nicht nur in der näheren Umgebung, sondern auch im
Rheingebiet und in Niederösterreich Besitz. 887 tauschte Kg.
Arnulf die Abtei, die dem Mainzer Erzbf. Liutbert zu lebens-
länglicher Nutznießung übergeben worden war, wieder ein
und übertrug sie 888 an das Bistum Eichstätt, dessen Bf. Er-
chanbold das Kloster in ein Säkularkanonikerstift umwandel-
te. Dabei soll er nur einen geringen Teil der Klostereinkünfte
als Präbende für die Kanoniker eingesetzt, das übrige Klostergut aber an Vasallen ausgegeben haben. Ohne Zweifel rührt
auch der größte Teil des umliegenden immediaten eichstättischen Amtsbesitzes von Herrieder Klostergut her. – Der seit
1208 allein vom Bf. bestimmte Stiftspropst, immer ein Eichstätter Domherr, hatte in H., dessen Markt 1238 erwähnt
wird, starken Einfluß auf Handel und Gewerbe, auch stand
ihm ein Teil der Gerichtsbarkeit zu. Seit 1238 ist in H. bereits
eine Schwurbrüderschaft der an der Jurisdiktion beteiligten
Bürger bezeugt; 1289 wird H. erstmals als »oppidum«, 1316 als
»civitas« bezeichnet. – Im 12. Jh. traten eichstättische Ministerialen in H. auf, im 13. Jh. jedoch wurden die Grafen von
Oettingen als Vögte über H. zur beherrschenden Macht.
Mit der Verhängung der Reichsacht 1310 über Graf Konrad
von Oettingen fielen die eichstättischen Lehen im oberen
Altmühlraum an den Bf. heim. Aber erst nach langen, auch
kriegerischen Auseinandersetzungen mit Graf Konrad von
Oettingen und dessen Schwager Kraft von Hohenlohe, in de-

ren Verlauf Kg. Ludwig der Bayer 1316 H. eroberte, in Brand
steckte und die Befestigungen niederlegte, kam ↑ Eichstätt
endgültig 1323 in ungestörten Besitz von H., und die Bf.e
konnten ihre stadtherrliche Stellung ausbauen. Bf. Heinrich V. ließ 1340/44 die *Stadtmauer* neu aufführen. Eine neue
Schloßanlage wurde 1396–1412 unter Bf. Friedrich IV. geschaffen, der vorher (1388) an der Niederschlagung der aufständischen Stadt H. im Städtekrieg beteiligt war. Bereits 1386
waren die Rechte des Stiftes zugunsten des Bf.s als Stadtherrn
erheblich geschmälert worden. – Eichstättische Amtsvögte
saßen auf der Burg → Wahrberg, wo später der »Pfleger«
bzw. »Oberamtmann« des eichstättischen Oberamts Wahr-
berg(-H.) seinen Amtssitz hatte. Gerichtliches und administratives Zentrum dieses Oberamts war H. als Sitz des Stadt-
vogtes bzw. Propstamtmanns (Propstei 1538 zur bischöflichen
Mensa geschlagen, seit 1578 zum Erhalt des eichstättischen
Willibaldinums eingesetzt), des Kastners und des Stiftsamt-
manns. – Der große Stadtbrand von 1490 vernichtete auch
das Schloß (1508–10 wiederaufgebaut), das Langhaus der
Stiftskirche (seit 1807 *kath. Stadtpfarrkirche*) *St. Veit und St. Deocar* (1502–33 neu errichtet, 1740 eingewölbt) und die *kath.
Kirche U. L. Frau* (1493 wiederaufgebaut). Katastrophal waren
die Auswirkungen des Einfalls schwed. Truppen 1633, nach
dem 130 Tote zu beklagen waren. Auch das Schloß wurde
zerstört (nach Wiederherstellung 1658 in ein fürstbischöfliches Brauhaus umgewandelt, 1877/78 Brand und Wiederaufbau). – Mit dem Oberamt Wahrberg kam H. 1802 an Bayern, 1803 an Preußen (Besitzergreifung 1804). 1804 wurde das
Kollegiatstift förmlich aufgelöst. 1806 fiel H. endgültig an
Bayern, das 1808 in H. ein Landgericht (seit 1879 Amtsgericht, 1931 aufgelöst) und ein Rentamt (seit 1920 Finanzamt,
1929 aufgelöst) konstituierte. – Nach dem 2. Weltkrieg erfolgte ein starker wirtschaftlicher Aufschwung von H., das
heute international bekannte Betriebe beherbergt (v. a. Auto-
maten- und Rolladenbau, Strickwaren- und Möbelherstel-
lung) und durch die Anbindung an die A 6 (Nürnberg-Heil-
bronn) begünstigt wird.   (V)   *Robert Schuh*

M. Adamski, H. Kloster, Stift und Stadt im Mittelalter bis zur Eroberung durch Ludwig den Bayern im Jahre 1316, Kallmünz 1954. – G. Rüger/ H. Stafski, St. Veit und sein Reliquiar zu H., in: Jahrbuch des Historischen Vereins für Mittelfranken 78 (1959), S. 54–68. – H. Stadt an der Altmühl, H. 1982.

Hersbruck, Stadt (LK Nürnberger Land, MFr.). Das erstmals 1003 belegte H. liegt 30 km ö. von → Nürnberg inmitten der Fränkischen Alb. Aufgrund der günstigen Position an einem Pegnitzübergang der Handelsstraße zwischen Regensburg und Forchheim wurde hier um 1000 eine Brücke errichtet. Kg. Heinrich II. übergab H. 1007/11 an das neugegründete Bistum Bamberg. – Als Kern eines größeren Besitzkomplexes des Benediktinerinnenklosters ↑ Bergen war H. 1095–1156 Sitz eines Teils des dortigen Konvents. – H. erhielt 1057 das Markt-, Münz- und Zollrecht. Die Vogtei über den Bamberger Besitz lag bis zu ihrem Aussterben 1188 bei den Grafen von Sulzbach und kam dann an die Staufer, 1268 schließlich an die Wittelsbacher, unter deren Landesherrschaft der Ort mit kurzer Unterbrechung bis 1504 stand. H. wurde wohl im 13. Jh. zu einer planmäßig angelegten Stadt mit Straßenmarkt ausgebaut. – 1353 erwarb Kg. Karl IV. Stadt und Amt H. für seine neuböhm. Besitzungen; in dieser Zeit gewann die im 14. Jh. durch den Ort verlegte Ost-West-Verbindung Nürnberg-Prag an Bedeutung. 1373 erwarben die Wittelsbacher Stadt und Amt zurück. Gegen Ende des 15. Jh.s entstand eine neue *Befestigungsanlage*, die um 1440 den heute noch erkennbaren Stand erreichte. – Die ev. *Stadtkirche* steht an der Stelle eines Vorgängerbaus. Turmuntergeschosse und Chor stammen aus dem 14./15. Jh., 1738/39 erfolgte ein Neubau des Langhauses. Die *Spitalkirche St. Elisabeth* entstand in der 1. Hälfte des 15. Jh.s. Im Nordosten des Mauerrings wurde das 1420 gestiftete *Bürgerspital* integriert. – Einen entscheidenden Einschnitt brachte das Jahr 1504, als H. im Landshuter Erbfolgekrieg von der Reichsstadt Nürnberg erobert wurde. H. war das flächenmäßig größte und somit bedeutendste Pflegamtsgebiet; die seit 1532 ev. Stadt erhielt vom Nürnberger Rat alle wichtigen Ämter und höheren Schulen. Das ehem. *Pflegschloß* wurde an

Stelle einer älteren Burganlage 1517 für die reichsstädt. Pfleger neu errichtet, im frühen 17. Jh. vom Nürnberger Stadtbaumeister Jakob Wolff dem Jüngeren umgestaltet und durch Türme und Seitenflügel erweitert. 1806 kam H. wieder an Bayern und wurde Sitz eines Landgerichts. – Jahrhundertelang war H. ein Zentrum des Hopfenanbaus, des Hopfenhandels, der Rinderweidewirtschaft und der dazugehörigen Hirtenkultur (*Hirtenmuseum*). Der Anschluß an zwei Bahnlinien, an die Bayerische Ostbahn von Nürnberg nach Amberg 1859 und an die Bahnlinie Nürnberg-Bayreuth 1877, brachte die Anfänge einer industriellen Entwicklung, die aber zu keiner nachhaltigen Industrialisierung der Stadt führte. – Im 19. Jh. wuchs die Zahl der kath. Einwohner stetig an. 1922 wurde die Seelsorgestelle H. zur Pfarrei erhoben und 1932 die *Pfarrkirche Maria Geburt* erbaut. 1966 wurde die *St. Johanneskirche* eingeweiht. – 1944 wurde in H. ein Außenlager des KZ ↑ Flossenbürg errichtet, in dem bis Kriegsende mindestens 3500 Häftlinge ums Leben kamen. Die Insassen arbeiteten an der Errichtung einer unterirdischen Rüstungsfabrik (»Doggerwerk«) im Bereich der → Houbirg bei Happurg. – In den 1960er Jahren siedelten sich neue Industrieunternehmen an. Infolge der Gebietsreform vergrößerte H. in den Jahren 1972–76 sein Stadtgebiet, verlor jedoch den Kreissitz und kam an den neuen LK Nürnberger Land mit Sitz in → Lauf a. d. Pegnitz.   (VI)   *Sandra Frauenknecht*

W. Schwemmer/G. Voit, HAB Lauf-Hersbruck, 1967. – Aus der Geschichte des Amtsgerichtsbezirk H., H. 2000. – G. Faul, Sklavenarbeiter für den Endsieg. KZ H. und das Rüstungsprojekt Dogger, H. 2003.

Herzogenaurach, Stadt (LK Erlangen–Höchstadt, MFr.). Der vielleicht schon im 8. Jh. auf einer hochwassersicheren Talterrasse über der namengebenden Aurach, einem w. Nebenfluß der Regnitz, entstandene Rangauort war bei seiner Ersterwähnung als »Uraha« 1002 das für die Verwaltung des Reichsforstes im Nordgau s. der Erlanger Schwabach verantwortliche Königsgut; ein Königshof konnte in H. jedoch bisher weder lokalisiert noch ausgegraben werden, die vermutete ur-

sprüngliche Gebietseinheit mit der Mark Büchenbach ist nur
eine aus wesentlich späteren Verhältnissen abgeleitete Hypo-
these. – 1021 schenkte Ks. Heinrich II. den Ort, der bis 1802
kirchlich beim Bistum Würzburg blieb, mitsamt dem (etwa
1060 ans Reich zurückgefallenen) späteren Sebalder Reichswald zwischen Regnitz, Pegnitz und Schwabach an das Bistum Bamberg, das ihn – ungeachtet wiederholter Verpfändungen an → Nürnberger Patrizier vom 13. bis 16. Jh. – zum s.
Eckpfeiler des Hochstifts und Mittelpunkt eines großen Amtes ausbaute. In dessen Sprengel, ebenso in dem von Büchenbach und in der dompropsteilichen Hofmark → Fürth, übte
zunächst der bischöfliche Vogt, seit dem 16. Jh. (z. T. vom
markgräflichen Amt Baiersdorf zurückgedrängt) der Amtmann die Hochgerichtsbarkeit aus. Der 1303/13 im ältesten
Würzburger Lehenbuch erstmalig belegte, vermutlich zur
Unterscheidung von zahlreichen »aurach«–Orten in der Umgebung entstandene Name H. dürfte sich auf die 1248 ausgestorbenen Hz.e von Andechs-Meranien beziehen, aus deren
Familie im 12./13. Jh. mehrere Bf.e von Bamberg stammten.
In dieser Zeit entwickelte sich H. zur Stadt. – Das 1348 mit
Wall und Graben umgebene »oppidum«, der heute noch se-
henswerte innere Stadtkern zwischen den beiden markanten
Stadttürmen mit Straßenzug in Ost-West-Richtung, seitlichem
Markt, 12 Lehen und 17 Bürgerhofstätten sowie einigen klei-
neren Häusern erhielt 1409 neben zwei Jahrmärkten das
Recht, den Stadtgraben zu befestigen. 13 Sölden und 15 Hof-
stätten, der Bereich um die *Burg* (1719/21 Um- bzw. Neubau
als *Amtsschloß*, heute Rathaus) und die *Pfarrkirche* bildeten Vorstädte, die ab 1450 in einen neuen weitläufigen Mauerring
(*Reste* erhalten) einbezogen wurden. – Ein ursprüngliches
Martinspatrozinium bei der erst um 1460 mit dem Patrozinium Maria Magdalena erwähnten, stadtbildbeherrschenden
Pfarrkirche, deren ergrabener roman. Vorgängerbau in das
späte 12. Jh. datiert werden kann (1172 ist erstmals ein Geistlicher erwähnt), ist gleichwohl weder notwendig noch wahrscheinlich. Das Patronatsrecht über H. ging erst 1601 vom
Nürnberger Hl.-Geist-Spital endgültig an den Bf. von Bam-

berg über. – Die 1460–80 mehrfach erwähnten Juden wurden
1488 vertrieben. Im Bauernkrieg sind für den Sommer 1524 in
H. Unruhen belegt, für 1527/28 sind Wiedertäufer nachgewiesen. Im 30jg. Krieg kam es zu einem Massaker an der Bevölkerung sowie mehrfach zu Plünderungen und Zerstörungen. – Nach der Säkularisation des Hochstifts 1802 und kurzer
preuß. bzw. frz. Herrschaft fiel das Ackerbürgerstädtchen 1810
mit etwa 1400 Einwohnern endgültig an Bayern. Zwischen
1862 und 1929 wurden das kgl. Landgericht, Rentamt und andere Ämter wegverlegt. Der Niedergang des traditionellen
Tuchmachergewerbes im 19. Jh. wurde kompensiert durch die
Herstellung von Filz- und Lederschuhen. Von 1894 bis 1984
existierte die Lokalbahn H.-Erlangen. Nach dem 2. Weltkrieg
erlebte die unzerstörte Stadt einen großen Aufschwung u. a.
durch die Gründung der INA-Wälzlager-Werke 1946 und die
Expansion der Sportartikelhersteller Adidas und Puma. Die
1945 auf dem ehem. Fliegerhorst eingerichtete »Herzo-Base«
der US-Armee wurde 1992 aufgelöst. Seit der Eingemeindung zahlreicher Ortschaften im Rahmen der Gebietsreform
1972–78 ist H. heute mit knapp 24.000 Einwohnern die größte Stadt im LK Erlangen-Höchstadt.   (VI)   *Andreas Jakob*

C. Friederich u. a. (Hg.), Erlanger Stadtlexikon, Nürnberg 2002. – Aus
der 1000-jährigen Geschichte H.s. Stadtbuch H., H. 2002.

Hesselberg (Gde. Ehingen, LK Ansbach, MFr.). An der Straße
Dinkelsbühl-Wassertrüdingen sanft in die Landschaft gebettet, liegt der H., der erdgeschichtlich dem Frk. Jura zugerech-
net wird. Der langgestreckte Tafelberg besteht aus mehreren
Kuppen, von denen der Ehinger Berg mit 689 m die höchste
Erhebung Mittelfrankens ist. – Archäologische Streufunde
gehen bis in die Altsteinzeit zurück. Aus der Jungsteinzeit,
Bronze- und Urnenfelderzeit stammen Depot-, Keramik-,
Gräber- und Einzelfunde. Bedeutend sind die frühurnenfel-
derzeitlichen *Wallanlagen* (ca. 1200 v. Chr.) auf der Osterwie-
se, dem Ehinger und dem Gerolfinger Berg. Wohl noch in der
Urnenfelderzeit bricht die Besiedlung ab. – 1315 wurde der
Berg als »Oselberg« erstmals urk. erwähnt, ab 1371 beherrsch-

ten die Burggrafen von Nürnberg, die späteren Markgrafen von Brandenburg-Ansbach, das Gebiet mit den »Hesselberg-dörfern«. Während des Bauernkriegs versammelten sich 1525 hier aufständische Bauern (»Sausäck«). 1792 wurde das Gebiet preuß. 1803 besuchte Kg. Friedrich Wilhelm III. von Preußen mit seiner Frau Luise den Berg. 1806 kam der H. an Bayern. 1810 wurde der Ehinger Berg trigonometrischer Signalpunkt bei der bay. Landvermessung. 1925 wurde dort ein *Berghotel* errichtet. – Die Propaganda der Nationalsozialisten wies dem H. als Erinnerungsort für Elemente des NS-Geschichtsbildes (Bauernkrieg, vermeintlich germanische Überreste) und als eindrucksvollem Versammlungsort für Großveranstaltungen (»Frankentag« seit 1928) bereits früh regionale Bedeutung zu. Der geplante Bau einer Adolf-Hitler-Schule der NSDAP am Westhang des Berges wurde nicht ausgeführt. Auf dem für die Schule vorgesehenen Gelände besteht seit 1951 die *Evangeli-sche Landvolkshochschule H.*, seitdem findet auf dem H. alljähr-lich der Bayerische Kirchentag statt. – Während des 2. Welt-kriegs bestand eine Flugmeldestation auf dem Gipfel. Auf dem exponierten Berg wurden in der Nachkriegszeit eine US-amerikanische Radarstation und eine Sendestation der Deutschen Bundespost errichtet.   (V)   *Beate Greif*

A. Berger, Der H. Funde und Ausgrabungen bis 1985, Kallmünz 1994. – F. Baumeister (Hg.), Hesselbergland. Land und Leute in Ehingen, Dam-bach und Lentersheim, Gunzenhausen 1991.

Hessenthal (Gde. Mespelbrunn, LK Aschaffenburg, UFr.): → Mespelbrunn.

Heunischenburg (Stadt Kronach, LK Kronach, OFr.). Alter und Bedeutung der 1477 erstmals als Heunischburg (= Hü-nenburg) bezeugten Anlage auf einem nach Südwesten wei-senden Bergsporn im Buntsandsteingebiet w. von → Kronach konnten durch archäologische Grabungen 1983–87 weitge-hend geklärt werden. Danach schützte der gut erkennbare, etwa 110 m lange *Wall*, der den an 3 Seiten stark abschüssigen Bergsporn zu dem leicht abfallenden Sattel nach Nordosten hin abtrennt, als eine der ältesten Steinbefestigungen n. der Alpen ein Areal von mehr als einem Hektar. Dieses war an den Hangkanten durch Palisaden gesichert. Eine erste aus dem 11. Jh. v. Chr. stammende Siedlung war unbefestigt geblieben. Eine ca. 2,8 m breite Mauer einer zweiten Bau- und Siedlungsperiode wurde in einer dritten Phase mit einer etwa 3 m breiten Mauer überbaut und dieser wurden nach außen hin ein waagrechter Böschungsabsatz (Berme) sowie ein Graben vorgelagert. An der sö. Ecke befindet sich eine Toranlage mit einer ungefähr 10 m langen Torgasse und einer Pforte. Aufgrund eines Balkenfundes konnte man die Mauer ins 9./8. Jh. v. Chr., also in die späte Urnenfelderzeit datieren. – Die Funde vieler bronzener Waffen, wie Lanzenspitzen und Schwerter, die offenbar aus rituellen Gründen unbrauchbar gemacht worden waren, sowie zum Teil in der Mauer steckender Pfeilspitzen, deuten auf den militärischen Charakter der vergleichsweise kleinen und isoliert gelegenen Anlage hin, die wohl mit einer vorbeiführenden Straße in Verbindung stand. Brandspuren und die Waffenfunde lassen darauf schließen, daß sie infolge einer kriegerischen Auseinandersetzung aufgegeben wurde. Bis auf eine vorübergehende Besiedlung Anfang des 5. Jh.s v. Chr. ist die H. später nicht mehr genutzt worden, wurde aber schon im Mittelalter als Burgstall wahrgenommen. (III)   *Helmut Demattio*

H. Demattio, HAB Kronach, 1998. – B.-U. Abels, Die H. bei Kronach. Eine späturnenfelderzeitliche Befestigung, Regensburg 2002.

Hilpoltstein, Stadt (LK Roth, MFr.). Die Stadt liegt ca. 30 km s. von → Nürnberg am Rande des mittelfränk. Keuperbeckens und an einer alten Handelsstraße, die von Nürnberg über Ingolstadt nach München führte. »Stein« bezeichnete die *Burg*, die sich seit dem 12. Jh. (Erweiterung ca. 1220/30) im Nordosten der Stadt H. auf rötlichem Burgsandstein erhebt. Genannt wird 1254 ein »Heinrich von Stein«, der wenige Jahre später in Nürnberg Reichsbutigler wurde und Reichsministeriale war. Der Ort wurde wohl von Heinrich von Stein geplant bzw. gegründet und um diese Zeit als »opidum in Lapide« bezeichnet. Der älteste Sohn Heinrichs erhielt den Namen Hilpolt wie nach ihm alle Erstgeborenen. Burg und Stadt H. unterstanden ihnen als Reichslehen. – Mit dem Tod Hilpolts IV. 1385 gelangte die Herrschaft an die Hz.e von Bayern-Landshut. Nach dem Landshuter Erbfolgekrieg kam H. 1505 zum Fürstentum Pfalz-Neuburg. 1542–78 war die Stadt an die Reichsstadt Nürnberg verpfändet. Die ev. Kirchenordnung wurde eingeführt. Nach Einlösung der Pfandschaft erhielt Pfalzgraf Otto Heinrich 1582 neben ↑ Sulzbach, → Heideck und → Allersberg auch H. Letztere Herrschaft verschrieb er seiner Gemahlin Dorothea Maria als Witwensitz. Sie lebte von 1606 bis zu ihrem Tod 1639 auf der Burg, die danach verwaiste. Ihr Neffe Johann Friedrich errichtete für die wittelsbachische Nebenlinie Pfalz-H. 1619 die *Herzogliche Residenz* neben der *Pfarrkirche Johannes d. T.* (Chor und Turmunterbau von 1473, Langhaus von 1732). Dessen älterer Bruder, der Neuburger Fürst Wolfgang Wilhelm, konnte aufgrund der bei ihm verbliebenen Landeshoheit 1627/28 die Stadt rekatholisieren. – H. erhielt schon 1220/30 eine *Stadtmauer*, die fast völlig erhalten ist, von den Türmen der Stadtbefestigung allerdings nur der *Döderleinsturm*. Der Fachwerkbau des *Rathauses* entstand 1418 (ursprünglich als Getreidespeicher). Die Burg war bis 1606 Residenz, nach dem 30jg. Krieg verfiel sie. Sie wurde spätestens im 18. Jh. abgebrochen und ist heute *Ruine*. – Nach dem Übergang an Bayern wurde H. 1803 Sitz eines Landgerichts sowie von 1880 bis 1972 Sitz eines Bezirksamtes bzw. LKs. Im 20. Jh. profitierte H., bereits 1888 an das Eisenbahnnetz angeschlossen, von der Anbindung an die Autobahn München-Nürnberg (A 9) und der Errichtung des Main-Donau-Kanals mit dem neugeschaffenen *Rothsee* n. des Ortes.

(VI)   *Wolfram Unger*

W. Wiessner, HAB Hilpoltstein, 1978. – K. T. Platz, H. vom Frühmittelalter bis zur frühen Neuzeit. Archäologische, baugeschichtliche und historische Aspekte zur Entwicklung einer mittelfränkischen Burg und Stadt, Büchenbach 2000.

Hiltenburg (Gde. Hausen, LK Rhön-Grabfeld, UFr.): → Fladungen.

Hiltpoltstein, Markt (LK Forchheim, OFr.). Auf der Hochfläche der Fränkischen Alb, an der »Sächsischen Straße« von
Nürnberg nach Sachsen wurde spätestens im 1. Viertel des
12. Jh.s auf einem aus der Ebene herausragendem Felsen eine
Burg erbaut. 1139 wird erstmals ein »Odalricus quidam de
Hilteboldestein« genannt, der vermutlich mit den Reichsministerialen von Rothenberg in Verbindung stand und Besitz
an das Kloster Michelsberg in → Bamberg schenkte. Hier entstand im Schutz der Burg ein bis ins 14. Jh. kleiner Ort mit
Meierhof und 4 Lehen. Pfarrort war bis in das 15. Jh. das nur
1 km w. gelegene, vermutlich ältere ↑ Kappel. – Im 15. Jh.
wurde H. zu einem befestigten Markt (ein *Tor* im Osten ist
erhalten) ausgebaut. Neben der Burg, der man ihre hochmittelalterliche Entstehung immer noch eindrucksvoll ansieht,
liegt auf dem Felsen auch die *Burg- und Pfarrkirche St. Matthäus*
mit dem bedeutenden got. Flügelaltar des »Meisters des Hilt-
poltsteiner Altars« von ca. 1420, einer → Nürnberger Arbeit.
Außerdem prägen noch das *ehem. Pflegamt* aus dem 15./
16. Jh., das »*Neue Schloß*« (17. Jh.), das *ehem. Gerichtsschreiber-
haus* (17. Jh.) und eine bewohnte *Toranlage* die historische
Topographie des Ortes. – Die frühe Herrschafts- und Besitzgeschichte ist unklar. Da sich im 13. Jh. Mitglieder des
Reichsministerialengeschlechts von Rothenberg auch nach
H. nannten, scheint die Burg aber staufisches Reichsgut gewesen zu sein, welches nach deren Aussterben an die Wittelsbacher überging. In deren Besitz ist es um 1285 im 2. Her-
zogsurbar belegt und durch sie wurde der Ort zu einem Ge-
richts- und Amtssitz. Im Hausvertrag von Pavia fiel H. 1329 an
die Pfälzer Wittelsbacher, 1353 erwarb Kg. Karl IV. das Pflegamt H. mit einem umfangreichen Hochgerichtsbezirk für
seine Landbrücke zwischen Böhmen und Ostfranken. Unter
seinen Nachfolgern wurde das Amt mehrmals verpfändet,
1503 an die Reichsstadt Nürnberg, die 1527 unter Kg. Ferdinand die Umwandlung in ein Lehen der böhm. Krone erreichte. – Bis 1806 blieb H. nürnbergisches Pflegamt. 1841
kaufte Kg. Ludwig I. von Bayern die Burg und verhinderte
dadurch den Abbruch. Der bay. Staat richtete hier eine Forst-

dienststelle ein, die 1973 aufgelöst wurde. Die Burg ging 1979 in private Hände über. (III) *Andreas O. Weber*

T. Breuer, BKD Forchheim, 1961. – G. Voit, Der Adel an der Pegnitz, Neustadt/Aisch 1979.

Himmelkron (LK Kulmbach, OFr.). Der 10 km sö. von → Kulmbach im Weißmaintal an der A 9 München–Berlin gelegene Ort geht auf ein von den thür. Grafen von Orlamünde gestiftetes *Zisterzienserinnenkloster* zurück, das erstmals 1279 im Rahmen einer Dotation Graf Ottos IV. als »Corona Coeli« in Erscheinung tritt. Dabei verdeutlicht die räumliche Übereinstimmung zwischen dem Kloster und dem Ausstattungsgut Pretzendorf, das vermutlich aus einer Burg und einer Siedlung bestand, die Vorläuferfunktion Pretzendorfs. Die sich in der Folgezeit daraus ergebende Doppelbezeichnung des Ortes als H. oder Pretzendorf wurde erst um 1600 zugunsten des Klosternamens H. abgelegt. – Das als Grablege mehrerer Orlamünder Grafen dienende Kloster ging im Erbgang 1340 an die Burggrafen von Nürnberg über, unterstand jedoch im geistlichen Bereich dem bambergischen Kloster → Langheim. Zu Beginn der Neuzeit wies es eine umfangreiche Grundherrschaft auf. – 1528 wurde im Markgraftum Brandenburg-Kulmbach die Reformation durchgeführt. Dennoch wurde erst 1545 die letzte Äbtissin, Margaretha von Döhlau, abgesetzt, 1548 aber wieder zurückgerufen, nachdem sie um 1546 zur neuen Lehre übergetreten war. Zusammen mit einem Propst führte sie die weltliche Verwaltung bis zu ihrem Tod 1569 fort. In dieser Zeit war das Kloster wohl vor allem 1553 im 2. Markgrafenkrieg – wie schon zuvor beim Hussiteneinfall 1430 – starken Schädigungen ausgesetzt. Nach der Verwendung als Unterkunft für markgräfliche Prinzessinnen und Hofdamen sowie als Erziehungs- und Waisenanstalt war es ab 1581 Sitz eines brandenburgischen Stiftskastenamtes. – Der mit Markgraf Christian Ernst beginnende Umbau der *Klostergebäude* zu einem fürstlichen Lustschloß 1695–1735, dem bereits 1666/67 die Anlage der berühmten, aus 200 Linden bestehenden *Baille-Maille-Allee* (bis 1792; wiederhergestellt um 1990) vorausging, machte H. auch weiterhin zum beliebten Aufenthaltsort der Landesherrn. Neben der Errichtung des *Prinzenbaus* und eines Reiterhauses sowie der Anlage eines Hofgartens ist vor allem die Barockisierung der alten got. *Klosterkirche* 1698–1723 anzuführen. Zudem erhielt das 1690 zur Pfarrkirche erhobene Gotteshaus im Jahre 1735 eine *Fürstengruft*, in der die beiden Markgrafen Georg Friedrich Carl und Friedrich Christian bestattet sind. Vom ursprünglichen Kirchenbau ist nur noch ein Flügel des um 1482 zu datierenden *Kreuzgangs* mit schönem Netzrippengewölbe und reichem Figurenschmuck erhalten. – Fürstlicher Finanzbedarf führte schließlich 1791/92 zum Verkauf der zerstückelten Kloster- und Schloßgebäude an Privatleute. Im nachfolgenden Jh. wurden die Räumlichkeiten überwiegend als Armenhaus genutzt, bevor der Himmelkroner Pfarrer Johann Langheinrich ab 1893 das Diakonische Werk → Neuendettelsau zur Aufnahme seiner Behindertenarbeit innerhalb der ehem. Kloster- und Schloßgebäude veranlassen konnte, womit der Grundstein für die heutige, durch Zukauf und Erweiterung bedeutsame Zweigstelle gelegt wurde. (IV) *Rüdiger Barth*

U. Schmidt, H. Grundbesitz und wirtschaftliche Verhältnisse des ehemaligen Zisterzienserinnenklosters, in: Archiv für Geschichte von Oberfranken 48 (1968), S. 7–70. – H. Meissner, H. Geschichte und Geschichten, Namen und Daten, Bayreuth 1979. – S. Gansera-Söffing, Die Schlösser des Markgrafen Georg Wilhelm von Brandenburg-Bayreuth. Bauherr, Künstler, Schloßanlagen, Divertissements, Bayreuth 1992.

Himmelspforten (Stadt Würzburg, UFr.). Das *Kloster H.* geht auf eine Gründung des Würzburger Bf.s Hermann von Lobdeburg zurück, der 1231 bei dem Dorf Himmelstadt nw. von → Würzburg auf der linken Mainseite auf hochstiftischem Besitz ein Nonnenkloster errichten ließ. Für seine Gründung behielt er sich ausdrücklich das Patronatsrecht sowie die Vogtei vor. Noch im Gründungsjahr wurde das neue Kloster vom Generalkapitel in den Zisterzienserorden aufgenommen und dem Abt von → Ebrach unterstellt. Aufgrund nicht näher bezeichneter Übergriffe und Störungen zogen die Nonnen um 1248 in das zu dieser Zeit verödete Zisterzienserinnenkloster Schönau bei → Gemünden. Als aber der Bf. den Nonnen 1250 ein Grundstück in der Schottenau auf dem linken Mainufer vor den Stadtmauern Würzburgs zur Verfügung stellte, erfolgte der nochmalige Umzug. – 1255 erhielt das Kloster von Papst Alexander IV. das große Ordensprivileg, d. h. es war nun zu vollem Recht dem Zisterzienserorden inkorporiert. Dies beinhaltete eigentlich auch die völlige Befreiung von der Diözesangewalt des Würzburger Bf., was sich aber nicht durchsetzen ließ. Der Bau der *Klosterkirche* erfolgte 1265–77. – In H. fanden sowohl Töchter aus den adeligen Familien der Umgebung als auch aus bürgerlichen Geschlechtern Aufnahme. Bereits 1352 ist die erste nichtadelige Äbtissin belegt. Das Kloster verfügte über Besitzungen, Einkünfte und Rechte in der Stadt Würzburg sowie in über 60 Orten in der weiteren Umgebung. 1354 wurde es im Gefolge der Auseinandersetzungen mit dem Bf. von der Würzburger Bürgerschaft geplündert und niedergebrannt, konnte aber mit der ihm im anschließenden Friedensvertrag zugesprochenen Entschädigung rasch wieder aufgebaut werden. – Das religiöse Leben blieb anscheinend auch während der Reformation intakt. Allerdings ging die Zahl der Nonnen im Konvent stark zurück. 1557 lebte dort nur noch eine Konventualin, doch ist schon 1561 wieder von mehreren Schwestern die Rede. Die zunehmende Konsolidierung zeigt sich auch an einer regen Bautätigkeit. 1592–1607 wurden die Konventsgebäude im Renaissancestil renoviert, ab 1613 erfolgte eine Erneuerung und Umgestaltung der Kirche. – Ende 1804 wurde das Kloster aufgehoben. Die Gebäude fielen an das Würzburger Juliusspital und wurden bis 1811 als Militärspital genutzt, danach beherbergte ein Teil der Klostergebäude eine Tabak- und Farbenfabrik. – 1844 wurde in der Anlage ein Kloster für Karmelitinnen gegründet, das von Nonnen aus Gmunden in Oberösterreich besiedelt wurde und 1847 die päpstliche Bestätigung erhielt. Da die Anlage in ihrem ursprünglichen Umfang für die neue Gemeinschaft zu groß war, erbaute sie unter Einbeziehung der *Klosterkirche* innerhalb der Umfassungsmauern ein eigenes, kleineres *Kloster*, das heute noch besteht. Die noch vorhandenen alten Klostergebäude dienten zunächst der Diözese Würzburg als Exerzitienheim. Als dieses 1941 geschlossen werden mußte, zogen zunächst die Zöglinge des Priesterseminars hier ein. Später dienten die Gebäude als Flüchtlingslager und Reservelazarett. 1945 schwer beschädigt, mußten die Gebäude 1963 teilweise abgetragen werden. Der in Anlehnung an das historische Vorbild errichtete *Neubau* konnte 1967 bezogen werden und dient seither wieder als *Exerzitienheim* der Diözese Würzburg.   (II)   *Ekhard Schöffler*

H. Hoffmann, Urkundenregesten zur Geschichte des Zisterzienserinnennklosters H. 1231–1400, Würzburg 1962. – I. Heeg-Engelhart, Die Frauenklöster, in: Geschichte der Stadt Würzburg, Bd. 1, hg. v. U. Wagner, Stuttgart 2001, S. 282–285.

Himmelthal (Gde. Elsenfeld, LK Miltenberg, UFr.): → Eschau.

Höchstadt a. d. Aisch, Stadt (LK Erlangen-Höchstadt, MFr.). Als frühester Beleg für H. gilt heute die Schenkung in »loco Hohenstat« durch einen Grafen (H)Ezilo an das Kloster Fulda. Dessen angenommene Gleichsetzung mit dem Schweinfurter Markgrafen Heinrich begründet die Datierung auf das Jahr 1003, da dieser sich damals nach seiner Niederlage gegen Kg. Heinrich II. von einem Teil seiner Besitzungen trennen mußte. – Nachdem die erste Siedlung wohl im Bereich der sog. Altstadt s. der Aisch lag, entwickelte sich der an einem Flußübergang gelegene Ort auf einer hochwassergeschützten Aufschüttung n. derselben. Wie das sw. gelegene Rohenoder Oberhöchstädt war das auch Stadt- oder »Nydernhohstet« genannte H. Sitz eines Hochgerichts. Dieses geht vielleicht schon auf die seit Mitte des 12. Jh.s bezeugten Grafen von H. zurück, die 1156 ausstarben. – Die *Burg H.* mit Zubehör kam an das Hochstift Bamberg, das den Ort als Sitz eines Amtes ausbaute, das 1348 13 Dörfer umfaßte. Die damals bereits befestigte Stadt (oppidum), in der bis 1800 auch andere Grundherren Streubesitz innehatten, erhielt 1382 von

Bf. Lamprecht von Brunn 8 Jahrmärkte sowie einen aus 12 Bürgern bestehenden Rat. Bereits 1352 erfolgte die Stiftung eines Bürgerspitals, für 1379 ist eine Schule erwähnt, 1391 die im 17./18. Jh. erneuerte *Steinbrücke*. Um 1400 entstand auf einem Sandsteinhärtling direkt am Fluß aus der Burg H. das heutige, 1713 von Johann Dientzenhofer zum Teil barockisierte *Schloß* als mächtige Dreiflügelanlage. – Die ursprünglich nach Lonnerstadt eingepfarrte, um 1444 separierte und 1728/30 barockisierte *Pfarrkirche St. Georg* wurde Ende des 14. Jh.s an Stelle eines Vorgängerbaus errichtet. Das Besetzungsrecht hatte das → Würzburger Domkapitel. Die angebliche Unterstellung von H. 1007 an das neugegründete Bistum Bamberg ist nicht belegt, sie wurde erst 1810 durchgeführt. 1513 erfolgte die Stiftung des Spitals und der Bau der *Spitalkirche St. Anna*. 1710–1810 bestand ein Kapuzinerkloster. – Die zwischen 1421 und 1476 an die Sekkendorff und andere verpfändete Stadt beteiligte sich 1525 am Bauernkrieg. Nachdem das 1552 im 2. Markgrafenkrieg kurzzeitig zwangsweise an Albrecht Alcibiades abgetretene Amt eine hohe Kriegskontribution bezahlen mußte, brannte der Markgraf H. 1553 nieder. Auch im 30jg. Krieg wurde es 1632/33 wiederholt belagert, erobert und verheert. 1668 zerstörte ein Feuer den größten Teil der inneren Stadt. – Bis 1802 war H. der Hauptort des Hochstifts Bamberg im Aischgrund und Sitz eines (Ober-)Amtes sowie von 14 Zünften. Nach dem Übergang an Bayern wurden 1804 ein Rentamt und ein Landgericht eingerichtet, 1819 erlangte der Ort Magistratsverfassung. – Die Industrialisierung erfolgte erst seit den 1920er Jahren durch die Ansiedlung von (Haus-)Schuhfabriken. Nach 1945 entwickelte sich die Firma Schaeffler (INA-Nadellager) zum größten Betrieb der Stadt. Nachdem H. seit 1892 Endpunkt der 1988 eingestellten Lokalbahn von Forchheim und Warenumschlagplatz für den mittleren Aischgrund war, veränderte sich die Umgebung des durch sein Stadtbild reizvollen Kernortes seit dem Anschluß an die A 3 (Nürnberg-Würzburg) 1960 sowie die Ausweisung großer Gewerbe- und Wohngebiete erheblich.

Seit 1972 ist H. auch Sitz einer Dienststelle des Landratsamtes Erlangen-H. (III) *Andreas Jakob*

H. H. Hofmann, HAB Höchstadt-Herzogenaurach, 1951. – Der Landkreis Erlangen-H., Hof/Saale 1979. – A. Wölker, Aus der Geschichte der Stadt H. a.d. Aisch, H./Aisch 1980.

Hof, Stadt (OFr.). H. liegt im bay. Vogtland zwischen Fichtelgebirge und Frankenwald an der Sächsischen Saale. – Unter den Markgrafen von Schweinfurt, die 1057 ausstarben, begann die Rodungstätigkeit im Regnitzland. Entlang der Flüsse, besonders im Tal der Regnitz, siedelten vermehrt Slawen, die viele entsprechende Ortsnamen hinterlassen haben. So wurde auch der Flußname Regnitz in der Form Regnizi oder Rekkenze (vgl. slaw. »rekka« = Fluß) als Ortsname gebraucht. Daraus wurde im 13. Jh., als für die Stadt eine zweite Entwicklungsphase begann, »Curia«, später »zum Hoffe«, »Regnitzhove« und schließlich H. – Die erste urk. Erwähnung findet sich 1214 im Testament des Plebans Albert von Rekkenze. Indirekt bereits für 1122 belegt, hatte die Siedlung ihren Ursprung in der wohl um 1080 oberhalb einer Saalefurt auf dem Klausenberg erbauten *Lorenzkirche*, in deren Nachbarschaft sich vermutlich ein Rittersitz befand. Diese Kirche war als Großpfarrei für das Regnitzland und darüber hinaus für einige Gde.n in Sachsen zuständig, jene sog. Streitpfarreien kamen erst 1845 völlig zu Sachsen.

Ab 1180 waren die Andechs-Meranier im Besitz des Regnitzlandes. Die Herren von Weida aus dem benachbarten Thüringen übten bis 1373 das Amt des Vogtes aus (Ursprung der Landschaftsbezeichnung »Vogtland«). – In andechs-meranischer Zeit wurde um 1230 anschließend an die ursprüngliche Siedlung eine befestigte Neustadt gegründet. Zwischen Oberem und Unterem Tor verlief die leicht gebogene Hauptstraße. Der dreischiffige Bau der *ev.-luth. Stadtpfarrkirche St. Michaelis* geht auf das späte 14. Jh. zurück, die heutige Gestalt – nach Erweiterungen im 15./16. Jh. – auf die neugot. Wiederherstellung nach dem Brand von 1823. Der Kirche gegenüber nimmt das *Rathaus* einen hervorgehobenen Standort ein. 1562 wurde es abgebrochen und durch einen *Neubau* ersetzt. Das heutige Aussehen erhielt es ebenfalls nach dem Brand von 1823. Zur »Neustadt« zählt auch das schon 1264 erwähnte, außerhalb der Stadtmauern liegende *Hospital*, heute teils als Altenheim genutzt, teils für das *Museum Bayerisches Vogtland*. Ein seit 1276 belegtes Schloß wurde nach einem Brand 1743 nicht wieder aufgebaut.

Bis zur Reformation wirkten in der Stadt Franziskaner, die 1292 abseits der Marktstraße ein Kloster erbauten. In unmittelbarer Nähe befand sich seit 1348 eine Niederlassung der Clarissen. Während das *Clarissenkloster* später als Gefängnis diente, wurden Räume des *Franziskanerklosters* für das 1546 gegründete Gymnasium genutzt. – Noch unter den Vögten von Weida wurde das Stadtrechtsprivileg 1319 schriftlich bestätigt. 1373 kaufte Burggraf Friedrich V. – die hohenzollerischen Burggrafen von Nürnberg waren nach dem Tod des letzten Andechser Hz.s Otto VIII., 1248 Erben des Regnitzlandes und führten jahrelang Kämpfe um die Vormacht mit den Vögten von Weida – H. und das Regnitzland. Um diese Zeit bestand bereits eine Judenschule in H. Von den Hussiten wurde die Stadt 1430 schwer in Mitleidenschaft gezogen. Mitte des 15. Jh.s waren bereits Tuchmacher und Schleierwirker tätig. – Bis 1529 setzte sich die Reformation in H. durch. Erst im 19. Jh. gab es in H. wieder eine kath. Gde.

Große Zerstörung brachte der 2. Markgrafenkrieg 1553, abermals litt die Stadt im 30jg. Krieg. Mit dem Markgraftum Ansbach-Bayreuth kam H. 1792 an Preußen, schließlich 1810 an Bayern. – Bereits Ende des 18. Jh.s entwickelte sich die Baumwollspinnerei, die Stadt wurde zu einem wichtigen Ort für den Baumwollhandel. Von Bedeutung war auch der Salzhandel mit Halle. – Nach dem großen Stadtbrand von 1823 wurde H. in schlichtem, klassizistischem Stil wiederaufgebaut. Entscheidend wirkte sich der Eisenbahnanschluß 1848 aus. In H. traf die bay. Ludwig-Süd-Nord-Bahn auf die Sächsische Bahn von Leipzig und Dresden. Der *Alte Bahnhof* wurde 1848 vor den Toren der Neustadt errichtet (Friedrich Bürklein). 1865 bzw. 1867 kamen Bahnlinien nach Eger und Regensburg hinzu. S. des Stadtkerns wurde 1880 ein neuer *Bahnhof* angelegt. – 1853 eröffnete als erster industrieller Großbetrieb eine mechanische Baumwollspinnerei, 1884 nahm die Vogtländische Baumwollspinnerei ihren Betrieb auf. Für die vielen hinzuziehenden Arbeiterfamilien entstand die Fabrikvorstadt am Saaleufer mit vom Stil der Gründerzeit geprägten Straßenzügen. Neben der Textilindustrie ist das Braugewerbe seit dem Mittelalter von großer gewerblicher Bedeutung.

In der Zeit des Nationalsozialismus wurde H. Garnisonsstadt. Im Zuge der antisemitischen Pogrome von 1938 wurde die Synagoge am Hallplatz zerstört. In den folgenden Jahren wurden die meisten der in H. lebenden Juden deportiert und ermordet, einigen gelang die Auswanderung. Seit 1998 gibt es in H. wieder eine *Synagoge*, nicht zuletzt für Spätaussiedler jüd. Glaubens. Auf der Hohen Saß zeugt der *Judenfriedhof* vom Leben jüd. Familien in der Stadt. – Während des 2. Weltkriegs wurden Rüstungsbetriebe in H. angesiedelt, für Arbeitskräfte aus dem KZ ↑ Flossenbürg wurde das Außenlager Moschendorf errichtet. Nach dem Krieg wurde es zum Entlassungslager für dt. Soldaten; Flüchtlinge und Vertriebene folgten. Durch die Aufnahme von Flüchtlingen und Vertriebenen wuchs die Bevölkerung von H. um ein Drittel.

Die Nähe zur innerdt. Grenze bewirkte bis 1989 beträchtliche Standortnachteile für die Wirtschaft und Abwanderung. Heute wird die kreisfreie Stadt H. mit ihren ca. 50.000 Einwohnern neben der Textilindustrie auch von anderen Wirtschaftszweigen geprägt, besonders vom Maschinenbau. Als Mittelpunkt des bay. Vogtlandes ist H. an die Autobahnen A 9 (München–Berlin) und A 72 (H.-Dresden) angebunden. Sw. der Stadt wurde 1969 ein Regionalflughafen eröffnet. H. ist Bundeswehrstandort und Schulstadt mit zwei Fachhochschulen. Seit 1967 finden jährlich die bekannten Hofer Filmtage statt. (IV) *Ingeborg Fuhrmann-Hoffmann*

Chronik der Stadt H., bisher 9 Bde., H. 1937 ff. – A. Gebessler, BKD Hof, 1960. – R. Endres, Die Rolle der Grafen von Schweinfurt in der Besiedelung Nordostbayerns, in: Jahrbuch für fränkische Landeskunde 32 (1972), S. 1–43. – R. Müller, Alte Hofer Stadtrechtsquellen und ihre rechtsgeschichtliche Bedeutung im Siedlungsgebiet des mitteldeutschen Ostens, H. 1986.

Hofheim i. UFr., Stadt (LK Haßberge, UFr.). Im Bereich einer der ältesten Siedlungsstellen des Haßgaus war der seit der Eiszeit begangene Spielberg im Stadtgebiet von H. etwa ab 600 v. Chr. größter Siedlungsplatz der Kelten in der näheren Umgebung. – H. entstand wohl als Ausbausiedlung eines frk. Königshofes. 1149 vergab Kg. Konrad III. seine Rechte zu »Hoveheim« an das Domstift → Würzburg. Die Bedeutung des Ortes im Spätmittelalter als Zentrum des offenen Haßgaus wird neben der günstigen Lage an einer alten Königsstraße auch in seiner Eigenschaft als Urpfarrei deutlich. Der Siedlungsname ist schon im 9. Jh. (Kopie des 12. Jh.s) als »Houeheim« erwähnt; daneben ist auch bis heute die Namensform »Hofingen« geläufig. – Im 12. Jh. hatte Graf Wolfram von Abenberg in H. Besitzungen, die er als Vogt dem Hochstift Bamberg 1108 übergab. Die aus den Haßbergen stammenden Grafen von Wildberg sind für das 13. Jh. vorwiegend als Besitzer bezeugt. Nach deren Aussterben 1303 wurden die Henneberger Besitznachfolger in diesem Raum. Auch das Hochstift Würzburg vermochte sich einige Lehen der zerfallenen Wildberger Herrschaft zu sichern, wie die Vogtei zu H. 1298. – Unter den Hennebergern, die sich bis zur Mitte des 14. Jh.s zur größten weltlichen Macht im Grabfeld entwickelten, erfuhr 1317 auch das Gebiet um H. eine neue administrative Gliederung im Amt Rodenstein. Am Ende der hennebergischen Herrschaft gelang es schließlich dem Hochstift Würzburg durch Erwerbung mehrerer Ämter (1354 Amt Rodenstein) sein Territorium auszubauen. – Trotz der Zerstörung der Burg Rodenstein 1525 wurde H. erst im 19. Jh. Verwaltungszentrum. Unter Fürstbf. Julius Echter besiegelte besonders die 1613 erfolgte Ablösung der Rechte der Fuchs von Bimbach, die auch das Patronatsrecht ausübten und die Pfarrei von 1552–75 mit ev. Pfarrern besetzt hatten, die Gegenreformation. – Für die nunmehrige hochstiftische Landstadt (erstmals 1576 als Stadt bezeichnet) ist spätestens um 1525 eine Einfriedung des Ortes samt *Türmen* und *Toren* nachweisbar. Bereits im 15. Jh. besaß H. eine Marktgerichtsordnung mit dem Recht zu eigenem Maß. – Nach der Säkularisation und der Inbesitznahme durch Bayern 1802 wurde H. ab 1804 Sitz eines Landgerichts und Rentamts. Zwischenzeitlich 1806–14 beim neugegründeten Großherzogtum Würzburg, kam es 1862 an das bay. Bezirksamt (→ Bad) Königshofen im Grabfeld und erhielt 1900 ein eigenes Bezirksamt mit Amtsgericht. Durch den Anschluß der sächs. Exklave → Königsberg 1920 erweitert, ging der (seit 1939) LK H. im Zuge der Gebietsreform 1972 im LK Haßberge auf. – Eine jüd. Gde. mit Schule und *Synagoge* (heute Privatbesitz) entstand erst nach der Matrikelaufhebung 1861. Sie wurde während der nationalsozialistischen Herrschaft ausgelöscht. – Der Charakter einer spätmittelalterlichen Stadtanlage ist noch am teilweise vorhandenen *Mauerring* mit seinen ehemals 5 Rundtürmen und den 3 Stadttoren sowie einigen *Fachwerkhäusern* ersichtlich. Das beherrschende Bauwerk ist die spätgot., um 1520 erweiterte und mehrmals umgebaute *Pfarrkirche St. Johannes d. T.* mit einigen bemerkenswerten Holzskulpturen der Spätgotik, u. a. aus der Riemenschneiderschule.

3 km nö. von H. befindet sich die *Bettenburg*. Als Höhenburg auf dem Haßbergkamm errichtet, erfüllte sie eine wichtige strategische Funktion an der Schnittstelle des Rennwegs mit der Straße H.-Coburg. Vom Hochstift Bamberg bis 1248 als Lehen an die Andechs-Meranier gekommen, wurde sie 1249 an Graf Hermann I. von Henneberg verpfändet und fiel 1343 an das Ministerialengeschlecht der Truchseß von Wetzhausen, die hier ein geschlossenes Rittergut, bestehend aus Manau und Birkach als ausschließlicher Landeshoheit und 9 weiteren Ganerbendörfern begründeten. Mit den Rechten zu Bettenburg und Manau wurden die Truchseß bis ins 19. Jh. von Bamberg und dem Herzogtum Sachsen belehnt und sind noch heute Besitzer. – Das heutige Bergschloß wurde kurz nach der 1525 erfolgten Zerstörung errichtet und zeigt die für Franken typische Verbindung von Gotik und Renaissancefor-

men. – Berühmtheit als »Musenhof« erlangte die Bettenburg unter Christian Truchseß von Wetzhausen (1755–1826), der hier die »Bettenburger Tafelrunde«, einen Kreis bedeutender Literaten, versammelte und das Schloß mit einem weitläufigen *Landschaftsgarten* umgab. (II) *Johannes Mack*

H. Kössler, HAB Hofheim, 1964. – W. Schmiedel, HONB Ebern-Hof-heim, 1973. – Chronik der Stadt H., H. i. UFr. 1993. – L. Sörgel-Füglein, Ein und aus auf der Bettenburg zur Zeit des Freiherrn Christian Truch-seß von Wetzhausen zu Bettenburg, H. i. UFr. 2001.

Hohenberg a. d. Eger, Stadt (LK Wunsiedel, OFr.). Die hoch über dem Egertal an der Grenze zu Tschechien gelege-ne *Burg H.* war nach der Plassenburg in → Kulmbach die wichtigste Befestigungsanlage im hohenzollerischen Mark-graftum Brandenburg-Kulmbach-Bayreuth und sicherte einst den verkehrstechnisch und strategisch wichtigen Paß von → Schirnding, der den Zugang von der Fichtelgebirgshochflä-che zum Egerer Becken und damit nach Böhmen vermittelte. – Die Burg entstand in staufischer Zeit im Zusammenhang mit der Sicherung der Reichsburg Eger; der Ortsname er-scheint erstmals 1222 in einer Urkunde. Die Herren von H. zählten zu den wichtigsten und begütertsten Familien im w. Egerland; ihr Besitz umfaßte weite Teile des s. Fichtelgebirges. Er ging nach dem Aussterben der Hohenberger um 1300 an die verschwägerten Herren von Hertenberg und die Nothaft über. Teile davon – darunter H., ↑ Höchstädt und → Wun-siedel – hatten aber auch noch zu Lebzeiten des letzten Ho-henbergers die Burggrafen von Nürnberg erworben. So er-scheinen die ältesten Erwerbungen der Hohenzollern im w. Egerland und späteren Sechsämterland im Amt H. zusammen-gefaßt. – Noch im Landbuch der Sechsämter von 1499 wird das als Amtsort geführte H. als Dorf bezeichnet. Dennoch er-hielten die Einwohner 1549 nicht nur ein eigenes Ratssiegel verliehen, sondern auch die landesherrliche Bestätigung ihrer alten Privilegien, darunter auch das Brau- und Schankrecht. Die Erteilung dieser Privilegien, zeitlich nicht zu fassen, sollte wohl Handwerker und Bauern zur Ansiedlung in unmittelbarer Umgebung der Burg bewegen. In diesem Zusammenhang ist auch die Eigenschaft von H. als kaiserliche Freistatt zu sehen; das Asyl bestand bis 1799. Ist noch in der Umschrift des 1549 verliehenen Ratssiegels vom »freien Berg H.« die Rede, so wird der Ort im amtlichen Schriftverkehr vom 17. bis zum 20. Jh. als Markt bezeichnet. Die Verleihung der Bezeichnung Stadt erfolgte 1960. – Die heutige Burg H. entstand in ihren wesentlichen Teilen (Ringmauer, Rundtürme) in der Zeit um 1480. 1499 und 1504 wird vom Bau der heute so genannten Vorburg berichtet. 1621/22 ließ Markgraf Christian mächtige, mit 7 Bastionen versehene Erdwälle um die Burg schütten, die mit Palisaden zusätzlich befestigt wurden. – Im Juni 1632 nahmen kaiserliche Truppen den Paß von Schirnding ein, eroberten das »Grenzhaus H.« und hielten es 3 Jahre lang besetzt. Nach dem 30jg. Krieg verlor die Burg H. an strategischer Bedeutung. Markgraf Christian Ernst errichtete 1666 das sog. *Fürstenhaus*, ein als Jagdschloß genutztes Gebäude mit einem angebauten Küchentrakt und einem Wohnhaus für den Amtmann. – 1945 wurden mit einem großen Teil des Ortes H. auch Teile der Burg, namentlich die Vorburg, der Torturm und der Storchenturm durch amerikanischen Artilleriebeschuß zerstört. – 1814 fand Carolus Magnus Hutschenreuther am nahen Großen Steinberg Kaolin und errichtete noch im selben Jahr in H. die erste bürgerliche Porzellanfabrik in Nordbayern; damit begründete er nicht nur den noch heute seinen Namen tragenden Konzern, sondern auch die Porzellanindustrie in diesem Raum. (IV) *Harald Stark*

Die Freistatt. Monographien aus H. an der Eger, 1985 ff.

Hohentrüdingen (Gde. Heidenheim, LK Weißenburg-Gunzenhausen, MFr.). Die Ortschaft H. liegt auf einem markant nach Westen vorspringenden Bergsporn des Hahnenkamms. Der 1053 durch Ks. Heinrich III. der Eichstätter Kirche geschenkte Forstbezirk auf dem Hahnenkamm w. der Rohrach wurde durch den Bf. an die Edlen von Truhendingen, von Gnotzheim, von Trendel, die Freien von Stahelsberg und wohl auch an die freiadeligen Späten von Steinhart zur Bevogtung verliehen. H. wurde in der Folge der Hauptsitz des 1129 erstmals erwähnten Geschlechts der Edelfreien und seit 1264 Grafen von Truhendingen, welche zu den bedeutendsten Herren am Hahnenkamm aufstiegen. Formal war die wohl noch im 12. Jh. entstandene *Burg H.* Lehen des Bf.s von Eichstätt. – Der Ort ist von einem teilweise mehrfachen *Graben-Wallsystem* umgeben, das möglicherweise vorgeschichtlichen Ursprungs ist, vielleicht auch auf eine gescheiterte Markt- oder Stadtgründung der Truhendinger deutet. Auf dem Sporn lag die 1812 abgetragene umfangreiche Burg, deren *Bergfried* des frühen 13. Jh.s mit markantem Buckelquadermauerwerk als einzig erhaltener Bauteil den Kirchturm des 1817/19 errichteten Gotteshauses bildet. Der Halsgraben ist weitgehend eingefüllt und dient als Friedhof. – Die letzten Familienangehörigen der Truhendinger sind in der Mitte des 15. Jh.s in Preußen nachzuweisen, doch kam der Ort aufgrund des wirtschaftlichen Niedergangs des Geschlechts bereits um 1340 an rasch wechselnde Besitzer. Von den Grafen von Oettingen (ab 1363) gelangte H. an die Burggrafen von Nürnberg aus dem Hause Zollern. Nach dem Erwerb durch die Zollern wurde der Ort Sitz eines markgräflichen Oberamtes, das nach der Reformation unter Beibehaltung des Namens nach → Heidenheim verlegt wurde. 1792 preuß., kam H. 1806 an Bayern. Im Rahmen der Gebietsreform wurde es 1978 nach Heidenheim eingemeindet. (V) *Daniel Burger*

H. H. Hofmann, HAB Gunzenhausen-Weißenburg, 1960. – H. Russ, Die Edelfreien und Grafen von Truhendingen, Neustadt/Aisch 1992. – G. Kiessling, DiB Landkreis Weißenburg-Gunzenhausen, 1999.

Hollfeld, Stadt (LK Bayreuth, OFr.). Die Talweitung des oberen → Wiesenttales (Hollfelder Mulde) im n. Fränkischen Jura war schon in der Altsteinzeit, besonders aber der Mittel- und Jungsteinzeit und der Frühbronzezeit begangen. Ein dichtes hallstattzeitliches Hügelgräberfeld mit 36 erhaltenen *Grabhügeln* im Wald nw. von Krögelstein und eine frühlatènezeitliche *Abschnittsbefestigung* bei Wiesentfels zeugen von keltischer, Funde des 4./5. und des frühen 7. Jh.s in H. von elbgermani-

scher und thür. Siedlungstätigkeit. Die frühe Besiedlung dürfte
auf die erzhaltigen Böden zurückzuführen sein, deren Verhüttung im 14. Jh. bereits beendet war. Eine Fernverbindung von
Hallstadt/Bamberg über Königsfeld führte über H. in den
Raum Bayreuth. – H. gehörte in der Karolingerzeit zu den
Pfarreien des Bistums Würzburg und ging 1017 durch Tausch
an das neue Bistum Bamberg, das H. im 12. Jh. zu einem wichtigen kirchlichen Mittelpunkt (Archidiakonat) mit 46 Pfarreien (um 1400) ausbaute. Die Burg des 1124 bezeugten mini-
sterialischen Ortsadels ist wohl in der heutigen Oberstadt zu
vermuten, der 1285 erstmals genannte Markt im tiefer gelegenen Unteren Markt. – Wahrscheinlich wurde noch im 13. Jh.
im Rahmen des Ausbaus des bischöflichen Territoriums an
der Grenze zum zollerischen Gebiet um → Bayreuth eine bischöflich-bambergische Stadtgründung anstelle der früh- und
hochmittelalterlichen Burg vorgenommen, wofür auch die
Existenz einer 1289 schon beachtlichen Judengde. spricht. 20
ihrer Mitglieder wurden in diesem Jahr Opfer eines Pogroms.
1326 wird H. erstmals als Stadt bezeichnet, auch ein Stadtsiegel
ist erwähnt, später auch Bürgermeister und Rat. Die Grundherrschaft lag fast gänzlich in der Hand des → Bamberger
St. Gangolfsstifts, das in H. ein Propsteivogtamt unterhielt. Bis
heute erinnert daran die am höchsten Punkt der Stadt gelegene roman.-got. *Kirche St. Gangolf.* – Für H.s Bedeutung als Ge-
treidemarkt spricht die Existenz eigener Maßeinheiten spätestens 1330 und auch der große *Marktplatz* (heute Marienplatz).
H. entwickelte sich zu einer der größeren Städte des Hochstifts, deren Bürger sich im Regionalhandel, Handwerk (Töpferei) und in der Mühlen- und Landwirtschaft betätigten. Die
Judengde. brachte 1348 ca. 10 % des Steueraufkommens der
Stadt auf, sie bestand bis zur allgemeinen Ausweisung aus dem
Hochstift Bamberg 1475. 1464 wurde am s. Stadtrand das *Spital
St. Bartholomäus* gegründet. – Im Bauernkrieg 1525 richtete
der »Hollfelder Haufen« in zwei Phasen beträchtlichen Scha-
den im Hochstift und an den ritterschaftlichen Burgen an, bevor er von Truppen des Schwäbischen Bundes besiegt wurde.
Die Niederlage der dem Haufen angeschlossenen Bürger und

Bauern brachte eine Stärkung der bischöflichen Macht in der Stadt. 1632 wurde H. im 30jg. Krieg von schwed. Truppen geplündert und angezündet. Ein Stadtbrand 1724 zerstörte viel von der alten Bausubstanz, so daß die *Pfarrkirche Mariae Himmelfahrt* erst 1778–82 zu einem stattlichen Barockbau wurde. Weitere wichtige Bauten aus der Barockzeit sind die *Kapelle St. Salvator* (1704 von Dientzenhofer erbaut) und das ehem. fürstbischöfliche Amtshaus, das heutige *Amtsgericht*. – Im 19. Jh. wurde der Verkehr mehr und mehr durch die Unterstadt geführt, wo sich nun auch die entsprechende Infrastruktur bildete (Post, Gasthäuser, Geschäfte) und ein überörtliches Einkaufszentrum entstand. 1972 wurde mit der Gründung der Gesamtschule H. ein Modellversuch im ländlichen Raum Bayerns gestartet, wodurch die erste weiterführende höhere Schule der n. Frankenalb entstand.

Im Gebiet der heutigen Stadtgde. H. liegen mehrere Burgen auf engstem Raum, Folge der Grenzsituation zwischen Hochstift Bamberg und der zollerischen Markgrafschaft im späten Mittelalter und des Ringens um die Beherrschung des oberen Wiesenttales: *Schloß Weiher* am n. Stadtrand von H. geht auf eine Wasserburg der Herren von Aufseß zurück, die 1525 im Bauernkrieg vom Hollfelder Haufen verwüstet wurde. 1729 wurde hier ein kleines Barockschloß im Mansardestil erbaut. – Die *Ruine Neidenstein* verfällt seit der Eroberung durch bambergische Truppen im 30jg. Krieg. Die erstmals 1488 erwähnte Burg der Herren von Aufseß wurde 1510 bambergisches Lehen und bereits 1525 vom Hollfelder Haufen zerstört, damals noch wieder aufgebaut. – Auf einem Fels über dem Wiesenttal nw. von H. liegt die 1338 erstmals erwähnte *Burg Freienfels*. Zunächst war sie freies Eigen und Ganerbenburg der Herren von Aufseß, über das sie im späten 14. Jh. in verschiedenen Anteilen sowohl die Zollern wie den Bamberger Bf. als Lehensherrn stellten, was zu Fehden im 14. Jh. und zu bambergischen Eroberungen im 17. Jh. führte. 1525 im Bauernkrieg vom Hollfelder Haufen niedergebrannt, im 30jg. Krieg wechselnd schwed. und bambergisch besetzt, wurde die halbruinierte Burg durch den Domkapitular Karl Siegmund von

Aufseß um 1700 zu einer imposanten mauerbewehrten Anlage mit zweiflügeligem Wohngebäude umgebaut. – Spektakulär auf einem klippenartigen Dolomitfelsen liegt die 1476–81 erbaute *Burg Wiesentfels* über dem Tal der Wiesent, die die Herren von Giech als Bamberger Lehen innehatten. Um 1400 gab es zwei Burgen (Ober- und Unterwiesentfels), die wohl in den Hussitenkriegen zerstört wurden. Die Burg wurde 1525 vom Hollfelder Haufen angezündet, doch wiederhergestellt und blieb bis zum Aussterben der Grafen von Giech 1938 deren Wohnsitz. (III) *Andreas O. Weber*

B.-U. Abels, Archäologischer Führer Oberfranken, Stuttgart 1986. – T. Eckert u. a., Die Burgen der Fränkischen Schweiz. Ein Kulturführer, Forchheim 1997. – D. Fastnacht, HONB Ebermannstadt, 2000.

Holzkirchen (LK Würzburg, UFr.). Das Dorf H. im engen Aalbachtal geht auf ein frühmittelalterliches *Kloster* zurück (daher der Ortsname). Ein mächtiger Großer (vir magnificus) namens Troand gründete – wohl um die Mitte des 8. Jh.s – hier ein Kloster unweit einer wichtigen Fernstraße. Dieses übertrug er mit dessen Ausstattung 775 oder vorher Kg. Karl dem Großen, der es in diesem Jahr dem Kloster Fulda schenkte, das H. bis zum Ende des Alten Reichs als Propstei behielt. H. war das erste fuldische Nebenkloster, das vor 838 ein Heiltum erhielt: St. Sixtus. Im 9. Jh. zählte es bereits 70 Konventualen. Die Pfarrei H. (*Michaelskirche* am Berg) war dem Kloster H. inkorporiert. – Das Kloster H. scheint die hochmittelalterliche Zurückdrängung Fuldas aus dem Mittelmaingebiet gut überstanden zu haben. Reste des *Kreuzgangs* zeigen hohe Bildhauerkunst der späten Stauferzeit. Als im 12./13. Jh. die Grafen von Wertheim die Klostervogtei übernahmen, flossen H. von diesem Hause anfangs noch eine Reihe von Schenkungen zu, aber die Vogteiherren verstanden es, wichtige Gerechtsame des Klosters allmählich an sich zu ziehen, so daß die klösterlichen Rechte im 15. Jh. bereits eingeschränkt waren. – Da in der Reformationszeit die Mönche dem Klosterleben entflohen, konnte Graf Michael III. von Wertheim die Propstei 1552 aufheben und die Güter einziehen. Im

Rahmen der Gegenreformation des Würzburger Fürstbf.s Julius Echter wurde H. noch vor dem 30jg. Krieg wiederhergestellt und von neuem mit Mönchen besetzt. Die Reichsabtei Fulda zeigte jedoch kein großes Interesse mehr an ihrem abgelegenen Nebenkloster. Daher plante sie, H. an das Hochstift Würzburg zu verkaufen bzw. zu vertauschen. Der Plan scheiterte, zumal Würzburg bereits seit 1612 das ehem. wertheimische Amt Remlingen und damit auch die alten Gerechtsame besaß, die die Grafen als Vogteiherren an sich gerissen hatten. – Obwohl die Propstei längst unbedeutend war, ließ Propst Bonifatius von Hutten nach den Plänen Balthasar Neumanns eine neue *Klosterkirche* erbauen (barocker Zentralbau, Oktogon, 1730 vollendet). – Das Kloster H. wurde 1802 von den Grafen Löwenstein-Wertheim-Virneburg eingezogen und säkularisiert, sofort aber von Oranien-Nassau beansprucht. 1806 fiel das Klostergut an Napoleon, der es seinem Marschall Duroc weitergab; 1813 fiel es an das Großherzogtum Würzburg, dann an Österreich, 1816 an Sachsen-Coburg-Saalfeld; 1842–1948/72 war die Domäne in der Hand des Fürsten Castell. 2003 entstand im ehem. Kloster ein Meditationszentrum. – Das Dorf H. gehört seit 1814 zu Bayern.

(I)   *Wilhelm Störmer*

A. Amrhein, Geschichte des ehemaligen Benediktinerklosters H., in: Archiv des Historischen Vereins von Unterfranken und Aschaffenburg 38 (1896), S. 37–131. – W. Störmer, HAB Marktheidenfeld, 1962. – Ders., Eine Adelsgruppe um die Fuldaer Äbte Sturmi und Eigil und den Holzkirchener Klostergründer Troand, in: Gesellschaft und Herrschaft. Eine Festgabe für Karl Bosl zum 60. Geburtstag, München 1969, S. 1–34.

Homburg (Gde. Gössenheim, LK Main-Spessart, UFr.). Im siedlungsgünstigen unteren Werntal, in dem erste Streu- und Siedlungsspuren bis in die Jungsteinzeit zurückreichen, liegt die *Burgruine H.* auf einer Höhenzunge inmitten von Siedlungen, die schon für das Frühmittelalter bezeugt sind. Eine verlorengegangene Steininschrift auf der Burg nannte als Erbauungszeit die Jahre 1028–31. Nach dem Baubefund geht der ältere Teil der Anlage auf roman. Zeit zurück, die Vorburg entstand wohl im 13. Jh. – Bald nach der Gründung der Burg

sicherte sich das Hochstift Würzburg die Lehenshoheit, im
15. Jh. wurde die Burg Sitz eines hochstiftischen Amtes. Den
Grundstock des Amtes H. ob der Wern bildeten die Dörfer
und zerstreuten Güter der Herren von Hohenberg = H. und
ihrer Nachfolger. Die Homburger stellten 3 Würzburger Bf.e,
außerdem Erbmarschälle von Franken und einen Abt in Fulda.
Sie gründeten in ihrem Gebiet einige Pfarreien und hatten bei
der Wiedererrichtung des Zisterzienserinnenklosters Schönau an der Saale (→ Gemünden) 1254 wesentlichen Anteil. –
1381 starb die Familie im männlichen Stamm aus und ihr Sitz
fiel an die Herren von Birkenbach. Diese verkauften den Besitz 1469 an das Hochstift Würzburg, das es nach mehrmaligen
Verpfändungen zum geschlossenen Amtsbezirk ausbaute. Seit
1475 sind Würzburger Amtleute belegt. Die Burg blieb Amtssitz bis zum Ende des 17. Jh.s. – Im 18. Jh. wurde der Verwaltungsmittelpunkt ins nahe Sachsenheim verlegt; die H. wurde
ab 1720 aufgelassen. Sie zerfiel und diente als Steinbruch. In
der 2. Hälfte des 20. Jh.s wurde sie aufwendig saniert und ist
heute eine der größten Burgruinen Deutschlands und Mittelpunkt des Naturschutzgebietes »Ruine H.«.

(II)   Wolfgang Schuster

A. Feulner, KDB Gemünden, 1920, ND 1982. – K. Richter, HAB Gemünden, 1963. – E. Riedenauer, HAB Karlstadt, 1963.

Homburg a. Main (Gde. Triefenstein, LK Main-Spessart,
UFr.). H. verdankt seine mittelalterliche Bedeutung der günstigen geographischen Lage. Der Felskegel, auf dem die *Burg*
steht, ist für die Verteidigung wie geschaffen. N. und s. von H.,
bei den Orten Lengfurt und Urphar, überqueren zwei frühmittelalterliche Höhenstraßen den Main, in West-Ost-Rich-
tung die spätere »Poststraße« Frankfurt-Würzburg, in Nord-
Süd-Richtung der heutige Heuweg. Wahrscheinlich hat Burg
H. dem Schutz der frk. Königsstraßen gedient.

Während der Amtszeit Burkhards, des ersten Bf.s von
Würzburg, kam der Ort an das neugegründete Bistum. Ver-
mutlich gründete Burkhard (742–53) im Schutze der Burg ein
Klösterchen, das aber bald wieder eingegangen sein muß.

Der Sage nach soll er in der *Burkhardsgrotte* unterhalb der Burg gestorben sein. – Zwischenzeitlich gehörte der Ort (oder nur das Kloster) einem anderen Herrn (vermutlich Kloster → Neustadt a. Main). Erst Kg. Otto III. gab das sicher nicht mehr existierende Kloster bzw. den Ort H. 993 dem Hochstift Würzburg zurück. – H. wurde nun ein w. Eckpfeiler der hochstiftischen Macht. Von hier aus suchte Würzburg vor allem in den Südspessart vorzustoßen. Um 1300 bestand bereits ein würzburgisches Amt H., und der Ort besaß einen Markt. Ks. Ludwig der Bayer erhob H. 1332 zur Stadt. 1366 verlieh ihr Ks. Karl IV. erneut das Stadtrecht und unterstellte sie der Krone Böhmen. H. sollte ein Stützpunkt auf der geplanten luxemburgischen Landbrücke Prag-Frankfurt a. Main werden. Der Ort war wichtig für den Ks., da von hier aus die alte Poststraße Frankfurt-Würzburg abgeriegelt und beherrscht werden konnte. Offenbar scheiterte der Plan, denn 1377 war H. schon wieder würzburgisch. Bis 1485 wurde es nun immer wieder verpfändet, meist an die Grafen von Wertheim. 1686/87 wurde H. Amtssitz für die würzburgischen Ämter H., Neubrunn und Remlingen. Da im 19. Jh. die Verkehrslage des Ortes sehr ungünstig geworden war, fielen die Behördenfunktionen von H. an die benachbarten Orte → Marktheidenfeld (Landgericht) und Lengfurt (Rentamt). H. besitzt heute auch nicht mehr das Stadtrecht; seit 1978 ist es Teil der neugeschaffenen Marktgde. → Triefenstein. – Der aus 3 Teilen bestehende berühmte Weinort (*Weinberg Kallmut*) schlingt sich im Süden um die Burg mit Oberstadt, Steige und Unterstadt; die ehem. Tore sind abgebrochen, viele Teile der *Stadtmauer* sind noch erhalten. – Schon im Spätmittelalter, dann wieder seit dem 17. Jh. gab es in H. eine jüd. Gde. mit Synagoge. Das 1873 neuerrichtete Gebäude in der Ortsmitte wurde 1938 zerstört; die jüd. Gde. bestand noch bis 1942. (II) *Wilhelm Störmer*

A. Amrhein, Beitrag zur Geschichte des Schlosses H., in: Archiv des Historischen Vereins für Unterfranken und Aschaffenburg 38 (1896), S. 133–199. – W. Störmer, HAB Marktheidenfeld, 1962. – H. am Main, 2 Bde., Triefenstein 1981.

Houbirg (Gde. Happurg, LK Nürnberger Land, MFr.). Die H. liegt am ö. Ortsrand von Happurg, 3 km sö. von → Hersbruck. Auf dem oben flachen Berg befindet sich die mit 88 ha Innenraum größte urnenfelder- und frühlatènezeitliche *Wallanlage* Süddeutschlands. – Die H. wurde bislang nicht systematisch ergraben. Die bisherigen Oberflächenfunde belegen noch unbefestigte, kleinere bronzezeitliche Siedlungen aus dem 15.–13. Jh. v. Chr., die später wieder verlassen wurden. Die erste mauerartige Umwehrung entstand in der späten Urnenfelderzeit, im 9./8. Jh. v. Chr., und umfaßte wohl bereits die gesamte Fläche. Aus dieser Zeit lassen sich Bronze- und Keramikwerkstätten nachweisen. Die H. war damals vermutlich Mittelpunkt eines größeren Siedlungsverbandes. Eine erneute Besiedlung begann zum Ende der Hallstattzeit. In der frühen Latènezeit (5. Jh. v. Chr.) war die H. als Zentralort von herausragender Bedeutung. Der Wall wurde erneuert und erhöht, stellenweise auf bis zu 15 m. In der Spätlatènezeit wurden allenfalls noch Teile am Westrand des Areals bewohnt, möglicherweise diente die H. nur noch als Zufluchtstätte. Ein früher vermutetes stadtähnliches Oppidum ließ sich nicht nachweisen. – Erst im 4. Jh. n. Chr. wurde die H. wieder für einige Zeit besiedelt. Nach einer weiteren Siedlungspause scheint die H. um ca. 600 nochmals in geringem Maß genutzt worden zu sein. Ein *Graben* am Rande der H. läßt eine kleine Wehranlage im späteren Mittelalter vermuten. – 1944 wurde im Felsen der H. mit dem Bau einer unterirdischen Fabrik für *Flugzeugmotoren* begonnen (»*Doggerwerk*«). Für den Bau von Stollen wurden KZ-Häftlinge eingesetzt. Die Anlage wurde nicht fertig gestellt. (VI) *Wolfgang Wach*

H. Koschik (Hg.), Die H. im Nürnberger Land. Archäologische Forschungen in Vergangenheit und Gegenwart, Nürnberg 1985. – A. Baier/ D. Freitag, Das Doggerwerk bei Happurg (Nürnberger Land). Zur Geschichte und Geologie einer unterirdischen Rüstungsfabrik, in: Geologische Blätter für Nordost-Bayern und angrenzende Gebiete 46 (1996), S. 145–174.

Hundshaupten (Gde. Egloffstein, LK Forchheim, OFr.): → Egloffstein.

Ickelheim (Stadt Bad Windsheim, LK Neustadt a.d. Aisch–Bad Windsheim, MFr.). Zu den Ausstattungsgütern des Bistums Würzburg gehörten 741 auch Zehnten aus dem kgl. Fiskalgut »Ikilenheim« (zum Heim des Mannes Ikkilo). Im 13. Jh. findet sich hier Besitz der Zisterze → Heilsbronn (1249) und der Burggrafen von Nürnberg (1259); letztere erwarben 1282 weitere Güter als Reichslehen. 1294 schenkte Burggraf Konrad von Fromme mit → Virnsberg auch Gerichtsrechte und Güter in I. an den Deutschen Orden, der hier ein Amt einrichtete, ohne den Ort in der Folgezeit gänzlich in die Hand zu bekommen. – 1565 erfolgte ein Neubau des *Amtshauses* am Standort des 1355 von Brand von Seinsheim erworbenen Bauhofs, in dem wohl der Nachfolger des alten Fiskalguts zu sehen ist. Das 1776 umgebaute und 1811 privatisierte Gebäude wurde 1814 von Franziska Karolina von Isenburg-Birstein, geb. Gräfin von Bergstein, einer illegitimen Tochter des bay. Kf.n Karl Theodor, erworben, die 1816 in I. starb. Das 2000/01 restaurierte Gebäude ist in Privatbesitz. – Das im Kern dem 15. Jh. entstammende, 1611 mit einer Empore versehene und 1705 durchgreifend renovierte Gotteshaus *St. Georg* wurde 1347 unter Erhebung zur Pfarrkirche von der Mutterpfarrei (→ Bad) Windsheim abgetrennt. Seit den 1540er Jahren, endgültig erst 1648 war die Kirche ev. (ab 1650 Kapelle im Amtshaus für kath. Gottesdienste). – 1525 wurde der am Bauernkrieg beteiligte Ort von Markgraf Kasimir von Brandenburg-Ansbach niedergebrannt. – Seit dem 16. Jh. sind einzelne jüd. Familien in I. nachweisbar, jedoch kam es nicht zur Gemeindebildung. – Bemerkenswert sind die beiden *Torhäuser* (Anfang 18. Jh.), die freilich keine fortifikatorische, sondern hauptsächlich rechtssymbolische Funktion hatten. – Nach der Eingemeindung zu Bad Windsheim 1976 erlebte I. durch die Ausweisung großer Baugebiete einen starken Bevölkerungszuwachs, wobei die Landwirtschaft (mit nicht unerheblichem Weinbau) ihre Bedeutung verlor.   (V) *Gerhard Rechter*

G. Rechter, Das Land zwischen Aisch und Rezat. Die Kommende Virnsberg Deutschen Ordens und die Rittergüter im oberen Zenngrund, Neustadt/Aisch 1981. – E. Fuchshuber, HONB Uffenheim, 1982.

Iphofen, Stadt (LK Kitzingen, UFr.). I. liegt 8 km sö. von
→ Kitzingen am Fuß des seit vorgeschichtlicher Zeit besiedelten Schwanbergs (→ Rödelsee) an einem wichtigen Verkehrsweg von Mainfranken nach Nürnberg und Regensburg.
Als »Ippihaoba« ist der Ort erstmals 822 belegt; der Königshof
zählte offenbar 741/42 zur Gründungsausstattung des Bistums
Würzburg. – 1293 erhob der Würzburger Bf. Manegold
von Neuenburg I. zur Stadt. Die zumindest in Teilen planmäßig errichtete wehrhafte Grenzstadt des Würzburger Herrschaftsbereichs lehnt sich an einen für Gründungsstädte üblichen rechteckigen Grundriß mit zentralem Marktplatz an.
Die für solche Städte typischen regelmäßigen Straßenführun-
gen fehlen jedoch weitgehend. Im Südwesten wurde im
14. Jh. das Gräbenviertel nachträglich in die Stadt einbezogen
und blieb in späterer Zeit eher agrarisch geprägt. – Die weitgehend erhaltene *Stadtbefestigung* geht auf die Gründungszeit
zurück und schloß ab 1421 auch das Gräbenviertel mit ein.
Der Befestigungsabschnitt, der diese Vorstadt zunächst von
der Kernstadt getrennt hatte, ist bis heute erkennbar. Bis
ca. 1600 wurde der Mauerring mit Vorwerken, Türmen und
3 Stadttoren ausgebaut; das *Rödelseer Tor* im Norden gilt als
Wahrzeichen der Stadt. – Kg. Ludwig der Bayer bestätigte die
Stadterhebung 1323 und verlieh I. das Gelnhäuser Stadtrecht.
I. blieb bis zum Ende des Alten Reichs Amtsstadt im Hochstift Würzburg und kam 1810 an Bayern. – Auch in I. faßte im
16. Jh. die luth. Lehre Fuß; bis zur rigorosen Rekatholisierung
durch den Landesherrn in der zweiten Jahrhunderthälfte war
wohl die Mehrheit der Einwohner ev. Im 30jg. Krieg wurde
die Stadt 1632 wiederholt geplündert. – Das *Rathaus* auf dem
Marktplatz wurde 1716–18 an der Stelle eines Vorgängerbaus
des 15. Jh.s errichtet. Spätestens 1293 ist eine Veitskapelle am
nw. Ende des Platzes belegt. Der Bau der *kath. Pfarrkirche
St. Veit* an gleicher Stelle begann 1414; Mitte des 15. Jh.s waren Chor und Turm ausgeführt, das Langhaus erst im 16. Jh.
1612 war die dreischiffige Hallenkirche in Formen der Echterzeit (u. a. Turm mit Spitzhelm) fertig gestellt. – S. außerhalb
der Stadtmauer beim heutigen Friedhof lag wohl im Bereich

einer präurbanen Siedlung die (nicht erhaltene) erste Pfarrkirche von I., St. Martin, die im 16. Jh. verfiel. – Auf ein
für 1294 behauptetes Hostienwunder mit antijüd. Prägung
geht die *kath. Kirche zum hl. Blut* im Zentrum des Gräbenvier-
tels zurück; eine spätmittelalterliche Kapelle wurde Ziel von
Wallfahrten und im 15. Jh. durch den heutigen Kirchenbau
ersetzt, der in der Echterzeit umgestaltet und erweitert wurde.
– Juden sind im Zusammenhang mit dem Rindfleisch-Pogrom von 1298 für I. bezeugt. Bis ins 17. Jh. hinein sind immer
wieder einzelne jüd. Einwohner nachgewiesen; eine Synagoge ist nicht belegt. – Wirtschaftlich war der klimatisch begünstigte Ort bereits im Mittelalter vor allem von Weinbau, daneben seit dem 17. Jh. verstärkt auch von Ackerbau geprägt.
Wein wurde im Nah- und Fernhandel ausgeführt. Heute ist I.
mit seinen Weinlagen an den Hängen des Schwanbergs einer
der bedeutendsten Winzerorte in Bayern. – Zentralörtliche
Funktionen etwa als regionales Handelszentrum konnte I.
nicht gewinnen; nach dem Verlust seiner überörtlichen Ver-
waltungsämter ging im 19./20. Jh. die Einwohnerzahl stark
zurück. – 1865 wurde s. des Ortes eine Bahnstation an der
Strecke Nürnberg-Würzburg eingerichtet.

Seit dem Spätmittelalter ist für den Bereich um I. der Abbau
von Gips belegt. Das seit 1949 in der Stadt ansässige, heute
international operierende Unternehmen Knauf stellt Baustof-
fe vor allem auf Gipsbasis her. Die Firma erwarb 1967 das
ehem. Amtsgebäude, das 1688 zunächst als repräsentatives
städt. Wirtshaus erbaut worden war, nutzte es für einige Jahre
als Bürogebäude und richtete dann hier das 1983 eröffnete
Knauf-Museum ein, das Gipsnachbildungen bedeutender Re-
liefs aus verschiedenen Kulturkreisen ausstellt. – Im Zuge der
Gebietsreform kam I. 1972 vom mittelfränk. LK Scheinfeld an
den unterfränk. LK Kitzingen und ist heute Sitz einer Verwaltungsgemeinschaft.   (II)   *Martin Ott*

G. Braun, I. Entwicklung und wirtschaftsgeographische Struktur, Würzburg 1969. – A. Brombierstäudl, Dies und das aus I.s Vergangenheit, I.
1992. – J. Endres, I. Entwicklung einer würzburgischen Landstadt von ihren Anfängen bis zur Echterzeit, Dettelbach 2000.

Irmelshausen (Gde. Höchheim, LK Rhön-Grabfeld, UFr.). Die *Veste I.*, ein eindrucksvolles Wasserschloß, liegt im fruchtbaren Grabfeldgau an der Straße Bad Königshofen-Mellrichstadt. I. wird um 800 in einer Schenkung an das Kloster Fulda erstmals erwähnt und war im Hochmittelalter im Besitz des in dieser Gegend reich begüterten hennebergischen Grafengeschlechts. Die 1314 erstmals genannte Burg gelangte 1354 in den Besitz des Hochstifts Würzburg, das sie 1376 an Berthold von Bibra verpfändete. Dieses 1181 erstmals erwähnte Geschlecht mit ursprünglichem Stammsitz in Bibra bei Meiningen besitzt die Veste bis heute. – 1466 wurde I. zur Pfarrei erhoben. Bereits 1526 wurde in der Gde. ev. gepredigt, 1550 offiziell ein ev. Pfarrer eingesetzt. Der reichsritterschaftliche Ort kam 1806 an das Großherzogtum Würzburg, 1814 endgültig an Bayern. I. gehört seit 1978 zur Gde. Höchheim und lag bis 1990 unmittelbar an der innerdt. Grenze. – Die heutige, fünfeckige Schloßanlage geht auf das 15. Jh. zurück und erhielt ihre jetzige Gestalt um 1560, als unter Hans von Bibra 3 neue Flügel, der sog. Hansenbau, errichtet wurden. Die 1471 erbaute *Pfarrkirche St. Jakob* weist eine große Zahl an Epitaphien der Herren von Bibra auf. (II)   *Reinhold Albert*

H. Karlinger, KDB Königshofen, 1915, ND 1983. – Irmenolteshusen– I. Buch zur 1200-Jahrfeier der ersten Erwähnung von I., I. 1999.

Jochsberg (Stadt Leutershausen, LK Ansbach, MFr.). Der im oberen Altmühltal gelegene Ort war wohl ein sehr weit vorgeschobener Besitz der Grafen von Rothenburg-Komburg. Die Geschichte von J. bleibt deshalb auch lange Zeit mit dem Taubertal und Rothenburg verbunden. – Seit 1274 wird mit Gerbot von J. ein Ministeriale genannt, der seinen Besitz zu Beginn des 14. Jh.s seinen beiden Töchtern und deren Ehegatten aus der Familie der Taube hinterließ; sie stammen aus dem Umkreis der Reichsministerialen Küchenmeister von Nordenberg. 1335 erwarb Burkhart von Seckendorff den Sitz. Er dürfte hier bereits auch eine jüd. Bevölkerung angetroffen haben; 1339 wird ein → Nürnberger Jude nach J. benannt, 1343 werden Juden in J. erwähnt. Lehensherren der Burg waren die Burggrafen von Nürnberg (Markgrafen von Ansbach). 1350 verlieh Kg. Karl IV. Burkhart von Seckendorff u. a. das Halsgericht in seinen Gerichten, zu denen auch J. gehört haben dürfte. Die Burg (später Schloß) wurde von den Herren von Seckendorff verloren, als 1452 die Herrschaft an die Markgrafen von Ansbach überging und erst 1459 erneut an einen Angehörigen der Familie verliehen wurde. 1529 wurde in J. die Reformation eingeführt. 1650 fiel der Sitz an die Markgrafen heim. Er diente einige Jahrzehnte zur Versorgung markgräflicher Witwen, 1682 wurde ein Vogtamt eingerichtet. Im Dorf J. siedelte Markgraf Albrecht 1653 ev. österr. Exulanten an. 1806 kam J. an Bayern. – Von dem einst bedeutenden *Schloßbau* sind heute nur noch Mauern, Keller und der Burghügel erhalten. – Die jüd. Gde. bestand bis 1921; sie hatte eine 1804 erbaute *Synagoge* (heute Privatbesitz), zu der Schulräume und Mikwe gehörten. Das Gebäude der Synagoge ist noch erhalten, auch Teile der Ausstattung finden sich noch im Ortsbild. 1802 war ein Fünftel der Bevölkerung jüd. Die letzten in J. lebenden Juden wurden 1938 nach Nürnberg vertrieben und von dort nach Theresienstadt deportiert. (V) *Manfred Jehle*

G. Rechter, Die Seckendorff. Quellen und Studien zur Genealogie und Besitzgeschichte, Bd. 1: Stammfamilie mit den Linien J. und Rinhofen, Neustadt/Aisch 1987. – K. E. Stimpfig, Die Juden in Leutershausen, J., Colmberg und Wiedersbach. Eine Dokumentation, Leutershausen 2000.

Kahl a. Main (LK Aschaffenburg, UFr.). Anläßlich eines Raubüberfalls des Ritters Friedrich von Rannenberg 1282 wird K. erstmals urk. erwähnt: K. war Besitz des Mainzer St. Peterstiftes. Neben zahlreichen Beziehungen zum Kloster Seligenstadt, dem Stift St. Peter und Alexander in → Aschaffenburg (Wüstung Prischoß) und den Grafen von Eppstein (bis 1425) war K. der Cent Hörstein im Freigericht zugeordnet und verblieb, nach dessen Aufteilung dem kurmainzischen Amt Steinheim unterstellt, bis zum Ende des Alten Reichs bei Kurmainz. Nach kurzer Zugehörigkeit zum Großherzogtum Hessen-Darmstadt (1802–16) gelangte K. zum Kgr. Bayern (heutiges *Rathaus* als Zollhaus). – Die Pfarrei K. wurde 1502 dem Aschaffenburger Stift inkorporiert, nach Ende des 30jg. Kriegs von Hörstein aus betreut und 1908 zur eigenständigen kath. Pfarrei erhoben. 1910 erfolgte der Neubau der *Kirche St. Margareta*. Die ev.-luth. *Kreuzkirche* wurde 1929 errichtet und K. 1956 exponiertes Vikariat, 1959 Pfarrgde. – Die Mündung des Flüßchens Kahl in den Main ist nicht nur namengebend für die Ortschaft, sondern beeinflußte auch die Entwicklung des Dorfes. Einst ein Dorf der Mühlen, entwickelte es sich nach dem 1854 erfolgten Bau der Eisenbahnlinie Aschaffenburg-Frankfurt a. Main und der 1898 fertiggestellten »Bembel« (private Eisenbahnlinie Schöllkrippen-K.) sowohl als Umsteigeplatz von Pendlern nach den Industriezentren des Rhein-Main Gebietes in Richtung Frankfurt als auch als Zuzugsort der Bevölkerung des Kahlgrundes. – Der in den 1880er Jahren einsetzende Abbau von Braunkohle im Tagebau (Zeche Gustav) erreichte vor dem 1. Weltkrieg seinen Höhepunkt und kam infolge der Weltwirtschaftskrise im 20. Jh. zum Erliegen. Die gefluteten Lager bilden zusammen mit den durch starken Sand- und Kiesabbau entstandenen Seen die *Kahler Seenplatte*. Zu den großen Arbeitgebern seit dem 20. Jh. zählen die Firmen Linde-Matra (Werkzeugmaschinen) und Kopp (Elektroartikel).   (I)   *Richard Pfannmüller*

T. Frenz, Die Inkorporation der Pfarreien Neunkirchen bei Miltenberg (1419/23) und K. am Main (1502/3) in das Aschaffenburger Kollegiatstift, in: Aschaffenburger Jahrbuch 7 (1981), S. 37–93. – E. Rücker, K. am Main im Wandel der Jahrhunderte. 1282–1982, K. am Main 1982.

Kalchreuth (LK Erlangen-Höchstadt, MFr.). Als Rodungsort im (Sebalder) Reichswald nicht vor 1150 entstanden, gehörte K. bis zum späten 13. Jh. zu dem vom Reichsamt Heroldsberg aus verwalteten Reichsgutkomplex. 1298 erneuerte Kg. Albrecht I. die Belehnung der Burggrafen von Nürnberg mit dem erstmals namentlich bezeugten Dorf (villa) K. bis auf wenige dem Reich verbleibende Güter. Die Burggrafen verkauften ihren Besitz in K. nach Verlust seines Charakters als Reichslehen 1342 als freies Eigen an die → Nürnberger Patrizierfamilie der Haller; 1345 nahm Ulrich Haller das Dorf K. zudem von den Burggrafen zu Lehen. Die 1395 erstmals erwähnte »Behausung« bauten seine Nachkommen nach 1449 und im 16. Jh. zum *Haller-Schloß* aus (Südflügel von ca. 1560). – Die Haller behaupteten bis 1848 einen Großteil ihres zeitweilig auf mehrere Linien verteilten Güterkomplexes samt Schloß und Herrenhaus mit bis zu 60 Gütern. Ihr Verkauf von 16 Kalchreuther Gütern an den Amtmann Wallenrod in → Schwabach (Rechtsnachfolger: Pfarrkirche von Schwabach) 1465 bedeutete das Ende ihrer u. a. auf das Dorfgericht gestützten Alleinherrschaft. Nach 1500 traten hier die Markgrafen von Bayreuth und der Pfarrer von Schwabach als weitere Grundherren auf. – Die 1527 erlassene, 1560 erweiterte und bis 1810 gültige Dorfordnung regelte das Zusammenleben der verschiedenen Herren unterstehenden Untertanen von K. Seit dem späten 17. Jh. begannen die Markgrafen von Bayreuth, die Haller immer mehr aus der gemeinsamen Herrschaft zu verdrängen, die sie unter Berufung auf ihren Status als Oberlehnsherren zu einer Obergemeindeherrschaft umformten. – 1810 fiel K. an das Kgr. Bayern. 1908 wurde der Ort an die Lokalbahn von Nürnberg nach Eschenau angeschlossen. – Die vermutlich vor 1300 entstandene, 1390 erstmals urk. erwähnte *Kirche St. Andreas*, 1520 zur selbständigen Pfarrei erhoben, ließen die Haller 1494–97 durch einen Chor vergrößern, dessen spätgot. Hochaltar von 1498 der Werkstatt des Nürnberger Meisters Michael Wolgemut zugeschrieben wird. – Zwischen 1495 und 1504 fertigte Albrecht Dürer während seines Aufenthaltes in K. sein bekanntes Aquarell Kalk Rewt an, in dem er den Blick von einem Fenster des Schlosses aus über das wirklichkeitsnah wiedergegebene Dorf nach Norden bis in die Fränkische Schweiz festhielt. (VI) *Hubertus Seibert*

Der Landkreis Erlangen-Höchstadt, Hof/Saale 1979. – K. 700 Jahre. Ein fränkisches Dorf im Wandel der Zeiten, Rödental 1998.

Karlburg (Stadt Karlstadt, LK Main-Spessart, UFr.): → Karlstadt.

Karlsgraben: → Fossa Carolina.

Karlstadt, Stadt (LK Main-Spessart, UFr.). K. liegt ca. 25 km von → Würzburg flußabwärts am rechten Mainufer, in der siedlungs- und verkehrspolitisch sehr günstigen frk. Gäulandschaft, deren erste Siedlungsspuren in die Altsteinzeit zurückreichen. – Die Stadt wurde zwischen 1198 und 1202 vom Würzburger Bf. Konrad von Querfurt gegründet. Die planvolle Anlage ist noch heute am Stadtgrundriß zu erkennen. Die Hauptstraße in Nord-Südrichtung erweitert sich zur Mitte K.s zum Marktplatz, wo sie von einer ost-westgeführten Straße geschnitten wird. Innerhalb der *Stadtmauer,* deren Fertigstellung in der ersten Urkundennennung von K. 1219 befohlen wurde, ist die Altstadt in etwa gleich große Viertel geteilt. – Ursprüngliche Siedlung war wohl die 822 bei einer Würzburger Besitzbestätigung erstmals erwähnte »villa Carloburgo«, der heutige n. gelegene Stadtteil Karlburg. Zur »villa« gehörte ein Marienkloster, das schon 640 bestanden haben dürfte. Das merowingische und karolingische Königsgut Karlburg ging 741/42 in den Besitz des neugegründeten Bistums Würzburg über. Dazu gehörte auch die gleichnamige *Burg,* ein schon in vorkarolingischer Zeit befestigter Königshof, der strategisch ideal auf einem Steilhang über dem Main lag. Karlburg war Zentrum eines Siedlungsraumes, dessen Erschließung und Beherrschung von hier geleitet wurde. Die Befestigung wurde zur Zeit der Gründung von K., dem sie am linken Mainufer gegenüberlag, zur steinernen Burg und zum Amtssitz ausgebaut. – 1261 ist ein bischöflicher Amtmann belegt, die Bewohner von K. erscheinen erstmals als »cives«, Stadtbürger. Der erste Nachweis eines Stadtsiegels stammt aus dem Jahre 1277. 1397 erlangte K. mit 10 anderen Städten von Kg. Wenzel ihre Unabhängigkeit von Würzburg, die dieser aber schon 1399 widerrief. Im gleichen Jahr wurde erstmals die Pfarrei K. erwähnt, die aber viel älter sein dürfte, stammt doch der Turm der *Stadtpfarrkirche* aus der Gründungszeit. Für die heute got. Hallenkirche ist ein roman. Vorgängerbau nachgewiesen. 1422 erbaute die Bürgerschaft das prächtige *Rathaus* mit Bürgersaal.

1525 stellte sich K. im Bauernaufstand gegen Würzburg und unterstützte die Einäscherung der von den bischöflichen Truppen aufgegebenen Karlburg. Nach Niederschlagung der Aufständischen unterwarf sich die Stadt wieder dem Bf. Der Amtssitz des Würzburger Beamten wurde von der *Burgruine* in die Stadt verlegt und deren Befestigung verstärkt, die teilweise heute noch erhalten ist, so das *Mainturmtor* von 1576. Im 30jg. Krieg war K. von 1631–34 unter schwed. Besatzung. In diesen Jahren traf die Stadt die vierte Pestepidemie nach 1226, 1475 und 1563. Noch 1670 standen 177 Häuser leer. – 1803, endgültig 1814 fiel das Fürstbistum Würzburg an Bayern. K. wurde Amtssitz eines bay. Landgerichts, 1862 eines Bezirksamtes, des späteren LKs. 1854 wurde die Stadt an die neuerbaute Eisenbahnstrecke Würzburg-Frankfurt angeschlossen; das von Handwerk, Wein- und Ackerbau geprägte Amtsstädtchen wandelte sich zur Industriestadt. 1910 errichtete die junge ev. Pfarrgde. eine *Kirche* außerhalb der bislang kath. Stadt. Die jüd. Gde., die ebenfalls erst zu Beginn des 20. Jh.s entstanden war, löste sich nach gewaltsamen Ausschreitungen der SA in der Reichspogromnacht im November 1938 gezwungermaßen 1939 auf. In den letzten Kriegstagen 1945 wurden durch alliierte Bombardierung Teile von K. zerstört. Der Zuzug von Vertriebenen nach Ende des Kriegs bewirkte einen neuen wirtschaftlichen Aufschwung. – Seit 1973 ist K. Kreissitz des 1972 zunächst unter dem Namen »Mittelmain« gebildeten Großlandkreises Main-Spessart. Zwischen 1974 und 1990 wurde im Rahmen der Altstadtsanierung der historische Baubestand in K. behutsam modernisiert. (II) *Wolfgang Schuster*

E. Riedenauer, HAB Karlstadt, 1963. – Der Landkreis K. am Main. 110 Jahre, München/Aßling 1972. – W. Zapotetzky, K. Geschichte einer Stadt in Franken, K. 1980, ³1994.

Karlstein a. Main (LK Aschaffenburg, UFr.). Im Jahr 1975 fusionierten im Zuge der Gebietsreform die selbständigen Gde.n Dettingen a. Main und Großwelzheim zur Gde. K. a. Main. Namengebend war der um 1000 belegte K., ein Grenzstein am Main zwischen beiden Ortsteilen. Hier soll

Karl d. Große, mit Schiff aus Seligenstadt kommend, zur Jagd in den Spessart aufgebrochen sein. K. liegt zwischen → Aschaffenburg und Hanau am bay. Untermain.

Im Gemarkungsgebiet von Dettingen sind aus vorgeschichtlicher Zeit Schnurkeramik, Glockenbecher und Tongefäße in Grabhügeln der Hallstattzeit nachgewiesen. Die in röm. Zeit ansässigen Alemannen wurden im 6. Jh. von Franken verdrängt. – Das erste schriftliche Zeugnis datiert von 975, als Ks. Otto II. die Abgaben von Dettingen und Kleinostheim an die Kirche des hl. Petrus zu Aschaffenburg schenkte. Für das ganze Mittelalter wurde das Aschaffenburger Stift St. Peter und Alexander zum maßgebenden Grundherrn dieser Ossenheimer Mark. Bis zum Ende des Alten Reichs verblieb Dettingen somit Bestandteil des Mainzer Oberstiftes, in napoleonischer Zeit gehörte es zum Fürstentum Aschaffenburg, seit 1814 zu Bayern. – Im 15. Jh. wurde die got. *Kirche St. Hippolyt* erbaut, ehemals eine Wallfahrtskirche. Während des Österr. Erbfolgekriegs fand bei Dettingen 1743 eine Schlacht zwischen frz. und engl. Truppen statt. Georg Friedrich Händel komponierte zur Siegesfeier in London das »Dettinger Te Deum« und das »Dettinger Anthem«. – Die Lage an der Handelsstraße Nürnberg-Frankfurt führte in der frühen Neuzeit zur Errichtung einer Taxis-Poststation. Mit der Anbindung Dettingens an die Eisenbahnlinie Würzburg-Hanau 1854 entwickelte es sich zum Eisenbahnerdorf; viele Dettinger pendelten in das Rhein-Main-Gebiet. Verdienstmöglichkeiten im Dorf boten verstärkt im 20. Jh. die Bekleidungsindustrie und die blechverarbeitende Firma Kleemann. – 1923 wurde die *kath. Pfarrkirche St. Peter und Paul* errichtet (Architekt: Dominikus Böhm) und von Reinhold Ewald expressionistisch ausgemalt.

Anläßlich von Schenkungen von Gütern an das Kloster Lorsch wird Großwelzheim 772 erstmals erwähnt. Im 14. Jh. war es, dem Gericht Hörstein untergeordnet, Teil des Freigerichtes, das in der frühen Neuzeit unter die Hoheit von Kurmainz und Hanau geriet. Mit dem Teilungsvertrag von 1748 fiel Großwelzheim ganz an Mainz, bei dem es bis zum Ende des Alten Reichs verblieb. 1816 wurde es, von Hessen-Darmstadt abgetrennt, dem damaligen bay. Untermainkreis eingegliedert. – Ursprünglich wurde Großwelzheim kirchlich von der Pfarrei → Kahl, nach deren Inkorporation in das Aschaffenburger Stift St. Peter und Alexander seit dem 15. Jh. von der Pfarrei Hörstein aus betreut. 1922 wurde es zur Pfarrei erhoben, die 1854 erbaute *Kirche St. Bonifatius* wurde 1926 nach Plänen des Dominikus Böhm erweitert. – Durch Abbau von Braunkohle im Tagebau um 1900 begann der industrielle Aufschwung mit der Gewerkschaft »Zeche Gustav«, die 1928 von der Rheinisch-Westfälischen Elektrizitätswerk AG übernommen wurde. Die Erzeugung von Strom hatte die Brikettherstellung überflügelt. – 1958/60 wurde auf Großwelzheimer Gemarkung das erste Atomkraftwerk der Bundesrepublik, das »Versuchsatomkraftwerk Kahl« erbaut, welches 1985 abgeschaltet wurde (seitdem planmäßiger Rückbau). (I) *Richard Pfannmüller*

J. Fächer, HAB Alzenau, 1968. – E. Rücker, 1200 Jahre Großwelzheim. 772–1972, Großwelzheim 1972. – 1000 Jahre Dettingen am Main. 975–1975, Dettingen 1975. – Karlsteiner Geschichtsblätter, 1979 ff. – H.-B. Spiess/H. Winter (Hg.), Die Schlacht bei Dettingen 1743. Beiträge zum 250. Jahrestag, Aschaffenburg 1993, ²2004. – M. Pfeifer (Hg.), Sehnsucht des Raumes. St. Peter und Paul in Dettingen und die Anfänge des modernen Kirchenbaus in Deutschland, Regensburg 1998.

Kasendorf, Markt (LK Kulmbach, OFr.). Der am Nordostrand der Frankenalb an der A 70 Bayreuth-Bamberg gelegene Markt verfügt über eine archäologische Fundkontinuität von der Mittelsteinzeit bis zur röm. Kaiserzeit. Etwa 800 m nö. des Ortes wurde im Pfarrholz ein aus der Hallstattzeit stammendes *Hügelgräberfeld* mit 78 Gräbern entdeckt, das wohl im Zusammenhang mit der Besiedlung des Turmbergs zu sehen ist. Der Turmberg ist ein 110 m hoher, nach Westen vorgeschobener Bergsporn unmittelbar s. von K. mit einer mehrphasigen *Befestigungsanlage*. Erste Wohn- und Kultstätten stammen wohl schon aus der Urnenfelderzeit. Die Bewehrung des Gipfelplateaus seit dem späten 6. Jh. v. Chr. sowie die Ausdehnung der Höhensiedlung auf das untere Plateau im 5. Jh. v. Chr. dokumentieren die Bedeutung des Turmbergs als latènezeitliches Zentrum am Obermain. Erhalten ist von der Befestigung des 14 ha großen Areals nur ein schwach ausgeprägter *Ringwall* mit 3 Toren. – Nach einer wohl nur kurzen Besiedlungsphase in der röm. Kaiserzeit wurde die Festungsfunktion des Turmbergs in karolingisch-ottonischer Zeit wieder aufgenommen, als das Hochplateau zu einer starken Burg und damit erneut zu einem Herrschaftsmittelpunkt ausgebaut wurde; an der Nordostecke des Gipfelplateaus wurde im Hochmittelalter eine kleinere Burg errichtet. Inmitten der hochmittelalterlichen Anlage steht der *Magnusturm,* der auf den Fundamenten des ehem., wohl im 12. Jh. entstandenen Bergfrieds am Ende des 15. Jh.s erbaut wurde und in das markgräfliche Signalsystem einbezogen war. – Am Fuße des Turmbergs entstand wohl schon im 8. Jh. eine Siedlung, die in der Folgezeit vom edelfreien Geschlecht der Walpoten an die Grafen von Dießen-Andechs und späteren Hz.e von Meranien sowie nach deren Aussterben 1248 an das ehemals meranische Ministerialengeschlecht der Förtsche gelangte und Bestandteil von deren freieigener Herrschaft Thurnau wurde. 1286 erstmals als »Kazendorf« erwähnt und verkehrsgünstig an der Hohen Straße vom Königshof → Hallstadt nach Eger und Sachsen hinein gelegen, fiel der Ort 1307 im Rahmen einer Verpfändung von den Förtschen von Thurnau an die Burggrafen von Nürnberg und erhielt 1328 durch Ks. Ludwig den Bayern das → Nürnberger Stadtrecht, Befestigungsrecht und Blutgericht sowie einen Wochenmarkt. Im Zusammenhang hiermit steht auch die Pfarreierhebung zu dieser Zeit. Gleichwohl kam der Ort über den Marktstatus nicht hinaus, auch wenn er 1401 erstmals als Sitz eines burggräflichen Amtes bezeugt ist. – Nach Verwüstungen durch die Hussiten 1430 und kaiserliche Truppen im 30jg. Krieg 1632 verlor K. zuletzt 1797 im Zuge der preuß. Verwaltungsreformen für das übernommene Fürstentum Bayreuth seinen Amtssitz; 1810 kam der Ort an Bayern. (III) *Rüdiger Barth*

Markt K. in Vergangenheit und Gegenwart, K. 1986. – B.-U. Abels, Die Befestigung auf dem Turmberg bei K., in: Das archäologische Jahr

in Bayern (1995), S. 158–161. – I. Burger-Segl, Archäologische Streifzüge im Meranierland am Obermain. Ein Führer zu archäologischen
und historischen Denkmälern des Früh- und Hochmittelalters, Bayreuth
1999.

Kirchenlamitz, Stadt (LK Wunsiedel, OFr.). Der Ort liegt in
einem Tal am Fuß des Epprechtsteins. Nach *der Burg Epprechtstein* benannte sich 1248 Eberhardus de Eckebretsteine, der
wohl der Ministerialität des Hz. Otto VIII. von Andechs-Meranien zuzurechnen und wahrscheinlich mit einem 1232 erscheinenden Eberhart Sacculus identisch ist. Nachdem die
Andechs-Meranier um 1200 das Regnitzland erhalten hatten,
setzten sie die Herren von Weida in diesem Gebiet als Vögte
ein, wodurch auch der Epprechtstein unter den Einfluß der
Vögte von Weida und Plauen kam. Im 14. Jh. war neben den
von Sack die mit den Forstern von Selb verwandte Familie
Wild im Besitz der Burg und auch die Vögte von Plauen hatten Anteile an derselben. 1352 erstürmten die Burggrafen von
Nürnberg den Epprechtstein als Raubritternest und erhielten
die Burg von Kg. Karl IV. zu Lehen; fortan diente die Burg als
Sitz hohenzollerischer Amtsleute. – K. erscheint 1356 erst-
mals, als die von Wild ihren Besitz an die Nürnberger Burg-
grafen veräußerten. Die Siedlung liegt inmitten eines ehem.
Zinnbergbaugebietes, in dem schon in vorzollerischer Zeit
Erz abgebaut wurde. 1374 begabte Burggraf Friedrich V. von
Nürnberg die Bürger zu »Kirchenlomnicz« mit dem → Wunsiedler Stadtrecht, dennoch wird der Ort im Behördenschrifttum späterer Zeit stets als Markt angesprochen; den Titel
Stadt erhielt er erst 1901. Um 1500 verließen die zollerischen
Amtleute die exponierte Höhenburg Epprechtstein und zogen in das seit 1371 faßbare *Schloß* in K. Der Ort verblieb beim
Markgraftum Kulmbach-Bayreuth. Im 2. Markgrafenkrieg
1553 wurde der Epprechtstein zerstört und blieb seither *Ruine.* – Das heutige Stadtbild von K. ist vor allem durch die nach
den Bränden von 1830 und 1836 entstandenen Gebäude geprägt. Älteres Bausubstanz findet sich noch in der seit Einführung der Reformation 1528/29 *ev.-luth. Stadtpfarrkirche St. Michael.* – Seit 1810 bay., wurde K. 1812 Sitz eines Landgerichts,

das nach der Trennung von Verwaltung und Justiz als Amtsgericht K. bis 1959 fortbestand. Mit der Eröffnung der Eisenbahnstrecke Oberkotzau-Marktredwitz 1877 erhielt auch K. mit dem Bahnhof K.-Ost (3 km ö. des Ortes bei Niederlamitz gelegen) einen Bahnanschluß. In der Folge entwickelte sich die Granit- und Porzellanindustrie. Mit der Eröffnung der 1993 wieder stillgelegten Bahnlinie K.-Weißenstadt im Jahr 1899 bekam auch K.-Stadt einen eigenen Bahnhof.

(IV)   *Harald Stark*

B. H. Röttger, KDB Wunsiedel-Marktredwitz, 1954. – Die Krebsbacker. Schriftenreihe des Arbeitskreises für Heimatkunde und des Stadtarchivs K., 1991 ff. – W. Bergmann, Die Geschichte von Burg und Amt Epprechtstein/K., K. 1998.

Kirchlauter (LK Haßberge, UFr.). Die Siedlung »Lutere«, zwischen Ebern und Eltmann am Lauterbach und an einer alten Hochstraße gelegen, hat sich wohl aus einer frk. Forsthube gebildet. Mit »Marquard de Lutere« wird der Ort erstmals 1145 greifbar. Sowohl → Bamberger Klöster als auch Ministeriale des → Würzburger Hochstifts sind seit dem 13. Jh. als Lehenleute bekannt. Durch die Belehnung eines Ministerialen Flieger ist 1373 erstmals die heutige Namensform »Kirchluter« bezeugt. – Die Lage an der Hochstifts- wie Diözesangrenze von Würzburg zu Bamberg führte wohl zur Sonderstellung einer Zentfreiheit. Die Dorfherrschaft war ursprünglich geteilt. Eine Hälfte besaßen verschiedene Ganerben und von 1502 bis 1803 die Familie von Guttenberg. Die andere Hälfte oblag seit Mitte des 15. Jh.s dem Pfarrer des Ortes. Unter dem Würzburger Fürstbf. Johann Gottfried von Guttenberg wurden 1689/90 beide Teile vereinigt und ein eigenes hochstiftisches Amt mit Zent K. errichtet. Der gleiche Bischof ließ anstelle einer mittelalterlichen Wasserburg 1689/90 von H. Zimmer ein *Familienschloß* errichten, das erst 1740 vollendet wurde. Seit 1981 ist das Gebäude im Besitz der Grafenfamilie Schenk von Stauffenberg. – Die im 14. Jh. existierende *Kirche Maria Himmelfahrt* ist noch in Resten mit ma. Fresken im alten Chor vorhanden. 1446 wurde eine kath. Pfarrei errichtet und 1752 die Pfarrkirche im Barockstil erbaut. – Vom 16. bis ins 20. Jh. besaß der Ort Marktrechte. Bedeutend waren vom 17. bis ins 20. Jh. Tonabbau und Tonwarenmanufakturen sowie Sandsteinabbau. – 1818 bildete sich die politische Gde. K. und 1820 ein Patrimonialgericht heraus. 1862 wurde K. dem Landgericht Baunach und Amt Ebern einverleibt. Seit 1971 gehört K. zum LK Haßberge und wird mit den Ortsteilen Neubrunn, Pettstadt, Goggelgereuth, Hecklesmühle, Winterhof, Weikartslauter, Paßmühle und Klaubmühle seit 1978 in Ebelsbach verwaltet. (III)   *Norbert Kandler*

I. Maierhöfer, HAB Ebern, 1964. – N. Kandler, Kirchen, Kapellen und Schloß in der Pfarrei K., Würzburg 1995. – Ders., Lutere-Lauter-K., Würzburg 1995.

Kissingen: → Bad Kissingen.

Kitzingen, Stadt (LK Kitzingen, UFr.). Dort, wo sich das Maintal zu einer weiten, fruchtbaren Ebene verbreitet, liegt inmitten der frk. Weinanbaugebiete am Westufer des Mains K., heute das wirtschaftliche und kulturelle Zentrum am sö. Maindreieck. – Wichtige Verkehrswege begünstigen den Standort, so die B 8 (die alte Handels- und Heerstraße von Frankfurt über Würzburg nach Nürnberg) und die Bahnlinie von Frankfurt nach Nürnberg. In nächster Nähe verlaufen die Autobahnen A 3 und A 7. Durch seinen Umschlaghafen profitiert K. von der Rhein-Main-Donau-Großschiffahrtsstraße. In K. befanden seit dem Mittelalter bedeutende Mainübergänge. – Die erste urk. Erwähnung erfolgte, als das Kloster K. 1007 durch Kg. Heinrich II. an das neu gegründete Bistum Bamberg übertragen wurde. 1024 bestätigte Kg. Konrad II. der bischöflichen Kirche von Bamberg diesen Besitz. Ein erster Hinweis auf das Benediktinerinnenkloster K. geht allerdings bereits auf 745/48 zurück, als es in der »Vita Sturmii«, der lat. Lebensbeschreibung des ersten Abtes des Klosters Fulda Sturmius, erwähnt wird. Ein Dorf K. (»villa Chicingin«) ist erst für 1040 überliefert. Die Siedlung im Umfeld des Klosters mag bereits auf das Frühmittelalter zurückgehen. 1060 bestätigte

Kg. Heinrich IV. der bischöflichen Kirche in Bamberg erneut den Besitz am Kloster; das Dorf K. hingegen verblieb im Besitz des Klosters selbst. – Im 11. Jh. werden bereits 31 Bauernstellen, neun Fischer und sieben Weinbauern genannt, ebenso ein Markt und eine Fähre über den Main; K. hatte zu dieser Zeit also bereits eine zentralörtliche Stellung. Im 12. Jh. ist in einer Urkunde des Würzburger Bischofs erstmals eine eigene Pfarrei in K. belegt, damit auch ein erster Schritt des Übergangs des Klosters vom bambergischen in würzburgischen Besitz. Gleichzeitig treten nun auch die verschiedenen weltlichen Herren des Dorfes hervor, unter denen K. dann zur Stadt wurde. Im 12. Jh. waren dies die Herren von Grumbach. Im 13. Jh. erwarben die Grafen von Hohenlohe die Vogtei über das Kloster und die reichsunmittelbaren Teile von K. als Reichslehen. 1266 kam es nach einer schismatischen Bischofswahl durch das Würzburger Domkapitel zur Schlacht von K. zwischen den beiden Parteien. – Bis zum Ende des 13. Jh.s erscheint K. stets als Marktflecken (oppidum) und wird 1300 erstmals als Stadt (civitas) bezeichnet. Zu diesem Zeitpunkt wird erstmals die *Alte Brücke* über den Main erwähnt. Das älteste Stadtsiegel von 1338 zeigt bereits die 3 Bögen einer (steinernen) Brücke, die bis heute Siegel und Wappen der Stadt prägen. – Die bürgerlich-städt. Siedlung entwickelte sich im Verlauf des 14. Jh.s durch die räumliche Erweiterung der mittelalterlichen Hauptdurchgangsstraße zum Marktplatz. Im 14. und beginnenden 15. Jh. konnte das Hochstift Würzburg durch Kauf und Tausch die Stadt allmählich für sich erwerben. 1440 bestätigte Kg. Sigmund das Stadtrecht. Im 15. Jh. konnte das Marktrecht nach und nach dem Kloster abgekauft werden. – 1443 wurde die Stadt an die Markgrafen von Brandenburg-Ansbach verpfändet. 1484 zerstörte ein Großbrand viele Gebäude und die Kirche des Klosters. 1525 beteiligte sich die Stadt am Bauernaufstand und wurde von den Markgrafen hart bestraft. K. wurde in der folgenden Reformationszeit unter den Markgrafen ev.; 1544 wurde das Benediktinerinnenkloster aufgehoben und ein adeliges ev. Damenstift (bis 1629) in den Gebäuden eingerichtet. Erst 1629 kam die Stadt durch

Wiedereinlösung an das Hochstift Würzburg zurück. Die damit verbundene Rekatholisierung veranlaßte über 1000 Bürger – insbesondere aus dem Rat – zur Emigration. Im 30jg. Krieg war die Stadt 1632–34 kurzzeitig unter der ev. Herrschaft der Schweden; 1650 wurde der Stadt dann durch Fürstbf. Johann Philipp von Schönborn Religionsfreiheit gewährt. Eine ev. Gde. konnte nun wieder entstehen. – Eine jüd. Gde. ist in K. vom 12. Jh. bis zu ihrer Ausweisung ab 1763/64 nachweisbar. 1863 siedelten sich wieder Juden in K. an; ab 1865 mit eigener Kultusgde. Ihre Blütezeit hatte die Gde. an der Wende vom 19. zum 20. Jh. (Sitz des Bezirksrabbinats). 1882/83 entstand eine neue *Synagoge* im maurischen Stil mit Ritualbad. Zu dieser Zeit hatte die Gde. ca. 450 Mitglieder. Im November 1938 wurde die Synagoge während des von den Nationalsozialisten initiierten Pogroms in Brand gesteckt (*Reste* erhalten). 1942 wurden die letzten jüd. Einwohner in die Vernichtungslager deportiert. – 1803 bzw. 1814 – kurz unterbrochen durch das Zwischenspiel des Großherzogtums Würzburgs 1806–14 – kam K. mit dem Gebiet des Hochstifts Würzburg an Bayern. Die bayer. Landstadt erfuhr im 19. Jh. eine wirtschaftliche und kulturelle Aufwärtsentwicklung. 1864/65 erfolgte der Anschluß an das Eisenbahnnetz (Linie Würzburg-Nürnberg). Zu dieser Zeit wurde die alte *Stadtmauer* durchbrochen, der Befestigungsgraben aufgefüllt und somit die Erweiterung der Stadt durch neue Wohn-, Gewerbe- und Industriegebiete ermöglicht. In den folgenden Jahren wurde die Infrastruktur der Stadt durch die Eröffnung von Schulen und öffentlichen Einrichtungen immer weiter verbessert. 1914 kam es zur Eröffnung des Prinzregent-Luitpold-Bades (städt. Volks-, Sole- und Kohlensäurebad im Jugendstil errichtet; jedoch scheiterte das Projekt von K. als einer Bäderstadt am Main). 1917 nahm man einen Flugplatz in Betrieb. In den 1930er Jahren wurde K. Garnisonsstadt. In den folgenden Jahren entstanden eine neue Mainbrücke (seit 1968 *Konrad-Adenauer-Brücke*) und eine Umgehungsstraße (die heutige B 8). – Am 23.2.1945 wurde die Stadt durch einen amerikanischen Luftangriff schwer in Mitleidenschaft gezogen: 800 Gebäude (gut ein Drittel der historischen Bausubstanz) wurden schwer beschädigt, weit über 500 Menschen fanden den Tod. – Nach dem Wiederaufbau erfolgte in den 1950er Jahren die Anlage eines neuen *Hafengeländes* in der Nähe der *Staustufe*. In den 1960er Jahren entstand ein neues *Schulzentrum* außerhalb des alten Mauerrings. 1977 wurde ein *Sole-Hallenbad* eröffnet; das alte Luitpoldbad beherbergt seit 1982 als *Luitpoldbau* Stadtbücherei und Volkshochschule. Bis ins 21. Jh. hinein verbleibt in K. eine Garnison der US-Armee (Harvey-Kaserne). – K., in dem eine Vielzahl von Industrie- und Gewerbebetrieben ansässig ist, gilt heute als größte Weinhandelsstadt Frankens. Bis zur Landkreisreform kreisfrei, ist K. seit 1972 als Große Kreisstadt Mittelpunkt des LK K.

Die spätgot. *kath. Pfarrkirche St. Johannes d. Täufer* entstand im 15. Jh. auf den Fundamenten einer früheren roman. Kirche. Der asymmetrische Bau ist auch durch die Anlage einer Empore über dem s. Seitenschiff bemerkenswert. An der Ausstattung war u. a. die Riemenschneiderschule beteiligt. Das Innere der Kirche wurde im 17. Jh. barockisiert, Ende des 18. Jh.s klassizistisch und im 19. Jh. im neugot. Stil verändert. Im 20. Jh. kam noch eine moderne Verglasung hinzu. – Die heutige *ev. Stadtkirche* steht auf dem Gelände des ehem. Benediktinerinnenklosters. Auf diesem Gelände war 1686 durch Fürstbf. Johann Philipp von Schönborn ein *Ursulinerinnenkloster* errichtet worden. Die von Antonio Petrini gebaute Klosterkirche wurde 1699 geweiht, nach der Säkularisation 1817 von der ev. Kirchengde. erworben und 1817 erneut eingeweiht. Die übrigen Klostergebäude finden bis heute teilweise Verwendung als Schule. – Ebenfalls auf dem Gelände des ehem. Benediktinerinnenklosters steht das Hauptgebäude des *Landratsamtes* aus dem 16. und 17. Jh. – Das Kapuzinerkloster entstand im 17. Jh. im Zuge der Rekatholisierung der Stadt, die *Klosterkirche Mariae Himmelfahrt und St. Franziskus* wurde 1652 eingeweiht. 1983 entstand auf dem Geländer der Klosteranlagen ein Altenwohnheim, so daß heute nur noch die Kirche und ein Mauerteil erhalten geblieben sind. – Das dreigeschossige repräsentative *Rathaus* wurde 1561/63 am Marktplatz errichtet und im Stil der Renaissance gestaltet. – Die Stadtbefestigung von K. bestand aus zwei Mauerringen, von denen jeweils nur Reste erhalten sind. Zum rechteckigen inneren Ring aus dem 13. Jh. zählt der *Marktturm* (Rundturm mit achteckigem Spitzhelm); der Turm beherbergt heute das Zentralarchiv der Deutschen Karnevalsgesellschaft. Der äußere Ring aus dem 15. Jh., der auch die Vorstadt Etwashausen einbezog, besaß die Form eines Dreiecks. Der größte erhaltene Turm ist der sog. *Falterturm* (Falltorturm; das Falltor wurde 1864 abgebrochen) von 1469/96, eines der Wahrzeichen der Stadt. Hier befindet sich heute das *Deutsche Fastnachtsmuseum*.

Etwashausen liegt auf der ö. Mainseite. Von der ehem. Ortsbefestigung ist im wesentlichen nur noch das *Großlangheimer Tor* aus dem 16. Jh. erhalten. Die kath. *Kapelle Zum heiligen Kreuz*, die 1741/45 von Balthasar Neumann geschaffen wurde, ist ein formvollendeter, kreuzförmig nach Norden ausgerichteter Bau des Barock. Die ehem. *St. Michaelskirche* wurde 1748/54 ebenfalls nach Entwürfen Balthasar Neumanns als ev. Pfarrkirche gebaut. Nach der Säkularisation ging sie in Privatbesitz über und wird bis heute als Wohnhaus genutzt. (II)   *Dirk Rösing*

H. Weber, HAB Kitzingen, 1967 – H. Walter, Stadt K. Unterfranken, München/Zürich 1986 (Kleine Kunstführer 1554). – K. Arnold, 1250 Jahre K. Aus dem Schatten des Klosters zur Stadt am Main, K. 1996. – H. Knobling, Die Synagoge in K. Geschichte, Gestalt, Bedeutung, K. 2003.

Kleinheubach, Markt (LK Miltenberg, UFr.). An der Mainschleife bei → Miltenberg befindet sich alter Siedlungsboden an einer Kreuzung wichtiger Verkehrslinien zu Wasser und zu Land. Vorgeschichtliche Ringwälle, ein röm. Lager zwischen Miltenberg und K. und das im Kastellbereich errichtete »oppidum« Wallhausen (zerstört im 13. Jh.) belegen die alte Zentralität dieses Raumes. – Der Schwerpunkt eines frühen Herrschaftskomplexes lag auf dem linken Mainufer mit seinen fruchtbaren Böden und der Römerstraße, umfaßte aber sicher auch das rechtsmainische gleichnamige »Heidebach«. Während im Weinbauort Großheubach rechts des

Mains – Groß- und K. wurden seit dem 14. Jh. durch Namenszusätze unterschieden – bis zum Ende des Alten Reichs eine auffällig große Zahl an adeligen Besitzern nachweisbar ist, entwickelte sich K. zu einem recht geschlossenen Herrschaftsbezirk. Für die Grafen von Rieneck bildete der Ort das Rückgrat seiner Besitzungen im Spessartraum (neben → Eschau, → Wildenstein) nach der kriegerischen Auseinandersetzung mit dem Erzstift Mainz, das 1226 wenige km mainaufwärts die Burg Miltenberg als Stützpunkt errichten ließ. Die politische Rivalität spiegelt sich auch in der Übernahme der Reformation wider (um 1545), die die Rienecker Besitzungen zu einer Enklave innerhalb des kath. Mainzer Territoriums werden ließ. – Nach dem Aussterben der Grafen von Rieneck übernahmen 1560 die Grafen von Erbach und ab 1721 die kath. Fürsten von Löwenstein die Herrschaft in K.; sie mußten den Ort allerdings bei der ev. Konfession belassen. Anstelle der erbachischen Georgenburg errichteten sie ab 1723 ein prachtvolles *Barockschloß*. Der Plan, in K., das in »Carlstadt« umbenannt werden sollte, eine Universität zu errichten, erwies sich als zu ehrgeizig und blieb unausgeführt. Mit dem Ende des Alten Reichs erlitt der Ort einen erheblichen Bedeutungsverlust als Fürsten- und Amtssitz. – Das rechtsmainische Großheubach, in dessen Gemeindewappen das (abgewandelte) Kreuz des Deutschen Ordens und das Mainzer Rad bestimmende Kräfte seit dem ausgehenden Mittelalter symbolisieren, kam 1803 zum Fürstentum Aschaffenburg und 1814, zwei Jahre früher als K., zu Bayern. – Seit dem 17. Jh. sind Juden in K. bezeugt; die jüd. Kultusgde. bestand bis 1942. Die um 1800 errichtete *Synagoge*, 1938 verwüstet und enteignet, befindet sich heute in Privatbesitz und wurde in den 1990er Jahren renoviert. Erhalten sind auch eine *Mikwe* und ein jüd. *Friedhof*. – Die *Wallfahrtskirche* auf dem Engelberg über Großheubach birgt ein Gnadenbild der Muttergottes aus dem 14. Jh. Im Zuge der Gegenreformation wurde auf dem »mons angelorum« vorzugsweise der hl. Michael verehrt. Neben der Kirche des 1631 gegründeten Kapuzinerklosters (seit 1828 *Franziskanerkloster*) *Engelberg* er-

richteten die kath. Fürsten von Löwenstein im 19. Jh. ihre
Grablege. (I) *Werner Trost*

W. Karfreitag, Geschichte und Beschreibung vom Engelberg, Bamberg
1926. – G. Wagner, Die Ortsgeschichte K., K. 1933, ND 1988. – W. Störmer, HAB Miltenberg, 1979. – G. Wagner/B. Holl, Die Geschichte der
jüdischen Gemeinde zu K., K. 1996.

Kleinochsenfurt (Stadt Ochsenfurt, LK Würzburg, UFr.):
→ Ochsenfurt.

Kleintettau (Gde. Tettau, LK Kronach, OFr.). Der w. Teil der
Herrschaft → Lauenstein war wie die angrenzenden thür. Gebiete bis ins 17. Jh. von großen geschlossenen Waldungen be-
deckt. Um diese Gebiete zu nutzen, wurden Anfang des
16. Jh.s im Quellgrund der zum Main hin fließenden Tettau
Bauerngüter angelegt; die Thüna ließen sich damals als Besitzer der Herrschaft Lauenstein in dem nach dem Fluß benannten Tettau ein Jagdhaus errichten. In der Tettau wurde Holz
nach Franken verflößt; auf thür. Seite wurden wie in Lauscha
(1596) und in Piesau (1622) Glashütten angelegt, deren Betrieb große Mengen an Holz benötigte. – 1661 erteilte Markgraf Christian Ernst von Brandenburg-Bayreuth den Lau-
schaer Glasmachern Peter und Hans Georg Müller und dem
Tettauer Hans Heintz die Erlaubnis, an der Kleinen Tettau ein
Waldstück zu roden, um dort eine Glashütte und 4 Wohnhäuser zu erbauen. Der planmäßig angelegte Ort umfaßte
Ende des 18. Jh.s neben der sog. Stuhlglashütte mit 12 Stän-
den, in der grünes Glas hergestellt wurde, 27 mit nur wenig
Grundbesitz ausgestattete Häuser, in denen die Glasmeister
und ihre Gesellen wohnten. 1780 erwarben 8 Glasmeister aus
K. den »Oberen Hammer« s. von Tettau, um ihn zu einer
Glashütte umzubauen; diese wurde nach dem letzten Markgrafen Christian Friedrich Karl Alexander, von dem sie 1785
privilegiert wurde, Alexanderhütte genannt. – Die noch heute bestehenden *Glashütten* und *-fabriken* wurden ab 1903 über
eine bei Pressig abzweigende, zum Teil auf thür. Gebiet verlaufende Stichbahn mit den notwendigen Rohstoffen ver-

sorgt, bis diese Strecke infolge der Errichtung der Zonengrenze stillgelegt wurde. Ersatzweise transportierte man die
Güterwagen auf schweren Lastkraftwagen vom Bahnhof in
Steinbach am Wald nach K. und Alexanderhütte, was erst
1996 nach dem Wegfall von Grenzlandmitteln eingestellt
wurde. (III) *Helmut Demattio*

L. Heinz, Das Amt Lauenstein. Das ehemalige Amt Lauenstein mit besonderer Berücksichtigung des oberen Tettautales und seines Gewerbes
in alter Zeit, Nürnberg 1935. – H. Demattio, HAB Kronach, 1998.

Kleinwallstadt, Markt (LK Miltenberg, UFr.): → Großwallstadt.

Klingenberg a. Main, Stadt (LK Miltenberg, UFr.). K. ist eine
typische Burgstadt. Der Ortsname beschreibt die Burg (bzw.
den Berg) an der »Klinge« (Schlucht), die aus den Prallhängen
des Spessartufers am Main heraustritt und einen schmalen
Siedlungsbereich auf einem kleinen Schwemmkegel zur Verfügung stellt. – In K. sind mehrere *Burganlagen* vorhanden. Die
Alte Schanze (»Hainburg«) auf dem höchsten Punkt über der
Stadt ist in den Überresten der *Ringwälle* noch deutlich erkennbar. Funktion und Alter sind nicht eindeutig zu bestimmen. Die *mittelalterliche Burg* wurde im Zuge der Reichsgut-
politik Ks. Friedrichs I. Barbarossa erbaut. 1177 nannte sich
erstmals ein Conrad »de Clingenberg«. Das Ministerialengeschlecht der Schüpfe, die das Reichsschenkenamt innehatten,
stand in enger Verbindung mit angesehenen Familien der
Stauferzeit. Seit der 2. Hälfte des 13. Jh.s waren Burg und die
1276 erstmals genannte Stadt im Besitz der Herren von Bik-
kenbach. Das *Stadtschloß* (16. Jh.) dokumentiert den Übergang von der Wehrhaftigkeit des Mittelalters zur Repräsentation der Renaissancezeit. Im 18. Jh. wurde ein Park im franz.
Stil angelegt (Rosengarten). – Mit Beginn der Neuzeit war K.
vollständig im Besitz der führenden Territorialmacht am Untermain, des Erzbistums Mainz, und blieb es bis 1803; 1814
wurde es bay. – Bereits in der frühen Neuzeit wurde in K. Ton
gewonnen, der sich durch besondere Qualität auszeichnet

und seit dem 19. Jh. vor allem für die Herstellung von Bleistiftminen überregional Verwendung findet. In den Jahrzehnten vor dem 1. Weltkrieg entfaltete K. infolge der wirtschaftlichen Blüte des städt. Tonbergwerks eine rege Bautätigkeit, von der heute noch viele Gebäude mit historisierenden Stilelementen zeugen. Seit 1876 ist K. an das Eisenbahnnetz angeschlossen. 1880 wurde eine erste Mainbrücke erbaut. – Die 1928–32 errichtete Staustufe veränderte die Mainlandschaft und sperrte K. vom Fluß ab. Das Ensemble der mainzischen Amtsstadt mit ihren engen Gassen und Fachwerkhäusern zu Füßen der Burg blieb jedoch erhalten (z.B. *Rathaus* 16. Jh., um 1900 erneuert). Ein *Museum* erinnert vor allem an die wichtigsten Wirtschaftszweige von K.: Tongewinnung und Weinbau. (I) *Werner Trost*

R. Wohner, HAB Obernburg, 1968. – Chronik der Stadt K. am Main, 3 Bde., K. 1994–96.

Kloster Banz (Stadt Bad Staffelstein, LK Lichtenfels, OFr.). Wenige km von B. entfernt kreuzten sich zwei frühmittelalterliche Fernstraßen, von denen eine von Frankfurt nach Böhmen, die andere von Regensburg nach Erfurt führte. Im benachbarten Altenbanz wurde um 800 eine Kirche errichtet; der von dort aus betreute geistliche Sprengel umfaßte das Land zwischen Itz und Main. Auf dem Banzberg entstand wohl im 9. Jh. eine erste Befestigung. Diese zentralen Orte wurden um die Jahrtausendwende von den Grafen von Schweinfurt beherrscht, die offenbar eine Höhenburg auf einem Bergsporn über dem Maintal errichteten. Beim Aussterben des Geschlechtes fiel der Banzgau an eine Tochter des letzten Schweinfurters, Alberada, die zusammen mit ihrem Gemahl, Graf Hermann von Habsberg-Kastl wohl 1071 ein *Benediktinerkloster* in ihre Burg B. stifteten, das sie – obwohl in der Diözese Würzburg gelegen – der Bamberger Kirche übertrugen. Nach einer Krise erneuerte im 12. Jh. Bf. Otto I. von Bamberg das monastische Leben in B., wozu er Mönche aus Prüfening (↑ Regensburg) holte. – Im Spätmittelalter hatte B. wie viele Benediktinerklöster durchweg adelige Konventualen; der Klosterbesitz war teilweise in Einzelpfründen aufgespaltet. Dieser Zustand dauerte in B. ungewöhnlich lange an. Erst 1575 setzte der Würzburger Bf. Julius Echter mit Johann Burkhardt einen nichtadeligen Abt ein, der die Klosteranlage wiederherstellte, einen neuen Konvent aufbaute und die Gegenreformation bei seinen Hintersassen durchführte. – Dem vergleichsweise schlecht ausgestatteten Kloster, dessen Besitz sich im Raum zwischen Main und Itz und im Coburger Land konzentrierte, gelang ein aufwendiger barocker *Neubau* der gesamten Anlage ab 1698 dank erheblicher Zuwendungen durch den einstigen Abt Otto de la Bourde, der als kaiserlicher Gesandter und schließlich als Bf. von Gurk zu Reichtum gelangt war. Die *Klausurgebäude* entwarf Leonhard Dientzenhofer, die 1719 geweihte *Klosterkirche St. Petrus und Dionysius* sein Bruder Johann. Die späteren Baumaßnahmen, die sich bis 1773 hinzogen, scheint vornehmlich die (→ Bad) Staffelsteiner Baumeisterfamilie König/Weber/Nißler geplant und ausgeführt zu haben. – Dank der Personalpolitik von Abt Gregor Stumm wuchs in B. um die Mitte des 18. Jh.s ein ungewöhnlich gut gebildeter Konvent heran. Mönche wie Placidus Sprenger – Herausgeber einer gelehrten Zeitschrift –, Ildephons Schwarz, Johann Baptist Roppelt u. a. begründeten den Ruf des Klosters als weit ausstrahlendes Zentrum der kath. Aufklärung, den Friedrich Nicolai nach einem Besuch 1781 verbreitete. – Trotz der Hochachtung selbst klosterkritischer Aufklärer für B. entging die Abtei 1803 der Aufhebung nicht. Die Klosterkirche wurde Pfarrkirche. Die Klosteranlage, soweit nicht verkauft oder abgebrochen, nahm ein Landgericht und ein Rentamt auf, bis 1813 der in → Bamberg residierende Hz. Wilhelm in Bayern den Gebäudekomplex samt umfangreichem Grundbesitz (besonders Wald) erwarb. Der herzogliche Zweig der Wittelsbacher blieb bis 1933 Eigentümer von B. 1920–25 beherbergte die Anlage ein Trappistenkloster, 1933 wurde sie Sitz der Gemeinschaft von den hl.n Engeln, deren Mitglieder, Weltpriester, sich der Auslandsdeutschenseelsorge widmeten. Seit 1978 in der Hand der Hanns-Seidel-Stiftung, dient das Kloster B. ab 1982 als Bildungszentrum. (III) *Günter Dippold*

G. Dippold, Kloster B. Natur, Kultur, Architektur, Staffelstein 1991. – J. Hotz, Kloster B., Bamberg 1993.

Kloster Brachau (Stadt Bad Kissingen, LK Bad Kissingen, UFr.). Das »Klösterchen« (monasteriolum) B., dessen vermutete Lage auf der Niederterrasse einer nach Osten weisenden, engen Saaleschleife auf Kleinbracher Gemarkung in den Jahren 1989/90 Anlaß für Ausgrabungen war, wird nur einmal, und zwar 823 als Ausstellungsort einer Tradition genannt, in der ein Wigbracht der Reichsabtei Fulda seinen Anteil an einer Salzquelle in der Kissinger Mark übertrug. Die polygonale Mauer der *Anlage* umfaßte eine Fläche von etwa 2500 qm, deren höchste Erhebung im Gelände einen Kirchenbau trug. Bei diesem waren 3 Phasen zu erkennen: Ein durch Pfostenlöcher nachgewiesener Holzbau sowie zwei Steinbauten, von denen der spätere noch der Zeit vor 1300 angehört. Die durch intensive landwirtschaftliche Bearbeitung verlagerten und daher nicht für eine absolute Datierung geeigneten Funde belegen ein Bestehen der Anlage spätestens seit dem 10. Jh. bis in die Zeit um 1500. Eine Kontinuität zu dem 823 genannten »Klösterchen« läßt sich nicht nachweisen, da Funde dieser Zeit fehlen, ebensowenig eine Abhängigkeit von Fulda oder von dem ab 1108 gegründeten Benediktinerkloster Aura. Das erst zum Jahr 1317 überlieferte Kirchenpatrozinium St. Dionysius ist zwar karolingerzeitlich, darf aber – weil auch später noch verwendet – nicht ohne weiteres als dasjenige des aufgelassenen Klosters bzw. von dessen Kirche betrachtet werden. – Die Anzahl der bei den Grabungen beobachteten sowie der zu erschließenden Bestattungen deutet darauf hin, daß die Kirche überörtliche Funktionen als eine Art zentrale (»Pfarr-«)Kirche mit Begräbnisrecht wahrnahm. Nach dem Bau von Kirchen in den umliegenden Ortschaften wurde B. jedoch nur noch als Einsiedelei geführt. Einiges spricht dafür, daß es sich bei der ergrabenen Anlage um den noch wenig erforschten Typus einer kleinen, isoliert stehenden – wohl adeligen – Eigenkirche handelt, die unabhängig von Bf., Kloster und Pfarreiverband blieb und demzufolge auch kaum in Urkunden der Zeit erscheint. (II) *Heinrich Wagner*

J. W. Rost, Die alte Ruine zwischen Groß- und Kleinbrach, in: Archiv des Historischen Vereins für Unterfranken und Aschaffenburg 9 (1846), S. 146–153. – W. Störmer, Die Wohltäter des frühmittelalterlichen Klosters Brach an der Fränkischen Saale, in: Würzburger Diözesangeschichtsblätter 37/38 (1975), S. 469–479. – D. Neubauer, Die »Zelle St. Dionysii« bei Kleinbrach, Stadt Bad Kissingen, Unterfranken, in: Bericht der bayerischen Bodendenkmalpflege 30/31 (1989/90), S. 352–368. – D. A. Chevalley/S. Gerlach, DiB Stadt Bad Kissingen, 1998.

Klosterdorf (Stadt Scheinfeld, LK Neustadt a.d. Aisch-Bad Windsheim, MFr.): → Schwarzenberg.

Klosterkreuzberg (Stadt Bischofsheim a.d. Rhön, LK Rhön-Grabfeld, UFr.): → Bischofsheim a.d. Rhön.

Klosterlangheim (Stadt Lichtenfels, LK Lichtenfels, OFr.): → Langheim.

Kloster Sulz (Gde. Dombühl, LK Ansbach, MFr.). Das *ehem. Nonnenkloster* mit zugehöriger Siedlung in der Diözese Würzburg liegt auf der Frankenhöhe an der etwas oberhalb des Ortes entspringenden Sulzach, die knapp vor Feuchtwangen der Wörnitz zufließt. – Nach einem 1234/39 angelegten Klosterverzeichnis unterstanden die Prämonstratenserinnen der geistlichen Aufsicht des Abtes von → Oberzell bei → Würzburg. Die erste urk. Erwähnung stammt aus dem Jahr 1252, als Graf Ludwig von Oettingen auf alle Rechte an Kloster S. gehörigen Gütern in Dombühl verzichtete. Ulrich von Wahrberg verpfändete 1258 das Schirmrecht über Kloster S. zusammen mit der Burg → Wahrberg und anderen Besitzungen dem Grafen Ludwig von Oettingen. Kraft von Wahrberg schenkte dem Kloster die Pfarrei Ammelbruch. Während Burg und Herrschaft Wahrberg nach der Ächtung des Grafen Konrad Schrimpf von Oettingen 1310/13 an das Hochstift Eichstätt kamen, übernahmen den Schirm des Klosters S. die Zollern als Burggrafen von Nürnberg und später Markgrafen von Brandenburg. – Die Meisterinnen und die Klosterfrauen stammten aus dem frk. Niederadel. Dessen Krise ermöglichte den Klosterfrauen im Spätmittelalter Käufe von Höfen, Mühlen, Kirchsätzen, Zehnten und Waldungen zur Abrundung ihrer Grundherrschaft im Gebiet um Oestheim und Dombühl. Die Zollern bauten jedoch ihre Schirmrechte über den 1454 und 1499 verzeichneten Klosterbesitz im 15. Jh. zur Landesherrschaft aus. – Im Bauernkrieg 1525 wurde das Kloster geplündert. Der Ort war spätestens 1532 ev. Die Nonnen wandten sich teils freiwillig, teils unter Druck ihres Landesherrn der neugläubigen Richtung zu. Nach dem Tod der letzten Meisterin Barbara von Seckendorff 1556 schuf Ansbach ein eigenes Klosteramt, das bis zum Ende des Alten Reichs bestand. Markgraf Georg Friedrich ließ Kloster und *Kirche* durch Blasius Berwart umbauen und richtete für die Jagd in den umliegenden Wäldern eine *Wildmeisterei* ein. Anläßlich des Restitutionsediktes von Ks. Ferdinand II. erstrebten 1629 der Bf. von Würzburg und der Prämonstratenserorden vergeblich eine Rückgabe. 1765–73 baute man unweit des Ortes Steinkohle ab. Das Klosteramt S. wurde mit dem Markgraftum Ansbach 1792 preuß. und 1805/06 bay. Das benachbarte, eichstättische und deshalb kath. Dombühl erstrebte vor dem Basler Konzil, vor dem Bf. von Würzburg und 1686 vor dem Reichskammergericht die Trennung von der Pfarrei S., erreichte dies aber erst 1846 unter bay. Verwaltung. – Das *Klostergebäude* wurde seit 1802 als Schulhaus genutzt und beherbergt seit 1976 einen Kindergarten. (V) *Karl Borchardt*

C. Schumacher, Notizen zur Geschichte des Klosters S., in: Jahrbuch des Historischen Vereins von Mittelfranken 15 (1846), S. 64–90. – P. Schaudig, Zur Vorgeschichte der Pfarrei Dombühl, in: Beiträge zur bayerischen Kirchengeschichte 16 (1910), S. 241–260. – Ders., Beiträge zur Geschichte des Klosters S., Nördlingen 1913.

Königsberg in Bay., Stadt (LK Haßberge, UFr.). Am Westhang der s. Haßbergkette, unterhalb des Schloßbergs mit der mittelalterlichen *Burgruine*, liegt die Stadt K., die ihren Namen wohl von einer alten frk. Königsdomäne ableitet. An einem Haßbergübergang, in der Nähe des schon von den Kelten genutzten Rennwegs, übernahm die Burg eine wichtige Schutzfunktion. Bereits um 1180 längere Zeit im Besitz der Andechs-Meranier, war die Reichsburg noch 1234 mit einem Reichsschultheißen besetzt. Als heimgefallenes Lehen kam sie 1248 an das Hochstift Bamberg, das sie 1249 zusammen mit Bettenburg den Grafen von Henneberg übertrug. Diese gründeten 1317 das Amt und die Zent K., die sich entlang der Haßberge etwa zwischen → Haßfurt und → Hofheim erstreckten und im 14. Jh. eine wichtige Bastion der gefürsteten Grafschaft Henneberg darstellten. Ks. Ludwig der Bayer verlieh 1333 der jungen Stadt die Marktrechte. Mit Vergabe der selbständigen Gerichtsbarkeit im Stadtgebiet (außer Blutbann, der der Zent blieb) durch Albrecht von Brandenburg fand 1358 die Konsolidierung zum städt. Gemeinwesen ihren Abschluß. – Der Niedergang der Henneberger Macht in der Mitte des 14. Jh.s führte auch für K. zum allmählichen Bedeutungsverlust. Nach mehreren Besitzerwechseln erwarben schließlich 1400 die Landgrafen von Thüringen aus dem Hause Wettin das Amt K. Seitdem blieb es eine von der sächs.-thür. Pflege Coburg abgeschnittene Exklave, umgeben von Besitzungen des Hochstifts Würzburg und der Reichsritterschaft. Bis 1547 gehörte K. mit der Pflege Coburg zum Kurfürstentum Sachsen. Durch die ernestinischen Teilungen wechselte es mehrfach die Besitzer, zuletzt gehörte es 1826–1918 zu Sachsen-Coburg und Gotha. Von 1918–20 war es Teil des Freistaates Coburg. – Nach der Reformation erlebten Amt und Stadt noch einmal eine beachtliche Blüte. Selbstbewußt, mit eigenem Stadtregiment (Stadtgericht, Stadtrat), war K. wirtschaftliches (Weinhandel) und kulturelles Zentrum auch für die umliegenden hochstiftischen Ämter und Rittergüter. Dazu trug besonders auch die Anwesenheit des herzoglichen Hofes bei, der die Burg als Sommerresidenz nutzte und noch im 17. Jh. ausbaute. – Die *Marienkirche*, 1432 geweiht, die 1449 durch Abtrennung von Rügheim Pfarrkirche und 1523 mit Einführung der Reformation ev.-luth. Stadtkirche wurde, gilt als eine der schönsten got. Pfarrkirchen Frankens. Am

Salzmarkt liegt das *Geburtshaus* des bedeutenden Astronomen Regiomontanus. Die Stadt besitzt heute ein geschlossenes historisches Straßenbild mit zahlreichen *Fachwerkhäusern* und *Stadttoren*. An der nö. Ecke des 1456 begonnenen *Rathauses* befindet sich eine für Süddeutschland äußerst seltene *Rolandfigur* (1605). – Mit dem allmählichen Rückzug des Adels aus der Stadt seit dem 17. Jh. verlor K. an gesellschaftlicher, mit der ständigen Verminderung seines Amtsgebiets auch an politischer und wirtschaftlicher Bedeutung. Nachdem zu Beginn des 19. Jh.s eine Reihe von Orten mit gemischten Hoheitsrechten zunächst an das Großherzogtum Würzburg und 1816 an Bayern gingen, verblieb vom einst mächtigen Henneberger Amt nur noch eine kleine, in sich gespaltene Enklave mitten im bay. Gebiet. Mit dem 1920 durch Volksentscheid erwirkten Anschluß des Freistaates Coburg an Bayern verlor das Amt K. seine Selbständigkeit und wurde mit dem Bezirksamt und späteren LK Hofheim vereinigt, der wiederum im LK Haßberge aufging. (II) *Johannes Mack*

E. Solger, Geschichte der Stadt und des Amtes K. in Franken, Coburg 1894. – H. Kössler, HAB Hofheim, 1964. – R. Mett, Der K. im Haßgau, Hofheim i. UFr. 1980.

Königshofen a. d. Heide (Gde. Bechhofen, LK Ansbach, MFr.). Der Name der s. der Wieseth am Nordrand der »Heide« gelegenen Siedlung deutet – auch wenn ein Königshof urk. nicht nachweisbar ist – auf frk. Gründung und Fiskalbesitz hin. 1287 wird der Ort erstmals erwähnt, als Graf Friedrich von Truhendingen seine Eigengüter zu K. an das Kloster → Heilsbronn verkaufte. – Die *Marienkirche*, beliebtes Wallfahrtsziel und ursprünglich Filiale von Beyerberg, wurde ca. 1350 zur Pfarrkirche erhoben. Die Errichtung einer neuen Kirche fällt in die 2. Hälfte des 14. Jh.s (im 15. Jh. Anbauten und Erweiterungen). Patronatsherren und Stifter waren damals die Marschälle von Pappenheim, 1451 kam das Patronat an die Herren von Seckendorff.

Seit 1422 sind Klausnerinnen in K. erwähnt. Für den Franziskaner-Tertiarinnenkonvent bestätigte 1478 Bf. Wilhelm

von Eichstätt die Augustinusregel. 1480 wurde Hans von Sekkendorff vom Bf. mit der Vogtei über das Kloster belehnt, das
aber bald, wohl bereits 1490 durch die Versetzung der Schwestern in das neugegründete Augustinerinnenkloster Marien-
burg/→ Abenberg, unterging. – 1565 setzte sich in K. die Reformation durch. Mit der Säkularisation der Zisterze Heilsbronn (1578) fiel deren Besitz zu K. an die Markgrafen von
Brandenburg-Ansbach-Kulmbach (zunächst gemeinschaftlich, seit 1719 nur Brandenburg-Ansbach, verwaltet durch das
Amt Waizendorf); 1620 kamen die seckendorffischen Güter
samt Patronat an den Bf. von Eichstätt (verwaltet durch das
Vogteiamt K.). Von 1792 an beanspruchte Preußen als neuer
Landesherr im Fürstentum Ansbach alle Hoheitsrechte, 1806
kam K. an das Kgr. Bayern. – Im 30jg. Krieg zündeten Kroaten
1632 die Kirche an, in die sich 114 Einwohner mit ihrem Pfarrer geflüchtet hatten. Die meisten kamen um; die Gewölbe des
Gotteshauses stürzten ein. 1634 wurde K. durch ein bay. Korps
zum größten Teil in Asche gelegt. Oberösterr. Exulanten beteiligten sich nach dem Krieg maßgeblich an Wiederaufbau
und -besiedlung. Die Instandsetzungsarbeiten an der Kirche
wurden erst 1724 abgeschlossen. Eine umfassende Renovierung erfolgte in den 1950er Jahren.   (V)   *Robert Schuh*

G. Braun, Die Geschichte des Pfarrsprengels Beyerberg (der jetzigen
Pfarreien Beyerberg, Bechhofen, Burk, K. und Wieseth in Mittelfranken), Ansbach 1912, ND Remlingen 1987. – A. Gebessler, BKD Dinkelsbühl, 1962.

Königshofen im Grabfeld: → Bad Königshofen i. Grabfeld.

Kornburg (Stadt Nürnberg, MFr.). K. liegt zwischen → Wen-
delstein und → Schwabach, im äußersten Süden des heutigen
Stadtgebietes von → Nürnberg. – Erstmals erwähnt wird
»Chvrenburc« als Sitz eines Reichsministerialen Konrad von
K., Reichsbutigler in Nürnberg. Die Kornburger starben An-
fang des 15. Jh.s aus; ihr Besitz in K. ging letztlich 1447 an die
Nürnberger Patrizierfamlilie Rieter, die sich 1618 in die frk.
Ritterschaft aufnehmen ließ. Nach ihrem Aussterben 1753 fiel
der Besitz an das Nürnberger Hl.-Geist-Spital. – Das Richter-

amt in K. war seit 1364 in den Händen der Nürnberger Burggrafen, später Markgrafen von Ansbach. In diese Zeit dürfte
auch die Markterhebung des Ortes zu datieren sein. – An Stelle einer wohl bis in die Zeit um 1300 zurückgehenden und in
den Kriegen des 14.–17. Jh.s mehrfach zerstörten Wasserburg
errichteten die Rieter 1686 ein *Schloß*. Der im 19. Jh. verfal-
lende Bau beherbergte 1838 eine Papierfabrik und erfuhr in
den 1920er Jahren eine historisierende Neugestaltung im An-
klang an das Mittelalter (heute Privatbesitz). – 1739/40 wurde
an Stelle eines Vorgängerbaus des 14. Jh.s die *ev. St. Nikolauskirche* als Pfarrkirche im Markgrafenstil erbaut. Die im 14. Jh. eingerichtete Pfarrei ist seit 1528 ev. – Seit 1969 gibt es in K. auch
eine kath. Pfarrei. Eine Notkirche bestand seit 1945; die *kath.
Pfarrkirche Maria Königin* n. des Ortskerns wurde 1959 geweiht.
– 1792 preuß., kam K. 1806 an Bayern und wurde danach zunehmend in den Großraum Nürnberg einbezogen, als typischer Wohnvorort schließlich 1972 nach Nürnberg eingemeindet.   (VI)   *Martin Ott*

F. Eigler, HAB Schwabach, 1990. – M. Diefenbacher/R. Endres (Hg.),
Stadtlexikon Nürnberg, Nürnberg 1999, ²2000.

Kraftshof (Stadt Nürnberg, MFr.). Das im Knoblauchsland
(heute im Norden des → Nürnberger Stadtgebietes) gelegene
Dorf K. ist erstmals 1269 belegt. Der zwischen den zollerischen Markgrafen und der letztlich obsiegenden Reichsstadt
Nürnberg strittige Ort brannte im 1. Markgrafenkrieg 1449
und mehrmals im 30jg. Krieg nieder. – Am Westrand des Straßendorfes ist seit dem 14. Jh. ein Herrensitz belegt, der seit
1403 im Besitz der Nürnberger Patrizierfamilie Kreß (seit
1530: »Kreß von Kressenstein«) verblieb. Der Bau begegnet
nach 1449 als Wasserschloß und wurde nach dem 30jg. Krieg
erst 1712/13 als barockes Herrenhaus wieder errichtet. Das
im 2. Weltkrieg 1944 zerstörte Gebäude wurde nicht wieder
aufgebaut; erhalten blieben ein Sandsteinsockel (*Steinerner
Fuß*) sowie das 1585 in Fachwerk errichtete kleine Sommer-
haus *Kressenstein*. – Die seit 1525 ev. *Pfarrkirche St. Georg* – zuvor war K. Filiale von Poppenreuth – wurde 1315 geweiht

und 1438–40 erweitert. Nach einem Luftangriff 1943 ausgebrannt, war ihr Wiederaufbau 1952 abgeschlossen. Die Kirche umgibt ein kunsthistorisch bedeutender *Wehrfriedhof,* der in seiner heutigen Form auf 1505/10 zurückgeht. Nachträglich wurden 1709 das *Kantorhaus,* 1821 das *Schulhaus* eingebaut. – K. fiel 1796 an Preußen und kam 1810 an Bayern. Trotz der Nähe zur Großstadt Nürnberg (K. wurde 1930 eingemeindet) blieb der eigenständige Charakter des ländlich geprägten Ortes erhalten. (VI) *Martin Ott*

G. Hirschmann, K. Ein nürnbergisches Dorf mit Herrensitz und Wehrkirche, Nürnberg 1970. – M. Diefenbacher/R. Endres (Hg.), Stadtlexikon Nürnberg, Nürnberg 1999, ²2000. – R. Fensel, K. Haus- und Sozialgeschichte eines nürnbergischen Dorfes, Nürnberg 2001.

Kreuzwertheim, Markt (LK Main-Spessart, UFr.). In der Gemarkung K. liegen zwei unterschiedliche historische Stätten: der alte Marktort und die Wettenburg, auf einem schmalen, ca. 2 km langen Höhenrücken, den der Main fast völlig umfließt (Mainschlinge bei Urphar). Diese *Wettenburg* war eine völkerwanderungszeitliche Abschnittsbefestigung in hervorragender Schutzlage, Ende des 4. Jh.s wohl durch die Burgunder erbaut, offensichtlich in Kontakt mit dem röm. Reichsgebiet im Westen. Spätestens in der Karolingerzeit führte eine Abzweigung des W-O-Spessartfernwegs über die Wettenburg und Urphar nach Süden in den Tauberraum. Am Südrand der Wettenburg entstand auch eine (im Spätmittelalter aufgelassene) »Burgsiedlung«, 1335–1450 als Weiler Wettenburg erwähnt. An den Westhängen der Wettenburger Mainschleife lagen seit dem Spätmittelalter die wichtigsten Kreuzwertheimer Weinberge.

In der Karolingerzeit besaß die Abtei Fulda in K. (ursprünglich »Wertheim« genannt) einen großen Fronhof, darüber hinaus schenkte ein besitzmächtiger Graf Kunibert schon im 8. Jh. Güter in K. an Fulda. 1009 erbat und erhielt Bf. Heinrich von Würzburg von Kg. Heinrich II. das Marktrecht für K., das gegenüber der Taubermündung in den Main liegt. Damit drang Würzburg bis zur Einflußzone des Hochstifts Mainz, vielleicht der Markgrafen von Schweinfurt vor. Die nach 1009 entstandene Großpfarrei K. (im 14. Jh. in mehrere Einzelpfarreien zerschlagen) entsprach weitgehend der Cent Michelrieth. – Im 12. Jh. erscheinen erstmals die Grafen von Wertheim, deren Burg gegenüber von K. auf der linken Mainseite liegt. Da sich unterhalb dieser Burg die Stadt Wertheim (heute Baden-Württemberg) entwickelte, wurde der alte Marktort urk. seit 1311 zur Unterscheidung K. (»Heiligenkreuzeswertheim« – nach Kirchenpatron oder Marktkreuz?) genannt. 1362 wurde K. zusammen mit Burg und Stadt Wertheim böhm. Lehen der Wertheimer Grafen (Karls IV. Landbrücke Böhmen-Frankfurt/M.). 1368 erhielten die Grafen von Karl IV. das Münzrecht im Orte K. Etwa gleichzeitig wurde K. mit Mauern (*Reste* erhalten), Türmen und *Toren* befestigt. Trotzdem sank die Bedeutung schnell. Die noch erhaltene mittelalterliche *Pfarrkirche* mit dem got. Kreuzigungsaltar war von 1436 bis zur Reformation dem Augustinerchorherrenstift → Triefenstein zugeordnet. In der Nähe steht noch ein altes *Marktkreuz*. – 1736 erbaute eine Gräfin von Löwenstein-Wertheim-Virneburg-(Freudenberg) in K. ein *Schloß*, das erst als Witwensitz, später als Residenz diente. Hier war nach der Mediatisierung der Grafen (später Fürsten) bis 1848 der Sitz der Löwenstein-Wertheimschen Regierungs- und Justizkanzlei sowie des Herrschaftsgerichtes K., ferner bis 1851 der Sitz des fürstlich Löwensteinschen Mediatkonsistoriums. – Der Ort hat sich seit 1950 durch neue Wohnviertel und Industrieansiedlungen stark ausgeweitet.   (I)   *Wilhelm Störmer*

J. von Aschbach, Geschichte der Grafen von Wertheim. Von den ältesten Zeiten bis zu ihrem Erlöschen im Mannsstamme im Jahre 1556, 2 Bde., Frankfurt 1843, ND Neustadt/Aisch 1994. – W. Störmer, HAB Marktheidenfeld, 1962. – P. Hofmann, Heimatbuch der Marktgemeinde K., 2 Bde., K. 1967/80. – W. Störmer, Marktgründung im Interessenbereich mehrerer Herrschaftsträger. Spurensuche zur Bedeutung des Marktprivilegs Heinrichs II. für (Kreuz-)Wertheim 1009, in: Zeitschrift für die Geschichte des Oberrheins 147 (1999), S. 171–184.

Kronach, Stadt (LK Kronach, OFr.). Die verkehrsgünstige Lage und die seit dem 8. Jh. fortschreitende Besiedelung des

Frankenwaldes waren wichtige Voraussetzungen für die Entstehung des am s. Gebirgsrand gelegenen K. als Burgsiedlung in der 1. Hälfte des 10. Jh.s unter den Markgrafen von Schweinfurt. Schon seit vorgeschichtlicher Zeit war der im Hochmittelalter zum frk. Radenzgau gehörende Ort Ausgangspunkt für Paßstraßen über den Franken und Thüringen trennenden Gebirgszug Frankenwald – Thüringer Wald. Im Spätmittelalter haben die über K. führenden Paßwege gegenüber der über Coburg nach Thüringen verlaufenden »Sattelpaßstraße« an Bedeutung verloren. Die Eisenbahnverbindung von München nach Berlin wurde 1882–85 jedoch wieder über K. geführt.

Im Zusammenhang mit den Kämpfen Markgraf Heinrichs mit Kg. Heinrich II. wird der Ort bei Thietmar von Merseburg als »urbs Crana« für das Jahr 1003 erstmals erwähnt. Von den Markgrafen von Schweinfurt ging er an die Přemysliden über und von diesen an Ks. Heinrich V., der ihn 1122 zusammen mit den bis zum Rennsteig reichenden Gebieten als »predium Crana« an Bf. Otto I. von Bamberg übergab. Bis zum Anfall an Bayern 1802/03 blieb K. im Besitz der Bf.e von Bamberg. – Als Sammelstelle für die grundherrschaftlichen Abgaben (Kastenamt) und als Gerichts-, Zent- und Marktort behielt K. trotz der seit dem 12. Jh. erfolgten Abtrennung großer Gebietsteile vom »predium Crana« eine wichtige zentralörtliche Funktion. Es diente auch als militärischer Vorort (Hauptmannschaft), auf den besonders im 14. Jh. viele mit Burghutlehen begabte Adelige bezogen waren. Die seit 1260 bezeugten Bürger hatten zunächst eine bedeutende Stellung inne und traten bei Rechtsgeschäften wiederholt mit Ritteradeligen auf. Im 14. und 15. Jh. verpfändeten die finanziell bedrängten Bf.e das 1323/28 erstmals als Stadt (oppidum) bezeichnete K. mit seinem Amtssprengel wiederholt. – Nachdem es zu Streitigkeiten unter den Kronacher Bürgern gekommen war, erließ 1384 Bf. Lambert von Brunn eine im wesentlichen bis zum Übergang an Bayern geltende Ratsordnung, die dem Bamberger Bf. eine bestimmende Position einräumte. Doch bildete die vom Rat repräsentierte Bürger-

schaft, die vor allem aus in Zünften organisierten Handwerks-
meistern bestand, mit den beiden Bürgermeistern an der
Spitze eine eigene Körperschaft, deren Häuser und Liegenschaften als Stadtlehen auch einen eigenen grundherrschaftlichen Verband ausmachten. Die Rechtsstellung von Bürgermeister und Rat kommt am Renaissancebau des *Alten Rathauses* inmitten der Oberstadt deutlich zum Ausdruck.

Die Keimzelle der Stadt K. ist auf der nach Süden sich verjüngenden keilförmigen Sandsteinterrasse oberhalb der Einmündung des namengebenden Flüßchens in die Haßlach im
Bereich der verhältnismäßig kleinen Oberstadt zu suchen. Im
s. Bereich der Terrasse, wo die beiden Zufahrtsstraßen zusam-
menlaufen, befindet sich die 1180 erstmals bezeugte, aber
sicherlich weit ältere *Pfarrkirche St. Johann*, die als Sitz eines
bambergischen Archidiakonats seit dem Spätmittelalter an
Mitglieder des Bamberger Domkapitels vergeben wurde. Die
Bedeutung der Pfarrei spiegelt sich in dem großen, palastarti-
gen *Pfarrhof* s. der Kirche wider. Neben der Kirche muß sich
auch der zeitweise auf die *Festung Rosenberg* verlegte bischöfliche Fronhof befunden haben. Als Sammelstelle und Sitz des
Kastenamtes dienten später der 1719–21 erbaute *Neue Kastenhof* (heute *Finanzamt*) und der 1798–1802 neuerrichtete *Ka-
stenboden*. Auf dem heutigen Melchior-Otto-Platz muß ursprünglich auch der seit dem Spätmittelalter sich in der nö.
Ecke der Oberstadt befindende Marktplatz gelegen haben. –
Das leicht zu verteidigende Areal der Oberstadt dürfte ursprünglich nach Norden mit einem Halsgraben gesichert
gewesen sein. Möglicherweise schon im 12. Jh. war die Burgsiedlung mit Mauern und Türmen befestigt; damals muß auch
die 1249 erstmals genannte Burg Rosenberg, die als Sitz des
bambergischen Vogts gedient haben dürfte, errichtet worden
sein. Die im Talbereich der Kronach und der Haßlach seit dem
beginnenden 14. Jh. angelegten Vorstädte (»Strau«, »Spital-
viertel«, »Haßlach«) waren dagegen fast unbefestigt. – Das an
eine Kapelle angebaute *Spitalgebäude* geht auf eine der Stadt
unterstehende und mit einem grundherrschaftlichen Verband
ausgestattete Stiftung aus der Mitte des 15. Jh.s zurück. – Die

Vorstädte wurden bei den Auseinandersetzungen während der Hussitenkriege 1429/30 und dann wieder im 30jg. Krieg 1632/34 weitgehend zerstört; die Oberstadt konnte von den zahlenmäßig weit überlegenen schwed. Belagerern nicht eingenommen werden. An diese Ereignisse erinnert seit 1654 die sog. *Ehrensäule* auf dem Platz vor der Kirche. Das Gedenken an die Belagerungen wird noch heute mit der Prozession am »Schwedensonntag« gepflegt. – Die in Form konzentrischer Kreise im Laufe der Jh.e errichtete Festung Rosenberg, die bald nach dem Ende des 30jg. Kriegs mit einem großen fünfstrahligen Befestigungsring mit vorspringenden Bastionen im wesentlichen ihr heutiges Aussehen erhielt, war die bedeutendste Festung des Hochstifts Bamberg; K. galt neben → Bamberg und → Forchheim als eine der 3 Hauptstädte des Hochstifts.

Seit dem 13. Jh. waren in K. Juden ansässig. Trotz wiederholter Verfolgungen konnte sich eine kleine, bis zur Deportation 1942 bestehende Gde. entwickeln, die seit dem Ende des 17. Jh.s auch über eine Synagoge verfügte. – Nach dem Übergang an Bayern wurde das bis Ende des 18. Jh.s kaum gewachsene K. Sitz einiger Behörden (Landgericht, Rentamt) und blieb als grenznaher befestigter Ort bis 1867 Garnisonsstadt. – Seit dem späten Mittelalter waren neben der Flößerei die Säg- und Mahlmühlen entlang der Flüsse Haßlach, Kronach und Rodach für die wirtschaftliche Entwicklung der Stadt von großer Bedeutung. Sie waren Ausgangspunkte für die Mitte des 19. Jh.s einsetzende Industrialisierung, die durch den Bau einer Anschlußstrecke an das entstehende bay. Eisenbahnnetz 1860 und deren Fortführung bis in das Kohlebergbaugebiet bei Stockheim 1863 stark gefördert wurde. – Während früher Holz-, Metall- und Lederverarbeitung vorherrschend waren, bestimmt heute die elektrotechnische Industrie das Bild. Wichtig war die mit der Rolle von K. als Festungs- und Garnisonsstadt zusammenhängende Waffenherstellung und spätere Büchsenmacherei. – Seit dem Ende des 2. Weltkriegs erfuhr K. durch die Aufnahme von Flüchtlingen und Vertriebenen einen starken

Bevölkerungsanstieg, der wiederum, im Zusammenwirken mit der Industrieansiedlung im Rahmen der Zonenrandförderung, zu einer großräumigen Ausdehnung des bebauten Stadtgebiets nach Süden und Osten hin führte. K. blieb nach der Gebietsreform Verwaltungssitz des 1931 aus der Zusammenlegung der Bezirksämter K. und Teuschnitz entstandenen LKs. – Nach K. hat sich der 1472 hier geborene Maler Lukas Cranach d. Ä. (gest. 1553) genannt. Der im benachbarten Vogtendorf geborene und in K. bestattete Historiker und Philologe Johann Kaspar Zeuß (1806–56) schuf mit seiner »Grammatica Celtica« die Grundlage für die moderne wissenschaftliche Auseinandersetzung mit den keltischen Sprachen in Europa. (III) *Helmut Demattio*

G. Fehn, Chronik von K., 6 Bde., K. 1950–72. – H. Demattio, HAB Kronach, 1998. – Historisches Stadtlesebuch K. 1000 Jahre Geschichte einer Stadt und ihrer Bewohner, K. 2003.

Küps, Markt (LK Kronach, OFr.). Die in einer fruchtbaren Kleinlandschaft s. von → Kronach gelegenen Siedlungen mit slaw. Ortsnamen, zu denen K. zählt, sind wohl seit dem späten 6. Jh. im Zuge einer slaw. Einwanderung von Norden und Osten entstanden, bevor die frk.-dt. Besiedelung des Raumes einsetzte. – Als K. 1151 mit einem Wolfram »de Chubece« erstmals bezeugt wird, war es als Sitz eines Ministerialen der Grafen von Henneberg bereits eine bedeutende Burgsiedlung, wo sich allerdings keine eigenständige Bauerngde. ausbilden konnte. Die auf hochwassersicherem Gelände an der ö. Hangkante der Rodach angelegte Ansiedlung bestand vor allem aus kleinen, den Ortsadeligen unterstehenden Söldengütern. Das sich nach dem Ort nennende, bis Mitte des 14. Jh.s nachweisbare Ritteradelsgeschlecht besaß auf dem Felsplateau im Bereich der *Pfarrkirche* und w. davon, wo sich das durch einen Halsgraben abgetrennte *Alte Schloß* befindet, eine Burg, von der aus die durch das Rodachtal von Lichtenfels nach Kronach führende Straße leicht zu kontrollieren war. – Unter den Herren von Redwitz, die K. um 1380 in Besitz nahmen, wurde es zum Mittelpunkt und Gerichtsort einer mehrere Dörfer umfassenden Adelsherrschaft und auch zum Sitz mehrerer Linien des Geschlechts, die ihre Besitzungen dem Bf. von Bamberg, den Zollern als Markgrafen von Brandenburg zu Ansbach und Kulmbach und auch dem Ks. zu Lehen auftrugen. – Neben dem auch als Ganerbenschloß bezeichneten Alten Schloß bildete die schon von den Herren von K. gestiftete und mit einem eigenen grundherrschaftlichen Verband ausgestattete Pfarrkirche *St. Jakob,* über die die Redwitz das Patronatsrecht innehatten und in der sie als Mitglieder der Fränkischen Reichsritterschaft um 1550 die Reformation einführten, einen wichtigen Bestandteil der das Gesamtgeschlecht repräsentierenden sog. Senioratslehen. – Im 15. Jh. wurde neben dem *Neuen Schloß* auch das *Obere Schloß* angelegt, die beide zu Mittelpunkten eigener, dem Kanton Gebirg inkorporierter Rittergüter wurden. Der Renaissance-Fachwerkbau des Oberen Schlosses soll im 16. Jh. im Besitz des Bamberger Bf.s Weigand von Redwitz gewesen sein. Im barock umgestalteten Neuen Schloß ließ 1730 der damalige Besitzer eine kath. *Kapelle* einrichten. – Unter dem Schutz der Redwitz entstand in K. seit dem 16. Jh. eine bedeutende Judengde. Dieser war um 1580 am nö. Ortsrand die Einrichtung eines bis 1835 benützten, 1938 enteigneten und zerstörten Judenfriedhofs bewilligt worden. Von der seit dem späten 19. Jh. neu zweckentfremdeten *Synagoge* (heute ev. Pfarrsaal) von 1694 – um 1900 verließen die letzten Juden den Ort – sind neben vermauerten Inschriftensteinen noch ansehnliche Reste vorhanden. – Seit dem Übergang an Bayern 1806 und den Unruhen von 1848 haben die Redwitz ihre Bedeutung für den vor 1892 zum Markt erhobenen Ort verloren; heute sind sie in K. nicht mehr begütert. – Seit der 2. Hälfte des 19. Jh.s entstanden in K. größere Industriebetriebe, wobei Porzellanfabriken besondere Bedeutung zukommt.   (III)   *Helmut Demattio*

K.-H. Mistele, K., in: K. Guth (Hg.), Jüdische Landgemeinden in Oberfranken (1800–1942). Ein historisch-topographisches Handbuch, Bamberg 1988, S. 222–228. – H. Schleicher, Die Geschichte des Marktes K., K. 1996. – H. Demattio, HAB Kronach, 1998.

Kulmbach, Stadt (LK Kulmbach, OFr.). Die im Hügelland zwischen Frankenwald und Fichtelgebirge sowie der Frankenalb, in der Nähe des Zusammenflusses von Weißem und Rotem Main gelegene Stadt wird erstmals in einer bambergischen Traditionsnotiz von 1028/40 als »Kulma« erwähnt. Die wohl in die → Schweinfurter Ausbauzeit des 10. Jh.s fallenden Urzellen der Stadt bildeten zum einen die vermutlich mit einem herrschaftlichen Fron- oder Forsthof im Zusammenhang stehende Siedlung »Kulma« in der Wolfskehle am Kohlenbach, auf die sich möglicherweise bereits eine frühe Befestigung Altplassenberg auf dem nahen Buchberg bezog, und zum anderen der »Wall bei der Steinbrücke«, ein Ansitz zum Schutz der Brücke über den Weißen Main im Grünwehr. – Unter den Schweinfurter Erben, den Grafen von Dießen-Andechs und späteren Hz.n von Meranien, erfolgte im Rahmen ihrer Herrschaftskonsolidierung am Obermain der Ausbau des Stützpunktes K. So benennt sich erstmals 1135 Berthold II. als »comes de Plassenberch« nach der *Plassenburg*. Innerhalb einer ersten Ausbauphase wurde nach 1130/40 ein Markt als Plansiedlung im Bereich der heutigen »Oberen Stadt« gegründet sowie die *Wehrkirche St. Peter* zur selbständigen Pfarrei erhoben. – Eine Ausbauphase ab 1230 führte zum Neubau der Plassenburg und zur Verleihung des Stadtrechts. Es entstand der Kern der heutigen Altstadt mit landesherrlichem Rathaus, Marktplatz und neuem Gassennetz. Diese Entwicklung fand ihren Abschluß um 1250 durch den Bau einer *Stadtmauer*, von der heute zum Teil noch *Türme* mit *Mauerresten* erhalten sind. – Bald vor 1531 errichtete die Bürgerschaft ein neues *Rathaus*, das beim Umbau von 1752 eine Barockfassade erhielt. Die im 2. Markgrafenkrieg zwischen Markgraf Albrecht Alcibiades und den Hochstiften Bamberg und Würzburg sowie der Reichsstadt → Nürnberg am 26.11.1553 vollständig zerstörte Stadt wurde schließlich bis 1562 unter Markgraf Georg Friedrich wiederaufgebaut.

Nachdem es den meranischen Erben, den thüring. Grafen von Orlamünde erst 1260 gelungen war, ihre Besitzrechte am Herrschaftskomplex K. gegenüber dem Hochstift Bamberg endgültig zu sichern, entwickelten sich Stadt und Burg unter deren Nachfolgern, den zollerischen Burggrafen von Nürnberg, zur Residenz eines Fürstentums und somit einer eigenständigen Landesherrschaft, die nun durch eine gezielte Erwerbspolitik über das unmittelbare Kulmbacher Land hinausreichte. Die frk. Lande der Hohenzollern wurden 1403 in ein ober- und ein untergebirgisches Fürstentum geteilt und Burggraf Johann III. nahm als Herrscher des Oberlandes seinen Wohnsitz auf der Plassenburg ein. Dieser besondere Status von K. war in der Folgezeit jedoch häufig Veränderungen unterworfen, die sich aus dem Aussterben obergebirgischer Linien K. und dem jeweils damit einsetzenden Erbgang der untergebirgischen Linie Ansbach erklären. So herrschte der jeweilige Landesfürst entweder von der Plassenburg aus über das seit 1415 als Markgraftum Brandenburg-K. bezeichnete Territorium oder aber in Personalunion von → Ansbach aus als Markgraf von Brandenburg-Ansbach-K. Im letzteren Fall gewährleistete ab 1421 der »Hauptmann auf dem Gebirg« als markgräflicher Stellvertreter und oberster Militär- sowie Verwaltungsbeamter auf der Plassenburg stets die verwaltungstechnische Unabhängigkeit des obergebirgischen Fürstentums. – Ab der 2. Hälfte des 16. Jh.s verlagerte sich der Sitz der landesherrlichen Zentralverwaltung von der Burg in die Stadt. Diese Verschiebung hatte sich bereits zuvor auf unterer Verwaltungsebene vollzogen, wie die Umbenennung der nach der Burg benannten und seit 1398 belegten »Herrschaft Plassenberg« in »Amt K.« 1531 dokumentiert. Die demgegenüber existierenden, am Nürnberger Stadtrecht orientierten Organe städt. Verwaltung traten nicht selten in Konkurrenz zu den landesherrlichen Herrschaftsträgern, was mitunter zu Differenzen führte. – Mit dem Augustinerkloster und dem Kloster → Langheimischen Amtshof (»Mönchshof«), die beide in der 1. Hälfte des 14. Jh.s entstanden sind, waren in der Stadt auch geistliche Wirkungsstätten angesiedelt.

Nachdem die ältere frk. Linie der Hohenzollern mit Markgraf Georg Friedrich 1603 erloschen war, verlegte der neue, aus der kurbrandenburgischen Linie stammende Herrscher

Christian seine Residenz nach → Bayreuth, wodurch K. nahezu alle landesherrlichen Zentralbehörden verlor und zu einer von mehreren Landeshauptstädten herabsank. Im Zuge der Veräußerung des Fürstentums Ansbach-Bayreuth gelangten Stadt und Burg 1792 schließlich an Kg. Friedrich Wilhelm II. von Preußen und fielen im Rahmen der Napoleonischen Kriege 1806 an Frankreich und 1810 an Bayern.

Unter dem Schutzprivileg Kg. Karls IV. für die Burggrafen von Nürnberg 1351 ist in K. für 1373 eine Judengde. belegt. Nach einer judenfreundlichen Politik der Markgrafen bis 1515 erfolgten vor allem auf Initiative der Stände zum Schutz des heimischen Gewerbes erste Ausweisungsmandate, die 1713 in einem endgültigen Niederlassungsverbot gipfelten. – Die geographisch-morphologischen Gegebenheiten um K. mit wenigen ebenen Anbauflächen führten schon im Mittelalter – abgesehen von vereinzeltem Obst- und Weinanbau – zu einer verstärkten Ausbildung von Handwerk und Gewerbe. Durch die Lage an der Fernstraße von Bamberg in das Vogtland bzw. nach Böhmen und Sachsen sowie durch das Marktwesen und die Produktion für den Hof entwickelten sich bereits im Verlauf des späten Mittelalters zahlreiche Gewerbezweige, deren wichtigste die Weberei und der Holzhandel waren. Der Verlust des Hofes 1604 führte zu einer Umorientierung des städt. Gewerbes und allmählich zu einer stärkeren Konzentration auf den Export. Dies machte sich insbesondere im Industriezeitalter des 19. Jh.s bemerkbar und wurde von der Anbindung an die Eisenbahn 1846 begünstigt. So etablierten sich in der frühen Neuzeit als konstante Hauptgewerbezweige vor allem die Bereiche Textil, Leder, Pelze, Nahrungsmittel, Metall, Holz, Glas, Ton und Bau, während die Stadt heute vor allem für ihre Brau- und Textilindustrie bekannt ist. Darüber hinaus ist sie Sitz der Bundesanstalt für Fleischforschung.

Die in ihren Anfängen auf die letzten beiden Meranierhz.e Otto VII. und Otto VIII. ab etwa 1230 zurückreichende Plassenburg liegt als Wahrzeichen von K. 116 m hoch über der Stadt auf einem Bergsporn, der von Osten gegen den Zusammenfluß des Kohlenbaches mit dem Weißen Main vorspringt.

Sie besteht aus dem markanten trapezförmigen und noch teilweise (spät-)mittelalterliche Bausubstanz enthaltenden *Hochschloß*, das mit seinen 4 dreistöckigen, arkadengeschmückten
Flügeln sowie 4 Treppentürmen den sog. *Schönen Hof* bildet
und vermutlich in den 1570er Jahren vollendet wurde. Die
Burganlage zählt zu den bedeutendsten Renaissanceschlös-
sern Deutschlands. Nö. vorgelagert befindet sich der sog. Ka-
sernenhof mit dem im 18. Jh. entstandenen *Kommandanten-
haus* und *Kasernengebäuden*. Beide Schloßteile umgeben durch
Rondelle verstärkte *Festungswerke*, die vor allem im Osten
weitgehend ruinös und zum Teil nur noch fragmentarisch
erhalten sind. Noch gut erhalten ist der gewaltige Sockel der
Hohen Bastei, die ab 1608 das Hochschloß im Osten schützte. –
Ob sich anstelle der heutigen Anlage bereits die ab 1135 nach-
gewiesene alte Plassenburg befand oder aber auf der Höhe des
3 km ö. davon gelegenen Buchbergs, ist nicht geklärt. Unter
den Grafen von Orlamünde bzw. den Markgrafen von Brandenburg-K. entwickelte sich die neue Plassenburg zu einer
hervorragenden Dynastenburg. Durch den Ausbau des mittelalterlichen, in etwa die Hälfte des heutigen Schönen Hofes
umfassenden Hochschlosses zur Landesfestung ab 1529 durch
Markgraf Georg den Frommen und die weitere Bastionierung
durch Albrecht Alcibiades ab 1541 erfuhr sie eine enorme Vergrößerung und stellte sich zu Beginn der frühen Neuzeit als
eine funktionale Dreiheit von Residenz, Festung und Verwaltungszentrum dar. – Nach ihrer Zerstörung am Ende des
2. Markgrafenkriegs am 21.10.1554 begann 1557 der Wiederaufbau, der 1608 weitgehend abgeschlossen wurde. So verblieb
der Plassenburg zuletzt ihre Funktion als Landesfestung, nachdem sie bereits ab etwa 1530 als ständiger Aufenthaltsort der
Markgrafen ausgedient und ab etwa 1550 auch die markgräflichen Zentralbehörden mit Ausnahme des Archivs verloren
hatte. Sie überstand nahezu unbeschadet den 30jg. Krieg, wurde im 18. Jh. als Kaserne genutzt und im Verlauf der Napoleonischen Kriege 1806 von Preußen an die bay. Truppen des
Rheinbundes übergeben, was zur Schleifung ihrer äußeren
Fortifikationen führte. In den Jahren 1817–1909 und 1919–28

diente die Plassenburg als Strafanstalt, wurde 1929 von der
Bay. Verwaltung der staatl. Schlösser, Gärten und Seen übernommen und während des Hitler-Regimes zur nationalsozialistischen Schulungsstätte. Heute birgt sie vor allem mehrere
Museen. (III) *Rüdiger Barth*

E. Herrmann, Geschichte der Stadt K., K. 1985. – S. Weigand-Karg, Die
Plassenburg. Residenzfunktion u. Hofleben bis 1604, Weißenstadt 1998.
– T. Gunzelmann u. a., K. Das städtebauliche Erbe. Bestandsanalyse zur
Erstellung eines städtebaulich-denkmalpflegerischen Leitbilds, München
1999. – D. Burger, Landesfestungen der Hohenzollern in Franken und
Brandenburg, München 2000. – U. Wirz/F. G. Meußdoerffer (Hg.),
Rund um die Plassenburg. Studien zur Geschichte der Stadt K. und ihrer
Burg, K. 2003.

Kunreuth (LK Forchheim, OFr.). Im Hügelvorland der Fränkischen Alb s. der → Ehrenbürg entstand vermutlich im 11./
12. Jh. an der bedeutenden Straße Regensburg-Forchheim die
Rodungssiedlung K., deren Zehnt Bf. Otto von Bamberg
1120 dem neugegründeten Aegidienspital zu → Bamberg
schenkte. Bis in das 14. Jh. blieb es ein kleines Bauerndorf mit
einer *Kirche,* deren Areal zeitweise befestigt war. Die Egloffstein erbauten hier bis 1409 eine mächtige *Wasserburg* mit zwei
turmbewehrten Wohnbauten um einen ummauerten Hof
und mit einer Vorburg, in der eine große Ökonomie (Bauhof)
und eine herrschaftliche Großschäferei Platz fanden. Grundlage dafür war die Rodung des Waldes im Tal des Troppbach.
Unter der Egloffsteinschen Schloßherrschaft entstand hier ein
Marktort mit gewerblichem Schwerpunkt. Es blieben wenige
vollwertige Bauernhöfe, während die Klein- bis Kleinstanwesen (Tropfhäuser) sowie eine überörtliche Gastwirtschaft die
Dorfstruktur bestimmten. – Im Bauernkrieg von 1525 wurde
das Schloß stark zerstört, besonders litten Schloß und Dorf
jedoch 1553 im 2. Markgrafenkrieg, als Markgraf Albrecht Alcibiades von Brandenburg-Kulmbach das Schloß seines militärischen Gegenspielers, des bambergischen Obersten und
Oberschultheißen von → Forchheim, Claus von Egloffstein,
angriff. Der Besatzung und der Ortsbevölkerung, die im
Schloß Schutz gesucht hatten, wurde freier Abzug zugesi-

chert, jedoch nicht gewährt. Der Pfarrer und 39 Bauern wurden im Apfelgarten neben dem Schloß erhängt, Dorf und Schloß gingen in Flammen auf. – Claus von Egloffstein führte 1555 die Reformation ein, was K. mit einem Zwischenspiel der Rekatholisierung von 1629–36 bis heute zu einer luth.-ev. Enklave im kath. Bistum Bamberg machte. – Die Egloffstein errichteten in K. ein Kastenamt und erneuerten nach und nach das Schloß. Sein heutiges Aussehen erhielt es weitgehend 1611–24; der Umbau wurde durch Schäden im 30jg. Krieg verzögert. – Die Freiherren von Egloffstein lösten bis zur Mitte des 16. Jh.s mehr und mehr die Herrschaftsrechte Bambergs ab und beherrschten K. als Teil ihres reichsritterschaftlichen Herrschaftsgebietes. Nach dem 30jg. Krieg förderten sie die Ansiedlung einer beachtlichen jüd. Gde., die bis 1850 blühte und sich bis 1880 durch Abwanderung auflöste. Die Juden waren hier Bestandteil der Gde. und konnten Grundbesitz erwerben. – Um 1700 errichtete der Generaldirektor der reichsfreien frk. Ritterschaft und Hauptmann des Ritterkantons Gebürg, Carl Maximilian von Egloffstein, hier eine *Kantonskanzlei* (heute *Rathaus*). Seit der Erhebung des ostpreuß. Zweigs der von Egloffstein in den Grafenstand 1786 ist K. gemeinschaftlicher Sitz der gräflichen und freiherrlichen Linien. 1805 fiel K. an das Kgr. Bayern, blieb aber bis 1848 Patrimonialgericht der Grafen und Freiherren von und zu Egloffstein. Bis heute konnte sich der Ort eine vielfältige Infrastruktur und eine gewisse Zentralität bewahren, während die lokale Landwirtschaft abnimmt.   (III)   *Andreas O. Weber*

H. Kunstmann, Die Burgen der westlichen und nördlichen Fränkischen Schweiz, Bd. 1, Würzburg 1971, ²1971. – G. P. Wolf, K., in: Jüdisches Leben in der Fränkischen Schweiz, Erlangen 1997, S. 297–342.

Kupferberg, Stadt (LK Kulmbach, OFr.). K. liegt am s. Rand des Frankenwalds im heutigen LK Kulmbach. Der Ortsname weist darauf hin, daß K. seine Entstehung intensiver Bergbautätigkeit zu verdanken hat, deren Anfänge derzeit archäologisch erforscht werden. Erstmals urk. belegt ist der Ort 1313, als »Hanmann de Monte Cupri« (= K.) als Neubürger der

Reichsstadt → Nürnberg aufgenommen wurde. Aus Urkunden von 1320 und 1326, in welchen Kupferberger Bürger (cives) erwähnt werden sowie die Erlaubnis zur Ummauerung gegeben wird, läßt sich erschließen, daß K. bereits Stadt war oder zumindest stadtähnliche Rechte hatte. 1330 verlieh Bf. Werintho von Bamberg den Bürgern und Bergleuten zu K. das Iglauer Stadt- und Bergrecht und privilegierte sie so mit Freiheiten weit über andere Hochstiftsstädte hinaus. – Treibende Kraft der wirtschaftlichen Entwicklung war die Bamberger und Nürnberger Bürgerfamilie Kürschner, die um 1330 von der Rohstoffgewinnung über die Verarbeitung bis hin zum Vertrieb nahezu eine Monopolstellung in K. innehatte. Nach dem höchsten im Iglauer Bergrecht zu vergebenden Amt nannte sich der Kupferberger Zweig ab 1335 Bergmeister. Konrad Kürschner stiftete zwischen 1331 und 1337 außerhalb der Stadtmauer ein *Spital* zu K., dessen heutiger Bau nach Plänen von Johann Jakob Michael Küchel 1738–42 errichtet wurde. – Die Kirche zu K. ist 1331 noch Filiale des benachbarten Ortes Ludwigschorgast, 1357 aber bereits mit Pfarreirechten ausgestattet. – Als der Bergbau bereits in der 2. Hälfte des 14. Jh.s einen Einbruch erlebte, nahmen die Bf.e von Bamberg der Stadt K. wieder ihre besonderen Freiheiten. Die Stadtverfassung wurde jener anderer hochstiftischer Städte angeglichen. Der Ort wurde zudem Sitz eines bambergischen Amts unter der Führung eines adeligen Amtmanns. Infolge der Ämterumstrukturierung in der 2. Hälfte des 16. Jh.s wurde K. Oberamtssitz mit der Aufsichtsfunktion über die benachbarten »sechs Halsgerichte«. – Mit der Auflösung des Hochstifts Bamberg 1802/03 wurde K. bay., allerdings kurz darauf im bay.-preuß. Hauptlandesvergleich an das Kgr. Preußen (Fürstentum Bayreuth) abgetreten. Mit dem Verkauf des Fürstentums Bayreuth 1810 gelangte K., nach kurzem frz. Intermezzo (1806–10), wieder an das Kgr. Bayern. Die Stadt wurde dem Landgerichts- und Rentamtsbereich Stadtsteinach zugeschlagen und blieb seither ohne zentralörtliche Funktionen. – Vom 16. Jh. bis in die 1. Hälfte des 20. Jh.s gab es zahlreiche Versuche, den Bergbau wieder aufleben zu lassen, doch standen

Aufwand und Ertrag offensichtlich nie über einen längeren Zeitraum in einem günstigen Verhältnis. Ein *Bergbaumuseum* und ein *berggeschichtlicher Wanderweg* erinnern an die reiche Geschichte von K. Mit ca. 1200 Einwohnern zählt K., das zur Verwaltungsgemeinschaft Untersteinach gehört, heute zu den kleinsten Städten Bayerns.   (IV)   *Klaus Rupprecht*

E. von Guttenberg/H. H. Hofmann, HAB Stadtsteinach, 1953. – R. Holhut/W. Pittermann, Chronik der Stadt K., Mainleus 1986. – S. M. Haag, Die mittelalterliche Montanstadt K. in Oberfranken, Magisterarbeit Bamberg 1986.

Langenzenn, Stadt (LK Fürth, MFr.). Steinzeitliche Funde sowie zahlreiche hallstattzeitliche Grabhügel in der Umgebung belegen eine frühe Besiedlung. Der w. von → Fürth gelegene Ort, 903 in einer Schenkung Ludwigs des Kindes erstmals als »Zenna« genannt, entwickelte sich aus einem frk. Königshof und einer bäuerlichen Siedlung an dem Flüßchen Zenn. Die Lage an der Straße von Nürnberg nach Windsheim begünstigte die Entwicklung. Kg. Otto I. hielt hier 954 eine Reichsversammlung ab, bei der sich Hz. Konrad der Rote unterwarf. – Im 13. Jh. ging L. aus dem Erbe der Abenberger oder der Andechs-Meranier an die Zollern über, die im benachbarten → Cadolzburg ihre Dynastenburg errichteten. Der planmäßige Ausbau ist durch die Erweiterung um den Unteren Markt und die Schaffung eines zentralen Marktplatzes im Ortsbild gut ablesbar. Der wohl aus diesem Ausbau resultierende unterscheidende Zusatz Langen-Zenn (→ Obern- und → Unternzenn) ist seit 1329 belegt. – Die Erhebung des Marktes zur Stadt erfolgte um 1360. Ks. Karl IV. verlieh den Zollern 1361 und 1372 das Recht, hier Münzen zu schlagen. 1382 gründete Burggraf Friedrich ein *Spital*. Wohl ebenfalls aus dem 14. Jh. stammt die *Stadtbefestigung*, von der sich nur noch Abschnitte erhalten haben. Im Städtekrieg zerstörte 1388 ein Brand Ort und Kirche. Die vom Feuer verschonte »Schwarze Madonna« bildete das Ziel einer Wallfahrt, die bis 1533 andauerte. Die 1388 beschädigte *Pfarrkirche St. Maria* wandelten 1409 die Burggrafen Johann III. und Friedrich IV. in die Kirche des neu eingerichteten Augustinerchorherrenstifts um. 1460 erlitten die Klostergebäude bei einem Überfall bay. und würzburgischer Truppen schwere Beschädigungen, die umfassende Erneuerungen nach sich zogen. Das Stift wurde nach dem Tod des letzten Propstes Konrad Burger 1537 aufgelöst, die Kirche zur *ev. Pfarrkirche.* Im ehem. *Kreuzgang* und *Klosterhof* finden heute kulturelle Veranstaltungen (Klosterhofspiele) statt. – 1443 wurde der Stadt ein neues Recht nach → Ansbacher Vorbild verliehen. Das markgräfliche Amt L. bildete zusammen mit den Ämtern Roßtal und Cadolzburg das Oberamt Cadolzburg, in der Stadt befanden sich ein Ehehaftgericht, Vogteiamt sowie das Halsgericht (bis 1797). – Eine jüd. Gde. bestand vom frühen 16. Jh. bis zum 19. Jh. (erste Judenschutzbriefe 1528 und 1535), 1714 zählte die jüd. Gde. 7 Familien. Der jüd. Friedhof ist nur noch in seiner Lage bekannt. – Nach einem Stadtbrand 1720 wurden die zerstörten Gebäude des Stadtkerns im barocken Stil wieder aufgebaut (*Rathaus* 1727). – Ab 1792 preuß., gelangte L. 1806 an Bayern und verlor seine bisherige Bedeutung als Verwaltungszentrum. Das Ortsbild wird bis heute von der im späten 19. Jh. aufkommenden Tonwaren- und Ziegelindustrie geprägt, für die eine 1872 eingerichtete Nebenbahn bedeutend wurde. Der neben der Ziegelproduktion gleichfalls wichtige Hopfenanbau wurde 1941 eingestellt. Im Dritten Reich bestand in L. ab 1943 ein Ausländer-Straflager der Gestapo. Nach dem 2. Weltkrieg wuchs die Bevölkerung durch den Zuzug von Flüchtlingen stark an. 1948 baute die kath. Gde. die Ruine des kriegszerstörten HJ-Heims zur Kirche um, 1965 wurde die vormalige »Flüchtlingsseelsorgestelle« zur eigenständigen Pfarrei erhoben. Das Wachstum der kath. Gde. war so groß, daß 1972/73 eine größere, gleichnamige *Kirche St. Marien* errichtet wurde. 1982/83 richtete man eine Zweigstelle des → Fürther Hardenberg-Gymnasiums ein, die 1984 selbständig wurde. (VI) *Daniel Burger*

W. Wiessner, HONB Fürth, 1963. – M. Kroner, L. Vom Königshof zur Gewerbe- und Industriestadt, L. 1988. – F. Präger, Das Spital und die Armen. Almosenvergabe in der Stadt L. im 18. Jahrhundert, Regensburg 1997.

Langheim (Stadt Lichtenfels, LK Lichtenfels, OFr.). Das *Zisterzienserkloster L.* wurde 1132 oder 1133 als Tochterkloster von → Ebrach gegründet. Auf dem von einem Ministerialen (oder 3 Brüdern aus dem Ministerialenstand) zur Verfügung gestellten Grund am Nordrand der Fränkischen Alb im Tal der Leuchse errichtete Bf. Otto I. von Bamberg ein Kloster, dem er das »predium« T. im Maintal übertrug. Zu den frühesten Förderern der Zisterze zählte Cuniza, die Frau des Grafen Poppo von Andechs-Plassenburg, die dem Kloster, wohl zwischen 1137 und 1139, Besitz übertrug. Von 1180 bis ins 14. Jh. erhielt L. umfangreiche Schenkungen, deren bedeutendste von Andechs-Meraniern kamen; L. wurde zum Hauskloster des Geschlechts. – Nach dem Aussterben der Andechs-Meranier 1248 brachte der Bf. von Bamberg den Schutz über das Kloster und über den größten Teil des langheimischen Besitzes an sich. Hieraus leiteten die Bf.e im folgenden die Landesherrschaft über L. ab, obwohl das Kloster die erforderlichen Rechte (umfassende Gerichtshoheit, Steuerfreiheit für die Untertanen) besessen hätte, um ein eigenes Territorium auszubilden. Doch es gelang der Zisterze trotz mehrerer Versuche nicht, sich aus dem Hochstift Bamberg zu lösen und die Reichsunmittelbarkeit zu erringen. Abt Mauritius Knauer, bekannt als Verfasser des Hundertjährigen Kalenders (»Calendarium oeconomicum perpetuum practicum«), wurde 1652 in Haft genommen, bis er den Fürstbf. als weltlichen und geistlichen Herrn anerkannte. Sein Neffe, Abt Gallus Knauer, führte umfangreiche Prozesse mit Bamberg. 1741 erkannte Abt Stephan Mösinger den Bamberger Bf. endgültig als Landesherrn an. Wohl um den Herrschaftsanspruch Bambergs nicht unnötig zu stützen, bestritt L. spätestens seit dem 17. Jh. die Gründerschaft des hl. Otto; statt dessen galten die Andechs-Meranier sowie die mit ihnen verwandten Truhendinger und die Grafen von Orlamünde als Gründer. Noch im späten 18. Jh. bezeichneten Langheimer Autoren ihre Abtei als Herzogskloster. – Die Wohlhabenheit der Zisterze – L. war das reichste Kloster der Diözese Bamberg – und das Selbstbewußtsein von Abt und Konvent spiegelten sich in den klösterlichen Bauwerken wider. Abt Thomas Wagner begann 1681 mit dem barocken *Neubau* des Klosters, der bis ca. 1740 eifrig vorangetrieben wurde; ferner ist unter den beiden letzten Äbten (1774–1803) wieder eine regere Bautätigkeit im Kloster festzustellen. Der von Balthasar Neumann geplante Neubau des Münsters kam nicht zustande, da die Errichtung der Wallfahrtskirche → Vierzehnheiligen die Klosterfinanzen zu sehr beanspruchte. Der alten, wohl dem 14. Jh. entstammende Kirche wurde lediglich um 1780 eine Fassade vorgeblendet. – Im Mai 1802 verwüstete ein Brand große Teile der Klosteranlage. Als Bayern ein halbes Jahr später die Landesherrschaft übernommen hatte, konnten die Wiederherstellungsmaßnahmen nicht fortgeführt werden. Nach der Aufhebung der Zisterze 1803 wurden die Ruinen des Münsters und der Neuen Abtei abgetragen. Weitere Abbrüche von Teilen des *Abtei-* und des *Konventbaus* folgten ab ca. 1810. Die *Pfortenkapelle St. Katharina*, errichtet im 13. Jh., wurde 1803 profaniert. – Aus der Klosterbrauerei entwickelte sich um 1870 eine Exportbierbrauerei, die 1917 stillgelegt wurde.   (III)   *Günter Dippold*

F. Geldner, L. Wirken und Schicksal eines fränkischen Zisterzienser-Klosters, Kulmbach 1966, Lichtenfels ²1990. – Klosterlangheim. Symposion, München 1994. – P. Ruderich, Die Wallfahrtskirche Mariä Himmelfahrt zu Vierzehnheiligen. Eine Baumonographie, Bamberg 2000.

Laudenbach (LK Miltenberg, UFr.). L. liegt an der Mündung des gleichnamigen Baches am linken Mainufer. Bei dem erstmals 1250 als »Luthinbach« erwähnten Ort befand sich eine Furt über den Fluß. Diesen strategisch markanten Platz, der wohl auch Zollstation war, besaßen ursprünglich die Grafen von Rieneck, die im benachbarten → Kleinheubach die Dorfherrschaft innehatten. Der territorialpolitische Rivale, das Mainzer Erzstift, wurde jedoch Ende des 13. Jh.s zu mächtig; die Rienecker sahen sie sich 1315 gezwungen, das Dorf an die Herren von Fechenbach zu veräußern; das damals vereinbarte Wiederkaufsrecht wurde 1385 jedoch eingelöst. Die Fechenbacher fungierten fortan als Lehensträger der Rienecker (die 1559 ausstarben), bzw. von deren Nachfolgern in der Dorfherrschaft, den Erzbf.n von Mainz. – In der *Kirche* (18. Jh., Abriß des Langhauses 1960) befinden sich mehrere Epitaphien des Freiherrengeschlechts von Fechenbach. Sie wohnten bis 1951 im *Schloß,* das im 18. Jh. auf den Fundamenten eines Vorgängerbaus errichtet worden war und zu dem ein ansehnlicher *Park* gehört. – Im 16. und 17. Jh. erlebte L. im Gefolge des Herrschaftswechsels und der politischen Veränderungen vor und während des 30jg. Kriegs mehrfach eine Änderung der konfessionellen Ausrichtung (die Rienecker Herrschaft war ev. geworden). – Nach dem Ende des Mainzer Erzstifts und der Auflösung des Alten Reichs kam L. 1816 an das Kgr. Bayern. Der Ort bildet seit 1976 eine Verwaltungsgemeinschaft mit Kleinheubach. (I) *Werner Trost*

K. Diel, Die Freiherrn von Fechenbach. Ihr Wirken in Kirche und Staat, Aschaffenburg 1951. – W. Störmer, HAB Miltenberg, 1979. – Chronik von L. am Main, Bd. 1, L. 2000.

Lauenstein (LK Kronach, OFr.). Ausgehend von der altbesiedelten Landschaft um Saalfeld und Pößneck sind, dem Loquitztal folgend, die Gebiete des LK Kronach n. des Rennsteigs im 11. und 12. Jh. besiedelt und erschlossen worden. Dieser der späteren Herrschaft L. entsprechende Raum war Teil des sog. Orlagaus. Herrschaftlicher Mittelpunkt dieser gebirgigen Region war die im 12. Jh. angelegte *Berggipfelburg* L. oberhalb des Loquitztales mit seiner über den Thüringer Wald führenden Paßstraße. Das unterhalb der 1222 als »Lewinsteine« erstmals bezeugten Burg gelegene und nach ihr benannte, aber sicher ältere Angerdorf mit seiner 1512/14 zur Pfarrkirche erhobenen *Kirche* konnte kaum Bedeutung erlangen. Oberhalb des Dorfes befand sich der *Springelhof,* eines der beiden Vorwerke der Burg. – 1222 war die Burg L. im Besitz eines sich nach Könitz bei Saalfeld benennenden Geschlechts, das schon um 1170 im Raum → Teuschnitz Fuß gefaßt hatte. Unter den thür. Grafen von Orlamünde, an die die Burg um 1250 überging, wurde sie namengebender Sitz eines Familienzweiges. Erst durch die Erbteilung von 1414, wenige Jahre vor dem Aussterben der Grafen, wurden die

Herrschaften Gräfenthal und Lichtentanne abgetrennt und die dortigen, den heutigen Landesgrenzen entsprechenden Grenzen festgelegt. – Die die Dörfer L., Ebersdorf, Tettau, Langenau, Lauenhain, Ottendorf und Steinbach mit sämtlichen Hoheitsrechten geschlossen umfassende Herrschaft hatte in → Ludwigsstadt ihren Markt- und Gerichtsort. 1427 trug sie Graf Wilhelm von Orlamünde dem Burggrafen Friedrich VI. von Nürnberg und ersten zollerischen Markgrafen von Brandenburg als Lehen auf und verkaufte sie 1430 an die Grafen von Gleichen. Nach mehreren Besitzerwechseln ging sie als markgräfliches Lehen 1503 an die Grafen von Mansfeld über und kam als Afterlehen 1506 an die Herren von Thüna. Diese führten vor 1530 die Reformation ein und beanspruchten sie schließlich nach dem Ruin der Grafen von Mansfeld um 1560/70, in den sie auch hineingezogen worden waren, als reichsunmittelbare Herrschaft. Christoph von Thüna ließ 1551–54 den repräsentativen Renaissancebau des *Thüna-Flügels* der Burg L. errichten. – Nachdem 1622 Markgraf Christian von Bayreuth die Herrschaft von den Thüna erworben hatte, wurde sie zu einem markgräflichen Amt umgestaltet. Amtmann und Kastner hatten auf der Burg ihren Sitz. Wegen der isolierten Lage des Amtes wurde es schon vor dem Übergang des 1792 preuß. gewordenen Markgraftums Bayreuth im Hauptlandesvergleich 1804 an Bayern vertauscht und als Landgericht, das bis zur Umgliederung von 1837 Bestand hatte und mit der Errichtung des Bezirksamts Teuschnitz 1862 diesem zugeschlagen werden sollte, weitergeführt. – Das naturgemäß nach Thüringen orientierte Gebiet um L., mit seinen zum Teil heute noch existierenden Eisenhämmern, Glashütten und Porzellanfabriken schon seit dem 18. Jh. stark industrialisiert, erfuhr durch die Errichtung der Zonengrenze eine schwere wirtschaftliche Beeinträchtigung. Bis in die 2. Hälfte des 20. Jh.s spielte auch der Abbau von Schiefer und dessen Weiterverarbeitung wie im thür. Lehesten eine wichtige Rolle. – Hinzuweisen ist auch auf die zahlreichen an der innerdt. Grenze bei L. bis 1989 unternommenen, nur zum

Teil geglückten Fluchtversuche, die für viele Menschen der ehem. DDR von lebensentscheidender Bedeutung wurden.

(III) *Helmut Demattio*

H. Demattio, Die Herrschaft L. bis zum Ende des 16. Jahrhunderts. Die herrschafts- und verfassungsgeschichtliche Entwicklung einer Rodungsherrschaft im Thüringer Wald, Jena 1997. – Ders., HAB Kronach, 1998. – R. Grafe, Die Grenze durch Deutschland. Eine Chronik von 1945 bis 1990, Berlin 2002.

Lauf a. d. Pegnitz, Stadt (LK Nürnberger Land, MFr.). Am Schnittpunkt zweier alter Verkehrswege, der hier die Pegnitz überquerenden Nord-Süd-Verbindung von Forchheim nach Regensburg und der dem Pegnitztal folgenden West-Ost-Route von Nürnberg nach Hersbruck und Böhmen, wurde auf einer kleinen Pegnitzinsel im Laufe des 12. Jh.s zur Sicherung des → Nürnberger Reichsgutkomplexes eine erstmals 1243 erwähnte, mit Reichsministerialen besetzte Wasserburg errichtet. Ihren Namen erhielt die im 13. Jh. entstandene, vom staufischen Königtum vor 1268 mit Marktrechten ausgestattete Siedlung von dem hier sehr starken Gefälle der Pegnitz (loufe = Wasserfall), das ideale Voraussetzungen bot zur wirtschaftlichen Nutzung der Wasserkraft für den Mühlenbetrieb und die Verarbeitung des (oberpfälz.) Eisenerzes (ab dem späten 14. Jh.); um 1275 werden hier bereits 4 Getreidemühlen erwähnt. – Nach 1268 zogen die Hz.e von Bayern L. als staufisches Erbe an sich. 1298 von Hz. Rudolf I. von Oberbayern mit den gleichen Freiheiten wie ↑ Amberg und ↑ Nabburg ausgezeichnet, entwickelte sich L. im Spätmittelalter mit der Anlage eines planmäßigen Straßenmarktes auf der Hauptterrasse der Pegnitz oberhalb der alten Dorfsiedlung zu einem wichtigen Marktort an der Goldenen Straße von Nürnberg nach Böhmen. Durch den Verkauf an Kg. Karl IV. 1353 erlangte das 1355 zur Stadt erhobene L. kurzzeitig als w. Vorposten des neuböhm. Territoriums und als geplante kaiserliche Residenz überregionale Bedeutung. – Karl IV. ließ bis 1360/61 anstelle der 1300/01 zerstörten Wasserburg eine neue, mit Palas, Bergfried, Türmen und Ringmauer ausgestattete, repräsentative *Burganlage* errichten. Deren künstlerischen Glanz- und herrschaftssymbolischen Mittelpunkt bildete der *Wappensaal* in den Kaiserräumen des Palas. Trotz erheblicher kriegsbedingter Beschädigungen und wiederholter Umbauten zwischen dem 16. und 19. Jh. ist der ursprüngliche Zustand von Burg und Wappensaal nach umfangreichen Renovierungsarbeiten seit 1939/40 zumindest partiell wiederhergestellt. – 1373 fiel L. als Pfand an die Wittelsbacher (seit 1392 im Besitz von Bayern-Landshut) zurück, die in der Burg ein Pflegamt einrichteten und weitere Zoll- und Marktrechte (1413 4 Jahrmärkte) verliehen. Die Stiftung des Spitals St. Leonhard durch den Nürnberger Patrizier Hermann Keßler gen. Glockengießer und seine Frau 1374 war mit der Einrichtung einer ersten selbständigen Pfarrei verbunden, die nach der Zerstörung im 2. Markgrafenkrieg 1553 in die einstige Kapelle und neue *ev. Stadt- und Pfarrkirche St. Johannes* verlegt wurde. – 1505 überließ Hz. Albrecht IV. von Bayern dem Rat der Stadt Nürnberg die bereits ein Jahr zuvor von reichsstädt. Truppen während des Landshuter Erbfolgekriegs eroberte Stadt, der L. zum Amtssitz und bedeutendsten Standort vorindustrieller Metallverarbeitung auf Nürnberger Territorium ausbauen ließ. Um 1700 trieben noch rund 50 Wasserräder zahlreiche Mahl- und Hammerwerke an der Pegnitz an. – Nach dem Anfall an Bayern 1806 und begünstigt durch den Anschluß an die Bahnlinien links (1859) und rechts der Pegnitz (1877) wandelte sich L. seit dem 19. Jh. zu einem modernen Industriestandort mit metall- und holzverarbeitenden Betrieben und überregional bedeutendem Zentrum der technischen Keramik (Steatit). 1972 wurde L. zum Sitz des neuen Großlandkreises Nürnberger Land. Der von der Stadt angekaufte, 1973 stillgelegte letzte Eisenhammer bildete den Grundstock für das 1992 errichtete *Industrie Museum Lauf*, das einen Einblick in die Arbeitswelt des 19. und 20. Jh.s gewährt.   (IV) *Hubertus Seibert*

W. Schwemmer/G. Voit, HAB Lauf-Hersbruck, 1967. – R. Kubli, Mühlen und Hammerwerke. Eine Epoche technisch-kultureller Entwicklungen am Beispiel der Stadt L., L. a.d. Pegnitz 1986. – B. Schock-Werner, Die Burg Kaiser Karls IV. in L. Residenz eines geplanten neuen Territoriums?, in: Bohemia 39 (1998), S. 253–264. – E. Glückert, Fürstendienst und Bürgerfreiheit. Fünf Kapitel der Laufer Geschichte, L. a.d. Pegnitz 2001.

Leonrod (Gde. Dietenhofen, LK Ansbach, MFr.). Die »Rodung des Leuo« wird mit den 1218 genannten Junkern (pueri) von »Lewenrode« erstmals genannt. Die kaum wesentlich früher beim gleichnamigen Ort auf einem Bergsporn im Biberttal angelegte *Burg* wurde mit Angehörigen der 1132 belegten (Reichs-)Ministerialen von Buttendorf besetzt. Wohl aus dem Erbe der Dornberg-Schalkhausen teilten sich die Grafen von Oettingen und die Zollern die Lehensherrschaft über die Anlage. – Hinter der aus staufischer Zeit stammenden Schildmauer entwickelte sich im ausgehenden 13. Jh. eine im Innenhof durch eine Mauer abgeteilte Ganerbenburg (nach 1522 dritte Kemenate). 1651 wurde sie beim Ausbrennen von im Burggraben wachsendem Gestrüpp eingeäschert; seitdem ist sie *Ruine*. Die 1327 gestiftete *Kapelle* steht im Bereich des ehem. Wirtschaftshofs, dort auch das aus dem 17. Jh. stammende ehem. *Jägerhaus.* – Die vermutlichen Spätsiedlungen Heiligendorf (n. der Bibert) und Moosdorf (ö. der Burg L.) sind heute in L. aufgegangen, ihre Namen verschwunden. Die Familie von L. bekleidete bis 1412 das Schenkenamt des Burggraftums Nürnberg, seit 1536 das des bischöflich-eichstättischen Erbküchenmeisters. In der Reformation blieb die Familie überwiegend kath.; seit Mitte des 16. Jh.s verlagerte sich der Besitzschwerpunkt nach Schwaben (Kronheim, Odelzhausen). 1684 kamen die meisten Güter an Brandenburg-Ansbach, aus dem Rest (darunter L.) wurde das Gut Neudorf formiert. – Im 19. Jh. gelangen Mitgliedern der Familie Karrieren im bay. Staats- (Leopold von L., Justizminister) und Militärdienst (Karl von L., Generalleutnant) sowie in Kirchenämtern (Franz Leopold von L., 1867–1905 Bf. von Eichstätt). Ludwig Maximilian Karl Wilhelm von L. wurde im Zusammenhang mit dem 20. Juli 1944 hingerichtet. 1951 starb der letzte männliche Träger des Namens L. (V) *Gerhard Rechter*

G. Rechter, Das Land zwischen Aisch und Rezat. Die Kommende Virnsberg Deutschen Ordens und die Rittergüter im oberen Zenn-

grund, Neustadt/Aisch 1981. – J. Kollar, Markt Dietenhofen, staatlich
anerkannter Erholungsort. Rund um die Scharwachttürme, Dietenhofen 1985.

Leutershausen, Stadt (LK Ansbach, MFr.). L., am linken Ufer
der oberen Altmühl gelegen, wird erstmals um 1000 in der Beschreibung des Wildbannes von → Burgbernheim und L.
genannt. Die Lage des Ortes an der West-Ost-Verkehrsverbindung zwischen dem bedeutenden Gumbertus-Kloster
→ Ansbach und dem Altsiedelland im Maulachgau, wo das
Kloster alten Besitz hatte, läßt eine Entstehung des Ortes im
8. Jh. vermuten. Dafür spricht auch der Ortsname, der ebenso
wie das benachbarte Dorf Sachsen auf eine karolingische
Sachsensiedlung hindeutet. – 1180 wird L. wieder erwähnt, als
dessen Kirche von einem Ministerialen der Edelfreien von
Spielberg (→ Gnotzheim) eine Schenkung erhielt. Im 13. Jh.
waren die Grafen von Truhendingen, die auch in Spielberg die
Erben dieser Edelfreien waren, im Besitz von L. und → Colmberg. L. dürfte von den Grafen von Truhendingen zur Stadt erhoben worden sein. Schon zuvor, vermutlich auch bereits im
8. Jh., hatte der Ort aber eine große Bedeutung an der Kreuzung der wichtigen Fernverkehrsstraßen aus dem Westen und
Süden. – Die Grafen von Truhendingen verkauften ihren Besitz, Burg Colmberg und Stadt L., 1318 an Burggraf Friedrich
von Nürnberg. Das Stadtgericht in L. bekam große Bedeutung, als in der brandenburgischen Gerichtsordnung 1434
festgelegt wurde, daß Hochgerichte immer in Städten anzusiedeln waren, deren Räte zugleich die Aufgaben der Schöffen
übernehmen sollten. Deshalb war L. für die Kriminalgerichtsbarkeit der Ämter Colmberg und L. zuständig, während
Colmberg Sitz des Kastenamts wurde. In der Stadt saßen auch
mehrere Adelige der Umgebung, darunter die Schenken von
L. in einem Schloß innerhalb der Stadtmauern, vermutlich an
der Stelle des späteren *Landgerichts* und heutigen *Museums*. Das
Schloß gelangte an die Herren von Seckendorff und 1594 an
die Markgrafen von Brandenburg-Ansbach. – Mit dem Bau
der Chausseen im Fürstentum Brandenburg-Ansbach geriet

L. im 18. Jh. abseits der Hauptverkehrswege und damit in häufig beklagte wirtschaftliche Schwierigkeiten. – Seit dem 15. Jh. hatte L. eine kleine jüd. Gde., die bis in die NS-Zeit hinein bestand und eine eigene *Synagoge* unterhielt. Bereits im Oktober 1938 verließen die meisten Juden nach Ausschreitungen die Stadt, die letzten zogen nach den Novemberpogromen weg. – Bekanntheit erlangte der Leutershausener Flugpionier Gustav Weißkopf, dem das Museum der Stadt gewidmet ist. L. bietet mit weitgehend erhaltenen *Stadtmauern* das Bild einer mittelalterlichen, von der den ganzen Ort durchziehenden Marktstraße geprägten Stadt. (V) *Manfred Jehle*

H. Wild, Heimatbuch für L. und Umgebung, L. 1926. – H. Schreiber, L., L. 1975. – K. E. Stimpfig, Die Juden in L., Jochsberg, Colmberg und Wiedersbach. Eine Dokumentation, L. 2000.

Lichtenau, Markt (LK Ansbach, MFr.). L. an der Fränkischen Rezat wird 1246 erstmals erwähnt. Später hatte hier Wolfram von Dornberg mehrere Ministerialen als Burgleute sitzen. Die Teilung des Erbes des ohne Söhne verstorbenen Wolfram von Dornberg brachte die beiden *Burgen* Vestenberg (1759 abgebrochen; *Mauerreste* erhalten) und L. 1288 an seine Tochter Kunigunde und ihren Mann Gottfried von Heideck. Als 1406 L. von den Herren von Heideck an → Nürnberg verkauft wurde, machte Bf. Johann von Würzburg seine Lehenrechte geltend, ließ sich aber, da über L. bereits vertraglich wie ein Eigen verfügt worden war, das bis dahin eigene Vestenberg als Ersatz zu Lehen auftragen. Die Verkaufsurkunde 1406 teilt mit, daß nicht L. das alte Zentrum der Herrschaft war, sondern das benachbarte Immeldorf; L. hatte demnach Burg und Markt, Immeldorf hatte Vogtei, Halsgericht, Ehaftgericht und Markt. Unter Nürnberger Herrschaft wurden aber die Gerichte schließlich nach L. verlegt. – Um Konflikten mit dem Burggrafen von Nürnberg durch eine direkte Verwaltung der Herrschaft L. aus dem Weg zu gehen, verkaufte der Rat 1407 insgesamt 67 Güter an das »Reiche Almosen« der Stadt, 1409 dann die Burg, den Markt und das Gericht L. an ihren Bürger Heinrich Rummel, dessen Sohn Hans 1410 von

Kg. Ruprecht mit dem Blutbann belehnt wurde. 1472 erhielt das Reiche Almosen für kurze Zeit die ganze Herrschaft als ihren Besitz. 1478 übernahm der Nürnberger Rat dann die Burg, die ihm faktisch immer gehört hatte, mitsamt dem Halsgericht auch formell in seine Verwaltung. 1527 wurde die Reformation eingeführt. – Mit den Markgrafen von Brandenburg-Ansbach führte der Nürnberger Besitz nahe an der Residenzstadt → Ansbach zu ständigen Konflikten, die 1450–53 die Besetzung durch Markgraf Albrecht Achilles und 1552 die Zerstörung durch Markgraf Albrecht Alcibiades von Kulmbach zur Folge hatten. Der *Neubau* der Festung zog sich bis 1630 hin und beschäftigte mehrere bedeutende Baumeister, unter ihnen Simon Weck aus ↑ Ingolstadt. Das Bauwerk, das mit seinen Rundtürmen die Nürnberger Festungsarchitektur nachahmt, gehört zu den eindrucksvollsten erhaltenen Festungsbauten der Zeit. Im 19. Jh. diente es als Zuchthaus (bis 1927), 1949–72 als staatl. Erziehungsanstalt. Heute ist in der Anlage ein Teil des Staatsarchivs Nürnberg untergebracht. Die barocke *Pfarrkirche* wurde 1724 errichtet, nachdem der Vorgängerbau 1688 abgetragen worden war. – N. des Ortskerns entstand auf der gegenüberliegenden Seite der Rezat im 19. Jh. im Umfeld eines Steinbruchbetriebs ein neuer Siedlungsschwerpunkt (»Vorstadt«), der den alten Marktbereich bald an Einwohnern übertraf. Nach dem 2. Weltkrieg wuchs die Einwohnerzahl L. durch den Zuzug von Flüchtlingen und Vertriebenen beträchtlich. Der Ort breitete sich nun auch nach Südwesten aus; einige Industriebetriebe siedelten sich an. (V) *Manfred Jehle*

W. Schwemmer, Alt-L. Aus der Geschichte der Ortschaft und der Festung, Nürnberg 1980.

Lichtenberg, Stadt (LK Hof, OFr.). Der exponiert auf einer Bergkuppe des Frankenwaldes gelegene Ort blickt mit seinem in 577 m Höhe liegenden *Schloß* auf das angrenzende Thüringen. L. gehörte zum Rodungsland der Hz.e von Andechs-Meranien, die die Markgrafen von Schweinfurt nach deren Aussterben im Mannesstamm 1057 beerbt hatten. Die thür. Grafen von Orlamünde übernahmen 1248 die Herrschaft der Andechs-Meranier. 1337 wird L. als Stadt bezeugt, mit ihr die *Kirche St. Johannes d. T.* 1427 wurde es Markgraf Friedrich I. von Brandenburg zu Lehen aufgetragen und im gleichen Jahr dem Hauptmann auf dem Gebirge und späteren Hauptmann von → Hof, Kaspar von Waldenfels, verkauft. – Die kleine, mit Freiheiten und einem Halsgericht ausgestattete Herrschaft L. war ihrer Eisen- und Kupferbergwerke wegen von Interesse für den Landesherrn. Das Schloß hielt 1430 dem Ansturm der Hussiten und 1444 einem Kriegszug der Reichsstädte → Nürnberg, → Rothenburg und (→ Bad) Windsheim stand. 1489 bestätigte Ks. Friedrich III. bestehende Rechte und das Recht als kaiserliche Freistatt. Dieses Asylrecht ermöglichte Verfolgten Schutz bis zur gerichtlichen Untersuchung. 1528 wurde die Reformation eingeführt. Im 2. Markgrafenkrieg wurde L. mit dem Schloß 1554 dem Erdboden gleichgemacht. Ritter Hans II. von Waldenfels, der 1521–69 als fürsorglicher Regent in seiner Herrschaft L. wirkte, sorgte für den Wiederaufbau. 1618 verkauften seine Enkel L. an Fürst Janusius Radziwill. Über seine Witwe kam es im Jahre 1628 an deren Bruder, Markgraf Christian von Brandenburg. Im 30jg. Krieg und erneut 1682 wurde L. durch Feuer zerstört. Das Schloß blieb *Ruine.* Ein *Aussichtsturm,* 1936 über dem Stumpf eines Treppenturmes errichtet, sowie einige Keller und Kasematten zeugen noch von der Wehrhaftigkeit der Anlage. – Unter den markgräflichen Besitzern trat im Bergbau ab 1665 wieder ein Aufschwung ein. Die bedeutendste Eisensteingrube von L. ist die »Friedensgrube«. 1792 kam L. zusammen mit dem Markgraftum Ansbach-Bayreuth an Preußen. Alexander Freiherr von Humboldt war im Auftrag von Kg. Friedrich Wilhelm II. von Preußen in dem Ort tätig. 1794 wurde der *Friedrich-Wilhelm-Stollen* angelegt (heute *Museumsstollen*). Bis 1857 wurde hier Kupfer-, Eisen- und Nickelerz gefördert. – 1806–10 stand L. unter frz. Verwaltung und gehörte ab 1810 zum Kgr. Bayern. 1901 wurde die Bahnstrecke von Blankenstein in Thüringen über L. durch das Höllental nach Marxgrün eröffnet. Die dt. Teilung nach dem

2. Weltkrieg traf den Ort hart. 1945 wurden alle Verbindungen nach Thüringen unterbrochen, ab 1971 der Eisenbahngüterverkehr eingestellt. 1981 wurden schließlich die Bahngleise durch das Höllental, eine beliebtes Ausflugsziel, abgebaut. Seit der Landkreisreform 1972 ist das zuvor zum LK Naila gehörende L. Teil des LK Hof. – Mit dem *Haus Marteau* ist im ehem. Wohnhaus des Violinvirtuosen Henri Marteau ein Musikbegegnungszentrum geschaffen worden.

Eng mit der Geschichte von L. verknüpft ist die des Bay. Staatsbades Bad Steben, des früheren Dorfes Niedersteben. Es war Teil der Herrschaft L. und ist wohl einer der ältesten Orte des Frankenwaldes. Die erste urk. Erwähnung von 1374 betrifft die Kirche St. Walburga. In den Feldzügen der Hussiten 1430 und durch die Belagerung der Reichsstadt → Nürnberg 1444 wurde der Ort verwüstet. Bereits zu dieser Zeit werden Mineralquellen erwähnt. Die erste Hochblüte des Bergbaus ließ Steben zwischen 1450 und 1550 zu einem der Mittelpunkte der Eisenerzgewinnung und Verhüttung im Frankenwald werden. Um 1510 datieren die Fresken im Chor der *Wehrkirche*. 1528 wurde die Reformation in der Gde. eingeführt. Wissenschaftliche Abhandlungen über die Quellen erschienen erstmals in der 2. Hälfte des 17. Jh.s. 1751 übertrug Markgraf Friedrich der Gde. die beiden Brunnen. 1788 wurde ein erstes staatl. Kurhotel eröffnet. Nach dem Übergang der Markgrafschaft an Preußen 1792 verhalf der preuß. Bergassessor Alexander von Humboldt dem Bergbau zu einem letzten Aufschwung; 1793 gründete er die »Kgl. freie Bergschule zu Steben«. 1796 wurde das Bergamt von → Naila nach Steben verlegt. – 1834 übernahm das Kgr. Bayern, zu dem Steben seit 1810 gehörte, die Heilquellen. Ein erstes spezifisches Badegebäude, 1837 als Wandelhalle erstellt, und ein Badehaus, das der kgl. Hofarchitekt Leo von Klenze entwarf (»*Klenzebau*«), schafften den Durchbruch. 1898 erfolgte die Verleihung des Titels »Bad«. Der Bergbau erlosch. Mit der Industrialisierung wurde den im Verlagssystem arbeitenden Heimwebern die Existenz genommen. In der 2. Hälfte des 19. Jh.s entwickelte sich die Handstickerei, die bis heute kunstvoll betrieben wird.

Erst 1898 erhielt der Badeort Bahnanschluß durch Verlänge-
rung der Linie Hof-Marxgrün. 1953 wurde er zum Markt erhoben. Ein *Grafikmuseum* und die von dem bekannten Architekten Meinhard von Gerkan entworfene, 2001 eröffnete
Spielbank ziehen neue Besucher an. 1972 kam das bis dahin
zum LK Naila gehörige Bad Steben mit der Landkreisreform
zum LK Hof. (IV) *Ingeborg Fuhrmann-Hoffmann*

K.-L. Lippert, BKD Naila, 1963. – H. Seiffert, Burgen und Schlösser im
Frankenwald und seinem Vorland, Helmbrechts ³1963. – H. Mörtel, Dorf
und Bad Steben im Wandel der Zeiten. Eine kleine Chronik, Hof 1970. –
650 Jahre L. 1337–1987, L. 1987.

Lichtenburg (Stadt Ostheim v.d. Rhön, LK Rhön-Grabfeld,
UFr.): → Ostheim v.d. Rhön.

Lichtenfels, Stadt (LK Lichtenfels, OFr.). Die Stadt liegt im Tal
des oberen Mains, über den bei L. die seit dem 14. Jh. nachweisbare *Lange Brücke* führte und von dem zwei Mühlbäche
abgezweigt waren (der innere seit 1934/36 verrohrt). – Der
Name der Stadt geht zurück auf eine *Burg* auf dem Burgberg
sw. des späteren Stadtkerns. Diese Burg ist gemeint, als 1142
Cuniza, die Tochter des Grafen von Giech, nach der Aufhebung ihrer ehelichen Gemeinschaft mit Graf Poppo von Andechs-Plassenberg »Litenuels« der Bamberger Kirche übertrug, was ihr Mann allerdings nicht hinnahm. Im Giechburg-
vertrag von 1143 wurde die Burg zwischen Bamberg und dem
Grafen von Andechs-Plassenberg geteilt, wobei alle Burgleute
gräfliche Vasallen sein sollten. Im Laufe des 12. Jh.s geriet L.
unter den Einfluß der Andechs-Meranier, die wohl im frühen
13. Jh. zu Füßen der Burg eine Stadt mit breitem, leicht anstei-
gendem Straßenmarkt anlegten. An einer unteren Ecke des
Marktplatzes steht das *Rathaus* (1742/43 von Justus Heinrich
Dientzenhofer), am oberen Teil des Marktes die *kath. Pfarrkirche Mariä Himmelfahrt* (Turm 14. Jh., Chor 1483–87, Langhaus
frühes 15. Jh.). – Nach dem Aussterben der Andechs-Meranier
1248 behauptete der Bamberger Bf. die Herrschaft über die
Stadt und die Burg, die nach 1525 allmählich verfiel. L. war Sitz

eines (Ober-)Amtmanns sowie weiterer fürstbischöflicher Beamter, darunter ein Forstmeister, der den Lichtenfelser Forst, eines der größten zusammenhängenden Waldgebiete des Hochstifts Bamberg, zu verwalten hatte. Wald und Main machten die Stadt zum wichtigen Stapelplatz, besonders für den Holzhandel. Nach Säkularisation und Mediatisierung blieb das nun bay. L. Behördensitz (Landgericht, Rentamt, zeitweilig Grenz-, Maut- und Hallamt, Straßenbauinspektion). – Seit 1846 war L. Station der Ludwig-Süd-Nord-Bahn (*Bahnhof* 1848/49 von Gottfried Neureuther, mehrmals erweitert). Ferner wurde L. Ausgangspunkt der 1859 eröffneten Werrabahn über Coburg nach Eisenach und der 1885 in Betrieb genommenen Bahnlinie nach Probstzella (Teil der Magistrale München–Berlin). Als Knotenpunkt war L. Sitz von Bahnbehörden und -werkstätten; Eisenbahner stellten ab 1890 über ein Drittel der Einwohner. Die Gründung einer ev. Pfarrei (*Kirche* von Gustav Haeberle, 1902/03) und einer Realschule (heute Meranier-Gymnasium) 1907 waren Folgen des Bevölkerungswachstums. – 1839 zog der erste Korbhändler zu; bald wurde L. zum Zentrum des Korbhandels. Die Handelshäuser (1908: 14) wurden von den Korbmachern der umliegenden Orte beliefert und vertrieben die Flechtartikel weltweit. 1904 entstand die Fachschule für Korbflechterei (*Schulgebäude* von Ludwig Stempel, 1910). Bedeutung erlangten daneben einige Leimfabriken und Exportbrauereien. Dank der exportorientierten Unternehmen und des Eisenbahnknotens entstanden im späten 19. Jh. einige große Speditionen. (III) *Günter Dippold*

G. Dippold, L. Korb- und Eisenbahnerstadt am oberen Main. Stuttgart 1997. – Ders., Eisenbahn und Kleinstadt. Auswirkungen des Knotenpunktes auf die Entwicklung von L. im 19. und frühen 20. Jahrhundert, Bayreuth 2001.

Limes. Der obergermanisch-raetische *L.* ist das ausgedehnteste Bodendenkmal in Europa. Auf einer Gesamtlänge von über 500 km erstreckt sich die Grenzbefestigung des antiken röm. Reichs gegen das freie Germanien von Rheinbrohl/Bad

Hönningen (Rheinland-Pfalz) am Rhein bis ↑ Eining an der Donau. Der Begriff »limes« bezeichnete ursprünglich die vom röm. Heer in den dichten Wäldern des Raumes angelegten Schneisen, die es ermöglichen sollten, Überfällen wirkungsvoll zu begegnen. – Nach dem Ende der Germanenfeldzüge 16 n. Chr. blieben der Rhein und seit der Jahrhundertmitte die Donau zunächst die militärisch gesicherten Grenzen des röm. Machtbereichs. Oberrhein und Donau wurden in den 70er und 80er Jahren des 1. Jh.s überschritten und auch das gegenüberliegende Flußufer mit Straßen und Militärlagern gesichert. Zur weiträumigen Verkürzung der Grenzlinie erschloß man seit dieser Zeit nach und nach den Neckarraum, schließlich auch ein größeres Gebiet n. der Donau im Bereich des heutigen Bayern. Unter Ks. Antoninus Pius (138–161) wurde der L. letztmals nach vorne hin verschoben. Die endgültige Anlage berührt nun zwischen → Stockstadt und → Miltenberg das heutige Unterfranken (Verlauf hier entlang des Mains), durchzieht dann Baden-Württemberg zunächst in südsüdö. Richtung, biegt bei Schwäbisch Gmünd nach Nordosten ab und erreicht bei → Mönchsroth das heutige Mittelfranken. In einem weiten Bogen führt der L. über → Gunzenhausen, von dort an wieder nach Südosten verlaufend über → Ellingen, ↑ Kipfenberg und ↑ Altmannstein bis an die Donau bei Eining. – Für den Bereich der Provinz Raetien, mithin für die gesamte heute bay. Strecke mit Ausnahme des isolierten Abschnittes am Untermain, stellte sich der L. in seiner letzten Ausbaustufe (um das Jahr 200) als solide, immer wieder von Wachtürmen unterbrochene Steinmauer dar. Die »raetische Mauer« ist vielerorts als Schuttwall erhalten. Die Grenzsicherung oblag Auxiliareinheiten, die in Kastellen stationiert waren. – Neben der Markierung der Grenzlinie und der eigentlichen militärischen Funktion, der Abwehr kleinerer Überfälle auf das Reichsgebiet, diente der L. auch der Kanalisierung und Kontrolle des Grenzverkehrs im Sinne der röm. Zollpolitik. – Die starre Linie des sichtbaren L. repräsentiert nur einen vergleichsweise kurzen Zeitraum der röm. Grenzpolitik. Nach den katastrophalen Alamanneneinfällen um die Mitte des

3. Jh.s wurde die Anlage dauerhaft aufgegeben; im Bereich des heutigen Bayern war fortan die Donau die natürliche Nordgrenze der röm. Provinz, die im Bereich der Iller gegen die nun w. im heutigen Baden-Württemberg siedelnden Alamannen befestigt wurde. – In der Erinnerungskultur nehmen die eindrucksvollen Überreste des L. gleichwohl seit seiner archäologischen Identifizierung im 18./19. Jh. einen herausragenden Rang als Grenzlinie von europäischer Dimension ein. So markiert an der Donau bei Hienheim eine 1861 errichtete *Hadrianssäule* das Limesende; König Maximilian II. von Bayern ließ in diesem Jahr eine Reihe weiterer Gedenksteine am L. aufstellen, die an Ks. Hadrian als den vermuteten Erbauer sowie an die weltgeschichtliche Bedeutung der Anlage erinnern sollten. Seit 1892 erforschte und beschrieb für ganz Deutschland die Reichslimeskommission den L. im Rahmen eines aufwendigen, erst 1934 abgeschlossenen Projekts. In jüngster Zeit tritt die touristische Erschließung des über weite Strecken obertägig in Resten sichtbaren Bodendenkmals in den Vordergrund. Rekonstruierte *Limestürme* finden sich bei Hienheim, Kipfenberg, Erkertshofen, → Burgsalach, Dorsbrunn bei → Pleinfeld, Gunzenhausen und Mönchsroth; seit 1996 erschließt die »Deutsche L.-Straße« den Grenzwall, der seit 2005 zum Weltkulturerbe der UNESCO zählt. *Martin Ott*

Der obergermanisch-raetische L. des Römerreiches, Heidelberg/Berlin 1894 ff. – R. Braun, Die Anfänge der Limesforschung in Bayern, in: Jahrbuch für fränkische Landesforschung 42 (1982), S. 1–66. – B. Rabold u. a., Der L. Die deutsche L.-Straße vom Rhein bis zur Donau, Darmstadt 2000. – E. Schallmayer, Der L. in Obergermanien und Raetien bis zum Ende des 2. Jahrhunderts n. Chr. in: Die Römer zwischen Alpen und Nordmeer. Zivilisatorisches Erbe einer europäischen Militärmacht, hg. v. L. Wamser u. a., Mainz 2000, S. 64–74.

Lisberg (LK Bamberg, OFr.). Der Ort »Elizberc« im Volkfeldgau wird erstmals um 800 in den Fuldaer Traditionen genannt. Zur Mitte des 13. Jh.s erscheinen Ortsadelige in den Quellen; aus dieser Zeit stammt auch der *Rest* des *Rundturmes* aus Bruchsteinen, der als ältester erhaltener Teil die *Burganlage* überragt, die hoch über dem Aurachtal auf einem nach 3 Seiten steil abfallenden Bergvorsprung angelegt ist. – Der Besitz in L. einschließlich der Vorburg war Lehen der Bf.e von Würzburg. Die Burg selbst war ursprünglich freies Eigen und wurde vor 1398 den Burggrafen von Nürnberg zu Lehen aufgetragen. Diese Aufteilung der Lehensherrschaft hatte bis in die Neuzeit Bestand. Schon früh wurden bei der in der Folgezeit vielfach aus- und umgebauten Burganlage Besitzanteile bis zu einem Zwölftel gebildet, die auch in die Hände anderer Familien kamen. 1409 wurde Wilhelm von L. wegen eines Raubzuges, der ihn bis in die Gegend von Schweinfurt geführt hatte, von einem Landfriedensausschuß zu 400 Gulden Strafe verurteilt. Anfang des 16. Jh.s starben die von L. aus. – Im Bauernkrieg wurde die Burg als markgräfliches Lehen nicht angegriffen. In der sich ausbildenden Fränkischen Reichsritterschaft gehörte das Rittergut L. zum Kanton Steigerwald. Es kam über mehrere Zwischenbesitzer kurz vor 1600 als Ganzes an die Familie von Münster, die den Besitz zunächst in einer prot., ab 1707 in einer kath. Linie bis 1855 halten konnte. 1855–1970 gehörte die Burg den Fürsten Castell; seitdem ist sie in bürgerlichen Händen. – Seit dem 18. Jh. gab es in L. eine jüd. Gde., die bis zum Beginn des 19. Jh.s bis auf 84 Personen anwuchs und damit einen Anteil von über 15 % an der Gesamtbevölkerung ausmachte. Im 20. Jh. löste sich die Gde. durch Abwanderung schon vor der nationalsozialistischen Machtübernahme auf; geblieben ist ein *Judenfriedhof* mit Gräbern seit dem Beginn des 19. Jh.s.   (III)   *Hans J. Wunschel*

J. Heller, Die Burg L. in Franken, Bamberg 1836/37. – K. Guth (Hg.), Jüdische Landgemeinden in Oberfranken (1800–1942). Ein historisch-topographisches Handbuch, Bamberg 1988.

Lohr a. Main, Stadt (LK Main-Spessart, UFr.). Der Raum zwischen dem im 8. Jh. gegründeten Kloster → Neustadt (a. Main) und dem Königsgut Karlburg am Main (→ Karlstadt) läßt sich aus Mangel an frühen schriftlichen Zeugnissen nur schwer fassen. Zwar ist L. sehr spät, erstmals 1295, urk. nachweisbar, der Ort war jedoch sicherlich spätestens seit dem 8. Jh. kontinuierlich besiedelt. Burg und Kirche (die heutige *Pfarrkirche*) lagen auf einem durch Wasserläufe geschützten Bergsporn über dem Main, der allerdings nur wenig Fortifikationsmöglichkeiten bot. Träger der Herrschaft war das Geschlecht der Grafen von Rieneck. Die Stadt wurde wohl seit der 1. Hälfte des 13. Jh.s in einem durch die Topographie vorgegebenen Areal ausgebaut; gleichzeitig entstand eine neue Wohnburg der Grafen (heutiges sog. *Kurmainzer Schloß*). Deren Expansionspolitik im Spessart wurde zwar immer wieder gebremst, doch entstand eine wohlhabende Grafschaft, die sich im Kreis der umliegenden Mächte zu behaupten vermochte und überregionales Ansehen genoß. Daß sie Lehen von Mainz war, schränkte ihre Bedeutung nicht ein. – Die Bezeichnung »stat« läßt sich für L. seit 1314 nachweisen; der Einbezug in die Gelnhäuser Stadtrechtsfamilie 1333 hatte familienpolitische Gründe, erweiterte aber auch die Rechte der Stadtbewohner. L. war wie fast alle mainfränk. Städte Ackerbürgerstadt: Landwirtschaft, Viehhaltung und Handwerk ergänzten sich. Daneben existierten in der frühen Neuzeit eine Schleifmühle und eine Ziegelhütte, eine Bohrmühle, 4 Mehlmühlen, eine Walk- und Schlagmühle, eine Papiermühle und eine Lohmühle. Die Stadt war Zollstation und Handelszentrum der Grafschaft. Großer Waldbesitz, vermutlich eine Schenkung des Grafenhauses, erweiterte die wirtschaftlichen Grundlagen. – Mit dem Aussterben der Grafen von Rieneck 1559 fiel die Stadt an Mainz, das Oberamt L. wurde errichtet, das nach 1806 über Zwischenstadien 1814 an Bayern überging. Besonders das Schloß mit dem *Spessartmuseum* und der Bereich der *Pfarrkirche St. Michael* (Epitaphien der Grafen von Rieneck) unterstreichen die Bedeutung der Stadt. – Bereits 1854 wurde L. Bahnstation an der Ludwigs-Westbahn (Bamberg-Kahl a. Main), der heutigen Hauptstrecke Würzburg-Aschaffenburg. Bedeutendstes Industrieunternehmen ist die seit 1850/51 in L. ansässige Eisengießerei Rexrodt (1975–2001 Teil des Mannesmann-Konzerns). (I) *Theodor Ruf*

L. a. Main. 1333–1983, L. 1983. – T. Ruf, Die Grafen von Rieneck. Genealogie und Territorienbildung, Würzburg 1984.

Ludwigsstadt, Stadt (LK Kronach, OFr.). Als 1269 mit der Nennung des Vogts der Grafen von Orlamünde »de Ludewichsdorf« L. urk. erstmals bezeugt wurde, dürfte der Ort im Zuge der Kolonisation des oberen Loquitztales schon über zwei Jh.e bestanden haben. Er war im Mündungsbereich zweier Quellbäche in die Loquitz angelegt worden, wo eine von Lehesten kommende Straße eine über den Rennsteig nach Süden führende Straße kreuzte. Der Ortsname ist, wie bei vielen Gründungen des 11. Jh.s, patronymisch gebildet. – Daß 1269 für L. wie für die Burg → Lauenstein ein herrschaftlicher Beamter genannt wird, zeigt, daß der Ort bereits damals für die Herrschaft Lauenstein, mit der er seine Geschicke teilte, zentralörtliche Bedeutung hatte. 1377 stattete Graf Otto von Orlamünde den später dann meist als L. bezeugten Ort mit einem von Ks. Karl IV. gewährten Vorrecht auf einen Wochenmarkt und drei Jahrmärkte aus und bestätigte ihm die gleichen Rechte, wie sie die benachbarte thür. Stadt Gräfenthal besaß. Damit bestand wohl schon damals die 1490 bezeugte Ratsverfassung, nach der sechs »Ratesmeister«, zwei davon als Bürgermeister fungierend, Selbstverwaltungs- und Gerichtskompetenzen über die kaum über dörfliche Ausmaße hinausgewachsene Ackerbürgerstadt innehatten. Vom Rat wurde das im Rathaus in L. tagende Gericht der Herrschaft Lauenstein besetzt. – Nachdem sich die Gde.n der Herrschaft Lauenstein im Frühjahr 1525 unter der Führung von L. gegen ihren damaligen Besitzer, Friedrich von Thüna, verschworen hatten – der Aufstand verlief unblutig –, entzog dieser der Stadt ihre Rechte, die sie trotz zahlreicher Bemühungen auch nach dem Übergang der Herrschaft Lauenstein an das Markgraftum Brandenburg-Bayreuth nicht mehr zurückerhalten konnte. Im Pestjahr 1634 verlor der Ort mit über 370 Toten einen beträchtlichen Teil seiner Einwohnerschaft. Nach der Übertragung des preuß. Amtes Lauenstein an Bayern 1804 wurde L., wo man das aus dem 18. Jh. stammende *Rathaus* am Marktplatz zum Sitz des Landgerichts Lauenstein bestimmte, als »Ruralgemeinde« neu gebildet. Erst 1953 wurde L. wiederum zur Stadt erhoben. – Das bis auf kleine Torbauten an den

Ortsausgängen unbefestigte L. blieb mit seinen Bauerngütern an den Ortsrändern landwirtschaftlich geprägt. Für die in die s. Gehöftereihe integrierte *Pfarrkirche St. Michael*, die dem Mainzer Archidiakonat Beatae Mariae Virginis in Erfurt unterstanden hatte, sind seit 1337 Pfarrer bezeugt. Diese hatten nach der Reformation ein Aufsichtsrecht über die übrigen Pfarrer der Herrschaft Lauenstein inne. – Von besonderer Bedeutung für die wirtschaftliche Entwicklung L.s war die seit 1486 bezeugte Schmelz- und Saigerhütte an der Loquitz n. der Stadt, zu der ein befestigtes schloßartiges *Herrenhaus* (heute ev. Gemeindehaus mit Wappen aus dem späten 15. Jh.) gehörte. Im 16. Jh. war die mit Holz und Holzkohle aus den Waldungen der Herrschaft Lauenstein versorgte und mit Kupfer aus dem Mansfelder Revier verlegte Hütte in den weitgespannten Saigerhandel der Grafen von Mansfeld einbezogen. Nach dem endgültigen Zusammenbruch des Saigerhandels in der Zeit des 30jg. Kriegs wurde sie als Hammerwerk weiterbetrieben. – Noch heute herrscht in L. die metallverarbeitende Industrie vor. Im 19. und frühen 20. Jh. war die Verarbeitung des bei L. abgebauten Schiefers, vor allem zu Dach- und Tafelschiefer, zum wichtigsten Wirtschaftsfaktor geworden. (III) *Helmut Demattio*

H. Demattio, Die Herrschaft Lauenstein bis zum Ende des 16. Jahrhunderts. Die herrschafts- und verfassungsgeschichtliche Entwicklung einer Rodungsherrschaft im Thüringer Wald, Jena 1997. – Ders., HAB Kronach, 1998.

Maidbronn (Gde. Rimpar, LK Würzburg, UFr.): → Rimpar.

Mainberg (Gde. Schonungen, LK Schweinfurt, UFr.). Die 3 km ö. von → Schweinfurt auf einem Bergsporn oberhalb des Mains gelegene *Burg* wird 1245 im Besitz der Herren von Wildberg erstmals urk. genannt. Die Grafen von Henneberg-Schleusingen erwarben 1305 im Rahmen ihrer nach Süden gerichteten Expansionsbestrebungen Burg und Amt M., das sich zu ihrem wichtigsten Stützpunkt in Mainfranken entwickelte. In der 2. Hälfte des 14. Jh.s an die Familie von Wenkheim verpfändet, war es nach dem Rückkauf im 15. Jh.

mehrfach Alterssitz hennebergischer Witwen. Gräfin Marga-
rete, geb. Herzogin von Braunschweig-Lüneburg, ließ die
vormalige Burg ab 1480 in der bis heute erhaltenen Form als
dreiflügelige *Schloßanlage* mit Bergfried errichten und unterhielt hier eine eigene Hofhaltung. – Im Bauernkrieg 1525
teilweise zerstört, mußte der hoch verschuldete Graf Wilhelm
IV. das wieder aufgebaute Schloß samt den zugehörigen umfangreichen Besitzungen 1542 beim Würzburger Fürstbf.
Konrad von Bibra gegen die Stadt Meiningen und 170.000
Gulden eintauschen. Seitdem war es Amtssitz im Hochstift
Würzburg, dessen Schicksal es bis zum Übergang an Bayern
1803/14 teilte. – Die mit der Reformation mehrheitlich dem
Protestantismus zugewandte Bevölkerung wurde 1587 von
Fürstbf. Julius Echter zwangsweise rekatholisiert. Während
des 30jg. Kriegs erlitt der selige Liborius Wagner, kath. Pfarrer
von Altenmünster, von schwed. Truppen mißhandelt hier sein
Martyrium (1631). – Der Schweinfurter Industrielle Wilhelm
Sattler erwarb das heruntergekommene Schloß 1821, um die
erste Tapetenfabrik Bayerns einzurichten und eine bedeutende Kunstsammlung (Riemenschneider) zusammenzutragen.
1903–14 war es Wirkungsstätte des freireligiösen Schriftstel-
lers und Predigers Dr. Johannes Müller (später Schloß Elmau/
Oberbayern), der Gäste aus ganz Europa anzog; von 1916–45
Wohnsitz der Schweinfurter Industriellenfamilie Sachs (Fich-
tel & Sachs), in dieser Zeit Umgestaltung der Innenräume im
Stil des Historismus; 1953–55 Mittelpunkt des von dem »Glat-
zendoktor« Wilhelm Heger begründeten, kurzlebigen Haar-
wasser-Imperiums; heute ist es in Privatbesitz. – Die Einwohner des kleinen, am Fuße des Schlosses gelegenen Ortes
lebten vom Weinbau, als herrschaftliche Beamte oder Schloß-
bedienstete. Seit ca. 1900 sind sie überwiegend in der
Schweinfurter Industrie tätig.   (II)   *Thomas Horling*

T. Horling u. a. (Hg.), M. Das Dorf und sein Schloß in historischen Auf-
nahmen, Schweinfurt 1994, ²1995.

Mainbernheim, Stadt (LK Kitzingen, UFr.). M. – in der offenen Lößlandschaft zwischen → Bullenheimer Berg und

Schwanberg gelegen – wird zu den Orten der ältesten frk. Kolonisationswelle gerechnet (6./7. Jh.). Es liegt 6 km ö. von → Kitzingen an der alten von Würzburg aus nach Südosten verlaufenden (Höhen-)Straße (heute Verlauf der B 8), die schon in frk. Zeit bestand und in Kitzingen den Main überquerte. Die erste urk. Erwähnung erfolgte durch Kg. Arnulf 889 in einer Zehntbestätigung für die bischöfliche Kirche in → Würzburg. Der Name »Meynbernheim« ist seit 1397 belegt. 1172 stellte Ks. Friedrich I. Barbarossa »villam suam Bernheim« unter den Schutz des Reichs; M. wurde Reichsdorf. Die Grafen von Castell, das Würzburger Hochstift und die Zisterzienserabtei → Ebrach hatten in M. allerdings auch Rechte und Güter. – 1382 erhob Kg. Wenzel M. zur Stadt. Es erhielt ein Stadtwappen, Zoll- und Marktrecht; außerdem erhielt M. das Recht, die Stadt mit einer *Mauer* zu umgeben. Seit dieser Zeit besteht ein Mauerring mit heute noch *18 Türmen* sowie die *obere Toranlage* und der *untere (Tor-)Turm* als Durchlaß für die alte Handelsstraße, die die langgestreckte Stadt in zwei Quartiere teilt. – 1494 wurde die Stadt durch die Ritter Anton von Bibra und Neithart von Thüngen geplündert. Die Stadt wechselte durch Verpfändungen mehrfach die Herrschaft. 1525 erwarb sie der Markgraf von Ansbach pfandweise; 1628 ging sie endgültig an Ansbach. Die markgräfliche Zeit dauerte bis 1792. – M. entwickelte sich zu einer markgräflichen Handels- und Gewerbestadt. Aus dieser Zeit stammen das *Rathaus* (1548), zahlreiche *Bürger-* und *Bauernhäuser*, ein *Brunnen* (1683) und Teile des *Friedhofs*. Ebenso zählt dazu die *ev. Kirche*, deren Langhaus 1732 errichtet wurde. Die 1748 erbaute *Synagoge* wurde 1938 schwer beschädigt; die jüd. Gde. bestand bis 1942. Das Ortsbild blieb bis heute ländlich geprägt. – 1792 fiel M. durch Erbschaft an den Kg. von Preußen, wurde mit dem Schönbrunner Vertrag 1806 bay. und 1810–14 dem Großherzogtum Würzburg zugeschlagen. Seitdem gehört M. wieder zu Bayern. – Ab 1806 bestand ein regelmäßiger Postverkehr, 1865 wurde eine Bahnstation (Strecke Frankfurt-Nürnberg) errichtet. 1903 siedelte sich eine Fabrik für Lebkuchen an. Ein Elekrizitätswerk entstand 1908; eine Umgehungsstraße wurde 1931 angelegt. Die Flurbereinigung 1957–69 brachte durch die Ausweisung von Baugebieten neue Impulse, ließ aber den seit dem 13. Jh. betriebenen Weinbau zum Erliegen kommen. 1976 wurde die Verwaltungsreform vollzogen; die Verwaltungsgemeinschaft mit Sitz in → Iphofen wurde jedoch 1981 wieder beendet und M. erhielt seine Selbständigkeit zurück. (II)   *Dirk Rösing*

H. Weber, HAB Kitzingen, 1967. – Landkreis Kitzingen, Kitzingen 1984.

Maria Bildhausen (Stadt Münnerstadt, LK Bad Kissingen, UFr.). Maria B. liegt in dem relativ engen Tal des Dippachs n. der Landstraße von Münnerstadt nach Königshofen. Die erste urk. Erwähnung des von »Bilihild« abgeleiteten Ortsnamens fällt in das Jahr 1140, doch dürfte es von Bestimmungswort wie Ortsnamentyp her eine karolingerzeitliche Gründung sein. – 1156 gründete der kinderlose Graf Hermann von Höchstadt-Stahleck, Schwager Kg. Konrads III. und seit 1143 Pfalzgraf bei Rhein, in B., damals wohl Zentrum einer gräflichen Villikation und Dienstort eines 1157 bezeugten (Ministerialen-)Geschlechts, das *Zisterzienserkloster B.* Kurz vor seinem Tod 1156 wurde der Stifter Mönch im Steigerwaldkloster → Ebrach, aus dem der Gründungskonvent kam, der 1158 seine neue Wirkungsstätte bezog. In diesem Jahr erhielt B. auch ein Schutzprivileg Ks. Friedrichs I. Die eigentliche Gründung lag in den Händen des Abtes Adam von Ebrach. Bf. Heinrich von Würzburg stattete B. 1161 weiter aus, weil Pfalzgraf Hermann das Kloster nur unter dieser Auflage dem Hochstift Würzburg übertragen hatte. 1164 war der Bau der Klosterkirche so weit gediehen, daß die sterblichen Überreste des Stifters nach B. überführt und im Chor der Klosterkirche bestattet werden konnten. – Die Äbte von B. waren Weiser für die in den 1230er Jahren gegründeten Zisterzienserinnenklöster → Frauenroth, → Heiligenthal und → Mar(ia)burghausen, kurze Zeit nach dessen Gründung auch für Gnadenthal (bei Schwäb. Hall), nicht aber, wie vielfach behauptet, für die Nonnenklöster → Wechterswinkel und St. Johanniszell unter → Wildberg. Lehnten die Zisterzienser noch in der 1. Hälfte des 12. Jh.s die

Seelsorge in Frauenklöstern und Pfarreien kategorisch ab, so
änderte sich dies mit der Konkurrenz der Bettelorden im Laufe des 13. Jh.s. B. erwarb in den Jahren 1307–24 die ausgedehnte »Salzforstpfarrei« Brend (→ Brendlorenzen). – Wie Kon-
ventslisten zeigen, hatte sich um 1500 das bürgerliche Element
gegenüber dem niederadelig-patrizischen des 14. Jh.s durch-
gesetzt. Im sog. Bauernkrieg von 1525 wurde B. zentraler
Stützpunkt des »Bildhäuser Haufens« von zeitweise mehreren
Tausend Bauern. Im 16. Jh. neigten einige Äbte und Teile des
Konvents dem Protestantismus zu, doch wurde B. – endgültig
unter dem gegenreformatorischen Fürstbf. Julius Echter – der
alten Kirche zurückgewonnen. Eine zweite Blüte erlebte B.
unter Abt Michael Christ, doch wurde dessen langjähriges
Wirken durch den 30jg. Krieg großenteils wieder zunichte
gemacht. Abt und Konvent flüchteten zeitweise in die Festung
(→ Bad) Königshofen/Grabfeld, aus der sie erst 1644 zurück-
kehren konnten. In den folgenden Jh.n gelangte die Abtei
durch tüchtige Äbte zu neuer Blüte, was sich vor allem in einer
regen Bautätigkeit äußerte. – Unter dem letzten Abt Nivard
Schlimbach fiel B. 1802 der Säkularisation zum Opfer. Das
Klostergut B. mit Rindhof wurde zunächst in 2, dann in bis zu
6 Teile zerschlagen, 1897 aber von Pfarrer Dominikus Ringei-
sen, dem Gründer der Ursberger Anstalten und Stifter der
St. Josefskongregation, erworben (das Abteigebäude erst 1926)
und in eine Pflegeanstalt für geistig und körperlich Behinder-
te umgewidmet. Da alle Zisterzienserklöster der Gottesmutter
geweiht waren, wurde der Name B. 1954 auf Antrag des damaligen »Klosterverwalters« amtlich in »Maria« B. geändert. –
Der heutige Baubestand geht größtenteils auf das 17. und
18. Jh. zurück. An älterer Bausubstanz blieben nur das Sok-
kelgeschoß des *Konventhaus* und das spätroman. *Torhaus* erhalten, während die über 80 m lange roman. Pfeilerbasilika zu 3
Schiffen und 8 Jochen mit fünfapsidigem Staffelchor aus dem
12. Jh. 1826 eingelegt wurde. – Die *Klostergebäude* wurden von
der Ursberger St. Josefskongregation in den letzten Jahrzehnten mit staatl. Hilfe umfassend restauriert (u. a. *ehem. Sommerre-
fektorium*, *Bursariat*), die Anstalt um zahlreiche moderne Ge-

bäude erweitert, darunter Werkstätten, die sowohl therapeutischen Zwecken als auch der Eigenfinanzierung dienen. Letzteres gilt vor allem für die ab 2001 neugestaltete und erweiterte Klosterwirtschaft sowie einen Golfplatz nahe beim Rindhof »St. Josef« ö. der ehem. Klosteranlage. Der Rindhof fiel mit Ausnahme des ca. 1790 von dem letzten Abt erbauten Sommersitzes (heute »*Haus Nivardus*«) 1907 einem Brand zum Opfer, wurde aber in den folgenden Jahrzehnten wieder aufgebaut und erweitert. (II) *Heinrich Wagner*

J. W. Rost, Geschichte der fränkischen cisterzienser Abtei B., in: Archiv des Historischen Vereins für Unterfranken und Aschaffenburg 11/1 (1850), S. 1–96; 11/2+3 (1851), S. 109–228; als Monographie: Geschichte der fränkischen Cisterzienser-Abtei B., Würzburg 1852. – K. Gröber, KDB Bad Kissingen, 1914, ND 1983. – H. Wagner, Geschichte der Zisterzienserabtei B. im Mittelalter, Würzburg 1976. – Ders., Regesten der Zisterzienserabtei B. 1158–1525, Würzburg 1987.

Mariaburghausen (Stadt Haßfurt, LK Haßberge, UFr.). M. gegenüber der Stadt → Haßfurt auf der s. Mainseite ist seit der 1. Hälfte des 9. Jh.s schriftlich belegt. Gegründet wurde es durch eine Frau Marpburc, die Ende des 8. Jh.s Güter an das Kloster Fulda schenkte. – 1243 wurde das *Zisterzienserinnenkloster Kreuzthal*, das 1237 von → Heiligenthal aus errichtet worden war, nach M. verlegt, gleichzeitig die Kirche M. aus dem Knetzgauer Pfarrverband abgetrennt. Das Kloster erwarb zwischen 1243 und 1275 den ganzen Ort. Die Bauern wurden in der Folge abgesiedelt und an der Stelle des Dorfes ein von Konversen bewirtschafteter Klosterhof errichtet. – Grund für die ungewöhnliche Verlegung eines Zisterzienserklosters ins Altsiedelland war die rauhe Gegend um Kreuzthal, die sich für ein Frauenkloster als ungeeignet erwies. Dazu kam die Überlegung des Würzburger Bf. Hermann von Lobdeburg, den Mainübergang bei der neugegründeten Stadt Haßfurt auch im Süden zu sichern. Dazu bildete das Kloster den Kristallisationspunkt für eine Grundherrschaft größeren Umfangs, die vor allem von reichlichen Schenkungen des ortsansässigen Adels profitierte. – Trotz der Zerstörung durch einen Brand kurz vor 1279 nahm das Kloster einen beachtlichen Aufschwung und erwarb zahlreiche Güter im Haßfurter Raum. Im 15. Jh. kam es dann zu einer Lockerung der monastischen Disziplin und zu inneren Streitigkeiten. Der Übertritt der meisten Rittergeschlechter der Gegend zum prot. Glauben bedingte massive Nachwuchsprobleme, die 1582 zur Aufhebung des Klosters durch Bf. Julius Echter führten, der den Güterkomplex zur Dotierung der neugegründeten Universität → Würzburg benutzte. Die Klostergebäude dienten nun der Ökonomieverwaltung der Universität, die ehem. Klostergüter wurden durch einen Vogt verwaltet; von 1653 an wurde das Klostergut verpachtet. (II) *Alexander Tittmann*

M. Wieland, Kloster Kreuzthal in Marburghausen, Bregenz 1900. – Stadt Hassfurt. 1235–1985, Haßfurt 1985. – R. Wailersbacher, 750 Jahre Kloster Kreuzthal-M. (Vallis Sanctae Crucis). 1237/43–1582, Haßfurt 1987. – A. Tittmann, HAB Haßfurt, 2003.

Maria-Ehrenberg (Gde. Wildflecken, LK Bad Kissingen, UFr.): → Wildflecken.

Marienweiher (Gde. Marktleugast, LK Kulmbach, OFr.): → Marktleugast.

Marktbergel, Markt (LK Neustadt a.d. Aisch-Bad Windsheim, MFr.). Der heutige Ort M. am Aufstieg aus der Windsheimer Bucht nach Süden zur Frankenhöhe und Rezatabdachung wuchs aus 3 Siedlungen zusammen: »Bergele« (750/ 802, »Ort am Berglein«), »Uilere« (1000, »zum Weiler«) und »Nydernhouen« (1415, »die unten gelegenen Höfe«). 1057/75 weihte Bf. Gundekar von Eichstätt die Kirche (St. Veit) in Weiler; diese war wie die 1361 greifbare *Kilianskirche* in Nidernhofen Tochterkirche von → Obernzenn. 1297 gab Bf. Reinboto von Eichstätt das Patronatsrecht von St. Veit an das Kanonikerstift in → Abenberg, spätestens 1379 stand es dem Neuen Stift in → Spalt zu. – Bergel ist wohl der älteste der 3 Orte. Topographisch waren die nach einer Beschreibung 1588 mit je ca. 25 Anwesen in etwa gleich großen Siedlungen bereits am Ende des Spätmittelalters zusammengewachsen, auch wenn das Bewußtsein der Heterogenität sich bis in die heutige Zeit gehalten hat. – Spätestens 1288 findet sich Besitz der Burggrafen von Nürnberg, die sich den Ort mit Hohenlohe, der Reichsstadt (→ Bad) Windsheim und frk. Ritteradel aus der Umgebung (Schenk von Endsee, Külsheim, Geiling zu Illesheim und Seckendorff) teilten. 1328 erhielt Burggraf Friedrich IV. von Nürnberg von Ks. Ludwig dem Bayern für M. Blutgericht und Befestigungsrecht sowie das Recht, Wochenmarkt abzuhalten und das → Nürnberger Stadtrecht auszuüben. Allerdings gelang Herrschaft und Bürgergde. der Aufstieg zur Stadt wohl vor allem auf Grund der Konkurrenz des Marktes → Burgbernheim wie der Reichsstadt Windsheim und des fehlenden wirtschaftlichen Hinterlandes nicht. Am Ende des Alten Reichs zählte M. 116 Anwesen, wovon 113 dem Schultheißenamt M. gerichtsbar waren, heute ca. 1600 Einwohner. – Bei den zollerischen Landesteilungen wurde Bergel dem Unterland des Fürstentums Kulmbach (Oberamt Hoheneck) zugeschlagen und gelangte mit diesem 1810 an das Kgr. Bayern. – Zu schweren Schäden kam es in den Städtekriegen 1388 und 1449, im 2. Markgrafenkrieg (1552/53) und im 30jg. Krieg (1631, 1635 und 1644/45). – Erwerbsgrundlage in M. war vorrangig die Landwirtschaft, auf Grund seiner Durchgangslage kam dem Markt bis zur Motorisierung auch als Rastort eine gewisse Bedeutung zu. Der fehlende Anschluß an die 1863 gebaute und eng vorbeiführende Bahnstrecke Treuchtlingen-Würzburg beeinträchtigte die wirtschaftliche Prosperität bis in die 1970er Jahre. Heute wird das Wirtschaftsleben von mittelständisch geprägtem Eisen- und Stahlhandel bestimmt. – Sö. von M. liegt der sagenumrankte Petersberg, ein Zeugenberg, an dem Weinbau betrieben wurde und der seinen Namen sekundär von der auf seinem Gipfel stehenden, erstmals 1361 genannten und 1682 abgebrochenen Wallfahrtskapelle St. Peter und Paul bezogen hat und früher Werberg hieß.

(V)   *Gerhard Rechter*

J. Blank, Marktbergeler Chronik mit Einschluß des Dorfes Ermetzhof i. Wald, Neustadt/Aisch 1925.

Markt Berolzheim, Markt (LK Weißenburg-Gunzenhausen, MFr.). Funde der Jungsteinzeit belegen eine frühe Besiedlung in der Nähe des Ortsbaches. In röm. Zeit bestanden Gutshöfe (villae rusticae) am s. Hang nahe des »*Steinhauses*« sowie im Flurteil »Auf der Maier«. – Der Ort geht wohl auf eine frk. Königsfreiensiedlung des 8. Jh.s zurück. Die komplexe mittelalterliche Geschichte markieren drei bis auf geringe *Reste* abgegangene *Burgen*, das sog. Steinhaus oberhalb und zwei Burgen innerhalb des Ortes, der mit dem Dorfteil »Bratting« um St. Michael bzw. »Benzing« um St. Maria über zwei vom Dorfbach getrennte Siedlungskerne verfügt. – Ein edelfreies Geschlecht von B. ist erstmals 1170 nachgewiesen. Seit dem 14. Jh. wechselten die Besitzer der beiden unteren Burgen wie auch der oberen Burg häufig. – 1528 wurde der Ort mit dem Markgraftum Brandenburg-Ansbach ev. – 1573 gelangten beide Burgen an Marschall Wolfgang II. von Pappenheim, dessen Sohn die Obere zu einem Schloß im Renaissancestil ausbaute. 1574 erfolgte die Verleihung des Wappens durch Ks. Maximilian II., etwa zu dieser Zeit dürfte der Ort auch das Marktrecht erhalten haben. 1632 fielen Dorf und Schloß jedoch kriegerischen Zerstörungen anheim, 1667 verkaufte Wolf Philipp Marschall von Pappenheim den gesamten Besitz an Markgraf Albrecht von Ansbach. 1783 fiel der Großteil des Dorfes einer Brandkatastrophe zum Opfer, der Wiederaufbau war durch die 1754 eingeführte Ansbachische Brandversicherung rasch möglich. – Ab 1792 preuß., kam B. 1806 an Bayern. Die jüd. Gde. wurde in der Zeit der NS-Herrschaft vernichtet (1923: 72 Personen, 1938: 2), die Synagoge 1938 zerstört. Nach 1945 nahm der Ort zahlreiche Flüchtlinge auf, drei neue Siedlungen entstanden. 1961/61 wurde die *St. Hedwigskirche* am Ortsausgang nach Wettelsheim für die kath. Diasporagde. errichtet. Durch den Bau einer neuen Volksschule wurde Markt B. zum Hauptträger einer Verbandsschule.

(VI)   *Daniel Burger*

H. H. Hofmann, HAB Gunzenhausen-Weißenburg, 1960. – S. Buchner, Benzing und Bratting oder die Frühgeschichte von Markt B., in: Alt-Gunzenhausen 52 (1997), S. 39–48. – Markt B. Aus Vergangenheit und

Gegenwart. Die Fortschreibung der Carl Carben-Chronik, Ansbach 1998. – G. Kiessling, DiB Landkreis Weißenburg-Gunzenhausen, 1999.

Marktbreit, Stadt (LK Kitzingen, UFr.). Die Stadt M. liegt wenige km s. von → Kitzingen an der Spitze des Maindreiecks. – Auf dem nö. von M. gelegenen Kapellenberg wurde 1985 ein röm. Legionslager aus augusteischer Zeit entdeckt. – 1256 wird das Dorf erstmals urk. erwähnt, dann wieder 1293 (»Nydernbreith« oder »Unternbreyth«). 1324 ist eine selbständige Pfarrei bezeugt. – Obwohl unmittelbar an der frühen Handelsstraße von Würzburg nach Regensburg gelegen, die dort an der Südostecke des Maindreiecks den Main durchquerte, zählt M. wohl zu den hochmittelalterlichen Landesausbauorten. Darauf deutet auch die ansatzweise noch erkennbare Planstruktur des Ortsgrundrisses hin, der insgesamt eine späte Verstädterung erkennen läßt.

Das Fischer-, Bauern- und Häckerdorf gehörte verschiedenen Herrschaften; durch Zollrechte wuchs sein Gewicht. Ab dem 15. Jh. konnte die Familie von Seinsheim-Wässerndorf in dem verkehrstechnisch und wirtschaftlich für das gesamte Steigerwaldvorland bedeutenden Mainort Fuß fassen und ihren Besitz immer weiter ausbauen. Ab dem 16. Jh. entstand eine *Befestigung* mit 4 *Toren* und 5 *Türmen*. Im 16. Jh. teilten sich die Herrschaft Georg Ludwig von Seinsheim-Hohenkottenheim und Friedrich Joachim von Seckendorff. 1557 wurde der Ort zum Markt erhoben. In dieser Zeit kam es zu einer ersten wirtschaftlichen Blüte durch Handel und Handwerk. Die Reformation war im Ort bereits 1550 fest verankert. – Georg Ludwig d.J. von Seinsheim-Erlach und sein Sohn Erkinger leiteten den Abstieg des Marktes ein, indem sie ihn durch hohe Schulden 1611 in die Reichsacht und 1613 in die Aberacht stürzten. Johann Adolf von Schwarzenberg konnte als Erbberechtigter verhindern, daß M. an das Hochstift Würzburg fiel (1643). Der gesamte Ort kam 1661 endgültig unter schwarzenbergische Herrschaft und gewann durch die merkantilistische Politik der Reichsfürsten seine wirtschaftliche Bedeutung – insbesondere als wichtiger Umschlaghafen – zurück. – 1803/14 gelangte M. an das Kgr. Bayern und wurde 1819 mit Stadtrechten ausgestattet. Trotz der Lage an der 1864 erbauten Eisenbahnlinie Würzburg-Ansbach endete diese zweite wirtschaftliche Blütezeit noch im 19. Jh., als der Umschlag auf dem Main stark zurückging. Es erfolgte ein Strukturwandel vom Verkehrs- und Handelsplatz zu einer gewerbereichen Kleinstadt. – Bei Kämpfen am Ende des 2. Weltkriegs erlitt M. Zerstörungen. Mit dem Bedeutungsverlust des Ortes ging der Abzug von Ämtern einher (Zollamt, Amtsgericht, Bahnmeisterei), so daß M. heute am ehesten noch als Schulstadt (Gymnasium seit 1964) von Bedeutung ist. – Eine jüd. Kultusgde. bestand im Mittelalter und (auch gefördert durch die schwarzenbergisch-reichsfürstliche Judenpolitik) seit der Mitte des 17. Jh.s *Synagoge* (heute Privatbesitz) und Gemeindehaus wurden am 10.11.1938 beschädigt, die im Ort noch ansässigen Juden in den Folgejahren deportiert und ermordet.

Das historische Bauensemble im Stadtkern ist weitgehend erhalten; die Bausubstanz gehört überwiegend dem 16. bis 18. Jh. an. Aus der 2. Hälfte des 16. Jh.s stammen das *Schloß* und das *Rathaus.* Von der 1529–50 angelegten Stadtbefestigung sind einige *Rundtürme* und Teile der *Stadtmauer* erhalten; das 1600 erbaute, prächtige *Maintor* ist noch intakt. Den Aufschwung des 17./18. Jh.s dokumentieren eindrucksvoll zwei prunkvoll gestaltete *Handelshäuser* des frühen 18. Jh.s am Eingang zur Schustergasse. Die *ev. Stadtpfarrkirche* entstand aus der erstmals 1293 erwähnten Nicolaikapelle; sie war mit dem Friedhof in die Stadtbefestigung einbezogen. Der *Friedhof* wurde 1566 vor die Stadtmauer verlegt und ist für seine Arkadenanlage und Epitaphien berühmt. Erhalten ist der eindrucksvolle, 1784 anstelle eines vom Hochwasser fortgespülten (Fachwerk-)Vorgängers aus Muschelkalk errichtete, 16 m hohe *Mainkran* mit Eisbrecher, drehbarem Kuppeldach, Hebelarm und Triebwerk. (II) *Dirk Rösing*

H. Weber, HAB Kitzingen, 1967. – O. Selzer, Stadt und VG M., in: Landkreis Kitzingen, Kitzingen 1984, S. 576–596. – J. Wenzel, M. Geschichte einer kleinen fränkischen Stadt, M. 1987.

Markt Einersheim, Markt (LK Kitzingen, UFr.). Markt E. liegt 12 km ö. von → Kitzingen an der alten Reichs- und Handelsstraße von Würzburg über Kitzingen nach Nürnberg (heute B 8) zwischen den Steigerwaldbergen in der Hellmitzheimer Bucht, die sich w. zum Main hin öffnet. Die Hellmitzheimer Bucht liegt im Bereich des Gipskeupers, wo sich abbauwürdige Mengen von Gips befinden. Der Boden und das trockene Hügellandklima des Steigerwaldes ermöglichen es, an Südhängen auch Wein anzubauen. – Markt E. wird erstmals 1023 urk. erwähnt, als Ks. Heinrich II. der → Würzburger Kirche den Wildbann im w. Steigerwald schenkte. Obwohl die mit Personennamen auf »-heim« gebildeten Ortsnamen zur frk. Kolonisationswelle des 6./7. Jh.s gezählt werden, kann nicht ausgeschlossen werden, daß es sich bei Markt E. erst um eine Siedlung des hochmittelalterlichen Landesausbaus handelt. – Auf die Edelfreien von Speckfeld und die Grafen von Hohenlohe folgten 1414–1713 die Reichserbschenken von Limpurg-Speckfeld als Dorf- und Landesherren. Gottfried von Limpurg wurde 1443 zum Fürstbf. in Würzburg gewählt. 1542 erhoben die Schenken E. zum Marktflecken; 1550 führten sie die Reformation ein. 1685 wurde das *Schloß* in Markt E. als neuer Sitz der Familie durch den letzten männlichen Nachkommen anstelle eines Bürgerhauses errichtet, nachdem es wegen des *Schlosses* auf dem nahen Speckfelder Schloßberg nö. des Ortes zu Lehensstreitigkeiten gekommen war. Eine Tochter erbte die Speckfelder Lande und heiratete 1711 den (holländischen) Reichsgrafen von Rechteren; das Geschlecht nannte sich seit 1745 von Rechteren-Limpurg-Speckfeld. 1806 kam Markt E. an Bayern. – Eine Pfarrei wird erstmals 1297 erwähnt. Die *ev. Pfarrkirche* ist von einer Wehrmauer mit unterkellerten Kirchhäusern umgeben. Die heutige Gestalt erhielt diese Chorturmkirche – die noch einige roman. Elemente zeigt – im 17. Jh. Das 1567 errichtete *Rathaus* diente als Torhaus zur *Kirchenburg*. Von den drei Tortürmen der Ortsbefestigung stehen noch die zwei *Torhäuser*, durch die die ehem. Reichsstraße führte (Würzburger/Iphöfer und Nürnberger/Hellmitzheimer Tor) und an der entlang sich der Ort entwickelte. Einige

Fachwerkbauten aus dem 17. bis 19. Jh. sind erhalten; ein ev. *Pfarrhaus* ist seit 1612 bezeugt. Das Schloß Speckfeld auf dem Schloßberg ist vermutlich um 1200 entstanden (heute *Ruine*). Das Schloß im Ort wurde 1859 erweitert. – Im 19. Jh. war Markt E. ein Handelsplatz mit bedeutenden Holzmärkten; 1865 entstand eine Bahnstation auf der Strecke von Würzburg nach Nürnberg. Den Gipsabbau bei Markt E. betreibt heute ein international operierendes Unternehmen aus dem benachbarten → Iphofen (Knauf). Im Zuge der Gebietsreform kam der Ort 1972 vom LK Scheinfeld (Mittelfranken) zum LK Kitzingen. (II) *Dirk Rösing*

G. Hojer, BKD Scheinfeld, 1976. – F. Ortner, Illustrierter Führer durch Markt E. und seine Geschichte, Markt E. 1986.

Markt Erlbach, Markt (LK Neustadt a.d. Aisch-Bad Windsheim, MFr.). Der Ort liegt an einer bedeutenden mittelalterlichen Straße zwischen den Reichsstädten → Nürnberg und (→ Bad) Windsheim. Er wird erstmals 815 in einem Zehntstreit zwischen der → Würzburger Bischofskirche und dem Kloster Fulda erwähnt. – Die *Kilianskirche* war im 12. Jh. das Zentrum eines großen Pfarrsprengels. Deren Patronatsrecht hatte als Würzburger Lehen Graf Gebhard von Sulzbach inne, der Bamberger Hochstiftsvogt auf dem Nordgau war und als Regensburger Domvogt Vogteien über Regensburger Besitz im nahen Bibertgebiet besaß. Zum Pfarrsprengel von Markt E. gehörte → Adelsdorf, wo das Kloster → Heilsbronn bereits bei seiner Gründung 1132 durch den Bamberger Bf. Otto II. einen Besitzschwerpunkt erhielt. 1282 war Markt E. ein Reichslehen, das Kg. Konrad an den Burggrafen verlieh. 1314 ist erstmals das Marktrecht belegt, das in diesem kirchlichen und weltlichen Zentralort aber schon lange zuvor ausgeübt worden sein dürfte. Das Stadtsiegel aus dem Jahr 1384 nennt die »universitas civium«, ein Begriff, der gewöhnlich das Stadtrecht einschließt. – Der Ort blieb bis zum Ende des Alten Reichs burggräflicher und markgräflicher Amtsort mit einem Hochgericht. Er gehörte zum Fürstentum Brandenburg-Ansbach (mit dem er 1529 ev. wurde), bis er im Heilsbronner Teilungsrezeß 1719 an das Fürstentum Brandenburg-Bayreuth gelangte. Mit diesem kam er 1792 an Preußen, 1807 durch den Tilsiter Frieden unter frz. Militärverwaltung und 1810 schließlich an Bayern. Im 19. Jh. war Markt E. Sitz eines Amtsgerichts und Rentamts, das bis 1929 als Finanzamt bestand. Seit 1902 gibt es einen Eisenbahnanschluß nach Fürth. – Von der Stadtbefestigung ist das *untere Tor* erhalten. Die Kilianskirche ist eine befestigte Anlage. Erhalten sind die Gebäude des *ehem. Amtsgerichts*, des *Rent- und Finanzamts* und des *alten Rathauses*. (V) *Manfred Jehle*

H. H. Hofmann, HAB Neustadt-Windsheim, 1953.

Marktheidenfeld, Stadt (LK Main-Spessart, UFr.). M., an der Mündung des Erlenbachs in den Main gelegen, gehörte im Frühmittelalter weitgehend der Reichsabtei Fulda und ihrer Propstei → Holzkirchen. Die Grafen von Wertheim, Regionalvögte von Fulda und Holzkirchen, bauten ihre Position in M. durch Zuerwerb in der 1. Hälfte des 14. Jh.s aus und ummauerten den Ort vor 1420 (1397 als »oppidum« bezeichnet). Zudem reichte das Wertheimer Geleitsrecht auf dem Main von M. bis Freudenberg. M. wurde damit zu einem Marktflecken in der Grenzzone ihres Herrschaftsbereichs. Mit der gesamten Grafschaft wurde der Ort nach 1525 ev. und war um die Mitte des 16. Jh.s mit 530 Einwohnern fast so groß wie Wertheim. – Mit dem Aussterben der Grafen von Wertheim 1556 wurde M. in die nachfolgenden Erbkonflikte und schließlich in die sog. Würzburger Fehde einbezogen, mußte fast 20 Jahre lang Plünderungen durch die würzburgische Partei erdulden, bevor es 1612 an das Hochstift Würzburg fiel. Fürstbf. Julius Echter, unter dem M. rekatholisiert wurde, erteilte dem bereits stark handwerklich geprägten Ort 1615 eine »Fleckenordnung«. Das wohl seit dem Spätmittelalter bestehende und seit der 2. Hälfte des 17. Jh.s namengebende Marktrecht mit 3 Jahrmärkten – 1659 urk. belegt – wurde 1750 um den Wochenmarkt erweitert. – Mehrere Klöster und Kirchen waren in M. begütert, vor allem das nahe Augustinerchorherrenstift → Triefenstein, das viele Häuser im Südteil des Ortes besaß. Neben dem Handwerk spielten Weinbau, Weinhandel und Schiffahrt eine wichtige Rolle. Ihre Bedeutung belegen zahlreiche stattliche *Fachwerkhäuser*, besonders aber das 1745 erbaute barocke *Franck-Haus* mit erlesenem Stuck. – 1806 wurde das Landgericht (später Bezirksamt, Landratsamt und Amtsgericht) von → Homburg a. Main nach M. verlegt, das von da an und bis zur Gebietsreform 1972 zum Sitz vieler Ämter und Behörden ausgebaut wurde. – Nicht zuletzt aus militärischen Gründen wurde 1836–46 die Mainbrücke errichtet und damit der Fernverkehr Frankfurt-Aschaffenburg-Würzburg von der Furt bei Lengfurt nach M. verlegt. Seit 1881 liegt der Ort an der Bahnlinie Wertheim-Lohr a. Main (Personenverkehr 1976 eingestellt). 1910–42 existierte in dem aufstrebenden Marktort eine jüd. Kultusgde. (ohne Synagoge). Nach 1945 mit dem Zustrom von Vertriebenen stark angewachsen, erhielt M. 1948 Stadtrecht; zum Ende der 1960er Jahre wurde es zur Schulstadt und entwickelte sich seit dieser Zeit zu einem Industrie- und Dienstleistungszentrum.   (I)   *Wilhelm Störmer*

W. Störmer, HAB Marktheidenfeld, 1962. – H. Ehmer, Geschichte der Grafschaft Wertheim, Wertheim 1989. – L. Scheng, Heidenfeld. Vom Mittelalter bis zum Beginn des 17. Jh.s. Zur Geschichte von M., in: Wertheimer Jahrbuch 2004/05, S. 19–55.

Marktleugast, Markt (LK Kulmbach, OFr.). Das Gebiet um M. tritt mit der Übertragung der Kirche in Marienweiher (»Wiger«) an das Kloster → Langheim 1189 durch den Bamberger Bf. Otto II. in das Licht der Geschichte. Das 1240 als »Lubegast« erstmals bezeugte M. dürfte zusammen mit den umliegenden Orten, wahrscheinlich auf Betreiben der als Grundherren bezeugten Walpoten, im 12. Jh. angelegt worden sein, wie dies vor allem aus der Siedlungsstruktur zu ersehen ist. Das im s. Frankenwald gelegene M., dessen ältere Anwesen sich beidseits der dem Verlauf des Leugastbachs folgenden Marktstraße aufreihen, muß auf ein Straßen- oder Angerdorf mit hofanschließenden Flurstreifen zurückgehen. – Langheim war als Zisterzienserkloster daran interessiert, in und um M.

sämtliche Herrschaftsrechte in seinen Besitz zu bekommen, wie dies auch für das Gebiet um → Teuschnitz festzustellen ist, errichtete aber keine Grangien. Ks. Ludwig der Bayer bestätigte dem Kloster 1329 in dessen Eigen (proprietas) Leugast und Teuschnitz den Besitz der Blutgerichtsbarkeit und gewährte dem Kloster darüber hinaus 1344 das Bergrecht auf den beiden Eigen, was mit den 1334 auf Klostergrund im n. von M. gelegenen → Hohenberg vermeintlich gemachten Goldfunden und dem damals um → Kupferberg florierenden Bergbau zusammenhängen dürfte. Schließlich nötigte Bf. Lambert von Brunn das verschuldete Kloster 1384, das Eigen Leugast mit allen Rechten an das Hochstift Bamberg abzutreten. – Unter diesem blieb M., das wie Teuschnitz schon in langheimischer Zeit Verwaltungs- und Marktfunktionen übernommen haben muß, bis zum Ende des Alten Reichs Sitz eines auch die umliegenden Orte umfassenden Halsgerichts; grundherrschaftlich wurde der hinsichtlich der Bodenertragskraft kärgliche Ort zum Kastenamt Stadtsteinach geschlagen. Vor dem von Bürgern besetzten Schöffengericht wurden auch halsgerichtliche Fälle verhandelt; auf dem n. des Ortes gelegenen »Galgenberg« wurden die Urteile vollzogen. Pfarrrechtlich blieb M. von dem etwa 1 km entfernten, wesentlich kleineren Marienweiher abhängig. – Die dortige 1718–20 im barocken Stil neu errichtete *Pfarrkirche Mariä Heimsuchung* mit ihrem Gnadenbild war zum Anziehungspunkt vieler, zum Teil bis aus Bayern und Böhmen kommender Wallfahrer geworden. 1644 rief der Bamberger Bf. Melchior Otto Franziskaner nach Marienweiher, die in dem 1700 ausgebauten *Hospiz* untergebracht wurden. 1699 wurde der noch heute bestehende Franziskanerkonvent gegründet. – Mit dem Hauptlandesvergleich kam 1804 das etwa 120 Anwesen umfassende M. mit Marienweiher und den übrigen Amtsorten an das preuß. Fürstentum Bayreuth und damit 1806 unter frz. Militärverwaltung; 1810 fiel es dann an Bayern. Die auch heute kaum über Industrie verfügende Marktgde. blieb bis zur Gebietsreform Teil des Landgerichts bzw. des späteren Bezirksamts und LK Stadtsteinach. (IV) *Helmut Demattio*

E. von Guttenberg/H. H. Hofmann, HAB Stadtsteinach, 1953. – B. Lins/ J. Gatz, M., in: Bavaria Franciscana Antiqua, Bd. 2, Landshut 1954, S. 571– 603. – K. Rupprecht, Entstehung und Entwicklung der Pfarrei M. und des Halsgerichts M. im Mittelalter, in: Bericht des Historischen Vereins Bamberg 124 (1988), S. 187–213.

Marktleuthen, Stadt (LK Wunsiedel, OFr.). 1314 wird das Dorf Leuken erstmals urk. erwähnt; der Ort stand damals unter der Lehensherrschaft des Vogtes Heinrich d.Ä. von Plauen, der diese zugunsten des Klosters ↑ Waldsassen aufgab, und gehörte ursprünglich zur Burg Epprechtstein bei → Kirchenlamitz. Ihre Entstehung verdankt die Siedlung ihrer Lage im Bereich einer von mehreren Altstraßenzügen genutzten Egerfurt. – 1354 erwarb der Reichsforstmeister Albrecht XI. Nothaft von Thierstein das Dorf, welches er erheblich erweiterte. 1368 ist erstmals von einer Kirche im Ort die Rede. Um 1398 gelangte der Ort zusammen mit der Herrschaft → Thierstein an den Markgrafen Wilhelm I. von Meißen, der ihn um 1400 mit den Thiersheimer Marktrechten begabte. 1415 fiel der junge Markt zusammen mit Thierstein an den Burggrafen Johann III. von Nürnberg bzw. Markgraf Friedrich I. von Brandenburg. M. bildete einen eigenen Hochgerichtsbezirk innerhalb des Amtes Thierstein; infolge der Verwaltungsreform von 1613 wurde der Markt zum Sitz eines eigenen landesherrlichen Richteramtes. – Der vom Ackerbürgertum geprägte Ort erlangte erst durch die Eröffnung der Eisenbahnlinie Hof-Marktredwitz 1877 einen gewissen wirtschaftlichen Aufschwung. In der Folge entstanden in M. 4 Brauereien, eine Porzellanfabrik, eine Hohlglasfabrik sowie eine Reihe von granitverarbeitenden Betrieben. 1954 wurde der Markt zur Stadt erhoben. Heute ist allein noch die ortsansässige Porzellanfabrik sowie die Steinverarbeitung für die Stadt von größerer wirtschaftlicher Bedeutung. – Vom späten 17. bis zur Mitte des 18. Jh.s arbeitete hier die Orgelbauerfamilie Purucker, deren Orgeln sich nicht nur in der näheren Umgebung, sondern auch im w. Oberfranken, der Oberpfalz und in Sachsen nachweisen lassen.

(IV)   *Harald Stark*

Beiträge zur Geschichte der Stadt M., 1980 ff. – Der Russbuttenträger. Berichte des Arbeitskreises für Heimatforschung M., 1986 ff.

Marktredwitz, Stadt (LK Wunsiedel, OFr.). M., 1140 erstmals erwähnt, gehörte zum historischen Egerland. Die als Filiale von ↑ Tirschenreuth gegründete Pfarrei M. gilt als Mutterkirche des sö. Fichtelgebirgsraumes; 1221 erscheint Redwitz als Sitz eines Dekanats. – Keimzelle des Ortes war ein befestigter Ministerialensitz, der im Bereich der *Stadtpfarrkirche St. Bartholomäus* und des *Alten Rathauses* zu lokalisieren ist und die verkehrswichtige Furt durch den Kösseinebach zu sichern hatte. Als Reichspfand gelangte die Siedlung zu Beginn des 14. Jh.s an den aus der Familie von Hertenberg stammenden Tuto von Schönbrunn, der Kirche und Markt Redwitz 1314 dem Kloster ↑ Waldsassen übergab. 1339 beendete Ks. Ludwig der Bayer den Status als Reichspfand und schenkte M. den Waldsassener Zisterziensern, die den Ort unmittelbar darauf unter Vorbehalt des Patronatsrechtes der Stadt Eger verkauften. – Die Quellen des frühen 14. Jh.s weisen auf ein bereits damals bestehendes privilegiertes Gemeinwesen hin. Von der ehem. *Ummauerung* des Marktes zeugen vor allem noch einige erhaltene kleine *Türme*. – Urk. nicht belegt ist eine angebliche Verleihung des Egerer Stadtrechts 1384. Der Abdruck des Marktsiegels, dessen Bild große Ähnlichkeit mit dem Egerer Stadtwappen zeigt, ist jedoch seit 1384 überliefert. – Die Wirtschaft blieb, auch als der Markt von hohenzollerischem Gebiet umgeben war, bis in das 19. Jh. auf Eger und den böhm. Raum ausgerichtet. Die örtlichen Handwerker waren in der Regel Mitglieder der Egerer Zünfte; überörtliche Bedeutung erlangten die Redwitzer Zeug- und Tuchmacher, die 1656 aus Eger eine eigene Zunftordnung erhielten, sowie die Gerber. Erwähnenswert ist auch der Eisenbergbau in der Umgebung von M. – Aus der engen Bindung an die seit 1322 an das Kgr. Böhmen verpfändete ehem. Reichsstadt Eger resultierte, daß die luth. Lehre in M. erst um 1560, rund 30 Jahre später als im umliegenden markgräflich-brandenburgischen Territorium, ihren Einzug hielt. Sie führte aber auch dazu, daß die Marktredwitzer 1628 aus Eger die Anordnung erhielten, die kath. Religion wieder einzuführen. Zwar brachte der Westfälische Friede ein vorläufiges Ende der religiösen Wirrnisse; eine endgültige Regelung der Konfessionsfrage zugunsten der Protestanten ergab sich allerdings erst auf dem Reichstag zu ↑ Regensburg 1653/54. – Im Jahr 1816 kam die egerische Enklave Redwitz im Tausch gegen das seitdem österr. Städtchen Vils an Bayern. Für das ganz auf Eger und Böhmen ausgerichtete M. wirkte sich das zunächst nachteilig aus. Es verlor seine Zoll- und Marktvorteile, die den Markt zu einer Art Freihandelszone hatten werden lassen. Allein die 1788 von Bürgermeister Wolf Caspar Fickentscher gegründete Chemische Fabrik – eine der ältesten in Deutschland – wuchs innerhalb weniger Jahrzehnte zu einem Unternehmen mit Handelsbeziehungen weit über Deutschland hinaus (Konkurs 1985). Die wirtschaftliche Stagnation löste sich erst mit dem Bau der Eisenbahnabschnitte von Hof nach Wiesau auf der Strecke von Berlin nach Regensburg und von Nürnberg nach Eger in den Jahren 1877–82. M. wurde Verkehrsknotenpunkt, der zahlreiche vielschichtige Industrieansiedlungen an sich zog. 1907 wurde dem Markt Redwitz die Bezeichnung Stadt verliehen; man entschied sich, den Markttitel als Bestandteil des Namens beizubehalten. Von 1919 bis zur Landkreisreform 1972 hatte M. den Status einer kreisfreien Stadt und gehört nun zum LK Wunsiedel. (IV) *Harald Stark*

H. Braun, M. Geschichts-, Lebens- und Raumbild einer bayerischen Grenzstadt, M. 1955. – Ders. (Hg.), Monumenta Redwitzensia Historica. Urkunden und Denkmäler zur Geschichte der Stadt M., M. 1956, ²1983. – E. Kalbskopf, »… eine wahrhafte Republik San Marino«. 850 Jahre Marktredwitzer Stadtgeschichte, M. 1990.

Marktschorgast, Markt (LK Kulmbach, OFr.). Der slaw. Ortsname des im Talgrund der Schorgast am Eingang der Münchberger Senke zwischen Fichtelgebirge und Frankenwald gelegenen (Markt-)Schorgast verweist auf eine vor 1000 zu datierende slaw. Besiedlung. – Zwischen 1100 und 1109 übertrug der hier begüterte Poppo albus aus dem Geschlecht der Edelfreien von Stein-Schorgast Besitzkomplexe um M. einschließ-

lich Kirche, Markt, Zehnt und innerhalb bestimmter Grenzen
im Nordwald an Bf. Otto I. von Bamberg zur Ausstattung
des wiederhergestellten Stifts St. Jakob in → Bamberg. 1248
folgten die Herren von Weida den Andechs-Meraniern in der
Vogtei über M. nach, die sie samt ihrer dort neu errichteten
Burg 1293 durch kgl. Urteil an die Bf.e von Bamberg, seit 1260
Landesherren, verloren. Diese erhoben M. vor 1323/27 zum
Amtssitz; die Pfarrkirche St. Maria, 1330 samt Patronatsrecht
der Scholasterie von St. Jakob in Bamberg inkorporiert, wurde im Spätmittelalter zur Mutterkirche der den Frankenwald
von Osten her umfassenden Pfarrkirchen von (→ Bad) Berneck, → Wirsberg und Marienweiher. – Der 1382 vom Bf. von
Bamberg mit umfangreichen Marktrechten (ohne Jahrmarkt!)
und niederer Gerichtsbarkeit ausgestattete Ort mit städt. Charakter (Wappen, Siegel, Rat) erfuhr 1419 und 1552 erhebliche
Zerstörungen. Mit der Ausweitung der Befugnisse des landesherrlichen Vogts verlor M. im 18. Jh. fast alle Marktrechte.
Die 1827 wieder zum Markt erhobene Gde. entwickelte sich
im 20. Jh. zum bescheidenen Industrieort mit Bronzefabrik
und Spinnerei. – Von der 1323/27 erwähnten mittelalterlichen *Ummauerung* haben sich nur kleine *Reste* (*Schießscharten*
des 15. Jh.s) in der Nordostecke der Friedhofsummauerung
erhalten. (IV) *Hubertus Seibert*

H. Fuchs, M. Pfarrei, Amt und Markt, Bamberg 1959. – G. Voit, Der Adel
am Obermain. Genealogie edler und ministerialer Geschlechter vom 11.
bis 14. Jahrhundert, Kulmbach 1969. – H. Beisbart, M. Eine Stadt kämpft
um ihre Rechte, in: Geschichte am Obermain 21 (1997/98), S. 27–40.

Marktsteft, Stadt (LK Kitzingen, UFr.). Der nahe der Südost-
spitze des Maindreiecks gelegene Ort wird erstmals 1216 als
»Stephe« erwähnt; der Name verweist auf den Kirchenpatron
St. Stephan. In dieser Zeit erscheint die Vogtei Steft als bischöflich würzburgisches Lehen in der Hand der Staufer, später in der Hand der Hohenlohe. Deren Erben verkauften das
vom Weinbau geprägte Dorf 1448 an den Ansbacher Markgrafen Albrecht Achilles. Steft verblieb beim Markgraftum
Brandenburg-Ansbach. – Die ev.-luth. *St. Stephanskirche* – seit
1534 war M. ev. – wurde inmitten einer *Kirchenburg* 1623–25

an der Stelle eines Vorgängerbaus errichtet. – Im 18. Jh. bauten die Markgrafen das Dorf zum Mainhafen ihres Territoriums aus. Die Schiffahrt nach dem Niederrhein wurde 1700 begründet, 1711–29 wurden *Hafenanlagen* errichtet und in der Folgezeit weiter ausgebaut. Der 1726 zum Markt erhobene Ort, nun »Marktsteft«, erhielt 1727 Zollfreiheit für aus Holland ankommende Schiffe und stieg zu einem überregional bedeutenden Umschlagplatz für Waren auf. In diesem Raum traf der Wasserweg auf dem Main von Frankfurt und dem Rhein her auf die Straßenverbindung nach Südosten, nach Nürnberg und zur Donau nach Regensburg. M. konnte sich unter markgräflicher Protektion zunächst gegen die benachbarten Konkurrenten am Fluß, vor allem das schwarzenbergische → Marktbreit, aber auch das würzburgische → Kitzingen, behaupten. Schwerpunkt war der Rhein-Main-Donau-Handel insbesondere mit Kolonialwaren aus Holland und mit Wein; M. war außerdem Ausfuhrhafen für die gewerblichen Produkte des Ansbacher Territoriums. – Seit 1731 war M. Hauptort der »Sechs Maindörfer«; der geplante Ausbau zur Stadt wurde jedoch nicht realisiert. Um 1800 galt der Ort als einer der bedeutendsten Mainhäfen mit gewerblichen Produktionsstätten (Farbenfabrik, Schnupftabakfabrik). – Mit dem Markgraftum Ansbach kam M. 1792 an Preußen und im 19. Jh. an Bayern (endgültig 1814). Damit entfiel die besondere landesherrliche Förderung des Hafens. Ohnehin nahm die Bedeutung des Wasserweges auf dem Main im Warenverkehr zugunsten von Straße und später Schiene immer weiter ab. M. geriet in den Schatten von Kitzingen, das auch den Anschluß an die Eisenbahn erhielt. – Die Hafenanlagen wurden nicht weiter ausgebaut und sind weitgehend in ihrer ursprünglichen Form erhalten. Auf einen 1747/64 errichteten *Kran* geht ein achteckiges Gebäude an der Mauer des *Hafenbeckens* zurück. – Die formelle Stadterhebung von M. 1870 war administrativ bedingt und zeigt keinen Bedeutungszuwachs an. Der Ort hat sein dörfliches Erscheinungsbild bewahrt; die steckengebliebene Stadtgründung des 18. Jh.s dokumentiert u. a. ein regelmäßig angelegter Abschnitt der Hauptstraße mit Gebäuden im Ansbacher Barock. – Nach dem 2. Weltkrieg ging die Bedeutung der Landwirtschaft zugunsten von Industrie- und Handwerksbetrieben etwas zurück. Für den vor allem durch den Zuzug von Flüchtlingen und Vertriebenen angewachsenen kath. Bevölkerungsteil wurde 1963/64 die *Auferstehungskirche* errichtet, seit 1996 Filiale der Pfarrei Marktbreit.

(II) *Martin Ott*

H. Weber, HAB Kitzingen, 1967. – R. Huthöfer, Der Hafen von M., in: Jahrbuch des Landkreises Kitzingen 1982, S. 194–203. – F. Mägerlein, M. und die sechs ansbachischen »Maindörfer«, Marktbreit 1983.

Maroldsweisach, Markt (LK Haßberge, UFr.). Die im oberen Weisachgrund, am Fuße des Zeilberges, unmittelbar an der ehem. Zonengrenze gelegene Marktgde. M. gehört zu den Siedlungen, die mit dem Vorstoß der frk. Kolonisation in das eher siedlungs- und rodungsunfreundliche, waldreiche Hügelland der s. Haßberge während des 8. Jh.s mit zunächst einzelnen, nach Wasserläufen benannten Orten auf -ach und -bach entstanden sind. – 1118 begegnet in einer Urkunde des → Bamberger Benediktinerklosters St. Michael erstmals eine Siedlung »Wisaha« (= Weisach), aufgrund besitzrechtlicher Gesichtspunkte wohl eher M. als → Pfarrweisach. Erstmals sicher wird der Ort um 1303/13 im ältesten Lehenbuch des Hochstifts Würzburg genannt. Seit Beginn des 15. Jh.s war M. als Lehen der Hochstifte Bamberg (Grund- und Vogteiherrschaft) und Würzburg (Zehnt) im Besitz der in den Haßbergen reich begüterten und einflußreichen, später dem Kanton Baunach inkorporierten und 1695 in den Freiherrenstand erhobenen, reichsritterschaftlichen Familie von Stein zum Altenstein. – Bereits 1528 ist ein luth. Prädikant im altensteinischen M. bezeugt. 1723–25 entstand in der Ortsmitte unter Christian Heinrich von Stein zum Altenstein eine neue *Pfarr- und Patronatskirche* mit Familiengrablege, die in ihrer Größe und architektonischen Formensprache als prot. Glaubensdenkmal dieser reichsfreien Ritterfamilie anzusehen ist. 1995 erhielt auch die seit Ende des 19. Jh.s hier bestehende kath. Diasporagde. ein modernes *Kirchenzentrum*. – 1768 erwarb der

→ Burgebracher Oberamtmann Anton Josef Freiherr von Horneck zu Weinheim das Rittergut M. und ließ 1770/71 durch den Bamberger Stadtbaumeister Martin Mayer das heutige, zweigeschossige *Rokokoschloß* erbauen. 1949 wurde die einfache Schloßanlage von der kath. Kirchengde. erworben, die in der Kapelle bis 1995 ihren Gottesdienst feierte. – 1806 durch Bayern mediatisiert und 1819–48 Patrimonialgericht der zu Horneck von Weinheim, wurde M. 1848 in das Landgericht Ebern eingegliedert. Der Ort hatte bis 1938 eine jüd. Gde. (1843: 120 Mitglieder) mit *Synagoge*. – 1769 wurde M. durch die Ortsherrschaft zum Markt erhoben. Bis zum Ende des 19. Jh.s lebten die Einwohner sehr dürftig von der Land- und Viehwirtschaft, als Waldarbeiter und als Steinhauer in den zahlreichen kleinen Sandsteinbrüchen der Haßberge. Der 1895 beginnende Basaltabbau in den Brüchen auf dem Zeilberg bei M. und Voccawind sowie die Eröffnung der Eisenbahn-Nebenlinie Bamberg-M. im darauffolgenden Jahr leiteten in das industrielle Zeitalter über. Das 1979 neuerbaute Basaltwerk mit dazugehörigem Schotterwerk in der Nähe des Bahnhofs, von wo aus der Transport von Pflastersteinen, Schotter und Splitt für den Straßenbau nach ganz Unterfranken erfolgt, bestimmt bis heute das Industrieprofil der Marktgde. – Bekannt wurde der Ort durch die Ereignisse um die Gebietsreform seit 1978. Die Bürger des benachbarten → Ermershausen setzten sich über ein Jahrzehnt lang und zuletzt (1994) erfolgreich gegen die Eingemeindung in die Großgde. M. zur Wehr. (III) *Thomas Wehner*

G. L. Lehnes, Geschichte des Baunachgrundes in Unterfranken, in: Archiv des Historischen Vereins von Unterfranken und Aschaffenburg 7,1 (1843), S. 1–216. – I. Maierhöfer, HAB Ebern, 1964. – F. Klemm, Rund um den Zeilberg. Markt M. mit allen Ortsteilen, Coburg 1988.

Mattenstatt (Gde. Karbach, LK Main-Spessart, UFr.). Auf dem linken Mainufer gegenüber dem Dorf Hafenlohr lag im Mittelalter das kleine Benediktinerkloster M., von dem heute nichts mehr erhalten ist. Die Frühzeit von M. ist dunkel. Trotz einer Sage, die von einer Schlacht und einer Gründung durch den Bf. von Würzburg 1224 spricht, dürfte das Kloster von Anfang an ein fuldisches Nebenkloster (Propstei) gewesen sein. 1324 wird das Kloster erstmals bezeugt. 1412 werden die Grafen von Wertheim als Schirmer des Klosters genannt. Bekannt war M. als Wallfahrtsort, an dem der hl. Eucharius verehrt wurde. Diese Wallfahrt wurde seit der 2. Hälfte des 16. Jh.s im benachbarten Hafenlohr fortgesetzt. Wohl wegen der Wallfahrt fanden noch 1540 vor dem Kloster jährlich 3 Märkte statt. – Da die Mönche in der Reformationszeit das Kloster M. verlassen hatten, verkaufte Fulda die aufgelassene Propstei nach 1540 an die Ritter Voit von Rieneck (im nahen → Urspringen). Der Würzburger Bf. zog jedoch 1575 das ehem. Kloster an sein Hochstift. Mit den Gefällen und Gütern M.s stattete Fürstbf. Julius Echter 1599 das neugegründete Spital zu → Rothenfels aus. – Reste der nach 1600 abgerissenen Klosterkirche wurden offensichtlich zum Neubau der Rothenfelser Kirche verwendet.   (I)   *Wilhelm Störmer*

A. Feulner, KDB Marktheidenfeld, 1913, ND 1981. – P. Kolb, Miszellen zur vermögensmäßigen Ausstattung der Juliusspitalstiftung in Rothenfels. Kloster M. – Mainfähre zu Hohenlohe, in: Mainfränkisches Jahrbuch 35 (1983), S. 21–34.

Mellrichstadt, Stadt (LK Rhön-Grabfeld, UFr.). Der Hausmeier Karlmann stattete das 741 gegründete Bistum Würzburg u. a. mit einer Martinskirche in »Madalrichistreuua« (889 Madalrichesstat) im Westergau aus (1969 unter dem rechten Seitenschiff der heutigen *Stadtpfarrkirche St. Kilian* nachgewiesen). Ein wohl schon in frk. Zeit vorhandener Königshof dürfte mit dem im »Brügel« gelegenen »Fronhof« im Süden der Altstadt identisch sein. 1031 wird M. als Grenzpunkt eines Wildbanns zwischen Streu, Herpf und Mahlbach genannt, den Ks. Konrad II. dem Hochstift Würzburg schenkte. M. scheint schon früh ein bedeutender und sicherer würzburgischer Platz gewesen zu sein, denn Bf. Adalbero übertrug der Polenkönigin Richeza, die dem Hochstift 1057/58 ihr Hofgut (predium) → Salz geschenkt hatte, auf ihre Lebenszeit Einkünfte von Gütern in Thüringen und im Grabfeld,

darunter in M. – Am 7.8.1078 fand zwischen M. und
(Ober-)Streu eine Schlacht zwischen Kg. Heinrich IV. und
seinem Gegenkönig Rudolf von Rheinfelden statt, die aber
keine Entscheidung brachte. – Vielleicht schon im 12. Jh. entstand an der Stelle der heutigen Mellrichstädter *Burg* (in ihrer
jetzigen Gestalt vom Beginn des 16. Jh.s) eine Befestigung,
die durch eine zur »Bünd« hin steil abfallende Muschelkalk-
stufe sowie von der Streu bzw. einen davon abgeleiteten
Mühlgraben geschützt war (der 1352 genannte *Bergfried* wurde 1979 wiederentdeckt und teilweise restauriert). – Zu den
burggräflich-würzburgischen Lehen der Henneberger gehörten wohl auch die Vogteien über M. und Stockheim, auf
welche sie 1230 Verzicht leisteten.

Die Bedeutung von M. liegt im Mittelalter vor allem darin,
daß es Zentralort für die umliegenden Ortschaften war (Pfarrei genannt 1164, Landkapitel-, Zent- und Amtsmittelpunkt).
1232 erscheint M. erstmals als Stadt (civitas). 1233 werden ein
bischöflicher Schultheiß (scultetus) sowie Bürger (cives), 1264
ein Amtmann (advocatus) genannt. Das erste bekannte Stadtsiegel datiert von 1273. Aus der Angabe einer Urkunde von
1283, in der die Streumühle als »Mühle bei der Brücke vor
dem Tor« bezeichnet wird, läßt sich schließen, daß die *Stadtmauer* von Beginn an den heutigen Umfang hatte, d. h. bereits
den »Brügel« mit dem Fronhof einbezog. In demselben Jahr ist
eine jüd. Gde. in M. dadurch bezeugt, daß aus unbekannten
Gründen 4 namentlich genannte Juden verbrannt wurden.
Unter den Opfern des Rindfleisch-Pogroms von 1298 befanden sich wiederum Juden aus M. 1349 wurde ein städt. Spital
vor dem Streutor unterhalb der Streubrücke zwischen Stadtgraben und Streu errichtet. Eine Badstube außerhalb der Stadt
ist 1366 belegt. Bf. Albrecht verlieh 1356 (auch Stiftungsjahr
der *Sebastianskapelle* gegenüber der Burg) der Stadt und ihren
Bürgern einen »neuen«, dreitägigen Jahrmarkt. 1399/1400
nahm M. am »Fränkischen Städtebund« teil, der vom hochstiftischen Heer in der Schlacht bei Bergtheim (LK Würzburg) am 11.1.1400 geschlagen wurde. – Über die Entwicklung der Ratsverfassung in M. ist wenig bekannt. Erst 1407

erfährt man von »Zwölfern« und »Achtern«, d. h. einem »Inneren« und einem »Äußeren Rat«, wohl ein Ergebnis von Kämpfen des 14. Jh.s zwischen den alteingesessenen Ratsbürgern und den mittleren sowie unteren Schichten der Stadt. 1466 wird erstmals ein Rathaus erwähnt (wohl schon immer an der Stelle des späteren Rathauses und heutigen »*Bürgerhauses*« am Marktplatz). Ein verheerender Brand legte 1496 drei Viertel der Stadt in Schutt und Asche. Der dabei in Mitleidenschaft gezogene zweite Turm der Stadtpfarrkirche wurde später bis auf Dachhöhe abgetragen. – Martin Pollich aus M. (seit 1980 Namenspatron des 1967 gegründeten Gymnasiums) war Leibarzt des sächs. Kf.n Friedrich d. Weisen und Gründungsrektor der Universität Wittenberg; unter ihm wurde Martin Luther promoviert. – 1525 wurden nach der Niederschlagung des Bauernaufstandes die Anführer des Bildhäuser Haufens in M. hingerichtet. – Während die Stadtmauer einschließlich *Zwinger, Mal-* und *Badpforte* zum großen Teil noch erhalten ist, wurden die Türme mit Ausnahme des sog. *Bürgerturms* in der Neuzeit eingelegt.

Nach dem 2. Weltkrieg fanden mehrere Firmeninhaber aus der späteren DDR in M. einen neuen Standort für ihre Betriebe (Fahrradteile; Sportwaffen). Ab 1960 wurde s. des Hainberges ein Kasernengelände für Panzergrenadiere eingerichtet, das 1962 bezogen wurde. Unmittelbar s. davon befindet sich der *Friedhof* der 1942 durch Deportation vernichteten jüd. Kultusgde., die auch eine (schon im September 1938 demolierte) Synagoge besaß. – Die Gründung eines Gymnasiums 1967 verbesserte die Bildungssituation im Grenzgebiet zur DDR erheblich. 1972 ging der alte LK M. im Großkreis Rhön-Grabfeld auf. Während die im Rahmen des Grundvertrages mit der DDR vereinbarte Einrichtung eines Grenzübergangs bei Eußenhausen für den sog. Kleinen Grenzverkehr im Juni 1973 sich kaum bemerkbar machte, brachte die Öffnung der Grenze 1989/90 erhebliche Verkehrsprobleme für M. mit sich. – Auf dem nahegelegenen Großenberg steht eine sehenswerte spätmittelalterliche *Marienkapelle*.

(II)   *Heinrich Wagner*

M. Müller, Der Bezirk M. als Gau, Cent, Amt und Gemeinde beschrieben, Würzburg 1879, ND Sondheim/Rh. 1983. – Ders., Das Landkapitel M., Würzburg 1899–1901, ND Sondheim/Rh. 1979. – K. Gröber, KDB Mellrichstadt, 1921, ND 1983. – W. Sage, Untersuchungen in der königlichen St. Martins- und späteren St. Kilianspfarrkirche zu M. in Unterfranken, in: Jahresbericht der bayerischen Bodendenkmalpflege 10 (1969), S. 50–69. – H. Wagner, HAB Mellrichstadt, 1992.

Memmelsdorf (Gde. Untermerzbach, LK Haßberge, UFr.). Bei M., das in der fruchtbaren Niederung der Alster, eines unweit des Ortes in die Itz mündenden Flüßchens, gelegen ist, verlief eine von Hallstadt über Baunach kommende, nach Norden führende Altstraße. Mit dieser dürfte der auf der Anhöhe n. von M. gelegene *Burgstall* in Verbindung stehen. – Für 1231 ist ein sich nach dem Ort nennendes Adelsgeschlecht (»de Gemeinmolsdorf«) bezeugt. Von diesem übernahmen bald nach 1300 die von Lichtenstein die Rechte und Besitzungen in und um M. Seit 1653 ist auch die Familie von Buttlar mit einem *Schloß* im s. Teil des Dorfes bezeugt. 1707 erwarb der Würzburger Fürstbf. Johann Philipp von Greiffenclau nach dem Ankauf des Rittergutes → Gereuth das buttlarische Schloßgut und einen Teil der lichtensteinischen Besitzungen. – M. gehörte zur würzburgischen Zent → Seßlach. Der dortigen würzburgischen Pfarrei unterstand es bis 1411 auch kirchenrechtlich. Als lichtensteinische Patronatspfarrei wurde es in der zweiten Hälfte des 16. Jh.s prot. – Die seit der Mitte des 17. Jh.s bezeugten Juden machten um 1800 etwa die Hälfte der Einwohnerschaft aus. Unter dem Schutz der von Greiffenclau konnte die jüd. Gde. 1728 in M. eine stattliche, weitgehend erhaltene und heute als »Lern- und Begegnungsort« genutzte *Synagoge* errichten. Das Leben der Judengde. wird von kulturhistorisch bedeutsamen Stücken, die mit dem Fund einer sog. Genisa entdeckt wurden, dokumentiert. Ein 1835 n. des Ortes angelegter *Friedhof* der jüd. Kultusgde., deren letzte Mitglieder von den Nationalsozialisten deportiert und ermordet wurden, wurde bis 1938 genutzt. (III) *Helmut Demattio*

I. Maierhöfer, HAB Ebern, 1964. – Eine unterfränkische Genisa. Was von der jüdischen Gemeinde M. (Ufr.) blieb, Würzburg 1998.

Merkendorf, Stadt (LK Ansbach, MFr.). 1249 gehörte zum Zisterzienserkloster → Heilsbronn auch (vielleicht von den Herren von Wolfstein-Sulzbürg herrührender) Besitz in »Mirkindorf«. Der höchstwahrscheinlich von einem slaw. Personennamen abgeleitete Ortsname wird in karolingischer Zeit gebildet worden sein; auf vor- und frühgeschichtliche Funde (1926 Moorfund von Dürrnhof aus der Urnenfelderzeit) ist hinzuweisen. – Kg. Konrad III. (1138–52) schenkte dem Kloster Lehen in der Gegend um M., das hier zudem 1190 von Ks. Friedrich I. herrührenden Besitz des Domkapitels → Bamberg erwerben konnte und selbst Rodungssiedlungen anlegte. In M. kaufte Heilsbronn bis zum ausgehenden 14. Jh. weitere Güter u. a. von den Grafen von Oettingen, den Truhendingern sowie von den Burggrafen von Nürnberg, ebenso vom Ritteradel (von Eschenbach, von Muhr) sowie vom Kloster ↑ Auhausen. – 1383 protestierte das Landgericht Graisbach gegen den Ausbau von M. mit »behawsung und vest … mit gräben und mit maurn«. 1398 erteilte Kg. Wenzel dem Abt Stromer die Erlaubnis, das Dorf M. als Schutz für das Vieh der armen Leute mit Gräben zu befestigen und einen Jahrmarkt abzuhalten. Die endgültige Befestigungserlaubnis freilich datiert auf die Jahre 1424 (Kg. Sigmund) und 1428 (Kf. Friedrich I. von Brandenburg). Wohl zu dieser Zeit wurde der Verwaltungssitz für die Propstei Altmühl vom Dürrenhof nach M. verlegt (1437 Propst Heinrich Laminger). Der 1428 ebenfalls zugestandene Wochenmarkt wie der Jahrmarkt am St. Ulrichstag (4. Juli) stärkten die zentralörtliche Funktion von M., das auch Wohnsitz von Ritteradeligen war (1451/87 von Sekkendorff-Hoheneck). 1473 ist das erste Stadtsiegel nachgewiesen, 1479 fand angeblich die erste Sitzung von Bürgermeister und Rat im neuen *Rathaus* statt. – Mit der Zisterze Heilsbronn kam M. an die Markgrafen von Brandenburg, die ein Verwalteramt einrichteten. Im Heilsbronnischen Rezeß von 1719 Brandenburg-Ansbach zugeschlagen, fiel M. mit diesem 1806 an Bayern. Die 1383 genannte (Egidien-)Kapelle wurde 1477 unter Erhebung zur Pfarrkirche von Ober- (= → Wolframs-)Eschenbach abgetrennt und 1501 dem Kloster Heilsbronn inkorporiert. Ab 1478 erfolgte der Neubau der »ecclesia B. Mariae Virginis« (1480; heute *Unsere Liebe Frau*), deren Turm 1528 fertiggestellt wurde; bis 1572 war die Kirche von einem Friedhof umgeben. Die funktionslos gewordene Egidienkapelle beim Rathaus wurde 1555 abgerissen. – Die Altstadt M., mit heute noch gut erhaltener *Stadtmauer* und 3 *Toren*, umfaßt ca. 8,23 ha. Zwei Katastrophen haben sie gezeichnet: Im 30jg. Krieg brannten 1648 die Schweden 91 Gebäude (von 116) nieder, darunter Kirche und Rathaus; bei den Kämpfen zwischen US-Truppen und SS-Einheiten vom 17.–21.4.1945 brannten 22 Wohn- und 60 Wirtschaftsgebäude sowie die Kirche ab. – In der Pfarrkirche gab es bereits 1524 ev. Predigten. 1648 brannte auch die Kirche nieder und wurde bis 1655 wieder aufgebaut, 1709/10 umfassend erneuert. Die 1876/77 im Inneren grundlegend umgestaltete Kirche wurde nach der Zerstörung im April 1945 bis 1948 wieder aufgebaut. – M., die einzige Stadt, die dem Zisterzienserkloster Heilsbronn gehörte, war im Fürstentum Brandenburg-Ansbach die kleinste; am Ende des Alten Reichs gab es 119 Haushalte. Erst nach dem 2. Weltkrieg stieg die Bevölkerungszahl auf über 1000, durch Zuzug (seit 1955 Ausweisung großer Neubaugebiete) und Eingemeindungen (1972) bis zur Jahrtausendwende auf ca. 2500. Während die Landwirtschaft in ihrer Bedeutung zurückgedrängt wurde, wuchs der Anteil mittelständischer Betriebe aus Handwerk und Handel; M. kann auch von der Nähe zum Ende des 20. Jh.s geschaffenen Neuen Frk. Seenland profitieren. (V) *Gerhard Rechter*

R. Schuh, HONB Gunzenhausen, 1979. – M. Historische Kleinstadt im Fränkischen Seenland, M. 1988. – G. Rechter, Stadtluft macht frei? Von der villa Mirkindorf zur Landstadt M., Triesdorf 1999.

Mespelbrunn (LK Aschaffenburg, UFr.). Die Familie der Echter, hauptsächlich begütert im Odenwald, stand im Dienst des Erzstifts Mainz, als Hamman I. Echter, 1404 Vizedom in → Aschaffenburg, 1422 »Wüstung und Hofstätte Espelborn« durch Erzbf. Johann II. von Nassau zu Eigen erhielt (1426 jedoch Lehen von Mainz). Diese liegt im Spessart in einem

engen Waldtal; mit dem sich dazu weitgehend parallel ent-
wickelnden benachbarten Hessenthal finden sich hier Siedlungen, die einerseits von Mainz, andererseits von den Grafen
von Rieneck vorangetrieben wurden, um ihre Herrschafts-
gebiete im Spessart zu sichern. Das *Wasserschloß* am Südrand
von M. wurde hauptsächlich durch Peter III. 1520–76 erbaut;
An- und Umbauten im 19. Jh. ergeben die heutige Gestalt
(mit *Schloßmuseum*). Hammann II. (gest. 1480) gilt als Erbauer
der *Wallfahrtskirche Hessenthal* mit Familiengrablege; die Wallfahrt geht auf das 13. Jh. zurück. Der Würzburger Fürstbf.
und Gegenreformator Julius Echter von M. wurde 1545 in
M. geboren. Durch die Heirat Philipp Ludwigs von Ingelheim mit Maria Ottilia Echter 1658 ging der Besitz des
Schlosses und seiner Zubehörungen an Ingelheim; seit 1698
nannten sie sich »Grafen von Ingelheim gen. Echter von und
zu M.«. – Schloß M. wurde durch den 1957 gedrehten Film
»Das Wirtshaus im Spessart« (nach der Erzählung von Wilhelm Hauff) überregional bekannt und zur touristischen
Attraktion. – Das langgezogene Straßendorf M. und das
n. anschließende Hessenthal sind seit 1972 in der Gde. M.
zusammengeschlossen.   (I)   *Theodor Ruf*

G. Christ, HAB Aschaffenburg, 1963. – K. H. Bachmann/W. Specht,
Glaube, Wunder, Kunst und Geld. 700 Jahre Wallfahrt nach Hessenthal,
M. 1993.

Michelau i. OFr. (LK Lichtenfels, OFr.). In einer Talaue des
oberen Mains gelegen, litt das 1195 erstmals genannte Dorf bis
ins 20. Jh. häufig unter Hochwasser. – Obwohl der Bf. von
Bamberg Grundherr der meisten Anwesen war und die Dorf-
und Gemeindeherrschaft ausübte, hatte in M. die Gegenreformation nur kurzfristig Erfolg. Die Einwohnerschaft, in die
kath. Pfarrei Marktgraitz eingebunden, war großteils ev. Nach
dem Ende des Hochstifts Bamberg gestattete 1803 der bay. Kf.
Maximilian IV. Joseph die Errichtung einer ev. Pfarrei (*Pfarrhaus* 1805/07 aus Abbruchmaterial des Klosters → Langheim);
seit 1807 ist M. Sitz eines Dekanats. Die kath. *Filialkirche
St. Anna*, errichtet 1517/18, diente 1804–08 als Simultaneum,

dann als ev. Kirche. 1817/19 wurde sie durch einen Neubau ersetzt (Pläne von Ferdinand von Hohenhausen, modifiziert durch Johann Daniel Tauber). – Lange dominierten Mainfischerei und Fertigung von Weinbergspfählen die dörfliche Wirtschaft. Diesen Gewerben lief im 18. Jh. die Korbmacherei den Rang ab. Seit 1770 war M. Sitz der Korbmacherzunft im Amt Burgkunstadt, der einzigen im Hochstift Bamberg. Die Körbe wurden bis nach Holland und Rußland verkauft, im frühen 19. Jh. auch nach Nordamerika, nach 1850 in alle Erdteile außer Ostasien. Zentrum des Handels wurde zwar die Nachbarstadt → Lichtenfels, M. blieb jedoch der bedeutendste Korbmacherort Deutschlands (1795: 77 Meister, 1905: 886 Korbmacher, 1928: 1500). – 1934 wurde in M. das *Oberfränk. Korbmuseum* eröffnet, das 1935 in Ostmärkisches, 1936 in Deutsches Korbmuseum umbenannt wurde. Seit 1967 ist es im einstigen *Wohn- und Geschäftshaus* einer Korbhändlerfamilie untergebracht (älteste Teile 1815). (III) *Günter Dippold*

W. Bauer/G. Dippold, Evang.-Luth. Johanneskirche M. Geschichte und Beschreibung, M. i. OFr. 1994. – G. Dippold, Deutsches Korbmuseum M. Begleitbuch zur Dauerausstellung, M. i. OFr. 1994. – H. Perzel, 800 Jahre M. in Oberfranken. Vergangenheit und Gegenwart einer fränkischen Gemeinde, M. i. OFr. 1994.

Miltenberg, Stadt (LK Miltenberg, UFr.). M. liegt an der sw. Spitze des Mainvierecks an verkehrsgünstiger und strategisch wichtiger Stelle. Hier endet das sich nach Süden trichterförmig verjüngende Rhein-Main-Gebiet. Auf dem das Tal beherrschenden Greinberg (452 m) mit Siedlungsspuren der frühen Bronzezeit liegt ein wohl urnenfelderzeitlicher *Ringwall* (ca. 23 ha Fläche), der bis zur Frühlatènezeit genutzt wurde. Ein weiterer Ringwall befindet sich auf dem benachbarten → Bürgstadter Berg. – Im Zuge der Verlegung des röm. Odenwaldlimes an den Main entstanden bei M., wo die Grenze den Fluß nach Süden zu verließ, zwei Kastelle. Ein Kohortenkastell befand sich w. der Stadt in der Nähe der Mudmündung. Unmittelbar beim Übergang des → Limes vom Fluß auf das Land entstand ein kleineres Numeruskastell (M.-Ost). Beide Kastelle fielen dem Alamannensturm um 260

n. Chr. zum Opfer. Ein spätmerowingisch-fränk. Kleinkastell in der Ostecke des ehem. Kohortenkastells und eine salisch-staufische Turmburg an gleicher Stelle weisen auf das stete Interesse an diesem wichtigen strategischen Punkt hin. Ende des 12. Jh.s entstand auf dem Kastellareal die Siedlung »Walehusen«. In der Hand der Pfalzgrafen bei Rhein war sie 1229 die einzige Stadt zwischen → Aschaffenburg und → Würzburg und die Vorgängersiedlung von M. – Möglicherweise gegen Wallhausen baute der Mainzer Erzbf. die 1226 erstmals genannte *Mildenburg*, an deren Fuß um 1230 auf einer sehr schmalen Terrasse die 1237 erstmals erwähnte Stadt M. entstand. Das konkurrierende Wallhausen wurde um 1240 in der »Lorscher Fehde« vom Erzbf. von Mainz zerstört. – M. verdankt seinen raschen Aufstieg der guten Verkehrslage und dem aufblühenden Handel, zudem war es der einzige Hafen für rund 140 Mainzer Städte und Dörfer s. des Mains. M. war Sitz des Mainzischen Burggrafen und der Amtskellerei. Im Sog der aufblühenden Wirtschaft des Spätmittelalters und gefördert durch kaiserliche und landesherrliche Privilegien entwickelte sich M. zur Stadt mit dem höchsten Steueraufkommen im Mainzer Oberstift. Bis 1379 wuchs der *Mauerzug* auf die heute noch erkennbare Größe. Das *Alte Rathaus*, das *Würzburger* und das *Mainzer Tor* – alle 1379 erstmals erwähnt – zeugen noch heute von dieser Blütezeit (Abbau von Sandstein, Weinbau). – In der frühen Neuzeit verschlechterte sich die wirtschaftliche Situation von M. Wegen der Abhängigkeit fast aller Bürger vom Weinertrag wirkte sich die Klimaverschlechterung im 17. Jh. besonders negativ aus. 1616–18 und 1626–30 kam es zu Hexenverfolgungen. Im 30jg. Krieg war die gute Verkehrslage von Nachteil, M. erreichte um 1650 mit nur noch 1500 Einwohner kaum die Hälfte des Vorkriegsstandes. Der Verkehr Nürnberg-Frankfurt verlagerte sich allmählich auf die kürzere Spessartroute. – Nach dem Ende des Erzstifts Mainz wurde M. 1803 Hauptort des Fürstentums Leiningen. 1806 kamen Stadt und Amt M. an das Großherzogtum Baden, 1810 an das Großherzogtum Hessen-Darmstadt und 1816 an Bayern. – Die Lage am äußersten Rand des

Kgr. Bayern und der rückläufige Weinbau führten zunächst
zu einer weiteren Verschlechterung der wirtschaftlichen Situation der Stadt, die erst 1876 einen Bahnanschluß erhielt.
Ab 1880 ermöglichten eine gezielte Bewirtschaftung des
Stadtwalds und der Sandsteinabbau in städt. Brüchen ein umfangreiches kommunales Bauprogramm. Die 1900 erbaute
Mainbrücke eröffnete Erweiterungsmöglichkeiten auf dem
rechten Mainufer. Der mit dem Bahnanschluß Ende des
19. Jh.s einsetzende Tourismus spielt seit dem Kriegsende neben Gewerbebetrieben, einer Papierfabrik und mittelständischen High-Tech-Betrieben eine wichtige Rolle im Wirtschaftsleben der Stadt. (I)   *Wilhelm O. Keller*

W. Störmer, HAB Miltenberg, 1979. – 750 Jahre Stadt M. 1237–1987, M.
1987. – L. Wamser, In den Ruinen des Römerkastells M.-Altstadt. Fränkischer Stützpunkt, staufische Turmburg, pfalzgräflich-wittelsbachisches
Oppidum, spätmittelalterlicher Herrensitz, in: Das archäologische Jahr in
Bayern 1989, S. 160–168. – B. Beckmann, Neuere Untersuchungen zum
römischen Limeskastell M.-Altstadt, Kallmünz 2004.

Mitwitz, Stadt (LK Kronach, OFr.). Der 1266 erstmals als
»Minvwizc« bezeugte Ort liegt an einer hochwassersicheren
Stelle am ö. Rand des Steinachtals und muß auf eine wohl im
7./8. Jh. angelegte slaw. Ansiedlung zurückgehen. Seiner Lage
an einer die Städte Coburg und Kronach verbindenden Straße verdankt er seine Bedeutung als Mittelpunkt einer seit
dem späten 13. Jh. nachweisbaren Herrschaft, die mehrere
Dörfer, große Waldungen und ein eigenes Halsgericht um-
faßte. Er dürfte von den Grafen von Wohlsbach (→ Mönchrö-
den) angelegt worden sein. – 1266 war M. im Besitz der Herren von Schaumberg als Besitznachfolgern der Grafen von
Wohlsbach. Unter den Schaumbergern wurde das durch die
Bauern 1525 zerstörte *Wasserschloß* an der Steinach (*Unteres
Schloß*) errichtet, das wie das jüngere *Obere Schloß* einer der
Stammsitze des verzweigten Geschlechtes war. Unter den aus
→ Coburg stammenden von Rosenau, die 1425 M. von den
Schaumbergern erwarben, und unter den von Würtzburg, die
1575/94 Ort und Herrschaft M. von den Rosenau kauften,
war die dem Hochstift Bamberg lehnbare Herrschaft de facto

in zwei Teilherrschaften geteilt. – Neben dem Oberen Schloß befindet sich die im wesentlichen spätmittelalterliche *Kirche* (seit ca. 1390 Pfarrkirche), die als Grablege diente und in der die Rosenau als Patronatsherren um 1550 die Reformation einführten. Die Würtzburg, die Mitte des 17. Jh.s wieder kath. wurden, ließen im Unteren Schloß eine kath. Kapelle einrichten. – Mit dem Aussterben der Würtzburg 1922 fiel deren gesamter Besitz in und um M. an die von Cramer-Klett. Diese räumten 1977 dem LK Kronach ein 99jähriges Nutzungsrecht am Unteren Schloß ein, das seither mehrere wissenschaftliche Einrichtungen beherbergt. – Als Angehörige der Fränk. Reichsritterschaft nahmen die Würtzburg nicht zuletzt aus finanziellen Gründen viele jüd. Familien in ihren Schutz und erlaubten ihnen 1789 den Ausbau der heute nicht mehr vorhandenen Synagoge. Im Verlauf des 19. Jh.s wanderten die Juden nach und nach wieder ab. In einem sich bis etwa 1870 in jüd. Besitz befindlichen Haus (Am Grünen Tal Nr. 10) ist eine *Mikwe* erhalten.   (III)   *Helmut Demattio*

R. Hambrecht, M., in: K. Guth (Hg.), Jüdische Landgemeinden in Oberfranken (1800-1942). Ein historisch-topographisches Handbuch, Bamberg 1988, S. 244–251. – H. Demattio, HAB Kronach, 1998.

Möhren (Stadt Treuchtlingen, LK Weißenburg-Gunzenhausen, MFr.). Das s. von → Treuchtlingen am Möhrenbach gelegene Dorf liegt an einer Altstraße von Herrieden nach Donauwörth. Der Ort ist eng mit dem sich dominierend über dem Dorf erhebenden *Schloß* verbunden. Die Herren von M., wohl aus einer Linie der Grafen von Lechsgmünd, sind seit dem 12. Jh., erstmals wohl mit Graf Otto von M. und dessen Bruder Heinrich im Jahre 1137, nachzuweisen. In den Auseinandersetzungen zwischen Hz. Ludwig II. von Bayern und dem Marschall von Pappenheim wurde die Burg 1262 beschädigt, 1264 war sie jedoch bereits wiederaufgebaut. Trotz neuzeitlicher Überformung sind die spätmittelalterlichen Teile, der Hauptbau mit Rundturm und bergseitig vorgelagerten Wirtschaftsbauten, gut erkennbar. – 1295 erwarb Heinrich Marschall von Pappenheim die Burg. Nach weiteren Besitzer-

wechseln (u. a. von Seckendorff) gehörten Burg und Dorf
1542–1662 den Fuchs von Bimbach, in dieser Zeit war M. ev.
Endres Fuchs von Bimbach errichtete 1583 die heutige *kath.*
Pfarrkirche Mariae Himmelfahrt als ev. Schloßkirche unterhalb
des Berges am Dorfrand. Das von den Markgrafen von Brandenburg-Ansbach lehengängige Rittergut wurde durch den
Tod des Johann Carl Fuchs von und zu Bimbach auf M. 1662
verfügbar und von Ansbach gegen den pfalz-neuburgischen
Anteil an der Kondominatsherrschaft → Geyern vertauscht.
Hz. Philipp Wilhelm von Pfalz-Neuburg ließ nach einem
Dorfbrand Erneuerungen durchführen und die (nunmehr
kath.) Kirche 1672/73 renovieren; im Verlauf des 18. Jh.s wurde die Kirche barockisiert. 1711 übernahm Graf Marquard Eu-
stachius Fugger-Nordendorf die Burg und führte aufwendige
Um- und Neubauten durch. 1877 verlieh Kg. Ludwig II. von
Bayern M. an Graf Max von Pappenheim, der die Burg 1880
historisierend umgestalten ließ. – Nach 1945 erlebte das Dorf
einen Aufschwung durch die Steinindustrie sowie eine Farbenfabrik. Seit 1890 bestand ein Kinderheim, später Internat
(»*Schutzengelhaus*«, 1976 nach ↑ Eichstätt verlegt). Durch die
Gebietsreform kam M. 1972 vom schwäb. LK Donauwörth an
den mittelfränk. LK Weißenburg-Gunzenhausen; die zuvor
selbständige Gde. wurde nach Treuchtlingen eingemeindet.

(VI)   *Daniel Burger*

H. H. Hofmann, HAB Gunzenhausen-Weißenburg, 1960. – E. Strassner,
HONB Weißenburg i. Bay., 1966. – G. Kiessling, DiB Landkreis Weißenburg-Gunzenhausen, 1999.

Mömbris, Markt (LK Aschaffenburg, UFr.). M. liegt n. von
→ Aschaffenburg im Kahlgrund. Ab dem 14. Jh. residierten
hier die Grafen von Rieneck, die das Freigericht M. innehatten. Ob sie die Erbauer der Burg M. (»Womburg«, w. von M.)
sind, die im »Wetterauer Raubkrieg« 1405 zerstört wurde, ist
fraglich. In der 1783 erbauten *Pfarrkirche* findet man zwei
Grabdenkmäler eines weiteren Grafengeschlechts, der Gons-
rodt, aus dem 16. Jh. – Nach längerem Konflikt mit den Grafen von Hanau errang das Erzstift Mainz 1664 endgültig die

Herrschaft über M. – Im 18. und 19. Jh. standen entlang der Kahl zahlreiche Mühlen. In der *Ölmühle* von M. aus dem Jahre 1780 wurden Raps und Bucheckern zu Öl verarbeitet. – Einen ersten wirtschaftlichen Aufschwung erlebte M., als 1898 die Kahlgrundbahn gebaut wurde. Durch seine günstige Lage und die Gebietsreform sind im 20. Jh. die Einwohnerzahlen kontinuierlich gestiegen; der 1963 zum Markt erhobene Ort ist heute das Zentrum des mittleren Kahlgrunds.

(I)   *Gertrud Wach*

J. Fächer, HAB Alzenau, 1968. – E. Griebel, Chronik des Marktes M., M. 1982.

Mönchröden (Stadt Rödental, LK Coburg, OFr.). Als 1149 Burggraf Hermann von Meißen und sein Neffe, der sich später nach Wohlsbach nennende Graf Hermann, das *Kloster M.* auf einer vorspringenden Terrasse oberhalb des Rödentals gründeten und großzügig mit Eigenbesitz in der Umgebung ausstatteten, wählten sie einen Ort, an dem die Familie eine Burg gehabt haben muß: an einer Engstelle des Rödentals, durch das eine wichtige, später als Sattelpaß- oder Judenstraße bekannte Straße von Coburg über den Thüringer Wald nach Saalfeld verlief. Für die Vermutung, daß das Kloster M. auf eine Burg zurückgeht, spricht auch die erste Nennung M.s für das Jahr 1108 als namengebender Ort eines dem höheren Adel zuzurechnenden Hermann »de Rotina«. Das massiv gebaute, n. der Klosteranlage an der Terrassenkante gelegene *Abtshaus* auf Grundmauern aus dem 12. Jh. dürfte ein Teil der Burganlage sein. – Mit der Gründung des Klosters M. 1149 schufen sich die um 1180 ausgestorbenen Grafen von Wohlsbach ein Hauskloster, an das viele der von ihnen beanspruchten Rechte und Besitzungen übergingen. Das in der Gründungsurkunde des Klosters als Zentrum eines ausgreifenden Villikationsbezirks erscheinende »Rothine« übergaben sie neben weiteren Besitzschwerpunkten im Raum zwischen dem Lauter- und dem Steinachtal und umfangreichen Waldungen zunächst an Bf. Siegfried von Würzburg, der die Gründung mit weiteren Rechten und Besitzungen ausstattete. Die Mönche des ver-

gleichsweise kleinen, kaum mehr als 12 Konventualen umfassenden Klosters dürften ursprünglich aus Würzburg gekommen und Angehörige des Benediktinerordens gewesen sein;
als Benediktinerkloster bezeugt ist es allerdings erstmals 1330.
Damals war es auch vom Würzburger Bf. abhängig. – Die Grafen von Henneberg, die neben dem Kloster die Nachfolge der
Grafen von Wohlsbach antraten, ließen sich die Vogtei über
das Kloster M. als Reichslehen übertragen. Mit dem Übergang
der hennebergischen Pflege Coburg 1353 an die Wettiner
übernahmen diese auch die Vogtei über das Kloster, das später
zu den geistlichen Landständen des Kurfürstentums Sachsen
zählte. – Zu Beginn des 15. Jh.s kam es zu einem weitgehen-
den Verfall des Klosterlebens; Besitzrechte gingen verloren,
die Baulichkeiten verfielen. Auf Veranlassung der Wettiner
wurde 1440 ein Verwalter bestellt und 1446 M. von Mönchen
des der strengen ↑ Kastler Reform anhängenden → Nürnberger Egidienklosters neu besiedelt. 1482 trat das spirituell
und wirtschaftlich konsolidierte M. dem durch jährlich ab-
gehaltene Generalkapitel und gegenseitige Visitationen zu-
sammengehaltenen Bursfelder Reformkreis bei, wobei enge
Verbindungen zum Peterskloster in Erfurt aufgenommen
wurden. – Aus der Gründungszeit des Klosters stammt der
roman. Sockelbereich der Apside der *Klosterkirche*. Die ein-
schiffige Kirche, deren w. Hälfte 1788 abgebrochen wurde,
dürfte in ihrer heutigen Gestalt um 1440 errichtet worden
sein. S. der Kirche befand sich wohl die ursprüngliche Klosteranlage mit dem Kreuzgang. Unter Abt Nikolaus Hielbrand
(1515–25) wurden auf der n. Seite der Kirche die Klostergebäude neu errichtet, darunter das noch erhaltene ansehnliche
Refektorium. – Auf Anweisung des prot. Landesherrn wurde
nach dem Tod von Abt Nikolaus kein neuer Abt gewählt; das
Klosterleben kam bald zum Erliegen. Der landwirtschaftliche
Betrieb unter der Leitung eines landesherrlichen Domänen-
verwalters, der seinen Sitz im Abtshaus hatte, wurde weitergeführt. Erst nach dem Übergang des Coburger Landes 1920 an
den Freistaat Bayern wurde das Kloster als Wirtschaftseinheit
endgültig aufgelöst und weite Teile seines ehem. Besitzes ver-

kauft. 1912 wurde die bis dahin zur Pfarrei Einberg gehörige Kirche zur ev. Pfarrkirche erhoben; das Abtshaus wurde Pfarrhaus. – Das im Talbereich und am Hang unterhalb des Klosters gelegene Dorf dürfte als Siedlung der im Kloster benötigten Knechte und Handwerker entstanden sein. Hier befand sich auch eine schon zu Zeiten des Klosters betriebene Ziegelei, die vom nahegelegenen Tonberg bei ↑ Kipfenberg den Ton bezog. Mit dem dortigen Tonabbau ist für die keramische Industrie in der heutigen Gde. Rödental der Grund gelegt worden. (III) *Helmut Demattio*

W. Heins, M. bei Coburg. Geschichte und Wirtschaft eines Benediktiner-Klosters vor der Reformation, Coburg 1952. – R. Butz/G. Melville (Hg.), 850 Jahre M. Die ehemalige Benediktinerabtei von der ersten Erwähnung 1149 bis zur Reformation, Coburg 1999. – H. Demattio, Die Sterkere – Grafen von Wohlsbach, in: F. Kramer/W. Störmer (Hg.), Hochmittelalterliche Adelsfamilien in Altbayern, Franken und Schwaben, München 2005, S. 241–269.

Mönchsondheim (Stadt Iphofen, LK Kitzingen, UFr.). M. liegt 3 km s. der Stadt → Iphofen nahe der B 8 – der über Würzburg und Kitzingen führenden ehem. Nürnberger Reichsstraße. Der Ort wird 1224 erstmals urk. erwähnt, als dem Kloster Münsterschwarzach (→ Schwarzach a. Main) das Kirchenpatronat über die Kapelle in »Suntheim« bestätigt wird; seine Entstehung geht wohl auf den hochmittelalterlichen Landesausbau zurück. Seit 1283 erwarb das Kloster → Ebrach Rechte im Ort, den es seit ca. 1340 bis zur Aufhebung des Klosters 1803 vollständig besaß. Der Name Mönch-Sondheim ist seit dem 16. Jh. belegt. – Die 1553 eingeführte ev. Lehre konnte sich unter der Schutzherrschaft der Markgrafen von Ansbach im Ort behaupten. Die Markgrafen übernahmen 1573 das Kirchenpatronat vom Kloster Münsterschwarzach. – In M. befindet sich eine der bedeutendsten und besterhaltenen *Kirchenburgen* in Franken, die in ihrem Kern ins 15. Jh. zurückgeht und im 17. Jh. erneuert wurde. An der unregelmäßigen, viereckigen Umfassungsmauer lehnen die unterkellerten Kirchengaden, durchgängig mit Fachwerkobergeschossen. Das zweigeschossige *Torhaus* trägt das Datum 1698. Innerhalb der

Kirchenburg liegt eine ev. *Chorturmkirche* von 1688–90; der Vorgängerbau war 1638 eingestürzt. – Die *Friedhofskirche* ist ein Saalbau von 1722–23. Der Friedhof wurde bereits Ende des 16. Jh.s aus der Kirchenburg vor den Ort verlegt; eine Kapelle wird erstmals 1597 erwähnt. Zu den erhaltenen (Fachwerk-)*Häusern* aus dem 17., 18. und 19. Jh. zählen das ev. *Pfarrhaus* und die ehem. *Schule.* – Die Kirchenburg und ihre Kirchhäuser gerieten im 20. Jh. so sehr in Verfall, daß 1975 eine Schließung des Zugangs zur Kirche bevorstand. Unter der Federführung eines Museumsvereins wurde die Kirchenburg renoviert und beherbergt heute ein bedeutendes *Handwerker- und Bauernmuseum.* – 1806 fiel der Ort an Bayern. 1972 kam M. im Rahmen der Gebietsreform von Mittelfranken an den unterfränk. LK Kitzingen. (II) *Dirk Rösing*

W. D. Ortmann, HONB Scheinfeld, 1967. – G. Hojer, BKD Scheinfeld, 1976.

Mönchsroth (LK Ansbach, MFr.). In der 1. Hälfte des 12. Jh.s übertrugen Hermann und Adala von Leiningen zusammen mit Graf Diemo von Prozelten dem Reformkloster Hirsau 100 Huben zu »Rotha« und in den umliegenden Kleinsiedlungen zur Einrichtung einer Benediktinerniederlassung. Am Ostrand des an der alten Straße Augsburg-Würzburg an Furten über die Rotach gelegenen Ortes gründete Hirsau eine *Propstei,* die unter weitgehender Kontrolle des Mutterklosters verblieb. – 1227 stand die Vogtei über M. eindeutig beim Reich. Nach ihrer Verpfändung 1251 an die Grafen von Oettingen wurde sie im Zuge der Revindikationspolitik Rudolfs von Habsburg 1274 an den aus der reichsministerialischen Familie der Küchenmeister von Nordenberg stammenden Lupold von Weiltingen übertragen; 1325 mußte sie Heinrich von Weiltingen an das Reich zurückgeben. Zwischen 1331 und 1340 waren Mitglieder der Truchsessenfamilie von Limpurg im Pfandbesitz der Mönchsrother Vogtei, die endgültig 1347 wieder an die Grafen von Oettingen gelangte. Seit der Mitte des 15. Jh.s vermochte Oettingen unter Ausnutzung von Machtkämpfen zwischen der sich emanzipierenden

Propstei M. und dem Mutterkloster Hirsau seine Machtstellung so sehr zu stärken, daß schließlich Graf Ludwig XVI. aus der prot. Linie Oettingen-Oettingen 1558 das Kloster säkularisieren und die Reformation einführen konnte. Ein oettingischer Beamter übernahm den Klosterbesitz als gräfliches Amt, das später zu einem oettingen-oettingischen »Pflegamt« (1624), dann »Oberamt« (1680) mit allen hoheitlichen Befugnissen umgewandelt wurde. M. war damit Sitz eines Hoch- und Niedergerichts und der Kameralverwaltung. – Nur kurz änderten sich die Verhältnisse, als 1629 Ks. Ferdinand II. in seinem Restitutionsedikt die Wiederherstellung der Propstei M. verfügte und 1630 Papst Urban die Mönchsrother Einkünfte dem Bf. von Augsburg überwies. Schon 1648 fiel die Propstei wieder an die Oettinger zurück. Unter Vorbehalt der hohen Obrigkeit ging 1713–15 das Amt in Einzelpartien an Johann Philipp von Schell über; nach dessen Konkurs konnte es 1749 von der gefürsteten Linie Oettingen-Spielberg zurückerworben werden. – 1806 wurden die oettingischen Fürstentümer mediatisiert; Amt und Ort M. kamen unter bay. Souveränität. Als standesherrliche Behörde blieb bis 1848 ein den bay. Landgerichten in Rechtspflege und Polizeiverwaltung gleichgestelltes oettingisches »Mediatuntergericht«, seit 1818 »Herrschaftsgericht« M. bestehen, 1848–50 als kgl. Gerichts- und Polizeibehörde weitergeführt. – Aus der Klosterzeit erhalten ist die ehem. Propsteikirche St. Peter und Paul, jetzt *ev.-luth. Friedhofskirche*, deren Türme (der s. nur im Unterbau erhalten) wohl noch der ersten Kirchenanlage des 12. Jh.s entstammen. Das Kloster wurde im Bauernkrieg 1525 geplündert und ging in Flammen auf. Aber auch die 1526/36 neu errichteten Klostergebäude sind inzwischen verfallen und beseitigt. Lediglich der den Klosterbereich umschließende *Mauerring* läßt sich in Resten verfolgen. – Unter oettingischer Herrschaft hatte sich in M. eine starke Judengde. gebildet (1790: 24 jüd. von insgesamt 143 Haushalten). Am 9.11.1938 waren noch 4 Juden in M. wohnhaft, die nach der Pogromnacht in das Gefängnis nach → Feuchtwangen verbracht wurden. Ritualien und Inventar der *Synagoge* wurden zerstört; das Gebäude selbst blieb, da es der Bürgermeister übernehmen sollte, erhalten (seit 1947 *Rathaus*).

(V) *Robert Schuh*

A. Gebessler, BKD Dinkelsbühl, 1962. – A. Gabler, Zur Frühgeschichte des Klosters M., in: Jahrbuch des Historischen Vereins für Mittelfranken 87 (1973/74), S. 1–24. – D. Kudorfer, Die Grafschaft Oettingen. Territorialer Bestand und innerer Aufbau (um 1140 bis 1806), München 1985 (HAB, Teil Schwaben II,3).

Moritzberg (Stadt Röthenbach a.d. Pegnitz, LK Nürnberger Land, MFr.). 1419 stiftete der → Nürnberger Patrizier Herdegen Valzner auf dem Leinberg eine Kapelle nebst Bruderhaus zu Ehren des hl. Mauritius, dessen volkstümlicher Name Moritz in der Folgezeit auf den Berg überging. Die im Laufe des 16. Jh.s verfallene *Wallfahrtskapelle* wurde Ende des gleichen Jh.s durch die Fürer von Haimendorf wiederhergestellt. 1707 wurde sie nach Westen hin verlängert, der Turmhelm erhielt seine heutige Gestalt 1865. – Der offenbar von Kg. Ludwig I. zeitweise erwogene Gedanke, auf dem im Pegnitztal weithin sichtbaren Berg die Walhalla zu errichten, wurde jedoch fallengelassen, die Pläne Karl Alexander Heideloffs blieben unausgeführt. 1910–12 wurde der nach dem 2. Weltkrieg erhöhte *Aussichtsturm* errichtet. Das aus dem *Bruderhaus* erwachsene *Gasthaus* ist heute zusammen mit dem zugehörigen Biergarten ein beliebtes Ausflugsziel in der Umgebung Nürnbergs. (VI) *Gerhard Rechter*

W. Schwemmer, Röthenbach an der Pegnitz. Die Geschichte einer Industriestadt, Nürnberg 1982.

Münchaurach (Gde. Aurachtal, LK Erlangen-Höchstadt, MFr.). Zwischen 1124 und 1127 gründeten Graf Gozwin von Höchstadt und sein Sohn, Pfalzgraf Hermann von Stahleck, unter Beteiligung der Grafen von Bergtheim aus Eigengütern das *Benediktinerkloster St. Peter und Paul*. Auf einem flachen Sporn im Aurachtal gelegen und von Bf. Otto I. von Bamberg mit Hirsauer Mönchen besetzt, stand es im Spannungsfeld der Interessen zwischen dem Bistum Würzburg, zu dem es kirchlich gehörte, dem Hochstift Bamberg, das die weltliche Gerichtsbarkeit besaß, und den Burggrafen von Nürnberg, die 1158 nach Aussterben der Grafen von Höchstadt die Vogtei erhielten. Diese konnten sich letztlich durchsetzen und nutzten den Niedergang des Klosters 1391, um dessen Güter zu → Baiersdorf zu kaufen. Im 1. Markgrafenkrieg 1450 wurde der Klosterbesitz geplündert, 1476 folgte der Anschluß an die Reformbewegung der Bursfelder Kongregation und 1481 die Inkorporation der Pfarrei → Emskirchen, über die die Abtei seit 1156 das Patronatsrecht besaß, durch den Papst. Nach im Bauernkrieg erlittenen Schäden erfolgte 1528 die Einführung der Reformation und 1532 die Säkularisation des Klosters, dessen Besitz das 1547 gebildete Klosteramt M. verwaltete. Erhalten blieb die um 1130 als mächtige dreischiffige Basilika errichtete, architektonisch bedeutende, im 19. Jh. jedoch purifizierend restaurierte *Kirche*, die Grabstätte der hl. Hildegundis von M. (gest. um 1129) ist. Vom Kloster sind geringe *Reste* sowie der ehem. *Klosterhof* vorhanden. – Die dem brandenburg-bayreuthischen Fraischamt Hagenbüchach unterstehende Gde. kam 1792 zum kgl. preuß. Justizamt → Markt E. und dadurch erst 1810 an Bayern. Seit 1846 ist M. Sitz eines ev. Dekanats, seit 1972 gehört es zur Gde. Aurachtal. (VI) *Andreas Jakob*

H. H. Hofmann, HAB Höchstadt-Herzogenaurach, 1951. – Der Landkreis Erlangen-Höchstadt, Hof/Saale 1979.

Münchberg, Stadt (LK Hof, OFr.). Auf der Gneishochfläche zwischen Fichtelgebirge und Frankenwald gelegen, ist M. mit rund 12.000 Einwohnern die größte Stadt des LK Hof. Schon in karolingischer Zeit verlief der Weg über die verkehrsvermittelnde Senke vom Obermaintal nach Sachsen und Böhmen. Auf derselben Trasse verlaufen heute die A 9 von München nach Berlin sowie die Eisenbahnlinie. – Der Ursprung von M. muß wohl im Flußtal der Pulschnitz gesucht werden, der Name »Münchberg« ist dabei wahrscheinlich auf die nicht nachweisbare Anwesenheit von Mönchen im 11. bzw. 12. Jh. zurückzuführen. Erstmals urk. erwähnt wird der Ort 1224. Erbauer waren die Herren von Sparneck, die auf dem

Waldstein und im benachbarten Sparneck ihren Hauptsitz hatten. Sie gaben M. das Stadtrecht und eine Ummauerung. Schon 1298 wird M. als »civitas« bezeichnet, ein Verweser der Pfarrkirche wird erstmals 1308 erwähnt. Kirchlich war das Gebiet aber wohl schon länger erschlossen, denn im nur 2,5 km entfernten Ort Mussen ist ein Würzburger Altzehnt belegt, damit hat der Ort schon vor der Bamberger Bistumsgründung 1007 bestanden. Die *Kirche* in M. ist St. Peter und Paul geweiht. – Eine Auseinandersetzung um die Vorherrschaft im Gebiet mit den sog.Siebendörfern Ahornberg, Laubersreuth, Meierhof, Jehsen, Almbranz, Ölschnitz und Querenbach ging zugunsten von M. aus. Diese genossenschaftlich organisierten Orte, alle w. der Straße M.-Gefrees gelegen, hatten besondere Privilegien und Aufgaben, insbesondere waren sie mit der Sicherung der durch Königsland führenden Altstraße betraut gewesen. 1364 erhielt M. durch Rüdiger von Sparneck die Rechte der Reichsstadt → Nürnberg. Bis zum Jahr 1381 kaufte Burggraf Friedrich V. von Nürnberg die Stadt mit den »Siebendörfern« und errichtete das Amt M. – 1529 wurde die Reformation eingeführt, aus dieser Zeit stammt auch das heute älteste Bauwerk der Stadt, die 1556 erbaute *Friedhofskapelle »zur Himmelspforte«.* Hussitenkriege und mehrere Großbrände haben die alte Bausubstanz vernichtet.– Nach der Abdankung des Markgrafen Karl Alexander kam das Markgraftum Bayreuth 1792 zum Kgr. Preußen. Nach einer kurzen Zeit unter frz. Verwaltung 1806–10 wurde M. bay. 1972 wurde M. im Zuge der Landkreisreform mit seinem Altlandkreis Bestandteil des LK Hof. – Schon seit dem 14. Jh. war in M. die Weberei bekannt. Selbstangebauter Flachs und Schafwolle waren zunächst die Rohstoffe, später kam Baumwolle hinzu. Der Anschluß an die Ludwig-Süd-Nord-Bahn 1848 war die Voraussetzung für den wirtschaftlichen Aufschwung. Aus der ehem. Hausindustrie entwickelten sich mechanische Webereien und später moderne Fabriken der Textil- und Textilveredelungsindustrie, M. wurde zur Textilstadt. Als Nachfolgerin der 1854 gegründeten Webschule bildet heute die Fachhochschule für Textiltechnik und -gestaltung neben der Staatl. Berufsschule Nachwuchskräfte für Textilberufe aus. – Nach dem 2. Weltkrieg fanden in M. 3000 Flüchtlinge und Vertriebene Heimat und Arbeit.

(IV)   *Ingeborg Fuhrmann-Hoffmann*

W. Emmerich, Die Münchberger Senke und die »Sieben Dörfer«. Ein siedlungsgeschichtliches Problem, in: Jahrbuch für fränkische Landesforschung 16 (1956), S. 109–142. – T. Breuer, BKD Münchberg, 1961. – K. Dietel, M. Geschichte einer Amts- und Industriestadt, M. 1963.

Münchsteinach (LK Neustadt a.d. Aisch-Bad Windsheim, MFr.). Der an der Ostseite des Steigerwaldes in einer waldreichen Hügellandschaft gelegene Ort, 912 erstmals urk. belegt, entstand aus einer reich ausgestatteten Klostergründung der edelfreien Herren von Steinach um 1140. Das *Benediktinerkloster*, das von Adalbert von Steinach mit reichen Ländereien und einem ausgedehnten Halsgerichtssprengel ausgestattet war, wurde von Komburg aus besiedelt. Die Schutzvogtei des Klosters ging an das Reich und wurde spätestens 1265 von Kg. Konradin dem Burggrafen von Nürnberg übertragen. Nach dem Übertritt der Hohenzollern zur luth. Konfession wurde das Kloster 1528 säkularisiert. – M. blieb bis 1792 Amtssitz der Markgrafen von Brandenburg-Ansbach. 1810 fiel das Dorf an das Kgr. Bayern. – Zwar blieb nur ein Teil der wehrhaften Klosteranlage erhalten, doch sind ihr einstiger Reichtum und ihre Größe deutlich erkennbar. Nach der Säkularisation des Klosters 1528 wurde nur der Ostteil der 1525 während der Bauernkriege stark beschädigten dreischiffigen *Basilika St. Nikolaus* als ev. Pfarrkirche weitergenutzt, der Westteil als Getreidespeicher profaniert. Bei einer umfassenden Restaurierung der Klosterkirche 1964–79 wurde die vielfarbige Bemalung der Architekturteile freigelegt und der roman. Raumeindruck wiederhergestellt. Fragmente der roman. Bau- und Kapitellplastik sind noch im n. Seitenschiff erhalten. Das sog. *Schlößchen* des letzten Abtes Christoph von Hirschaid (gest. 1529) und die restlichen im Ostflügel erhaltenen *Konventsgebäude* wurden später als Amtssitze weiter genutzt. *Klostermühle* und *-gästehaus* wurden im 18. Jh. zu Wohngebäuden umgebaut. Noch heute prägt der roman. *Turm* der Klosterkirche das Ortsbild. (V) *Beate Greif*

R. Herrlinger, Die ehemalige Benediktiner-Abtei-Kirche M., in: Würzburger Diözesangeschichtsblätter 14/15 (1952/53), S. 249–277. – G. Pfeiffer, Die Rechtsstellung des Klosters M., in: Jahrbuch für fränkische Landesforschung 23 (1963), S. 239–294. – Ders., M., eine Niederlassung des Benediktinerordens in Franken, in: Jahrbuch des Historischen Vereins für Mittelfranken 85 (1969/70), S. 1–12. – M. Unser Dorf im Wandel der Zeit. Die Häuser und ihre Besitzer, M. 2002.

Münnerstadt, Stadt (LK Bad Kissingen, UFr.). M. liegt w. des Unterlaufs des von Süden kommenden Talwassers in die Lauer in verkehrsgünstiger Lage an der Kreuzung einer überregionalen Nord-Süd-Verbindung (B 19) mit einer regionalen Südwest-Nordost-Verbindung. – Der ö. Teil des heutigen M. war bereits in der Spätlatène- und frühen Kaiserzeit besiedelt. Eine zweite frühgeschichtliche Siedlung lag in der Flur »Altstadt«. Die dort gelegene »villa« M. wird in einer fuldischen Tradition aus dem Jahr 770 erstmals urk. erwähnt und 803 als Mittelpunkt einer Mark genannt. Im Jahr 800 war M. Schauplatz eines »conventus publicus« unter dem Vorsitz des Grafen Liwicho. Der frühere Versammlungs- und Gerichtsort, der »Grapfeldono burgus« auf dem heutigen Michelsberg hatte also damals seine Bedeutung bereits verloren und war ins bequemere Tal nach M. verlegt worden. Etwa in der Mitte der vorgeschichtlichen Befestigung (Funde des Neolithikums und der Hallstattzeit) von 450 m Länge und 300 m Breite wurde vor 1321 die von einer Mauer umgebene Michaelskapelle erbaut. Sie hatte Tauf- und Begräbnisrecht und fungierte als Pfarrkirche für ↑ Burghausen und ↑ Reichenbach. Nach ihrer Zerstörung durch Blitzschlag 1806 wurde sie nicht wieder aufgebaut. – 815 erhielt Fulda den Zehnten von eigengenutztem Land in M. Von einem Königsgut (fiscus) M. ist nur 839 und danach nicht mehr die Rede. – Im 10.–11. Jh. scheint der fuldische Besitz in M. zunächst wohl nur Lehen, später Eigengut der Grafen von Henneberg geworden zu sein, die sicher auch die Vogtei über die Güter in M. ausübten, die 1108 an das Kloster St. Stephan zu → Würzburg geschenkt wurden. 1237 erscheint M. als Sitz des ältesten Sohnes von Graf Poppo VII. Letzterer übergab die Pfarrei M. dem Deutschen Orden, 1251 verpfändeten seine Söhne diesem ihre dortige »curia«. Eine Kommende scheint jedoch erst später eingerichtet worden zu sein; 1274 ist ein Komtur bezeugt. Die *ehem. Kommende*, in der heutigen Form hauptsächlich ein Werk des 17. Jh.s, liegt unmittelbar ö. der Pfarrkirche und beherbergt das städt. *Henneberg-Museum* und das Stadtarchiv. – Zwischen dem Deutschen Orden als Besitzer der Pfarrei M. (plebanus 1251) und den 1279 wohl auf Initiative der Bürgerschaft in M. angesiedelten Augustinereremiten kam es mehrfach zu Streitigkeiten. Das heute (wieder) bestehende *Augustinerkloster* ist eine Anlage des 18. Jh.s; die *Kirche* besitzt eine gediegene Rokokoausstattung. – Bei der hennebergischen Hauptteilung des Jahres 1274 erhielt die Linie Aschach die eine Hälfte von M., die andere verblieb bei Henneberg-Coburg und teilte die Geschicke der »Neuen Herrschaft«. Von den Nacherben (Württemberg) erwarb das Hochstift Würzburg 1354 eine Hälfte von Burg, Stadt und Amt M. Das dritte Viertel kaufte es 1551 von den Grafen von Mansfeld, das vierte 1585 von den Grafen von Stolberg. – Über die Stadtwerdung von M. ist nichts bekannt. 1272 ist ein Markt bezeugt, Bürger (cives) werden 1277 genannt, und 1279 zeigt sich die Stadtverfassung mit der Nennung von Schultheiß, Schöffen und Ratsherren voll entwickelt. Ein Stadtsiegel wird 1281 erwähnt, »opidani« werden 1292 genannt. Den »burgern« von M. verlieh Ks. Ludwig der Bayer 1335 das Recht der Stadt Gelnhausen. Dem Pogrom im Gefolge der Pest von 1348/49 fiel auch die jüd. Gde. von M. zum Opfer. – M. war Mittelpunkt eines Amtes, einer Zent sowie eines (früher in → Schweinfurt angesiedelten) Archidiakonats. Die nw. der *ehem. Burg* gelegene *kath. Pfarrkirche St. Maria Magdalena* mit Vorläuferbau aus dem 12. Jh. ist für ihre spätmittelalterlichen Glasfenster, den Magdalenenaltar von Tilman Riemenschneider (Teile davon im Bay. Nationalmuseum, München) und Werke von Veit Stoß berühmt. Die sanierte, fast komplett erhaltene *Stadtmauer* wurde von 3 Toren, *Oberes*, *Unteres* (eingelegt) und *Jörgentor*, durchbrochen. Ein viertes

Tor (»*Dicker Turm*«) wurde bereits im Mittelalter nach einer Straßenverlegung zugemauert. – 1399/1400 nahm M. am »Fränkischen Städtebund« teil, der vom hochstiftischen Heer in der Schlacht bei Bergtheim (LK Würzburg) geschlagen wurde. An Reformation und sog. Bauernkrieg nahm M. auch geistigen Anteil, indem seine Bürgerschaft 1525 die »Münnerstädter Artikel« formulierte, die prot. Forderungen enthielten. Der Übertritt der Grafen von Henneberg zum ev. Bekenntnis schützte im 16. Jh. die prot. gesinnten Bürger; die Gegenreformation durch den Würzburger Fürstbf. Julius Echter nach dem Erwerb auch des letzten Viertels von M. führte zum Wegzug von etwa einem Fünftel der gesamten Einwohnerschaft. Die Beschießung der Stadt 1641 durch den in schwed. Diensten stehenden sachsen-weimarischen General Rosen wurde aus unbekannten Gründen abgebrochen (jährliches Festspiel »Die Schutzfrau von M.«). 1660 wurde in M. unter Fürstbf. Johann Philipp von Schönborn ein Gymnasium gegründet. – Nach der Säkularisation war M. Sitz eines bay. Landgerichts (ä.O.), eines Rent- und eines Forstamtes. 1862 wurde M. dem Bezirksamt Kissingen zugewiesen. Aus dem Landgericht (jüngerer Ordnung) wurde 1879 ein Amtsgericht, das 1973 aufgelöst und dem Kissinger Amtsgerichtsbezirk eingegliedert wurde. Seit 1874 besteht Eisenbahnanschluß. Durch den Zuzug von Flüchtlingen und die Ansiedlung von Industrien (u. a. Waffen, Industriegläser, Textilien) erlebte M. nach dem 2. Weltkrieg einen bescheidenen Aufschwung, der sich in einer regen öffentlichen wie privaten Bautätigkeit niederschlug. Dem Zentralitätsverlust durch Abzug von Behörden steht die Eingemeindung zahlreicher umliegender Dörfer 1972 infolge der Gebietsreform gegenüber. *(II) Heinrich Wagner*

N. Reininger, M. und seine nächste Umgebung, Würzburg 1852, ND Bad Königshofen 1980. – K. Gröber, KDB Bad Kissingen, 1914, ND 1983. – K. Dinklage, Fünfzehn Jahrhunderte Münnerstädter Geschichte. Die Entwicklung von Verfassung und Wirtschaft in Dorf und Stadt M. namentlich im Mittelalter, M. 1935, Bad Königshofen ²1983. – E. Schöffler, Die Deutschordenskommende M. Untersuchungen zur Besitz-, Wirtschafts- und Personalgeschichte, Marburg 1991.

Münsterschwarzach (Gde. Schwarzach a. Main, LK Kitzingen, UFr.): → Schwarzach a. Main.

Muggendorf (Gde. Wiesenttal, LK, OFr.): → Wiesenttal.

Naila, Stadt (LK Hof, OFr.). Umgeben von den Höhen des Frankenwaldes liegt das erstmals 1343 urk. als »dorf zu neulins« erwähnte N. am Flüßchen Selbitz, nur 6 km von der A 9 (München-Berlin) entfernt. Hier traf im Hochmittelalter der bischöflich-bambergische Einfluß auf das Ausdehnungsbestreben der Hz.e von Andechs-Meranien, die im Regnitzland um → Hof ihre Herrschaft ausbauten. Zu den Dienstleuten der Vögte von Weida, die mit den Andechs-Meraniern und ab 1248 mit deren Erben, den Burggrafen von Nürnberg, um die Oberhoheit konkurrierten, dürfte Konrad der alte Radecker gehört haben. Er gab seine Güter 1343 den Vögten zu Lehen auf, im folgenden verkaufte er sie ihnen. 1374 treten die Burggrafen von Nürnberg urk. als Lehensträger auf. Aus dem gleichen Jahr stammt die Erwähnung einer später abgegangenen Kapelle, die den Heiligen Simon und Judas geweiht war. Von 1435 datiert die *Kirche St. Veit*, die im Ort gebaut wurde. Der hl. Vitus gilt als Heiliger der Bergleute. Wohl schon früher, jedoch im späten Mittelalter sicher belegt, wurden Gold-, Silber-, Kupfer-, Zinn-, Blei- und Eisenminen ausgebeutet. 1454 erhielt der Ort Marktrecht. Der zentral gelegene Marktplatz gestattete reges Marktleben über viele Jh.e. – Zwischen 1518 und 1524 wurde N. eigene Pfarrei, 1529 zog in die Gde. die Reformation ein. Nach den Zerstörungen während des 30jg. Kriegs kam der Bergbau in der 2. Hälfte des 17. Jh.s nochmals zu einem Aufschwung. Frz. Hugenotten, die nach der Aufhebung des Ediktes von Nantes 1685 ihre Heimat verlassen hatten, wurden von Markgraf Christian Ernst von Bayreuth in N. angesiedelt, bis 1815 bestand eine kleine reformierte Gde. Schon seit dem 15. Jh. war die Weberzunft im Ort beheimatet. Nach dem Niedergang des Bergbaus kam zur Handweberei, die in Heimarbeit geleistet wurde, die Handstickerei hinzu. – 1792 wurde die Markgrafschaft preuß., stand 1806–10 unter

frz. Verwaltung und wurde 1810 bay. 1818 erhielt N. die Stadtrechte. Eine Brandkatastrophe zerstörte 1882 den größten Teil
der Stadt. Nochmals trat eine Phase des Aufschwungs ein, als
1886 N. Station der Bahnlinie Hof-Marxgrün wurde. Die
Stadt wurde Industrieort mit Webereien, Schuhfabriken und
Maschinenbaubetrieben. Seit der Landkreisreform 1972 ist N.
mit seinem Altlandkreis Teil des LK Hof. Heute ist N. Ein-
kaufs- und Schulstadt für das Umland.

(IV)   *Ingeborg Fuhrmann-Hoffmann*

J. G. Hübsch, Geschichte der Stadt und des Bezirkes N., Helmbrechts
1863, ND 1953. – K.-L. Lippert, BKD Naila, 1963. – K. Tyrakowski, Mittelalterliche Kolonisation und Ortsgründung im Frankenwald, in: Jahrbuch für fränkische Landesforschung 45 (1985), S. 1–15.

Neideck (Gde. Wiesenttal, LK Forchheim, OFr.): → Wiesenttal.

Neidenstein (Stadt Hollfeld, LK Bayreuth, OFr.): → Hollfeld.

Neubrunn, Markt (LK Würzburg, UFr.). Der Ort liegt im
Quellgebiet des Kembachtals am Hang des sog. Kirchenbergs.
Die erste Erwähnung 815 im sog. Retzbacher Vertrag zeigt
hier fuldischen Besitz. Dieser ging im Hochmittelalter an die
Grafen von Wertheim über, die fuldische Regionalvögte waren und hier offensichtlich auch eine *Burg* bauten. – Um 1310
schenkte die Witwe Elisabeth von Hohenlohe, eine Wertheimer Erbtochter, ein von ihr gestiftetes Spital und weitere Besitzungen in N. dem Deutschordenssitz Mergentheim. Elisabeth, die offensichtlich hier auch in der Burg wohnte, hatte
bereits 1305 N. zur selbständigen Pfarrei erheben lassen. Auch
in der Folgezeit stattete die Gräfin den Deutschen Orden mit
Besitz in N. reich aus, so daß dieser bald auch eine Kommende
in N. aufbauen konnte. In diesem Zusammenhang erlaubte
1323 Kg. Ludwig der Bayer dem Orden, in N. eine Stadt mit
Wochenmarkt zu errichten. Die Grafen von Wertheim oppo-
nierten heftig gegen die Befestigung von N., besonders seit
1429. Unter diesen Umständen war das Stadtrecht von N.
nicht weiter haltbar. – Schon 1319 hatte Gräfin Elisabeth das

Spital nach → Stadtprozelten verlegen lassen, wo die Deutschordenskommende später auch ihren Sitz erhielt, N. wurde ein
Deutschordensamt dieser Kommende. Ursache dafür scheint
nicht zuletzt die schwierige Rechtslage des Deutschen Ordens in N. gewesen zu sein, der im 15. Jh. noch vergeblich
Centrechte in N. zu beanspruchen versuchte. Nach langen
Konflikten mit Wertheim trat größere Ruhe ein, als der Deutsche Orden 1483/84 seine Kommende völlig aufgab und an
Kurmainz vertauschte. – 1655 wurde N. mit seinem Amt an
das Hochstift Würzburg weitergegeben, doch nur bis 1686 residierte der Würzburger Amtmann im Neubrunner *Schloß*,
dann wurde das Amt N. dem Oberamt Homburg a. Main zugeschlagen. – Schloß (mittelalterliche Burg; heute Altenheim),
Teile der *Marktbefestigung* sowie *Tore* sind noch erhalten. Ansonsten ist der ehemals agrarisch strukturierte Marktort seit
1945 zu einer Arbeitergde. geworden, deren Siedlungsfläche
sich zwar stark ausgeweitet, die aber die ummauerte Marktsiedlung gut erhalten hat. – 1833 wohnten hier 11 jüd. Familien
mit einer *Synagoge* (heute sog. Judenschule), die 1911 infolge
der Abwanderung der Juden verkauft wurde.

(I) *Wilhelm Störmer*

F. L. Brunner, Geschichte der Deutschordens-Comthurei und des Marktfleckens N., Würzburg 1893. – W. Störmer, HAB Marktheidenfeld, 1962.
– A. Gehrsitz/J. Schreiber (Hg.), 1150 Jahre N., N. 1965.

Neuendettelsau (LK Ansbach, MFr.). Der zwischen → Nürnberg und → Ansbach gelegene Ort ist seit dem späten 13. Jh.
als Sitz der Reichsministerialen von Vestenberg belegt. Das
Dorf wies eine für die Region außergewöhnliche Geschlossenheit des Güterbesitzes auf, am Ende des Alten Reichs gehörten sämtliche Anwesen zum Rittergut N. Seit 1356 besaßen die Herren von Seckendorff, seit 1506 die Herren von
Lidwach und schließlich seit 1518 die Freiherren von Eyb den
Rittersitz, denen *Schloß* und Gut bis heute gehören. – Bekannt wurde N. vor allem durch die Diakonissenanstalt, eine
private Mädchenschule, die 1853/54 vom Dorfpfarrer Wilhelm Löhe gegründet wurde und sich aus bescheidenen An-

fängen sehr schnell zu einer bedeutenden Institution mit weltweiten Verbindungen entwickelte. Sie konnte an die Beziehungen anknüpfen, die durch die Initiative von Wilhelm Löhe bereits 1841 zur Ausbildung von Missionaren für Nordamerika und 1844 zur Aussendung von Siedlern nach Michigan (USA) geführt hatten, wo die Siedlung »Frankenmuth« gegründet wurde; die Einrichtung weiterer Kolonien in Michigan (Frankenlust, Frankenhilf und Frankentrost) folgte. – Aus den Behindertenheimen der Diakonie N. wurden 1940/41 von ca. 1700 geistig Behinderten 1158 von den Nationalsozialisten verschleppt und 438 in Gaskammern, 402 durch Verhungern ermordet. – Die Diakonie erhielt 1887 eine im neugot. Stil erbaute eigene *Kirche*, die 1930 von German Bestelmeyer erheblich erweitert wurde. Die *Pfarrkirche St. Peter*, 1390 erstmals erwähnt, wurde 1707, 1761 und 1810 erneuert. (VI) *Manfred Jehle*

H. Rössler (Hg.), 700 Jahre N., N. 1998.

Neuhaus a. d. Pegnitz, Markt (LK Nürnberger Land, MFr.). Der Markt N. a. d. Pegnitz liegt etwa 40 km nö. von Nürnberg. Er entstand aus einer Siedlung von Bauern und Burgmannen der oberhalb der Ortes gelegenen *Veste Veldenstein*. – Das Bamberger Urbar von 1323/27 und das bay. Salbuch von 1326 belegen erstmals das Entstehen einer Siedlung unterhalb der Burg. Im späten 14. Jh. können einzelne Güter belegt werden, im 15. Jh. wuchs der Ort durch Ansiedlung neuer Untertanen. – 1476 wurde die Pfarrei N. von → Velden abgetrennt und eigenständig. Etwa zu dieser Zeit wurde auch mit dem Bau der *Kirche* in N. begonnen, die dann 1765 – bis auf den *Turm* – als *Rokokokirche* neu erbaut wurde. – 1552 ist N. erstmals als Markt nachweisbar. Das Recht auf zwei Jahrmärkte und das Brauhaus kamen wahrscheinlich durch den Bamberger Bf. Weigand von Redwitz (1522–56) an N. Der Markt erlangte jedoch keine größere Bedeutung. Erst zum Ende der 19. Jh. führte die bessere Verkehrsanbindung durch die Pegnitztalbahn zu wirtschaftlichem Aufschwung und einem Anwachsen der Bevölkerung. – Bei der Gebietsreform 1972/78 wurden umliegende

Gde. n dem Markt angeschlossen. Heute lebt der Ort vor allem von Fremdenverkehr, der im Privatbesitz befindlichen Brauerei und einem hohen Anteil an Pendlern.

Die Burg Veldenstein liegt imposant auf einem Felsen oberhalb von N. Sie war wehrhaft angelegt mit einem über 20 m hohen *Bergfried*, *Hochburg* und *Vorburg*. – Erstmals ist die Burg 1269 als »das neue Haus« (novum castrum) nachweisbar. Die Burg war Verwaltungssitz des Bamberger Bf. Im 14. Jh. erscheint erstmals der Name Veldenstein. Die Burg wurde Ende des 15. Jh.s ausgebaut. Zur gleichen Zeit wurde die Bildung des bambergischen Oberamtes Veldenstein abgeschlossen, dessen Territorium bis zu seiner Aufteilung 1803 fast unverändert blieb. – 1708 wurde die Burg durch Blitzschlag schwer zerstört und nur teilweise wieder aufgebaut. Inzwischen unbewohnbar, wurde sie 1807 versteigert, ab 1846 dann in verschiedenen Phasen renoviert, in der Zeit von 1897–1914 zum Teil historisierend umgestaltet. 1939 kam Veldenstein an die Familie Hermann Görings, der sie weiter restaurieren ließ. 1950 übernahm der Freistaat Bayern die Burg, die heute als Hotel genutzt wird. (VI) *Wolfgang Wach*

W. Schwemmer, Burg und Amt Veldenstein-N., Nürnberg, 1961. – Ders./G. Voit, HAB Lauf-Hersbruck, 1967.

Neuhof a. d. Zenn, Markt (LK Neustadt a. d. Aisch-Bad Windsheim, MFr.). N. liegt ca. 30 km w. von Nürnberg im Zenngrund. Der 1249 erstmals als Wirtschaftshof (Grangie) »nova curia« der Zisterze → Heilsbronn genannte »Neue Hof« ist der Nachfolger des 779 als Besitz des Reichsklosters Lorsch genannten »Temhusen« (Zennhausen). Bf. Gundekar von Eichstätt weihte hier 1057/75 eine Kirche, 1138 erwarb Heilsbronn den Ort Zennhausen. 1209 als Grangie belegt, verschwindet er in der Folgezeit als Siedlung aus den Quellen, die ruinös gewordene Kirche wurde 1611–13 abgebrochen und zum Bau des Gotteshauses in N. verwendet. Die 2000/01 durchgeführten Ausgrabungen wiesen aber eine Siedlungskontinuität bis zum Beginn des 16. Jh.s nach. Neben der in einen (wohl noch karolingischen) Friedhof hineingebauten (Wehr-)Kirche wurde ein »Industriezentrum« mit zwei Ziegelbrenn- und Schmelzöfen sowie mit wenigstens einem großen, in seinem Zweck noch unklaren Gebäude entdeckt. – Die Grangie N. wurde 1296 in 12 Huben aufgeteilt; am Ende der Klosterzeit waren noch 5 davon jeweils unverteilt in einer Hand, 1834 noch eine einzige. Die »Privatisierung« beeinträchtigte die zentralörtliche Funktion des Propstei- und nachmaligen Amtssitzes (1727 Oberamt) nicht. Bei der Aufteilung hatte das Kloster seine große Schäferei nebst Schmiede (1402 belegt) und Weinschenke (1497) zurückbehalten. Der Schafhof wurde 1716 zerschlagen und unter Einrichtung einer Schenke mit Brauhaus aufgeteilt; die alte Weinschenke war dagegen schon 1595 privatisiert worden (seit 1781 *Zum Schwarzen Adler*). 1685 erfolgte die Konzessionierung einer zweiten Schenke mit Brauerei (»Zur Krone«). – 1388 wurde N. im Ersten Städtekrieg zerstört, im Zusammenhang wohl mit dem Zweiten ist der Ort 1449/50 mit einer Mauer, von der noch beeindruckende *Reste* und ein (das obere) *Torhaus* stehen, umgeben und mit einem Wehrbau (1456 erwähnt, 1570–73 Nachfolgebau; seit 1814 ist das *Schloß* in Privatbesitz) ausgestattet worden. Zusammen mit Heilsbronn kam N. im 16. Jh. unter markgräfliche Verwaltung, 1719 wurde es Brandenburg-Bayreuth zugeschlagen, mit dem es 1810 an Bayern fiel. – Kirchlich war N. durch Erhebung der 1309 der Pfarrei Trautskirchen zugewiesenen und 1611–13 erweiterten Kapelle St. Kilian zur *Pfarrkirche* 1620 selbständig geworden. 1771 entstand ein Neubau des Langhauses.

In den 1720er Jahren kam es zu Spätsiedlung in der Umgebung (Neukatterbach, Neuselingsbach, Neuziegenrück, Dietrichshof und Eichenmühle). Die Landwirtschaft blieb bis in die 1970er Jahre hinein Haupterwerbszweig. – Im April 1945 wurde N. bei Kampfhandlungen am Ende des 2. Weltkriegs schwer zerstört. 1959 siedelte sich die Firma Emil Gernt (Toilettenartikel aus Plastik) aus → Dietenhofen in N. an; diese ließ in den 1970er Jahren das *Hotel Riesengebirge* an Stelle des Brauereigasthofs »Zur Krone« sowie das *Rübezahldenkmal* auf dem umgestalteten Marktplatz errichten. Nach der Werksschließung 1999 kam es auf dem Werksgelände zur Ansiedlung der traditionsreichen Hercules-Werke aus → Nürnberg.

(V)   *Gerhard Rechter*

G. Rechter, Nachwort, in: G. Muck, Geschichte von Kloster Heilsbronn von der Urzeit bis zur Neuzeit, Bd. 3 (Nördlingen 1880), ND Neustadt/ Aisch 1993, S. I–XXIII. – E. Feiler, N. a.d. Zenn. Porträt eines fränkischen Marktes im Lichte der deutschen Geschichte, N. a.d. Zenn 1999.

Neunhof (Stadt Lauf a.d. Pegnitz, LK Nürnberger Land, MFr.). N. liegt n. des Sebalder Reichswaldes. Der Ort wird von seinen 3 *Schlössern* (»*Welser-Schlösser*«) geprägt. – N., erstmals 1109 belegt, wurde 1279 von Kg. Rudolf I. an die Schlüsselberger verpfändet. Eine erste Burganlage, deren genaue Lage nicht gesichert ist, wurde wohl im Städtekrieg 1388 von den → Nürnbergern zerstört. Der Ort kam 1347 an die Burggrafen von Nürnberg, 1405 an den Nürnberger Bürger Hans Pirckheimer und blieb – zeitweise geteilt – im Besitz von Nürnberger Patrizierfamilien (Geuder, Koler, seit 1660/88 Welser). Erstmals 1388 und dauerhaft seit 1445 wurde N. als Markt bezeichnet, behielt aber ein dörfliches Erscheinungsbild bei. – Die Geuder errichteten auf einer Höhe n. der *Kirche* einen erstmals 1504 bezeugten Herrensitz. Das im 2. Markgrafenkrieg 1552 zerstörte Gebäude wurde offenbar vor dem 18. Jh. nicht wieder aufgebaut. – Am Südrand des Ortes begannen die Geuder auf einer erhöhten Terrasse 1612–19 mit dem Bau eines weiteren Schlosses. Die Anlage blieb unvollendet und wurde 1632 durch Brand beschädigt. In den Jahren bis 1660 ließen die zum Calvinismus übergetretenen Geuder hier reformierte Gottesdienste abhalten. Diese wurden auch von geflüchteten Oberpfälzer Calvinisten besucht, die in der Stadt Nürnberg zwar wohnen, aber keinen Gottesdienst feiern durften. Erst unter den Welsern wurde das *Hauptschloß* 1688–95 vollendet und bis in die 1730er Jahre hinein ausgestattet, danach nicht mehr wesentlich verändert. Es ist heute Sitz der 1539 gegründeten Freiherrlich Welserschen Familienstiftung (Archive, Bibliotheken, Sammlungen der Familie Welser). – Als *zweites Schloß* in N. wird der barocke Bau des Welserschen Herrenhauses bezeichnet, das die Welser 1722 dicht an die Nordostecke des Hauptschlosses anstelle eines 1577 von den Geuder errichteten Gebäudes aufführen ließen. – Das *dritte Schloß* errichteten die Welser 1749 auf den Resten des 1552 im 2. Markgrafenkrieg zerstörten Sitzes der Geuder. Nach den zwischenzeitlichen Besitzern dieses Teils des Ortes im 16./17. Jh. wird es auch »Koler-Schloß« genannt. – Vermutlich aus einer Schloßkapelle hervorgegangen, entstand im Burgstall zwischen 1470 und 1490 die Filialkirche *St. Johannes d. T.*, umgeben von einem befestigten *Friedhof.* 1524 wurde die Reformation eingeführt. Nach ihrer Zerstörung im 2. Markgrafenkrieg 1552 wurde die Kirche wiederhergestellt. – Die im 17./18. Jh. reichsunmittelbare Herrschaft N. (Reichsritterschaft, Kanton Gebürg) kam 1806 zu Bayern. Im Rahmen der Gebietsreform wurde N. 1972 nach → Lauf a. d. Pegnitz eingemeindet.

(VI)   *Sandra Frauenknecht / Martin Ott*

W. Meyer / W. Schwemmer, KDB Lauf a. d. Pegnitz, 1966. – W. Schwemmer / G. Voit, HAB Lauf-Hersbruck, 1967. – Neunhofer Land, 1975 ff.

Neunkirchen a. Brand, Markt (LK Forchheim, OFr.). Die in dem 1062 dem Bistum Bamberg übertragenen Waldgebiet ö. der Regnitz in einem weiten, fruchtbaren Talgrund am Südwestabhang des steil aufsteigenden Hetzles gelegene, 1195 als »Neuchirchen« erstmals erwähnte Rodungssiedlung (»am Brand«) wurde nach den Ergebnissen neuerer archäologischer Grabungen erst um 1100 angelegt. Sie bildete mit ihrer »neuen Kirche« den kirchlichen und wirtschaftlichen Mittelpunkt eines großen Sprengels, der im ausgehenden Mittelalter 35 Ortschaften umfaßte. Im 13. Jh. Sitz einer Hofmark des Hochstifts Bamberg, gelangte N. wohl nach 1251 mit der Burg Schellenberg pfandweise an die Reichsministerialen von Gründlach, wurde nach 1286 wieder ausgelöst, jedoch 1296 mit → Erlangen und → Herzogenaurach vorübergehend an zwei Nürnberger Bürger versetzt. – Die Gründung eines *Augustinerchorherrenstifts* 1314 an der wohl im 12. Jh. errichteten *Michaelskir-*

che diente sowohl der Verbesserung der Seelsorge in der ausgedehnten Großpfarrei als auch der Verfestigung der bischöflichen Stellung in dem Ort, der für das Hochstift nicht zuletzt durch seine Lage in der Nähe von Interessengebieten der Burggrafen von Nürnberg und an der seit dem 14. Jh. so genannten Böhmen- oder »Eisenstraße« in die Oberpfalz wicht war. Das bei den Adelsfamilien des Umlandes als Grablege bevorzugte und mit zahlreichen Zustiftungen ausgestattete Kloster, das als letzte geistliche Korporation im Bistum Bamberg Landstandschaft erreichte, erlangte durch die Einführung der Raudnitzer Reform für einige Jahrzehnte große Bedeutung, löste sich aber infolge der Reformation und des 2. Markgrafenkriegs nach dem Tod des letzten Propstes 1555 auf. Die Verwaltung seines Besitzes wurde mit dem Richteramt der ehem. Hofmark N. vereinigt, bevor 1626 Kloster und Güter an das neue Klerikalseminar in → Bamberg übergingen. – Dem 1348 als Markt erwähnten, im 15. Jh. erweiterten Ort verlieh 1410 Kg. Ruprecht neben anderen Rechten 4 Jahrmärkte und einen Wochenmarkt. 1433 gewährte Bf. Anton eine aus 5 Ratsherren bestehende Gemeindevertretung, den sog. Inneren Rat, 1439 erteilte der Vogt im Einverständnis mit dem Bf. eine Gde.- und Gerichtsordnung. 1444 verlieh der Bf. Wappen und Marktsiegel. 1502 wurde der Bau der in großen Teilen erhaltenen starken *Ringmauer* begonnen, die zusammen mit den dicht aneinandergereihten Häusern, innerem und äußerem Marktplatz und geschlossenen Straßenzeilen N. einen ausgesprochen städt. Eindruck geben. Obwohl gelegentlich als Stadt bezeichnet, erhielt der im 30jg. Krieg mehrfach geplünderte und teilweise zerstörte Ort nie entsprechende Rechte. – Während nach der Vereinigung des Amtes Schellenberg-N. mit Marloffstein 1598 der (seit 1655 Ober-)Amtmann dort residierte, blieben Verwaltung und Hochgericht in N. 1803 fiel es mit dem Hochstift Bamberg an Bayern, das 1804 gebildete Landgericht wurde 1813 nach → Gräfenberg verlegt. 1818 wurde N. freiwillig Ruralgde., 1869 wieder Markt. Die Eröffnung der Sekundärbahn Erlangen-Gräfenberg 1866 (1963 stillgelegt), der Zuzug von Vertriebenen nach 1945 und von

»Stadtflüchtlingen« aus dem Ballungsraum Nürnberg-Fürth-Erlangen seit den 1970er Jahren führten zu einer zunehmenden Orientierung nach Erlangen.   (VI)   *Andreas Jakob*

W. Held, Ein Beitrag zur Geschichte des Marktes N. am Brand, N. am Brand 1973, ND 1988. – O. Specht, Fundamente, Scherben und Skelette. Ausgrabungen im ehemaligen Augustiner-Chorherrenstift N., N. 1999. – C. Friederich u. a. (Hg.), Erlanger Stadtlexikon, Nürnberg 2002.

Neustadt a. d. Aisch, Stadt (LK Neustadt a. d. Aisch-Bad Windsheim, MFr.). Die Kreisstadt N. liegt an der Kreuzung zweier Bundesstraßen 30 km nw. des Großraums Nürnberg-Fürth. Den Ausgang der Siedlung bildete der 889 »Reotfeld« genannte Königshof (heute Ortsteil Riedfeld), der an der Furt der Fernstraße Nürnberg-Frankfurt a. Main über die Aisch lag, und dessen Zehnt zur Ausstattung des 741 gegründeten Bistums Würzburg gehörte. – Im 11. Jh. kam Riedfeld an das Bistum Regensburg. Bf. Gebhard IV. von Regensburg aus dem Hause der Grafen von Raabs gab einem seiner Verwandten Riedfeld zu Lehen. Unter diesen wurden auf der Riedfeld gegenüberliegenden s. Seite der Aisch eine Burg (im Bereich der heutigen Volkshochschule und des späteren, nicht erhaltenen Seckendorffschen Schlößchens) und eine Siedlung (um den heutigen Marktplatz) angelegt, für die sie wohl schon früh das Marktrecht erwarben. Nach dem Aussterben der Familie von Raabs gelangte Riedfeld 1191 an die Zollern. – Das 1200 als Stadt (oppidum) bezeichnete Riedfeld wurde Ausgangspunkt der zollerischen Territorialpolitik im Aischtal. 1274 stifteten die Zollern im nahegelegenen → Birkenfeld ein Zisterzienserinnenkloster, erweiterten in der Folge den Markt zur gut befestigten N. und legten im Südosten eine neue *Veste* an. Die erste sicher belegte Form des heutigen Namens geht auf das Jahr 1294 zurück. Um 1300 entstand das *Spital* (1598 neu erbaut, mehrfach verändert), 1331 wurde erstmals ein Bürgermeister erwähnt. In diese Zeit fällt auch das erste Stadtsiegel. In mehreren Ausbaustufen wurde die Siedlungsfläche im 15. Jh. erheblich ausgedehnt, wobei in der Nordecke der Stadt um 1443 das sog. *Alte Schloß* fertiggestellt

wurde. Seit Beginn des 15. Jh.s war N. Münzstätte. – In den
Hausverträgen des 14. und 15. Jh.s wurde N. dem »Oberland«
zugeschlagen und bildete darin das Verwaltungszentrum der
unterländischen Besitzungen. Unter Markgraf Albrecht Alcibiades war es seit 1547 bis zu seinem Sturz nach dem
2. Markgrafenkrieg bevorzugte Residenz des Landesherrn.
Unter der Herrschaft Georg Friedrichs wurden an Stelle des
zerstörten Kaufhauses 1568 ein *Rathaus* (1711–15 neu erbaut)
und ab 1575 das repräsentative »neue Schloß« (1906 abgebrannt) errichtet, das von 1617 bis zu den starken Zerstörungen im 30jg. Krieg (1631/32) die Kanzlei des Bayreuther Unterlandes beherbergte. Im 18. Jh. war N. bis zum Übergang an
Preußen (1792) Sitz der Landeshauptmannschaft und wurde
1797 Sitz des Kreisdirektoriums. – Bis ca. 1400 blieb die zum
Königshof Riedfeld gehörige und 1274 neu erbaute St. Martinskirche Pfarrkirche der N. 1458 stifteten die Zollern an
gleicher Stelle das Franziskanerkloster St. Wolfgang, das 1525
zerstört wurde und dessen Gelände seit 1585 als Friedhof genutzt wird (1724/25 Neubau der *ev. Friedhofskirche Christi
Himmelfahrt*). Im Zuge des Stadtausbaus wurde zu Beginn des
15. Jh.s in der N. die erhaltene *Pfarrkirche St. Johannes* errichtet,
auf die die Pfarrechte der älteren Martinskirche übergingen.
Nach Einführung der Reformation wurde N. Sitz eines Su-
perintendenten. Seit 1564 ist N. Dekanatssitz (*Dekanat* von
1749/50). – 1298 ist ein erstes Pogrom gegen jüd. Einwohner
erwähnt. Eine starke jüd. Gde. entwickelte sich vor allem nach
einem Schutzbrief des Markgrafen von 1409 und durch Zuzug in Folge der Vertreibung aus Nürnberg 1499. Im 16. Jh.
kam es zu wiederholten Ausweisungen der Juden aus N. Bis
ins 18. Jh. gab es Auseinandersetzungen zwischen der Stadt
und dem Landesherren wegen der Ansiedlung jüd. Familien.
1767 sollen keine Juden mehr in N. gelebt haben. Zur Entwicklung einer jüd. Gde., die 1938 erlosch, kam es erst wieder
nach 1864 mit der Zusicherung der Freizügigkeit. – Um 1400
entstand in N. eine Schule, die 1567 in eine lat. »Trivial-Schu-
le« umgewandelt wurde. Die 1737 neuerbaute *Fürstenschule*
(1803 zur Bürgerschule zurückgestuft und seit 1817 Gymnasi-

um) erlangte unter dem Einfluß des Halleschen Pietismus überregionale Bedeutung. – Seit 1810 bay., erhielt N. ein Landgericht und wurde dem neugebildeten Rezatkreis (seit 1837 Mittelfranken) angegliedert. Bereits in der preuß. Phase war vorübergehend ein Husarenbataillon in N. einquartiert; 1815–87 beherbergte N. eine bay. Garnison, für die erstmals wieder regelmäßige kath. Gottesdienste abgehalten wurden. 1883 wurde die *kath. Kirche* geweiht, die 1920 zur selbständigen Pfarrei erhoben wurde. – Durch den Bau der Eisenbahnlinie Nürnberg-Würzburg wurde N. 1865 an das Eisenbahnnetz angeschlossen. – Nach dem 2. Weltkrieg kam es durch die Ansiedlung von Vertriebenen und Flüchtlingen zu einem enormen Bevölkerungszuwachs. Heute ist N. vor allem regionaler Verwaltungsmittelpunkt und hat sich innerhalb des spätmittelalterlichen *Mauerrings*, von dem noch Teile erhalten sind, wichtige Charakteristika einer barocken Amtsstadt bewahrt. (V) *Martin Winter*

M. Döllner, Entwicklungsgeschichte der Stadt N. an der Aisch bis 1933, N./Aisch 1950, ²1978. – H. H. Hofmann, HAB Neustadt-Windsheim, 1953. – W. Funk, Zur Stadtentwicklung von N. an der Aisch, in: Jahrbuch des Historischen Vereins für Mittelfranken 78 (1959), S. 37–53. – M. Doerfel, Ein zweites Halle in N./Aisch? Zur Geschichte des Neustädter Gymnasiums unter Pietisten und Herrnhutern im 18. Jahrhundert, in: Zeitschrift für bayerische Kirchengeschichte 58 (1989), S. 141–177.

Neustadt a. d. Saale: → Bad Neustadt a.d. Saale.

Neustadt a. Main (LK Main-Spessart, UFr.). Die *Benediktinerabtei N.*, auf einem Schwemmkegel zwischen Ostabfall des Spessarts und Main gelegen, wurde um 770 vom zweiten Würzburger Bf. Megingoz gegründet. Dieser zog sich nach seiner Abdankung 768 nach dem Ort »Rorinlacha« unweit zweier wohl frühmittelalterlicher Befestigungen (Gaiberg und Michaelsberg) zurück und gründete hier mit → Würzburger Ordensbrüdern das Kloster N. Die Erstausstattung stammte von einem Grafen Hatto. Da Megingoz sein Kloster dem Schutze Karls des Großen unterstellte, könnte dieser bei der Ausgestaltung beteiligt gewesen sein. – Spätestens 794 war N.

eine kgl. Abtei, die von Karl dem Großen mit einem Immuni-
tätsprivileg und einem ausgedehnten Forstgebiet im Spessart
ausgestattet wurde. Im frühen 9. Jh. war der Abt von N. zugleich Abt des älteren Königsklosters → Amorbach bzw. um-
gekehrt. Der Kg. verband die beiden Klöster zwecks besserer
wirtschaftlicher und politischer Nutzung und betraute sie mit
der Missionsarbeit im Gebiet von Verden im Herzogtum
Sachsen. 3 Äbte von N.-Amorbach waren zugleich Bf.e von
Verden/Aller. – 993 wurde N. würzburgisches Eigenkloster.
Mit Hilfe einer Fälschung war es dem Hochstift gelungen, N.
an sich zu ziehen. Immer wieder versuchte Würzburg, die Gerechtsame der Abtei einzuengen. Zunächst unterstützte der
Bf. die Neustädter Klostervögte. Diese, die Herren von Grumbach, erbauten im 12. Jh. auf Neustädter Boden eine Zwing-
burg gegen die Abtei: → Rothenfels. Ihre Nachfolger, die Grafen von Rieneck, rissen, offenbar von Würzburg unterstützt,
zahlreiche Klosterrechte an sich und empfingen Rothenfels
als Würzburger Lehen. 1157 bestätigte Ks. Friedrich I. dem
Kloster den Mainzoll. Auch Ks. Karl IV., der eine luxemburgi-
sche Landbrücke von Böhmen nach Frankfurt a. Main plante,
unterstützte N. gegen Würzburg, befreite es vom Würzburger
Landgericht und verlieh ihm erneut den Mainzoll. 1558 begann ein neuer Rechtsstreit zwischen N. und Würzburg um
die klösterliche Gerechtsame, der erst 1794 durch einen Vergleich beendet wurde. Die Macht Würzburgs über das Kloster
war nach den Bauernkriegsschäden besonders im Zeitalter
der Gegenreformation so groß, daß ein Abt, der sich aus finanziellen Gründen weigerte, das Kloster neu zu erbauen, von Bf.
Julius Echter abgesetzt wurde. – Trotz dieser häufigen Auseinandersetzungen mit Würzburg konnte N. eine verhältnismäßig große Grundherrschaft wahren. Im 11. Jh. schloß sich N.
der Gorzer Bewegung, im 12. Jh. der Hirsauer Reform an. N.
gründete zwei Propsteien: 1164 Einsiedel (im Spessart) und
1336 Retzbach a. Main. Nach 1629 bezogen Neustädter Konventualen das rekatholisierte Kloster Murrhardt. – N. wurde
mehrfach geplündert: 1525 im Bauernkrieg, 1633 von Schweden, 1637 von Kroaten, 1648 von Franzosen. 1803 säkularisiert,

fielen die Klosterbesitzungen an die Fürsten Löwenstein-Wertheim-Rosenberg, die nach einem Brand (1857) die *Kirche* neu erbauten. Seit 1924 befindet sich dort ein *Kloster* der Missionsdominikanerinnen. (I) *Wilhelm Störmer*

H. Wagner, Die Äbte des Klosters N. am Main im Mittelalter, in: Würzburger Diözesangeschichtblätter 46 (1984), S. 5–60. – L. Wamser, Erwägungen zur Topographie und Geschichte des Klosters N. am Main und seiner Mark, in: 1250 Jahre Bistum Würzburg. Archäologisch-historische Zeugnisse der Frühzeit, hg. v. J. Lenssen/L. Wamser, Würzburg 1992, S. 163–204. – Erika Haindl, N. am Main. Biographie eines Dorfes, Würzburg 1994.

Neustadt b. Coburg, Stadt (LK Coburg, OFr.). Die Stadt liegt in einem Talkessel, umgeben von den Ausläufern des s. Thüringer Waldes. Die Stadtgrenze ist im Norden und Osten identisch mit der Landesgrenze zwischen Bayern und Thüringen und war 1945–90 ein Teil der Zonengrenze zur Sowjetzone, der späteren DDR. – In der Zeit der Andechs-Meranier legte ein Vasall dieses Geschlechts um 1162 eine Zollstätte bei einer Furt durch den Fluß Röden, der, von Sonneberg in Thüringen kommend, der Itz beim heutigen Rödental zufließt, an. Es entwickelte sich eine kleine Siedlung, deren zuverlässige Erstnennung 1248 als »forum quod dicitur Nuwenstat« erfolgte. Die Henneberger Grafen schlugen im gleichen Jahr, als die Andechs-Meranier ausstarben, diesen Marktort ihrer »Neuen Herrschaft Coburg« zu. Bereits 1316 wird für N. eine Art kommunaler Selbstverwaltung nach dem Vorbild → Schweinfurts bezeugt. Der Marktort wurde zu einem wichtigen Handelsplatz an der sog. Sattelpaßstraße über den Thüringer Wald nach Erfurt und Leipzig. Zahlreiche Handwerker ließen sich um den Marktplatz am Talhang der Röden nieder. Den höchsten Punkt der mittelalterlichen Stadt nahm die Kirche St. Georg ein, ein regelmäßiges Straßen- und Gassennetz füllte die Fläche zwischen den 3 Stadttoren, die ein Mauerring verband. – Dem bescheidenen Wohlstand der Stadt bereitete der 30jg. Krieg in jähes Ende. Ein Brand im Jahre 1636 vernichtete 237 Häuser, der gesamte mittelalterliche Stadtkern wurde ausgelöscht. Die Stadt hatte sich von diesem Schlag nie richtig erholt. Ein neuerlicher Stadtbrand 1839 zerstörte die letzten Reste historischer Substanz. Das heutige Stadtbild ist ein Abbild des Wiederaufbaus in der 2. Hälfte des 19. Jh.s. – Der bekannte Denkmalpfleger Frankens, Carl Alexander von Heideloff, baute die *Stadtkirche* im historisierenden Stil wieder auf, entlang den Straßenzügen entstanden biedermeierliche ein- bis zweigeschossige *Bürgerhäuser*, die doch wieder von einem zunehmenden Wohlstand zeugten, da im Zuge der Industrialisierung die Spielwaren- und Puppenherstellung und deren Verkauf etwas Reichtum in die Stadt brachten. Doch wuchsen auch die sozialen Probleme, da die Heimarbeit schlecht bezahlt war. – Nach dem Anschluß des Coburger Landes an Bayern 1920 wurde N. als »Bayerische Puppenstadt« bekannt, was dann vor allem nach 1945 zum Markenzeichen wurde, als die benachbarten thür. Wirtschaftsräume hinter dem »Eisernen Vorhang« verschwanden. Nun siedelten sich von dort viele Fabrikanten für Puppenherstellung, Spielwaren und vor allem Glasherstellung und Christbaumschmuck an. So gelangte N. trotz Zonenrandlage zu neuer Wirtschaftskraft, die sich im Stadtbild in Neubauten niederschlug. Zwischen 1969 und 1971 mußten die alten Gebäude, die bisher der Stadtverwaltung als Rathaus dienten, einem neuen viergeschossigen *Stahlbeton-Skelettbau* in Sichtbetonweise weichen. Das bisherige Trachten-Puppen-Museum mit Spielzeugschau erfuhr einen Um- und Erweiterungsbau und stellt seit 1988 als »*Museum für Spielzeug*« eine Touristenattraktion dar.

(III)   *Harald Bachmann*

A. Greiner, Geschichte der Stadt und Pfarrei N. (Herzogtum Coburg), 2 Bde., Coburg 1905/11, ND 1990. – H. Scheuerich, Geschichte der Stadt N. bei Coburg im zwanzigsten Jahrhundert, 2 Bde., N. b. Coburg 1989/93.

Nilkheim (Stadt Aschaffenburg, LK Aschaffenburg, UFr.): → Aschaffenburg.

Nordhalben, Markt (LK Kronach, OFr.). Mit der Errichtung einer *Burg* auf dem Schloßberg Mitte des 12. Jh.s zur Kontrolle der wichtigen Straßenverbindung vom Obermaintal durch das Rodachtal über den Frankenwald ins Vogtland waren für die Anlage des auf einem langgestreckten Bergrücken an der Grenze zu Thüringen gelegenen Marktortes N. die Voraussetzungen geschaffen. In der Neuzeit verlor die Straße jedoch an Bedeutung; das hochgelegene N. bewahrte so trotz rudimentärer städt. Strukturen immer einen von der Landwirtschaft geprägten Charakter. Auch die 1900 fertiggestellte und heute stillgelegte Bahnstrecke von Kronach wurde nicht über den Frankenwald nach Thüringen verlängert. – 1154 wurde im Zusammenhang mit der Übertragung von Einkünften aus Neubrüchen im »Nortwald« an das Kloster Michelsberg (→ Bamberg) durch den Bamberger Bf. Eberhard II. die Burg erstmals urk. bezeugt. Die im Bauernkrieg zerstörte Burg, von der ein breiter *Halsgraben* und Geländespuren zeugen, war auf Betreiben des Bf.s zum Schutz seiner Leute errichtet worden, denen in der Umgebung zu roden erlaubt war. In den folgenden Jh.n zeitweise aufgegeben, wurde sie Mitte des 14. Jh.s wieder instandgesetzt. – Ab 1354 bestand eine Kondominatsherrschaft über die Burg und das zwischen der Nordhalbener Ködel und der Rodach gelegene Amt N. durch das Hochstift Bamberg und die Vögte von Gera; nach dem Aussterben der Vögte 1550 fiel deren Hälfte an das Hochstift Bamberg zurück. Die Herrschaftsausübung in dem kleinen Amts- und Gerichtssprengel wurde von adeligen Burgmannen und später von Amtleuten, die im *Amtshaus* ihren Sitz hatten, wahrgenommen. – Unmittelbar w. der Burg, oberhalb des Bergsporns, entstand bald eine Marktsiedlung, deren erste *Pfarrkirche* in der ursprünglich wohl als Burgkapelle dienenden *Marienkapelle* zu suchen ist. 1408 wurden N. von Bf. Albrecht von Bamberg mit Zustimmung Heinrichs von Gera Stadtrechte gewährt. Obwohl diese Rechte offenbar bald in Vergessenheit geraten waren, verfügte die Bürgerschaft mit ihren freieigenen Gütern und ihrer Ratsverfassung auch später über weitgehende Selbstverwaltungsrechte. – Der Ort, der um 1800 nur etwa 150 Anwesen umfaßte und mehrmals durch Feuersbrünste verwüstet wurde, so während des 30jg. Kriegs 1633 und zuletzt 1856, wurde dennoch nach dem Übergang des Hochstifts Bamberg an Bayern 1837 Sitz eines Landgerichts bzw. nach 1879 Sitz eines bis 1929 bestehenden Amtsgerichts. – Wie in → Teuschnitz fand die Reformation in N. bereitwillige Zustimmung und wurde zunächst von den Bamberger Bf.n auch toleriert. Als es um 1600 zu gewaltsamen Rekatholisierungsbestrebungen kam, wich ein Teil der bedrängten prot. Bewohner von N. auf das angrenzende reußische Territorium aus und gründete dort die Dorf- und Kirchengde. Titschendorf (heute Thüringen). – Der Waldreichtum und der Erzbergbau bei Dürrenwaid sö. von N. führten schon in der frühen Neuzeit zur Anlage von Säg- und Hammermühlen an der Rodach. Bei der *Stoffelsmühle* wurde in den 1920er Jahren eine Schul- und Büromöbelfabrik errichtet (2003 geschlossen). In der Marktgde. wurden mit wechselndem Erfolg in mittelständischen Betrieben u. a. Schiefertafeln und Griffel sowie Zigarren hergestellt. (IV) *Helmut Demattio*

H. Demattio, HAB Kronach, 1998. – Grenzerfahrungen N. 1154–2004, hg. v. H. Wunder, N. 2004.

Nürnberg, Stadt (MFr.). Die Ursprünge der Reichsstadt an der Pegnitz sind von der bis heute am Nordwestrand der Altstadt weithin sichtbaren Burgsiedlung, Archetypus der Stadtansicht und eine der bedeutendsten *Wehranlagen* Europas, maßgeblich beeinflußt worden. N.s Anfänge gehen auf eine Zeit zurück, die vor der Ersterwähnung der noch kleinen Siedlung als »Novrenberc« 1050 liegt. Damals ließ Ks. Heinrich III. in einem Freilassungsdiplom für eine Leibeigene am Rande eines Hoftags auch den Ort außerhalb des Bamberger Bannbezirks festschreiben, der sicher älteren Ursprungs war. Der Ortsname wird gedeutet als Berg bzw. Burg eines gewissen Noru. Dennoch ist von mehreren Siedlungspunkten auszugehen, wobei neben dem Areal unterhalb der *Burg* als älteste die Königshöfe um *St. Egidien* (1140) und *St. Jakob* (1209) zu nennen sind. Von archäologischer Seite wird außerdem der Fünferplatz für die Entstehungsgeschichte der früh- und hochmittelalterlichen Siedlung aus verschiedenen präurbanen Kernen einbezogen.

Die Burg diente seit 1050 als Reichsburg und Kaiserpfalz sowie als Stätte zahlreicher Reichsversammlungen und Hoftage. In der Goldenen Bulle von 1356 wurde festgelegt, daß neben der Wahl des Kg.s in Frankfurt und der Krönung in Aachen der jeweils erste Reichstag nach einer Königswahl in N. stattfinden solle. Mit dem Burggrafenamt wurde 1191/92 in Nachfolge der Herren von Raabs durch Ks. Heinrich VI. Graf Friedrich III. von Zollern belehnt, womit der Aufstieg der Hohenzollern zu wichtigen Territorialfürsten in Franken und der Gegensatz zwischen Reichsstadt und dem zollerischen Burggraftum ihren Anfang nahmen. Bald dokumentierte die Beschneidung der burggräflichen Kompetenzen durch die Einsetzung eines Reichsschultheißen und eines Butiglers schwindenden kgl. staufischen Einfluß. Seit dem Interregnum waren dann die Reichsburg und die auf dem Bergsporn ö. gelegene Burggrafenburg räumlich und rechtlich getrennt – eine Unterscheidung, die erst 1427 durch den Verkauf des Zollernbesitzes an den Rat der Stadt durch Burggraf Friedrich IV. beseitigt wurde, Symbol für die Stadtherrschaft der Bürger. Auch nach der Übernahme des Titels »Markgraf von Brandenburg« 1417 führten die Zollern den nun inhaltsleer gewordenen Burggrafentitel weiter.

Ob die Burgsiedlung bereits befestigt war, ehe sie sich über St. Sebald, die noch im 11. Jh. entstandene Wallfahrtskirche, hinaus bis an die Grenze des Überschwemmungsgebiets der Pegnitz ausdehnen und den 1146 an die Schotten übergebenen ehem. Königshof bei St. Egidien einbeziehen konnte, ist ungewiß. Um 1140 berief dort Kg. Konrad III. Benediktiner aus dem ↑ Regensburger Schottenkloster an die Egidienkirche. Sie war staufische Hofkirche; ihre Westempore dürfte als Herrscherloge gedient haben. Vor ihren Toren tagte das kgl. Landgericht und in ihr ließ Kg. Rudolf I. 1281 den frk. Adel den Landfrieden beschwören. Das Egidienkloster erlebte noch im späten 15. Jh. unter Abt Johann Radenecker eine geistige Blüte, ehe es nach der Reformation 1515 dem Rat übergeben wurde. In dessen Auftrag richtete Philipp Melanchthon anstatt der älteren Klosterschule ein Gymnasium

(*Melanchthon Gymnasium*) ein. – *Stadtpfarrkirche St. Sebaldus*: Urk. bezeugt und aus dem Stadtgrundriß klar ersichtlich ist die Ummauerung des erweiterten Sebalder Marktes erst um 1256. Um 1070 begannen dort bereits Wallfahrten zu den Gebeinen des Kirchenpatrons, der 1424 von Papst Martin V. hl. gesprochen wurde. Die Wallfahrt war sowohl wirtschaftlich als auch kirchlich-kulturell äußerst erfolgreich. Im Spätmittelalter befanden sich in der Kirche bereits 16 Altäre, an welchen 21 Vikarien bestanden. 1474/1513 traten der Papst und der Bf. von Bamberg ihr Patronatsrecht dem Rat ab. Seit 1477 durften die Pfarrer, wie die zu St. Lorenz, den Titel eines Propstes führen. 1519 wurde dann das berühmte Sebaldusgrab Peter Vischers d. Ä. und seiner Söhne im Chor der Kirche neu aufgestellt. Neben der Propstei, die 1533 dem Rat übereignet wurde, bestand seit ca. 1420 eine Prädikatur, die seit 1522 Dominicus Schleupner, der in Wittenberg studiert hatte, innehatte. Am 1.6.1524 führte er dort das Abendmahl in beiderlei Gestalt und den Gottesdienst in dt. Sprache ein. Der St. Sebalder Prädikant hielt beim Religionsgespräch 1525 die Eröffnungsrede und wirkte an der Visitationsordnung von 1528 und an der weit über Franken hinaus strahlenden N.-Brandenburgischen Kirchenordnung von 1533 mit. – Während sich der Markt um St. Sebald formierte, wurde s. der Pegnitz eine zweite, planmäßig angelegte Siedlung ummauert, die, nach ihrem leiterförmigen Grundriß zu schließen, sicher erst in der Stauferzeit zwischen dem Königshof bei St. Jakob und der Pegnitzniederung entstanden war. Vielleicht sollte sie die Fernstraßen von Rothenburg-Augsburg und von Regensburg an sich ziehen. 1209 schenkte Kg. Otto IV. der Deutschordenskommende N. die am Königshof gelegene Kapelle, die bis 1290 zur *Kirche* St. Jakob ausgebaut wurde. Teile des ehem. Ritterchors stammen aus dieser Zeit. Bis 1532 wurde das Gotteshaus vom Deutschen Orden genutzt. 1532 waren die Gottesdienste endgültig prot., aber das Deutschordensareal bildete, reichsständisch vor der Mediatisierung durch den Rat gesichert, bis 1805/06 eine kath. Enklave in einer ansonsten seit der Ratsreformation monokonfessionellen Reichsstadt. – Für

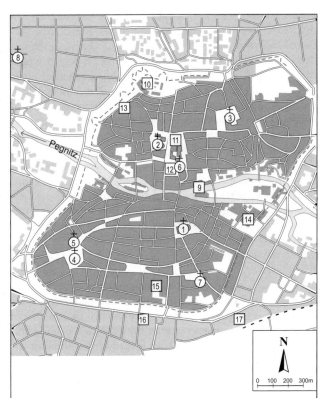

1. Ev. Stadtpfarrkirche St. Lorenz
2. Ev. Stadtpfarrkirche St. Sebald
3. Ev. Egidienkirche (ehem. Kirche des Schottenklosters)
4. Ev. Jakobskirche (ehem. Deutschordenskirche)
5. Kath. Stadtpfarrkirche St. Elisabeth
6. Kath. Stadtpfarrkirche Unserer Lieben Frau (Frauenkirche)
7. Kath. Klarakirche (ehem. Kirche des Klarissenklosters)

8. Ev. Friedenskirche
9. Heiliggeistspital
10. Burg
11. Rathaus
12. Hauptmarkt
13. Albrecht-Dürer-Haus
14. Landesgewerbeanstalt
15. Germanisches Nationalmuseum
16. Opernhaus
17. Hauptbahnhof

die Stadt s. der Pegnitz entwickelte sich eine ursprünglich von der Pfarrei → Fürth abhängige Heilig-Grab-Kapelle, die später das Laurentius-Patrozinium annahm. Die Eigenständigkeit der Nürnberger Pfarreien St. Lorenz und St. Sebald wurde nicht durch Abtrennung von den Mutterpfarreien erreicht, sondern durch Verlegung des Pfarrsitzes. Während der Pfarrer von Poppenreuth im 12. Jh. die Verlegung nach St. Sebald vollzog, folgte der Pfarrherr von Fürth diesem Beispiel für St. Lorenz erst nach 1258. Auch die *Stadtpfarrkirche St. Lorenz* wurde jetzt ausgebaut; bis zum Ende des 15. Jh.s bestanden dort 15 Altäre mit 17 Vikarien. 1474/1513 gingen die Patronatsrechte an den Rat über. Die seit 1423 bischöflich bestätigte Prädikatur hatte während der Reformation Andreas Osiander, der noch in ↑ Ingolstadt studiert hatte, inne. Er war 1522 aus dem Augustinerkloster in N. berufen worden und wurde zum geistigen Haupt der Reformation. In St. Lorenz wurde seit 1525 das Abendmahl in beiderlei Gestalt mit dt. Messe gefeiert.

Die beiden genannten Altsiedlungen n. und s. der Pegnitz, die vielleicht zunächst auch getrennt ummauert waren, wuchsen im 14. Jh. zusammen. Zuvor waren auch die sumpfigen Flußufer überbaut wurden. Außerhalb der Mauern des 13. Jh.s hatten sich zwischenzeitlich neue Reformorden, insbesondere die Dominikanerinnen (St. Katharina) und die Klarissen (St. Klara) niedergelassen. Im Jahr 1380 folgten die Kartäuser (Marienzelle). Dies machte dann den Bau einer massiven Mauererweiterung mit Zwingergraben notwendig. Zu Beginn des 15. Jh.s hatte so N. bereits die topographische Ausdehnung erreicht, die es bis zur beginnenden Industrialisierung im 19. Jh. beibehalten sollte. Lediglich der äußere Burgfrieden wuchs weiter. – Ebenfalls im 15. Jh. konnte der Rat das Halsgericht und die Lehensherrschaft über das vor dem Spittlertor gelegene Dorf Gostenhof – als Straßendorf wurde es 1311 erstmals erwähnt – erwerben und den Markt Wöhrd, der ö. des Wöhrder Türleins lag, seinem Amt der Vesten unterstellen. Jetzt hatte der Rat Zugang zu den grund- und gerichtsherrlichen Einkünften in den alten Rodungsgebieten der ansehnlichen angrenzenden Reichswälder. Die Wöhrder Vorstadt wurde 1552 zerstört, doch ließ sie der Rat in neuer Funktion als Handwerkersiedlung vor allem für aus dem Kernbereich abziehende Betriebe wie Färbereien rasch wieder aufbauen.

Eine große städt.-territoriale Herausforderung hatte die Bürgerschaft seit Beginn mit den Burggrafen zu bestehen. Die Hohenzollern, die vor Ort Ende des 12. Jh.s Fuß faßten, strebten seit dem Interregnum nach der Stadtherrschaft in N. Selbst nach dem »großen Kauf« von 1427 und der Verlagerung burggräflicher Präsenz auf die → Cadolzburg und nach → Ansbach blieb der Konflikt mit den Zollern bestehen; an ihm rieb sich die Bürgerschaft dann vor allem im reichsstädt. Landterritorium. Der große Fraischprozeß führte den Rat und die Burggrafen zwischen 1526 und 1796 mehrmals vor das Reichskammergericht. In der Anfangsphase war dadurch auch der reichsstädt. Status gefährdet. Vor allem Ks. Ludwig der Bayer bewahrte N. davor, eine burggräfliche Landstadt zu werden. Gleichzeitig verhinderte die entschlossene Haltung der teilweise aus kgl. Dienst kommenden und durch frühen Fernhandel reich gewordenen Bürgerschaft eine burggräfliche Mediatisierung. Wichtige Privilegien waren den Nürnbergern bereits 1219 durch Ks. Friedrich II. eingeräumt worden. In dieser Urkunde wird erstmals die »civitas« erwähnt, des weiteren erhalten Kaufleute Zoll- und Messevergünstigungen; die Selbstveranlagung der Reichssteuern wird bestätigt. Im Zuge der Reichsreform von 1495 wurden die militärischen und finanziellen Leistungen für das Reich festgelegt; N. wurde dort neben Lübeck und ↑ Augsburg mit dem für eine Reichsstadt höchsten Betrag veranschlagt. – Vor dem Ende des 13. Jh.s hat die Stadt praktisch Reichsfreiheit erlangt. Sie wurde bis zum Ende des Alten Reichs mit nur geringen Verfassungsänderungen durch das Patriziat oligarchisch regiert. Die politisch, wirtschaftlich und gesellschaftlich führenden Familien stammten z.T. aus der Reichsministerialität, sofern sie wie die Groß, Haller, Muffel oder Pfinzing nach dem Untergang des Stauferreichs 1268 in die Stadt zogen. Im Spätmittelalter wurde nach dem Aussterben vieler Familien dieser alte Stadtadel durch neue Geschlechter ergänzt, darunter die Kreß, Rieter und Harsdörffer. Aus dem Handwerk schafften nur die Fütterer über das Verlagswesen und Finanzgeschäfte den Aufstieg in den Inneren Rat. Mit dem Tanzstatut wurde 1521 der Kreis der ratsfähigen Familien des Patriziates (42 Geschlechter) endgültig gegenüber der Kaufmannschaft und den Handwerkern abgeschlossen. – Die innere Ordnung N.s wurde u. a. durch das Bürgerrecht und die seit 1301 geführten Satzungsbücher festgeschrieben, dies vor allem seit der Reformation durch eine Kirchenordnung (1533), Almosenordnungen (seit 1522), durch zahllose Policeygesetze und Handwerksordnungen. Bauliche Manifestation bürgerlich-patrizischer Selbstverwaltung war das *Rathaus.* Den ältesten Teil bildete ein 1332–40 errichteter Saalbau (Großer Ratssaal), zur Zeit seiner Entstehung der größte Profanbau n. der Alpen. 1521 entstand dort unter Albrecht Dürers Leitung ein europäisches Gesamtkunstwerk der Renaissance mit Wandgemälden, Glasmalereien, Vertäfelungen und dem Einzug einer raumfüllenden Holztonne. 1616/19 wurde nach Plänen Jakob Wolffs d.J. ein umfassender Erweiterungsbau errichtet. Er prägt gegenüber dem Ostchor von St. Sebald bis heute die Fassade des Rathauses.

Der Rat vollzog bereits im ausgehenden Mittelalter erfolgreiche Schritte zur Kommunalisierung der Kirche. Humanistische Einflüsse im Patriziat, bei den Ratskonsulenten (Christoph II. Scheurl) und auf den Vordersten Ratsschreiber Dr. Lazarus Spengler sowie die Predigten des Theologen Johannes von Staupitz in den Jahren 1512, 1516 und 1517, die zur Einrichtung eines Freundeskreises in der Sodalitas Staupitziana führten, bereiteten den Boden für die Reformation in N. In den Hauptkirchen wurden reformatorische Prediger angestellt. Erste reformatorische Ansätze zeigte bereits auch die Almosenordnung im Herbst 1522. Mit dem Religionsgespräch vom März 1525 führte N. nach dem Vorbild Zürichs schließlich die Ratsreformation durch. Den Klöstern wurden künftig Neuaufnahmen untersagt, ev. Gottesdienste angeordnet, Feiertage eingeschränkt, das Kirchengut ging in Ratsverwaltung über. Mit Unterstützung Philipp Melanchthons konnte nach humanistischen Prinzipien 1526 ein Gymnasium als Hohe Schule gegründet werden. 1575 verlegte man diese Schule nach → Altdorf (seit 1578 reichsstädt. Universität). – Der Geist der Reformation zeitigte aber auch auf anderen Feldern Wirkung. Von N. aus wurden seit den 1530er Jahren Theologen immer wieder in anderer Reichsstädte wie ↑ Donauwörth, → Rothenburg o. T. oder Regensburg, aber auch nach Pfalz-Neuburg berufen. In besondere wirtschaftliche und kulturelle Abhängigkeit zu N. gerieten die kleineren frk. Reichsstädte wie (→ Bad) Windsheim und → Weißenburg.

Etwas früher als Augsburg erlebte N. eine wirtschaftliche Blüte im 14. und 15. Jh. Neben dem Fernhandel mit den Erzeugnissen der äußerst gewerbeintensiven Stadt und ihres weiten Umlandes florierte vor allem der Import von Gewürzen, Orient- und Italienwaren. Von Italien kamen auch ökonomische Innovationen, um 1480 übernahm man etwa in N. bei den Firmen Praun und Tucher das System der doppelten Buchführung. Intensiver Handelsaustausch folgte auch entlang der Straße nach Prag und Böhmen. Bereits im 16. Jh. vollzogen sich aber einschneidende Veränderungen. Zum einen zog sich um die Mitte des Jh.s das Patriziat aus der Handels- und Finanzwelt weitgehend zurück. Zum anderen zwang der Zusammenbruch des internationalen Kapitalmarkts durch die frz. und span. Staatsbankrotte die Nürnberger Kaufleute dazu, sich neu zu positionieren. Schließlich verlor das Messewesen gegenüber dem neuen Börsenhandel an Bedeutung; dies führte 1560 am Nürnberger Herrenmarkt zur Errichtung einer eigenen Börse. 1615 schloß sich die Gründung einer Giro- und Wechselbank an, die 1621 in den vom Inneren Rat (Bancoamt) kontrollierten Banco Publico überführt wurde. Damit war der reichsstädt. Kapitalmarkt nach venezianischen Vorbildern kommunalisiert. Der Banco Publico bestand bis 1827. Nach dem 30jg. Krieg konnte die verarmte, mit hohen Steuern belastete, von der merkantil-protoindustriell geprägten Politik ihrer Nachbarn bedrängte Reichsstadt nicht mehr an die Blütezeit anknüpfen. Es blieb im wesentlichen bei der Einfuhr metallischer Roh- und Halbfertigwaren zur Veredelung in »Nürnberger Tand« und beim hergebrachten Gewerbefleiß. – Trotz des bedeutenden Anteils der Kaufmannschaft am Wohlstand der Stadt blieb die Stadtverfassung bis zum Grundvertrag von 1794 oligarchisch strukturiert. Diese letzte reichsstädt. Verfassungsreform konnte nur angesichts eines drohenden Stadtbankrotts und des äußeren Drucks von Reichshofratskommissionen eingeleitet werden. Danach standen im Engeren Ausschuß der Stadtregierung neben Patriziern auch Kaufleute und Handwerksmeister. Zuvor bezeichnete sich die Stadt zwar selbst als Republik, doch lenkte der exklusiv dem Patriziat vorbehaltene Innere Rat die Politik. Im Stadt- und Landgebiet führte er das Regiment in Exekutive, Legislative und Jurisdiktion. 34 patrizische Ratsherren und 8 Ratsfreunde aus dem Handwerk saßen dort, aus deren Mitte das Collegium Septemvirale – auch als Innerer Geheimer Rat bezeichnet – als eigentliche Regierung gewählt wurde. An der Spitze dieses Septemvirats stand wiederum in Auswahl ein Triumvirat (»Vorderste Ratsherren« oder »Losunger«), das Haushalt und Finanzen kontrollierte, Siegel und Wappen führte sowie über die Heiltümer und Reichskleinodien wachte. In N. war somit das Handwerk einem Rat patrizischer Fernhändler und Unternehmer unterstellt. Dieser duldete keine gewerblich sich selbst organisierenden und politischen Zünfte, auch keine Bruderschaften, regelte und kontrollierte das Handwerk streng, ordnete es fernhändlerischen Belangen unter, förderte es jedoch in der Form des Exportgewerbes. Zünftlerische Vereinigungen wurden seit dem Zusammenbruch des Aufstandes von 1348 verboten und unterdrückt. – Juden sind in N. seit dem 12. Jh. bezeugt; sie wurden immer wieder verfolgt und der Stadt verwiesen. Das mittelalterliche Judenviertel entstand im Süden der Sebalder Altstadt in der sumpfigen Pegnitzniederung. Nach dem großen Pogrom 1348/49 wurden dort Häuser abgerissen, das Viertel geplündert und 562 Juden ermordet. Anstelle der Synagoge entstand die *Frauenkirche*. Im ö. Teil der Sebalder Stadt schuf man zwischen oberem und unterem Judenhof ein neues Ghetto, das nur über zwei Torhäuser zugänglich war. Neben einer neuen Synagoge standen dort 16–18 Wohnhäuser, ein Spital, ein *Ritualbad* und ein Tanzhaus. Nach der endgültigen Vertreibung der Juden aus der Reichsstadt 1498/99 wurde das Judenviertel aufgelöst.

Die Sicherung der Stadt nach außen gelang durch die *Stadtbefestigung*. Der äußere *Mauerring* wurde seit der Mitte des 14. Jh.s angelegt. Neben den 5 Haupttoren (*Frauentor, Spittlertor, Neutor, Tiergärtnertor* und Laufer Tor) gab es in reichsstädt. Zeit nur zwei Einlässe für Fußgänger (Hallertürlein, Wöhrder Türlein). Torzölle und Torsperrer kontrollierten den Fern- und Nahhandel. Die über das Umgeld – im Ungeldamt hinter dem Rathaus verwaltete man seit 1385 diese wichtige indirekte Steuer – finanzierten Fortifikationen wurden während des 30jg. Kriegs ausgebaut. Der weitere Mauerring war eigentlich eine nochmals verstärkte Landwehr, die bereits seit dem späten Mittelalter über Burgen und ein ausgeklügeltes Meldesystem seitens der Landämter (Vorposten) der Bürgerschaft auch ohne feste Mauern Schutz geboten hatte. Sie ist seit dem 1620er Jahren ausgebaut und durch die schwed. Schanzwerke 1632 vollendet worden. Diese Wehranlagen bestanden aus Erdwällen und zwei starken Schanzen, der Sternschanze im Osten und der Bärenschanze im Westen. Zudem war das weitläufige Nürnberger Landgebiet ein territorialer Schutzschild. Der seit dem 13. Jh. erfolgte zielstrebige Erwerb von Gütern außerhalb der Stadtmauern war für die Versorgung mit Rohstoffen, Lebensmitteln und vor allem mit Getreide wichtig. Daran waren einzelne Bürger wie die Haller (→ Gräfenberg), Muffel (→ Eschenau), Geuder (→ Heroldsberg), Pirckheimer (→ Neunhof bei → Lauf a.d. Pegnitz) ebenso beteiligt wie Stiftungen und Klöster (Sebalder und Lorenzer Reichswälder, → Hersbruck) und die Stadt selbst (u. a. → Hiltpoltstein, → Lichtenau, Wildenfels, Wöhrd). Seit 1427 war mit den Burggrafen von N. im Landgebiet die hohe Gerichtsbarkeit strittig. 1583 wurde sie diesen nach einem langen Fraischprozeß vor dem Reichskammergericht zugesprochen, doch blieb sie bis 1805 Reibungspunkt. Unter den dt. Reichsstädten besaß N. somit eines der größten Landterritorien, in dem Ende des 18. Jh.s etwa 35.000 Menschen lebten. Im Stadtgebiet zählte man vor der Mediatisierung 25.000 Einwohner. *Wolfgang Wüst*

1806 schloß die Rheinbundakte die napoleonische Umwälzung im Alten Reich ab. Dabei fiel die Reichsstadt, die seit den 1790er Jahren vom preuß. Ansbach-Bayreuth auf das Gebiet innerhalb der Stadtbefestigung eingeengt war, an das Anfang des Jahres zum Kgr. erhobene Bayern. N. sank zur bay. Provinzstadt ab, aber gewann auf diesem Tiefpunkt zugleich Voraussetzungen für einen Wiederaufstieg. Einerseits wurde das Gemeinwesen, das trotz Reformansätzen im Grundlagenvertrag 1794 und in der Intervention durch eine Kaiserliche Subdelegationskommission 1797 nicht nur hoch verschuldet, sondern institutionell erstarrt war, rigoros dem bürokratischen Zentralismus Montgelas' unterworfen. Viele haben das – 1809 sogar durch einen Aufstand noch einmal kurz unterbrochene – bay. Regiment, das an der zwischen Rathaus und St. Sebald errichteten Hauptwache ins Auge stach, nur langsam akzeptiert, zumal N. vom weit kleineren → Ansbach aus regiert wurde. Ein Depravationstrauma wirkt bis heute spürbar nach. Andererseits wurde die Stadt effizienter verwaltet und finanziell saniert, gewann 1818 wieder gewisse Selbstverwaltungsrechte und erhielt 1825 das Gebiet des ehem. Burgfriedens von Gostenhof bis Wöhrd sowie von St. Johannis bis Galgenhof zurück. Zudem bot der bay. Staat einen größeren wirtschaftlichen Horizont, welcher sich 1834 noch wesentlich erweiterte durch den Deutschen Zollverein, den Nürnberger Kaufleute mit initiiert hatten. Solche Unternehmer standen für die noch immer große Wirtschaftskraft, die N. durch beträchtliches Privatkapital, ein weit gespanntes Beziehungsnetz und vielfältiges Arbeitswissen besaß. Dadurch wurde die Stadt früh und stark von der technisch-ökonomischen Umwälzung im beginnenden Industriezeitalter erfaßt. Diese setzte bereits in den 1820/30er Jahren ein, was die erste dt. Eisenbahn, auch wenn sie nur bis Fürth ging, spektakulär vor Augen führte.

Seit den 1840er Jahren, als zunächst der Ludwig-Donau-Main-Kanal, dann aber dauerhaft die Ludwig-Nord-Süd-Bahn – die Bayern von Hof nach München bzw. Lindau durchquerte und mit Sachsen und Preußen wie mit der Schweiz verknüpfte – die alte Handelsgunst der Nürnberger Mittellage weiter verbesserten, gewann die Industrialisierung stete Dynamik. Führend war die Metallindustrie, die aus der schon im Handwerk hochentwickelten Nürnberger Metallbearbeitung wuchs; vor allem der Maschinenbau mit einigen Großbetrieben – bei Klett & Co. (später MAN) arbeiteten schon 1857 über 2600 Menschen – und vielen kleineren Fabriken, daneben Fahrzeug-, besonders Zweiradbau sowie Massenartikel aus Blech, u. a. Spielwaren, in der Tradition des »Nürnberger Tands«. Auch für die durch Schuckert 1873 begründete Elektroindustrie wurde N. ein Hauptstandort mit globalem Export. Dazu kamen Farben-, Tuch-, Tabakfabriken, Großbrauereien, die Lebkuchenindustrie und die Herstellung von Bleistiften, Pinseln und Nachtlichtern, die zum Teil den Weltmarkt dominierten. Da sich die Standortfaktoren Unternehmerwissen, Kapital, Arbeitskräfte und Verkehrslage – Ende des 19. Jh.s kreuzten sich hier 3 Fernbahnlinien – vorteilhaft verbanden, stieg N. zur größten Industriestadt Süddeutschlands auf; seine Bevölkerung versiebenfachte sich von fast 47.000 1840 auf über 330.000 1910, wobei 4 Fünftel der Beschäftigten Arbeiter waren. Zur massenhaften Zuwanderung, durch die vor allem wegen des hohen Anteils von Oberpfälzern die kleine kath. Minderheit auf ein Drittel der Einwohner stieg, kam zwischen 1899 und 1910 eine Eingemeindungswelle. Sie hat das Stadtgebiet mehr als verfünffacht. Das bot den nach der starken Bebauung des Bereichs vor den Mauern – seit der Aufhebung der Festungseigenschaft 1866 – nötigen Raum für weitere Fabriken, Wohnquartiere und kommunale Einrichtungen. Genutzt wurde er am stärksten im Osten und, mit MAN und Schuckert, im Süden, von Wöhrd über Glockenhof nach Steinbühl, wohin der 1846 eröffnete Bahnhof und die Gleisführung frühe Entwicklungsmarken setzten. Diese Stadterweiterung erfolgte, nachdem schon 1859 die Marienvorstadt planvoll entstanden war, seit den 1870er Jahren weitgehend systematisch, mit rechtwinkeligem Straßennetz und Tangenten zur Bündelung des Verkehrs. Im Kontrast dazu entstanden nach 1900 am Stadtrand die aufgelockerten, durchgrünten Genossenschafts- oder Werkssiedlungen Werderau, am Rangierbahnhof, Gartenstadt.

Das rapide Wachstum zwang zu außergewöhnlichen Investitionen in die Daseinsvorsorge: die Versorgung mit Wasser, mit Gas – das es schon seit 1847 aus einem privaten Werk, dem ersten in Bayern, gab –, schließlich mit Elektrizität, die Entsorgung durch eine Kanalisation, zu der später eine Kläranlage kam, ein Schlachthof modernsten Typs, ein neues Krankenhaus und, da die kirchlichen Begräbnisstätten überfüllt waren, zwei 1880 bzw. 1913 eröffnete große kommunale *Friedhöfe*, einer davon mit dem ersten Krematorium Bayerns. Zwischen 1870 und 1915 wurden 36 neue Schulen errichtet, deren aufwendige Gestaltung die Bedeutung der Volksbildung in einer prosperierenden Industriestadt sichtbar machte. Für Hygiene und Gesundheit entstanden Stadtteilbäder sowie ein großes Volksbad, für urbane Freizeit der Tiergarten am Dutzendteich. Da sich Familie, Arbeit und Freizeit räumlich zunehmend trennten, außerdem bei letzterer der Radius durch Vereine, Ausflüge und Attraktionen wie Volksparks, Sportplätze, Kinos wuchs, verband die Kommune die Stadtteile durch ein Massenverkehrsmittel: Sie übernahm 1903 die 1881 als private Pferdebahn gegründete, 1897 elektrifizierte Straßenbahn und baute sie auf 14 Linien aus. Insgesamt läßt sich die singuläre Steigerung der kommunalen Leistungen in der Haupturbanisierungsphase daran ermessen, daß zwischen 1890 und 1905 N.s Haushalt auf das Dreieinhalbfache, die Verschuldung fast auf das Sechsfache und bis 1913 noch einmal um gut die Hälfte zunahmen. – Sichtlich stiegen Zentralität und Infrastrukturbedarf N.s auch mit der Erweiterung der Garnison: Zum 2. Chevaulegers-Regiment, das ab 1832 hier lag, kamen 1851 das 14. Infanterie- sowie 1900 das 8. Feldartillerie-Regiment, eine Reihe höherer Stäbe und

1900 das Kommando des III. Armeekorps. Ihre Kasernen bezogen Truppen und Stäbe 1865 noch in der Altstadt – die
Deutschhaus-Kaserne neben der Elisabethkirche –, seit den
1880er Jahren jedoch außerhalb der Mauer an der Fürther
Straße, an der Bucher Straße, in Großreuth. – Ebenso entstanden die anderen genannten Einrichtungen meist in den
neuen Vierteln, wo 1900 bereits viermal mehr Menschen
wohnten als im alten N. Doch auch dieses veränderte sich
durch öffentliche Großbauten, repräsentative Geschäftsge-
bäude und neue oder umgebaute Bürgerhäuser wesentlich.
Bis in die Mitte des 19. Jh.s hatten bei den wenigen Reprä-
sentationsbauten klassizistische, bei Bürgerhäusern funktionale Formen in Biedermeierart oder mit einzelnen neugot.
Elementen überwogen; die auf einen mittelalterlichen »Charakter« N.s fixierten Neugotiker, voran Karl Alexander Heideloff, waren über Kirchenrestaurierungen und Fassadenum-
bau hinaus nicht besonders zum Zug gekommen. Dagegen
setzte bei dem regen Bauen, das in den 1860/70er Jahren vom
Zentralitätsgewinn der Stadt innerhalb der Mauern und am
umlaufenden Ring ausgelöst wurde, der Historismus mit
der neugot. Rathauserweiterung durch August Essenwein,
der Neorenaissance der *Landesgewerbeanstalt*, dem mächtigen
Neobarock des *Hauptbahnhofs* starke Akzente und verbreitete
sich durch Banken, Hotels, Wohnhäuser in dem von der
Kunstgewerbeschule kreierten sog. Nürnberger Stil. Er verband Gotisches mit dt. Renaissance und fiel durch Erker,
Chörlein, Schneckengiebel, Säulen, Obelisken, Karyatiden
auf. Vor allem auf der durch den Bahnhof zum Geschäftsvier-
tel aufgewerteten Lorenzer Stadtseite, die die Sebalder Seite
überflügelte, prägte er wie in der Karolinen- und der Königsstraße ganze Partien. Und noch in die neobarocken und die
Jugendstilbauten Anfang des 20. Jh.s wirkte er nach, etwa
am *Opernhaus* oder an den üppigen Wohnhäusern des Prinz-
regentenufers. Auch in den neuen Vierteln hat er, vereinfacht
und standardisiert, den Mietshausbau beeinflußt, so wie dort
neugot. Kirchen, z.B. *St. Peter*, die Gotteshäuser der Altstadt
nachahmten. Doch trotz solcher Stiladaptionen unterschie-

den sich die Industrievorstädte augenfälliger als in den meisten Städten von der Innenstadt, wo zwar in vielen Hinterhöfen Arbeiter wohnten, aber kaum Fabriken lärmten, sondern historische und historisierende Ensembles »altdeutsche« Kontinuität suggerierten. Beide Sphären wurden durch die gewaltige Stadtmauer getrennt, die gegen das Drängen von Wirtschaft und Stadtführung, sie für eine Ringstraße zu schleifen, als Rahmen der Nürnberger Silhouette großenteils erhalten blieb.

Das um 1800 erfundene romantische N. Dürers und des Hans Sachs, in Versen, Bildern, Feiern kolportiert und mit Butzenscheiben und Lebkuchen popularisiert, lag neben dem prosperierenden Industrieplatz mit seinen weltweit bekannten Produkten. Hatten daher seit dem späten Vormärz konservative und progressive Selbstdeutung miteinander gerungen, verbanden sich gegen Ende des Jh.s beide zum attraktiven Programm traditionsstolzer Fortschrittskraft einer Stadt, die nach steilem Wiederaufstieg materiell wie im Image auf ihrem zweiten Höhepunkt stand. Jene war in den Werkshallen global agierender Firmen ebenso wie im *Germanischen Nationalmuseum*, dem Schatzhaus dt. Kultur, augenfällig. Diese Sicht wurde zum Credo der Bürgerkreise aus Unternehmern, Advokaten, Magistratsräten, höheren Beamten, welche die Stadt vom Vormärz bis Anfang des 20. Jh.s beherrschten, offen sowohl zum alten Patriziat als auch für Aufsteiger aus dem Kleinbürgertum. Mit einem liberalen und nationalen Grundkonsens verteidigten diese Kreise eine auf Besitz und Bildung gegründete Bürgerwelt gegen den Etatismus des Staates wie gegen gesellschaftliche Nivellierung. Sie beteiligten sich an der um 1860 wiederauflebenden nationalen Bewegung, wobei sie zunehmend auf Preußen setzten, und akklamierten dem Kaiserreich, das ihre wirtschaftlichen Interessen wie ihre kulturellen Werte begünstigte, dies nicht zuletzt konfessionell durch seine prot. Dominanz. Nach ihrem Vorbild fühlten Bürger und Kleinbürger in der Regel mehr dt. als bay. So errichtete N. auf dem Egidienplatz das größte *Denkmal* für Ks. Wilhelm I. in Bayern, freilich bald als Loyalitätszeichen ein gleichwertiges für Prinzregent Luitpold vor dem Bahnhof. Die Mehrheit der liberalen Bürger erhoffte sich von der inneren Ordnung des Reichs samt ihren autoritären Zügen nicht zuletzt Schutz gegen die politisch und sozial umsturzverdächtige Sozialdemokratie. Denn die Arbeiterstadt N. wurde deren bay. Hochburg und war seit 1881 im Reichstag, für den das allgemeine gleiche Wahlrecht galt, seit 1893 – mit kurzer Unterbrechung – auch im Landtag durch sie vertreten. Ins Rathaus kamen Sozialdemokraten aufgrund eines Zensus erst 1908, stellten jedoch schon 1914 die Mehrheit der Gemeindebevollmächtigten.

In der Revolution 1918/19 wurde die Mehrheitssozialdemokratie entscheidend, die sich auf disziplinierte, durch die starke Nürnberger Rüstungsproduktion teilweise gut situierte Facharbeiter stützte. Sie fing eine Radikalisierung wie im ↑ München der Räterepublik ab, unterstellte die ihr zugefallene Macht dem allgemeinen Wählervotum und leitete damit zur parlamentarischen Demokratie über. In dieser stützte die 1922 mit der USPD wiedervereinigte, der politischen Mehrheit gewisse SPD – das um sie und die Gewerkschaften gelagerte Milieu bestimmte mit vielfältiger Arbeiterkultur N. wie wenige andere bay. Städte – den linksliberalen Oberbürgermeister Hermann Luppe (DDP). Damit stellte N. in der politischen Kultur Bayerns eine Alternative zum dominierenden konservativen Lager dar.

In der durch Eingemeindungen im Norden und Süden weiter wachsenden Stadt mit 1931 gut 410.000 Einwohnern kam es 1926 zu einem ersten Generalbebauungsplan (Jansen-Plan), der bis 1960 gelten sollte. Die Entwicklungsmaßnahmen der Kommune konzentrierten sich, da der starke Urbanisierungsschub beendet und folglich weniger Infrastrukturausbau nötig war, auf Wohnungsbau, Wohlfahrtspflege und die Förderung von Gesundheit, Bildung, Freizeit vor allem für die breite Bevölkerung. Gegen die vom starken Zuzug vor 1914 und vom Materialmangel im Krieg verursachte Wohnungsnot wurden in Außenbezirken unter städt. Regie fast 5800 Genossenschaftswohnungen, meist in Blöcken, errichtet, außerdem

(Reihenhaus-)Siedlungen verschiedener Träger. Ein Wohl-
fahrtsamt bündelte seit 1918 die intensive kommunale Betreuung der sozial Schwachen einer Nachkriegs- und Krisen-
gesellschaft, sowohl durch eine vielfältige Kriegsfolgenhilfe
als auch durch moderne Jugend-, Familien-, Armenfürsorge.
Ein großzügig gebautes Arbeitsamt bot Arbeitslosenbetreu-
ung und Arbeitsvermittlung, die dann allerdings auf das
Reich überging. Hauptsächlich zur Volksbildung wurden
eine Sternwarte und eines der weltweit frühen städt. Planeta-
rien errichtet, man schuf ein Stadtamt für Leibesübungen
und baute den aufsehenerregenden *Volks- und Sportpark* am
Dutzendteich. Diese Objekte, dazu den damals modernsten
Milchhof Europas oder die Kompressorenstation des Gas-
werks, plante oder beaufsichtigte Oberbaurat Otto Ernst
Schweizer, der den sozialen und kulturellen Leistungen einer
Großstadt in der jungen Demokratie eine kompromißlos moderne Gestalt geben wollte. Da zu den kommunalen Bauten,
die teilweise mit Krediten aus den USA entstanden, solche
der Reichspost, gewerbliche wie das von Erich Mendelsohn
entworfene Kaufhaus Schocken oder die Zündapp-Werke –
mit dem ersten Fließband in N. –, aber auch die Genossen-
schafts-Wohnblöcke am Mainzer Platz kamen, wurde N. ein
beachtliches Forum der klassischen Moderne. Zugleich entstanden für neue Gde.n, in denen sich nun der Bevölkerungszuwachs um 1900 niederschlug, noch einmal monumentale
Sakralbauten in archaisierendem Stil: die *Friedenskirche* in
St. Johannis und die *Gustav-Adolf-Gedächtniskirche* in Lich-
tenhof, Bayerns größte ev. Kirche, sowie die neoroman. kath.
Ludwigskirche in Gibitzenhof; 1938 wurde die *Reformations-
Gedächtnis-Kirche* am Maxfeld vollendet. – Überregional be-
kannt wurde N. in den 1920/30er Jahren vor allem auch als
Sporthochburg mit zahlreichen Vereinen, davon viele aus der
Arbeiterkultur. Der 1900 gegründete 1. FC N. mit eigenem
Stadion in Zerzabelshof war führend im dt. Fußball, und bei
Radrennen, bald auch bei Motorradrennen wurden auf der
Rennbahn in Reichelsdorfer Keller Rekorde gefahren, die
zugleich der Nürnberger Zweiradindustrie Glanz gaben. Zu

einer weiteren urbanen Massenattraktion wurde der Film; der Phoebus-Palast am Königstorgraben war mit über 2000 Plätzen Nordbayerns größtes Kino. – Dem »Weimarer N.« der Sozialdemokraten und liberaler Bürger, das politisch fortschrittlich und kulturell »modern« war, dazu wirtschaftlich mit der Rückgewinnung von Exportmärkten wieder erfolgreich wurde, stand freilich Krisenträchtiges entgegen: Deutschnationale, die unter dem Trauma von Kriegsniederlage und Revolution die Republik ablehnten, Völkische mit ihrem Judenhaß, inflationsbedrängte Mittelständler in Abstiegsängsten und die bereits Mitte der 1920er Jahre durch Rationalisierung und Konzentration gut 20.000, in der Weltwirtschaftskrise 1932 schließlich über 60.000 Arbeitslosen aus Fabriken und Büros. Unter diesem Druck sank in den Wahlen Anfang der 1930er Jahre die SPD von fast der Hälfte der Stimmen auf ein Drittel und wurden die Liberalen zu Splittern, aber auch die Konservativen dezimiert – nur die milieukath. BVP hielt sich bei einem knappen Zehntel –, während die radikalen Gegner Weimars sprunghaft stiegen. Die Kommunisten erreichten 1932 gut 15 %, die Nationalsozialisten mit dem rüden Antisemiten Streicher an der Spitze, der seit Jahren Stadtführung und »Weimarer Parteien« heftig attackierte und N. zu einem frühen Zentrum gemacht hatte, wo Hitler 1927 und 1928 seine Parteitage abhielt, über 37 %. Sie waren nun die stärkste Partei. NSDAP und KPD trugen durch ihre Wehrverbände, SA und Roter Frontkämpferbund, Politik rabiat auf die Straße. – Nachdem Hitler die Macht im Reich zugefallen und Bayern gleichgeschaltet war, wurde in N. Luppe entlassen und der Hauptgegner, die Sozialdemokratie, mitsamt der Arbeiterkultur unterdrückt. Das »rote N.« verwandelte sich durch Terror, Verführung und Ausbeutung des romantischen Topos von der »deutschesten Stadt« als »Stadt der Reichsparteitage« zur nationalsozialistischen Ikone, obwohl die NSDAP auch bei den Märzwahlen 1933, den letzten halbwegs freien, keine 50 % erreicht hatte. Ab 1934 wurde im Südosten, um Luitpoldhain und Zeppelinwiese, ein *Reichsparteitagsgelände* als »Weihestätte« im monumentalen »neuen deutschen Bauen« von Albert

Speer gigantisch (ein Sechstel der Stadtfläche) geplant, freilich bis in den Krieg nur zum Teil realisiert; die erhaltenen Bauten stehen unter Denkmalschutz, die *Kongreßhalle* enthält seit 2001 ein Dokumentationszentrum. Hier fand jährlich der zentrale Kult des Regimes statt. Dieses drückte auch der Stadt selbst seinen Stempel auf: Parteibauten, u. a. Gauhaus und SS-Kaserne, wurden in jenem Monumentalstil errichtet, bei nicht wenigen älteren Häusern Fassaden und Dächer »altdeutsch« umgeformt, dagegen Bauten der Weimarer Zeit abgerissen – so das Planetarium – oder verändert. Der Abbruch der Synagogen war ein Fanal der in N. besonders scharfen Enteignung und Verfolgung der Juden. Hingegen setzten einfache Stadtrandsiedlungen, vor allem im Osten von Ziegelstein bis Zerzabelshof, den Siedlungsbau der 1920er Jahre gesteigert fort. – Im 2. Weltkrieg, dessen Vorbereitung auch an neuen Kasernen, u. a. für die Luftwaffe in Buchenbühl, und an Fabrikbauten für die Rüstungsproduktion zu sehen gewesen war, litt N. nicht nur durch die allgemeinen Kriegslasten und über 10.000 Gefallene. Es wurde von über 50 Luftangriffen, durch die seit 1942 über 8000 Menschen umkamen, und bei der Einnahme durch die US-Army im April 1945 zu fast 50 % zerstört, innerhalb der Mauern fast völlig. Nur mehr etwa 180.000 Menschen lebten in der Stadt.

Während 1945/46 die Welt auf den Internationalen Militärgerichtshof blickte, der im unzerstörten Justizplast an der Fürther Straße die NS-Führung aburteilte – die Nachfolgeprozesse der USA gegen Ärzte, Juristen, Diplomaten, Militärs, Wirtschaftsführer bis 1949 fanden weniger Echo –, kamen Versorgung und Verkehr, Schulen, Krankenhäuser und soziale Dienste mühsam wieder in Gang und die Räumung des Trümmerschutts begann, aus dem später der begrünte *Silberbuck* am Dutzendteich wurde. Im Ringen um den Wiederaufbau setzte sich 1950 gegen eine Neuplanung wie etwa in Hannover eine Anlehnung an die alten Strukturen durch: Unter Hans Schmeißners Regie wurde der Altstadtkörper, auch wenn man Baulinien begradigte, Parzellen zusammenlegte und, schon weil Material, Geld und Zeit knapp waren,

Fassaden vereinfachte, in Grundlinien, Höhen und Dach-
formen mehr als in den meisten zerstörten Städten bewahrt. Wichtige Baudenkmäler wurden restauriert, wie bereits 1949 das *Dürer-Haus*, oder rekonstruiert, zuletzt 2000 der
Hirsvogelsaal im Tuchergarten. In der Masse des in den 1950/
60er Jahren überwiegend gemäßigt modern, freilich teilweise
monoton Gebauten fallen Sep Rufs *Theodor-Heuss-Bau* des
Germanischen Nationalmuseums, die *Norishalle* oder das als Kon-
trapunkt zur Altstadt am Plärrer errichtete *Hochhaus*, 1952 das
höchste Bayerns, ins Auge. Vor der Stadt, im Lorenzer Reichswald s. des Dutzendteichs, entstand ab 1956 angesichts der
Wohnungsnot wie in anderen Großstädten auf 600 ha die
durchgrünte Trabantenstadt Langwasser, wo später das erste
autofreie Wohngebiet der Bundesrepublik geschaffen wurde.
Dank guter Infrastruktur und Verkehrsanbindung zog sie auch
saubere Industrie, das größte Einkaufszentrum Nordbayerns
und ein stetig erweitertes *Messezentrum* an. – In der Innenstadt
hatten während der 1960/70er Jahre einige robuste Großbauten – *WiSo-Fakultät*, *Kaufhäuser*, Banken – eine Skepsis gegen
moderne Architektur erregt, die noch in den 1990er Jahren
das Projekt Augustinerhof zu Fall brachte. Am Ende des Jh.s
konnte sich jedoch eine maßvoll dimensionierte Avantgarde
bei der Erweiterung des Germanischen Nationalmuseums an
der »Straße der Menschenrechte«, beim *Museum für Kunst und
Design* sowie am *Künstlerhaus* durchsetzen. – Außerhalb des
Mauerrings veränderte sich das Stadtbild seit den 1960er Jahren durch auffallende Büro-, Hotel- und Technikbauten, teilweise im internationalen Investorenstil, u. a. die *Bundesanstalt
für Arbeit*, das *Hotel Mercure*, der von der Nürnberger Versiche-
rungsgruppe errichtete *Business Tower*, die lang geschwungene
Fassade von Lucent Technology, der 291 m hohe *Fernmelde-
turm*.

Daß die Gewerbe- und die Wohnflächen seit den 1950er
Jahren rasch zunahmen, sprach für wirtschaftliche Prosperität der 1972 erneut durch Eingemeindungen – von Katz-
wang im Süden bis → Großgründlach im Norden, wo N.
seither an → Erlangen grenzt – vergrößerten, vorübergehend

auf über 500.000 Einwohner wachsenden Stadt. Sie wurde durch die 1956–93 ausgebaute Große Ringstraße weiträumig erschlossen, erhielt Autobahnverbindungen zunächst, 1938, nach Berlin und München, seit den 1960er Jahren auch nach Westen und Osten, so daß schließlich sechs Routen zusammenliefen, und gewann 1972 mit dem *Staatshafen* am – 1992 durchgehend befahrbaren – Main-Donau-Kanal ein weiteres Verkehrsmittel und zugleich einen attraktiven Gewerbeplatz. – Nach Währungsreform, Ende der Demontagen und Wiederaufbau blühten die für N. typischen exportintensiven Branchen, dazu ein starker Versandhandel, für gut 3 Jahrzehnte. Doch im Strukturwandel der westdt. Wirtschaft seit den 1980er Jahren hin zu neuen Technologien und Dienstleistungen ist N. durch seinen frühen Vorsprung nun teils veraltet und so von der Deindustrialisierung besonders betroffen, was u. a. eine über dem bay. Durchschnitt liegende Arbeitslosigkeit zeigt. An ökonomischer Zentralität hat die Stadt verloren. Ihre kulturelle ist gleichzeitig gestiegen. Denn der wenig auffällige Nachkriegszustand – bürgerliche Repräsentation, ein Nachklang der Arbeiterkultur, von den US-Besatzern beeinflußte Popularkultur – hob sich seit den 1960er Jahren: Zwei Fakultäten der Erlanger Universität wurden errichtet, die Ausstrahlung als Musikstadt stieg mit dem Rang der Internationalen Orgelwoche, und vor allem erregte eine kommunale Kulturpolitik Aufsehen, die in »emanzipatorischer« Absicht Zeitkritik übte, eine »Kultur für alle« wollte und auch in konventionellen Bereichen neue Wege ging, u. a. mit dem *Centrum Industriekultur.*

In den Konflikten um die Kulturpolitik der Stadt spitzten sich mehrfach Gegensätze einer allgemein polarisierten Öffentlichkeit zu, die in N. mit zwei Zeitungen unterschiedlicher Richtung – »Nürnberger Nachrichten« und »Nürnberger Zeitung« – ein Forum behielt. Das politische Klima veränderte sich nicht nur durch den seit 1968 ausgreifenden Protest der jungen Generation, der besonders die Sozialdemokratie im Innern wie von außen traf, sondern mit einer Verschiebung zwischen den Parteien aufgrund eines folgenreichen gesellschaftlichen Wandels. Bis Anfang der 1970er Jahre war die SPD unangefochten stärkste Partei – im Stadtrat sogar mit absoluter Mehrheit –, einflußreich auch in den Einheits-Gewerkschaften des DGB, die in der Arbeitswelt der nach wie vor wichtigsten Industriestadt Bayerns eine große Rolle spielten. Doch da die Arbeiter durch materiellen Aufstieg und den allgemeinen Schwund weltanschaulich-politischen Lagerdenkens Klassenbewußtsein verloren, zunehmend Wähler aus dem expandierenden Dienstleistungssektor kamen und die CSU ihr kath.-ländliches Image abstreifte, so daß sie auch prot. Angestellte und Arbeiter anspricht, wuchs diese auf Kosten der SPD: Beide wurden etwa gleichgewichtig. Als dritte Kraft haben in den 1980er Jahren die Grünen die früher starke FDP – bis 15 % – verdrängt. – Im späten 20. Jh. ist durch einen beschleunigten Wirtschafts- und Bewußtseinswandel die von liberalen Bürgern und »rotem« Arbeitermilieu bestimmte Industriestadt des 19. Jh.s sozial, kulturell und politisch so verblaßt, daß N. ein weiteres Mal neue Züge annimmt, real und in seinem Bild. Für dieses werden der Rolle im NS-Regime, die noch immer belastet, und dem Butzenscheiben-Idyll, das verengt, freilich touristisch nützt, die Aktivitäten einer »Stadt der Menschenrechte« entgegengesetzt. Wirtschaftlich deuten sich Erfolge einschneidender Umstrukturierungen an, da durch die Globalisierung mit dem Konkurrenzdruck auch der Investorenkreis wächst, Qualifikationsbreite und -niveau in der Stadt nach wie vor hoch sind, diese seit den 1980er Jahren die Synergien des Verbunds mit den Nachbarstädten in der »Region N.« nutzt und 1989/90 vom Rand des Westens in eine offene Mitte Europas gerückt ist. N. mit seinen gut 485.000 Einwohnern hat für Produktion und Handel eine hohe Zentralität behalten und sie zuletzt für Technologieverbreitung und Informationsvermittlung zunehmend gewonnen.   (VI)   *Werner K. Blessing*

H. H. Hofmann, HAB Nürnberg-Fürth, 1954. – G. Pfeiffer (Hg.), Geschichte N.s in Bilddokumenten, München 1970, ⁴1996. – Ders. (Hg.), N. Geschichte einer europäischen Stadt, München 1971. – H. Glaser u. a. (Hg.), Industriekultur in N. Eine deutsche Stadt im Industriezeitalter,

München 1980, ²1983. – R. Endres (Hg.), N. und Bern. Zwei Reichsstädte und ihre Landgebiete, Erlangen 1990. – Unterm Hakenkreuz. Alltag in N. 1933–1945, München 1993. – M. Mittenhuber u. a., Der Nürnberger Weg 1945–1995. Eine Stadtgeschichte in Bildern und Texten, N. 1995. – R. Endres/M. Fleischmann, N.s Weg in die Moderne. Wirtschaft, Politik und Gesellschaft im 19. und 20. Jahrhundert, N. 1996. – M. Diefenbacher/R. Endres (Hg.), Stadtlexikon N., N. 1999, ²2000. – W. Wüst, Reichsstädtische Kommunikation in Franken und Schwaben. Nachrichtennetze für Bürger, Räte und Kaufleute im Spätmittelalter, in: ZBLG 62 (1999), S. 681–707. – M. Bauernfeind, Bürgermeister Georg Ritter von Schuh. Stadtentwicklung in Erlangen und N. im Zeichen der Hochindustrialisierung. 1878–1913, N. 2000. – H. Neuhaus (Hg.), N. Eine europäische Stadt in Mittelalter und Neuzeit, N. 2000. – Norenberc-N. 1050 bis 1806. Eine Ausstellung des Staatsarchivs N. zur Geschichte der Reichsstadt, München 2000. – S. Zelnhefer, Die Reichsparteitage der NSDAP in N., N. 2002. – C. Bühl-Gramer, N. 1850 bis 1892. Stadtentwicklung, Kommunalpolitik und Stadtverwaltung im Zeichen von Industrialisierung und Urbanisierung (Nürnberger Werkstücke zur Stadt- und Landesgeschichte 62), N. 2003. – H. Beer, Südstadtgeschichte. Aus der Vergangenheit der Nürnberger Südstadt, N. 2004. – W. K. Blessing, N. – Ein deutscher Mythos, in: H. Altrichter u. a. (Hg.), Mythen in der Geschichte, Freiburg 2004, S. 371–395.

Oberkotzau, Markt (LK Hof, OFr.). An der alten Fernhandelsstraße vom Obermaintal über → Hof im Regnitzland weiter nach Sachsen und Thüringen liegt O. an der Mündung der Schwesnitz in die Sächs. Saale. Der Ort gehört zu den ältesten im nordostoberfränk. Raum. Im Hochmittelalter war er Stammsitz der mächtigen Ministerialenfamilie der Kotzauer, die erstmals 1172 urk. als Zeugen auftreten. Der Ort selbst ist 1234 belegt. Als Reichsland wurde das Regnitzland als reichsunmittelbares Lehen vergeben, als Sonderrecht erfolgten 1424 die Verleihung der kaiserlichen Freistatt sowie der hohen Gerichtsbarkeit, 1444 kamen Marktrecht und Judenregal hinzu. – Schon für das Jahr 1390 nennt die Hofer Amtsbeschreibung eine Kapelle mit einem Kuraten. Diese St. Jakobus dem Älteren geweihte *Kirche* war Patronats- und Begräbniskirche der Familie der Kotzauer; seit 1529 war der Ort ev. Nach deren Aussterben Ende des 17. Jh.s wurde der Name »von Kotzau« neu an die aus O. stammende Ehefrau sowie die

Söhne des Vetters des regierenden Markgrafen Christian Ernst von Brandenburg-Bayreuth verliehen. – Unter den Freiherren von Kotzau jüngere Linie schuf der Hofbildhauer Elias Ränz aus → Bayreuth einen für die Markgrafenkirchen typischen Kanzelaltar mit Moses als Kanzelträger. Zur Grablege der Kotzauer jüngere Linie wurde die 1740 erstellte Gruftanlage mit *Friedhofskapelle.* – Nach dem Übergang des Markgraftums Bayreuth 1792 an Preußen und der folgenden kurzen Zeit unter frz. Verwaltung 1806–10 kam O. zum Kgr. Bayern. Mit dem Anschluß an die Eisenbahnlinien Hof-Bamberg 1848 und Hof-Regensburg 1878 wurde O. zum Eisenbahnknotenpunkt, der einst von Ackerbau und Viehhandel geprägte Ort erhielt ein neues Gesicht. Eisenbahnarbeiter aus der Oberpfalz siedelten sich an. Einen erneuten Einwohnerzuwachs erfuhr O. nach dem 2. Weltkrieg durch Vertriebene aus Schlesien und dem nahen Sudetenland. Als letzte Erinnerung an die alte Herrschaft steht auf einer Bergnase sö. über dem Ort die *Schloßanlage,* die nach einem Brand 1852 im neugot. Stil wiedererrichtet worden war. Heute ist darin ein Heim des Diakonischen Werkes untergebracht.

(IV)   *Ingeborg Fuhrmann-Hoffmann*

A. von Dobeneck, Die Geschichte des ausgestorbenen Geschlechts von Kotzau, in: Archiv für Geschichte von Oberfranken 24 (1909), S. 1–111. – A. Gebessler, BKD Hof, 1960. – Festschrift des Marktes O. zur 750-Jahr-Feier. 1234–1984, O. 1984.

Oberlauringen (Gde. Stadtlauringen, LK Schweinfurt, UFr.): → Stadtlauringen.

Obernburg a. Main, Stadt (LK Miltenberg, UFr.). O. liegt an der Übergangsstelle zwischen dem fruchtbaren, altbesiedelten Bachgau im Norden und dem Odenwald, der hier auf der linken Uferseite hart an den Main herantritt und zwischen Berg und Fluß nur ein schmales Siedlungsband ermöglicht. Zwischen der Einmündung des aus dem Odenwald kommenden Mümlingtals s. von O. und dem den sw. Spessart erschließenden Elsavatal (unmittelbar gegenüber O.)

vermittelte früh eine Furt. An dieser strategisch markanten Stelle errichteten die Römer in domitianischer Zeit (um 90 n. Chr.) ein Militärlager an der Außengrenze der Provinz Obergermanien, zunächst in Holz-Erde-Bauweise. Im Obernburger Kastell war eine Kohorte stationiert; vermutlich in einem kleineren Lager im Bereich des heutigen Friedhofs eine Einheit von Hilfstruppen. Im Bereich des Lagerdorfes (vicus) des Kastells wurde eine Benefiziarierstation ergraben. 162 n. Chr. wurde das Kastell von Alamannen zerstört und in Stein wieder aufgebaut. Mitte des 3. Jh.s ging die militärische Besatzung der Mainlinie zu Ende; die wirtschaftlichen und kulturellen Beziehungen im Vorfeld der Rheingrenze dauerten noch für ca. ein Jh. fort. – Die röm. Vergangenheit hat auch die weitere Entwicklung von O. geprägt. Die Straßenführung der fast rechteckigen mittelalterlichen Stadtanlage folgt weitgehend der des Kastells. Der erstmals 1194 genannte Ortsname »Overenburc« nimmt Bezug auf die Reste des röm. Lagers. – Die Gründung der Stadt ist vor dem Hintergrund des jahrelangen Streits zwischen dem Reich und den Mainzer Erzbf.n um den Bachgau zu sehen, der das Erzbistum als Sieger sah (endgültig bestätigt 1314). 1313 beurkundete Erzbf. Peter von Aspelt seine Absicht, O. zur Stadt zu erheben; 1317 bestätigte Kg. Ludwig der Bayer den mittlerweile erfolgten Rechtsakt. – Von der *Stadtbefestigung*, die insbesondere unter Erzbf. Theoderich von Erbach (1434–59) errichtet wurde, sind einige *Türme* erhalten (*Oberes Tor, Almosenturm* usw.). Die *Pfarrkirche St. Peter und Paul* wurde 1966 neu errichtet; vom Vorgängerbau steht noch der Turm von 1561. – Die kurmainzische Landstadt O. verblieb nach dem Reichsdeputationshauptschluß 1803 beim Staatsgebilde des vormaligen Mainzer Kf.-Erzbf.s Carl Theodor von Dalberg, bis sie 1814 zum Kgr. Bayern kam. Der Ort war Sitz untergeordneter Behörden: Vogteiamt bis 1810, danach Distriktmairie, 1814 Amtsgericht, 1862 Bezirksamt, seit 1939 Landratsamt. Seit der Gebietsreform von 1972 ist O. nur mehr Nebenstelle des neugebildeten Großlandkreises Miltenberg. (I) *Werner Trost*

R. Wohner, HAB Obernburg, 1968. – L. Hefner, 1900 Jahre O. am Main, O. 1984. – B. Steidl, Garant für Recht und Ordnung. Die Benefiziarierstation von O. a. Main, in: Das archäologische Jahr in Bayern 2000, S. 81–83.

Obernzenn, Markt (LK Neustadt a.d. Aisch-Bad Windsheim, MFr.). Der erstmals 810 als Mark des Gundbert erschließbare, 830/50 als Besitz »Cenne« des Klosters Lorsch erwähnte Sitz einer 1214 greifbaren »Urpfarrei« ist die älteste Siedlung im oberen Zenngrund und wird zur Unterscheidung von Langen- und → Unternzenn seit der Mitte des 14. Jh.s O. genannt. Der Ort kam wohl aus dem Erbe der Grafen von Abenberg an die Zollern (1200). Vermutlich diese errichteten am Standort der heutigen *Schlösser* vor 1235 eine Wasserburg und besetzten sie mit Ministerialen aus → Seckendorf. Die Anlage ging in der Folgezeit in deren Eigenbesitz über und wurde zur Ganerbenburg ausgebaut. Neben → Sugenheim, Unternzenn sowie (im 18. Jh.) Meuselwitz (Thüringen) war und blieb O. bis heute ein seckendorffischer Hauptsitz. – 1371 wurde die Burg »Offenhaus« und Lehen der Zollern. 1503 stand noch ein Sitz auf dem Burgplateau, 1529 gab es schon zwei und 1566 brannten (mit Teilen des Ortes) sogar Schlösser nieder. 1593 erwarb Gottfried von Seckendorff-Aberdar zu Unternzenn das halbe Gut mit dem ältesten Burgteil, 1696 wurde dieser abgerissen und neu aufgebaut (heute Nordflügel des *Blauen Schlosses*). 1711–13 erfolgte der Bau des Ostflügels, 1756–58 die Schließung des Baukarrees mit dem Westflügel; das *Blaue Schloß* erhielt 1758 eine (seit der Restaurierung in den 1990er Jahren wieder sichtbare) blaue, weiße und rote Fassade. – 1745 waren die beiden gutendschen Schlösser auf der Südhälfte des Burgplateaus abgebrochen und wurden durch das heutige *Rote Schloß* (nach Plänen des → Ansbacher Hofbaumeisters Leopoldo Retty) ersetzt (1975–77 Fassadenrestaurierung). Die Wirtschaftshöfe waren ebenso wie die Häuser der Untertanen entsprechend rot oder blau eingefärbt. Der 1742 neu gestaltete *Garten* jenseits des Wassergrabens, der im 20. Jh. als Gärtnerei genutzt und erst in den 1990er Jahren in Anlehnung an die alte Planung renaturiert wurde, war (und ist) über eine eichene

Brücke mit gußeisernem Geländer aus Sayn (das früheste dieser Art in Süddeutschland) zu erreichen. – Mit Verleihung der Hochgerichtsbarkeit 1752/53 durch die Häuser Brandenburg wurde O. eigenes Territorium, kam dann 1796 an Preußen und 1806 an Bayern. – Der Ort erwuchs aus zwei Siedlungskernen ö. der befestigten *Kirche* und am Südhang der Zenn. 1398 hatte Seckendorff-Aberdar die dem Kleinadel zugehörigen Klett ausgekauft und deren Sitz am Kirchhof 1445 als Ausstattungsgut der 1405 gestifteten Frühmesse vergeben (1561 bis 19. Jh. Schulhaus). Das Patronat der Kirche St. Gertraud schenkte 1260 Burggraf Konrad d. Ä. mit Rappenau dem Deutschen Orden, der in O. weiteren Besitz erhielt, ohne diesen behaupten zu können. Die bereits 1528 ev. gewordene Pfarrei ging für den Deutschen Orden 1648 endgültig verloren. – Ab Mitte 16. Jh. bis ca. 1914 gab es zeitweise eine größere jüd. Gde. (1712 Synagoge). – Der ökonomische Aufschwung des Ortes von 1740 an (Jahrmarkt und 1742 kaiserliche Poststation) stockte bereits ab 1760 mit nur wenig Gewerbe (Ziegelei, Steinbruchbetriebe, Molkerei und Drechslereien) und bis ins 20. Jh. hinein schlechter Verkehrsanbindung (Zenngrundbahnprojekt 1888–1919). 1894 richtete die Diakonie → Neuendettelsau ein »Erholungshaus« ein, 1897 ein »Versorgungshaus« (1939 »Marienheim«); seit den 1970er Jahren kam es zur Ansiedlung von weiteren Pflege- und Behindertenheimen. (V) *Gerhard Rechter*

E. Schöneck, Der Bildersaal im Blauen Schloß zu O. Ein Spiegel adeligen Selbstbewußtseins im 18. Jahrhundert, Ansbach 1997. – R. Graf von Seckendorff-Aberdar (Hg.), Das Blaue Schloß zu O., O. 1998.

Oberschwappach (Gde. Knetzgau, LK Haßberge, UFr.). Der Ort liegt zwischen dem Nordrand des Steigerwalds und dem etwa 5 km entfernten Main, der im Mittelalter die wichtigste Verkehrsader der Gegend war. Zahlreiche Funde belegen im Bereich von O. bereits alt- und mittelsteinzeitliche, später keltische Besiedlung. Der heutige Ort geht wohl auf alem. Ursprung zurück. Um das Jahr 800 schenkte eine Gräfin Reginswind Güter zu »Suabaha« an das Kloster Fulda; hierbei hat es

sich wohl um O. gehandelt, zumal ein fuldisches Güterverzeichnis des 13. Jh.s ebenfalls Güter zu O. aufführt. Während
des 13. und in der 1. Hälfte des 14. Jh.s erwarb Kloster → Ebrach umfangreiche Besitzungen in dem Ort, der zum Mittelpunkt eines ebrachischen Klosteramtes wurde. Bis 1704 wurde
das Kloster Ebrach zum alleinigen Grundherrn in O. Von
1733–38 wurde deshalb auch ein neuer Amtshof im Barockstil
errichtet, der nach der Säkularisation dem letzten Ebracher
Abt Eugen Montag als Altersruhesitz diente. 1985 wurde das
Schloß von der Großgde. Knetzgau erworben und seitdem
umfassend saniert.   (II)   *Alexander Tittmann*

R. Wailersbacher, 700 Jahre Swapach – Eschenawe – Wunnawe. Ober-,
Unterschwappach, Eschenau, Wohnau, Knetzgau 1986. – Die Restaurierung von Schloss O., München 1996. – A. Tittmann, HAB Haßfurt,
2003.

Oberzell (Markt Zell a. Main, LK Würzburg, UFr.). Das *Prämonstratenserkloster* O. auf der linken Mainseite an der Grenze
zur Stadt → Würzburg wurde auf Veranlassung Norberts von
Xanten, der sich 1126 in Würzburg aufgehalten hatte, durch
den Domkanoniker Johannes und dessen Bruder Heinrich als
Doppelkloster oberhalb des wohl schon seit dem 9. Jh. bestehenden Ortes Zell (benannt als »Zell in der Gassen« oder
»Mittelzell«) gegründet. Die Abtretung des hierfür benötigten
Grundes durch Bf. Embricho datiert aus dem Jahr 1128. Die
päpstliche Bestätigung erfolgte 1133. Durch Schenkungen erhielt das Kloster Besitzungen und Rechte in zahlreichen Orten, so etwa bald nach der Gründung in ↑ Moos und Roß-
brunn (LK Würzburg). – In der 1. Hälfte des 13. Jh.s erfolgte
die Verlagerung des Frauenklosters etwa 1 km mainabwärts
an einen Ort, der schon 1253 in einer Urkunde den differen-
zierenden Namen Unterzell (Cella inferior) erhielt. Von O.,
dessen Äbte seit 1628 die Inful tragen durften, erfolgten Toch-
tergründungen u. a. in → Frauenroth, Gerlachsheim, Schäf-
tersheim und → Tückelhausen. – Nach Beschädigungen im
Bauernkrieg und 30jg. Krieg erlebte O. im 18. Jh. eine Blütezeit, die ihren sichtbaren Ausdruck im *Neubau* der *Wohnge-*

bäude durch Balthasar Neumann und seinen Sohn Franz Ignaz Michael in den Jahren 1744–60 fand. Das nach dem Bauernkrieg verwaiste Kloster Unterzell, dessen Besitzungen in der Folge vom Hochstift Würzburg eingezogen wurden, setzte Julius Echter auf Drängen des Ordens seit 1609 wieder in den alten Stand. Traurige Berühmtheit erlangte das Kloster durch eine der letzten Hexenverbrennungen in Deutschland 1749, der die Subpriorin Maria Renata Singer zum Opfer fiel. – Nach der Säkularisation des Jahres 1803 bezog 1817 die von Friedrich Koenig und Andreas Bauer begründete Schnellpressenfabrik, die unter dem Namen Koenig & Bauer zu einem der führenden Druckmaschinenhersteller der Welt aufstieg, die leerstehenden Gebäude des Klosters O. Die durch den Umzug der Firma auf die andere Mainseite frei gewordene Klosteranlage erwarb 1903 die »Kongregation der Dienerinnen der hl. Kindheit Jesu«, die hier seit 1923 das Mutterhaus der »Zeller Schwestern« unterhält. Die Unterzeller *Kirche* wurde durch einen Luftangriff 1945 stark beschädigt und ist nur noch als *Ruine* erhalten. (II)   *Thomas Heiler*

Festschrift zum 800jährigen Jubiläum des Norbertus-Klosters O., Würzburg 1928. – N. Backmund, Monasticon Praemonstratense, Bd. 1, Straubing 1949, Berlin/New York ²1983. – E. Kohl, Ortsgeschichte des Marktes Zell am Main, Zell am Main 1986.

Ochsenfurt, Stadt (LK Würzburg, UFr.). Namengebend für die an der Südspitze des Maindreiecks beiderseits des Flusses gelegene Siedlung wurde eine Furt, die Ochsen überqueren konnten. Am rechten Ufer, im späteren Dorf Kleinochsenfurt entstand ca. 740 ein kurzlebiges Kloster, in dem die hl. Thekla wirkte. Auf der gegenüberliegenden Mainseite im Bereich der späteren Stadt gab es einen »Salhof« (heute »Saalhofgasse«). – Obwohl dem Ort damals wohl noch keine größere Bedeutung zukam, fand hier 1081 die Wahl des Gegenkönigs Hermann von Salm statt. Während seiner Gefangenschaft auf dem Kontinent wurde der engl. Kg. Richard Löwenherz 1193 zwei Monate in O. in Gewahrsam gehalten. Die Entwicklung zur Stadt hatte zu dieser Zeit bereits begonnen, denn es ist von

Freiheiten die Rede, die der linksmainische Ort schon seit langer Zeit besessen habe. – Die unterschiedliche Entwicklung der beiden Siedlungsteile findet seit der Mitte des 13. Jh.s ihren Niederschlag in der Unterscheidung zwischen dem Dorf Kleinochsenfurt und der Stadt O. Das Dorf war im Besitz des Klosters → Kitzingen und Sitz einer Pfarrei, was seine ursprüngliche Bedeutung unterstreicht, doch hatte der Bf. von Würzburg hier keine Rechte. Die Anlage der bischöflichen Stadt, die bis ca. 1285 eine Filiale der Mutterpfarrei → Frikkenhausen war, erfolgte deshalb in jenem linksmainischen Bereich, auf den der Bf. Zugriff hatte. Um Schulden zu bezahlen, mußte er 1295 die Stadt jedoch an sein Domkapitel verkaufen, dem sie wiederum während des 15. Jh.s in den Auseinandersetzungen mit dem Bf. als Zufluchtsort diente. Bis 1803 war O. der wichtigste Besitz des Domkapitels, das seine Güter selbständig verwaltete und innerhalb des Hochstifts Würzburg einen eigenständigen Herrschaftsbereich etablierte. – Die ältesten Teile der planmäßigen, fast rechteckigen Stadtanlage sind im Klingen- und Brückenviertel zu suchen, wo der Salhof, die *Stadtpfarrkirche St. Andreas*, das *Palatium* (Sitz der domkapitelschen Verwaltung, in der sw. Ecke der Stadtmauer, heute Außenstelle Landratsamt), das *Alte Rathaus* und das *Schlößle* (spätmittelalterliches befestigtes Turmhaus außerhalb der *Ummauerung* an der *Mainbrücke*, heute *Heimatmuseum*) gelegen sind. Demgegenüber ist die ö. daran anschließende Hälfte mit dem Oberen Viertel und dem Bocksviertel, in dem Ende des 15. Jh.s das *Neue Rathaus* erbaut wurde, wahrscheinlich erst das Resultat einer spätmittelalterlichen Stadterweiterung. Beide Rathäuser dokumentieren die hochentwickelten bürgerlichen Selbstverwaltungsrechte, für die der Rat der Stadt, beaufsichtigt vom domkapitelschen Schultheißen, die Verantwortung trug. – Ein vielfältiges religiöses Leben bezeugen mehrere Vikarien an der spätgot. *Stadtpfarrkirche St. Andreas*, die *Michaelskapelle* (Baubeginn 1440), die außerhalb der Stadt an der Straße nach Ansbach gelegene *Wolfgangskapelle* (Baubeginn 1463) und das Kapuzinerkloster (1645–1828). Die um 1550 zahlreichen Anhänger des Protestantismus konnten sich unter dem Druck des Domkapitels nicht halten. – Seit dem 16. Jh. sind eine dt. und eine lat. Schule nachweisbar. Das Armenhaus (1397 erstmals erwähnt), das Spital (15. Jh.), die nur im Spätmittelalter existierende jüd. Gde., Wochen- und Jahrmärkte sowie die Funktion als Umschlagplatz für Wein und das Getreide des fruchtbaren »Ochsenfurter Gaus«, das von hier aus auf dem Main abtransportiert wurde, zeugen vom Mittelpunktcharakter der Stadt. – Dieser blieb nach dem Übergang an Bayern 1803/14 mit der Bildung eines Landgerichts bzw. Rentamtes (LK O. bis 1972) ebenso erhalten wie die wirtschaftlichen Strukturen. Ein tiefgreifender Wandel vollzog sich erst nach dem 2. Weltkrieg mit der Ansiedlung einiger kleinerer Industriebetriebe (Zuckerfabrik 1953) und der Ausweisung von Neubaugebieten seit den 1960er Jahren (heute 8400 Einwohner).   (II)   *Thomas Horling*

S. Wenisch, O. Von der frühmittelalterlichen Gemarkung zur domkapitelschen Stadt, Schweinfurt 1972. – H. Hohe, Beiträge zur Geschichte der Stadt O., 8 Bde., O. 1986–2000. – G. Knetsch, Verwaltung der Stadt O. zwischen domkapitelscher Herrschaft und Bürgergemeinde (vornehmlich im 16. Jahrhundert), Würzburg/Schweinfurt 1988.

Ornbau, Stadt (LK Ansbach, MFr.). Das in bereits vorgeschichtlich besiedelter Gegend am n. Ufer der Altmühl gelegene O., das vermutlich aus der Gütermasse des Klosters →Herrieden Ende des 9. Jh.s an die Bf.e von Eichstätt gekommen war, wird anläßlich der Kirchenweihe durch Bf. Gundekar II. von Eichstätt (1057–75) erstmals erwähnt (»Arenburen«). In dem 1229 als »forum«, 1286 als »oppidum« bezeichneten Ort ließen die Grafen von Oettingen, welche von den Eichstätter Bf.n die Vogtei über O. zu Lehen trugen, 1286 widerrechtlich ein neues »castrum« errichten. 1289 entschied Kg. Rudolf auf Klage Bf. Reinbotos von Eichstätt, daß Graf Ludwig von Oettingen sämtliche Befestigungen zu O. niederzulegen und die Einschränkungen bischöflicher Rechte in O. zu beenden habe. Kg. Heinrich VII. überstellte 1310 das Dorf (villa) O. als ein nach der Verhängung der Reichsacht über Graf Konrad von Oettingen heimgefallenes Lehen dem Bf., dem dann in dem mit den Oettingern geschlossenen Nördlinger Vergleich 1317 alle Rechte, einschließlich des Befestigungsrechts, im Markt O. bestätigt wurden. 1323 wird die Siedlung als Stadt bezeichnet. – Unter Bf. Wilhelm, dem Ks. Friedrich III. 1464 erneut das Befestigungsrecht bestätigte, entstand die heute noch in ansehnlichen Teilen erhaltene *Befestigungsanlage* der Stadt (als Nachfolgerin älterer Wehranlagen) mit Unterem und Oberem Tor (letzteres 1829 eingestürzt; erhalten das basteiartig vorgelagerte neue *Obere Tor* aus dem 18. Jh.), Türmen und Basteien, z. T. zweifachem Mauerring, Graben und Wall, die aber nicht verhindern konnte, daß O. 1633 von den Schweden unter Bernhard von Sachsen-Weimar in Brand gesteckt und geplündert wurde. Beim Wiederaufbau wurde der ehemals breite Marktplatz zu einem jetzt »Altstadt« genannten Straßendreieck umgeformt. – Zu Beginn des 14. Jh.s war O. der Mittelpunkt eines eichstättischen Amtes, das ein bischöflicher »minister« verwaltete und das damals in 11 Orten Zugehörungen und Rechte hatte. O. selbst bestand zu dieser Zeit bereits aus einem umwallten und einem landwirtschaftlich geprägten Teil, war Gerichtssitz und hatte eine Zollstätte (seit 1658/59 durch kaiserliche Privilegien eine der 4 Hauptzollstätten des Hochstifts Eichstätt). Nach einer noch im 14. Jh. durchgeführten Neuordnung der eichstättischen Ämter wurde das Amt O., in dem das Amt (Groß-)Lellenfeld aufgegangen war, dem Pflegamt → Arberg unterstellt, behielt aber als Sitz des Hoch- und Niedergerichts (Stadtvogteiamt O.) und der Kameralverwaltung (Kastenamt O.; das 1764 erbaute *Kastenamtshaus* dient heute als Schule), seine zentralörtliche Funktion. – Als eichstättische Exklave in brandenburg-ansbachischer Umgebung blieb das Amt Arberg mit O. auch während und nach der Reformationszeit beim alten Glauben. Vom ehem. Bau der *Stadtpfarrkirche St. Jakobus d. Ä.* sind nur der spätgot. Chor und der 1538/45 um das Kranzgeschoß erhöhte Turm erhalten, während das Langhaus 1966/67 abgetragen und durch einen Neubau ersetzt wurde. Unter Bf. Raban (1365–83) wurde die *Friedhofskirche St. Jobst* erbaut, deren Langhaus im 17./18. Jh. erhöht und im Innern barockisiert wurde. – 1802 fiel O. mit dem Amt Arberg an Bayern, 1803 an

Brandenburg-Preußen (Besitzergreifung 1804) und wurde
1806 endgültig bay. Der bis in die Zeit nach dem 2. Weltkrieg
agrarisch geprägten Kleinstadt wurde 1972 die Gde. Gern eingegliedert. 1978 wurde O. in die Verwaltungsgemeinschaft
→ Triesdorf mit Sitz in Weidenbach einbezogen.

(V) *Robert Schuh*

H. K. Ramisch, BKD Feuchtwangen, 1964. – R. Schuh, Territorienbildung im oberen Altmühlraum. Grundlagen und Entwicklung der eichstättischen Herrschaft im 13. und 14. Jahrhundert, in: ZBLG 50 (1987),
S. 463–491. – O. Porträt einer kleinen Stadt im Fränkischen Seenland, O.
1996.

Osterburg (Stadt Bischofsheim a.d. Rhön, LK Rhön-Grabfeld, UFr.): → Bischofsheim a.d. Rhön.

Ostheim v. d. Rhön, Stadt (LK Rhön-Grabfeld, UFr.). Die
»villa« O. im Baringau wird erstmals 804 in einer fuldischen
Tradition erwähnt. Vom späten 9. bis weit ins 12. Jh. hinein
besteht eine große Überlieferungslücke. Erst 1170 und 1176
sind Güter des Frauenklosters → Wechterswinkel in O. bezeugt, die an Fulda bzw. Hersfeld vertauscht wurden, doch
blieb Wechterswinkel in O. einer der bedeutenderen Grundherren. Ein ministerialisches Geschlecht, das sich von O. benennt, ist erstmals 1202 nachgewiesen. Mitglieder seiner verschiedenen Linien erscheinen als Schenken, Truchsesse und
Marschalke der Grafen von Henneberg. Daneben waren aber
auch zahlreiche andere Adelsfamilien in O. begütert, die sich
in der frühen Neuzeit der Fränk. Reichsritterschaft, Kanton
Rhön-Werra, anschlossen. Zahlreiche ehem. adelige *Ansitze*
(meist 16. bis 18. Jh.) sind noch erhalten, ebenso große Teile
der *Stadtbefestigung.* – Bekannt ist O. vor allem durch seine *Kirchenburg* (wohl 1. Hälfte 15. Jh.), die zu den größten und besterhaltenen Anlagen ihrer Art in Deutschland zählt (rechtek-
kige Anlage mit Türmen und Zwinger sowie Gaden, die z.T.
heute noch genutzt werden). In ihrer Mitte steht die *St. Mi-
chaels-Kirche* (Schiff 1615–19 erbaut; Renaissanceausstattung,
bemaltes hölzernes Tonnengewölbe, qualitätvolle Grabsteine). Während bereits 1275 ein Pfarrer (plebanus) für O. ge-

nannt wird, erhielt der Ort erst 1586 Marktrecht und wird erst 1596 »Stadt« genannt. Bis zur Säkularisation gehörte O. zum Amt Lichtenberg.

Die *Lichtenburg*, auf einem Bergkegel n. von O. gelegen, wurde kurz vor 1161 von einem Angehörigen der → Irmelshäuser Seitenlinie der Grafen von Henneberg errichtet. Sie war wohl seit ihrer Erbauung fuldisches Mannlehen und zeitweise fuldisches Kirchenlehen der Staufer, nicht aber Reichsgut, weshalb sich Fulda 1231 gegen würzburgische Ansprüche in ihrem Besitz behaupten konnte. 1256 werden Burgmannen auf der Lichtenburg genannt. Fulda machte die Burg im 13. Jh. zum Mittelpunkt eines Amtes; 1275 ist ein Amtmann (advocatus) auf der Lichtenburg bezeugt. 1366 wurde sie mit Zubehör an die Wettiner, von diesen an andere Herrschaften weiterverpfändet. – Trotz mehrfacher Anläufe zu verschiedenen Zeitpunkten konnten Burg und Amt Lichtenburg von Fulda nicht mehr zurückgewonnen werden. Graf Bertold (XVI.) von Henneberg-Römhild veräußerte die Lichtenburg mit dem zugehörigen Amt (mit den Dörfern O., Sondheim v.d. Rhön, Stetten und → Urspringen) 1548 an die Grafen von Mansfeld, die es 1555 an die ernestinische Linie des Hauses Sachsen verkauften bzw. vertauschten. Von da an machte es die Landesteilungen der Ernestiner mit, bis es 1741 endgültig an die Hauptlinie Sachsen-Weimar fiel (Besuche Goethes 1780 und 1782). 1816 wurde das Großherzogtum Sachsen-Weimar-Eisenach gebildet, aus dem 1919 der Freistaat Thüringen, 1920 das Land Thüringen hervorging, bei dem die nicht nur politische, sondern auch konfessionelle (prot.) Exklave O. v.d. Rhön mit der Lichtenburg sowie den zugehörigen Dörfern bis zum Ende des 2. Weltkriegs verblieb. Danach wurde sie der amerikanischen Besatzungszone und damit dem Freistaat Bayern zugeschlagen. – O. ist heute ein aufstrebender Fremdenverkehrsort, die Lichtenburg ein beliebtes Ausflugsziel. (II) *Heinrich Wagner*

C. Binder, Das ehemalige Amt Lichtenberg vor der Rhön, in: Zeitschrift des Vereins für Thüringische Geschichte und Altertumskunde 16 (1893),

S. 233–309; 17 (1895), S. 75–294; 18 (1897), S. 61–244; ND (Monographie) Jena 1896 und Sondheim v.d. Rh. 1982. – G. Voss, Die Bau- und Kunstdenkmale Thüringens. Großherzogtum Sachsen-Weimar-Eisenach 4: Verwaltungsbezirk Dermbach. Amtsgerichte Vacha, Geisa, Stadtlengsfeld, Kaltennordheim und O. v.d. Rhön, Jena 1911. – K. Theodor Lauter, Die Entstehung der Exklave O. v.d. Rhön, in: Zeitschrift des Vereins für Thüringische Geschichte und Altertumskunde 43 (1941), S. 101–132; ND (Monographie) Sondheim v.d. Rhön 1981. – H. Wagner, HAB Mellrichstadt, 1992.

Pappenheim, Stadt (LK Weißenburg-Gunzenhausen, MFr.). Die Stadt P. liegt s. von → Weißenburg in einer engen Schleife der Altmühl, überragt von der *Burgruine*. Der Ort »Pappinheim« im Sualafeldgau wird erstmals 802 erwähnt. Die *ehem. Pfarrkirche St. Gallus*, eine dreischiffige, basilikale Anlage, bewahrt Bausubstanz des 9. Jh.s, ihre Lage außerhalb des mittelalterlichen Mauerrings jenseits der Altmühl weist auf einen präurbanen Siedlungskern. Der große frühmittelalterliche *Burgstall* »*Alte Burg*« im Süden belegt die wichtige Lage am Weg vom kgl. Land um Weißenburg nach Eichstätt. – 1044 fielen Kg. Heinrich III. durch Erbschaft Güter in P. zu, die er seiner Gemahlin Agnes schenkte. Ab 1140 nannten sich die Reichsmarschälle nach P.; als bedeutendste Reichsministerialen der Region und seit 1628 als Reichsgrafen bestimmten sie das Geschick der Stadt. Seit 1356 (Goldene Bulle) übten die von P. das Marschallamt bei der Kaiserkrönung für den Kf. von Sachsen aus. – Die seit dem 19. Jh. ruinöse Burg weist mit der *Torkapelle* noch Substanz aus dem späten 12. Jh., mit den Buckelquadermauern des mächtigen *Bergfrieds*, des *Palas* und der nur teilerhaltenen *Ringmauer* Bauten des frühen 13. Jh.s auf. Die Vorburg und die Zwinger sind überwiegend spätmittelalterlich und frühneuzeitlich, die beiden erhaltenen Gebäude der Vorburg stammen aus dem ausgehenden 15. Jh. Das Burggelände ist saniert und teilweise museal genutzt. – Die befestigte Stadt zu Füßen der Burg wird durch die Juden- (heute Wilhelm-Deisinger-Str.), Herren- (heute Graf-Carl-Str.) und Klosterstraße klar gegliedert. Sie war durch Schenkelmauern mit der Burg verbunden, das im Kern spätroman. *Obere Tor* sowie der spätmittelalterliche *Kanonenweg* und die *Stadtmauer* im Osten sind erhalten. – Bürger sind ab etwa 1210 belegt, ausdrücklich als Stadt mit Richter erscheint P. im Urbar der Marschälle 1214. 1288 erhielt P. von Kg. Rudolf I. das Stadtrecht nach Weißenburger Vorbild. 1372 stifteten Marschall Heinrich von P. und seine Frau ein *Augustinereremitenkloster* in der nw. Stadtecke. – Juden werden bereits anläßlich einer Verfolgung im Ersten Kreuzzug erwähnt, ihre Gde. bestand bis 1938. Der *Judenfriedhof* ist am n. Ortsrand zu beiden Seiten der Straße erhalten (1943 geschändet, nach 1946/70 wiederhergestellt), auf ihm wurden auch Juden aus → Ellingen, → Markt Berolzheim, Gundelsheim a.d. Altmühl und ↑ Regensburg bestattet. Die bereits vor 1938 aufgegebene *Synagoge* wurde zu einer Feuerwehrhalle umgebaut. – Ab 1539 begann die Reformation Fuß zu fassen, doch erst 1555 wurde P. offiziell ev. 1570 wurde das Augustinerkloster aufgelöst und die Marienkirche von 1478 in der Stadt zur *Pfarrkirche* erhoben, während St. Gallus zur Friedhofskirche herabgestuft wurde. Im ausgehenden 16. und beginnenden 17. Jh. errichteten die Reichsmarschälle in der Herrengasse ein Stadtschloß (*Altes Schloß*) im Renaissancestil. – 1806 fiel die Herrschaft P. an Bayern. Nach Plänen Leo von Klenzes errichteten die Grafen 1819/20 das klassizistische *Neue Schloß* gegenüber dem *Rathaus* mit einem *Hofgarten*. Seit etwa 1900 hat der 1870 an das Eisenbahnnetz angeschlossene Ort den Rang eines Luftkurortes, für den unterhalb des Weinbergs im Nordosten der Stadt 1908 ein weitläufiges *Lungensanatorium* errichtet wurde. Es befindet sich heute als Behindertenheim im Besitz der Rummelsberger Anstalten.   (VI)   *Daniel Burger*

H. H. Hofmann, HAB Gunzenhausen-Weißenburg, 1960. – G. Kiessling, DiB Landkreis Weißenburg-Gunzenhausen, 1999. – D. Burger, Die Burg der Reichsmarschälle von P. in staufischer Zeit, in: Burgenbau im 13. Jahrhundert, München 2002, S. 129–148. – H. Schwackenhofer, Die Reichserbmarschälle, Grafen und Herren von und zu P. Zur Geschichte eines Reichsministerialengeschlechtes, Treuchtlingen/Berlin 2002.

Pegnitz, Stadt (LK Bayreuth, OFr.). Im Hochmittelalter wurde der Name des Flusses Pegnitz auf die an seinem Oberlauf gele-

gene Siedlung übertragen, die erstmals 1119 in der Gründungsurkunde des Klosters ↑ Michelfeld (»villa Begenz«) genannt wird. Dabei handelte es sich um die heutige Altstadt s.
der Pegnitz. Nahebei, auf den Wiesen zwischen der Altstadt
und dem Schloßberg, befand sich auch eine bischöflich bambergische Burg. Nach mehrmaligen Besitzerwechseln gelangte P. – noch immer bambergisches Lehen – aus der staufischen
Erbmasse 1268 an die Wittelsbacher und wurde im Salbuch
Ludwigs des Strengen als zerstörter Markt bezeichnet. Wieder
aufgebaut, befand sich die Siedlung 1326 im Pfandbesitz Konrads von Schlüsselberg und ging nach dessen Tod 1347 an die
Landgrafen von Leuchtenberg über. Diese gründeten zwischen 1347 und 1357 eine Tochtersiedlung n. des Flusses, auf
die der Name P. übertragen wurde und die Stadtrechte erhielt,
während die ältere Siedlung dörflichen Charakter behielt und
Altstadt genannt wurde. W. der neuen Stadt gründeten die
Leuchtenberger eine Burg auf dem heutigen Schloßberg. Bereits 1357 verkauften sie Siedlung und Burg an Ks. Karl IV., der
sie zu einem Stützpunkt in Neuböhmen ausbaute. 1358 löste
er zudem die Bamberger Herrschaftsrechte ab. Die nun Böheimstein genannte Burg wurde Sitz eines neuböhm. Amtes.
Amtssitz blieb P. auch, nachdem es 1402 in den Besitz der
Hohenzollern gekommen war. Das Amt wurde von der Burg
Böheimstein aus verwaltet, bis diese 1553 von den → Nürnbergern im 2. Markgrafenkrieg zerstört wurde. Daraufhin entstand ab 1569 das markgräfliche *Amtshaus* in der Schloßstraße.
1744 verlor P. das Oberamt, das ab 1750 in Schloß → Schnabelwaid – zentraler im Amtsbezirk gelegen – untergebracht wurde. – In bay. Zeit wurde die Stadt namengebend für ein Landgericht, das allerdings bis 1842 von Schnabelwaid aus verwaltet
wurde. 1862 wurde es mit dem Landgericht Pottenstein zum
Bezirksamt P. vereinigt. – Die Anlage der Stadt ist typisch für
die Stadtgründungswelle Mitte des 14. Jh.s im ö. Franken und
in der Oberpfalz: Es handelt sich um einen in West-Ost-Rich-
tung verlaufenden verbreiterten Straßenmarkt, in dessen Mitte sich das *Rathaus* als freistehendes Gebäude befindet. Nach
Osten hin läuft der Markt spitz zu. – Kirchlich war die Pegnit-

zer Neustadt lange von älteren Siedlungen abhängig: Bis zur
Reformation eine Filiale der Pfarrei Büchenbach, befand sich
mit der *St. Ägidius-Kapelle* die Pegnitzer Hauptkirche in der
Altstadt. Erst Johann Feyelmayer, seit 1529 der erste ev. Pfarrer,
förderte den Bau einer Kirche in der Neustadt. So entstand in
dezentraler Lage im Westen der Neustadt die *Kirche St. Bartholomäus*, die ab 1687 einem größeren Neubau in schlichtem
prot. Barock wich. – Seit 1877 war P. von der Eisenbahnstrecke
Nürnberg-Bayreuth erschlossen. In der Folge siedelte sich
1890 mit dem Zweigwerk der Nürnberger Armaturen- und
Maschinenfabrik Hilpert (AMAG) erstmals ein großer Industriebetrieb in P. an. Ab 1910 wurde in der Zeche »Kleiner Johannes« Eisenerz gewonnen; 1967 wurde der Betrieb jedoch
als unrentabel eingestellt. Vornehmlich in der AMAG hatten
während des 2. Weltkriegs Kriegsgefangene zu arbeiten, die in
einem Barackenlager am Schloßberg untergebracht waren. –
Die Aufnahme von zahlreichen Flüchtlingen und Vertriebenen ließ die Stadt merklich anwachsen und verschob das Zah-
lenverhältnis zwischen den Konfessionen auf ein Gleichge-
wicht. Die Gebietsreform von 1972 brachte das Ende der langen Tradition als Amtssitz; der LK P. fiel mit der bisherigen
Kreisstadt zum großen Teil an den LK Bayreuth.

(IV)   *Martin Schieber*

H. Bauer, Geschichte der Stadt P. und des Pegnitzer Bezirks, P. 1909,
²1938. – A. Schädler, KDB Pegnitz, 1961. – G. P. Wolf/W. Tausendpfund, P. – Veldensteiner Forst. Geschichtliche Streifzüge, Erlangen 1986.
– P. 650 Jahre Stadt, P. 2004.

Pfaffendorf (Gde. Maroldsweisach, LK Haßberge, UFr.). Der
im Zuge der kommunalen Gebietsreform 1976 dem Markt
→ Maroldsweisach angegliederte Gemeindeteil P. liegt an der
oberen Weisach, eingebettet zwischen der bewaldeten Kuppe
des »Schlüsselrangens« im Westen und der *Burgruine Altenstein*
im Osten. Die B 279, die Weisach und die Bahnlinie Bamberg-
Maroldsweisach trennen den längs der alten Baunachstraße
gelegenen Altort von der nach 1945 entstandenen neuen
Siedlung. – Das Dorf, 1232 im Zusammenhang mit der Erhe-

bung → Eberns zur selbständigen Pfarrei erstmals urk. genannt, ist vermutlich in der 2. Hälfte des 8. Jh.s entstanden. 1333/45 besaßen die Humbrecht, wohl Burgmänner auf Altenstein, das Dorf und den dortigen Zehnten als Lehen des Hochstifts Würzburg. 1405 verkauften diese das Lehen an die wohl aus würzburgischer und bambergischer Dienstmannschaft erwachsenen und später dem Kanton Baunach inkorporierten reichsritterschaftlichen Familie von Stein zum Altenstein. – Obwohl die Ritterschaft des Eberner Landes schon früh mit der luth. Lehre sympathisierte, kam es erst in den vierziger und fünfziger Jahren des 16. Jh.s zur Errichtung ev. Pfarreien und 1563 zur offiziellen Einführung der Reformation im Ritterkanton Baunach. In Altenstein wurde um 1552 eine ev. Pfarrei gegründet. Auch P. wurde unter dem Einfluß der Dorfherrschaft luth. und pfarrte nach Altenstein. – In der 1. Hälfte des 16. Jh.s bauten die von Stein zum Altenstein in P. ein Schloß, das die Familie, 1695 in den Freiherrenstand erhoben, seit Verlegung ihres Stammsitzes von Altenstein hierher ab 1703 dauerhaft bewohnte. 1806 durch Bayern mediatisiert, errichteten die von Stein 1819 in P. ein Patrimonialgericht, das 1848 aufgelöst und dem Landgericht Ebern eingegliedert wurde. – Heutiges Wahrzeichen des Ortes ist das um 1760/63 durch Christian Adam Ludwig von Stein zum Altenstein neu erbaute, dreiflügelige *Rokokoschloß* am sw. Dorfrand, das nach Erlöschen der Familie 1875 ab 1925 durch das Institut der Engl. Fräulein in → Aschaffenburg als Pensionat genutzt und schließlich 1954 durch die Salesianer Don Boscos käuflich erworben wurde. Seit 1974 beherbergt das Gebäude, um moderne Bauten und eine *Kirche* im dazugehörigen *Park* beträchtlich erweitert, das »Jugendhilfezentrum Dominikus Savio« mit Internat und Sonderschule der genannten Ordensgemeinschaft. (III) *Thomas Wehner*

G. L. Lehnes, Geschichte des Baunachgrundes in Unterfranken, in: Archiv des Historischen Vereins von Unterfranken und Aschaffenburg 7,1 (1843), S. 1–216. – I. Maierhöfer, HAB Ebern, 1964. – F. Klemm, Rund um den Zeilberg. Markt Maroldsweisach mit allen Ortsteilen, Coburg 1988.

Pfarrweisach (LK Haßberge, UFr.). Die Gde. P. liegt am linken Ufer der Weisach, kurz vor ihrer Einmündung in die Baunach, 7 km nw. von → Ebern. Mit dem Vordringen der karolingischen Kolonisation in das eher siedlungs- und rodungsunfreundliche, waldreiche Hügelland der s. Haßberge während des 8. Jh.s ist auch das Dorf im Weisachgrund entstanden. Die erste sichere Erwähnung von Ort und Pfarrei weist den Ort 1232 als Sitz einer Ur- und Großpfarrei aus, die vermutlich in der 2. Hälfte des 9. Jh.s gegründet wurde. Auf ein hohes Alter der Pfarrei deutet auch das für den Grenzraum des Bistums Würzburg charakteristische Kilianspatrozinium der Pfarrkirche hin. Heutiger kirchlicher Mittelpunkt ist eine spätgot., dreischiffige *Hallenkirche* mit eingezogenem Chor, die 1499 an der Stelle einer roman. Vorgängerkirche begonnen wurde. – Die Grundherrschaft im Ort war bis zum Ende des Alten Reichs stark zersplittert. Im 14. und 15. Jh. war die später dem Kanton Baunach inkorporierte reichsritterschaftliche Familie von Stein zum Altenstein, ursprünglich wohl würzburgische und bambergische Ministerialen, in P. begütert. 1506 bzw. 1511 trugen sie ihren dortigen Besitz den Hochstiften Bamberg und Würzburg zu Lehen auf. 1590/1613 war P. Ganerbschaft: Von den damals insgesamt 51 dort bestehenden »Hofstätten« waren 17 würzburgisch, die übrigen Untertanen verteilten sich auf die Grundherrschaft mehrerer reichsritterschaftlicher Familien. Obwohl Cent und geistliche Jurisdiktion durch den Fürstbf. von Würzburg beansprucht wurden, waren um die Mitte des 16. Jh.s fast alle Untertanen in P. mit ihren reichsritterschaftlichen Grundherren ev. geworden. – Die Einwohner von P., das um 1600 als Markt bezeichnet wird, lebten bis zum Ende des 19. Jh.s sehr dürftig von der Land- und Viehwirtschaft, als Waldarbeiter und als Steinhauer in den zahlreichen kleinen Sandsteinbrüchen der Haßberge. Von 1896 an war der Ort an das Eisenbahnnetz angeschlossen. Seit 1978 Mitglied der Verwaltungsgemeinschaft Ebern, zeigt sich die Gde. heute als überwiegend ländlich strukturiert mit einigen kleineren Industrie- und Gewerbebetrieben.   (III)   *Thomas Wehner*

G. L. Lehnes, Geschichte des Baunachgrundes in Unterfranken, in: Archiv des Historischen Vereins von Unterfranken und Aschaffenburg 7,1 (1843), S. 1–216. – I. Maierhöfer, HAB Ebern, 1964. – N. Kandler (Hg.), P. Pfarrei, Kirche, Seelsorger. Festschrift zum 500-jährigen Jubiläum der Pfarrkirche St. Kilian, Würzburg 1999.

Pilgramsreuth (Stadt Rehau, LK Hof, OFr.). An dem leicht ansteigenden Weg von Rehau zum 827 m hohen Großen Kornberg liegt die Ortschaft P. mit ihrer kunsthistorisch bedeutenden *Pfarrkirche*. – Als die Herren von Hirschberg, die am Südhang des Kornberges eine heute nur noch in Resten vorhandene *Burganlage* errichteten, die Reichslehen von den Grafen von Henneberg neu zu Lehen erhielten, wird der Ort 1317 erstmals urk. erwähnt. 1390 lag P. wüst, es wird aber zu dieser Zeit eine zur → Schwarzenbacher Kirche gehörende Kapelle genannt. Später war das Rittergut im Besitz der Rabensteiner. Nach mehrmaligem Besitzerwechsel und dem Tod des letzten kinderlos gebliebenen Inhabers fiel es an die Bayreuther Markgrafen. Mit dem Markgraftum kam P. 1792 zu Preußen, stand 1806–10 unter frz. Verwaltung und gelangte dann zu Bayern. Seit der Eingemeindung 1972 gehört P. zur Stadt → Rehau, blieb aber als Pfarrdorf weiter selbständig. Mit der Stadt Rehau kam der Ort 1972 zum LK Hof. – In der Pfarrkirche, die das Dorf dominiert, hielt seit 1529 die Reformation Einzug. *Chor* wie auch *Westturm* der Kirche stammen aus der 1. Hälfte des 15. Jh.s; *Wandmalereien* im Chorraum gehen auf die roman. Zeit zurück. An der Nordwand des Langhauses ist eine monumentale Darstellung des Christophorus, des Schutzpatrons der Reisenden, zu sehen, da das Gotteshaus als Wallfahrtskirche diente. In der Barockzeit wurde das Innere der Kirche durch den → Bayreuther Hofbildhauer Elias Räntz mit einer zum got. Stil passenden barocken Ausstattung versehen (Altar, Kanzel). Die Emporen zeigen Darstellungen aus Altem und Neuem Testament. – Die Einwohner des Dorfes lebten unter anderem von der Steinhauerei, Granit wurde am naheliegenden Kornberg abgebaut. Heute ist neben die Landwirtschaft als Erwerbsquelle vor allem die Arbeit in umliegenden Städten getreten. – Seit 1990 erinnert im Ort ein

Denkmal an Hans Rogler und andere Bauern, die bereits Mitte des 17. Jh.s in P. mit dem feldmäßigen Anbau der Kartoffel begannen. (IV) *Ingeborg Fuhrmann-Hoffmann*

E. Zeh, Heimatkunde des bayerischen Bezirksamtes Rehau, 2 Bde., Rehau 1916/19. – M. Brix/K.-L. Lippert, BKD Rehau-Selb, 1974. – Pilgramsreuther Heimatbüchlein, P. 1977.

Pillenreuth (Stadt Nürnberg, MFr.). Das zwischen → Nürnberg und → Schwabach gelegene P. ist erstmals um 1300 als kleine Rodungssiedlung (Zeidelgut) am Rand des Nürnberger Reichswalds bezeugt. 1345 stiftete der Nürnberger Bürger Konrad Groß hier eine *Klause*, die von Ks. Ludwig dem Bayern bestätigt wurde. Wohl auf der Klostertradition basiert die Legende von der Gründung des Klosters durch Ludwig den Bayern. – Seit 1379 Augustinerchorfrauenstift mit einer Pröpstin an der Spitze und ansehnlichem Grundbesitz, nahm der endgültig seit 1392 unter der Herrschaft der Reichsstadt Nürnberg stehende Konvent vor allem Töchter aus Nürnberger Patrizier- und Bürgergeschlechtern auf. Im Rahmen der Reformbewegung des 15. Jh.s erlangten die 1422 für das Kloster erlassenen »Pillenreuther Statuten« eine gewisse Bedeutung. – Dem Nürnberger Rat gelang es seit 1525 nicht, die Reformation in P. durchzusetzen. Das Klosterleben endete 1552 mit der Zerstörung des Klosters im 2. Markgrafenkrieg durch Markgraf Albrecht Alcibiades. Den Chorfrauen, die in das Nürnberger St. Klara-Kloster geflohen waren, verwehrte der Nürnberger Rat die Rückkehr nach P. und ließ sich von der letzten überlebenden Chorfrau 1591 den Besitz übertragen. Das Kloster mit seinen Gütern, vor allem der Dorf- und Gemeindeherrschaft in den benachbarten Orten Herpersdorf und Worzeldorf, bildete künftig einen Teil des nürnbergischen Amtes St. Klara und P. Die Hochgerichtsbarkeit lag beim Markgraftum Ansbach, mit dem P. 1792 preuß. wurde und 1806 an Bayern kam. – Die 1418 geweihte Klosterkirche, die in dieser Funktion einen kleineren Bau des 14. Jh.s ablöste, und der größte Teil der Klostergebäude wurden nach 1552 nicht wieder aufgebaut. Erhalten sind neben Teilen der *Umfas-*

sungsmauer Reste des *Pröpstinnen-* und des *Konventshauses.* – Der 1972 nach Nürnberg eingemeindete Ort P. ist heute von modernen Wohnsiedlungen geprägt.   (VI)   *Martin Ott*

F. Eigler, HAB Schwabach, 1990. – M. Schieber, Die Geschichte des Klosters P., in: Mitteilungen des Vereins für Geschichte der Stadt Nürnberg 80 (1993), S. 1–115. – M. Diefenbacher/R. Endres (Hg.), Stadtlexikon Nürnberg, Nürnberg 1999, ²2000.

Plassenburg (Stadt Kulmbach, LK Kulmbach, OFr.): → Kulmbach.

Pleinfeld, Markt (LK Weißenburg-Gunzenhausen, MFr.). Der Markt P. liegt n. von → Weißenburg im Tal der Schwäb. Rezat. Bronze- und hallstattzeitliche Funde belegen eine frühe Besiedlung. Die erste Erwähnung stammt aus dem endenden 8. Jh. – Das Patronatsrecht über die *Pfarrkirche St. Nikolaus* stand im Hochmittelalter dem Bf. von Eichstätt zu. Bischöfliche Ministerialen von P. sind seit 1137 belegt, doch besaßen auch die Grafen von Grögling-Dollnstein-Hirschberg als Hochstiftsvögte umfangreichen Besitz, wohl als Eichstättisches Lehen. Der Dichter Wolfram von Eschenbach stand in nicht näher zu fassender Beziehung zu P., wird er doch im »Titurel« des Albrecht von Scharfenberg als »von Plifelden her Wolfram« bezeichnet. 1302 verkaufte Graf Gebhard von Hirschberg das Dorf P. an den Bf. In der Folgezeit konnte Eichstätt bis 1511 einen geschlossenen Komplex beiderseits der Schwäb. Rezat um den Mittelpunkt P. ausbilden. Im Ort sind zwei Burgen bzw. Ansitze belegt, die den Schechsen von P. (seit dem frühen 14. Jh.) sowie den Lidwachern (seit 1410) gehörten, erstere veräußerten ihren Besitz 1435 an Eichstätt. – 1483 verlieh der Bf. von Eichstätt dem Dorf das Marktrecht mit 5 Jahrmärkten. 1486 gestattete Friedrich III. die *Befestigung* des Ortes, die offenbar erst im 16. Jh. ausgeführt werden konnte. – P. gehörte als Pflegamt zum Oberen Hochstift Eichstätt, wobei der adelige Pfleger über dem Ort auf Burg → Sandsee residierte, jedoch Kastner, Vogt und Gerichtsschreiber ihren Sitz in P. hatten. Der Vogt saß als Bannrichter dem Blutgericht des Marktes vor. Das Pflegamt Sandsee-P.

übte auch die vogteiliche Jurisdiktion über das domkapitli-
sche Kastenamt P. aus, welches »zu Abenberg, Nürnberg und
Weißenburg« genannt wurde. Der umfangreiche Waldbesitz
wurde durch die eichstättische Forstadministration P. verwaltet. Bauliche Zeugen sind das *Vogteischloß* (ehem. Schechsische
Burg; heute *Heimatmuseum*), das 1695 erbaute *Mautnerhaus*
und das eichstättische *Kastenhaus* von 1724. – Der 30jg. Krieg
traf den Markt schwer, 1632 verbrannten mehr als 20 Häuser.
Der Ausbau von Straßen ab 1764 stärkte die Bedeutung der
Poststation. – 1802 wurde das Hochstift aufgelöst, P. gelangte
an das Kurfürstentum Bayern, war kurzzeitig preuß. und kam
1806 endgültig an Bayern. 1808 wurde P. Sitz des neugebildeten Landgerichts unter Zusammenlegung der alten Ämter-
komplexe Roth, Abenberg, Spalt und P., 1857/58 wurde dieses aufgrund der ungünstigen Randlage aufgelöst. Größere
Bedeutung erlangte die Eisenbahn: 1849 wurde die Ludwig-
Süd-Nord-Bahn von Gunzenhausen über P. und Schwabach
an Nürnberg und Oberfranken angeschlossen; 1869 folgte die
Verbindung nach Süden über Weißenburg und Treuchtlingen. Ein *Rathausneubau* entstand 1878 am Marktplatz, die ev.
Gde. erhielt 1883/84 eine neugot. *Kirche*. Durch die Nähe
zum Neuen Fränk. Seenland erfuhr P. im ausgehenden 20. Jh.
eine Bedeutungssteigerung als Fremdenverkehrsort.

(VI) *Daniel Burger*

H. H. Hofmann, HAB Gunzenhausen-Weißenburg, 1960. – G. Mertens,
Markt P. Ein Blick in die Vergangenheit, P. 1984. – G. Kiessling, DiB
Landkreis Weißenburg-Gunzenhausen, 1999.

Pommersfelden (LK Bamberg, OFr.). Der Ort wird erstmals
1297 genannt, als sich ein Mitglied der Bamberger Ministerialenfamilie von Aisch nach seinem dortigen Besitz »de Wu-
marsfelden« nannte. Da bei dem Geschlecht das Truchsessen-
amt im Hochstift Bamberg erblich wurde, verfestigte sich der
Familienname zu Truchseß von Pommersfelden. Der dortige
Ansitz, von dem noch die *Ruinen* einer *Wasserburg* erhalten
sind, war ursprünglich freies Eigen und wurde 1467 zur Hälfte
dem Hochstift Bamberg zu Lehen aufgetragen. Da die Familie

sich der Reformation anschloß, wurde das Dorf mit der *Pfarr-kirche* prot.; in ihr erinnern zahlreiche Grabdenkmäler an die Ortsherren aus dieser Familie, die 1710 ausstarb. – Der vom hochverschuldeten letzten Truchseß testamentarisch zum Er-ben eingesetzte Kf. von Mainz und Bf. von Bamberg Lothar Franz von Schönborn begann sogleich mit Bauplanungen für eine Schloßanlage an neuer Stätte. 1711 wurde der Grundstein für *Schloß Weißenstein* auf einer leichten Anhöhe über dem Dorf gelegt. Johann Dientzenhofer war Baudirektor, außer-dem wirkten Justus Heinrich Dientzenhofer, Johann Lucas von Hildebrandt, Johann Jacob Michael Küchel und Maximi-lian von Welsch mit, doch hat auch der Bauherr selbst alle Stadien des Baufortschritts mit größtem Interesse und mit eigenen Anregungen begleitet. Die äußeren Arbeiten waren abgeschlossen, als 1718 die *Schloßkapelle* geweiht wurde, der Innenausbau im Jahr 1723 mit der Fertigstellung der Sala ter-rena, eines dem Garten zugewandten grottenartigen Saales. Etwa zu diesem Zeitpunkt kam die Bezeichnung »Schloß Weißenstein« für dieses »Privatschloß« auf, dem der übrige frk. Adel auch später nichts Vergleichbares zur Seite stellen konnte. – Die hufeisenförmige Anlage mit stark vorspringendem Mit-telrisalit bildet mit dem gegenüberliegenden Halboval des *Marstalls* einen repräsentativen Ehrenhof, dessen offene Seiten durch Ziergitter geschlossen sind. Die Schloßkapelle ist im Erdgeschoß des n. Pavillons untergebracht; vor dem Hochaltar sind die Eingeweide des Bauherrn beigesetzt. Glanzpunkte des Schlosses sind das über 3 Stockwerke gehende symmetri-sche Treppenhaus, der prunkvolle, durch zwei Geschosse ge-hende Festsaal und ein reich mit Intarsien geschmücktes Spie-gelkabinett. Die Innenausstattung beeindruckt durch zahlrei-che eigens hierfür hergestellte Prunkmöbel und die von Lothar Franz zusammengetragene und von seinen Besitz-nachfolgern gemehrte Gemäldesammlung, die von Anfang an auch besichtigt werden konnte und die trotz mancher Abgän-ge noch immer eine der qualitätvollsten Privatsammlungen Deutschlands ist. – Während am Schloß noch gebaut wurde, begannen nach Plänen des Maximilian von Welsch, später auch Balthasar Neumanns, die Arbeiten an einer ausgedehnten terrassenförmigen *Gartenanlage*, die sich bis in die Mitte des 18. Jh.s hinzogen. Das Ergebnis, ein mit Figuren geschmückter Barockgarten, ist nur in Abbildungen überliefert. Da der verwendete Sandstein schnell erodierte und hohe Instandhaltungskosten anfielen, formte man ab 1820 das Areal im neuen Geschmack zu einem *Engl. Garten* um, als der er sich heute noch darstellt. – Seit 1958 findet im Schloß in den Sommerferien zur Förderung von Nachwuchsmusikern ein Collegium musicum mit Konzerten im Festsaal statt. 1996 wurde das Schloß von Karl Graf Schönborn in eine gemeinnützige Stiftung eingebracht. (III) *Hans J. Wunschel*

G. Spath, Die letzten Truchsessen von P., Höchstadt/Aisch 1936, ND Würzburg 1984. – W. Schonath, 250 Jahre Schloß P. (1718–1968), Würzburg 1968 (Neujahrsblätter der Gesellschaft für Fränkische Geschichte 33). – F. Matsche, Kf. Lothar Franz von Schönborn huldigt Kaiserin Elisabeth Christine im Festsaal seines Schlosses Weissenstein in P. Die Bedeutung der Deckenbilder Johann Michael Rottmayrs, in: Musis et litteris. Festschrift für Bernhard Rupprecht zum 65. Geburtstag, hg. v. S. Glaser, München 1993, S. 231–263. – M. Lottes, Chronik P., Wachenroth 1994. – 40 Jahre Collegium Musicum Schloss P. 1958–1997, P. 1997.

Pottenstein, Stadt (LK Bayreuth, OFr.). An dem Ort, wo in das Tal der Püttlach von Norden der Haselbrunnbach und von Süden der Weihersbach münden, erhebt sich auf mächtigen Kalkriffen die *Burg P.* Zwischen Burgfelsen und Fluß eingeengt, verläuft die Altstadt als verbreiterter Straßenmarkt wie die Püttlach in Ost-West-Richtung. – Pfalzgraf Botho von Kärnten errichtete die nach ihm benannte Burg um die Mitte des 11. Jh.s (1070 »comes de Potensteine«). Kurz danach fiel die Burg an das Hochstift Bamberg, in dessen Eigentum sie bis zum Ende des Alten Reichs blieb. Auch die zu Füßen der Burg an der Straße Nürnberg-Bayreuth entstandene Siedlung gehörte zu Bamberg, besaß wohl schon im frühen 14. Jh. Stadtrechte und entwickelte sich zu einem wichtigen Amtssitz des Hochstifts. Der Pfleger zog 1750 in das Vogthaus in der Stadt, so daß die Burg nur noch als Getreidekasten diente und dem Verfall preisgegeben war, als sie 1878 der Nürnberger Apotheker Kleemann erwarb und rettete. Seit 1918 befindet sie sich im Besitz der Freiherren von Wintzigerode. – Der hl. Elisabeth von Thüringen, 1227/28 in der Burg beherbergt, ist in der Stadt das *Elisabethenspital* geweiht, das ab 1751 an der Stelle eines mittelalterlichen Siechenhauses nach Plänen Johann Michael Küchels wiederaufgebaut wurde. Bemerkenswert ist die Anlage der *kath. Pfarrkirche St. Bartholomäus*, einer zweischiffigen got. Halle, deren Gewölbe durch zwei in der Längsachse stehende Pfeiler getragen wird. Die Kirche überstand in ihrer Grundsubstanz die mehrmaligen Zerstörungen der Stadt, zuletzt den Stadtbrand von 1736, nach dem die heutige Gestalt des Straßenmarktes mit seinen giebelseitig aufgereihten *Fachwerkhäusern* entstand. – Mit dem Hochstift Bamberg kam P. 1803 an Bayern und wurde 1804 Sitz eines Landgerichts; dieses ging 1862 im Bezirksamt Pegnitz auf. Bis 1959 führte das Amtsgericht P. die Tradition der Amtsstadt fort. – Seit der romantischen Entdeckung der Fränk. Schweiz gelten Burg und Stadt als Höhepunkte dieser Landschaft. Der Tourismus verhalf dem Ort trotz des Fehlens eines Bahnanschlusses zu wirtschaftlichem Aufschwung. Dazu trugen vor allem die Erschließung der etwa 2 km sö. der Stadt gelegenen *Teufelshöhle* als Schauhöhle ab 1922 und das idyllisch gelegene, 1926 eröffnete *Felsenbad* bei. – Von Oktober 1942 bis April 1945 befand sich in der Pottensteiner Magermühle ein Außenlager des KZ ↑ Flossenbürg mit bis zu 400 Häftlingen, die für Baumaßnahmen der SS-Karstwehr, etwa für den Stausee im Weihersbachtal, ausgebeutet wurden.

Ein weiterer Ort von touristischer Bedeutung gehört seit der Gebietsreform von 1972 zu P.: das »Felsendorf« Tüchersfeld, gut 3 km püttlachabwärts gelegen. In dem 1243 erstmals erwähnten Ort erheben sich zwei Dolomitfelsgruppen, die beide eine Burganlage trugen. Die obere Burg war eine Bamberger Amtsburg, die schon im Laufe des 15. Jh.s verfiel und 1490/91 aufgelassen wurde. Die untere Burg, erstmals 1348 bezeugt, befand sich als Bamberger Lehen meist im Besitz der Groß von Trockau, die letzte Besitzungen in Tüchersfeld erst 1959 veräußerten. Die Burg selbst ging im 30jg. Krieg zugrunde. – Spätestens seit 1736 war eine jüd. Gde. ansässig. Für sie wurde im 18. Jh. auf dem Plateau des früheren Burghofes der *»Judenhof«* mit Wohngebäuden und einer Synagoge errichtet. 1872 löste sich die Israelitische Kultusgde. auf. Das Ensemble des Judenhofes beherbergt seit 1985 das *Fränkische-Schweiz-Museum.* (III) *Martin Schieber*

A. Schädler, KDB Pegnitz, 1961. – H. Kunstmann, Die Burgen der östlichen Fränkischen Schweiz, Würzburg 1965. – P. Engelbrecht, Touristenidylle und KZ-Grauen. Vergangenheitsbewältigung in P., Bayreuth 1997.

Pretzfeld, Markt (LK Forchheim, OFr.). Am Rand einer Geländestufe am Südostrand des breiten → Wiesenttales in der Fränk. Schweiz liegt an der Einmündung des Trubachtales der Markt P., mit der bedeutenden barocken *Pfarrkirche St. Kilian* und seinem im Kern spätmittelalterlichen *Schloß.* P. war Knotenpunkt alter Verkehrswege. Keltische Funde im Ortsgebiet weisen auf frühe Besiedlung in Zusammenhang mit der sw. gelegenen → Ehrenbürg hin. Das Kilianspatrozinium der Kirche zeigt eine Zugehörigkeit des Ortes zum Bistum Würzburg vor der Gründung des Bistums Bamberg 1007 an. Die erste urk. Erwähnung datiert aber erst von 1145. – P. gehörte nicht zum Gründungsgut des Bistums Bamberg, im 12. und 13. Jh. sind hier aber Bamberger Ministerialen nachweisbar, 1323/28 ein bischöflicher Fronhof. Die Grundherrschaft splitterte sich hier im Laufe der Jh.e auf bis zu 63 Grundherren auf. Zwischenzeitlich unter Herrschaft der Schlüsselberger, gelangte das Schloß vor 1375 an die Herren von Wiesenthau, um 1525 an die Stiebar zu Buttenheim, 1763 an die Grafen von Seinsheim, die es 1852 an den → Nürnberger Bankier Joseph Kohn verkauften. – Die Schloßherrschaft etablierte auch hier eine Mischform aus landwirtschaftlicher und Gewerbesiedlung mit einer bemerkenswerten Vielfalt an Handwerken. Als Vorgängerkultur des heute prägenden Süßkirschenanbaus ist seit dem 15. Jh. umfangreicher Weinbau belegt, der bis in das 18. Jh. von überörtlicher Bedeutung war und sogar die Pilger in → Gößweinstein mit Wein versorgte. Die beeindruckende, in den Felsen gehauene Anlage des

Pretzfelder Kellerwaldes hängt offenbar damit zusammen. – Der reichsritterschaftliche Ortsherr Georg Christian Stiebar (1563–1625) förderte die Verbreitung der luth. Lehre. 1624 waren fast 90 % der Bevölkerung luth., nach dem 30jg. Krieg betrieb der Bf. von Bamberg jedoch eine erfolgreiche Rekatholisierung. – P. ist einer der Orte der Fränk. Schweiz, in denen besonders früh (vor 1326) jüd. Bewohner nachweisbar sind, die besonders unter den Stiebar Schutz erhielten. An deren Zunahme im 17. Jh. erinnert noch die Judengasse. 1612 wurde eine Synagoge erbaut, deren *Mikwe* erhalten ist, auf dem nö. des Kellerwaldes gelegenen Judenberg besteht seit dem Beginn des 17. Jh.s ein *Judenfriedhof,* der der jüd. Bevölkerung im weiten Umkreis bis 1894 als Begräbnisstätte diente. Nach einer Ab- und Auswanderungswelle der Juden aus P. wurde die Judenge. 1866 offiziell aufgelöst.

Hagenbach, das seit 1972 zur Gde. P. gehört, war seit dem späten 12. Jh. ein Ministerialen-, später ein Rittersitz der Schütz von Hagenbach, der von Wiesenthau, der Stiebar von Buttenhein (seit 1600), seit 1780 der von Seefried, die 1796 den heutigen *Schoßbau* errichteten. Unter der reichsritterschaftlichen Herrschaft entstand auch hier während des 30jg. Kriegs eine jüd. Gde., die sich bis 1729 so stark entwickelte, daß der Ort zum Sitz eines Kreisrabbinates für den Kreis »Gebürg« im Bambergischen Landesrabbinat bestimmt wurde. Im Kgr. Bayern wurde Hagenbach 1825 Bezirksrabbinat. Durch die Abwanderung in die Städte und nach Amerika wurde dieses 1894 aufgelöst. Die Synagoge wurde in Folge des 9.11.1938 abgerissen, der *jüd. Friedhof* ist im Westen des Dorfes erhalten. (III)   *Andreas O. Weber*

H. Kunstmann, Die Burgen der westlichen und nördlichen Fränkischen Schweiz, Bd. 1, Würzburg 1971, ²1971. – R. Glas, P. Häuser- und Familienchronik eines Marktortes in der Fränkischen Schweiz, Erlangen 1994. – J. Seitz, P., in: Jüdisches Leben in der Fränkischen Schweiz, Erlangen 1997, S. 343–392. – J. Seitz, Hagenbach – zeitweise Bezirksrabbinat, in: ebenda, S. 393–451.

Prichsenstadt, Stadt (LK Kitzingen, UFr.). P., zwischen Main und Steigerwald gelegen, ist eine der für Franken typischen kleinen und kleinsten Städte, die ihren historischen Charakter bewahrt haben. Vor der Gebietsreform 1972 hatte P. nur ca. 800 Einwohner. – Erstmals erwähnt wird P. (»Brisendorf«) 1258 als Casteller Besitz. Ks. Karl IV. erwarb das günstig an der Straße zwischen Iphofen und der Reichsstadt Schweinfurt gelegene und inzwischen den Fuchsen von Dornheim gehörende Dorf mit der Burg und verlieh der Siedlung 1367 Stadtrechte (Gerichtsrechte, Wochenmarkt). – Prichsendorf war wohl eine Vorläufersiedlung aus der Zeit des hochmittelalterlichen Landesausbaus, welche heute in der sog. Vorstadt wiederzufinden ist. Die eigentliche Stadt ist eine planmäßige langrechteckige Neuanlage und Nachsiedlung des Spätmittelalters. In der Namengebung mit dem Grundwort »-stadt« kommt der neue rechtliche Status zum Ausdruck. – Wohl in der 2. Hälfte des 14. Jh.s wurde mit dem Bau eines ovalen *Mauerrings* begonnen, der die Burg, den *Bauhof* und die *Kirche* in einer Anlage mit Türmen und zwei Toren einschloß. Allerdings war damit noch nicht das Dorf (Vorstadt) umfaßt; dies geschah nicht vor der 1. Hälfte des 15. Jh.s durch einen zweiten *Mauerring*. Dadurch zerfällt die Stadt bis heute deutlich in zwei Hälften. – Ein Spital existierte seit 1443; Schulen gab es seit dem 16. Jh. Zu Anfang des 15. Jh.s verpfändete der Kg. von Böhmen seine frk. Stadt an die Burggrafen von Nürnberg, die späteren Markgrafen von Brandenburg-Ansbach. 1527 führten die Markgrafen die Reformation ein. P. blühte durch Textil- und Ledergewerbe wie auch Handel auf. Im 30jg. Krieg wurde die Stadt zerstört. Danach war sie zunächst eher landwirtschaftlich geprägt; im 18. Jh. erfolgte ein erneuter wirtschaftlicher Aufschwung. – An der Wende zum 19. Jh. kam P. durch Tausch von Preußen (seit 1792) an Bayern (1803, 1814). Trotz Anschluß an das Postverkehrsnetz 1862 und an die Eisenbahn-Nebenlinie Kitzingen-Gerolzhofen 1893 (Personenverkehr 1981 eingestellt) war die Rückentwicklung zu einer Agrarstadt nicht aufzuhalten. 1908 erfolgte der Bau eines Elektrizitätswerkes. Nachdem um 1900 nur mehr wenige Weinberge verblieben waren, wurde die Weinbautradition um die Mitte des 20. Jh.s wieder aufgenommen. Nach dem Anschluß an die

Autobahn belebte sich die wirtschaftliche Situation auch durch den Fremdenverkehr. – Eine jüd. Gde. existierte vom 16. Jh. bis 1942, als die letzten jüd. Einwohner von den Nationalsozialisten deportiert und ermordet wurden; *Synagoge* und *Schulgebäude* werden heute als Wohnhäuser genutzt. Die ältesten Teile der *ev. Pfarrkirche* stammen aus dem 14. Jh. (Pfarrei seit 1353), Langhaus und (Wehrkirch-)Turm erhielten ihre heutige Gestalt im 16. und 18. Jh. Der barocke Fachwerkbau des *Rathauses* wurde 1682 errichtet. Der ehem. *Freihof* (Bauhof des abgegangenen Schlosses, mehrfach Tagungsort der frk. Ritter) stammt aus dem 16. Jh.; mehrere *Fachwerkhäuser* sind aus dem 17. Jh. erhalten. In der Altstadt besteht teilweise noch die ursprüngliche Pflasterung. Der *Bering* (mit Wehrweihern und Türmen) des Spätmittelalters ist gut erhalten, außerdem zwei der ehemals drei Tore: das die breite Hauptstraße teilende *innere Tor* und das heutige Wahrzeichen, das doppeltürmige *Vorstadttor.* (II) *Dirk Rösing*

G. Wöppel, P. Entwicklung und Struktur einer Kleinstadt in Franken, Würzburg 1968. – H. H. Hofmann, P. Planungen, Innovationen und Strukturveränderungen in einer fränkischen Kleinstadt, in: Stadt und Stadtraum, Hannover 1974, S. 43–67. – H. Hinney, Stadt P., in: Landkreis Kitzingen, Kitzingen 1984, S. 505–517.

Rabenstein (Gde. Ahorntal, LK Bayreuth, OFr.). Etwa 2 km sö. von → Waischenfeld liegt die *Burg R.* beherrschend auf einem schmalen, steil abfallenden Felssporn über dem Ailsbachtal. Um 1180 von den Waischenfeldern erbaut, wurde sie zum Stammsitz und zur namengebenden Burg eines Ministerialengeschlechts. Die Rabensteiner erbauten ihrerseits im 13. Jh. die nahegelegene *Burg Rabeneck*. Beide Burgen gingen der Familie verloren, die sich ab dem 14. Jh. nach Adlitz und Kirchahorn im Ahorntal zurückzog. R. gelangte nach dem Aussterben der Schlüsselberger an die Hohenzollern. In der Auseinandersetzung zwischen Markgraf Albrecht Achilles und Hz. Ludwig dem Reichen von Bayern-Landshut wurde die Burg 1460/62 völlig zerstört, ihre Ruine für den Neubau des Waischenfelder Schlosses 1483 restlos abgebrochen. Schon ab 1489 folgte der Neubau unter Konz von Wirsberg, der R.

als markgräfliches Lehen erhielt. Schließlich kehrten 1557 die Rabensteiner wieder auf ihre Stammburg zurück. Ab 1570 entstand unter Daniel von R. eine dreiflügelige Renaissance-anlage mit einem nach Osten offenen Hof. 1634 von den Waischenfeldern zerstört, wurde R. nur zum Teil wieder-errichtet und blieb eine Halbruine. Nach dem Aussterben der Rabensteiner 1742 folgten die Grafen von Schönborn als markgräfliche Lehensträger. – Die eindrucksvolle Halbruine der Burg R., die 1830 durch einen Besuch Ludwigs I. von Bayern und seiner Gemahlin Therese ausgezeichnet wurde, gehörte zu den einprägsamen Bildern der romantischen Ent-deckung der Fränk. Schweiz im 19. Jh. Dieser Eindruck wur-de 1976/77 zerstört, als die Ruinen beseitigt und durch einen überhöhten, romantisierenden Burgenbau ersetzt wurden, der den modernen Anforderungen eines Hotelbetriebs genü-gen sollte. (III)   *Martin Schieber*

H. Kunstmann, Die Burgen der östlichen Fränkischen Schweiz, Würz-burg 1965. – G. Voit/W. Rüfer, Eine Burgenreise durch die Fränkische Schweiz, Erlangen 1984, ³1993.

Randersacker, Markt (LK Würzburg, UFr.). Die Lage am Main sö. von → Würzburg an der bis heute vielbefahrenen rechtsmainischen Straße nach Ochsenfurt sowie die umge-benden Weinberge mit bekannten Lagen wie Teufelskeller, Pfülben und Marsberg haben die Entwicklung des Ortes maßgeblich geprägt. – Obwohl R. in der 2. Würzburger Markbeschreibung von 779 nicht namentlich genannt ist, so ist der dort genannte »Fredthantes wingarton« eindeutig in der Ortsmarkung zu lokalisieren. Das erste urk. Zeugnis des Jahres 1123 dokumentiert die Schenkung eines Weinbergs an das Würzburger Kloster St. Stephan. Zahlreiche geistliche Institu-tionen wie das Würzburger Domkapitel sowie die Klöster → Heilsbronn und → Langheim, daneben aber auch weltliche Herrschaften (Henneberg, → Seinsheim, → Castell) sicherten sich in der Folge ebenfalls Besitz an den begehrten Weinlagen. Durch Gütertausch ging 1640 die Herrschaft über den Ort, der 1451 eine Ratsverfassung und Marktrecht erhalten hatte, vom Würzburger Bf. auf das Domkapitel über. – Wichtig für die Siedlungsentwicklung waren der *Edelhof* (heute *Rathaus*) sowie der *Zehnt-* und der *Mönchshof.* Letzterer, ursprünglich von Mönchen des Klosters Heilsbronn bewohnt, fiel im 16. Jh. an die Markgrafen von Ansbach, die hier, vertreten durch einen Vogt, bis zur Säkularisation (seit 1792 durch Preußen) eine prot. Enklave bildeten. – Von großer wirtschaftlicher Bedeutung war die Nutzung des reichen Quaderkalkvorkommens auf dem Gersberg und Rothberg. Die örtlichen Steinmetzen lieferten ihren Kalkstein u. a. für den Sockel der Würzburger Residenz und die Konstitutionssäule in Gaibach (→ Volkach). Die 1913 eingeweihte Mainbrücke, die eine Verbindung zur 1865 eröffneten linksmainischen Bahnstrecke Würzburg-Ochsenfurt herstellte, wurde 1945 zerstört und nicht mehr aufgebaut. Tiefe Eingriffe in das Landschaftsbild brachte die zwischen 1958 und 1985 durchgeführte Flurbereinigung in den Weinbergslagen, welche die unwirtschaftlich gewordene Nutzung kleinster Parzellen zugunsten rentabler Einheiten aufhob. 1975 wurde das sö. gelegene und ebenfalls vom Weinbau geprägte Dorf Lindelbach, das seit dem Spätmittelalter im Besitz des Hauses Limpurg-Speckfeld war, eingemeindet. (II) *Thomas Heiler*

B. Rottenbach, Chronik Markt R. Heimatbuch der Gemeinde R. und des Ortsteiles Lindelbach, Würzburg 1988.

Rattelsdorf, Markt (LK Bamberg, OFr.). Die Siedlung nutzt eine vom überschwemmungsgefährdeten Tal der Itz ansteigende Anhöhe, auf der die ältesten Gebäude (*Kirche, Pfarrhaus, Klosterhof, Gemeindeturm*) ein kirchenburgartiges Ensemble bilden. Sie dürfte eine Adelsschenkung an das Kloster Fulda aus der Zeit um 800 sein; die den Ort erstmals nennende Besitzbestätigung durch Karl den Großen ist allerdings eine Fälschung. Von Fulda tauschte Ks. Heinrich II. 1015 den Hof »Ratolfesdorf« ein und überließ ihn kurz darauf Bf. Eberhard I. von Bamberg, von dem er über die Hand des Hochstiftsvogtes an das dortige Kloster Michelsberg geschenkt wurde. In dessen Besitz blieb R. bis zur Säkularisation. – Der nahe der w.

Hochstiftsgrenze gelegene Ort gehörte mit der hohen Gerichtsbarkeit ursprünglich zur würzburgischen Zent Medlitz.
1336 verpfändete das Hochstift Würzburg das Zentrecht an
das Kloster Michelsberg. Die Verpfändung wurde 1424 endgültig, doch belehnte weiterhin der Bf. von Würzburg den
Rattelsdorfer Schultheißen oder Zentgrafen mit dem Ge-
richtsbann. Die niedere vogteiliche Gerichtsbarkeit übte das
Kloster durch seinen Klosteramtmann am Ort aus, dem auch
die Verwaltung der Klostereinkünfte im weiteren Umkreis
oblag. – Die Marktgerechtigkeit wurde vermutlich nach dem
30jg. Krieg (vor 1667) zur Belebung der Wirtschaft erteilt; zu
Ende des Alten Reichs wurden 6 Jahrmärkte von regionaler
Bedeutung gehalten. Den Charakter als Amtsort konnte R.
über die Säkularisation hinaus wahren, da hier das neue bay.
Rentamt seinen Sitz hatte, bis es im Jahr 1866 nach (→ Bad)
Staffelstein verlegt wurde. – Kirchlich war der Ort während
des Alten Reichs Bestandteil der Diözese Würzburg. 1552–92
war R. ev. 1808 kam es zur Diözese Bamberg. Dem Ortspfarrer Jacob Christoph Jäger verdankt der Ort seine 1764 beim
Bamberger Hofbildhauer Ferdinand Tietz in Auftrag gegebe-
ne eindrucksvolle *Marienstatue* aus Abtswinder Sandstein auf
dem Marktplatz.   (III)   *Hans J. Wunschel*

G. Raab, Geschichte des Ortes und der Pfarrei R., in: Bericht des Historischen Vereins Bamberg 29 (1866), S. 69–161; 30 (1868), S. 1–142; 45
(1883), S. 1–75. – H. Weiss, HAB Lichtenfels-Staffelstein, 1959. – K.-L.
Lippert, BKD Staffelstein, 1968.

Raueneck (Stadt Ebern, LK Haßberge, UFr.). Die *Burg R.* liegt
am Westabhang der Haube, eines 428 m hohen Berges über
dem Baunachtal, 5 km w. von → Ebern. Die Burganlage war
sehr wahrscheinlich eine Gründung der seit 1108 bezeugten und in den Haßbergen reich begüterten Edelfreien von
→ Bramberg, die sich hier nach der Zerstörung ihrer gleichnamigen Stammburg – im Zuge einer Auseinandersetzung
mit Würzburg – durch Ks. Friedrich Barbarossa 1168 einen
neuen Herrschaftsmittelpunkt schufen. 1213 nennt sich
dieses Geschlecht mit Hermann erstmals nach R. 1231 trugen

die Brüder Hermann und Ludwig von R. die Burg sowie ihre Eigengüter dem Hochstift Würzburg zu Lehen auf. 1244 verkaufte Ludwig seinen Anteil an Burg und Herrschaft an den Würzburger Bf. Hermann I. von Lobdeburg. Die restlichen Besitzanteile müssen zwischen 1250 und 1284 an Würzburg gekommen sein. Zunächst von Würzburg mit Vögten und Erbburgleuten besetzt, diente R. ab 1378 als Sitz eines hochstiftischen Amtes (seit 1560 Doppelamt Bramberg-R.), bis dieses 1685 nach Ebern verlegt wurde. – Die im 14. Jh. bezeugte *Burgkapelle St. Johannes d. T.*, kirchenorganisatorisch zunächst der 1232 gegründeten Würzburger Pfarrei Ebern zugehörig und durch den dortigen Kaplan mit Gottesdiensten seelsorgerlich betreut, erhielt durch Initiative der Marschälle von R., die von 1378 bis 1476 als Erbburgleute und Amtmänner auf der Burg belegt sind, 1435/36 pfarrlichen Charakter. Seit 1615 wohnte der Pfarrer allerdings nicht mehr auf der Burg, sondern in der zu ihren Füßen gelegenen Filiale Vorbach. 1697 wurde der Pfarrsitz zudem nach Jesserndorf verlegt. – Mit der Transferierung des Amts- und Pfarrsitzes nach Ebern bzw. Jesserndorf geriet die Burg im Laufe des 18. Jh.s allmählich in Verfall. 1780 wird die Kapelle als baufällig bezeichnet. 1829 kam die *Ruine* an die Freiherren von Rotenhan. Von der einstigen längsovalen Anlage haben sich ausgedehnte *Ringmauern* sowie *Reste* des *Bergfrieds*, des *Palas* und der Burgkapelle erhalten.   (III)   *Thomas Wehner*

S. Zeissner, Beiträge zur Geschichte mainfränkischer Burgen, in: Mainfränkisches Jahrbuch 6 (1954), S. 106–128. – I. Maierhöfer, HAB Ebern, 1964. – W. Berninger, Die Edelfreien von Bramberg-Leuchnitz-R., in: Würzburger Diözesangeschichtsblätter 57 (1995), S. 79–106. – N. Kandler, Die Pfarrei Jesserndorf-R.-Vorberg in ihrer Entwicklung, Münsterschwarzach 1996.

Regnitzlosau (LK Hof, OFr.). Unweit des Dreiländerecks zwischen Tschechien und den Freistaaten Sachsen und Bayern liegt R. an der oberen Regnitz. Der Ort wurde 1234 erstmals urk. erwähnt. Die 3 Herrensitze → Hohenberg, Niedernberg und Hinter der Kirche gehörten wie auch das Gut → Gattendorf zu dem zwischen den Burggrafen von Nürnberg und

Kursachsen umstrittenen Grenzgebiet. Als Teil des Markgraftums Bayreuth kam R. nach der Abdankung Karl Alexanders
1792–1806 an Preußen. Nach einer Übergangszeit von 1806
bis 1810 unter frz. Verwaltung wurde R. schließlich Teil des
Kgr.s Bayern. – Die Ortsteile Nentschau, Mittelhammer und
Unterzech wurden erst 1857 vom sächs. Posseck nach R. umgepfarrt. Damit gehörten sie dann zu der schon 1224 erstmals
genannten dem hl. Aegidius geweihten *Kirche*, an der seit 1527
ein ev. Prediger wirkte. Die Kirche mit ihrem spätbarocken
Kanzelaltar aus der Hand des Hofer Bildhauers Wolfgang
Adam Knoll und ihrer reich bemalten Kassettendecke ist im
typischen Markgrafenstil gehalten. Auch der Taufengel von
1745 entstammt der Knollschen Werkstatt. – Lange Zeit war
Landwirtschaft die entscheidende Erwerbsquelle der Bevölkerung, im 19. Jh. kamen Töpferhandwerk, Heimweberei und
Instrumentenbau hinzu. Heute ist die Textilindustrie dominierend. – Bis 1972 gehörte R. zum LK Rehau, seit der Gebietsreform ist es Teil des LKs Hof. Zu den wenigen vorgeschichtlichen Funden des LKs zählt der 1981 ausgegrabene
hallstattzeitliche Friedhof im eingemeindeten Ortsteil Osseck
am Wald.   (IV)   *Ingeborg Fuhrmann-Hoffmann*

A. Gebessler, BKD Hof, 1960. – M. Brix/K.-L. Lippert, BKD Rehau-
Selb, 1974. – K. Dietel, Ein hallstattzeitlicher Friedhof bei Osseck am
Wald, Gemeinde Regnitzlosau, in: Archiv für Geschichte von Oberfran-
ken 64 (1984), S. 67–77.

Rehau, Stadt (LK Hof, OFr.). Dicht benachbart zu Tschechien und dem Freistaat Sachsen liegt die Industriestadt R.
am nordöstlichsten Ausläufer des Fichtelgebirges, dem 827 m
hohen Kornberg. Von 1945 bis 1989 bedeutete der nahe »Eiserne Vorhang« zum Ostblock eine Randlage für den Ort,
heute verfügt R. mit seinen rund 10.500 Einwohnern durch
die vorbeiführende A 93 (Regensburg-Hof) über eine gute
Verkehrsanbindung an das europäische Fernstraßennetz. –
Unter den Schweinfurter Markgrafen hatte relativ spät die
Rodung des Regnitzlandes um → Hof im 11. Jh. begonnen.
Es kam zu einer Häufung von Ortschaften mit slaw. Namen,

die erkennen lassen, daß neben frk. auch slaw. Siedlungen in den Flußniederungen bestanden. Auch der Name R. beruht auf einem alten slaw. Rodungsnamen (»resawe«) und bedeutet »Siedlungsgebiet auf einer Waldrodung«. In andechs-meranischer Zeit (1209–48) wurde das Gebiet von den Vögten von Weida verwaltet und ausgebaut. Das mächtige Geschlecht der Kotzauer wurde in R. 1246 erstmals urk. erwähnt. Im Ort besaßen die Kotzauer einen Turmhügel im Bereich der heutigen Krötensee- und Wallstraße. Im Zuge seiner Erwerbungen im Regnitzland kaufte Burggraf Friedrich V. von Nürnberg 1394 die kotzauischen Besitzungen, 1417 wurden auch die rabensteinischen Güter in R. markgräflich. Von Friedrich V., seit 1415 Markgraf, wurden R. 1427 auch die Stadtrechte verliehen, er errichtete ein Vogteiamt. – Mit dem Verkauf des Markgraftums Bayreuth 1792 kam R. an Preußen, stand 1806–10 unter frz. Verwaltung und kam dann an Bayern. 1817 vernichtete ein Großbrand die Stadt fast gänzlich; sie wurde nach einem Plan des Hofer Baukondukteurs Baumann neukonzipiert wiedererrichtet. Breite Straßen, die sich rechtwinklig kreuzen, ein weiter Marktplatz und einheitliche Reihen traufseitiger Häuser prägen noch heute die klassizistische Innenstadt. – Eine erste Kapelle stammt wohl schon aus dem 13. Jh. Nach der Zerstörung durch die Hussiten wurde die dem hl. Jobst geweihte Kapelle 1444 neu aufgebaut. 1470 wurde R. selbständige Pfarrei, im folgenden kam es zum Ausbau der *Kirche*. Ein im ehem. Kirchhof urk. bezeugter runder Turm läßt eine befestigte Anlage vermuten. – Eine wichtige Erwerbsquelle für R. war zunächst der Viehhandel. Im 19. und 20. Jh. siedelten sich im Zuge der Industrialisierung im Ort Porzellan-, Holzwolle- und vor allem Lederfabriken an, R. wurde von einer Ackerbürgerstadt zur »Stadt des Leders«. Wirtschaftlichen Aufschwung brachte dabei insbesondere der Anschluß an die Eisenbahnlinie Hof-R.-Eger 1865. – Nach dem Ende des 2. Weltkriegs zogen Flüchtlinge und Vertriebene aus dem Sudetenland zu, die Einwohnerzahl wuchs um ein Drittel auf ca. 10.000. In der Nachkriegszeit entwickelte sich aus einer der Lederfabriken die heute auf dem Gebiet der

Polymerverarbeitung weltweit operierende und nach dem Ort benannte REHAU AG, zu der täglich ca. 2800 Arbeitnehmer nach R. einpendeln. – Die gute Wasserqualität, die einst die Ansiedlung des Gerberhandwerkes bewirkt hatte, führte schon zu Beginn des 18. Jh.s zur Entdeckung von Flußperlen. Markgrafen und Kg.e erließen Perlenordnungen und unterhielten einen Perlenförster. Auch heute werden im Rahmen eines europäischen Pilotprojektes wieder Flußperlmuschelbestände gehegt. – Im einstigen Schulhaus bei der ev. Kirche ist heute das *Kunsthaus* mit dem Institut für Kunst und Konkrete Poesie untergebracht. – Seit der Landkreisreform 1972 gehört R. mit seinem Altlandkreis zum LK Hof.

(IV)   *Ingeborg Fuhrmann-Hoffmann*

E. Zeh, Heimatkunde des bayerischen Bezirksamtes R., 2 Bde., R. 1916/19. – H. Höllerich, Geschichte der Kirche und Pfarrei R., R. 1970. – M. Brix/K.-L. Lippert, BKD Rehau-Selb, 1974. – R. Höllerich, HONB Rehau-Selb, 1977. – H. Bucka/O. Heland, Grenzsteine, Flur- und Kleindenkmale im Landkreis Hof, Hof 1991.

Reichelsburg (Stadt Aub, LK Würzburg, UFr.): → Aub.

Reichenberg, Markt (LK Würzburg, UFr.). Die wenige km s. von → Würzburg in einem Talgrund am Ostrand des Guttenberger Forstes gelegene Siedlung verdankt ihren Namen einem Reichsministerialengeschlecht, das durch den 1223 erstmals bezeugten Konrad von R., der in die Würzburger Ministerialenfamilie der Rabensburger (Burgruine Rabensburg bei → Veitshöchheim) eingeheiratet hatte, in Beziehung zum Hochstift Würzburg trat. Die *Burg R.* entstand oberhalb des Ortes Hattenhausen, dessen Ersterwähnung in einer Wildbannschenkung Kg. Heinrichs IV. an die Würzburger Kirche im Jahre 1060 zu finden ist. Nach dem Aussterben der Reichenberger gelangte die Burg an die Hohenlohe, die sie 1345 zusammen mit → Röttingen und ↑ Ingolstadt im Gau an das Hochstift Würzburg verkauften. 1376 erwarben die Herren von Wolffskeel Burg und Herrschaft R. als Mannlehen. – Das knapp 1 km s. von der Burg entfernte Hattenhausen wurde nach einem längeren Verödungsvorgang im Jahre 1692, als ein

Brand die noch verbliebenen Höfe zerstörte, vollends aufgegeben. Die noch verbliebene Kirche ist 1842 niedergerissen worden. Der heutige Ort R. entstand zwischen der Wüstung und der Burg. – Durch den Übertritt der Herren von Wolffskeel zum neuen Glauben wurde R., das 1733 eine neue *Kirche* erhielt, prot. Die Familie, die sich 1569 in Linien mit Sitz in R. und Rottenbauer (wieder kath. im 17. Jh.) teilte, übte in ihren 1814 an Bayern gefallenen Besitzungen bis 1848 die Patrimonialgerichtsbarkeit aus. – Der 1978 gebildete Markt R. behält mit seinen Ortsteilen Albertshausen, Fuchsstadt, Lindflur, R. und Uengershausen, die alle zum Herrschaftsbereich der Wolffskeel gehörten, die historische Gliederung bei.

(III)   *Thomas Heiler*

A. Dauch, Schloß R. bei Würzburg, in: Archiv des Historischen Vereins von Unterfranken und Aschaffenburg 68 (1929), S. 409–434. – M. Renner/E. Stahleder (Bearb.), Archiv der Grafen Wolffskeel von R., München 1981. – U. Rüthel, Die Familie von Wolffskeel. Strukturen einer 800jährigen Geschichte, R. 1995.

Reifenberg (Gde. Weilersbach, LK Forchheim, OFr.). Auf einem n. über dem breiten → Wiesenttal gelegenen Bergsporn, gegenüber der → Ehrenbürg, liegt weithin sichtbar die sog. *Vexierkapelle St. Nikolaus* auf dem R. Sie steht an der Stelle einer heute nur noch durch einen *Halsgraben* erkennbaren *Burg*, deren Name auf einen Personennamen (Rifo?) zurückgehen dürfte. – Seit 1151 nannten sich Verwandte des aus einer altbay. Adelsfamilie stammenden Bamberger Bf.s Eberhard II. von Otelingen (Ettling bei ↑ Vohburg a.d. Donau) nach dieser Burg. Diese Familie, die um 1145 das Kloster ↑ Speinshart in der n. Oberpfalz gründete, erhielt R. wohl als Bamberger Lehen. Ihre letzten Vertreter, Eberhard und Reinold, verloren während des Kreuzzugs Ks. Friedrich Barbarossas 1190 ihr Leben. In der Folge kam die Burg bis etwa 1250 an die Schlüsselberger, danach hatten die Herren von Wiesenthau die Burghut inne, nach 1426 andere wechselnde Adelige. – 1476 ist erstmals von einer *Nikolauskapelle* die Rede, die den Niedergang der Burg überlebte und zur Pfarrei Kirchehrenbach gehörte. Sie wurde 1705 vergrößert und erhielt 1788 ei-

nen neuen Turm, im 18. Jh. eine neugot. Innenausstattung.
Der Ort wird als Aussichtspunkt über die Fränk. Schweiz
besucht. (III) *Andreas O. Weber*

H. Kunstmann, Die Burgen der westlichen und nördlichen Fränkischen
Schweiz, Bd. 1, Würzburg 1971, ²1971. – D. Fastnacht, HONB Ebermannstadt, 2000.

Reistenhausen: → Collenberg

Remlingen, Markt (LK Würzburg, UFr.). R., auf der mit Löß
bedeckten welligen Marktheidenfelder Platte gelegen, war
eine Altsiedlung, durch welche die seit der Karolingerzeit bezeugte Fernstraße Frankfurt-Regensburg (im wesentlichen
die heutige B 8) führte. – 839 erscheint die »villa« R. als Zentrum einer großen Grafschaft, deren Amtsträger der mächtige
Graf Poppo, Vertrauter Ks. Ludwigs des Frommen, war. Der
Ks. stimmte in dieser Urkunde einem Tausch zwischen Fulda
und dem Grafen Poppo zu. Später erscheint R. als fuldisches
Lehen der Grafen von Wertheim. Die seit dem 14. Jh. bezeugte Cent R. erwuchs wohl aus dem ursprünglichen Königshof.
Aus dessen Fronhoffunktion entstand ferner im 15. Jh. das
wertheimische Amt R., das im wesentlichen die wertheimi-
schen Besitzungen zwischen Mainviereck und Maindreieck
umfaßte und den Machtbereich der Grafen gegen den Bf.
von Würzburg vorschob (bis Waldbüttelbrunn und Zeller
Steige, LK Würzburg). In R. gab es außerdem eine wertheimische Zollstelle an der Fernhandelsstraße Frankfurt-Würzburg-Nürnberg. Die Wertheimer erbauten im 14. Jh. in R.
eine *Burg* (»*Wasserhaus*«, z. T. noch erhalten), die seit 1401 als
Würzburger Lehen erscheint. – Der Ort mit Marktrecht war
ummauert, das *Rathaus* ist erst 1729 bezeugt, es gibt interes-
sante *Fachwerkbauten*. – Nach dem Aussterben der Grafen von
Wertheim Mitte 16. Jh. wurde der Besitz in R. geteilt: eine
Hälfte des Ortes übernahmen die Grafen von Löwenstein-
Wertheim, die andere Hälfte kam 1564 an die Grafen von Castell. 1612 zog der Bf. von Würzburg Burg und Amt R. mit
Ausnahme des Dorfes R. (fuldisches Lehen) trotz des Prote-

stes der Löwensteiner als erledigte Lehen ein. Die Grafen von Castell errichteten in R. im 16. Jh. ein neues *Schloß* (1576 vollendet). Es war zugleich Amtssitz für die castellischen Besitzungen aus der Wertheimer Erbschaft. 1597 wurde die gräfliche Nebenlinie Castell-R. begründet, die sich im 17. Jh. wieder in die Linien Castell-R. und Castell-Castell spaltete. Als 1763 die Linie Castell-R. ausstarb, kamen ihre Besitzungen in R. an Castell-Castell. – Seit 1612 gab es ein würzburgisches, ein castellsches und ein wertheimisches Amt R. So zeigt R. beispielhaft das verwirrende Bild der staatl. Zustände in Franken. Der Sitz des würzburgischen Amtes R. wurde freilich aus organisatorischen Gründen 1686 nach → Homburg a. Main verlegt. Noch 1818–48 hatten Castell und Löwenstein-Wertheim-Rosenberg ein eigenes bay. Herrschaftsgericht R. – R. hat noch heute zwei Schlösser: das *Rote Schloß* (ehem. Castell) und das *Weiße Schloß* (Renaissancebau, ehem. Castell-Rüdenhausen), das 1947 an den Prinzen zu Schönaich-Carolath verkauft wurde. – Wohl seit dem 18. Jh. bestand hier eine größere jüd. Kultusgde. Da Synagoge und Mikwe Ende 19. Jh. verkauft wurden, ist mit früher Abwanderung in Städte zu rechnen. – R. ist noch heute stark agrarisch strukturiert. (I)   *Wilhelm Störmer*

A. Feulner, KDB Marktheidenfeld, 1913, ND 1981. – W. Störmer, HAB Marktheidenfeld, 1962.

Rentweinsdorf, Markt (LK Haßberge, UFr.). R. liegt im Tal der Baunach an der Straße von Fulda nach Bamberg. Das typische Rittergut mit *Schloß*, *Kirche*, Marktplatz und diversen Verwaltungs- und Wirtschaftsbauten war seit dem Mittelalter im Besitz der Familie von Rotenhan. Diese hatten die volle Zentgerichtsbarkeit. 1232 wird der Ort als zu der neugegründeten Pfarrei → Ebern gehörig erwähnt; vermutlich um die Mitte des 13. Jh.s wurde er Markt. Ab 1342 wurde eine Kapelle in der *Burg R.* eingerichtet. Als Ganerbenburg war R. bis ins 18. Jh. immer wieder im Besitz mehrerer Rotenhanscher Linien. – Im Bauernkrieg 1525 wurde das Schloß geplündert und ein großer Teil zerstört; Wiederaufbau und Befestigung erfolgten bis Ende des 16. Jh.s. Im Zuge der Reformation wurde der Ort 1533 unter Hans von Rotenhan prot. Im 30jg. Krieg kam es zur Verwüstung des Baunachgrundes um R. – Chor und Turm der Kirche stammen von 1597–1601; ein neues Langhaus errichtete 1743 Johann David Steingruber aus → Ansbach. Kurz darauf erfolgte unter Johann Friedrich von Rotenhan von 1751–66 ein Neubau des Schlosses unter teilweiser Verwendung der Fundamente des Vorgängerbaus. Der Entwurf geht auf Johann David Steingruber zurück, ab 1752 war Johann Jakob Michael Küchel leitender Architekt. Der ehemals großzügige *Barockgarten* wurde im 19. Jh. anglisiert. Nö. des Schlosses befindet sich die *Orangerie* aus dem 18. Jh., n. des Schlosses das alte *Amtshaus* und dahinter *Ökonomiegebäude*, nw. an der Straße schließlich stehen Reste der Gebäude der Brauerei Rotenhan, hierzu gehört der historisierende *Rundturm* beim Schloß aus der 2. Hälfte des 19. Jh.s. (III) *Volker Rößner*

J. Hotz, Johann Jakob Michael Küchel. Sein Leben, seine Mainzer Zeit und seine Tätigkeit für die Landschlösser des fränkischen Adels, Lichtenfels 1963. – In des schönen Grundes Mitte. Markt R., 2 Bde., Bamberg 1983/87.

Rieneck, Stadt (LK Main-Spessart, UFr.). Eine Besiedlung ist für R. seit dem 8. Jh. nachweisbar. Die *Burg R.* liegt auf einem Felssporn über der Sinn. R. wird 1179 erstmals urk. belegt, der Baubeginn kann wesentlich länger zurückliegen. – Burg und Stadt R. tragen den Namen des Geschlechts der Grafen von R. Diese sind wahrscheinlich eine Linie des ostfränk. Geschlechtes, dem auch die späteren Ludowinger, die Landgrafen von Hessen, entstammen (→ Schönrain). Um 1100 heiratete die Erbtochter den Grafen Arnold von Loon (nahe Lüttich/Belgien). Der Name R. wurde in einem komplizierten Prozeß seit 1156 von dem ausgestorbenen Hochadelsgeschlecht der Grafen von Rheineck (bei Breisig am Rhein) übernommen. Loon und R. wurden rund 100 Jahre gemeinsam geführt, dann ging der Name R. auf die frk. Besitzungen über. Das Geschlecht breitete sich im gesamten Maingebiet aus, versuchte gewaltsam oder durch Heiratspolitik eine Erweiterung seiner Besitzungen, wurde aber immer wieder durch das Erzstift Mainz und das Hochstift Würzburg gebremst (→ Gemünden; → Rothenfels). – Die Burg R. lag relativ abseitig und sollte wohl den rieneckischen Besitzanspruch in diesem Raum betonen. Eigentlicher Hauptort war → Lohr a. Main, das allerdings keinen Raum für eine Höhenburg bot. – 1311 wird R. als »oppidum« genannt, eine Stadtrechtsverleihung ist nicht überliefert. Teile der *Stadtbefestigung* sind erhalten. – Durch Heiratsverbindungen und Erbstreitigkeiten gelangten die Herren von Hanau in den Mitbesitz von Burg und Stadt. Mit dem Aussterben der Grafen von R. 1559 fiel R. wie die meisten anderen Besitzungen an Kurmainz. Teile der alten Grafschaft wurden 1673 an Johann Hartwig von Nostitz verkauft; dieses böhm. Geschlecht erhielt dadurch die Reichsgrafschaft. 1814 ging R. an Bayern über. Seit 1872 ist es an die Eisenbahnstrecke Gemünden-Fulda angeschlossen. – Die Burg wurde ab 1850 von Privatleuten erworben und um- und wiederaufgebaut; heute gehört sie dem Verband Christlicher Pfadfinderinnen und Pfadfinder. Bemerkenswert ist vor allem der *Bergfried* mit einer eingelassenen *Kapelle*. (I) *Theodor Ruf*

K. Richter, HAB Gemünden, 1963. – T. Ruf, Die Grafen von R. Genealogie und Territorienbildung, Würzburg 1984.

Rimpar, Markt (LK Würzburg, UFr.). Als »Rintburi« erscheint der Ort im Altsiedelland n. von → Würzburg erstmals in einem Urbar des Benediktinerinnenklosters → Kitzingen aus dem 11. Jh. Im 12. Jh. hatten die Würzburger Ministerialen der Rabensburger die Vogtei in R. inne, die sie 1209 nach der Verstrickung der Familie in den Mord am Würzburger Bf. Konrad von Querfurt an Stift Haug in Würzburg abtreten mußten. Letzteres dürfte im Ort schon seit dem Anfang des 11. Jh.s Besitzungen aus seiner Gründungsausstattung unterhalten haben. Die Grafen von Henneberg, die ebenfalls Rechte in R. erworben hatten, verzichteten 1308 als Afterlehensherren des Hermann Hacke auf den Zehnten und das Patronatsrecht der Pfarrei zugunsten des Würzburger Bf.s. Über die Grafen von

Rieneck, die zu Beginn des 14. Jh.s Dorf und Gericht von Würzburg als Lehen erhielten, gelangte R. an die Herren von Wolfskeel-Grumbach (→ Burggrumbach), die hier eine jüngere Nebenlinie begründeten. Zusammen mit Burggrumbach kam 1593 der Ort mit allen Rechten an das Hochstift Würzburg zurück. Die Grumbachsche Linie in R. starb 1603 aus. – Unter Bf. Julius Echter ist Anfang des 17. Jh.s eine rege Bautätigkeit zu verzeichnen, so u. a. Um- und Ausbau des *Schlosses*, Neubau des *Rathauses*. 1792 entstand für die bedeutende jüd. Gde. eine *Synagoge* (heute Privatbesitz). 1796 war die Gegend um R. Schauplatz von Kämpfen gegen die frz. Truppen. – Durch die Gebietsreform des Jahres 1978 wurden die Gde.n Maidbronn und Gramschatz eingegliedert. Das 1982–84 umgestaltete Schloß Grumbach beherbergt heute die Gemeindeverwaltung und ein *Bäckereimuseum*.

1232 errichtete der Würzburger Bf. Hermann von Lobdeburg ein Zisterzienserinnenkloster »Fons Virginis« (Maidbronn) zunächst in Bergerbrunn (heute Rotkreuzhof, Stadt Würzburg). 3 Jahre später wurde das Kloster nach Etzelhausen (etwa 1 km sö. von R.) verlegt; Etzelhausen nahm daraufhin den Namen Maidbronn an. Nach der starken Beschädigung im Bauernkrieg wurde das Kloster 1581 aufgelöst. In der *ehem. Klosterkirche* befindet sich das von Tilman Riemenschneider geschaffene Steinrelief »Die Beweinung Christi«.

(II)   *Thomas Heiler*

C. Will/W. Siegler, Das ist R. Das Arbeiterdorf vor den Toren der Stadt Würzburg, R. 1978. – M. H. von Freeden, Tilman Riemenschneider. Beweinung in Maidbronn, Maidbronn 1981. – E. Hamberger, Das alte R., Maidbronn und Gramschatz, R. ²1995.

Rodach: → Bad Rodach.

Rödelsee (LK Kitzingen, UFr.). Die Weinbaugde. R. liegt 6 km ö. von → Kitzingen unterhalb des Schwanbergs. An den Westhängen dieses markantesten und am weitesten ins Maintal hineinragenden Steigerwaldberges wächst auf fruchtbaren Gipskeuperböden Wein, dessen Lagen »Rödelseer Küchenmeister« und »Rödelseer Schwanleite« seit dem 13. Jh.

urk. genannt werden. Die fruchtbare Ebene unterhalb des Schwanbergs am Main wird zum Ackerbau genutzt. – Namentlich gehört der Ort R. (Rodiloheim – Heim des Rodilo) der ältesten frk. Kolonisationswelle des 6./7. Jh.s an. Die vermutlich erste schriftliche Erwähnung einer Siedlung geht jedoch auf 1040 zurück und würde somit den Ort dem hochmittelalterlichen Landesausbau zuordnen. Ende des 12. Jh.s soll eine Kirche eingeweiht worden sein. Als Herren der Burg in R. erscheinen Ende des 13. Jh.s die Hohenlohe. Die Burg ging später auf die 1280 als Ministerialen der Hohenlohe genannten Fuchs von R. über. – Um 1300 saßen zwei Linien Fuchs von R. im Ort; im Verlauf mehrfachen Besitzerwechsels werden später u. a. noch verschiedene weitere Linien der Fuchs genannt. Die Grafen von Castell konnten ihren Besitz in R. vom 13. Jh. bis zum Ende des Alten Reichs – trotz mehrfachen Besitztausches und Verpfändungen – behaupten. – Ab dem 17. Jh. etablierten sich 4 Ganerben als Dorfherrschaften: das Hochstift Würzburg, das Kloster → Ebrach, die Grafen von Castell und die Freiherrn von Crailsheim. Diese Teilung in kirchliche und weltliche Herrschaften fand Ende des 18. Jh.s im Bau von zwei *Kirchen* ihren Ausdruck: Wurde die Bartholomäuskirche des Ortes seit 1651 zunächst als Simultankirche von beiden Konfessionen genutzt, so war der 1780 eingeweihte Neubau nach dem Einsturz des Kirchturms 1770 nur mehr *ev. Pfarrkirche*; die neue *kath. Pfarrkirche St. Bartholomäus* wurde 1783 geweiht. – 1563 wurde die Errichtung eines großen *Judenfriedhofs* (am Fuß des Schwanbergs auf halbem Weg nach → Iphofen) für den ganzen Umkreis bewilligt, auf dem ca. 2500 Grabsteine erhalten sind (1938 geschändet; nach 1945 wiederhergestellt). Eine jüd. Kultusgde. existierte bis 1907/08. Eine Synagoge bestand spätestens seit 1646; 1938 wurde sie stark beschädigt und in der Nachkriegszeit abgerissen. – Aus dem 17. und 18. Jh. sind mehrere Gebäude erhalten (*Crailsheimer Schloß*, *Rathaus*, *Ebracher Hof*, *Zehnthaus* der Grafen von Castell). – Nach dem Ende des Alten Reichs kam der Ort endgültig 1814 an Bayern. R. gehört heute zu den bekanntesten Winzerdörfern Frankens;

1954 wurde die Winzergenossenschaft R. mit Sitz im Crailsheimer Schloß gegründet.

Schloß Schwanberg, über R. gelegen, wird erstmals 1230 urk. erwähnt. Allerdings belegen vorgeschichtliche Bodenfunde eine Besiedlung bis in die Altsteinzeit zurück; eine ausgedehnte Befestigungsanlage war im Frühmittelalter vorhanden. Die Herren Fuchs saßen hier als Burgvögte der Würzburger Bf.e. Burgmannen und Besitzer wechselten in der Folgezeit häufig. Im Bauernkrieg wurde die Burg zerstört. Fürstbf. Julius Echter kaufte 1605 das Schloß zurück; 1911 erwarb es Graf Alexander zu Castell-Rüdenhausen. Seit 1957 pachtet die ev. Ordensgemeinschaft Communität Casteller Ring das Schloß, das heute eine Stätte der Begegnung, Bildung und Erholung ist. Mittelalterliche Fundamente und Mauerabschnitte sind erhalten.   (II)   *Dirk Rösing*

H. Weber, HAB Kitzingen, 1967. – K. Treutwein, Unterfranken. Landschaft, Geschichte, Volkstum, Kultur, Kunst, Heroldsberg ³1978. – Landkreis Kitzingen. Ein Kunst- und Kulturführer, Marktbreit 1986.

Röthenbach a. d. Pegnitz, Stadt (LK Nürnberger Land, MFr.). Die ursprünglich wohl zum bay. Nordgau gehörige Siedlung war um die Mitte des 11. Jh.s zum Reichsgutskomplex → Nürnberg gezogen worden. 1311 übergab der Reichsministeriale Konrad von Beerbach dem Katharinenkloster zu Nürnberg u. a. die Mühle zu »Rotempach«. Die Siedlung am »roten Bach(ufer)« der Pegnitz, wohl der Hinweis auf eine Sandsteinlage an der Pegnitz, war klein und ihre Entwicklung wurde bis zum Ende des Alten Reichs 1806 durch ihre Lage im Reichsforst gehemmt. Allerdings förderte die Lage die Errichtung von *Gewerken*: 1490 sind je eine *Mahlmühle, Papiermühle*, Schleifmühle und Pulvermühle nachzuweisen. Letztere brannte 1632 nieder und wurde 1647 durch einen Kupferhammer ersetzt; in den 1820er Jahren erfolgte die Aufteilung des nunmehrigen Zainhammers in 4 Anwesen. Die Wohnung des Besitzers, das »Schlößlein«, wurde 1907 wegen Baufälligkeit abgerissen. – Ein auf einem bäuerlichen Anwesen Ende des 16. Jh.s vom Nürnberger Patrizier Johann Friedrich von

Thill errichteter und 1734 vom Ratskonsulenten Dr. Hieronymus Eckenbrecht repräsentativ ausgebauter *Herrensitz* wurde 1890 an den Fabrikbesitzer Conrad Conradty verkauft, der Arbeiterwohnungen einrichten ließ. Seine Witwe Pauline Johanna Karoline erwarb 1911 die alte, 1808 auch als Schlag- und Sägemühle belegte Mahlmühle. Die 1490 genannte Papiermühle produzierte bis 1945. – Der Aufschwung des seit 1859 an die Bay. Ostbahn angeschlossenen R. von ca. 1890 an ist eng mit der Firma Conradty verbunden. 1880 hatte Conrad Conradty die 1828 gegründete Papierfabrik in Grünthal erworben und zunächst Bleistifte produziert. Mit der Umstellung der Produktion auf Kohlestifte (für Glühlampen) begann seit Anfang der 1890er Jahre eine rasche Aufwärtsentwicklung, welche die Einwohnerzahl von ca. 400 auf ca. 4800 Einwohner 1910 wachsen ließ. Conrad Conradty und sein Sohn Friedrich ließen ab 1894 zahlreiche Siedlungshäuser für die Beschäftigten errichten. Die Firma Conradty hatte noch vor Beginn des 1. Weltkriegs zur Produktion von Elektrographiten (Kohle-Elektroden) gewechselt. Allerdings ließ die wirtschaftliche Krise der 1920er Jahre (eigenes Notgeld aus gepreßter Kohle im Inflationsjahr 1923) auch sie nicht unberührt. Nach Kriegszerstörungen und erneutem Aufschwung in den 1950er Jahren geriet die 1970 in eine Kommanditgesellschaft umgewandelte Firma Anfang 2002 in eine wirtschaftliche Krise und gehört heute zu einem indischen Konzern. – 1937– 39 errichtete die 1902 in Nürnberg als Kunstgießerei gegründete und seit den 1930er Jahren zu einem Großbetrieb mit Schwerpunkten in der Rüstungsproduktion herangewachsene Firma Diehl zwei Werke bei R., die bis heute bestehen. – R. wurde 1953 zur Stadt erhoben; 1972 kam es zur Eingemeindung von Haimendorf (u. a. mit → Moritzberg). In den 1990er Jahren entwickelte sich R. in Konkurrenz zu → Lauf durch die Ansiedlung von Bau- und Einkaufsmärkten zum regionalen Mittelzentrum. – Kirchlich gehörte R. zur Pfarrei Mögeldorf, 1857 erfolgte die Umpfarrung nach Rückersdorf. Die rasch steigende Einwohnerzahl erforderte die Errichtung eigener Gotteshäuser: 1902 wurde ein ev. Kirchenbauverein gegründet, 1914 die in neugot. Stil errichtete *Kirche Hl. Kreuz* geweiht. Der starke Zuzug von Arbeitskräften aus der Oberpfalz führte 1906 zur Gründung eines kath. Kirchenbauvereins. Die Grundsteinlegung für das Gotteshaus *St. Bonifatius* erfolgte 1954, die Weihe 1955. (VI) *Gerhard Rechter*

W. Meyer/W. Schwemmer, KDB Lauf a. d. Pegnitz, 1966. – W. Schwemmer, R. a. d. Pegnitz. Die Geschichte einer Industriestadt, Nürnberg 1982.

Röttingen, Stadt (LK Würzburg, UFr.). Auf eine frühmittelalterliche »Siedlung des Roto« geht der im Taubertal an der Landesgrenze zu Baden-Württemberg gelegene Ort zurück. 1103 wird er erstmals urk. erwähnt, als der Edelfreie Diemar von R. umfangreiche Besitzungen an der Tauber und im Ochsenfurter Gau an das Kloster Hirsau schenkte. Um 1200 waren neben dem Königtum die Schenken von Schüpf und die Hohenlohe begütert, letztere setzten sich schließlich durch und hatten die 1284 als »civitas« bezeichnete Stadt in ihrem Besitz. 1298 war sie Ausgangspunkt eines weite Teile Frankens erfassenden Judenpogroms, das mit einer angeblichen Hostienschändung begründet wurde. Zeitweise bestand eine eigene Linie Hohenlohe-R., doch mußten Burg, Stadt und Amt 1345 schuldenhalber an den Bf. von Würzburg verkauft werden. Freilich hatte Würzburg selbst erhebliche Finanzprobleme, so daß Stadt und Amt R. (ganz oder teilweise) bis 1570 häufig an frk. Adelige (v. a. Truchseß von Baldersheim, Rosenberg, Berlichingen) verpfändet waren. – Die Stadt dürfte sich, worauf auch die unregelmäßige Anlage hindeutet, aus verschiedenen Siedlungskernen entwickelt haben. Während des Spätmittelalters gab es mit der unterhalb der Stadt an der Tauber gelegenen *Altenburg* (heute Bodendenkmal), dem *Hohen Haus* und der *Burg Brattenstein* (Amtssitz, in der Nordwestecke der *Stadtmauer* gelegen) 3 befestigte Anlagen, deren Verhältnis zueinander ungeklärt ist. – Das 16. Jh. sah die Beteiligung der Stadt am Bauernkrieg (1525). In der Reformation fand die neue Lehre zahlreiche Anhänger. Fürstbf. Julius Echter erzwang in den 1580er Jahren die Rückkehr zum Katholizismus. Echter wurde auch zum zweiten Stifter des wohl seit der Mitte des 14. Jh.s bestehenden Spitals (1966 aufgehoben). Dieses stand neben der Mittelpunktsfunktion des Ortes als Sitz eines Centgerichts und eines würzburgischen Amtes, den zahlreichen an der *Stadtpfarrkirche St. Kilian* errichteten geistlichen Stiftungen, den Jahr- und Wochenmärkten und dem die Selbstverwaltungsrechte der Bürgerschaft symbolisierenden, 1750 erbauten repräsentativen *Rathaus* für den städt. Charakter, während das wirtschaftliche Leben weitgehend von Bauern und Winzern geprägt war. – Auch nach dem Übergang an Bayern 1803/14 blieb die Kleinstadt Sitz von Verwaltungsbehörden (Rent- bzw. Finanzamt bis 1929, Landgericht 1840 nach → Aub verlegt). Die Ansiedlung mittelständischer Betriebe hat dem Ort (heute ca. 1500 Einwohner), der in landschaftlich reizvoller Lage auch für Touristen attraktiv ist, seit den 1970er Jahren zu einem wirtschaftlichen Aufschwung verholfen.   (V)   *Thomas Horling*

K. Freudinger, Aus der Vergangenheit der Stadt R. an der Tauber. Unter Verwendung der Ortschronik von Benefiziat Michael Wieland 1904, R. 1953.

Rohrbrunn (Gde. Weibersbrunn, LK Aschaffenburg, UFr.). R. liegt inmitten des Spessarts, heute an der A 3 (Würzburg-Frankfurt). »In dem Spechtisharte bi dem Rorbrunnen« einigten sich am 7.3.1339 der Mainzer Erzbf. Heinrich von Virneburg und der Würzburger Bf. Otto von Wolfskeel auf ein Zusammengehen im Streit um das Erbe der 1333 erloschenen Rieneck-Rothenfels. Dieser nicht sicher lokalisierbare Tagungsort bot sich an wegen der Nähe zur gemeinsamen Grenze und der Lage an einer wohl schon im 9. Jh. nachweisbaren Ost-West-Verbindung zwischen Nürnberg und Frankfurt. Ein hier lange vermutetes »Jagdschloß« existierte nicht. – In der etwa zur gleichen Zeit ausgebildeten Kurmainzer Forstorganisation spielte R. eine wichtige Rolle, auch wenn hier wohl erst im späten 15. Jh. ein fester Dienstsitz eingerichtet wurde. Besondere Bedeutung gewann R., als die Thurn und Taxis-Post an ihrer 1615 eingerichteten Verbindung (heute B 8) 1688 eine neue Poststation errichtete. Seit dem ausgehenden 18. Jh. begann der Rückgang der Bedeutung von R. durch die Verbesserung der Straßenverhältnisse. Später versuchte man wohl fälschlich die Poststation gleichzusetzen mit Wilhelm Hauffs »Wirtshaus im Spessart« (1828). Vor dem 2. Weltkrieg erlebte das Gasthaus durch den Tourismus noch einmal eine Blütezeit. – Nach dem Übergang an Bayern 1814 wurde R. bekannt durch den 1820–24 ö. errichteten Wildpark. In diesem ca. 1100 ha großen eingezäumten Gehege fanden Hofjagden, vor allem des Prinzregenten Luitpold statt. Neben verschiedenen Forstgebäuden zeugt davon das *Jagdschloß Luitpoldshöhe* (1889). Ansonsten ist von den Gebäuden des Weilers R. nur das »*Alte Forsthaus*« (um 1700) dem Abriß beim Autobahnbau 1959 entgangen. Schließlich zeugen seit 1928 geschützte Alteichenbestände von der forstgeschichtlichen Bedeutung von R. (I) *Georg Knetsch*

K. Jessberger/M. Schneider, R. und der Hochspessart, Marktheidenfeld 1985. – W. Loibl, R. Wittelsbacher Abgesang vor historischer Spessartkulisse, in: R. Welsch (Bearb.), Weibersbrunn in Wort und Bild, Weibersbrunn 1995, S. 115–145.

Rosenau (Stadt Rödental, LK Coburg, OFr.). Das über dem Talgrund der Itz auf einem Umlaufberg gelegene *Schloß* steht auf den Grundmauern eines mittelalterlichen Ansitzes, für den seit der 2. Hälfte des 13. Jh.s die Herren von R. als Besitzer gelten. Erste urk. Belege für eine Burg der Herren von R., die zugleich → Coburger Münzmeister waren, stammen aus den Jahren 1439 und 1451. Während des 30jg. Kriegs und in den Erbstreitigkeiten des 18. Jh.s wechselte der Besitzer mehrfach; das Schloß ging schließlich an das Herzogshaus Sachsen-Gotha-Altenburg über. 1805 erwarb es Hz. Franz Friedrich Anton von Sachsen-Coburg-Saalfeld für seine Familie. Unter seinem Nachfolger Hz. Ernst I. wurde die R. zum beliebtesten Sommersitz der Coburger Hz.e und blieb es das ganze 19. Jh. hindurch. Schon bald nach seinem Regierungsantritt 1806 ließ er die verfallene Burg nach Plänen von Karl Friedrich Schinkel zu einem neugot. Schloß umgestalten. – Die Staffelgiebel der Nord- und Südfront, die Zinnen des runden Treppenturms, die Vorhangbogenfenster und Fensterrahmungen und die Dacherker des steilen Satteldachs lassen das Schloß als Musterbeispiel für die historisierende Romantik zu Beginn des 19. Jh.s erscheinen. Um die gleiche Zeit entstand der das Schloß umgebende *Landschaftspark* im engl. Stil mit *Orangerie*, die heute das *Museum für modernes Glas* der Coburger Kunstsammlungen beherbergt, *Teehaus* (heute *Parkrestaurant*) und weiteren Natur- und Kunstdenkmälern. – 1817 schenkte Ernst I. den Besitz seiner Frau Luise von Sachsen-Coburg-Altenburg, die hier 1819 als zweiten Sohn des Paars Albert, den späteren Prinzgemahl von Königin Victoria von England, zur Welt brachte. 1888 gingen Schloß und Park an Alberts Sohn Alfred, Hz. von Sachsen-Coburg und Gotha, über. Nach dem Tod Hz. Alfreds 1900 und dem Tod seiner Witwe 1920 wechselte das Schloß mehrfach den Besitzer, bis es 1972 endgültig vom bay. Staat übernommen und in den 1980er Jahren mustergültig restauriert wurde.   (III)   *Harald Bachmann*

S. Heym, Schloß R., München 1990, ND 1996. – M. Henker (Hg.), Ein Herzogtum und viele Kronen. Coburg in Bayern und Europa, Augsburg 1997.

Roßtal, Markt (LK Fürth, MFr.). Die Marktgde. R. liegt 15 km w. von → Nürnberg an der Bahnlinie Nürnberg-Stuttgart und unweit der B 14 Nürnberg-Ansbach. Nach den archäologischen Befunden entstand eine Burg im karolingischen Ausbaugebiet wohl um 800 auf dem günstig gelegenen Terrassensporn an einer Altstraße (Würzburg-Riedfeld-Langenzenn-Schwabach) und unweit der historisch belegten Verbindung von der Donau über Altmühl, Karlsgraben und Regnitz zum Main. Historisch ist der befestigte Ort als »urbs Horsadal« bei Widukind von Corvey belegt. 954 wurde die Burg, die sich in der Hand der Luitpoldinger befand, von Kg. Otto I. vergeblich belagert. Wohl infolge des Aufstiegs Nürnbergs unter Heinrich III. verlor R. an Bedeutung. – 1048/51 sind ein größerer Besitzkomplex des Hochstifts Bamberg und 1128 ein bambergischer »villicus« in R. nachgewiesen. 1189 verpfändeten die Grafen von Abenberg die Vogtei über R.

dem Bamberger Bf., der 1281 alle seine Einkünfte in R. den zollerischen Burggrafen von Nürnberg schenkte, die 1292 von den Herren von Heideck weitere Teile von R. erwarben. Vorübergehend (seit 1379) an die Nürnberger Patrizier Ulrich Haller und Konrad Prunster verkauft, fiel das Amt R. 1445 wieder an die Burggrafen von Nürnberg und blieb bis zum Übergang des ansbachischen Markgraftums an Preußen (1792) im Besitz der frk. Hohenzollern. 1806 wurde R. bay. – 1328 erwarben die Burggrafen von Nürnberg für R. das Stadtrecht mit eigenem Halsgericht nach dem Vorbild von Nürnberg. Stadtrecht und Blutgericht wurden 1355 durch Ks. Karl IV. bestätigt, doch kam es zu keiner städt. Ausprägung. Die Ortschaft selbst war nicht befestigt, verfügte jedoch über eine *Kirchhofbefestigung* aus dem 14./15. Jh., deren *Reste* erhalten sind. R. gehörte zum Oberamt Cadolzburg und war bis 1812 Hochgerichtsstätte. Um 1504 ist R. als großes Dorf mit Kirche, Halsgericht und Burghut belegt. 1821 verzichtete R. auf sein Stadtrecht und wurde als Landgde. eingestuft. – Im Städtekrieg 1388 sowie 1449 im 1. Markgrafenkrieg wurde R. zerstört. Im 30jg. Krieg litt R. vor allem unter den sich 1632 in → Zirndorf (kaiserliche) und Nürnberg (schwed.) gegenüberliegenden Heeren. – Die Ursprünge der *St. Laurentiuskirche* (roman. Krypta) sind nicht belegt. Nach Einführung der Reformation ist in R. 1528 der erste prot. Pfarrer erwähnt. – Durch den Bau der Strecke Nürnberg-Ansbach (1873–75) wurde R. an das Eisenbahnnetz angeschlossen. – Nach dem 2. Weltkrieg wuchs die kath. Gde. durch die Ansiedlung zahlreicher Vertriebener und Flüchtlinge stark an, deren *Pfarrkirche Christkönig* 1951 geweiht wurde.   (VI)   *Martin Winter*

H. H. Hofmann, HAB Nürnberg-Fürth, 1954. – W. Wiessner, HONB Fürth, 1963. – P. Ettel, Karlburg, R., Oberammerthal. Studien zum frühmittelalterlichen Burgenbau in Nordbayern, Rahden/Westf. 2001. – R. 1050 Jahre Heimat – offen und lebendig, Neustadt/Aisch 2004.

Roth, Stadt (LK Roth, MFr.). Der Ortsname geht wohl zurück auf den Fluß Roth, der hier in die Rednitz mündet. R. wird in der 2. Hälfte des 11. Jh.s erstmals genannt, als Bf. Gundekar II.

von Eichstätt eine Kirche in »Rote« einweihte. Als ehem.
Reichslehen war der Güterkomplex R. zu Beginn des 11. Jh.s
von Kg. Heinrich II. an das Domkapitel des neugegründeten
Bistums Bamberg gekommen. Die älteste Siedlung dürfte n.
der Roth im Ortsteil »Untere Vorstadt« gelegen haben. Dort
war die »curia dominicalis« oder der »Bamberger Herrenhof«
von 1120/24 (später *Schwarzer Adler*). Das zugehörige Dorf
(1190 »villa«) lag wohl ö. davon in der heutigen Allersberger
Straße. – Im 12. Jh. war der Meierhof (Verwaltungsitz der »ad-
vocatio R.«) im Besitz des Domkapitels. Die Vogtei über das
Amt R. übten die Grafen von Abenberg aus, nach ihrem Aussterben ging sie als Bamberger Mannlehen Ende des 12. Jh.s an
die Burggrafen von Nürnberg über. Sie bauten in und um R.
ein ausgedehntes Oberamt aus. Zwischen 1267 und 1346
(Erstnennung als Markt) ist mit der Marktrechtsverleihung zu
rechnen, wohl auch deshalb, weil R. als s. Exponent des burggräflichen Territoriums galt, nachdem 1295/96 die nahen
Orte → Spalt und → Abenberg an den Bf. von Eichstätt verkauft worden waren. – 1363 verlieh Burggraf Friedrich V.
einen Freiheitsbrief an die Bürger der »Stat zu R.« (erste Nennung als Stadt). Ein weiterer Freiheitsbrief Friedrichs V. erlaubte der Stadt R., 6 Jahrmärkte und einen Wochenmarkt zu
halten. – Nach dem Salbuch des Domkapitels zu Eichstätt
(1370) war → Pfaffenhofen a.d. Rohn die Mutterkirche von
R., das zunächst nur eine 1534 abgegangene Nikolauskapelle
besaß. Um 1400 wurde die *Stadtmauer* (*Reste* erhalten) errichtet. Der Grundriß innerhalb der Mauer läßt die Planung in
zwei Phasen erkennen: zuerst der Markt entlang des Fuhrwe-
ges vom alten Dorf n. der Roth nach Kiliansdorf und Belm-
brach, dann die Gebäude w. und ö. des Marktensembles. 1434
gab es in R. 111 Anwesen, darunter 12 in der Unteren Vorstadt.
Um 1510 wurde die *Pfarrkirche zu U. L. Frau* erbaut (seit der
Reformation *ev. Pfarrkirche*). Das *Schloß Ratibor* im Südwesten
des Stadtkerns wurde erst 1535 anstelle von 3 Bürgerhäusern
als Jagdschloß errichtet. Es wurde nach den schlesischen Besitzungen des Markgrafen Georg des Frommen von Ansbach
benannt. 1732 hatte die Stadt R. 100 Bürgerhäuser im Kern.

Dazu kamen 21 Bürgerhäuser, die Pulver- und Rothmühle in der Unteren Vorstadt, je 23 Bürgerhäuser in der Oberen Vorstadt und in der Neuen Vorstadt. – Um 1400 sind erstmals Juden in R. bezeugt. Seit dem 16. Jh. bestand eine jüd. Gde.; die *Synagoge* stammt von 1737. Unter dem Terror der NS-Ideologie verließen die letzten Juden 1935 die Stadt. – 1792 wurde R. preuß.; das Schloß Ratibor kaufte der Fabrikbesitzer Johann Philipp Stieber, ehe es 1858 Sitz des Landgerichts wurde (heute u. a. *Museum*). 1806 kam R. an Bayern. Dank der günstigen Lage der Stadt (seit 1849 Bahnanschluß) blühte das von dem Fabrikanten Stieber eingeführte leonische Gewerbe (Herstellung und Verarbeitung unechter Gold- und Silberdrähte). Nach dem 2. Weltkrieg wuchs die Stadt auf dieser wirtschaftlichen Basis weiter, wozu auch der Bundeswehrstandort, die Lage im Neuen Fränk. Seenland und seit 1972 der Sitz des LKs R. beigetragen haben.   (VI)   *Wolfram Unger*

E. Wagner, HONB Schwabach, 1969. – F. Eigler, HAB Schwabach, 1990. – R. Rossmeissl, Jüdische Heimat R., R. 1996, ⁶1997. – Schloss Ratibor in R. Wandel über die Jahrhunderte, R. 1999.

Rothenberg (Gde. Schnaittach, LK Nürnberger Land, MFr.): → Schnaittach.

Rothenbuch (LK Aschaffenburg, UFr.). 1318 besiegelten in R. (»zu der Rodenboychen«) der Mainzer Erzbf. Peter von Aspelt und der Würzburger Bf. Gottfried von Hohenlohe einen Sicherheitspakt. Über den Tagungsort oder ein vermutetes »Jagdschloß« fehlen die Angaben. – 1342 errichtete Kurmainz in R. eine *Burg*, wohl als Sicherung der Grenze zu den Grafen Rieneck bzw. zum Hochstift Würzburg. Etwa gleichzeitig entstand das Mainzer Försterweistum und fallen erste Erwähnungen der Forsthuben und Glashütten im Spessart. Endgültig sichtbar wird die zentrale Rolle von R. durch die Erhebung zum Sitz des Forstmeisters im Spessart (1485). Mit dem Anfall von Teilen des Rieneckschen Erbes an Mainz (1559) steigerte sich diese noch. Die Burg wurde zum *Schloß* ausgebaut (1567), dann errichtete man ein *Forstamtsgebäude* (1576) und den heutigen *Gasthof »Zum Löwen«*, ursprünglich Lager-

raum des Jagdzeugs für »eingestellte Jagden«, dann im 17./
18. Jh. Marstall, ab 1814 Gasthof und Poststation. Seine endgültige Form erhielt das *Wasserschloß* (1806 Trockenlegung
des Schloßsees) in der 2. Hälfte des 17. Jh.s als vierflügelige
Anlage. 1683 wurde das »Forstmeisterämtlein« in eine Amtskellerei, später eine Amtsvogtei umgewandelt. – Zur Zeit des
Dalberg-Staates Distriktmairie, bestand bis 1879 im Schloß
ein bay. Landgericht. Nach dessen Schließung unterhielten
Franziskanerinnen des Klosters Maria Stern aus ↑ Augsburg
hier eine weibliche Erziehungsanstalt, seit 1882 bestand ein
Kinderheim (bis 1987). – Bis 1683 war R. Filialort der 1477
errichteten Pfarrei Wiesthal. Dann erhielt der Ort eine eigene Pfarrei. Pfarrkirche war zuerst die *Schloßkapelle* (errichtet
1573–75) oberhalb der Schlosses bis zum Bezug der neuen
Kirche (1861). – Bis heute gilt R. als Ort barocker Hofjagden.
Der Ort war zunächst ein eher unbedeutendes Zubehör zum
Schloß, in dem Bedienstete und Jagdfröner wohnten. Landwirtschaft allein konnte die seit dem 18. Jh. anwachsende
Bevölkerung nicht ernähren. Mit Veränderungen der Verkehrssituation (Chausseebau, Eisenbahn Lohr-Aschaffenburg
1854) und Schließung des Landgerichts geriet R. ins Abseits.
Auswanderung und Wanderarbeit waren bis ins 20. Jh. sehr
verbreitet. Staatl. Hilfsversuche trugen erst seit Ende des
19. Jh.s Früchte. Der Rückgang der Landwirtschaft bis etwa
1970 signalisiert den schließlich erfolgreichen Strukturwandel. – Im Tal der beim Schloß R. entspringenden Hafenlohr
liegt Lichtenau, ein von den Echter von Mespelbrunn im
15. Jh. gegründetes Gestüt. Nach dem 30jg. Krieg bis ca. 1790
übernahm Kurmainz diese Einrichtung. Der »Tiergarten-
berg« in R. diente als »Fohlenweide« (Tiergärtnerhaus, heute
»altes Pfarrhaus«). Die Lichtenau wurde bis ins 20. Jh. zur
Holztrift benutzt und beherbergte im 19. Jh. einen Eisenhammer, dann eine Schneidemühle. In jüngster Zeit führten
Auseinandersetzungen um einen Wasserspeicher zu anhaltenden Konflikten.   (I)   *Georg Knetsch*

G. Christ, HAB Aschaffenburg, 1963. – 500 Jahre Forstamt R. Festschrift,
R. 1985. – Spessart 1986, Heft 9.

Rothenburg ob der Tauber, Stadt (LK Ansbach, MFr.). An der oberen Tauber, im Grenzgebiet von Taubergau, Maulachgau, Rangau und Iffgau sowie der ihnen entsprechenden würzburgischen Archidiakonate dürften die Grafen von Komburg nach der Mitte des 11. Jh.s eine Burg erbaut haben, vermutlich auf dem heutigen »Essigkrug«, der im 14. Jh. Alte Burg hieß. Besitznachfolger der 1116 mit Graf Heinrich erloschenen Familie waren einerseits das von den Grafen gestiftete Benediktinerkloster Komburg, das in → Gebsattel eine Propstei einrichtete, andererseits ein Bruder des Hz.s Friedrich von Schwaben, Kg. Konrad III. Dieser Stauferkönig ließ die namengebende Rothenburg auf dem von der Tauber umflossenen Bergsporn anlegen, den er 1142 vom Stift Neumünster in → Würzburg eintauschte. Gegen die Bf.e von Würzburg bauten die Staufer R. zum Mittelpunkt ihrer frk. Herrschaft aus.

Ö. der Stauferburg, von der die *Blasiuskapelle* herrührt, entstand die älteste Stadtanlage mit einem breiten Straßenmarkt (heute Herrengasse). Die älteste Befestigung spiegelt sich im Straßenverlauf Alter Stadtgraben-Judengasse; von den *Toranlagen* an den 4 Ausfallstraßen sind der *Markusturm* mit dem *Röderbogen* und der *Weiße Turm* noch sichtbar. Die *Stadtkirche St. Jakob* übernahm die Pfarrrechte von St. Peter und Paul zu Detwang, einem unterhalb der Stauferburg im Taubertal gelegenen Dorf; die Pfarrei stand dem Stift Neumünster in Würzburg zu, bis sie 1258 dem Deutschen Orden inkorporiert wurde. Beim s. Tor errichteten die Johanniter von Reichardsroth aus ein Spital mit Kirche *St. Johannis*. Verwalten ließen die Staufer R. durch Ministerialen, an ihrer Spitze die Reichsküchenmeister. Lupold Küchenmeister von Nordenberg wandelte den Wirtschaftshof der Burg 1255/65 in ein *Dominikanerinnenkloster* um. Für die Stadt selbst ist 1215 ein Schultheiß belegt; erst nach dem Untergang der Staufer treten 1269 Ratsherren auf. – Rudolf von Habsburg gewann die Stadt von den Hohenlohe, denen sie 1251 verpfändet worden war, für das Reich zurück und richtete in R. ein kaiserliches Landgericht ein. Seit der Bestätigung der Reichsfreiheit 1274 dehnte der Rat schrittweise seinen Einfluß aus, auf Kosten sowohl der Reichsministerialen als auch der Territorialnachbarn. Weder Hohenlohe noch Würzburg konnten durch Verpfändungen vom Reich die Stadtherrschaft erwerben. Vielmehr löste sich die Bürgerschaft wiederholt selbst aus und bewog das Reichsoberhaupt durch Zahlungen zu Privilegienverleihungen und zum Verzicht auf Rechte wie die Ernennung des Schultheißen und des Landrichters. Die staufische Königsstadt gewann innere Autonomie als spätmittelalterliche Reichsstadt. – Außerhalb der Stadt entstand im Süden um 1280 das *Neue Spital*, zunächst durch eine Bruderschaft, dann durch den Rat geleitet und 1327 von der Pfarrei Gebsattel separiert. In der heutigen Herrengasse siedelten sich, nahe den Patriziern, 1281 die Franziskaner an. – Ende des 13. Jh.s und im frühen 14. Jh. wurde die Stadt ein erstes Mal erweitert (*Klingentor, Galgentor, Rödertor, Siebersturm* und *Kobolzeller Tor*). Gewerbe und Handel basierten auf landwirtschaftlichen Produkten; die Jahrmärkte und Messen erlangten nur regionale Bedeutung.

Seit dem 14. Jh. kauften die Bürger verstärkt Grundherrschaften des benachbarten Niederadels. Unter dem Bürgermeister Heinrich Toppler (gest. 1408) gewann die Reichsstadt so ein Landgebiet von rund 400 qkm. R.s Expansion veranlaßte 1407 Burggraf Friedrich VI. von Nürnberg und den Würzburger Bf. Johann von Egloffstein, sich gegen die Reichsstadt zu verbünden. Friedrichs Schwager Kg. Ruprecht verhängte die Reichsacht über R., dessen Burgen im Umland zerstört wurden. Beim Friedensschluß 1408 mußte die Reichsstadt auf deren Wiederaufbau verzichten. Trotzdem blieb das reichsstädt. Territorium, die seit dem 15. Jh. durch eine Landhege gesicherte Landwehr, größer als das von → Nürnberg. – Die Stadt selbst war in dieser Zeit ein zweites und letztes Mal erweitert worden, indem man das Neue Spital in den Mauerring einbezog (wegen der Grundrißform sog. Kappenzipfel mit dem *Spitaltor*). Zudem hatte der Rat die Ordensniederlassungen und die angeblich 1356 durch ein Erdbeben zerstörte Reichsburg seiner Kontrolle unterworfen. Die im 13. Jh. unter Rabbi Meir ben Baruch hochangesehene Judengde. wurde aus der Altstadt verdrängt (Umwandlung der alten Synagoge in die in bay. Zeit abgebrochene Marienkapelle auf dem heutigen Kapellenplatz) und schließlich 1519 ausgewiesen (Umwandlung der neuen Synagoge in die noch im 16. Jh. abgebrochene Kapelle zur Reinen Maria auf dem heutigen Schrannenplatz); erhalten hat sich die *Mikwe* in der Judengasse. – Das spätere Mittelalter prägt bis heute das Stadtbild: Westflügel des *Rathauses, Pfarrkirche St. Jakob* und andere Kirchen, im Taubertal *Doppelbrücke* und *Topplerschlößchen,* dazu der von Tilman Riemenschneider in St. Jakob für eine seit dem 13. Jh. bestehende Wallfahrt 1501–05 geschaffene Heiligblutaltar.

Zunehmende Steuerlast, bedingt durch Reichskriege und regionale Fehden, verschärfte im 15. Jh. Spannungen zwischen dem Rat einerseits, der städt. Bürgerschaft und den bäuerlichen Hintersassen auf dem Land andererseits. Ein Äußerer Rat mit 40 Mitgliedern stand schon 1336 dem Inneren Rat aus 12 Patriziern gegenüber. Kriege mit Markgraf Albrecht Achilles führten 1451 zu einer Handwerkerrevolte und 1455 zu einer Verfassungsreform, die bis zum Ende der Reichsfreiheit in Kraft blieb: Zünfte wurden verboten. Der Innere Rat hatte fortan 16 Mitglieder. Sie sollten zur Hälfte ein Handwerk betreiben, eine Bestimmung, die allerdings von Anfang an nicht eingehalten wurde. An dem patrizischen Charakter des Stadtregiments änderte der Bauernkrieg 1525 nichts, in dem die Stadt sich auf Druck der Handwerker mit den Bauern verbündete. Allerdings wurde der Kreis der ratsfähigen Geschlechter in R. nicht rigoros geschlossen wie in Nürnberg, so daß immer wieder neue Leute nachrückten. – Die reformatorische Bewegung feuerten Prediger wie Dr. Johann Teuschlein und der blinde Franziskaner Johann Schmidt an, die 1525 enthauptet wurden. Erst 1544 führte der Rat obrigkeitlich die Reformation ein. Die Ordensniederlassungen starben aus und wurden als städt. Klosteradministration zusammengefaßt. Der Deutsche Orden verzichtete 1556 auf seine Pfarrechte und verkaufte seine Kommende 1672 der Stadt. Als kath. Enklave verblieb lediglich die Kommende der Johanniter (bis 1809). – Die 2. Hälfte des 16. Jh.s sah zahlreiche Neubauten im Renaissancestil: Ostflügel des *Rathauses* (nach Brand von 1501), *Jakobsschule, Baumeisterhaus, Kornschranne, Spitalgebäude*. Für eine zeitgemäße Verstärkung der Befestigungen reichten um die Wende zum 17. Jh. die städt. Mittel nicht mehr. Während des 30jg. Kriegs gehörten R. und seine Landwehr deshalb zu den am schlimmsten zerstörten Gebieten Frankens. Die drohende Gegenreformation provozierte 1631 einen voreiligen Anschluß an Gustav Adolf und eine Eroberung durch kaiserlich-ligistische Truppen Tillys, die Gegenstand eines 1881 von dem Glasermeister Adam Hörber verfaßten historischen Festspiels »Der Meistertrunk« ist; noch verheerender wüteten 1645 die Franzosen. Behindert durch einen erneuten Franzoseneinfall 1688 gelang die Repeuplierung erst zu Beginn des 18. Jh.s.

Weil das konfessionsverwandte Preußen auf eine Ausdehnung in Franken verzichtete, erfolgte die Mediatisierung 1802/03 überraschend zugunsten von Pfalz-Bayern. Der Verlust der Reichsfreiheit traf gesellschaftlich und wirtschaftlich zunächst die Ratsoligarchie, verursachte aber darüber hinaus anhaltenden Niedergang, weil die mit reichsstädt. Schulden konfrontierte bay. Verwaltung weiten Kreisen städt. Aufträge und Unterstützungen strich. Die Abtretung der halben Landwehr an Württemberg 1810 zerstörte traditionelle Wirtschaftsbeziehungen. Während andernorts die Bevölkerung rasch wuchs, stagnierte R. bei 5000 bis 5500 Einwohnern. Ein Aufschwung setzte erst nach 1866/71 ein, erleichtert durch dem Eisenbahnanschluß 1873 und getragen von der postromantischen Entdeckung des Städtchens als Kleinod des »teutschen Mittelalters«. Juden kamen wieder in die Stadt und betätigten sich im Textil- und Viehhandel. Neben dem Fremdenverkehr expandierten Gewerbebetriebe, darunter Bierbrauereien und zwei Kinderwagenfabriken. Zwischen Altstadt und Bahnhof entstanden Amts-, Schul- und Wohngebäude. Die Infrastruktur modernisierten als rechtskundige Erste Bürgermeister 1886–1908 Karl Mann und 1908–19 Ludwig Siebert, der unter den Nationalsozialisten später bay. Ministerpräsident wurde. – Die Niederlage im 1. Weltkrieg und die folgenden Wirtschaftskrisen führten mental und so-

zial zu einer Polarisierung, welche der NSDAP schon vor 1933
bis zu einem Drittel der Wählerstimmen zuführte. Bis 1938
verließen die Juden unter Druck die Stadt. Staatl. geförderter
Siedlungsbau, den im Heckenacker schon die Weimarer Republik begonnen hatte, wurde ausgeweitet. – Ein Bombenangriff zerstörte am 31.3.1945 weite Teile der Altstadt. Der zügig
durchgeführte Wiederaufbau nahm weitgehend Rücksicht
auf die Geschlossenheit als historisches Ensemble. Die Einwohnerzahl stieg von rund 9000 im Jahr 1939 durch Flüchtlinge und Vertriebene auf rund 11.000 im Jahr 1950 und weiter
auf rund 12.000 im Jahre 1972. – Entgegen seinem Ruf lebt R.
nicht nur von Touristen aus Amerika und Japan oder dem
Verkauf von Weihnachtsschmuck. Vielmehr spielen außerhalb
der Altstadt Industrie- und Gewerbebetriebe eine große Rolle; die Produktion von Elektrogeräten durch die AEG zog viele Arbeitskräfte aus dem Umland an. Der Anteil der Katholiken, denen man 1803 die Johanniskirche einräumte, welche
1893 Pfarrkirche wurde, stieg bis 1961 auf 30 %. – Bei der
Kreisreform 1972 verlor R. seine Kreisfreiheit, blieb aber als
Große Kreisstadt ein wichtiges Zentrum der Region mit höheren Schulen und Krankenhaus.   (V)   *Karl Borchardt*

A. Ress, KDB Stadt R. o.d.T. Kirchliche Bauten, 1959. – K. Borchardt,
Die geistlichen Institutionen in der Reichsstadt R. ob der Tauber und
dem zugehörigen Landgebiet von den Anfängen bis zur Reformation, 2
Bde., Neustadt/Aisch 1988. – G. Moritz, R. ob der Tauber im 19. Jahrhundert. Studien zur politischen, wirtschaftlichen, sozialen und kulturellen Entwicklung einer ehemaligen Reichsstadt am Rande des Kgr. Bayern, R. 1996. – L. Schnurrer, R. im Mittelalter. Studien zur Geschichte
einer fränkischen Reichsstadt, R. 1997. – Ders., Die Urkunden der
Reichsstadt R. 1182–1400, 2 Bde., Neustadt/Aisch 1999.

Rothenfels, Stadt (LK Main-Spessart, UFr.). R. liegt 5 km n.
von → Marktheidenfeld am w. Mainufer. – Auf Grund des
Klosters → Neustadt (a. Main) erbauten dessen Vögte, die
Herren von Grumbach, um die Mitte des 12. Jh.s eine *Burg*
an strategisch günstiger Stelle an einem gerodeten Spessart-
hang; in der Folge entstand im Flußtal unterhalb der Burg
eine Siedlung. Mit dem Aussterben der Grumbacher 1243

kamen Burg und Ort an die Grafen von Rieneck. 1333 starb auch die Linie Rieneck-R. aus; nach langen Streitigkeiten und Verpfändungen konnte das Hochstift Würzburg endgültig seit 1474 die Herrschaft über R. behaupten, das Sitz eines würzburgischen Amtmannes wurde. – 1342 wird R. erstmals als Stadt bezeichnet. Die Stadtanlage orientiert sich im engen Flußtal an der Hauptstraße. Das *Rathaus* entstammt dem ausgehenden 16. Jh.; die stattliche *kath. Pfarrkirche Mariae Himmelfahrt* wurde 1610/11 im Stil der Echterzeit errichtet. – 1814 erfolgte der Übergang an Bayern; R. gilt bis heute als kleinste Stadt Bayerns. Die im 18. Jh. umgestaltete Burg ist seit 1919 – mit Unterbrechung im 2. Weltkrieg – im Besitz des der kath. Jugendbewegung zuzurechnenden »Vereins der Quickbornfreunde«, der späteren »Freunde der Burg R.«. In der Zwischenkriegszeit wurde R. als Wirkungsstätte des bedeutenden Theologen Romano Guardini überregional bekannt. Heute ist die Burg Bildungs- und Tagungshaus mit Jugendherberge. (I) *Theodor Ruf/Martin Ott*

Gelebtes Christsein. 70 Jahre Burg R., 80 Jahre Quickborn, R. 1989 (Burgbrief 3a, 1989, Sonderdruck). – P. Kolb, Rothenfelser Chronik. Die Geschichte der kleinsten Stadt Bayerns, Würzburg 1992.

Rudolfstein (Stadt Weißenstadt, LK Wunsiedel, OFr.): → Weißenstadt.

Rüdenhausen, Markt (LK Kitzingen, UFr.): → Castell.

Rügland (LK Ansbach, MFr.). In dem 1137 erstmals genannten Ort (»Siedlung bei den Streitäckern«) ist sogleich würzburgischer Besitz belegt, der an das Stift St. Gumbert in → Ansbach überging. Möglicherweise wurde die Zisterze → Heilsbronn Besitznachfolgerin. – Würzburgisches Lehen waren auch die Güter der 1298 erstmals hier genannten Herren von Vestenberg. Vor 1335/37 errichteten diese unter Beibehaltung des *Sitzes Rosenberg* (auf der Höhe über R., *Wall* und *Graben* sowie *Reste* eines *Eckturms* sichtbar) am ö. Ortsrand von R. eine *Wasserburg.* Im 14. und 15. Jh. kam es zu einer wenigstens partiellen Ortswüstung (Ortsname Wustenrügland). – Im 15. Jh.

erwarben die Vestenberg die Güter → Nürnberger und Ansbacher Bürger am Ort. 1584 kauften Friedrich und Ernst von
Crailsheim R. mit dem Wirtschafts- und Schafhof Rosenberg
sowie mit Zugehörungen in 16 Orten. Die Familie von Crailsheim ist noch heute Eigentümer der Anlage. 1611 erfolgte
der *Neubau* des Wasserschlosses, 1713–17 der Umbau zur heutigen Form (Ansbacher Hofbaumeister Karl Friedrich von
Zocha), 1977–83 eine umfassende Sanierung; 1700 wurde ein
barocker *Schloßgarten* angelegt. – 1666 wurde der heilsbronni-
sche Hof in R. eingetauscht und zum herrschaftlichen *Wirtschaftshof* umgewandelt (nach Bombenschäden 1945 verein-
fachter Wiederaufbau 1948). Die wohl aus der Schloßkaplanei
erwachsene *Pfarrkirche St. Margaretha* ist erstmals für 1390 er-
schließbar und wurde 1550 ev. Der Neubau von 1754 steht an
der Stelle eines Vorgängerbaus von 1486/87. Die Kirche birgt
die Familiengrablege der Vestenberg und Crailsheim; für letztere wurde 1909–11 ein *Mausoleum* errichtet (Pläne von German Bestelmeyer). – Vor 1615 bestand eine Ziegelhütte, 1804/
15 die durch Franz Georg von Crailsheim eingerichtete
»Industrie- und Arbeitsschule« in R. Im April 1945 kam es
durch einen Luftangriff zu schweren Zerstörungen (u. a. der
Kirche).   (V)   *Gerhard Rechter*

S. von Crailsheim, Die Reichsfreiherrn von Crailsheim, 2 Bde., Mün-
chen 1905. – G. Rechter, Das Land zwischen Aisch und Rezat. Die
Kommende Virnsberg Deutschen Ordens und die Rittergüter im obe-
ren Zenngrund, Neustadt/Aisch 1981. – E. Wedel, Das Rittergut R. Der
Dreißigjährige Krieg und seine Folgen, in: Jahrbuch des Historischen
Vereins für Mittelfranken 94 (1988/89), S. 1–40.

Ruffenhofen (Gde. Weiltingen, LK Ansbach, MFr.). Der Ort
liegt geschützt im Wörnitztal am Fuß des → Hesselbergs, etwas s. des röm. → Limes. ca. 800 m sö. des Dorfes befindet sich
auf einer kleinen Anhöhe ein röm. Limeskastell mit Lagerdorf
(vicus). Vom Turm des Kastells war das nw. gelegene Lager in
→ Dambach so einzusehen, daß Signale von dort weitergegeben werden konnten. 1892 wurden die Überreste von 4 Toren, Mauern und Ecktürmen mit einem nö. zum Hesselberg
ausgerichteten Haupttor ergraben; inzwischen ist der Grund-

riß des nahezu quadratischen Steinkastells und der weitläufigen Zivilsiedlung gesichert. Mit seiner Größe von etwa 3,7 ha
und ca. 1000 Soldaten war die bis ca. 260 n. Chr. bestehende
Anlage das bedeutendste Limeskastell in der Region. Ein
Zweckverband »Römerkastell R.« hat das Gelände 2003 erworben und errichtet dort den »Römerpark R.«. – Das Dorf
R. wird 1245 erstmals erwähnt; begütert war u. a. der Deutsche Orden. Der heutige Baubestand geht großenteils auf das
18./19. Jh. zurück. Die *ev. St. Nikolauskirche* ist seit dem 14. Jh.
bezeugt.   (V)   *Beate Greif*

G. L. Niekel, 500 Jahre St. Nikolauskirche zu R. 1485–1985, R. 1985. –
H. Becker u. a., Prospektion des Kastells R. mit Luftbild und Geophysik,
in: Das archäologische Jahr in Bayern 1999, S. 56–59.

Saaleck (Stadt Hammelburg, LK Bad Kissingen, UFr.):
→ Hammelburg.

Sailauf (LK Aschaffenburg, UFr.). Auf dem Gräfenberg nw.
des Spessartortes S. bestand eine Befestigung, die wahrscheinlich identisch ist mit der rieneckischen Burg Landesehre, welcher der Mainzer Erzbf. Werner von Eppstein um 1250 bei
den s. von S. gelegenen »Weiberhöfen« eine *Burg*, das »castrum
vivarium«, entgegensetzt hat. Die Burg Landesehre wurde bereits um 1260 niedergelegt. Die Burg *Vivarium*, inzwischen als
Sommerschloß der Mainzer Erzbf.e genutzt, sank nach dem 2.
Markgrafenkrieg (1552–54) zu einem Hofgut herab, das heute
hauptsächlich als Hotelanlage genutzt wird. – Der Ort S. selbst
ist spätestens seit dem 11. Jh. existent, wird aber erst um die
Mitte des 13. Jh.s namentlich bezeugt. Seit dieser Zeit stand
das Dorf bis 1803 unter der Herrschaft der Mainzer Erzbf.e,
die lediglich 1666–82 durch eine Verpfändung kurzzeitig unterbrochen war. Seit 1814 gehört S. zu Bayern. – Um 1500 ist
für S. eine Glashütte belegt; seit dem 15. Jh. wurde Bergbau betrieben (Kupfer, Mangan, Eisen). Bis ins 20. Jh. hinein war S.
vorwiegend agrarisch geprägt; ab 1960 kam es in dem nun
nahe der A 3 (Würzburg-Frankfurt) gelegenen Ort verstärkt
zur Ansiedlung von Industriebetrieben.   (I)   *Theodor Ruf*

G. Christ, HAB Aschaffenburg, 1963. – Festchronik aus Anlass der 900 Jahrfeier der Gemeinde S. 1080–1980, S. 1980.

Salz (LK Rhön-Grabfeld, UFr.). Ein 1999 durch Befliegung entdecktes, umfangreiches merowingerzeitliches Gräberfeld sw. von S. an der Fränk. Saale beweist, daß das Neustädter Bekken schon im frühesten Mittelalter (6./7. Jh.) besiedelt war. Bei einer ersten Grabung 2000 wurden nur wenige Gräber untersucht, die jedoch zum Teil äußerst qualitätvolle Funde (u. a. ein gläsernes Trinkhorn) enthielten. – Der Zehnt u. a. des »fiscus« S. wurde um die Mitte des 8. Jh.s von Kg. Pippin an das Bistum Würzburg geschenkt. Dies beweist, daß das 790 erstmals anläßlich eines Besuches durch Karl den Großen erwähnte »palatium« S. aus einem ländlichen Königshof als Mittelpunkt eines gleichnamigen Krongutbezirks hervorging. Mit 10–12 Aufenthalten karolingischer und 5–6 Aufenthalten der ersten sächs. Herrscher zählt die Pfalz S. zu den häufig besuchten Regierungsorten des frühen Mittelalters. Wie so oft konnte der Standort der karolingischen Pfalz bisher jedoch nicht nachgewiesen werden, die übrigens mit der ottonenzeitlichen Pfalz nicht identisch sein muß. – Mit der endgültigen Abwendung der Ungarngefahr durch den Sieg auf dem ↑ Lechfeld 955 scheint der »fiscus« S. seine Bedeutung sehr schnell eingebüßt zu haben, denn er wird in der Folgezeit nur noch als Objekt von Schenkungen genannt. Das Stift → Aschaffenburg erhielt 974 von Ks. Otto II. u. a. eine Kirche »in loco Salze« übertragen, Otto III. schenkte dem Bistum Würzburg im Jahr 1000 Befestigung (castellum) und Hof (curtem) S. und den gesamten – hier erstmals genannten – Salzgau. 1057/58 erwarb Würzburg von Königin Richeza von Polen, einer Ezzonin, auch noch das Gut (predium) S. Bei diesem handelt es sich vielleicht um den wüstgefallenen »Fronhof« (Flurname des Geländes sw. von S.). – Obwohl beliebte Wohngde. des benachbarten → Bad Neustadt a. d. Saale konnte S. bei der Gebietsreform 1972 eine Eingemeindung verhindern.   (I)   *Heinrich Wagner*

K. Gröber, KDB Neustadt a. Saale, 1922, ND 1983. – H. Wagner, HAB Neustadt a. d. Saale, 1982. – Ders., Zur Topographie von Königsgut und

Pfalz S., in: Deutsche Königspfalzen, Bd. 4: Pfalzen – Reichsgut – Königshöfe, hg. v. L. Fenske, Göttingen 1996, S. 149–183.

Salzburg (Stadt Bad Neustadt a.d. Saale, LK Rhön-Grabfeld, UFr.): → Bad Neustadt a.d. Saale.

Sandsee (Gde. Pleinfeld, LK Weißenburg-Gunzenhausen, MFr.). Ö. von → Pleinfeld, auf einem 455 m hohen Berg, liegt die 1250 erstmals genannte *Burg*. Mit vollständigem *Mauerring* und rundem *Bergfried* (in der oberen Hälfte barock erneuert) sowie mehrfach veränderter Randhausbebauung ist die Anlage des frühen 13. Jh.s bemerkenswert gut erhalten. Der Name ist eine Verschleifung aus dem »poetischen« Burgnamen Sandesehre, der auf den Sandboden der Region verweist. – Die Burg der Grafen von Hirschberg wurde 1302 von Graf Gebhard an den Bf. von Eichstätt verkauft, wobei die bay. Hz.e Otto und Stephan auf ihre Ansprüche verzichteten. In den Folgezeit war die Burg eichstättischer Amtssitz im Oberen Hochstift. S. wurde 1462 im Krieg zwischen Hz. Ludwig von Bayern und Markgraf Albrecht Achilles von Brandenburg-Ansbach beschädigt, wie Wappensteine vom Wiederaufbau unter Bf. Wilhelm von Reichenau aus den Jahren 1464, 1466 und 1467 belegen. In den Kämpfen des 30jg. Kriegs eroberten die Schweden 1636 S. und zerstörten das kleine Dorf vor der Burg. Unter Bf. Marquard II. Schenk von Castell erfolgte ab 1660 eine Instandsetzung. – Nach der Auflösung des Hochstifts Eichstätt wechselten ab 1802 mehrere Besitzer kurzfristig, bis S. 1817 in den Besitz des Fürsten Carl Philipp von Wrede kam, der die Burg unter Abbruch eines Teils der Bebauung sanieren und 1830 den Weiler vor der Burg abtragen ließ. S. befindet sich bis heute im fürstlich Wredeschen Familienbesitz. (VI) *Daniel Burger*

H. H. Hofmann, HAB Gunzenhausen-Weißenburg, 1960. – E. Strassner, HONB Weißenburg i. Bay., 1966. – R. Schub, Schloß S. und Mischelbach, in: Weißenburger Heimatblatt 20 (1943), S. 77–83.

Sankt Helena (Gde. Simmelsdorf, LK Nürnberger Land, MFr.): → Simmelsdorf.

Sanspareil (Gde. Wonsees, LK Kulmbach, OFr.). Der alte Burgort Zwernitz liegt ca. 15 km sw. von → Kulmbach (an der A 70 Bayreuth-Bamberg) und erhielt 1746 durch Markgraf Friedrich von Brandenburg-Bayreuth aufgrund der landschaftlichen Schönheit von *Burg* und *Felsengarten* den Namen S. (»Ohnegleichen«). – Die auf einer schmalen, überhängenden Kalksteinklippe des Fränk. Jura errichtete Burg *Zwernitz* ist auf das edelfreie Geschlecht der Walpoten zurückzuführen, die sich um 1156 mit Friedrich II. und Ulrich II. »de Zvernze« erstmals nach ihr benennen. Im 13. Jh. trugen die Walpoten den Grafen von Dießen-Andechs und späteren Hz.n von Meranien ihre Burg zu Lehen auf. Einige Jahrzehnte nach dem Erlöschen der Andechs-Meranier ging die Veste 1290 an den Burggrafen Friedrich III. von Nürnberg über. Kurz darauf machten die frk. Hohenzollern Zwernitz zum Sitz eines gleichnamigen Amtes. Nach der Einäscherung der Anlage im 2. Markgrafenkrieg 1553 wurde die Burg erst 1570 notdürftig wiederhergestellt. Im 30jg. Krieg kam es mehrfach zu größeren Zerstörungen. Diese waren bis 1746/47 behoben, als die Burganlage nun ihre Funktion als historisierende Landschaftsstaffage für den entstehenden *Felsengarten* S. aufzunehmen begann. 1793 erfolgte die Abtragung der äußeren Befestigung und des Rundturms im Bereich der ehem. Vorburg. – Die gesamte Anlage gliedert sich in die auf einem Felsplateau höher gelegene Hochburg und in die Niederburg. Bei der Hochburg handelt es sich um einen Gemengebau nachmittelalterlicher Herkunft unter Verwendung älterer Bauteile. Hier findet sich einerseits ein auf 1550 datiertes *Wohngebäude*, andererseits weisen die Buckelquader des *Bergfrieds* und des *Archivbaus* in die spätroman. Zeit. Ebenfalls nur noch Ansätze mittelalterlicher Bausubstanz lassen sich bei den frühneuzeitlichen Bauten der Niederburg feststellen, die sich aus zwei aufeinanderfolgenden *Toren* mit Höfen sowie dem *Kapellen- und dem Hirschkopfbau* zusammensetzt. Von der Vorburg, welche die Hoch- und Niederburg im Norden, Süden und Osten umgab, sind lediglich noch das äußere Burgtor und verfallene Mauerreste erhalten. – Der Felsengarten S. ist der älteste noch teilweise erhaltene Landschaftsgarten in Europa. Markgräfin Wilhelmine von Bayreuth ließ den Felsenhain 1745–48 unter Einbeziehung der Burg Zwernitz zu einem Landschaftsgarten umgestalten, dessen natürliche Felsgruppen in Verbindung mit den geschaffenen Grotten, Gartenarchitekturen (Joseph Saint-Pierre) und Skulpturen (Jean Baptista Pedrozzi) den von der Markgräfin bevorzugten und vom frz. Erzbf. Fénelon verfaßten Erziehungsroman »Les Aventures de Télémaque« bildhaft in Szene setzen sollten. Nachdem 1830 ein Blitzschlag den Äolustempel zerstört hatte, wurden bis 1840 weitere Baulichkeiten abgerissen, so daß heute nur noch der *Morgenländische Bau* oder *Hainbau*, der *Küchenbau* sowie das *Ruinentheater* erhalten sind. – 1792 ging S./Zwernitz mit seiner Eremitage zunächst in preuß. Besitz über und bildete 1797 den Sitz eines Justiz- und Kammeramtes. Nach der weiteren Übernahme durch das Kgr. Bayern 1810 wurde die Burg schließlich am Ende des 19. Jh.s instandgesetzt. Nach diversen Nutzungen als Jugendheim, Fremdenpension, Museums- bzw. Bibliotheksaußenstelle und Privatwohnsitz gelangte sie 1942 zusammen mit dem Felsengarten an die Bay. Verwaltung der staatl. Schlösser, Gärten und Seen, die 1951–56 die Erneuerung der Gartenanlagen und die Restaurierung des Morgenländischen Baus oder Hainbaus betrieb sowie 1963 innerhalb der Hochburg den Waffengang und einige Kammern einrichtete.

(III)   *Rüdiger Barth*

H. Kunstmann, Burgen in Oberfranken, Bd. 2: Die Burgen der edelfreien Geschlechter im Obermaingebiet, Kulmbach 1955. – E. Bachmann/L. Seelig, Felsengarten S./Burg Zwernitz. Amtlicher Führer, München ⁷1995.

Schauenstein, Stadt (LK Hof, OFr.). Auf einer Bergnase über dem Tal des Flüßchens Selbitz liegt das Städtchen mit seinem gleichnamigen *Schloß* unweit der A 9 München-Berlin. Es waren wohl die Walpoten, die vom Fränk. Jura kommend mit der Rodung des Gebietes begannen. In einer Urkunde Hz. Ottos I. von Andechs-Meranien ist 1230 ein Otto de Schawinstein als Zeuge aufgeführt, der 1222 noch als Otto von Schorgast beurkundet ist und zum thür. Geschlecht der Schaumberger gehört. Ab 1291 tauchen die schwäb. Wolfstriegel als Besitzer der Herrschaft S. auf, sie trugen 1350 ihre »Veste« den Vögten von Weida zu Lehen auf. Im gleichen Jahr ist die *St. Bartholomäuskirche* erstmals urk. belegt, Bartholomäus ist ein Heiliger der Bergleute. Die Kirche birgt ein monumentales Christophorusbild aus dem 1. Viertel des 16. Jh.s und einen Kanzelaltar des → Hofer Bildhauers Johann Nikolaus Knoll. Das spätmittelalterliche *Pfarrhaus* ist wohl das älteste erhaltene Wohnhaus des ehem. LKs Naila. – 1357 kam S. zur Lehensabhängigkeit von den Nürnberger Burggrafen, an die der Besitz 1386/88 veräußert wurde. Mit Hilfe einer Zeidelordnung versuchte Burggraf Johann III. durch Wildbienenzucht eine Erwerbsmöglichkeit zu schaffen. Dem stand entgegen, daß Bergbau, Hüttenwesen und die dazu erforderliche Köhlerei in dieser Region vorrangig betrieben wurden und große Mengen Waldes benötigten. – Friedrich I., seit 1415 Markgraf, teilte das Halsgericht S. 1422 in eine Vogtei S. und eine Vogtei → Helmbrechts ein, der Amtmann für beide Orte hatte Wohnung und Amtssitz im Schloß S. Aus dem gleichen Jahr stammt auch das Stadtrechtspriveleg. Die Hussiten richteten 1430 große Schäden in der Stadt an. 1527 hielt die Reformation Einzug. In den Notzeiten des 30jg. Kriegs wurde aus Geldmangel eine Münzstätte für minderwertige Kipper- und Wippermünzen eingerichtet. Die seit dem 15. Jh. genutzten Bergwerke und Eisenhämmer wurden im 17. Jh. durch Handweberei und Schuhmacherei ergänzt und abgelöst. Das *Weberhäuschen* im Ortsteil Neudorf vermittelt einen Einblick in die mühsame Arbeit der Heimweber. – 1792 kam das Markgraftum Ansbach-Bayreuth an Preußen, stand 1806–10 unter frz. Verwaltung und gehörte ab 1810 zum Kgr. Bayern. Das Schloß wechselte mehrmals den Besitzer, seit 1938 ist es in städt. Eigentum und beherbergt das *Heimatmuseum* sowie das *Oberfränk. Feuerwehrmuseum*. Seit der Landkreisreform 1972 ist das bisher zum LK Naila gehörige S. Teil des LKs Hof.   (IV)   *Ingeborg Fuhrmann-Hoffmann*

J. G. Hübsch, Geschichte der Stadt und des Bezirkes Naila, Helmbrechts 1863, ND 1953. – K.-L. Lippert, BKD Naila, 1963. – H. Seiffert, Burgen und Schlösser im Frankenwald und seinem Vorland, Helmbrechts ³1963.

Scheinfeld, Stadt (LK Neustadt a.d. Aisch-Bad Windsheim, MFr.). S. liegt zwischen → Nürnberg und → Würzburg im Steigerwald. – 776/96 erhielt das Reichskloster Lorsch im Ehegau Güter in »Scegifeldum«. 816 gaben die Mattonen ihren Besitz »ad Scheinfelt« zur Ausstattung des Klosters Megingaudshausen. Für Jh.e schweigen dann die Quellen über die Siedlung am Scheinebach. – Der 1114 greifbare edelfreie Ortsadel saß wohl in Oberscheinfeld auf der 1202 als bambergisches Lehen faßbaren Burg (Burgstall Scharfeneck auf dem Schloßberg nö. Oberscheinfeld; *Turmrest* noch sichtbar), doch ist Verwandtschaft mit den Standesgenossen auf → Schwarzenberg anzunehmen. Während Oberscheinfeld spätestens seit 1244 in niederadeliger Hand war und 1345 an den Fürstbf. von Bamberg verkauft wurde, der hier dann bis zum Ende des Alten Reichs ein eigenes Amt besaß, wurde Niederscheinfeld 1415 Teil der Herrschaft Schwarzenberg. Bis zu diesem Jahr nämlich hatte Erkinger von Seinsheim einige der ritterschaftlichen Grundherren ausgekauft und von Kg. Sigmund das Privileg erhalten, den Marktort (unter Gelnhäuser Stadtrecht) zur Stadt auszubauen. Erst 1457 konnte sein Sohn Johann den Besitz durch die Erwerbung der castellschen Besitzungen (darunter das Patronatsrecht der Stadtkirche) arrondieren; von nun an teilte S. das Schicksal der Herrschaft Schwarzenberg. 1687 stiftete Ferdinand Wilhelm Euseb von Schwarzenberg das *Antonius-Spital*; das noch erhaltene Gebäude wurde 1771–73 erbaut. – 1806 an Bayern gefallen, blieb die Stadt aber noch bis 1848 Sitz eines Herrschaftsgerichts (um 1800 errichtetes *Gerichtsgebäude*). 1862 wurde sie Sitz eines Bezirksamts; im Zuge der Gebietsreform kam es 1972 zur Auflösung des LKs S., zu Eingemeindungen und zur Gründung der Verwaltungsgemeinschaft S. – Die wohl bald nach dem Stadtrechtsprivileg von 1415 errichtete *Befestigung* wurde 1462 von den Würzburgern zerstört, wieder aufgebaut und in der Folgezeit immer wieder modernisiert (1554 drei Tortürme genannt; ummauerte Fläche ca. 8 ha). Im 19. Jh. wurde sie bis auf den *Oberen Turm*, den *Hebammenturm* und *Mauerreste* auf der Ostseite niedergelegt. – Der Schwedeneinfall 1631/32 hatte eine völlige Verwüstung der Stadt gebracht, von der sie sich nur langsam erholte. Zu einer raschen Bevölkerungszunahme kam es nach 1945 vor allem durch Flüchtlinge und Vertriebene. – Seit 1440 finden regelmäßig Jahr- und Wochenmärkte statt; vom ausgehenden 18. bis in die 2. Hälfte des 20. Jh.s war S. regional bedeutender Viehmarkt. Heute finden sich mittelständische Betriebe verschiedener Branchen; größter Arbeitgeber ist ein Sportartikelhersteller (adidas). 1450 wird der erste Schulmeister genannt, seit 1674 gab es eine Lateinschule. 1946 wurde eine städt. Höhere Schule gegründet (heute Gymnasium), 1969/70 ein Berufsbildungszentrum errichtet. – Die *kath. Stadtpfarrkirche Mariä Himmelfahrt* wurde 1766–94 neu errichtet, nachdem der 1452 begonnene Vorgängerbau ruinös geworden war. Wohl bis kurz vor 1582 umgab ein Friedhof das Gotteshaus, ehe ö. der Stadt ein neuer Gottesacker mit der *Kapelle St. Jodok* angelegt wurde. Der bestehende Bau wurde 1605/06 errichtet. Mit der Herrschaft Schwarzenberg wurden 1627/28 auch die beiden Gotteshäuser wieder kath. (*Kapelle St. Sebastian* erst 1842 errichtet). – 1525 wird erstmals ein jüd. Hausbesitzer in S. genannt, 1587 sechs jüd. Familien. Seit 1629 wurden Juden in die Bürgerschaft aufgenommen, 1651 erfolgte die Errichtung einer Synagoge (Nachfolgebau 1800). 1794 lebten 110 Juden in der Stadt, bis 1912 war ihre Zahl auf 89 zurückgegangen, bis 1933 auf 49. Am 9./10.11.1938 wurde die Synagoge (wohl nur innen) zerstört; später wurde das Gebäude an einen Privatmann verkauft. Die 18 jüd. Einwohner kamen in Haft, doch konnte die Stadt S. vor der Deportation nach ↑ Dachau ihre Freilassung erreichen. 1941 wurden die letzten beiden Juden nach Würzburg umgesiedelt. (II) *Gerhard Rechter*

W. D. Ortmann, HONB Scheinfeld, 1967. – G. Hojer, BKD Scheinfeld, 1976.

Scheßlitz, Stadt (LK Bamberg, OFr.). Der Ort liegt am Rande des frk. Jura unterhalb der → Giechburg, mit der S. bis zum Ende des Alten Reichs aufs engste verknüpft war. Die Region war schon im ersten nachchristlichen Jh. von Germanen

besiedelt, doch wird »Scheheslice« erstmals um 800 genannt,
als Graf Bernhard seine dortigen Güter dem Kloster Fulda
schenkte. Das Kilianspatrozinium der Pfarrkirche und das bis
in die Neuzeit erhaltene Patronatsrecht des Würzburger Bf.s
machen es wahrscheinlich, daß hier eine der 14 sog. Slawenkirchen stand, die von den Bf.n von Würzburg auf Weisung
Karls des Großen zur kirchlichen Betreuung der Slawen errichtet wurden. Der erste Ortspfarrer wird 1059 genannt, be-
zeichnenderweise bei jener → Bamberger Synode, die sich mit
den in der Diözese ansässigen Slawen beschäftigte. – Die Herrschaft der Markgrafen von Schweinfurt ist nur indirekt dadurch bezeugt, daß ihre Erben, die Hz.e von Andechs-Meranien, als Herren des Ortes auftreten, den sie offenbar so weit
gefördert hatten, daß sie ihn 1230 als ihre Stadt (civitas) bezeichneten. Daß die Stadt diese Bedeutung erlangen konnte,
verdankt sie auch ihrer Lage an jener Fernstraße, die die Reg-
nitzsenke nach Überwindung des frk. Jura mit dem ebenfalls
andechsischen Obermaingebiet um Bayreuth und Kulmbach
und dann mit Böhmen verband. – Nach dem Aussterben der
Andechs-Meranier 1248 gelangte S. als Bestandteil der Herrschaft (oder »Pflege«) Giech nach langen Auseinandersetzungen mit dem Bf. von Bamberg, der sich nur die Lehensherrschaft sichern konnte, an Friedrich IV. von Truhendingen, der
mit einer Schwester des letzten Hz.s verheiratet war. Die Verwaltung des Komplexes wurde Vögten, auch aus der Familie
von Giech, anvertraut. 1390 erwarb der Bamberger Bf. Lamprecht von Brun neben anderen Besitzungen der Truhendinger auch S. mit der Pflege Giech als eine der letzten großen
Arrondierungen des Hochstiftsterritoriums. Heute erinnert
in S. noch ein Epitaph in der *Pfarrkirche*, einem got. Hallenbau
des 15. Jh.s, für Friedrich VII. von Truhendingen und seine
Gemahlin Agnes an die einstigen Ortsherren. – Der neue
Stadtherr gründete 1395 das *Elisabethenspital* (heutige Anlage
18. Jh.); die Stiftung hatte bis 1965 Bestand. Beim Einfall der
Hussiten wurde S. 1430 niedergebrannt. Die Scheßlitzer Bürger nahmen am Bauernkrieg teil; die Giechburg wurde angezündet. Im 30jg. Krieg wurde die Stadt selbst 1633 von den

Schweden teilweise abgebrannt. Die verkehrsgünstige Lage kam S. zugute; zu Ende des Alten Reichs wurden jährlich 10 Märkte abgehalten. – Seit Ende des 17. Jh.s residierte der Vogt nicht mehr auf der Giechburg, sondern in S.; hier war auch der Sitz des Kastenamts und eines Verwalters des Klosters → Langheim. Verwaltungsmittelpunkt blieb S. auch nach der Säkularisation 1803 und dem Übergang an Bayern bis 1932 als Sitz eines Landgerichts (ä.O.), dann eines Amtsgerichts. 1908–85 bestand Bahnanschluß nach Bamberg. (III) *Hans J. Wunschel*

H. Russ, Die Edelfreien und Grafen von Truhendingen, Neustadt/Aisch 1992. – K. H. Mayer, Die alte Geschichte von S. von den Anfängen bis zur Säkularisation, Bamberg/S. 2000.

Schillingsfürst, Stadt (LK Ansbach, MFr.). Der Name S. erscheint erstmals zum Jahre 1000 als Grenzpunkt in der Beschreibung des Forstes → Burgbernheim. Keimzelle des Ortes ist jedoch das Dorf Frankenheim mit seiner Pfarrkirche *St. Kilian* (seit 1823/25 *Neubau* an anderer Stelle). – Auf dem 543 m hohen S. (First = Bergrücken, -sporn) errichtete ein 1156 erstmals genanntes, stauferfeindliches Dynastengeschlecht eine mächtige Burganlage, die Burg und Stadt → Rothenburg Paroli bieten sollte. Wahrscheinlich aufgrund ihrer Parteinahme für Kg. Heinrich (VII.) 1234/35 gegen Ks. Friedrich II. verloren diese Dynasten S. an Gottfried von Hohenlohe, dessen Nachkommen 1313 sicher im Besitz bezeugt sind, und zogen sich in das rund 10 km entfernte → Wahrberg zurück. Im Thronstreit gegen Friedrich den Schönen zerstörte Ludwig der Bayer 1316 die Burg. Irmgard von Hohenlohe heiratete Graf Gerlach von Nassau und brachte S. an ihren Sohn Graf Ruprecht (gest. 1390). Dessen Witwe Anna verpfändete S. 1398 an die Reichsstadt Rothenburg. Die städt. Territorialpolitik stieß jedoch auf den Widerstand der Zollern und der Bf.e von Würzburg. Schon 1402 wurde S. ausgelöst und gelangte durch Schiedsspruch 1406 zu zwei Dritteln an die Brüder Albrecht I., Ulrich und Gottfried von Hohenlohe, zu einem Drittel an Graf Leonhard I. von Castell. Dessen Familie veräußerte ihre Rechte 1424 pfandweise und 1436 endgültig an

Hohenlohe, das S. dem Bf. von Würzburg zu Lehen auftrug. – Die Burg wurde 1525 im Bauernkrieg schwer beschädigt. Trotzdem führte Hohenlohe die Reformation ein. Bei der Erbteilung unter den 3 Söhnen Georgs I. von Hohenlohe (gest. 1551) war eine Linie S.-Weikersheim vorgesehen, doch da Georg II. 1554 söhnelos starb, kamen Weikersheim an Neuenstein und S. an Waldenburg. Die als kaiserliche Freistätte regional bekannte Burg äscherten im 30jg. Krieg 1632 kaiserliche Truppen ein. Während die Gräfinwitwe Dorothea Sophia von Solms dem Calvinismus zuneigte, traten ihre beiden Söhne Christian und Ludwig Gustav 1667 anläßlich ihrer Heirat mit zwei Gräfinnen von Hatzfeld zum Katholizismus über. Unter Leitung des hessen-darmstädt. Hofarchitekten Louis Rémy de la Fosse ließ ab 1724 der 1744 in den Reichsfürstenstand erhobene Philipp Ernst von Hohenlohe das dreiflügelige *Barockschloß* errichten. Fürst Karl Albrecht rief 1758 Katholiken, vielfach Franzosen, in seine Residenz und baute den Marktflecken beim Schloß aus. Die Zuwanderer begründeten das Rotwelsch oder Jenisch als – heute aussterbende – Sondersprache in S. Zur Betreuung der Katholiken wurden 1673–1803 die Franziskaner, 1771–74 die Jesuiten nach S. geholt. Die für die Franziskaner errichtete *Klosterkirche* dient seit der Säkularisation als kath. Pfarrkirche. – Nach der Mediatisierung durch Bayern 1806 blieb S. geprägt von der standesherrlichen Familie. Deren Wirken erreichte mit dem Kardinal Gustav Adolf (gest. 1896), der 1873 ein Kloster der Armen Schulschwestern stiftete, und dem Fürsten Chlodwig (gest. 1901), bay. Ministerpräsident 1866–70, Reichsstatthalter in Elsaß-Lothringen 1885–94 und Reichskanzler 1894–1900, einen neuen Höhepunkt, der 1904 den Bahnanschluß ermöglichte (bis 1971). Die schlechte soziale Lage der Bauern und Handwerker verschärfte sich durch den 1. Weltkrieg. Der Gutspächter Wilhelm Stegmann zählte zu den führenden Nationalsozialisten in Franken. Nach dem 2. Weltkrieg ließen Flüchtlinge, besonders aus Lechnitz in Siebenbürgen, die Einwohnerzahl steigen. Der bisherige Markt wurde 1959 zur Stadt erhoben. (V) *Karl Borchardt*

K. Borchardt, Die Herren von S., in: Jahrbuch des Vereins Alt-Rothen-
burg, 1999, S. 7–32. – S. Ein Heimatbuch, S. 2000.

Schirnding, Markt (LK Wunsiedel, OFr.). S. liegt unmittelbar
an der Grenze zur Tschechischen Republik und gehörte
ehemals zum Reichsland Eger. Der nach dem Ort benannte
Paß von S. bildet das Tor von der Fichtelgebirgshochfläche
zum Egerer Becken und nach Böhmen. Strategisch wurde
dieser schon im Mittelalter stark frequentierte Verkehrsknotenpunkt durch die benachbarte Burg → Hohenberg a. d.
Eger gesichert. In S., durch welches die aus dem Bayreuther
Raum über Gefrees, Weißenstadt und Thiersheim kommende Altstraße verlief, befand sich der längst abgegangene
Stammsitz der Herren von S., die 1327 als Bürger in Eger
erstmals urk. in Erscheinung treten; eine 1361 beurkundete
Ahnenprobe verweist allerdings auf die im 12. Jh. – in der
Zeit des Landesausbaus im Egerland – liegenden Wurzeln der
Familie. Dabei standen die Schirndinger immer in enger Ver-
bindung zur benachbarten Burg Hohenberg und sind als ursprüngliche Dienstleute der Herren von Hohenberg anzusehen. Nach deren Aussterben gegen Ende des 13. Jh.s fiel S. an
die mit den Hohenbergern verschwägerten Nothaft, die um
1360 die Lehensherrschaft über das ganze Dorf innehatten.
Im frühen 15. Jh. erlangten schließlich die Hohenzollern die
Ortsherrschaft über S. und errichteten hier eine Zollstation
zum benachbarten Böhmen. – Der Paß von S. war häufig
Schauplatz kriegerischer Auseinandersetzungen. Bemerkenswert ist der erfolglose Versuch des von den Bürgern und
Bauern der umliegenden Ortschaften gebildeten Landaus-
schusses, den Paß 1632 gegen die von Eger in das markgräfliche Gebiet vorrückenden Wallensteinischen Truppen zu
verteidigen, bei dem zahlreiche Verteidiger ihren Tod fanden.
– Durch die Eröffnung der Bahnstrecke Marktredwitz-Eger
1879/83 wurde S. Grenzbahnhof. War S. noch bis zum Ende
des 19. Jh.s vor allem durch die Landwirtschaft geprägt, so
brachte die Gründung einer Porzellanfabrik 1902, der rund
20 Jahre später ein Braunkohle- und Ziegelwerk folgte, den

wirtschaftlichen Aufschwung. 1977 wurde S. die Bezeichnung »Markt« verliehen. (IV) *Harald Stark*

F. Kraus, Heimatbuch der Marktgemeinde S., S. 1999.

Schloß Frankenberg (Gde. Weigenheim, LK Neustadt a. d. Aisch-Bad Windsheim, MFr.). F., die »Burg in Franken«, beherrschend auf einem s. Ausläufer des Steigerwalds mit weitem Ausblick über die fruchtbare Gaulandschaft um → Uffenheim gelegen, wird erstmals 1256 als »Franque(n)bourg« genannt. Wie das 200 m nö. davon gelegene, 1225 als »castrum« faßbare *Hinterfrankenberg* (heute *Ruine*) ist die *Burg (Vorder-)F.* dem würzburgischen Machtbereich zuzuordnen. Während ersteres als Amtsburg des Domkapitels bis zur endgültigen Zerstörung im 2. Markgrafenkrieg 1554 Konstanz aufzuweisen hat, wurde F. 1281 an die Burggrafen von Nürnberg und 1284 an Hohenlohe verpfändet. Nach 1376 fiel die Burg aus der Konkursmasse des Gerlach von Hohenlohe an Burkard von Seckendorff-Nold und wuchs zum Mittelpunkt eines ritterschaftlichen Territoriums heran, das auch Halsgericht und Marktort Ippesheim umfaßte. Kurzzeitig wieder im Besitz des Hochstifts Würzburg, kam F. 1429/30 bald in wechselnde adelige Hände. Nach dem Ableben des letzten Hutten zu F. 1783 wurden der Eigenbesitz und die vom Reich sowie von Brandenburg und Würzburg zu Lehen gehenden Güter und Rechte unter der Witwe, den Verwandten und den Anspruch erhebenden Lehenhöfen aufgeteilt. Der brandenburgische Lehenanteil mit F., Bullenheim und Geckenheim kam auf Grund von Anwartschaften 1772/75 an den markgräflichen Geheimen Rat Carl Ludwig von Poellnitz; Reusch und Ippesheim wurden als eigenes Gut formiert. – Nach der Unterwerfung unter Preußen 1796 gelangte F. 1806 an Bayern; das Patrimonialgericht F. bestand bis 1848. 1972 fiel die Burg durch Erbschaft an die aus Altbayern stammenden Freiherrn von Lerchenfeld zu Heinersreuth. – 1530 entstand der Neubau des Hauptschlosses, um 1590 der des Vorwerks; um 1718 folgte der innere Ausbau der Anlage nach Zeitgeschmack. Nicht mehr aufgebaut wurden die in der 1. Hälfte des 18. Jh.s abge-

brannten Gebäudeteile (Nordflügel und Nordteil des West-
flügels). Die Restaurierung der Anlage wird seit den 1980er
Jahren durchgeführt. Eine Meierei wird 1464 genannt, 1680
ein Vieh- und Schafhof »unten am Berg«. – Knapp 2 km nö.
der beiden Burgen F. befindet sich die seit 1981 teilweise
ergrabene vor- und frühgeschichtliche Befestigung auf dem
→ Bullenheimer Berg.   (V)   *Gerhard Rechter*

W. Engel u. a., Die Burgen F. über Uffenheim, Würzburg 1956,
Neustadt/Aisch ²1984. – E. Fuchshuber, HONB Uffenheim, 1982. –
R. Schmitt, F. Besitz- und Wirtschaftsgeschichte einer reichsritterschaft-
lichen Herrschaft in Franken, 1628–1806 (1848), Ansbach 1986.

Schlüsselau (Gde. Frensdorf, LK Bamberg, OFr.). Das *Zisterzienserinnenkloster* S. wurde von Eberhard IV. von Schlüsselberg um 1280 gestiftet und etwa 1290 bezogen. Als Ort hatte
der Stifter die ältere Siedlung Seppendorf gewählt, die aus dem
Besitz des Kollegiatstifts St. Jacob in → Bamberg an seine Familie gekommen war. Die auf den Namen der Stifterfamilie
anspielende Umbenennung läßt erkennen, daß hier ein Hauskloster eingerichtet werden sollte, dessen Lage im Tal der Reichen Ebrach und dessen waldige Umgebung den zisterziensischen Regeln der Ortswahl entsprach. S. gehört damit zu den
vielen Frauenklöstern gleicher Observanz, die im 13. Jh. auch
als Versorgungsstätten adeliger Töchter gestiftet wurden. Der
Konvent ist vermutlich von → Mariaburghausen aus besiedelt
worden, wo die Tochter des Gründers Nonne war; Visitator
des Klosters wurde der Abt von → Ebrach, bald darauf der von
→ Langheim. – S. wurde Grablege für die Gründerfamilie, die
auch die erste und die dritte Äbtissin stellte und mit Schenkungen maßgeblich an der Besitzausstattung beteiligt war;
gleichwohl war das Kloster nie reich. Als diese Familie 1347
ausstarb, verlor das Kloster den bisherigen Rückhalt: Es stand
nun unmittelbar unter der landesherrlichen Obrigkeit des Bf.s
von Bamberg; die Schenkungen versiegten. – Im Bauernkrieg
von 1525 wurde das leerstehende Kloster geplündert und niedergebrannt; der Konvent hatte sich in seinen »Schlüsselauer
Hof« in Bamberg zurückgezogen. Da die Äbtissin offenbar

keine Entschädigungszahlungen erhielt, war die finanzielle Situation aussichtslos. Der Konvent schmolz in den nächsten Jahrzehnten auf 3 Personen zusammen. Als das Kloster 1553 von Truppen des Markgrafen Albrecht Alcibiades abermals in Brand gesteckt und völlig zerstört worden war, wurde seine Existenz vom Bf. von Bamberg 1554 auch juristisch beendet. – Ein Dorf S. gab es zu diesem Zeitpunkt noch nicht. Dieses entstand erst nach dem Wiederaufbau der *Kirche*, den der Bamberger Fürstbf. Johann Philipp von Gebsattel in den Jahren seit etwa 1601 als persönliches Anliegen betrieb: Er nahm mehrfach die Baufortschritte in Augenschein, bis die Kirche an Trinitatis 1603 neu geweiht werden konnte, und er ließ hier auch sein Herz und seine Eingeweide bestatten. Das seltene Dreifaltigkeits-Patrozinium ist zweifellos von ihm bestimmt worden. Gebsattel legte auch eine Gottesdienstordnung mit herausgehobenen Feierlichkeiten an Trinitatis fest, an denen die Nachbarpfarreien vermutlich mit »Zwangsbriefen« zur Teilnahme verpflichtet wurden. Hieraus entwickelte sich eine Wallfahrt zur Kirche, die bis heute Ziel von Prozessionen ist. – 1949–68 bestand in der Klosteranlage ein Konvent der Beschuhten Karmeliterinnen, der dann nach Erlangen-Büchenbach verlegt wurde. (III)   *Hans J. Wunschel*

H. Weiss, HAB Bamberg, 1974. – S. Nöth, Ager Clavium. Das Cistercienserinnenkloster S., Bamberg 1982. – R. Baumgärtel-Fleischmann (Hg.), Fürstbischof Johann Philipp von Gebsattel und die Kirche in S., Bamberg 1997.

Schlüsselfeld, Stadt (LK Bamberg, OFr.). 1336 verlieh Ks. Ludwig der Bayer dem Edelfreien Konrad II. von Schlüsselberg für sein um 1330 erworbenes Dorf Thüngfeld, das den Namen S. erhielt, Stadtrechte und einen Wochenmarkt. Mit dem Aussterben der Schlüsselberger im Mannesstamm 1347 fand der Aufstieg von S. zu einem der Vororte ihres die ganze Fränk. Schweiz umfassenden Juraterritoriums sein vorläufiges Ende. Durch den Vertrag von Iphofen (1349) in den gemeinsamen Besitz der Bf.e von Bamberg und Würzburg aus dem Hause Hohenlohe gelangt, fielen die Bamberger Anteile am

Markt S. 1390 an das Hochstift Würzburg, das ihn zum Sitz der gleichnamigen Zent und des territorial kleineren Amts (zeitweilig Oberamts) erhob. 1396 werden erstmals Stadtbefestigung und Bürger erwähnt. – Das Amt kam erstmals 1802, endgültig 1810 an Bayern. – Von der spätmittelalterlich-frühneuzeitlichen *Stadtbefestigung* sind noch ein *runder Turm* mit den Wappen der Stadt und der Ende des 16. Jh.s vollendete *Obere Torturm* mit Vortor erhalten. Die spätgot. *Pfarrkirche St. Johannes d. T.* (seit 1376) wurde durch Umbauten im 17. und 19./20. Jh. erheblich verändert.   (III)   *Hubertus Seibert*

H. Weiss, HAB Bamberg, 1974. – G. Voit, Die Schlüsselberger. Geschichte eines fränkischen Adelsgeschlechtes, Nürnberg 1988.

Schmerlenbach (Gde. Hösbach, LK Aschaffenburg, UFr.). Das *Kloster S.* liegt etwa 10 km ö. von → Aschaffenburg, benannt nach dem gleichnamigen Flüßchen, das noch heute durch die Anlage fließt. Das Kloster wurde 1218 als Zisterzienserinnenkloster gegründet und Ende des 13. Jh.s in ein Benediktinerinnenkloster umgewandelt. Kg. Heinrich VII. befreite S. 1309 von allen Abgaben. Das Kloster besaß Grund rechts und links des Mains zwischen Frankfurt und Würzburg und entlang der Kinzing. – Bei archäologischen Grabungen 1982 konnten 3 Bauphasen ermittelt werden: der Kern des Gründungsbaus aus dem 13. Jh., umfangreiche Umbauten zur Vergrößerung der Anlage aus dem Spätmittelalter und zuletzt die barocke Umgestaltung 1734–55, von der noch das *Eingangstor* und das *Pförtchen* erhalten sind. – S. wurde 1803 säkularisiert, 1808 verließen die letzten Nonnen das Kloster. Die Anlage wurde 1982–85 völlig neu errichtet. Heute dient sie der Diözese Würzburg als Bildungs- und Exerzitienhaus »Maria an der Sonne«.   (I)   *Gertrud Wach*

G. Christ, HAB Aschaffenburg, 1963. – E. Roth, S. Tradition und Neubeginn, Würzburg 1987.

Schnabelwaid, Markt (LK Bayreuth, OFr.). Das *Schloß* in S., am Ostrand der Fränk. Schweiz gelegen, wurde 1402 erstmals als Eigengut der Landgrafen von Leuchtenberg erwähnt, die es 8 Jahre später an die Familie von Künßberg verkauften. Der w.

des Schlosses gelegene Ort erfuhr seine erste Erwähnung knappe 40 Jahre vorher im »Böhmischen Salbüchlein« Ks. Karls IV. von 1366/68. – Die Freiherren von Künßberg bestimmten die Geschichte von Schloß und Markt bis 1688, als S. von Markgraf Christian Ernst von Bayreuth erworben wurde. Von 1696 bis 1750 im Besitz der Bibra, kam es schließlich wieder an die Markgrafen zurück und diente fortan als Amtssitz des Oberamtes Pegnitz-S.-Osternohe. – Die *Kirche St. Maria Magdalena* war ursprünglich Filiale von Lindenhardt und wurde 1550 luth. 1602 erhob Hans Friedrich von Künßberg die 1591 völlig neu erbaute Kirche zur Pfarrkirche. – Das Schloß, von dem nur noch der nw. *Flügel* mit einem mächtigen *Rundturm* steht, liegt im Talgrund am Rand des Altortes. Es handelt sich um ein Wasserschloß, das von einem etwa 12 m breiten Graben umgeben war. Im 2. Markgrafenkrieg 1553 von den → Nürnbergern zerstört, wurde es unter Hans Friedrich von Künßberg bis 1624 erneuert, brannte 1633 wieder nieder und wurde abermals aufgebaut. – Die Tradition als Amtssitz wurde auch in bay. Zeit beibehalten, als Schloß S. 1812–42 Sitz des Landgerichts Pegnitz war, bis dieses in die namengebende Stadt verlegt wurde. Die Lage an der Bahnstrecke von Nürnberg nach Bayreuth, die 1877 eröffnet wurde, gab S. nach dem Verlust des Landgerichtes neue Perspektiven, denn die Abzweigung der Bahnlinie Richtung Kirchenlaibach-Marktredwitz-Hof von der Bayreuther Strecke machte den Ort zu einem kleinen Bahnknotenpunkt. Zum Bahnhof hin, der ca. 1 km ö. des Marktes und ö. der Trasse der heutigen B 2 liegt, entstand ein neues Siedlungsgebiet.   (IV)   *Martin Schieber*

E. Rühl, Kulturkunde des Pegnitztales, Nürnberg 1961. – A. Schädler, KDB Pegnitz, 1961.

Schnaittach, Markt (LK Nürnberger Land, MFr.). Das auf einer erhöhten Sandterrasse am gleichnamigen Bach gelegene Königsgut schenkte Kg. Heinrich II. 1011 zusammen mit 6 anderen Gütern im Nordgau an die bischöfliche Kirche von → Bamberg. Der Bf. von Bamberg übertrug den Besitz in S. alsbald an sein Stift St. Stephan, das in der sich ausbildenden

Siedlung vielleicht noch im 13. Jh. einen Straßenmarkt anlegen ließ.

Auf dem Reisberg, in einiger Entfernung vom linken Ufer
der Schnaittach, entstand wohl noch vor 1200 ein zweites
Herrschaftszentrum, die (alte) Burg Rothenberg, seit dem
13. Jh. Stammsitz eines gleichnamigen Reichsministerialengeschlechts. Nach der Zerstörung der alten Burg 1301 errichteten ihre Besitznachfolger, die als Vögte über Bamberger Güter
aufgestiegenen Herren von Wildenstein, auf dem heutigen
Rothenberg oberhalb der Marktsiedlung um die von ihnen
neu erbaute *Burg* die kleine Herrschaft Rothenberg, die Heinrich von Wildenstein 1360 an Ks. Karl IV. verkaufte. Karl erhob sie im Zuge seiner neuböhm. Politik zum Sitz eines Pfleg-
amts. – Im Krieg mit Kg. Wenzel von Böhmen eroberte Kg.
Ruprecht von der Pfalz 1401 die Burg Rothenberg und vereinigte Herrschaft Rothenberg und Markt S. mit seinem (ober-)
pfälz. Territorium. Sein Nachfahre Pfalzgraf Otto II. von Mos-
bach verkaufte Burg und den im 1. Markgrafenkrieg 1449
zerstörten Markt S. unter Wahrung der pfälz. Landeshoheit
1478 an ein Konsortium frk. Ritter (»Ganerben«), die die Burg
Rothenberg ausbauen und den Markt durch Anlage von Gräben und Palisaden 1520 befestigen ließen. Die wiederholten
(Rückkauf der 1. Hälfte der Burg durch Kurbayern 1662) Versuche der bay. Kf.n, die Ganerben aus ihrer seit Ende des
16. Jh.s der calvinistischen Konfession anhängenden Herrschaft zu verdrängen, mündeten 1698 in den endgültigen Verkauf von Herrschaft Rothenberg und Markt S., die bis 1806
die einzige kath. bay. Enklave im → Nürnberger Territorium
bildeten. – Die ab 1721 zur modernen *Festung Rothenberg* nach
frz. Vorbild umgebaute Burg diente zuletzt als Invalidenheim
und Staatsgefängnis, bevor sie 1838 auf Befehl Kg. Ludwigs I.
aufgelassen wurde (heute *Ruine*).

Die im 17. und 18. Jh. in ihrer Entwicklung stagnierende
Marktsiedlung S. erlebte seit dem 19. Jh. einen erheblichen
wirtschaftlichen Aufschwung, v. a. durch die 1856 gegründeten
Tonwerke, dem größten Arbeitgeber des Raumes, dann durch
den Bahnanschluß 1895 und den Autobahnanschluß 1937. –

Vom Spätmittelalter bis ins 20. Jh. beherbergte S. eine bedeutende jüd. Gde., die 1679 fast 16 %, 1825 mehr als 20 % der Gesamtbevölkerung stellte. Die nach 1437 hier angesiedelten Juden legten vor 1478 einen ersten jüd. Friedhof an. Seit ca. 1550 Rabbinatssitz mit (neuer?) Synagoge (1570 erbaut) und Talmudschule, stieg S. im 17. Jh. zum Sitz eines Landrabbinats auf, von dem bis 1806/12 auch die jüd. Gde.n von → Fürth, → Bamberg, → Ansbach, ↑ Sulzbach und ↑ Neustadt a.d. Waldnaab verwaltet wurden. Nach Vertreibung der letzten Juden 1938/39 und ihrer Ermordung durch die Nationalsozialisten ist das jüd. Leben in S. erloschen, doch erinnern daran vor allem zwei (ursprünglich drei) jüd. *Friedhöfe* und das erhaltene einmalige Gebäudeensemble aus *Synagoge, Ritualbad (Mikwe), Rabbiner-* und *Vorsängerhaus,* in dem sich das 1996 eröffnete *Jüd. Museum Franken Fürth & Schnaittach* und das 1923 gegründete *Heimatmuseum* befinden.   (VI) *Hubertus Seibert*

K. Kroder/B. Kroder-Gumann, Schnaittacher Häuserchronik, Nürnberg 2002. – D. Burger/B. Friedel, Burgen und Schlösser in Mittelfranken, Cadolzburg 2003.

Schney (Stadt Lichtenfels, LK Lichtenfels, OFr.). S. liegt unmittelbar n. von → Lichtenfels am rechten Mainufer. Am nö. Ortsrand wurde eine paläolithische Station gefunden. – Um 800 erstmals erwähnt, gelangte S. in den Besitz von → Kloster Banz, das damit niederadelige Geschlechter belehnte. Diese erlangten die Hochgerichtsbarkeit nicht, die bei den bambergischen Zenten Lichtenfels und (Markt-)Graitz blieb; der den Ort trennende Schneybach bildete die Grenze beider Sprengel. Vom 14. Jh. bis 1503 waren *Burg* und Ort S. Besitz der Marschalk von Kunstadt, dann erwarb sie Wilwolt von Schaumberg. Nach dem Aussterben des letzten Schneyer Schaumberg, der noch ein neues *Schloß* errichten ließ, fiel das Rittergut an seine Tochter, die 1706 den holsteinischen Grafen Caj Bertram Benedikt von Brockdorff heiratete. Das Gut S. blieb bis 1874 im Besitz der Grafen Brockdorff, die in dem bis 1806 reichsunmittelbaren Ort bis 1841 ein Patrimonialgericht I. Kl., bis 1848 II. Kl. unterhielten. – S. wurde um 1450 von der Pfarrei Altenbanz getrennt. Nachdem 1528, 1531 und 1543 Ortspfarrer durch bambergische Beamte wegen luth. Predigt verhaftet worden waren, führten Orts- und Patronatsherr nach der Mitte des 16. Jh.s endgültig die Reformation ein. – 1782 gründete Johann Georg Christoph Andreas Martin, zuvor Brenner in Wallendor (Thüringen), auf Initiative des Ortsherrn eine Porzellanfabrik, die im frühen 19. Jh. durch Herstellung von Mokkatassen (Türkenkoppchen) und Pfeifenköpfen zur Blüte gelangte (125 Arbeiter 1824). 1928 wurde sie geschlossen. Daneben erlangten die Korbindustrie und eine Metallwarenfabrik im 19. und 20. Jh. wirtschaftliches Gewicht. – Die Sozialdemokratie wurde früh zur politisch bestimmenden Kraft (Ortsverein 1871).   (III)   *Günter Dippold*

E. Degel, Beiträge zur Geschichte von S., Lichtenfels 1929. – A. Werner, S. Zeit- und Kulturgeschichte, Coburg 1956, Lichtenfels ²1978. – E. Radunz, Die Porzellanfabrik S. 1782–1928, S. 1994.

Schöllkrippen, Markt (LK Aschaffenburg, UFr.). N. von → Aschaffenburg im Kahlgrund liegt S. Eine Ringwallanlage aus der Latènezeit auf dem ö. des Ortes gelegenen Reuschberg läßt auf frühe Besiedlung schließen. Die Pfarrei ist 1184 erstmals bezeugt, die ältesten Teile der heutigen *Kirche* stammen aus dem 14. Jh. Das *Schloß* im Ortskern (heute Rathaus) diente seit dem Mittelalter als Amtssitz. Die erhaltenen Bauteile sind unter dem Mainzer Erzbf. Theoderich von Erbach im 15. Jh. entstanden. – Nach Auflösung des Fürstentums Aschaffenburg 1814 fiel S. an das Kgr. Bayern. Der Bau der Kahlgrundbahn 1898 verband S. mit den umliegenden Orten, brachte wirtschaftlichen Aufschwung und wachsenden Tourismus.   (I)   *Gertrud Wach*

J. Fächer, HAB Alzenau, 1968.

Schönau (Stadt Gemünden a. Main, LK Main-Spessart, UFr.): → Gemünden a. Main.

Schönrain (Stadt Gemünden a. Main, LK Main-Spessart, UFr.). *Kloster S.*, hoch über dem linken Mainufer zwischen Gemünden und → Lohr gelegen, ist wahrscheinlich eine

Gründung (um 1080) der Grafen Ludwig der Springer und Berengar von Sangerhausen aus dem Geschlecht der Landgrafen von Thüringen, das in diesem Raum beheimatet und eng verwandt mit den Grafen von Rieneck war. S. unterstand als Priorat dem Schwarzwälder Benediktiner-Reformkloster Hirsau, war aber faktisch rieneckisches Eigenkloster; die Grafen besaßen die Vogtei und errichteten um die Mitte des 13. Jh.s in der Nähe des Klosters eine Burganlage, die jedoch nicht lange Bestand hatte. Das wenig bedeutende und mit bescheidenem Besitz ausgestattete Priorat wurde im Bauernkrieg 1525 zerstört. Das Mutterkloster Hirsau verkaufte S. daraufhin 1526 an Philipp III. von Rieneck, was den erbitterten Widerstand des Würzburger Bf.s hervorrief; schließlich mußte S. mit Zugehörungen Würzburg zu Lehen aufgetragen werden. Das klösterliche Leben erlosch. – Der Graf errichtete ein Amtshaus, das 1559–74 als Witwensitz für die letzte Gräfin von Rieneck diente. Mit ihrem Tod kam es an die Grafen von Isenburg, ab 1601 fiel es als Amtssitz an das Hochstift Würzburg. – 1803 wurde die fürstbischöfliche Försterei von S. ins nahe Massenbuch verlegt. Nach weitgehendem Verfall im 19. Jh. erfolgte die Sicherung des Baubestandes ab 1973. Die *Schloßbauten* bestehen aus 3 im rechten Winkel aneinanderstoßenden Flügeln, die einen nach Norden offenen schmalen Innenhof umschließen. (I)   *Theodor Ruf*

W. Weigand, S. am Main (1084–1544). Ein Beitrag zur Geschichte des östlichen Spessarts und des angrenzenden Frankenlandes, Lohr a. Main 1951. – R. Kuhn, Die Klosterruine S. Kunsthistorische Analyse und Würdigung der Baureste, Lohr a. Main 1974.

Schopfloch, Markt (LK Ansbach, MFr.). S. liegt an der sog. Romantischen Straße (B 25) zwischen Rothenburg ob der Tauber und Dinkelsbühl. Im 13. Jh. sind die Herren von S. belegt. 1260 ist ein Ulricus de S. als Zeuge in einer Urkunde greifbar. Die letzten Herren von S. sind 1406 nachweisbar; danach kam die Burg in den Besitz der Herren von Ellrichshausen. 1485 wurde das Rittergut an Hans von Haldermannstetten verkauft; 1516 kam auch dieses in den Besitz der Ellrichshausener, die als brandenburg-ansbachische Amtleute tätig waren. Bis zur Aufhebung der Grundherrschaften war S. teils oettingisch und teils brandenburgisch. – Juden werden 1667 erstmals genannt, doch die jüd. Gde. muß wesentlich älter sein, da der *Judenfriedhof* 1667 bereits vorhanden war. Die ältesten Grabsteine, die heute noch auf dem 1,4 ha großen Friedhof stehen, stammen aus der Zeit um 1610. Die Lage von S. zwischen → Rothenburg und → Dinkelsbühl und die Nähe zu ↑ Nördlingen sowie zu Schwäb. Hall machte den Ort für die Ansiedlung von Juden attraktiv, weil sie von dort aus auf kurzem Weg diese Städte, in denen sie Handel trieben, erreichen konnten. 1785 waren in S. 217 Juden ansässig, somit war ein Drittel der Bevölkerung jüd. Glaubens. Noch heute ist die »Geheimsprache« Lachoudisch, eine Mischung aus Mittelhochdeutsch und Jiddisch, im Volksmund als Dialekt verbreitet. Die 1872 erbaute Synagoge in der Bahnhofstraße wurde 1938 zerstört, nachdem sich die jüd. Kultusgde. im gleichen Jahr aufgelöst hatte. – Nach 1806 gehörte S. zum LK Dinkelsbühl, seit 1972 zum LK Ansbach.   (V)   *Alexander Biernoth*

K. Philipp, Geschichte des Marktes S., S. 1980. – H.-R. Hofmann, Lachoudisch sprechen. Sprache zwischen Gegenwart und Vergangenheit, Dinkelsbühl 1998.

Schwabach, Stadt (MFr.). Am Nordufer des Flusses Schwabach (um 800 »Suapaha«) entstand eine kleine bay. Siedlung im Nordgau. Ihr gegenüber, am Südufer, lag der frk. Königshof im Sualafeld, dem eine zentrale Rolle zwischen den Königshöfen → Fürth und → Weißenburg zukam. 1117 wird der Königshof als »villa Suabach« erstmals erwähnt und Graf Kuno von Harburg als sein Besitzer genannt. Nach dessen Tod 1139 fiel S. als erledigtes Lehen an Kg. Konrad III. Dieser übergab es 1146 seinem Sohn, Hz. Friedrich von Rothenburg, der es zwischen 1153 und 1167 an das Kloster → Ebrach weiterreichte. Die formelle Übergabe an Abt und Kloster Ebrach erfolgte 1212. – Ein Nachfolgebau des Königshofes ist im *Ebracher Mönchshof* zu sehen. Die als kgl. Eigenkirche erbaute Martinskirche stand unmittelbar w. des Königshofes/Mönchshofes an der Stelle der heutigen *ev. Stadtpfarrkirche St. Johannes d. T. und St. Martin* aus der 2. Hälfte des 15. Jh.s. – Ab 1212 wurde S. zum kirchlichen und administrativen Mittelpunkt aller Ebracher Besitzungen s. von → Nürnberg. 1138 und 1213 nannte sich ein Ministerialengeschlecht nach S. 1281 kaufte Kg. Rudolf von Habsburg vom Abt von Ebrach alle Güter, Untertanen und Rechte, die dieser in S. besessen hatte, mit Ausnahme der Pfarrkirche mit ihren Einkünften und des Mönchshofes. Von Kg. Albrecht I. erwarb 1299 Graf Emicho von Nassau zusammen mit seiner Gemahlin Anna, Tochter des Nürnberger Burggrafen Friedrich III., das Reichsgut Burg Kammerstein und die Hofmarken S., → Altdorf und → Heroldsberg als Reichspfand. S. wurde damals aus der Vogtei Kammersteins herausgelöst und bildete mit dem umliegenden Reichsgut ein eigenes Amt. – Graf Emicho errichtete zwischen 1299 und 1303 mit kgl. Erlaubnis w. der Kirche einen Markt, der dann 1371 in die neue Stadtmauer einbezogen wurde. Nach Emichos Tod (1331) ging das verpfändete Reichsgut über dessen Witwe 1348 auf den Sohn, Graf Johann von Nassau, über. Dieser verkaufte 1364 den Markt S. an Burggraf Friedrich V. von Nürnberg, der noch im selben Jahr damit von Ks. Karl IV. belehnt wurde. S. wurde zum burggräflichen Amtssitz. Die burggräflichen, ab 1417 markgräflichen Pfleger bzw. Amtmänner (Markgrafschaft Brandenburg-Ansbach) saßen zunächst auf der Burg Kammerstein sw. von S., seit 1463 in S. – Bereits 1371 ist in einer Urkunde von der »Stat ze Swabach« die Rede. 1365 hatte Burggraf Friedrich V. mit dem Bau einer neuen Mauer begonnen, die den ebrachischen Mönchshof und den Bereich der späteren Stadtteile Boxlohe und Wöhrwiese mit einbezog. 1397 war das Mönchstor fertig. 1404 wurden Spital und zugehörige Kirche eingeweiht, die von der Nürnberger Familie Gloggengiesser gestiftet worden waren. Hinter der *Spitalkirche* befindet sich heute anstelle des zerstörten Spitals ein Parkplatz, an dessen Westseite noch ein einst zum Spital gehörendes *Fachwerkhaus* erhalten blieb. – Mit dem Markgraftum seit 1525 prot., war S. im Oktober 1529 Schauplatz des »Schwabacher Konvents«; die »Schwabacher Artikel« sind ein wichtiges Dokument auf dem Weg der ev. Bekenntnisbildung im Vorfeld der »Confessio Augustana« von 1530. – Im 30jg. Krieg wurde S. 1632 von kaiserlichen Truppen geplündert. Die 1686 von Markgraf Johann Friedrich in S. angesiedelten Hugenotten gründeten eine Gobelinmanufaktur und eine Strumpfwirkerei. Für die frz.-reformierte Gde. wurde bereits 1687 die mit Bausteinen der Burgruine Kammerstein errichtete »*Franzosenkirche*« eingeweiht. Der Anteil der frz. Bevölkerung an der Gesamteinwohnerzahl von S. lag 1716 bei 10–20 % (ca. 100 Familien). – Im 17. und 18. Jh. hatte S. auch eine jüd. Gde. Die Gebäude der *Jüd. Schule* (1707) und der *Synagoge* (jetziger Bau 1799), n. der Schwabach gelegen, erinnern daran. Die Gde. bestand bis 1938. – In preuß. Zeit (1792–1806) hatte das Direktorium des neugebildeten Schwabacher Kreises seinen Sitz in der Stadt. Nach 1806 wurde S. zunächst bay. Landgerichtssitz innerhalb des Pegnitzkreises, 1818 kreisunmittelbar. Die frühindustriell geprägte Stadt geriet in der 1. Hälfte des 19. Jh.s durch Schließung und Wegzug wichtiger Produktionsstätten (Tuch-, Kattun-, Tabak- und Drahtfabriken) in eine wirtschaftliche Krise, die erst durch die Erweiterung und Neuansiedlung von Fabriken im letzten Jahrhundertdrittel beendet werden konnte (u. a. Nadelindustrie, Drahtfabriken, Seifenproduktion, Brauereien). Anfang des 20. Jh.s wurden Schwabacher Grammophonnadeln in alle Welt vertrieben. – 1849 erhielt S. Anschluß an die Ludwig-Süd-Nord-Bahn. Bis 1893 wurde die Stadtbefestigung weitgehend abgerissen. Die neoroman. *kath. Pfarrkirche St. Sebald* wurde 1848–50 errichtet und 1923–26 durch einen neobarocken Anbau erweitert. – Die auch im 20. Jh. weiter expandierende Industriestadt S. am Südrand des Großraums Nürnberg hatte im Jahr 2000 ca. 38.000 Einwohner. (VI) *Wolfram Unger*

K. Kratzsch/A. Rausch, Stadt S., München 1978 (Baudenkmäler in Bayern 63). – H. Schüpfinger, S. Stadtgeschichte und Straßenlexikon in Wort und Bild, S. 1989. – F. Eigler, HAB Schwabach, 1990.

Schwanberg (Gde. Rödelsee, LK Kitzingen, UFr.): → Rödelsee.

Schwanfeld (LK Schweinfurt, UFr.). Der bereits im Neolithikum besiedelte Ort liegt zwischen → Schweinfurt und → Würzburg, 3 km w. des Main, im Schnittpunkt wichtiger Fernstraßen. Er wird 772 als »Suanafelt« im Zusammenhang mit der Schenkung von Gütern eines gewissen Alwalah an das Kloster Fulda erstmals erwähnt. 788 sowie zwischen 776 und 796 erhielt die Abtei zusätzliche Schenkungen in S. – Unklar ist die weitere Geschichte des Ortes bis in das Hochmittelalter: 1136 arrondierte Fulda seinen Besitz in S. 1148 waren das St. Dietrich- und Ägidiusspital in Würzburg und um 1220 der dortige Domherr Boppo von Trimberg in S. begütert. Von 1228 bis 1366 läßt sich dort ein gleichnamiges Adelsgeschlecht nachweisen. – 1298 sind erstmals Juden in S. belegt; ihr etwa 1 km s. des Ortes gelegener *Friedhof* ist einer der ältesten seiner Art in Franken. – Ende des 14. Jh.s besaß das Domkapitel Würzburg in S. eine Erbobiei. 1402 gelangte der Ort an die Grafen von Henneberg. 1541/42 verzichtete Wilhelm von Henneberg auf S., das als würzburgisches Rittermannlehen an Carl von Redwitz gelangte. 1566 verkaufte Johann von Redwitz den Ort an Freiherrn Heinrich Hermann von Burk-Milchling, unter dem die Reformation Einzug hielt. 1579 erwarb Konrad von Grumbach S. 1603 fiel der Ort mit seinem unter Grumbach erbauten Schloß (im 19. Jh. abgebrochen) an das Hochstift Würzburg zurück. Trotz verschiedener vogteilicher Sonderrechte war der Fürstbf. von Würzburg für die nächsten 200 Jahre alleiniger Dorf- und Gemeindeherr in S. Als solcher führte Julius Echter die kath. Religion wieder ein. Abgesehen von dem aus dem Jahr 1537 stammenden Turmuntergeschoß wurde unter Echter die *kath. Pfarrkirche St. Michael* zwischen 1605 und 1613 weitgehend neu erbaut, deren innere Ausstattung um 1760 bzw. 1790 im Barockstil renoviert wurde. Fürstbf. Echter schloß insgesamt 10 Dörfer zum Amt Klingenberg-S. zusammen, das bis zur Säkularisation bestand. – Im 20. Jh. dehnte sich der Ort vor allem infolge des Zuzugs von Flüchtlingen und Vertriebenen nach dem 2. Weltkrieg nach Norden und Westen aus.　　　　(II)　*Erich Schneider*

A. Römmelt, 1200 Jahre S., S. 1972, ²1999.

Schwarzach a. Main, Markt (LK Kitzingen, UFr.). Mit der Gebietsreform wurden 1971–73 u. a. Stadtschwarzach und Münsterschwarzach zur Marktgde. S. a. Main vereinigt. – Stadtschwarzach liegt verkehrsgünstig dort, wo bereits in frühgeschichtlicher Zeit der nördlichere der beiden Verkehrswege (»Hochstraßen«) von Würzburg nach Regensburg den Main durchquerte. Heute kreuzt hier die B 22 von Würzburg nach Bamberg den Fluß. – Der Ort wird erstmals 948 sicher urk. erwähnt. Das *Kloster Münsterschwarzach* war bis ins hohe Mittelalter fast alleiniger Grundherr und blieb dort auch bis ins 16. Jh. begütert, bis es Besitz und Rechte 1531 an den Würzburger Bf. verkaufte. Angeblich schon im 13. Jh. sollen dem Ort von einem Abt des Klosters Stadtrechte verliehen worden sein; vermutlich wurde aber erst im 15. Jh. dieser Zentsitz zur Stadt erhoben. – Von der ehem. *Befestigung* (Mauer, Wassergraben, 3 Tore) sind nur *Reste* erhalten. Zu den wirtschaftlichen Grundlagen zählte der Weinhandel. – Nach dem Bauernkrieg 1525 kamen Ort und Zent gänzlich an das Hochstift Würzburg; seit 1600 gehörte die Stadt zur Kellerei → Dettelbach und gelangte 1803 zusammen mit dem Hochstift an Bayern. 1818 verzichtete Stadtschwarzach auf die Stadtrechte, die es nur noch im Namen weiterführt, und wurde Markt. – Die *kath. Pfarrkirche Hl. Kreuz* steht auf den Fundamenten eines 1424 geweihten Vorgängerbaus (seit 1341 gibt es eine Stadtpfarrei), von dem noch Reste erhalten sind.

Wenige hundert Meter n. von Stadtschwarzach liegen Kloster und Dorf Münsterschwarzach. Die Geschichte und Existenz des Dorfes Münsterschwarzach ist nicht von der dortigen Benediktinerabtei zu trennen. Vom Mittelalter bis in die Neuzeit wurde die Siedlung nur als »Vor dem Closter« bezeichnet. – Bereits um 783/88 soll an der Mündung der Schwarzach in den Main ein mattonisches Eigenkloster bestanden haben. Dieses Frauenkloster existierte jedoch nur bis 877. 815/16 hatten Graf Megingaud und seine Gemahlin nahe Oberlaimbach im Steigerwald ein weiteres Familienkloster für Männer gegründet: »Megingaudhausen«. Jedoch siedelten diese benediktinischen Mönche vermutlich kurz

nach 877 in das 844 dem Würzburger Bf. übergebene Kloster
Münsterschwarzach über. – Nach einer Zeit des Niedergangs
im 10. Jh. erfolgte der Neubeginn 993, als Kg. Otto III. Münsterschwarzach an die Würzburger Kirche schenkte. Münsterschwarzach schloß sich der Reformbewegung von Gorze
1001/47 an; 1066 wurde die frühroman. »Egbert-Basilika«
vollendet. – Im 12. Jh. schloß sich die Abtei der Reformbewegung von Hirsau an; in die Bursfelder (Reform-)Kongre-
gation wurde Münsterschwarzach 1480 aufgenommen. Ende
des 15. Jh.s scheinen die wirtschaftlichen Verhältnisse des
Klosters, die zu einem beträchtlichen Teil auf dem Weinbau
beruhten, konsolidiert zu sein. – Im Bauernkrieg wurde die
Abtei geplündert; während des 30jg. Kriegs wurde das Kloster nach der Besetzung des Hochstifts Würzburg 1631 weltlichen Verwaltern übergeben. Der Wiederaufbau des Klo-
sterbesitzes erfolgte unter Abt Remigius Winckel (1646–54).
– Ab der 2. Hälfte des 17. Jh.s erfolgte der Aus- und Umbau
zu einer prachtvollen barocken Klosteranlage. 1743 wurde
eine von Balthasar Neumann erbaute Basilika eingeweiht, an
der auch viele weitere bedeutende Künstler mitwirkten (u. a.
Tiepolo). – Nach der Aufhebung der Abtei 1803 ließ der bay.
Staat Gebäude und Güter versteigern. Die Kirche wurde
1805 verkauft und mit Teilen der Klostergebäude später abgebrochen. – 1828–63 wurde in der ehem. *Klostermühle* (1749
von Balthasar Neumann errichtet) von Andreas Bauer das
erste »Endlospapier« hergestellt, das er mit seinem Partner
Friedrich König (Erfinder der Schnellpresse) in → Oberzell
bei Würzburg verarbeitete. – 1913 erwarb die Missions-Be-
nediktiner-Kongration von ↑ St. Ottilien die verbliebenen
Klostergebäude und machte seit 1920 das Kloster zu einem
Zentrum der Missionsarbeit (Afrika, Ostasien); Die Gebäude
wurden wieder ergänzt. 1931/34 entstand ein großes land-
wirtschaftliches Mustergut. 1938 wurde das heute als Wahrzeichen die »Münsterschwarzacher Landschaft« an der Main-
niederung prägende »monumentalistisch-neoroman.« *Münster* (Architekt Albert Boßlet) geweiht und diente in der
Folgezeit als Vorbild für Kirchen in den Missionsgebieten.

1941 wurde das Kloster aufgehoben und als Reservelazarett eingerichtet. Bereits im April 1945 ging das benediktinische Leben mit der Rückkehr des Abtes weiter. In der Nachkriegszeit wurde das Kloster weiter ausgebaut – das Klosterviereck geschlossen – und erhielt seit den 1950/60er Jahren u. a. eine Landvolkshochschule, ein Gymnasium mit Internat und Tagesheim sowie ein *Missionsmuseum*. (II)   *Dirk Rösing*

H. Weber, HAB Kitzingen, 1967. – G. Vogt, Markt S. am Main, in: Landkreis Kitzingen, Kitzingen 1984, S. 494–504. – J. Mahr, Münsterschwarzach. 1200 Jahre einer fränkischen Abtei, Münsterschwarzach 2002.

Schwarzenbach a. d. Saale, Stadt (LK Hof, OFr.). An der alten Fernstraße von Regensburg nach Leipzig liegt an einem Saaleübergang der Ort S. mit über 8000 Einwohnern. Erstmals 1322 belegt, geht seine eigentliche Gründung wohl ins 12. Jh. zurück. Unter den Markgrafen von Schweinfurt und den auf sie 1057 als Erben nachfolgenden Hz.n von Andechs-Meranien wurde das Regnitzland gerodet. In ihrer Funktion als Vögte leisteten die Herren von Weida, genannt »Vögte von Weida«, bemerkenswerte Arbeit (Landschaftsname »Bayerisches Vogtland«). Zu den frühesten Besiedlungsorten gehörte S. – 1322 wurde die Loslösung von der Mutterpfarrei St. Lorenz in → Hof bestätigt, zugleich die Zugehörigkeit der Filialkirchen → Pilgramsreuth und → Rehau. Nach dem Verkauf des Regnitzlandes durch die Vögte von Weida 1373 an den Nürnberger Burggrafen erhielten 1381 die Herren von Hirschberg, deren Hauptburg sich auf dem Kornberg befand, S. zu Lehen. Um 1400 befanden sich 3 Edelsitze am Ort, der Oberhof, der Unterhof und – am rechten Saaleufer – Seukenreuth. – 1528 wurde die Reformation eingeführt. Als der Ort 1610 von Markgraf Christian von Bayreuth zum Markt erhoben wurde, waren Leinen- und Wollweberei wichtige Erwerbsquellen. Flachs und Schafwolle waren in der Hausweberei schon seit dem 13. Jh. veredelt worden, später kam Baumwolle hinzu. Daneben wurde seit 1214 in einem Hammer Eisenerz aus der Umgebung verarbeitet, noch heute besteht der Hammer als Eisenwerk Martinlamitz. – Nach der Familie von Rothschütz erwarb der markgräfliche Kanzler Kasper Urban von Feilitzsch 1620 das Rittergut Förbau und 1623 auch das Rittergut S. Er erhielt das Patronatsrecht und die Halsgerichtsbarkeit. 1706 gelangten die Güter an die Grafen und späteren Fürsten von Schönburg-Waldenburg aus Sachsen. Sie erbauten das heutige *Schloß* als Sommersitz sowie das *Jagdschlößchen Fahrenbühl.* 1957 verkaufte die fürstliche Familie ihre Güter, das Schloß dient heute als Rathaus. – Mit dem Verkauf der Markgrafschaft Bayreuth kam S. 1792 an Preußen. Nach einer kurzen Periode unter frz. Verwaltung 1806–10 wurde der Ort bay. und erhielt 1844 das Stadtrecht. – Ende des 18. Jh.s lebte der Dichter Jean Paul einige Jahre als Schüler und später als Hauslehrer in S., sein Vater war Pfarrer an der *Kirche St. Gumbertus.* – Mit dem Anschluß an die Eisenbahnstrecke Neumarkt-Hof 1848 hielt die Industrialisierung Einzug (Porzellan- und Granitindustrie). Die älteste Preßhefefabrik sowie die älteste Buntweberei Bayerns zeugen vom Gewerbesinn der Bürger. Nach Kriegsende kamen rund 2000 Flüchtlinge und Vertriebene in den Ort. Aus der Ackerbürgerstadt war eine Industriestadt geworden.

(IV)   *Ingeborg Fuhrmann-Hoffmann*

A. Gebessler, BKD Hof, 1960. – K. Lehmann, S. an der Saale, Hof 1978.

Schwarzenberg (Stadt Scheinfeld, LK Neustadt a.d. Aisch-Bad Windsheim, MFr.). 1150 war Berchtold »de Swarcenburc« auf dem Kreuzzug umgekommen; die *Burg* »auf dem dunklen Berg« oberhalb von → Scheinfeld stand aber wohl noch 1235 im Besitz dieser Edelfreiensippe. 1244 wird ein Vogt von S. genannt, 1258 die Burg (castrum) selbst. Spätestens 1272 saß eine niederadelige Familie S., deren Herkunft unbekannt ist, auf der Burg. – Nach mehreren Besitzerwechseln erwarb 1405/11 Erkinger von Seinsheim die Anlage (ein Achtel freilich erst 1420 über Wilhelm von Abenberg). 1429 trug er die Herrschaft Kg. Sigmund zu Lehen auf; im selben Jahr wurde er in den »Frei- und Bannerherrenstand des Reichs« erhoben. Ab 1433 nannte sich Erkinger nach S. und wurde so zum Stammvater des noch heute blühenden Fürstenhauses S. (1566

Reichsgrafenstand, 1670 Reichsfürstenstand in der Erstge-
burt). Seit Beginn des 16. Jh.s wurde Scheinfeld zum Verwal-
tungsort ausgebaut. 1511 wurde die Herrschaft S. brandenbur-
gisches Reichsafterlehen. 1588 übernahm die kath. gebliebene
rheinische Linie die Güter der luth. gewordenen frk. Vettern
und führte im 30jg. Krieg in der Herrschaft S. die Gegenreformation durch (1627/28). Die Familie verlegte ihren Haupt-
wohnsitz offiziell 1852 nach Wien. – Das ab 1518 modernisier-
te nunmehrige *Schloß S.* widerstand den aufständischen Bauern 1525 und blieb auch im 2. Markgrafenkrieg unzerstört.
Nach Umbauarbeiten 1568 und 1590 kam es zu einer grundlegenden Umgestaltung nach dem Schloßbrand 1607 unter
dem ↑ Augsburger Stadtbaumeister Elias Holl. In den 1650er
Jahren folgten Außenarbeiten und die Renovierung bzw.
Neugestaltung der Innenräume; der *Nordflügel* entstand 1669
unter Paulus Platz aus Belfort. Anläßlich der Erhebung der
Schwarzenberger in den Reichsfürstenstand 1671 wurden Befestigungsanlagen sowie anstelle des bereits 1662 als baufällig
bezeichneten Schloßturms der *Schwarze Turm* errichtet. Bis
Ende 1674 war der mit dem Orden des Goldenen Vließes,
Zeichen der reichsfürstlichen Würde, geschmückte Turm
vollendet. Er ist noch heute das Wahrzeichen von S. Im späten
18. Jh. wurde auf der äußeren sö. Mauer der sog. *Kleine Beam-
tenbau* errichtet, zudem entstand der Neubau des *Wirtschaftshofs.* Die 1797 wegen Baufälligkeit geschlossene *Schloßkirche*
(1429 als Schloßkapelle Heilig-Drei-Könige genannt) wurde
erst ab 1888 restauriert und 1903 erneut geweiht. Im 19. Jh. erfolgten umfangreiche Sicherungsarbeiten und Baumaßnahmen (vor allem ab 1875 unter Johann Adolf II. Fürst zu S.). Seit
1951 wird die Anlage zum Teil als Real- und Fachoberschule
mit Internat genutzt.

Wenige hundert Meter ö. des Schlosses liegt Klosterdorf.
1670 ließen hier Johann Adolf von S. und seine Gemahlin Maria Justina an Stelle einer Bildeiche die *Gnadenkapelle Maria-
Hilf* errichten. Der Südflügel des seit 1683 geplanten *Franziskanerklosters* wurde 1700–02 errichtet, West- und Ostflügel bis
1730/31. 1732/35 erfolgte nach Plänen von Balthasar Neu-

mann der Bau der *Kirche Mariae Geburt*. – Das Kloster wurde 1807 säkularisiert. 1885 erfolgte eine Restaurierung der Kirche, 1895 sowie 1925/26 die Ausmalung der Gnadenkapelle, 1898 des Sommerrefektoriums (durch Matthäus und Rudolf Schiestl). 1959 wurden die Klostergebäude und das Kirchendach Opfer eines Großbrands, daraufhin kam es 1960/66 zum *Neubau* der Klostergebäude sowie zu einer erneuten Restaurierung der Kirche. Seit 1968 dient das von Franziskaner-Minoriten geleitete Bildungshaus Kloster S. der religiösen Erwachsenenbildung. (II) *Gerhard Rechter*

F. Andraschko, Schloß S. im Wandel der Zeiten, in: Schwarzenbergischer Almanach 32 (1959), S. 133–242. – W. D. Ortmann, HONB Scheinfeld, 1967. – G. Hojer, BKD Scheinfeld, 1976. – Landkreis Neustadt a.d. Aisch-Bad Windsheim. Heimatbuch für den Landkreis, Neustadt/Aisch 1983.

Schweinfurt, Stadt (UFr.). Die durch archäologische Streufunde in die Merowingerzeit datierbare erste Siedlung mit dem Namen S. – an der nö. Spitze des Maindreiecks gelegen, zwischen Höllenbach und Marienbach – ist urk. ab 791 bezeugt (»in Suuinfurtero marcu«). Das Alter der ersten Kilianskirche als Pfarre ist unbestimmt. Auf der ö. gelegenen Peterstirn errichteten die Markgrafen von S. im 10. Jh. ihre Stammburg. Das wohl als Sühnestiftung im Zusammenhang mit der Erhebung Markgraf Hezilos gegen Kg. Heinrich II. (1003) von der Markgrafenmutter Eila errichtete Nonnenkloster auf der Peterstirn wurde noch vor Mitte des 12. Jh.s in ein Männerkloster des Benediktinerordens umgewandelt. Die lokalen markgräflichen Güter gelangten auf dem Erbwege in den Besitz des Hochstifts Eichstätt (1112), dessen Rechte das Benediktinerkloster auf der Peterstirn wahrnahm, das 1263/65 an den Deutschen Orden überging. – Der Versuch des Deutschen Ordens, alte markgräfliche bzw. eichstättische Gerichtsrechte zu reaktivieren und auf die mittlerweile w. des Marienbachs entstandene neue Reichsstadt auszudehnen, schlug fehl. In einem Spruch 1282 entschied Kg. Rudolf I. über die Abgrenzung der Rechte. Erstmals sind hier die Stadt und ihre Bürger als politisch handelnde Subjekte und der Vogt als Vertreter des kgl. Stadtherren faßbar. Dieser Spruch ist zugleich die erste Urkunde, in der die Existenz zweier Schweinfurter Siedlungen erkennbar wird. – Plausibel scheint folgende Erklärung: Zu einem unbekannten Zeitpunkt wurde oberhalb der markgräflichen Burg eine Reichsburg errichtet. Wohl Friedrich I. Barbarossa (1152–90) ließ w. des Marienbachs unter Ausnutzung noch verfügbaren Königsgutes, in Konkurrenz zur nunmehr eichstättischen »villa«, eine neue Siedlung anlegen. Eine »civitas imperii« entstand, Furt am Main und Kreuzungspunkt der wichtigen Straßen vom Spessart/Untermain über das Werntal nach Osten zum Obermain und von Nürnberg nach Norden über den Thüringer Wald nach Erfurt. Bald schon wurde der Fischerrain, eine alte Fischersiedlung am Main, in die neue Gründung einbezogen. Der Baubeginn der *St. Johanniskirche* wird auf das späte 12. Jh. datiert. Beamte des Reichs und eine Münze sind in S. erstmals in einem Mandat Kg. Heinrichs (VII.) von 1234 bezeugt. Ob eine erste Zerstörung der Reichsstadt S. Anfang der 1240er Jahre, das sog. Erste Stadtverderben, in den Auseinandersetzungen der Würzburger Bf.e mit den Hennebergern oder wenige Jahre später im Kampf um das Erbe der 1248 ausgestorbenen Andechs-Meranier erfolgte, ist ungeklärt.

Die Verpfändung der Reichsstadt an die Grafen von Henneberg-Schleusingen (1309) und der Eintritt des Würzburger Bf.s in die Reichspfandschaft (1354) brachten für die Stadt die Gefahr, dem Reich auf Dauer entfremdet zu werden. Nach der Selbstauslösung (1361/85) trat die Stadt dem Schwäb. Städtebund bei. Der Status der Reichsfreiheit wurde durch kgl. Privilegien befestigt: Stadt- und Landgericht, Satzungsrecht, Selbstergänzungsrecht des Rates, privilegium de non evocando, privilegium de non alienando, Kaufhaus, freie Amtmannswahl (1361, 1362), Nutzung des Mains (1397), Ablösbarkeit des Amtmanns, Bündnisrecht (1427), Blutbann (1443), Recht, den Reichsvogt aus den Reihen des Rats und der Bürgerschaft zu wählen (1568), privilegium de non appellando (1570). Legislative, Exekutive, Judikative lagen nun beim Inneren Rat, der nach Einführung der Reformation 1542 auch die

Kirchenhoheitsrechte an sich bringen konnte. Ein eigenes Territorium erwarb S. mit Oberndorf (1436) und den Besitzungen des Deutschen Ordens mit den Dörfern Zell und Weipoltshausen (1437). Nach dem Erwerb der Exklave Madenhausen (1620) umfaßte das Territorium 53 qkm. – Die Kodifizierung der Ratsverfassung wurde ausgelöst durch die gescheiterten Bürgeraufstände 1446–50 und 1513/14. Nach dem Verfassungsinstitut von 1450 bestand der Innere Rat, aus dessen Mitgliedern die beiden Bürgermeister gewählt wurden, aus 12 Schöffen und 12 Vertretern der Gde., der Äußere Rat zählte ebenfalls 24 Mitglieder. Die Statuten von 1514 brachten die Einrichtung des Achterstandes zur Rechnungslegung und die Verminderung der Zahl der Mitglieder des Äußeren Rates (später Zusatz genannt) von 24 auf 12. Die Arbeit der »Handwerke« war nur unter strenger obrigkeitlicher Reglementierung möglich. 1776 wurde die Zahl der Mitglieder des Inneren Rates auf 16 und des Äußeren Rates auf 8 reduziert. – Sowohl der Anteil der Oberschicht am Steueraufkommen (8 % der Haushalte, 30 % des Steueraufkommens bzw. Vermögens), als auch der Unterschicht (56 % der Haushalte, 25 % des Vermögens) zeigen ein sozioökonomisches Profil, das charakteristisch für eine Stadt mit entwickeltem, aber auf den lokalen Markt der näheren Umgebung beschränktem Gewerbe und Handel ist. Bestimmend für die Wirtschafts- und Sozialstruktur von S. war dementsprechend eine zahlenmäßig starke handwerkliche Mittelschicht: bei etwa 670 steuerzahlenden Haushalten fast 280 Handwerker, 80 Häcker und Bauern, rund 50 Fischer, 36 Kaufleute (1564). Bei einer Gesamtzahl von 766 Haushalten ist von rund 3600 Bewohnern auszugehen (1585). Die Gegenreformation brachte der prot. Stadt durch den Zuzug oft wohlhabender Exulantenfamilien eine erhebliche Steigerung ihrer Wirtschaftskraft. Die jüd. Gde. (10 Familien) wurde 1555 vertrieben.

Beim Wiederaufbau nach der Zerstörung der Stadt im 2. Markgrafenkrieg 1554 (Zweites Stadtverderben) entstanden die repräsentativen öffentlichen Gebäude: *Rathaus* (erbaut von Nikolaus Hofmann 1570–72), *Bürgerhof* (1568–1606),

Reichsvogtei (1576/77), *Lateinschule/Altes Gymnasium* (1582/83) und *Zeughaus* (1589–91). Im 30jg. Krieg konnten die Hoffnungen auf eine bedeutende politische und geistige Rolle der Reichsstadt als prot. Gegenpol → Würzburgs im Kreis der frk. Reichsstände nicht realisiert werden. 1652 wurde die Academia Naturae Curiosorum, die heutige Deutsche Akademie der Naturforscher Leopoldina durch 4 Ärzte gegründet.

Ihre staatl. Selbständigkeit verlor die Reichsstadt durch die bay. Besitzergreifung 1802. Die von 1810 bis 1814 während Zugehörigkeit zum Großherzogtum Würzburg blieb folgenlose Episode. Mit der Übergabe des Großherzogtums an Kg. Max I. Joseph 1814 fiel S. endgültig an Bayern. – Die Entstehung der Schweinfurter Industrie im späten 18. und frühen 19. Jh. ist eng mit Wilhelm Sattler, bekannt durch die Herstellung des »Schweinfurter Grüns«, verbunden. Die Zahl von 26 Fabriken im Jahre 1865 zeigt den Wandel in der Wirtschafts- und Sozialstruktur der nunmehr rund 9000 Einwohner zählenden Stadt, die auch eine moderne Infrastruktur erhalten hatte: Eisenbahn, Gaswerk, Wasserleitung. Kehrseite des Fortschritts waren weitgehende Eingriffe in die reichsstädt. Bausubstanz, so vor allem der Abbruch der Stadttore (1832–80). Der Strukturwandel zur Industriestadt gewann seine größte Dynamik erst durch die rasante Entwicklung der Wälzlagerindustrie (Kugelschleifmaschine, Friedrich Fischer 1883, Torpedofreilaufnabe, Ernst Sachs 1903) in den letzten Jahren des 19. Jh.s. 1910 beschäftigte die Kugellagerindustrie bereits 3344 Arbeiter, die weit über ihre reichsstädt. *Mauern* (teilweise erhalten) hinausgewachsene Stadt zählte 22.192 Einwohner.

Trotz großer Verdienste um den weiteren Ausbau der städt. Infrastruktur – Wasserleitung, Wasserwerk, Elektrizitätswerk, Wehrverschlüsse, Schlachthof, Krankenhaus, Ludwigsschulhaus und Arbeiterwohnungen – gelang es nicht, die sozialen Probleme, insbesondere die große Wohnungsnot, in der rasch wachsenden Industriestadt in den Griff zu bekommen. In der Weimarer Republik konnte sich die Linke als dominierende politische Kraft bis zur Machtergreifung der Nationalsozialisten etablieren. Wichtigste Beispiele der Schul- und Sozialpolitik jener Jahre sind die Errichtung der Goethe-Volksschule und der Berufsschule, des Krankenhauses und des Kindererholungsheimes und die Förderung des kommunalen und genossenschaftlichen Wohnungsbaus. Ihnen zur Seite stehen bedeutende kirchliche Aktivitäten – so das St. Josef Krankenhaus, das Maria-Theresia-Heim, das Kolpinghaus oder das Ev. Kinder- und Schwesternheim Oberndorf – und private Initiativen aus dem Kreis der Großindustriellen, so die Stiftung des Hallenbades durch Ernst Sachs und die Stiftung von Alwine Schäfer und Georg Schäfer jr. zur Errichtung des Säuglingsheimes. Eine Fortsetzung fand dieses Engagement auch im Dritten Reich, insbesondere durch die Stiftung des Willy-Sachs-Stadions. Prägend für die Stadtentwicklung (1939: 49.321 Einwohner) wurden die Errichtung einer großen Garnison (1936) und das rasante Wachstum der kriegswichtigen Wälzlagerindustrie, in der während des 2. Weltkriegs bis zu 10.500 Fremdarbeiter und Kriegsgefangene zum Einsatz kamen. Als Ziel erster Ordnung für strategische Luftangriffe eingestuft, wurden in mehr als 20 Luftangriffen (1943–45) die Hälfte aller Wohnungen und 4 Fünftel aller Industrieanlagen in S. zerstört: das Dritte Stadtverderben.

Nach Kriegsende mußten über 5000 Flüchtlinge und Vertriebene integriert werden. Die seit 1950 entstandenen neuen Stadtteile und Baugebiete (Bergl, Steinberg/Hochfeld, Haardt, Deutschhof, Eselshöhe, Zeilbaum), das seit 1963 mit dem »Sprung über den Main« geschaffene Gewerbegebiet Süd mit Anschluß an das Autobahnnetz, der Ausbau des Schulwesens und der Fachhochschule garantierten bis in die frühen 1990er Jahre eine kontinuierliche Entwicklung der Stadt, trotz ihrer Lage im Zonenrandgebiet. Heute zählt S. rund 55.000 Einwohner. Die schwere Strukturkrise der Schweinfurter Großindustrie 1992/93 führte zu einem Verlust von nahezu 10.000 Arbeitsplätzen. Mit einer Reihe von Maßnahmen – u. a. Verlagerung von Landesbehörden nach S., Industrie- und Gewerbepark Maintal, Konferenzzentrum – positioniert sich die Stadt unter Zurückdrängung der großindustriellen Monostruktur als Industrie- und Dienstleistungszentrum. Zwei neue Institute bestätigen den Rang von S. als Kulturstadt von überregionaler Bedeutung: die *Bibliothek Otto Schäfer* und das *Museum Georg Schäfer.* (II) *Uwe Müller*

F. Stein, Monumenta Suinfurtensia historica inde ab anno DCCXCI usque ad annum MDC, S. 1875. – P. Kolb/E.-G. Krenig (Hg.), Unterfränkische Geschichte, Bd. 2–4, Würzburg 1992–99. – U. Müller, S., Erfurt 1998. – E. Schneider/B. Schneidmüller (Hg.), Vor 1000 Jahren. Die Schweinfurter Fehde und die Landschaft am Obermain 1003, S. 2004.

Seckendorf (Gde. Cadolzburg, LK Fürth, MFr.). S., das »Dorf am Seckenbach (= Bach mit Riedgras-/Schilfbewuchs)« oder »Dorf des Sacco«, am Seckenbach n. → Cadolzburg, ist der Stammort des weitverzweigtesten und besitzstärksten Niederadelsgeschlechts Frankens, der erstmals 1254 mit »Henricus de Sekendorf« genannten und noch heute blühenden Grafen und Freiherren von Seckendorff. Diese saßen wohl als zollerische Burgmannen auf der nahen Cadolzburg und hatten in S. Eigengut, nach dem sie sich benannten. 1326 veräußerte Konrad von Seckendorff-Hörauf dort ein Gütlein an Heinrich den Weinschrot und Ortlein den Sattler von → Nürnberg. Grundherrlich gehörte der Weiler (1809 zehn Anwesen) seit dem 16. Jh. überwiegend zur Reichsstadt Nürnberg, die Dorfherrschaft übte Brandenburg-Ansbach aus. – Ob es in S. je einen befestigten Adelssitz gegeben hat, dessen Burgstall möglicherweise identisch mit dem Standort der erstmals 1414 bezeugten *Kapelle* ist, bleibt offen. 1810 wurde diese einem Privatmann, später an die Gde. verkauft und in der Folge als Lager- und Wohngebäude genutzt; 1978 trat sie die Stadt → Langenzenn an die Marktgde. Cadolzburg ab. 1983/84 erfolgte die Restaurierung der wohl um 1460/65 entstandenen *Fresken* (Passionszyklus, Weltgericht und 14 Nothelfer). (VI) *Gerhard Rechter*

W. Wiessner, HONB Fürth, 1963. – Fürther Heimatblätter 34,4 (1984). – G. Rechter, Die S. Quellen und Studien zur Genealogie und Besitzgeschichte, Bd. 1: Stammfamilie mit den Linien Jochsberg und Rinhofen, Neustadt/Aisch 1987.

Seehof (Gde. Memmelsdorf, LK Bamberg, OFr.). Bereits 1426 ist ein Seehaus im Besitz der Fürstbf.e von Bamberg nachgewiesen. Seine Lage auf einer leichten Anhöhe in wasserreicher Umgebung und am unmittelbar angrenzenden ausgedehnten Hauptsmoorwald regte schon im 16. Jh. zur Anlage eines *Landsitzes* an, zu dem auch ein Jagdhaus und ein Garten mit Wasserspielen gehörte. Hiervon ist nichts erhalten, da sich Fürstbf. Marquard Sebastian Schenk von Stauffenberg (1683– 93) zu einem *Neubau* auf dem vorhandenen Areal entschloß. An den Planungen waren Georg Dientzenhofer aus Waldsassen und Antonio Petrini aus Trient beteiligt. Die in den Jahren 1686–93 errichtete Vierflügelanlage mit Ecktürmen hat als Vorbild einen Renaissancebau, die Johannisburg in → Aschaffenburg, entsprach also nicht dem Baustil der Entstehungszeit. Das nach dem Bauherrn bald »Marquardsburg« genannte Schloß, leicht erreichbar vom etwa 10 km entfernten → Bamberg, war nur für den Sommeraufenthalt geplant. Auch die nachfolgenden Fürstbf.e, unter denen sich der Name »Seehof« einbürgerte, fanden hieran Gefallen: Lothar Franz von Schönborn (1693–1729) ließ eine barocke Innenausstattung für den Bau herstellen, der ihm als Jagdschloß und gelegentlich als Sommerresidenz diente. In den Jahrzehnten seit 1723 wurde das eigentliche Schloß durch zahlreiche Neubauten (u. a. Treibhäuser, eine fünfteilige Toranlage, Orangerie, Feigenhäuschen, Schweizerei und ein Schlößchen des Fürstbf. von Frankenstein) zu einer barocken Gesamtanlage erweitert, deren Höhepunkt ein geometrisch angelegter *Garten* in frz. Stil mit Teichen, Wasserspielen und über 400 Gartenfiguren aus der Werkstatt von Ferdinand Tietz war. Unter Fürstbf. Adam Friedrich von Seinsheim (1757–79) erlebte das Schloß seine Glanzzeit als Aufführungsort von Theaterstücken und Konzerten, als Hintergrund barocker Feste und Jagdveranstaltungen. Mit dem Regierungsantritt des aufgeklärten Fürstbf. Franz Ludwig von Erthal (1779–99) verödete die Anlage, die auch nach der Säkularisation im Kgr. Bayern keine zweckvolle Verwendung mehr fand. Sie wurde 1840 an den preuß. Offizier von Zandt verkauft, doch auch die Privatbesitzer wußten die Barockanlage nicht zu schätzen: Das Areal wurde teilweise unter den Pflug genommen, unwirtschaftliche Bausubstanz wurde abgerissen, Mobiliar und Gartenfiguren gingen an den Kunsthandel. 1975 erwarb der Freistaat Bayern S. zurück und restaurierte die erhaltenen Gebäude (*Schloß, Orangerie,* zwei *Torhäuser, Gewächshäuser, Gärtnerhaus, Schweizerei* sowie die *Kaskade*); eine behutsame Teilrekonstruktion der Gartenanlagen ist weit fortgeschritten. Das Schloß beherbergt jetzt eine Außenstelle des Bay. Landesamtes für Denkmalpflege.

(III)   *Hans J. Wunschel*

M. Kämpf, Das fürstbischöfliche Schloß S. bei Bamberg, in: Bericht des Historischen Vereins Bamberg 93/94 (1956), S. 25–254. – M. Petzet, Schloß S. bei Bamberg, Geschichte und Restaurierung von Schloß und Park, in: Schönere Heimat 82 (1993), S. 119–128.

Seinsheim, Markt (LK Kitzingen, UFr.). Der in der Gauebene sö. von → Kitzingen gelegene Markt S. gehört zu den auf »-heim« gebildeten Ortsnamen, die üblicherweise zur frk. Kolonisationswelle des 6./7. Jh.s gezählt werden. Frühmittelalterliche Gräber- und Siedlungsbelege wie auch schriftliche Zeugnisse (770, 806) sprechen dafür. – 1147 wird ein »Eispertus de Souvensheim« genannt. Die Seinsheim werden auf das frk. Adelsgeschlecht der Mattonen zurückgeführt. Güter in S. und Herrnsheim sind im 12. Jh. belegt. Die Seinsheim waren hochfreien Standes, starben allerdings bald aus, so daß von ihnen fast nichts bekannt ist. Ihr Name wurde von ehem. Ministerialen übernommen, die seit Anfang des 13. Jh.s im Gefolge der Grafen von Hohenlohe erscheinen, und als deren Ministerialen sie aufstiegen. In der Seinsheimer Linie erlangten sie den Grafenrang, in der Schwarzenberger Linie erreichten sie den Fürstenstand. Eine bedeutende Erwerbung der Seinsheim war die (spätere) Stadt → Marktbreit im 15. Jh. Ihren Stammsitz S., von dem keine Spur mehr vorhanden ist, verließ die Familie bereits im 14. Jh. Der Hauptsitz der Familie befand sich seit dem 14. Jh. in Wässerndorf. – Der Ort S. wurde 1434 von Ks. Sigmund zum Markt erhoben. Vom 16. Jh. bis zum Übergang an Bayern Anfang des 19. Jh.s war der Ort in schwarzenbergischem Besitz. Nach verschiedenen Wechseln kam S. 1862 an das Bezirksamt Kitzingen. – Ein

Rathaus aus dem 17. Jh. und Teile einer *Kirchenburg* mit
Kirchhäusern (Gaden) aus dem 15. Jh. sind erhalten. Die *kath.*
Pfarrkirche stammt aus dem 19. Jh. – Nach dem 2. Weltkrieg
wurde im Gemeindegebiet mit dem Abbau von Gipslagern
begonnen, seit 1960 im Untertagebau. – S. gehört heute mit
seinen Ortsteilen zur Verwaltungsgemeinschaft Marktbreit.

Im Ortsteil Wässerndorf (historische Bezeichnung »We-
sterndorf«, nach seiner Lage w. von S.; vermutlich hoch-
mittelalterlicher Landesausbauort) stehen die spätgot. *Kirche*
St. Cyriakus (1496) und die *Schloßruine* der Grafen von
Schwarzenberg von 1555. Das Schloß wurde über Teilen einer
Burganlage aus dem 14./15. Jh. errichtet und brannte im April
1945 aus. Seit dem 13. Jh. waren die Ministerialen von S. im
Ort ansässig; nach dem Aussterben der Linie S.-Wässerndorf
1529 ging dieser Ort ebenfalls in den Besitz der Herren von
Schwarzenberg über. Zusammen mit S. kam Wässerndorf an
Bayern und das Bezirksamt Kitzingen. – Im Mittelalter be-
stand bis 1298 eine jüd. Gde. – 1930–41 wurden die Schwar-
zenberger Güter mit Bauern aus Bonnland besiedelt, die im
Zuge der Erweiterung des Truppenübungsplatzes → Hammelburg ausgesiedelt worden waren.   (V)   *Dirk Rösing*

H. Weber, HAB Kitzingen, 1967. – Landkreis Kitzingen. Ein Kunst- und
Kulturführer, Marktbreit 1986.

Selb, Stadt (LK Wunsiedel, OFr.). S. liegt heute an der Grenze
zur Tschechischen Republik. Der ausgedehnte Selber Wald
bildete einst einen Bestandteil des Egerer Reichsforstes. 1271
erscheint ein Hartmannus de Selwen als Zeuge einer ↑ Waldsassener Urkunde. Von 1281 bis 1331 waren die benachbarten
Märkte S. und Asch (heute Tschechien) als Reichspfand-
schaften in den Händen der Vögte von Plauen. 1335 ver-
sprach Kg. Johann von Böhmen, der seit 1322 Pfandherr des
Egerlandes war, daß die Märkte S. und Asch künftig stets mit
dem Gericht Eger verbunden bleiben sollten. – In S. waren
die Forster von S. ansässig, ursprünglich ein Verband verschiedener Familien, die von den Forstmeistern des Egerer
Forstes mit der Verwaltung und Betreuung des Selber Waldes

beauftragt waren. Noch im 14. Jh. gingen zahlreiche Besitz-
tümer der Forster von den Nothaften von → Thierstein zu
Lehen, die seit Beginn des 14. Jh.s das Forstmeisteramt innehatten. 1412 unterlag Erhard Forster in einer Fehde der Stadt
Eger und dem Böhmenkönig Wenzel, woraufhin er zusammen mit seinen Vettern den gesamten Familienbesitz in und
um S. an die Burggrafen von Nürnberg veräußerte. Damit
wurde die am Selbbach gelegene Niederungsburg der Forster zum Sitz eines hohenzollerischen Amtmanns. – 1426
verlieh Markgraf Friedrich I. den Bürgern des Marktes S. das
Stadtrecht. Dennoch wurde S. auch weiterhin meist als Markt
bezeichnet. Der Ort war zwar mit 4 Toren, Wällen und Gräben gesichert, verfügte jedoch über keine Stadtmauer. – Der
Selber Wald entwickelte sich bald zu einem beliebten Jagdre-
vier der Markgrafen von Brandenburg-Kulmbach. Markgraf
Georg Friedrich ließ 1580–83 an Stelle der alten Forster-
Burg ein großes, vierstöckiges Jagdschloß errichten, das unter
Markgraf Christian 1630 noch zwei Seitenflügel erhielt. Im
Juni 1630 war dieses Jagdschloß der Schauplatz einer von
Markgraf Christian einberufenen luth. Fürstenkonferenz, deren Ergebnisse wohl im Frühjahr 1631 in den Leipziger Konvent einflossen. – Auch die Selber Bürger erarbeiteten sich
einen großen Teil ihres Lebensunterhalts im Selber Wald. Die
große Mengen an Holz benötigenden Hammerwerke im
Selber Forst erscheinen schon in Urkunden des 14. Jh.s.
Auch das Pechsieden und Rußbrennen war hier ein altes,
weitverbreitetes Gewerbe. Der bei S. vorkommende, feinkör-
nige Granit wurde frühzeitig zur Herstellung von Fenster-
und Türgewänden sowie von Mühlsteinen genutzt. 1709
gründete Johann Georg Jäger aus Niederreuth bei Asch in S.
eine Papiermühle, die erst 1984 ihren Betrieb einstellte. –
1857 eröffnete Lorenz Hutschenreuther, der Sohn des → Hohenberger Porzellanpioniers Carl Magnus Hutschenreuther,
in S. eine erste Porzellanfabrik. Begünstigt durch den Bau der
Bahnlinie Hof-Eger, die S. 1865 einen ersten Bahnanschluß
außerhalb der Stadt bei Plößberg und ab 1894 in der Stadt
selbst brachte, folgte in kurzen Abständen die Gründung

weiterer Porzellanfabriken. So kamen 1880 die Rosenthal-, 1884 die Krautheim- und 1896 die Heinrich-Porzellanfabrik hinzu. 1921 waren insgesamt 21 Firmen mit der Porzellanherstellung beschäftigt. 1994 stellten die in S. ansässigen Unternehmen mehr als 50 % der dt. Porzellanproduktion her. – 1856 wurde ganz S. mit Ausnahme einiger weniger Häuser und der Friedhofskirche Opfer einer Brandkatastrophe. Der Wiederaufbau erfolgte zum großen Teil auf den alten Gebäudegrundrissen. Die heutige *ev.-luth. Stadtpfarrkirche St. Andreas* entstand 1859–63 im neugot. Stil; an Stelle des Schlosses wurden 1860/61 das Landgerichts- und Rentamtsgebäude errichtet, die heute als *Rathauskomplex* dienen. – 1862 wurde aus den Landgerichten (ä. O.) S. und Rehau das Bezirksamt Rehau gebildet; 1919 erlangte S. die Kreisunmittelbarkeit, 1972 wurde S. als Große Kreisstadt in den LK Wunsiedel aufgenommen.　　　　　　　　　　(IV)　*Harald Stark*

Selber Hefte, 1984 ff. – H. Hackl/D. Arzberger, S. Eine Stadtgeschichte in Bild-Dokumenten, S. 1994. – H. Stark, Die adeligen Forstmeister im Egerer Reichsforst, in: Archiv für Geschichte von Oberfranken 77 (1997), S. 207–235.

Selbitz, Stadt (LK Hof, OFr.). Der Ort mit seinen 5000 Einwohnern nahe dem Autobahndreieck Bay. Vogtland gilt als ö. Tor zum Frankenwald. Wo eine alte Geleitstraße das Flüßchen Selbitz kreuzte, liegt das *Wasserschloß*. Erstmals urk. erwähnt wird S. 1367. Nach dem Lehenbuch Burggraf Johanns III. von Nürnberg 1398 waren die Familien von Reitzenstein und von Wildenstein in S. ansässig. Ein Adelsgeschlecht bewohnte das Wasserschloß, die andere einen aus einem Vorwerk hervorgegangenen Sitz, das »Obere Rittergut« oder »*Neue Schloß*«. Das Wasserschloß gelangte 1727 an die thür. Familie Reuß jüngere Linie und trägt seit dieser Zeit den Namen *Reußenschloß*. 1778/81 kaufte Markgraf Carl Alexander von Ansbach-Bayreuth die beiden Güter und veräußerte sie weiter an bürgerliche Interessenten. 1783 verlieh er dem Ort das Marktrecht. – Die wirtschaftliche Bedeutung des Frankenwaldes lag seit dem Mittelalter im Reichtum an Bodenschätzen. Daneben wurde intensiv Hausweberei mit Leinen betrieben, da Flachs in dem rauhen Klima gut gedeiht. – 1792 kam das Markgraftum Bayreuth an Preußen, stand 1806–10 unter frz. Verwaltung und wurde dann bay. Ein Aufschwung begann mit dem Bau der Bahnstrecke Hof-Naila–Bad Steben 1886. Die ersten Fabriken entstanden. 1924 brachte die neue Bahnlinie S.-Helmbrechts-Münchberg zusätzliche Absatzmöglichkeiten für die Textil- und Schuhfabriken. Diese Verbindung wurde 1976 wieder stillgelegt und 1977 abgebaut. Nach dem 2. Weltkrieg wuchs der Ort um 800 Flüchtlinge und Vertriebene. 1954 bekam S. das Stadtrecht verliehen. Seit der Landkreisreform 1972 ist die bis dahin zum LK Naila gehörige Stadt Teil des LKs Hof. – Die Reformation wurde durch den → Hofer Lehrer Martin Helfer eingeführt, der 1533–43 Prediger in S. war. Teile des Ortes samt der Kirche wurden im 30jg. Krieg ein Raub der Flammen. In der wiederaufgebauten *Kirche* sind der von Johann Nikol Knoll stammende Taufengel von 1722 und der Kanzelaltar aus der Hand des Hofer Bildhauers Wolfgang Adam Knoll beachtenswert. Im 18. Jh. kamen durch verwandtschaftliche Bande des Selbitzer Grafenhauses mit der Glaubensgemeinschaft der Herrenhuter Brüder in Sachsen pietistische Erweckungsanstöße, die noch heute in der Gde. weiterleben. Sei 1949 hat die ev. Ordensgemeinschaft der Christusbruderschaft in S. auf dem Wildenberg ihr Mutterhaus mit angeschlossenem Alten- und Pflegeheim.

(IV) *Ingeborg Fuhrmann-Hoffmann*

J. G. Hübsch, Geschichte der Stadt und des Bezirkes Naila, Helmbrechts 1863, ND 1953. – K.-L. Lippert, BKD Naila, 1963. – H. Seiffert, Burgen und Schlösser im Frankenwald und seinem Vorland, Helmbrechts ³1963.

Sennfeld (LK Schweinfurt, UFr.): → Gochsheim.

Seßlach, Stadt (LK Coburg, OFr.). Die an der Rodach gelegene Kleinstadt wird erstmals 799/800 erwähnt. In den Zusammenhang der frk.-karolingischen Ostexpansion eingebettet, wurde die frühmittelalterliche Siedlungsgeschichte einerseits von der kirchlich-religiösen, andererseits von der strategisch-administrativen Funktion bestimmt. Nicht nur in der frühen urk. Tradition (hier ist von »duo Sezelaha« die Rede), sondern auch in den beiden Kernen des Stadtgrundrisses spiegelt sich diese Doppelung noch heute wider: Der größere, nö. Teil gruppiert sich auf einer Erhebung um die Urpfarrei St. Johann Baptist (*Pfarrkirche* aus dem 14. bis 15. Jh. mit barocken und neugot. Elementen). Außerhalb dieser bald städt. Rechtsqualität erreichenden Ansiedlung (1335 Verleihung der Stadtprivilegien durch Ks. Ludwig den Bayern) entwickelte sich im Südosten mit dem *Schloß Geiersberg* (13. bis 16. Jh.) ein weiterer Schwerpunkt. Diese Burg ist seit frk. Zeit als Sitz eines Cent- oder Hochgerichts (mit Blutbann) nachweisbar. Die sog. *Lichtensteiner Vorstadt* entstand hingegen erst im ausgehenden Mittelalter vor dem n. Stadttor (*Hattersdorfer* oder *Zinkentor*). – Herrschaftlich gehörte S. seit dem hohen Mittelalter zum Hochstift Würzburg. Weder die Fehde zwischen dem Würzburger Bf. Hermann von Lobdeburg und den Andechs-Meraniern (1244) noch die kurzfristige Verpfändung an die Fränk. Reichsritterschaft (1290–1302) oder das Streben der Seßlacher Bürgerschaft nach der Reichsunmittelbarkeit (im frk. Städtekrieg von 1396/97) konnten diesen bis 1802 gültigen Status ernsthaft gefährden. Die Rolle als bischöflicher Amts- und Gerichtssitz und die wirtschaftliche Prosperität (Markt- und Braurecht) unterstrichen die zentralörtliche Bedeutung von S. für den ö. Bereich des Hochstifts. Daß während der Reformation zwar die Stadt selbst altkirchlich blieb, jedoch die Einwohner der Lichtensteiner Vorstadt als Untertanen der auf Schloß Geiersberg residierenden Reichsritter von Lichtenstein (hier seit 1304 als bischöfliche Amtleute) prot. wurden, beleuchtet die komplexe konfessionelle Gemengelage in Franken im 16. und 17. Jh. Zu Beginn des 19. Jh.s fiel S. nach einem kurzen territorialen Zwischenspiel als Teil des Großherzogtums Würzburg-Toskana (1806–10) an das Kgr. Bayern. – Für die jüngere Entwicklung von S. zu einem touristischen Anziehungspunkt ist vor allem die Tatsache maßgeblich, daß sich hier ein Stadtbild von seltener, denkmalpflegerisch aufwendig konservierter Geschlossenheit zeigt: Die ovale *Ring-mauer* mit 3 *Tortürmen* umgibt noch vollständig die mittelalterliche Siedlung, deren regelmäßiges Straßenraster den Charakter systematischer urbaner Planung erkennen läßt. Das bischöfliche *Amtshaus* und die beiden *Höfe* der ehemals um S. reich begüterten → Würzburger Universität verweisen auf die historische Funktion der Stadt als Verwaltungszentrum innerhalb eines großen geistlichen Fürstentums. Mit dem *Rathaus*, der früheren *Schule* und dem *Spital* haben sich zudem die wichtigsten Signalbauten der bürgerlichen Kommune erhalten. (III) *Rainald Becker*

H. Weiss, HAB Lichtenfels-Staffelstein, 1959. – I. Maierhöfer, HAB Ebern, 1964. – A. Höhn, Zeugnisse zur Geschichte S.s im Mittelalter, Coburg 1985.

Simmelsdorf (LK Nürnberger Land, MFr.). 1195 nahm Papst Coelestin III. das Kloster → Weißenohe mit seinen Besitzungen, darunter zwei Huben in »Sumildorf«, in seinen Schutz. Das Kloster blieb hier bis zum Ende des Alten Reichs präsent. 1340 erhielt die Deutschordenskommende → Nürnberg am Ort eine Hofstatt von Ulrich Bubenreuther; ob hier die Wurzel der 1430 nachweisbaren Anwesen des Hl.-Geist-Spitals lag, bleibt unklar. 1366/68 verzeichnet das »Böhmische Salbüchlein« Karls IV. eine Mühle im Besitz von Ulrich Neydung zu »Svmelsdorf« und seinem Bruder Fritz. Beide gehörten vielleicht der unter die Rothenberger Lehenleute zu rechnenden Familie Winterstein an. Die *Wasserburg* und die meisten Anwesen am Ort dürften ursprünglich freies Eigen der Wildenstein auf Wildenfels gewesen sein und wurden in der 2. Hälfte des 14. Jh.s wohl Ks. Karl IV. als Lehen aufgetragen oder wenigstens als »Offenhaus« angedient. Ob der Besitz von den Wildenstein direkt noch vor 1401 an die Türrigel von Riegelstein gekommen war, muß offen bleiben. 1504/06 kaufte eine Linie der Seckendorff das Gut, das aber 1570/72 wieder an die Türrigel fiel. 1598 erwarben die dem Nürnberger Patriziat zugehörigen Tucher den Sitz mit 24 Untertanen am Ort, einer Schenkstatt sowie Säge-, Getreide- und Hammermühle. – Für die Präsenz der Tucherschen Familienstiftung am Ort steht bis heute das in seiner jetzigen Form durch den Umbau von 1848 geprägte *Alte Schloß* (in den 1990er Jahren restauriert). Das 1844/45 errichtete Amtshaus (Seitenflügel 1877 aufgestockt, Treppengiebel im Mittelteil der Südfassade nach Brand 1894) wird als *Neues Schloß* bezeichnet. – Als Erwerbszweige dominieren heute in S. Handwerk und mittelständische Wirtschaft (Albflor-Milchwerke). – Kirchlich gehörte S. zur Pfarrei Bühl. Nach dem Übergang der Herrschaft Rothenberg an Kurbayern 1661 wurde Bühl und damit auch S. rekatholisiert, was 1672 zur Erhebung der Kapelle St. Helena zur *ev. Pfarrkirche* unter dem Patronat der Tucher führte, das bis 1830 voll ausgeübt und Ende 2000 mit der Aufgabe des Präsentationsrechts dann endgültig abgelöst wurde. (VI) *Gerhard Rechter*

W. Schwemmer/G. Voit, HAB Lauf-Hersbruck, 1967. – M. Diefenbacher, Das älteste Urbar des Nürnberger Heilig-Geist-Spitals, Nürnberg 1991. – V. Alberti, S. Untertanen einer Grundherrschaft im Nürnberger Umland (14.–19. Jahrhundert), Stuttgart 1994.

Solnhofen (LK Weißenburg-Gunzenhausen, MFr.). S. liegt in einer weiten Schleife der Altmühl zwischen → Pappenheim und ↑ Eichstätt. Mit Ausnahme des 4./5. Jh.s n. Chr. läßt sich seit der Hallstattzeit Besiedlung nachweisen. – Der angelsächs. Mönch Sola ließ sich um 750 im Ort Husen nieder. Karl der Große beschenkte wohl 793 den Mönch mit dem Ort, den dieser vor seinem nahenden Tod 794 dem Kloster Fulda vermachte. Die nun nach dem hl. Sola genannte Cella wurde nach Fuldaer Tradition für das klösterliche Leben umgestaltet und um 819–40 als *Basilika* weiter ausgebaut. Ks. Ludwig der Fromme schenkte auf Bitte des Fuldaer Abtes Hrabanus Maurus der Propstei beachtlichen Grundbesitz. Bis zur Aufhebung Ende des 15. Jh.s blieb die Propstei S. eng mit Fulda verbunden. Die Vogtei übten die Grafen von Truhendingen aus. Seit 1233 ist ein Plebanus, seit 1282 eine Pfarrkirche belegt, die 1480 als dem hl. Vitus geweiht erscheint. Auf diese ist wohl eine Weihenachricht des Eichstätter Bf. Gundekar (1057–75)

zu beziehen. – Nachdem S. an das Markgraftum Brandenburg-Ansbach (Oberamt Hohentrüdingen) gekommen war,
wurde 1544 die Kirche St. Veit in ein Wohnhaus umgewandelt
und der Friedhof aufgelassen. Als ev. Pfarrkirche wurde die
»Sola-Basilika« bis 1782 benutzt, dann jedoch zugunsten eines
Neubaus 1784 bis auf den einbezogenen Turm und bedeutende Reste mit der Tumba des hl. Sola abgetragen. Durch
Ausgrabungen konnte die Entwicklung und Baugestalt der
Anlage und ihrer Vorgänger seit dem 7. Jh. geklärt werden,
die Reste wurden jüngst konserviert. Die *kath. Pfarrkirche
St. Sola* wurde 1905 erbaut und mit spätgot. Holzfiguren aus
→ Treuchtlingen ausgestattet. – Bekanntheit erreichte der Ort
durch den Abbau der Solnhofer Platten, in deren Kalk heraus-
ragende Fossilien eingeschlossen sind, welche im *Bürgermeister-
Müller-Museum* besichtigt werden können. Aus dem Solnhofer
Raum stammen auch die Versteinerungen des »Urvogels« Ar-
chaeopteryx. An den Erfinder der Lithographie auf Solnhofer
Platten, Alois Senefelder (1771–1834), erinnert ein *Standbild*
(Henry Maindon 1904). (VI) *Daniel Burger*

H. H. Hofmann, HAB Gunzenhausen-Weißenburg, 1960. – V. Mi-
lojčič, Die Propstei S. an der Altmühl in Mittelfranken. Untersuchungen
1961–1966 und 1974, in: Ausgrabungen in Deutschland, Teil 2: Römische Kaiserzeit im freien Germanien. Frühmittelalter I, Mainz 1975,
²1975, S. 278–312. – K. A. Frickhinger, Die Fossilien von S. Dokumentation der aus den Plattenkalken bekannten Tiere und Pflanzen, 2 Bde.,
Korb 1994/99.

Sommerhausen, Markt (LK Würzburg, UFr.). Aus den im
12. Jh. als »Ahusen« (»Häuser am fließenden Wasser«) bezeichneten Siedlungsteilen beiderseits des Mains entwickelten sich
bis 1300 zwei eigenständige Dörfer rechts (Südhang, deshalb
S.) und links (Nordhang, deshalb Winterhausen) des Flusses.
Bereits zu diesem Zeitpunkt gab es in beiden Orten zwei *Kirchen*. In Ufernähe standen sich die Sommerhäuser *Marienkirche*
und die Winterhäuser *Moritzkirche* unmittelbar gegenüber,
während die späteren *Pfarrkirchen St. Bartholomäus* (S.) und
St. Nikolaus (Winterhausen) auf leichten Anhöhen im hochwassergeschützten Bereich erbaut wurden. In S. gehörten die

beiden Gotteshäuser zu unterschiedlichen Landkapiteln (Maria: Tochterkirche von → Eibelstadt, Landkapitel → Kitzingen; St. Bartholomäus: Tochterkirche von Kleinochsenfurt, Landkapitel → Ochsenfurt), was auf verschiedene Siedlungskerne und konkurrierende Herrschaftsträger hindeutet. – Der Bf. von Würzburg und die Hohenlohe, denen das Reichsgut am Main verpfändet war, hatten Besitzrechte in beiden Orten. Hohenlohe erscheint schließlich als alleiniger Inhaber. Mit dem Tod des Johann von Hohenlohe-Speckfeld 1412 erbten die Schenken von Limpurg und die Grafen von Castell. 1435 erwarben die Schenken den Castellschen Anteil und übten bis zu ihrem Aussterben 1713 die Ortsherrschaft aus, es folgten bis 1806 die Grafen von Rechteren-Limpurg. – S. war für einige Zeit als herrschaftliche Residenz (*Schloß* von 1546/75) sowie als Sitz der limpurgischen Kanzlei und des Kirchen-Konsistoriums Mittelpunkt eines »Zwergstaates«. Auch nach der Eingliederung in das Kgr. Bayern bestand bis 1849 ein Herrschaftsgericht der Grafen von Rechteren. 1543/44 erfolgte die Einführung der Reformation, würzburgische Rekatholisierungsversuche in den Jahren 1624–36 konnten abgewehrt werden. Die in S. seit dem 17. Jh. bestehende und um 1800 über 100 Personen (10 % der Einwohner) zählende jüd. Gde. war schon vor 1933 durch Abwanderung in die Städte auf wenige Mitglieder geschrumpft. – Bereits im 14. Jh. lassen sich für beide Orte bürgerliche Ratsgremien nachweisen, hinzu kamen Marktrechte, Wappen und *Ortsbefestigungen.* Repräsentative *Rathäuser* (S. 1558, Winterhausen 1738/39 neu erbaut) dokumentieren auch nach außen die weit entwickelten Selbstverwaltungsrechte der Gde.n, die das Recht besaßen, Pfarrer und Schultheiß zu wählen. Haupterwerbszweige der Einwohner waren Weinbau und -handel sowie das Handwerk. – Alle diese Faktoren und die bis heute gut erhaltene historische Bausubstanz verleihen S. einen durchaus kleinstädt. Charakter, während Winterhausen immer etwas im Schatten der von der Sonne begünstigten Zwillingsschwester stand. In S. dominieren der Wein- und Obstanbau das wirtschaftliche Leben bis in die Gegenwart, dazu kommt ein reichhaltiges kulturelles Angebot (Torturmtheater des Veit Relin), das zahlreiche Touristen anzieht. In beiden Orten (heute jeweils ca. 1500 Einwohner) hat die Ausweisung von Baugebieten in den vergangenen Jahrzehnten zur Ansiedlung neuer Bewohner geführt, die im nahen → Würzburg ihren Lebensunterhalt verdienen.

(II)   *Thomas Horling*

F. Gutmann, S. in Wort und Bild. Geschichtliche und kulturgeschichtliche Darlegungen nach Quellen, Würzburg 1927, S. ³2004.

Sommersdorf (Gde. Burgoberbach, LK Ansbach, MFr.). Das wohl aus der Gütermasse des Klosters → Herrieden stammende und vom Bf. von Eichstätt zu Lehen gehende S., im oberen Altmühltal gelegen, wird erstmals 1208 (»Gerhardus de Sunnemannesdorph«) im Namen des bis zum Ende des 13. Jh.s auftretenden Geschlechts derer von S. genannt. 1314–17 hatte Konrad von Nassenfels das Erbburgseßlehen zu S. inne; seit 1391 sind die von Eyb zu S. belegt. Die gut erhaltene Anlage des *Wasserschlosses* dürfte auf Ludwig von Eyb (gest. 1408) zurückgehen (Wirtschaftshof mit *ehem. Kastenamtshaus* und *Pfarrhaus* 18. Jh.). 1426 verlieh Kg. Sigmund den von Eyb das Marktrecht zu S. (im 19. Jh. erloschen), 1431 den Blutbann. 1549 (rechtskräftig 1550) verkaufte Hans Christoph von Eyb das zum Reichsritterschaftskanton Altmühl gehörige Gut S. an Wolf von Crailsheim zu Neuhaus. Noch heute besitzen die Freiherren von Crailsheim das Schloß; nur kurze Zeit im 18. Jh. war es in Händen derer von Campo (1714 Verkauf an von Campo, 1717 Besitzergreifung, 1747 Rückkauf durch von Crailsheim). – 1551 führten die Crailsheim als Patronatsherren in S. die Reformation ein. Die eichstättische Mutterkirche Großenried blieb jedoch kath., weshalb 1557 die 1433 erstmals erwähnte, 1468 bei der Anlage der Vorwerke an ihren heutigen Platz verlegte *Schloßkapelle* (ehemals St. Stephan und St. Sebastian; heute Pfarrsaal) zur Pfarrkirche (unter crailsheimischer Kirchenhoheit) erhoben wurde (1566–86 und seit 1632 Pfarrei S. mit der Pfarrei Thann kombiniert). In dem seit etwa Mitte des 17. Jh.s als Familiengruft benutzten Wehrgang unter der Kirche sind einige mumifizierte Leichen erhalten. Die heutige *Pfarrkirche* wurde erst 1923 in den aus dem 15. Jh. stammenden, um eine Apsis erweiterten ehem. Zehntstadel eingebaut. – Das Rittergut S., zu dem am Ende des Alten Reichs Besitzungen in 27 Orten gehörten, wurde 1796 der Landeshoheit des preuß. Fürstentums Ansbach unterworfen; 1806 kam es an das Kgr. Bayern. 1820–48 bestand in S. ein als Gerichts- und Polizeibehörde fungierendes gutsherrliches Patrimonialgericht I. Klasse der Freiherren von Crailsheim. Im Zuge der Gebietsreform kam S. 1972 zur Gde. Burgoberbach. (V)   *Robert Schuh*

S. Freiherr von Crailsheim, Die Reichsfreiherrn von Crailsheim. Familiengeschichte, Bd. 1, München 1905. – H. K. Ramisch, BKD Feuchtwangen, 1964. – M. Frhr. v. Crailsheim, Zur Geschichte des Schlosses S., in: Triesdorfer Hefte 3 (1990), S. 19–30.

Sonnefeld (LK Coburg, OFr.). Die im Süden des Coburger Landes gelegene Gde. S. wuchs 1889 aus den unmittelbar aneinander angrenzenden Orten Hofstädten und S. zusammen. – Das *Zisterzienserinnenkloster* »Campus Solis« geht auf eine Gründung Heinrichs II. von Sonneberg zunächst im benachbarten Ebersdorf 1260 zurück. Von Kloster Maidbronn (→ Rimpar) aus besiedelt, wurde Kloster S. nach einem Brand 1287 an den Rand der seit 1135 belegten Ansiedlung Hofstädten verlegt. – Im 14. Jh. wuchs der inzwischen unter hennebergischer Herrschaft stehende Konvent, der auch nichtadelige Frauen aufnahm, stark an. Ein Wiederaufbau der Klostergebäude, notwendig nach einem Brand im späteren 14. Jh., war erst um 1450 abgeschlossen. Der geistliche Niedergang des Klosters im 15. Jh. mündete in die Aufhebung von S. durch den luth. gesinnten kursächs. Landesherrn 1525/26; der umfangreiche Grundbesitz des Klosters fiel an das neugegründete landesherrliche Amt S. – Die *Klosterkirche* aus dem 14. Jh. ist seit 1540 ev. Pfarrkirche und wurde 1856 in neugot. Stil umgestaltet. Von den Klostergebäuden ist nur das *Schlafhaus* (Dormitorium), das sich nach Süden an den Chor der Kirche anschließt, im Kern erhalten. – Die heutige *Friedhofskirche* war als St. Mauritius Ortskirche von Hofstädten. – 1920 mit dem Coburger Land von Thüringen an Bayern übergegangen, ist S. vom 19. Jh. an industriell geprägt (u. a. Korbindustrie; Möbelfabrik Hummel seit 1965 am Südrand des Ortes). (III) *Martin Ott*

700 Jahre S., Coburg 1952. – W. Lorenz, Campus Solis. Geschichte und Besitz der ehemaligen Zisterzienserinnenenabtei S. bei Coburg, Kallmünz 1955.

Spalt, Stadt (LK Roth, MFr.). Am Nordrand des Neuen Fränk. Seenlandes liegt S. an der Fränk. Rezat. Wohl seit dem späten 8. Jh. gehörte dem Bf. von Regensburg das Kloster ↑ St. Salvator (erstmals 810 erwähnt) »dicht neben der Rezat«, womit zweifelsohne S. gemeint war. Das Benediktinerkloster wurde wohl im 10. Jh. in ein Kanonikerstift umgewandelt. Ein Wechsel des Patroziniums von St. Salvator zu St. Emmeram erfolgte entweder damals oder zwischen 1183 und 1195, als Bf. Otto von Eichstätt in »Spalte« eine Kirche weihte. – Aus der Handwerkersiedlung um den Klosterbereich entstand im 13. Jh. ein Marktort mit Straßenmarkt, 1407 erstmals als Stadt genannt. 1322 wurde S. ummauert. Die *Stadtmauer* mit dem davor liegenden, ca. 25 m breiten Graben gab der Stadt einen schildförmigen Grundriß mit der Spitze nach Süden. – 1272 wurden die Nürnberger Burggrafen mit dem Markt S. belehnt. 1294 erhielt der Eichstätter Bf. den Ort vom Regensburger Bf. durch Tausch, von dem allerdings das Spalter Kollegiatstift St. Emmeram ausgenommen blieb. Noch im gleichen Jahr gründete der Eichstätter Bf. das Neue Stift, eine Stiftung des Burggrafen Konrad II. (des Frommen) von Nürnberg. Das alte Kollegiatstift St. Emmeram und das Neue Stift bestanden zunächst an derselben *Kirche* (jetzt *kath. Pfarrkirche Mariae Himmelfahrt und St. Emmeram*, errichtet im 12. Jh., umgestaltet 1698/99), das alte in dem St. Emmeram geweihten Chor, das neue im St. Marien geweihten Langhaus. 1313 wurde die neue *Stiftskirche St. Nikolaus* eingeweiht und 1767 barockisiert. 1619 wurden die beiden Stifte zusammengelegt. Nach 1619 wurden der *Dekanatshof* (jetzt *Rathaus*) und die *Kanonikerhäuser* errichtet. Das Stift wurde 1803 aufgehoben. – S. kam endgültig 1805 an Bayern und war bis 1932 Rentamtssitz. Die Stadt erhielt 1872 einen Eisenbahnanschluß nach Georgensgmünd und Nürnberg (Personenverkehr 1969 eingestellt). Die neugot. *ev.-luth. Kirche* besteht seit 1895. – Bereits im 14. Jh. ist der Anbau von Hopfen belegt. Vor allem seit dem 19. Jh. ist der Hopfenanbau der wichtigste Gewerbezweig in S., das seit dem Ende des 20. Jh.s durch seine Nähe zum Neuen Fränk. Seenland auch als Fremdenverkehrsort an Bedeutung gewonnen hat.

Das 4 km nw. gelegene Wernfels ist seit 1978 Ortsteil von S. 1284 kaufte Bf. Reinboto von Eichstätt die *Burg Wernfels* vom Reichsministerialen Albert Rindsmaul. Die Burg geht im Kern auf das 12. Jh. zurück, die heutige Anlage stammt aus den Jahren 1230–60. Burg Wernfels und die Stadt S. bildeten mit den umliegenden Orten spätestens gegen Ende des 13. Jh.s das eichstättische Pflegamt Wernfels-S.; die Burg war fürstbischöflicher Amtssitz. – Seit 1925 ist die Burg im Besitz des CVJM und dient als Jugendherberge, Tagungs- und Schulungszentrum. (VI) *Wolfram Unger*

Aus der Spalter Heimat, 1962 ff. – F. Eigler, HAB Schwabach, 1990.

Sparneck, Markt (LK Hof, OFr.): → Weißdorf.

Spielberg (Gde. Gnotzheim, LK Weißenburg-Gunzenhausen, MFr.): → Gnotzheim.

Stadtlauringen, Markt (LK Schweinfurt, UFr.). Für S., das vor 1492 als Niederlauringen in den Urkunden erscheint, ist wie für Oberlauringen das dort entspringende Flüßchen Lauer namengebend gewesen. Die beiden bis ins Spätmittelalter dörflichen Ansiedlungen liegen in einem Gebiet, für das sich seit der Steinzeit Siedlungsspuren finden. Zwischen den beiden Orten liegt die wohl laténezeitliche Abschnittsbefestigung *Altenburg*. – Erstmals urk. erwähnt wird »Lurungum« um 789/94 in einer Schenkung an das Kloster Fulda. Anfang des 12. Jh.s dürften dann Stadt- und Oberlauringen in den unmittelbaren Einflußbereich des später auch den Grafentitel führenden Geschlechts der → Wildberg gekommen sein, deren namengebende Burg sich am w. Rand der Haßberge nö.

Oberlauringens in beherrschender Höhe befand. 1271 gingen die Orte Nieder- und Oberlauringen an die Grafen von Henneberg über. Mit dem Kauf des Amtes Rottenstein 1354 löste das Hochstift Würzburg in beiden Orten die Henneberger als maßgebende Herrschaftsträger ab, wobei S. trotz wiederholter Verpfändungen die Rolle eines kleinen Mittelpunktsortes übernehmen konnte. Oberlauringen entwickelte sich mit seinem Adelssitz zu einem bedeutenden, zeitweise zwei Ansitze umfassenden ritterschaftlichen Ort mit prot. Pfarrei. Stadt- und Oberlauringen profitierten von ihrer Lage an der Verbindungsstraße zwischen Schweinfurt und Königshofen im Grabfeld, bewahrten aber bis heute ihren ländlichen Charakter. – Seit den Jahrmarktsbestätigungen von 1484 und 1487 durch Bf. Rudolf von Scherenberg muß in S. der aus zwei Bürgermeistern und 10 Ratsherren bestehende und im zentral gelegenen *Rathaus* tagende Rat eingerichtet worden sein, der auch das Stadtgericht besetzte. Eine bedeutende Rolle spielten die würzburgischen Amtleute für die Stadt, wofür das ehem. *Amtshaus* aus der Zeit Bf. Julius Echters und der unter Bf. Philipp Adolf von Ehrenberg 1628 vollendete *Schüttbau* an der sö. Ecke des ehemals ummauerten Städtchens mit annähernd quadratischer Grundfläche Zeugnis ablegen. – 1699 wurde S., seit Mitte des 16. Jh.s Sitz einer selbständigen kath. Pfarrei, der w. Teil des würzburgischen Amtes Rottenstein zugewiesen. Schon vor 1600 war das Kellereiamt von Rottenstein nach S. verlegt worden. Zentgerichtlich wurde das Städtchen zur würzburgischen Zent Wettringen geschlagen. 1804 verlor es seinen Status als Stadt und wurde dem neugeschaffenen bay. Landgericht und späteren LK Hofheim zugewiesen. 1807–14 unterstand S. wie auch Oberlauringen dem Fürstentum Würzburg des Großherzogs von Toskana. 1978 wurde S. infolge von Eingemeindungen wieder zu einem kommunalen Mittelpunktsort; wenige Jahre zuvor war die *kath. Pfarrkirche* mit der Anfügung eines zweiten Kirchenschiffes wesentlich vergrößert worden. – In Oberlauringen – seit 1676 bis zur Mitte des 19. Jh.s war das dortige Rittergut im Besitz der Truchseß von Wetzhausen – konnte unter dem

Schutz der Ritteradeligen eine verhältnismäßig große Judengde. entstehen. Unter Karl August Truchseß von Wetzhausen wurde mit der Unteren und Oberen Judengasse um 1800 ein jüd. Ortsteil angelegt. Die Judengde., die erst 1942 mit der Verschleppung und Ermordung der letzten 13 Mitglieder zu bestehen aufhörte, besaß eine im Pogrom von 1938 stark beschädigte *Synagoge* und einen bis 1938 genutzten *Friedhof.* (II)   *Helmut Demattio*

H. Kössler, HAB Hofheim, 1964. – R. Heusinger, Markt S. Beiträge zur Heimatgeschichte, S. 1994.

Stadtprozelten, Stadt (LK Miltenberg, UFr.). S., am schmalen rechten Mainufer zu Füßen des Burgbergs, eines steilen Bergriegels über dem Maintal, gelegen, ist ein langgezogenes einstraßiges Städtchen (wie → Rothenfels) mit sehr kurzen Nebengassen, dominiert von der »*Henneburg*« (Name nicht historisch). – Ob diese Hangburg, rund 80 m über dem Main, schon auf den 1127 erscheinenden Grafen Timo de Bratselden, Vogt des Kollegiatstifts → Aschaffenburg, zurückgeht, muß bezweifelt werden. Eher ist an eine ursprüngliche Turmhügelburg zu denken. Nach Timos Tod scheint S. an das Reich (zurück-?)gefallen zu sein. Jedenfalls sind die ersten nachweisbaren Besitzer der Burg die einflußreichen Reichsministerialen (Reichsschenken) von Schüpf-Klingenberg, die in engem Kontakt zu den Staufern standen. Um 1200 ist erstmalig ein Reichsschenk Waltherus de Brahtselede bezeugt. In der Folgezeit bauten diese Reichsschenken den Bergfried und Teile der Kernburg. Das roman. Portal des Palas zeigt Beziehungen zu Burg → Wildenberg bei Amorbach. Ob damals schon das »suburbium« S. angelegt wurde, ist nicht gewiß, jedenfalls wird der Ort 1275 als »civitas« bezeichnet. – Im sog. Koppelfutterverzeichnis um 1248 bezieht der Reichsschenk von Klingenberg von 6 genannten Orten um die Burg Prozelten das »Koppelfutter«. Damals war also bereits der »Herrschaftsverbund« des späteren Amtes S. festgelegt. 1272 verkauften die Reichsschenken ihren Herrschaftskomplex S. an die Grafen von Wertheim und Hanau, die wiederum we-

gen schwieriger Erbteilungen 1317–21 diese Herrschaft dem
Deutschen Ritterorden verkauften, der in S. eine Kommende
mit 4 Außenämtern schuf. – 1329 erhielt S. durch Stiftung der
Wertheimer Erbtochter Elisabeth von Hohenlohe ein eigenes
Spital, das noch heute besteht. Die *Pfarrkirche* ist die erweiterte
ehem. Spitalkirche. Die alte Pfarrkirche neben dem Rathaus
wurde 1800 abgebrochen. Bis etwa 1960 befand sich gegenüber dem Rathaus die kurmainzische Amtskellerei, dann bay.
Landgericht und Amtsgericht. – Als 1484 der Deutsche Orden seine Kommende S. an Kurmainz vertauschte, existierten
bereits die stattlichen Ausbauten der Burg und die Strukturen
der Kleinstadt. Die »Weinbauern-Stadt« hat sich bis in das
20. Jh. kaum vergrößert. 1379 zählt das Zins- u. Gültregister
der Deutschordenskommende für S. 48 Bürger (d. h. rund 250
Personen), die vorwiegend mit Weinzinsen belastet waren.
Die Bevölkerung litt dagegen stets an Getreidemangel. S.
zählte 1698 den geringsten Schatzungsbetrag der Städte des
Mainzer Oberstifts. Um 1800 lag sie mit 624 Einwohnern neben → Klingenberg an der untersten Grenze dieser Städte-
gruppe, hatte aber 22 verschiedene Handwerke. – S. kam 1814
an Bayern, war im 19. Jh. zeitweise Sitz eines Landgerichts,
wurde jedoch 1862 dem Bezirksamt Marktheidenfeld einverleibt. – Im 19. Jh. dominierten neben dem zurückgehenden
Weinbau Schiffbau und Buntsandsteinindustrie, nach dem
2. Weltkrieg siedelte sich auch moderne Industrie an. Das alte
Stadtbild, geprägt von *Fachwerkhäusern* und originellem *Rathaus* (16. Jh.), blieb erhalten.   (I)   *Wilhelm Störmer*

W. Störmer, HAB Marktheidenfeld, 1962. – Ders., Städte der territorialen Randzonen im westlichen Mainfranken, in: B. Kirchgässner u. a.
(Hg.), Stadt an der Grenze, Sigmaringen 1990, S. 39–83.

Stadtschwarzach (Gde. Schwarzach a. Main, LK Kitzingen,
UFr.): → Schwarzach a. Main.

Stadtsteinach, Stadt (LK Kulmbach, OFr.). Steil abfallend und
von Nordwest nach Südost verlaufend, grenzt die sog. Fränk.
Linie die Mittelgebirge Fichtelgebirge und Frankenwald von
dem davor liegenden obermainischen Hügelland ab. Direkt

an dieser erdgeschichtlichen Grenzlinie, eingebettet zwischen den größeren Nachbarstädten → Kronach und Kulmbach, liegt an der B 303 die Stadt S. – Bereits bei ihrer ersten Erwähnung 1151, als die Grafen von Henneberg ihren Eigenbesitz dort samt der nahegelegenen *Burg Nordeck* (heute *Ruine*) an das Hochstift Bamberg verkauften, wird S. als Markt bezeichnet. Doch weisen die wohl aus der Ottonenzeit stammende *Grünbürg* und der Würzburger Altzehnt als Beleg für eine vor 1007 existierende Pfarrei auf den Zentralortcharakter von S. bereits im 10. Jh. hin. S. war wohl Teil der umfassenden Herrschaft der Markgrafen von Schweinfurt. Nach deren erzwungenem Rückzug übten deren ehem. Dienstleute, die Edelherren von Nordeck, die Herrschaft vor Ort aus. Sie verkauften das Herrschaftsgebiet um 1100 an die Grafen von Henneberg. Zwischenzeitlich eventuell an die Grafen von Andechs verpfändet, gehörte S. nach 1260 (Ende des Andechs-Meranischen Erbfolgekriegs) bis 1802/03 zum Fürstbistum Bamberg. – Der Markt behielt auch in bambergischer Zeit als Sitz eines Vogt-, Kasten- und Steueramts Mittelpunktsfunktion. Namengebend war zuerst die Amtsburg Nordeck, die nach ihrer Zerstörung im Bauernkrieg nicht wieder hergestellt wurde. Während der adelige Amtmann wenige Jahrzehnte danach abgezogen wurde und allein im nahen → Kupferberg ein für »die sechs Halsgerichte« zuständiger Adeliger verblieb, etablierte sich in S. ein für diesen Gesamtbereich zuständiges Kastenamt mit entsprechend imposantem *Kastenhof.* – Stadtrecht erhielt der Ort um 1300, jedenfalls wird er 1323/28 als »oppidum« angesprochen und eine *Stadtmauer* erwähnt. Die Kernstadt liegt günstig auf einer Anhöhe, in deren Mitte sich die den Ort durchziehende Straße zu einem nahezu rechteckigem Marktplatz weitet, an den unmittelbar benachbart die alte Kirchenburganlage mit dem Wahrzeichen der Stadt, der weithin sichtbaren und nach einem Brand 1904 neu erbauten *St. Michaelskirche* grenzt. – Mit der Auflösung des Hochstifts Bamberg 1802/03 wurde S. bay. Seinen Amtsstadtcharakter konnte der Ort durch die Etablierung eines bay. Landgerichts und Rentamts bewahren; allerdings beraubten die Behördenreformen des 20. Jh.s S. dieser Funktion (Rentamt 1939 und Landratsamt 1972 aufgelöst). Allein Forstamt und Polizeiinspektion blieben bis heute vor Ort. – Bis in das 20. Jh. war das Wirtschaftsleben von Landwirtschaft und Handwerk dominiert, wenngleich noch um 1800 Bergwerk und Eisenverarbeitung eine wichtige Rolle spielten. In den letzten Jahrzehnten hat ein merklicher Wandel hin zum Dienstleistungssektor stattgefunden, sind doch Fachklinik, Alten- und Pflegeheim sowie Sozialstation im Verbund der größte Arbeitgeber. S. ist heute mit ca. 3600 Einwohnern als Unterzentrum im LK Kulmbach Sitz einer Verwaltungsgemeinschaft.

(IV)   *Klaus Rupprecht*

E. von Guttenberg/H. H. Hofmann, HAB Stadtsteinach, 1953. – W. Hoderlein, S. Ein Bürgerbuch, Kulmbach 1980. – K. Rupprecht (Hg.), 850 Jahre S. Eine Amtsstadt im Spiegel der Geschichte, Neustadt/Aisch 2001.

Staffelberg (Stadt Bad Staffelstein, LK Lichtenfels, OFr.). Das 3 ha große Hochplateau des Tafelbergs am Nordrand der Fränk. Alb, der das Maintal um ca. 280 m überragt, war erstmals in der Jungsteinzeit besiedelt. Weitere Funde liegen aus dem 3. Jt. v. Chr. vor. Zur Besiedlung des Berges gegen Ende des 2. Jt.s v. Chr. gehörte wohl ein Gräberfeld im Maintal bei Grundfeld, bestehend aus 80 Grabstätten. Zwischen 550 und 480 wurde das Hochplateau erstmals mit einem Holz-Erde-Wall befestigt. Im folgenden Jh. wurde der S. zu einer stattlichen Burg ausgebaut, vermutlich bereits von Kelten, die das Plateau mit einer Pfostenschlitzmauer umschlossen. Die Burg brannte um 380 v. Chr. ab. Um die Mitte des 2. Jh.s v. Chr. wurde im Rahmen starker Zuwanderungen ein keltisches Oppidum angelegt (wohl mit dem von Ptolemäus erwähnten »Menosgada« gleichzusetzen), das sich nicht auf das Hochplateau beschränkte, sondern die umliegende Jurahochfläche einschloß und damit ein Areal von 49 ha umfaßte. Eine 2,8 km lange Mauer schützte die Siedlung. Münzfunde deuten auf wirtschaftliche Beziehungen zu Böhmen, der Nordschweiz, ↑ Manching, Kappadokien und Rom hin; zwei eiserne Münzstempel zeigen an, daß auf dem S. wohl auch Geld geprägt wurde. Wohl zwischen 50 v. Chr. und der Zeitenwende wurde die Siedlung aufgegeben. – Erst in der 1. Hälfte des 4. Jh.s richteten Germanen eine befestigte Siedlung auf dem Hochplateau ein, die bis ins 5. Jh. bestand. Anschließend war der S. nicht bebaut, abgesehen von einer *Kirche*, die der hl. Aldegundis, Äbtissin von Maubeuge, geweiht war. Möglicherweise in karolingische Zeit zurückreichend, wird sie erst 1419 erwähnt. Im Bauernkrieg 1525 zerstört, wurde sie 1651–53 wiedererrichtet (erweitert 1754, Turm 1871). – Neben der Kirche lebte ab 1696 ein Eremit (bestehende *Klause* von 1883). Durch Joseph Victor von Scheffels Gedicht »Wanderfahrt«, unter dem Eindruck eines Aufenthalts in (→ Kloster) Banz 1859 entstanden und 1870 durch Valentin Eduard Becker vertont, wurden der Berg und sein »Einsiedelmann« weithin bekannt. Der letzte Eremit starb 1929.   (III)   *Günter Dippold*

G. Dippold (Hg.), Der S., Bd. 1, Lichtenfels 1992, ²2003; Bd. 2, Lichtenfels 1994.

Staffelstein: → Bad Staffelstein.

Stein, Stadt (LK Fürth, MFr.). Die Stadt S. im Industriegroßraum Nürnberg-Fürth-Erlangen liegt an dem seit alters her wichtigen Übergang des Verkehrsweges Nürnberg-Ansbach, der heutigen B 14, über die Rednitz. Ob der Ort seinen Namen von einem Gerichtsstein oder der früh belegten Rednitzbrücke erhalten hat, wird sich nicht abschließend klären lassen. Die Brücke war eine der 4 Dingstätten des Kaiserlichen Landgerichts. Eine Urkunde von 1227 (Kopie des 15. Jh.s) erwähnt das »landriht zv dem staine«, eine von 1296 (Kopie von 1353) das »lantger[iht] zu der stainbruke«. S. war Reichslehen zunächst der von Buttendorf und ab 1465 der von Leonrod, die den Ort an die → Nürnberger Familien Topler, Rebel und 1501 an die Geuder von Heroldsberg weiterverliehen, die ihn bis 1848 innehatten. S. lag im markgräflich ansbachischen Territorium und fiel 1806 an Bayern. – Der Ort war keine bäuerliche Siedlung, sondern erlangte bereits im Mittelalter durch die Anlage von mehreren Mühlen und Hämmern eine besondere Bedeutung als Produktionsstandort. Auf Vermittlung des »Großen Kurfürsten« Friedrich Wilhelm von Brandenburg gestattete der ansbachische Markgraf der Nürnberger reformierten Gde. 1660 die Errichtung eines Gebetshauses, der *Alten Kirche*. 1861 stiftete Lothar von Faber die *ev. Martin-Luther-Kirche*, die 1880 zur Pfarrei erhoben wurde. – Seinen Aufstieg als Industriestandort im 19. Jh. verdankte S. in erster Linie der seit 1717 nachgewiesenen Bleistiftproduktion. 1761 machte sich Caspar Faber mit einer eigenen Produktionsstätte selbständig. Lothar von Faber baute die bescheidene Fertigungsstätte nach 1839 zu einem Unternehmen von Weltruf auf, in dem bei seinem Tod 1896 ca. 1000 Beschäftigte tätig waren. Sichtbare Zeichen des unternehmerischen Selbstbewußtseins der Industriellenfamile sind die *Villa* (1886) und das *Schloß* (1872) mit Erweiterungsbauten (1903–06). – S. wurde sowohl in den beiden Markgrafenkriegen als auch im 30jg. Krieg, als sich 1632 die kaiserlichen und schwed. Heere mehrere Monate in → Zirndorf und Nürnberg gegenüberlagen, schwer in Mitleidenschaft gezogen. Im 2. Weltkrieg blieb S. weitgehend unzerstört. Der Industriestandort wuchs vor allem im 19. Jh. und durch Eingemeindungen in den 1920er, 1960er und 1970er Jahren und nach 1945 durch Zuzug aus den stark zerstörten Großstädten und die Ansiedlung von Vertriebenen und Flüchtlingen erheblich an. 1977 wurde S. zur Stadt erhoben. (VI) *Martin Winter*

H. H. Hofmann, HAB Nürnberg-Fürth, 1954. – J. Franzke, Das Bleistiftschloß. Familie und Unternehmen Faber-Castell in S., München 1986. – G. Hirschmann, S. Vom Industriestandort zur Stadt, Nürnberg ²1991.

Stein (Stadt Gefrees, LK Bayreuth, OFr.): → Gefrees.

Stockstadt a. Main (LK Aschaffenburg, UFr.). Vorgeschichtliche Funde belegen die sehr frühe und kontinuierliche Besiedelung der Gegend von S., das an der Mündung der Gersprenz in den Main liegt. Beim Bau des → Limes entstanden hier auf der Westseite des Mains an einer Furt ab 90 n. Chr. erst zwei kleinere Holzkastelle, dann um 100 n. Chr. ein 3,2 ha großes weiteres Holzkastell, das ca. 160 n. Chr. in Stein ausgebaut wurde. S. entwickelte sich zum größten (und heute am besten erforschten) Truppenstandort des Mainlimes. Vermutlich bei einem Chatteneinfall 170 n. Chr. wurde im Kastellinneren ein umfangreicher Münzschatz vergraben. Zu dem in Stein und Fachwerk errichteten Lagerdorf gehörten auch ein Badehaus, eine Vielzahl von Tempeln, Töpferei und Ziegelei, eine Benefiziarierstation und Anlegekais. Nach wiederholten Alamanneneinfällen in der 1. Hälfte des 3. Jh.s wurde das Kastell S. um 250 geräumt. In der Folgezeit siedelten hier Alamannen, ab dem 6. Jh. Franken. – Das mittelalterliche S. scheint aus zwei Siedlungskernen entstanden zu sein, der n. Teil erscheint erstmals um 1000 im Seligenstädter Zinsregister, der s. war Teil der Ostheimer Mark. S. lag im Mittelalter verkehrsgünstig an der Verbindung Mainz-Würzburg und später an der Nürnberger Geleitstraße nach Frankfurt. 1024 erhielt das Kloster Fulda von Ks. Heinrich II. den »comitatus Stoddenstadt«, 1278 kam S. als Teil des Bachgaus unter Mainzer Herrschaft (Hochgerichtsbarkeit), spätestens Anfang des 16. Jh.s hatte Mainz auch die Niedergerichtsbarkeit. Wahrscheinlich im 15. Jh. entstanden die *Ortsbefestigung* (*Teile* erhalten), die *Leonhardus-Wehrkirche* (*Neubau* 1746) und 1546 das stark befestigte *Zollhaus* s. der Brücke über die Gersprenz, das auf eine frühere Anlage zurückgeht. – Im 30jg. Krieg starben 80 % der männlichen Bevölkerung, 90 % der Häuser wurden zerstört. Ab 1650 wanderten in S. Wallonen, Niederländer und Tiroler ein, wodurch ein roman. Bevölkerungstyp entstand (»Stockstädter Zigeuner«). – S. blieb weitgehend landwirtschaftlich geprägt, dehnte sich erst ab 1812 über seine Stadtmauern aus und verarmte im 19. Jh. zunehmend. Industrielle Arbeitsplätze entstanden im bedeutenden Ausmaß erst ab 1898 durch den Bau der Zellstoffwerke im Bereich des früheren Kastells. S. wurde zu einer industriell geprägten Gde., deren Einwohnerzahl sich innerhalb der folgenden 100 Jahre verfünffachte. (I) *Wolfgang Wach*

Chronik S. a. Main. Beiträge zur geschichtlichen Entwicklung, S. 1982. – L. Wamser, Ausgrabungen im Vicus des Römerkastells S. a. Main, in: Das archäologische Jahr in Bayern 1990, S. 98–104.

Streitberg (Gde. Wiesenttal, LK Forchheim, OFr.): → Wiesenttal.

Sugenheim, Markt (LK Neustadt a.d. Aisch-Bad Windsheim, MFr.). S. taucht erstmals 1298 als »Subenheim« (Heim eines Subo) in den Quellen auf, ist aber wesentlich älter und sicherlich gleichzeitig mit den Anfang des 9. Jh.s genannten Orten im Tal des Ehebachs wie → Ullstadt entstanden. Bereits Mitte des 13. Jh.s läßt sich der Bf. von Würzburg als Ortsherr nachweisen, der 1298 den verpfändeten Besitz einlösen konnte. Unklar bleibt auch die Herkunft der hohenlohischen und castellischen Lehenrechte, letztere bis zum Ende des Alten Reichs. Nach vorübergehender Allodifizierung konnte Brandenburg-Ansbach sich hier wiederum als dominante Lehensherrschaft festsetzen. Dem Ortsadel und verschiedenen Niederadeligen folgten ab 1412 die Seckendorff (1472/92 Linie Aberdar), welche die 1376 erstmals genannte *Wasserburg* (*Altes Schloß*) und das wohl aus Wirtschaftsgebäuden entstandene und 1591 erstmals auftauchende *Neue Schloß* bis in die 1970er Jahre innehatten. – Mit der Verleihung des Halsgerichts 1500 als brandenburgischem Afterlehen entstand eine geschlossene Adelsherrschaft. Um 1600 gab es mehrere Hexenprozesse. Auf die Unterwerfung unter Preußen 1796 folgte 1806 der Übergang an Bayern. Bis 1837 war S. eigenes Patrimonialgericht. – Das im Bauernkrieg 1525 zerstörte Alte Schloß wurde 1526–29 mit kleinerem Innenhof wieder aufgebaut. 1795 erfolgte die Trockenlegung des Grabens, an den der das Dorf umgebende Graben (mit Etterzaun und zwei, wohl Ende des 18. Jh.s erneuerten Torhäusern) angeschlossen hatte. In der Folgezeit kam es zu baulichen Veränderungen am Alten Schloß, das ab 1834 leer stand. 1945–63 diente es als Flüchtlingswohnung und wurde 1975 an einen Privatmann veräußert. Bis 1983 restauriert, beherbergt es heute u. a. ein privates *Spielzeugmuseum*. – Das 1746–49 unter dem Minister Christoph Friedrich von Seckendorff-Aberdar im Markgrafenstil neu errichtete Neue Schloß war bereits 1972 veräußert worden und wurde in den 1990er Jahren restauriert, die 1797 erneuerten und ebenfalls

1972 verkauften Wirtschaftshöfe in den 1980er Jahren. – Die den Seckendorff als Grablege dienende *Wehrkirche St. Ägidius und Erhard*, nach Abtrennung von Ullstadt 1540 Pfarrkirche und seit 1524 ev., birgt Baureste aus dem 14. Jh.; ein Neubau erfolgte 1754–65, Umbauten 1810/11. Zur Ansiedlung einzelner Juden kam es Anfang des 17. Jh.s; eine Gde. bestand ab Ende des 17. Jh.s. Ritterschaftliche Peuplierungspolitik führte in der Folgezeit zu einer Zunahme der jüd. Bevölkerung (1755 Synagogenbau). Von 1910 bis 1933 ging der jüd. Bevölkerungsanteil stark zurück. Nach der Zerstörung der Inneneinrichtung der *Synagoge* (heute Wohnhaus)1938 verließen bis Anfang 1939 die letzten 15 noch in S. lebenden Juden den Ort. (V) *Gerhard Rechter*

W. D. Ortmann, HONB Scheinfeld, 1967. – J. K. Kube, Kurze Beschreibung des Alten oder Inneren Schlosses zu S. in Mittelfranken, S. 1996. – G. Rechter, Die Seckendorff. Quellen und Studien zur Genealogie und Besitzgeschichte, Bd. 3: Die Linien Aberdar und Hörauf, Neustadt/Aisch 1997.

Sulz: → Kloster Sulz.

Sulzfeld a. Main (LK Kitzingen, UFr.). Der Siedlungskern des unterhalb von → Kitzingen am rechten Mainufer gelegenen frühmittelalterlichen Ortes befand sich wohl im namengebenden sumpfigen Feld in unmittelbarer Flußnähe. Allmählich vollzog sich eine Verlagerung auf hochwassergeschütztes, leicht ansteigendes Terrain. – Über die geschichtliche Entwicklung des stattlichen Dorfes sind erst für die Zeit nach 1283 gesicherte Aussagen möglich. Wie in dieser Gegend häufig, war es den Hohenlohe gelungen, die kgl. Rechte im Ort an sich zu ziehen, doch konnten sie sich im 14. Jh. nicht gegen den Bf. von Würzburg behaupten. Als sog. Kammerdorf unterstand S. in der Folge unmittelbar dem Bf. und war nicht in die Ämterverwaltung des Hochstifts integriert (bis 1683, danach Amt Kitzingen). – Die auf dem höchsten Punkt der Siedlung errichtete *Pfarrkirche St. Sebastian* war im Spätmittelalter als Kirchenburg befestigt. Vor 1437 bestand eine klosterähnliche Gemeinschaft von Beginen. – Seit der Mitte des 15. Jh.s ist eine ausgeprägte kommunale Selbstverwaltung mit Bürgermeister und Ratskollegium nachweisbar, zu deren Aufgaben u. a. der Unterhalt der *Ortsbefestigung* zählte. – Der Weinbau bildete für die Bewohner zu allen Zeiten die Grundlage des Wohlstands, von dem das prächtige *Renaissance-Rathaus* (1609 vollendet) und zahlreiche *barocke Hausfiguren* Zeugnis ablegen. – Nach der Aufhebung des Hochstifts Würzburg kam S. 1803/14 an Bayern. Dank seiner weitgehend intakten historischen Bebauung gewann der Winzerort (heute ca. 1300 Einwohner) im 20. Jh. touristische Bedeutung. – Die bekannte Weinlage »Cyriakusberg« hat ihren Namen von der Schlacht am Cyriakustag (8. August) 1266, als die Mehrheit des → Würzburger Domkapitels über die Grafen von Henneberg siegte, deren Einfluß auf das Hochstift damit zurückgedrängt werden konnte. Das eigentliche Schlachtfeld ist aber wohl am Mühlberg auf der Gemarkung von Kitzingen zu lokalisieren. (II) *Thomas Horling*

H. Weber, HAB Kitzingen, 1967. – W. Spenkuch, Materialien zur Geschichte von S. am Main, Sulzfeld 2003.

Tambach (Gde. Weitramsdorf, LK Coburg, OFr.). 1153 erwarb die Zisterzienserabtei → Langheim vom Benediktinerkloster ↑ Michelfeld die Wüstung »Burchadisdorf« und legte an deren Stelle den Hof T., wohl als Grangie, an. Den Zehnten über T. ertauschte Langheim 1156 vom Bistum Würzburg. Der Hof T. bildete seit dem Spätmittelalter den Verwaltungssitz für den langheimischen Besitz zwischen Coburg und den Haßbergen. Nach dem Aussterben der Andechs-Meranier 1248 erlangte das Hochstift Würzburg den Schutz und damit die Landeshoheit über das Klosteramt. Abt Johann Bückling kündigte 1603 und nochmals 1606 den Schutz über T. dem Würzburger Bf. auf, so daß der Bamberger Fürstbf. Landesherr wurde. – Wohl 1695 begannen die Arbeiten am Neubau des schlossartigen *Amtshofes* als winkelförmige Anlage. 1698 plante Leonhard Dientzenhofer das Projekt zu einer Ehrenhofanlage um. 1701 wurde der Bau aus unbekannten Gründen eingestellt, obwohl noch erhebliche Teile fehlten. Erst Abt Johann Nepomuk Piti-

us ließ zwischen 1780 und 1786 den Baukörper vollenden. –
1803 fiel T. durch die Säkularisation des Klosters Langheim an
den bay. Staat. – 1805 vereinbarten Kf. Maximilian IV. Joseph
von Bayern und Graf Joseph Carl zu Ortenburg den Austausch der Reichsgrafschaft ↑ Ortenburg gegen das ehem.
Klosteramt T., das 19 Dörfer und einige Einöden umfaßte. Am
20.1.1806 trat Graf Ortenburg die Herrschaft an. Schon im
Oktober 1806 mediatisierte Bayern die Reichsgrafschaft. Im
Dezember 1806 fiel dieser Komplex an das Großherzogtum
Würzburg. 1810 gelangte T. zurück an Bayern; der Graf immatrikulierte sich 1812 in die Grafenklasse des Kgr. Bayern. –
Nach Auflösung des Herrschaftsgerichts T. gehörte der Ort
zum Landgericht Seßlach, ab 1862 zum Bezirksamt Staffelstein; 1931 kam er als Teil der Gde. Altenhof zum Bezirksamt
Coburg. Der 1786 geweihte Kirchenraum im Mittelbau des
Amtshofs wurde 1806 zur *ev. Schloß- und Pfarrkirche* umgewandelt (bis 1959). 1965 wurde diese nach Konversion des Schloßherrn erneut dem kath. Ritus übergeben. Eine *ev. Kirche* wurde 1961/63 errichtet. (III) *Günter Dippold*

H. Jacobi, Die Standesherrschaft T. historisch-statistisch-topographisch,
und Geschichte des herzoglichen und gräflichen Gesammthauses Ort-
tenburg, Coburg 1845. – T. Korth, Zur Entstehungsgeschichte des
Schlosses T. Methodisches zur Baugeschichtsforschung, in: Bericht des
Historischen Vereins Bamberg 120 (1984), S. 445–456. – H. Pellender, T.
Vom Langheimer Klosteramt zur Ortenburg'schen Grafschaft, Coburg
1985.

Teuschnitz, Stadt (LK Kronach, OFr.). Das auf einem langgestreckten Bergrücken im Kammbereich des Frankenwaldes
gelegene T. muß um 1180 inmitten ausgedehnter unerschlos-
sener Waldungen schon als dörfliche Siedlung bestanden haben. Es dürfte seine Existenz einer alten Paßstraße über den
Frankenwald (»sächsische Landstraße«), die auch die von Süden nach Norden verlaufende Hauptachse des späteren Städtchens vorgab, verdanken. 1187 übergab der Bamberger Bf.
Otto II. die »solitudo Tuschice« an das Kloster → Langheim.
Wahrscheinlich war es als Teil des »predium Crana« (→ Kronach) mit den umliegenden Waldungen 1122 an die Bf.e von

Bamberg gekommen. Aber auch thür. Adelsgeschlechter hatten sich im Raum T. festsetzen können. Sicherlich lag es im Kalkül der Bf.e, diesen abgelegenen Raum durch das Zisterzienserkloster Langheim erschließen und nutzbar machen zu lassen, wobei den Grafen von Andechs eine Schutzfunktion zugewiesen wurde. Um 1200 wurden die umliegenden Dörfer, jeweils in planmäßiger Form, angelegt, die Rechte anderer Herrschaftsträger zurückgedrängt und T. zu einem befestigten zentralen Verwaltungs-, Markt- und Pfarrort ausgebaut, wo ein als »provisor« bezeichneter Konversenbruder seinen Sitz hatte. 1303/07 wurde auch die zur Diözese Bamberg gehörige und seit 1190 nachweisbare Pfarrei T. dem Kloster inkorporiert. Daneben bildete sich in dem 1331 erstmals als Stadt (oppidum) bezeichneten T. eine genossenschaftlich organisierte Bürgerschaft. – Nach dem Aussterben der Andechser 1248, als deren Erben die Grafen von Orlamünde Anspruch auf den als Eigen T. bezeichneten geschlossenen Besitzkomplex des Klosters Langheim erhoben, konnte das Kloster seine Rechte behaupten. Im Laufe des 14. Jh.s konnte es sogar gegenüber Bamberg mit Hilfe der Ks. seinen Anspruch auf Reichsunmittelbarkeit des Eigens T. durchsetzen. Doch gelang es dem energischen Bf. Lambert von Brunn, das Kloster Langheim zu zwingen, das Eigen an das Hochstift Bamberg abzutreten. Nach dem förmlichen Verkauf von 1388 wurde das Eigen T. in leicht veränderter äußerer Gestalt in ein bambergisches Amt überführt, das, im 15. Jh. zeitweise verpfändet, bis zum Übergang an Bayern Bestand hatte. – 1390 gewährte Bf. Lambert der Bürgerschaft der Stadt T. die gleichen Rechte, wie sie die Stadt Kronach besaß. Damals dürfte die planmäßig angelegte Stadt errichtet worden sein; sie erstreckt sich s. der dominierenden *Pfarrkirche* und des heutigen, anstelle des früheren Stadtschlosses errichteten *Rathauses*. Überhaupt ist die Anlageform der im Süden und Norden mit Toren ausgestatteten Stadt noch heute trotz der vielen Brände, so der Einäscherung von 1633 während des 30jg. Kriegs und der Brände von 1844 und 1929, gut erkennbar. Mit dem Privileg von 1390 erhielt die Stadt wohl auch ihren vom

Bamberger Bf. abhängigen Rat mit zwei Bürgermeistern an der Spitze. – T. hatte sich zusammen mit den Amtsorten der Reformation angeschlossen und sich 1598 sogar unter Berufung auf den Religionsfrieden von 1555 an das Reichskammergericht gewandt, als von seiten des Bamberger Bf.s die Rekatholisierung gewaltsam betrieben wurde. – Bedeutende Wirtschaftsbetriebe konnten sich in der hochgelegenen und eben auch verkehrsmäßig ungünstig gelegenen Stadt nicht entwickeln, was sich in ihrer politischen und demographischen Entwicklung widerspiegelt. (III) *Helmut Demattio*

R. Pfadenhauer, Geschichte der Stadt T. Von den Anfängen bis zur Säkularisation, T. 1990. – H. Demattio, HAB Kronach, 1998.

Thalmässing, Markt (LK Roth, MFr.). Der Ort im Vorland der s. Frankenalb wurde erstmals 900 als »Talazzinga« erwähnt. Die *St. Michaelskirche* (1712 neu erbaut) geht ursprünglich auf karolingische Zeit zurück (Urpfarrei). Das Thalmässinger Land gehörte zur Grafschaft Sulzbach, ab Ende des 12. Jh.s dann zur neugebildeten Grafschaft Hirschberg, deren Gefolgsleute u. a. die Edelfreien von T. waren. 1328 verlieh der Ks. dem Burggrafen Friedrich IV. das Land um Stauf. 1464 wurde das »hochfürstlich brandenburg-onolzbachische Oberamt Stauf und Landeck« gebildet, zu dem T. gehörte. Die ca. 3 km n. von T. gelegene Burg Stauf (heute *Ruine*) war Sitz des markgräflichen Amtmanns. 1528 wurde die Reformation eingeführt. Nach 1635 setzte die Zuwanderung von Exulanten aus Oberösterreich in das Land um Stauf ein. Die zugezogenen Protestanten bauten das Thalmässinger Land wieder auf und blieben ansässig, worauf noch heute viele Familiennamen hinweisen. – Die Ansbacher Markgrafen erlaubten auch Juden den Zuzug. In T. stieg die Zahl jüd. Familien nach 1648 stark an. Es entstand eine vermögende Judengde., die eine Synagoge, eine Mikwe und ein *Schulhaus* errichtete. Schon im 19. Jh. wanderten viele Juden aus. Noch vor Beginn des 2. Weltkriegs kam es zu einem weiteren Exodus, die Mehrheit der Zurückgebliebenen kam in den Kriegsjahren in Konzentrations- und Vernichtungslagern zu Tode. – Im Jahre 1700 bestätigte Markgraf Georg

Friedrich dem Markt T. seine althergebrachten Rechte. Die 4
Jahrmärkte sowie Vieh- und Wochenmärkte wurden wieder
aufgerichtet. 1792 wurde aus dem ansbachischen Oberamt
Stauf-Landeck das preuß. Kammeramt in T. und das Justizamt
mit Sitz in Stauf. 1806 wurde T. bay. 1888 kam der Eisenbahnanschluß an die Lokalbahn Greding-Roth (Personenverkehr
1974 eingestellt). Um 2000 hatte T. mit allen eingemeindeten
Ortsteilen rund 5600 Einwohner, von denen etwa 2000 im
Kernort selbst lebten. Zahlreiche Funde aus dem Raum um T.
zeigt das bedeutende *Vor- und frühgeschichtliche Museum*.

(VI)   *Wolfram Unger*

W. Wiessner, HAB Hilpoltstein, 1978. – A. Karch/E. Wurdak, 1100 Jahre
T., Geschichte und Gegenwart, T. 2000.

Theilenhofen (LK Weißenburg-Gunzenhausen, MFr.). Der
Ort an der B 13 zwischen → Weißenburg und → Gunzenhausen, auf einem Hochplateau über dem Altmühlgrund gelegen,
war in röm. Zeit Standort des Militärlagers Iciniacum rund
2,2 km s. des → Limes. Mehrere 100 Meter w. des Ortes sind
jungsteinzeitliche und urnenfelderzeitliche Siedlungsstellen
bekannt. Etwa 700 m nw. der Kirche befand sich das röm. Kastell mit ausgedehntem Lagerdorf (vicus) und einer *Therme*,
deren *Mauerreste* konserviert sind. Das wohl im 2. Jh. n. Chr.
errichtete Steinkastell besaß einen hölzernen Vorgänger aus
der Zeit um 100 n. Chr. Als hier stationierte Einheit ist die
Cohors III Bracaraugustanorum belegt. 1974 wurden im Vi-
cus-Bereich ein röm. Infanterie- und ein prachtvoller Reiter-
helm entdeckt (heute im Germanischen Nationalmuseum
Nürnberg). – Die früheste Erwähnung des Ortes »Tilen-
houen« stammt von 1160. Im späten 12. und 13. Jh. nennen
sich Ministerialen nach T. Die Marschälle von Pappenheim
besaßen seit dem frühen 13. Jh. Grundrechte sowie bis 1796
das Patronatsrecht. Die *ev. Pfarrkirche* mit dem weithin sichtbaren Spitzhelm stammt mit dem Turm aus dem frühen 15. Jh.,
während das Langhaus 1772 erneuert wurde; die Innenausstattung von 1666 überführte man in den Neubau. Von der
Patronatsherrschaft zeugen die Pappenheimer Wappen über

dem Chorbogen und am Auszug des Altars. Zwischen 1530 und 1535 wurde die Reformation eingeführt, 1554 der erste luth. Schulmeister verpflichtet, 1554 ein Schulhaus erbaut. – Der Deutsche Orden zu → Ellingen erwarb im 13. und 14. Jh. den Großteil der Bauernhöfe und die Dorfherrschaft inner Etter, was zu ständiger Rivalität mit den Pappenheimern führte, welche das Dorf ursprünglich bevogteten. Die Markgrafen von Ansbach bezogen T. in ihr Hochgericht Gunzenhausen ein, der hieraus entstandene Streit wurde erst 1796 zugunsten Ansbachs beigelegt. Ab 1792 preuß., kam der Ort 1806 an Bayern.   (VI)   *Daniel Burger*

H. H. Hofmann, HAB Gunzenhausen-Weißenburg, 1960. – R. Schuh, HONB Gunzenhausen, 1979. – G. Kiessling, DiB Landkreis Weißenburg-Gunzenhausen, 1999.

Theres (LK Haßberge, UFr.). Der Ort (Ober-)T. liegt einige km w. von → Haßfurt am Main, dem im Mittelalter wichtigsten Verkehrsweg der Region. Auch die hoch- und spätmittelalterliche Maintalstraße Schweinfurt-Bamberg verlief über T. – Der alte Name von T., »Sintherishusun«, läßt auf die Gründung durch einen Sinther, wohl Ende des 8. Jh.s, schließen. Spätestens seit der 2. Hälfte des 9. Jh.s war T. eine Burg im Besitz der Babenberger, die nach deren Niederlage 906 vom Kg. eingezogen wurde. Der letzte der Babenberger Brüder, Adalbert, wurde nach einer Belagerung durch Kg. Ludwig das Kind 906 vor seiner Burg T. enthauptet. 1010 schenkte Kg. Heinrich II. das Königsgut T. an das neugegründete Bistum Bamberg. Bf. Suidger von Bamberg gründete hier schließlich zwischen 1041 und 1046 ein den Märtyrern Stephan und Veit geweihtes *Benediktinerkloster.* – Das Kloster war von Anfang an der Landesherrschaft des Bamberger Bf.s unterstellt. Dessen Besitz wurde durch umfangreiche Schenkungen, vor allem in der 2. Hälfte des 11. Jh.s, erweitert. Eine Königsurkunde von 1097, in der Heinrich IV. dem Kloster den Zoll am Main sowie Markt- und Münzrecht verlieh, ist wohl als echt anzusehen. Ein eigenes Hochgericht des Klosters ging aus dem Immunitätsbezirk des einstigen Königsguts hervor; nach 1600 gelang es aber dem Hochstift Würzburg, seinen Anspruch auf die Blutgerichtsbarkeit durchzusetzen. In kirchlicher Hinsicht war das Kloster seit seiner Gründung der Diözesangewalt des Würzburger Bf. unterstellt. Theoretisch ergab sich so von Anfang an eine klare Trennung der Zuständigkeiten von Würzburg und Bamberg: Würzburg begabte den Abt von T. mit den Spiritualien, Bamberg mit den Temporalien. Würzburg nutzte jedoch seine Diözesangewalt seit dem 15. Jh. planmäßig aus, um auch weltlichen Einfluß auf das Kloster zu gewinnen. Einen Endpunkt fand diese Entwicklung 1685/88, als das Hochstift Bamberg auf alle Rechte über T. verzichtete und das Kloster damit bis zum Ende des Alten Reichs der Landesherrschaft des Würzburger Bf. unterworfen war. – Zwischen 1711 und 1748 fand ein Neubau von Klosterkirche und Abtswohnung statt. Nach der Säkularisation durch Bayern 1802 wurde aber die gesamte Klosteranlage verkauft und 1809 die barocke Klosterkirche abgerissen. Die ehem. Klosteranlage befindet sich in Privatbesitz. (II) *Alexander Tittmann*

M. Wieland, Kloster T., Haßfurt 1908. – G. Vogt, Burg und Dorf, Kloster und Schloß T. am Main, Münsterschwarzach 1979. – A. Tittmann, HAB Haßfurt, 2003.

Thiersheim, Markt (LK Wunsiedel, OFr.). T. liegt im Fichtelgebirge zwischen → Selb und → Marktredwitz, unweit der Grenze zu Tschechien. Nicht nur der auf »-heim« endende Ortsname, sondern auch die Lage an der Kreuzung von zwei sehr alten Straßenzügen sowie die abgegangene, einst zwischen T. und Kothigenbibersbach gelegene Martinskapelle deuten auf eine Entstehung bereits in frk. Zeit hin. – Die Siedlung bestand ursprünglich aus 4 sog. Reishöfen mit jeweils rund 200 bis 300 Tagwerk Grund sowie aus 8 Gült- oder Zinshöfen mit je rund 100 Tagwerk. Die Reishöfe übten wohl ursprünglich eine Schutzfunktion im Bereich der vorbeiführenden Altstraßenzüge aus. – 1182 wird T. erstmals urk. erwähnt. Später begegnet T. als Besitz der Herren von Hohenberg, welcher gegen Ende des 13. Jh.s an die Familie Nothaft gelangte und als Teil der Herrschaft → Thierstein über

die Markgrafen von Meißen und Landgrafen von Thüringen
1415 an Burggraf Johann III. von Nürnberg kam. – 1398 bestätigte Markgraf Wilhelm I. von Meißen den Thiersheimer
Bürgern ihre Marktrechte, die noch Peter Nothaft von Thierstein für sie erwirkt hatte, und auch durch die hohenzollerischen Landesherren wurden diese Privilegien mehrfach bestätigt, letztmalig 1605. Im Ort gab es einen von den Nothaft
anstelle einer älteren Burg errichteten Edelsitz; die noch
roman. Bauteile aufweisende, seit 1529 *ev.-luth. Pfarrkirche
St. Ägidius* an der Nordseite des rechteckigen Marktplatzes ist
aus der ehem. Burgkapelle hervorgegangen und erscheint
1326 erstmals als eigenständige Pfarrei. – Als besonderes Gewerbe erscheint in T. seit dem 16. Jh. bis zur Schließung der
letzten Zeche 1921 die Verarbeitung des örtlich vorkommenden Specksteins (Steatit), aber auch Eisenbergbau ist in der
Region bereits im 15. und 16. Jh. bezeugt. – 1859 wurde T.
Sitz eines Landgerichts (ä.O.), welches 1879 in ein Amtsgericht umgewandelt wurde und bis 1932 Bestand hatte. Durch
den Zuzug von Flüchtlingen und Vertriebenen entstand unmittelbar nach dem 2. Weltkrieg eine kath. Pfarrgde. mit eigener *Pfarrkirche* am Ostrand des Ortskerns. (IV)   *Harald Stark*
F. W. Singer, Heimat an der Hohen Warte. Geschichte der bayerischen
Marktgemeinde T., T. 1982.

Thierstein, Markt (LK Wunsiedel, OFr.). Die auf einer Basalt-
klippe thronende *Burgruine* ist weithin sichtbar und ein prägendes Element des Landschaftsbildes. Die seit 1310 mit dem
Forstmeisteramt im Egerer Reichsforst betraute Familie Nothaft errichtete die Burg im 2. Viertel des 14. Jh.s »auf des Reiches Berg und Boden« inmitten der von ihnen zu verwalten-
den Forstgebiete; 1340 nannte sich Albrecht XI. Nothaft erstmals nach seinem neuen Sitz »von Tirstein«, 1343 erhielt er sie
von Ks. Ludwig dem Bayern zu Lehen. 1393 verkaufte Peter
Nothaft Burg und Herrschaft T. an den Markgrafen Wilhelm
I. von Meißen. Dessen Nachfolger veräußerten den entlege-
nen Besitz 1415 an die Burggrafen von Nürnberg; Burg T.
wurde Sitz eines hohenzollerischen Amtmanns. – Bald nach

der Errichtung der Burg entstand eine Marktsiedlung am Fuß des Burgfelsens. 1486 ist erstmals von einem Ratsgremium als Selbstverwaltungsorgan die Rede, seit 1518 sind Abdrucke des Thiersteiner Ratssiegels überliefert. Anders als für die benachbarten Märkte → Thiersheim oder → Marktleuthen konnte für T. bisher allerdings keine Privilegienverleihungs- oder Bestätigungsurkunde nachgewiesen werden; im Behördenschrifttum des 16. und 17. Jh.s ist, ähnlich wie bei → Hohenberg a.d. Eger, stets vom »Berg T.« die Rede.

Nachdem 1575 der letzte adelige Amtmann in T. verstorben war, blieb die Burg über Jahrzehnte unbewohnt; 1602 verfügte Markgraf Georg Friedrich von Brandenburg-Kulmbach ihre Auflassung als Amtssitz und ließ für den Amtsverwalter und den Pächter der umfangreichen Schloßökonomie ein neues Amtshaus außerhalb des Ortes bauen. Dennoch finden sich auch in späterer Zeit immer wieder Ausgaben für die Instandhaltung der Thiersteiner Burg, die beispielsweise im 30jg. Krieg oftmals als Zufluchtsort für die umliegende Landbevölkerung und als befestigtes Getreidedepot diente. Letztmals wurden die zwischenzeitlich ruinös gewordenen Burgmauern im Span. Erbfolgekrieg 1703 mit Wehrgängen versehen. Nach der Thiersteiner Brandkatastrophe von 1725 wurden große Teile der Wehrmauern abgetragen und das Material zum Wiederaufbau der Häuser benutzt. – Die umfangreichen, zur Schloßökonomie gehörigen Grundstücke wurden 1696 zerschlagen und teilweise zur Ausstattung von neugegründeten Anwesen benutzt. Die Geldgefälle und Naturalabgaben dieser neuen Höfe stiftete Markgraf Christian Ernst 1703 zur Besoldung der Lehrer am → Bayreuther Gymnasium; 1743 übereignete Markgraf Friedrich diese Einkünfte der von ihm gestifteten Universität → Erlangen, weshalb es bis in das 19. Jh. in T. mehrere Universitätskammergüter gab. – Kämpfen am Ende des 2. Weltkriegs fielen die *ev. Pfarrkirche* (bis 1949 wieder aufgebaut) und mehrere Wohngebäude in T. zum Opfer.

(IV)   *Harald Stark*

Markt T. Schriftreihe zur Orts- und Heimatgeschichte, 1981 ff. – H. Stark, Burg und Amt T., Selb 1993. – Ders., Die adeligen Forstmeister im Egerer Reichsforst, in: Archiv für Geschichte von Oberfranken 77 (1997), S. 207–235.

Thüngen, Markt (LK Main-Spessart, UFr.). Der Markt T. liegt zu Füßen einer Anhöhe mit dem *Schloß* der Freiherren von T. im siedlungsgünstigen mittleren Werntal, in dem Siedlungsspuren bis in die Jungsteinzeit zurückreichen. T. ist erstmals 788 bei einer Adelsschenkung an das Kloster Fulda urk. genannt. Der damalige Ort (Wüstung Altdorf) lag ca. 1 km ö. des heutigen Marktes, der wohl im 12. Jh. entstand. Wahrscheinlich waren bereits damals die späteren Freiherren von T. in diesem Raum begütert und bewohnten die Burg. Der älteste Teil des heutigen Schlosses, der alte Stock, ist schon 997 erwähnt und wurde im 12. Jh. erweitert. Zu Ende dieses Jh.s begannen die Herren von T. mit Pfarreigründungen in ihren zerstreuten Besitzungen, so in T. und Büchold. – Um die Nordgrenze des Hochstifts zu sichern, ließ der Würzburger Bf. 1279 das Schloß erobern und vergab den Ort an die Herren von Henneberg. 1314 kam T. an Fulda. Der Ort wurde 1430 Lehen des böhm. Königs, der es im selben Jahr an die von T. verlieh. Ks. Friedrich III. stattete T. 1465 mit Marktrechten aus. – Das Schloß verlieh Fulda bereits 1303 an die Herren von T., die es 1329 zu Eigentum erwarben. Es wurde in der Würzburger Stiftsfehde 1438 und im Bauernkrieg 1525 beschädigt, 1564 wieder aufgebaut und mit dem *Spitalsschloß,* das im 19. Jh. neugot. modernisiert wurde, erweitert. 1569 entstand das *Burgschloß,* ein dreigeschossiger Renaissancebau, noch heute Familienwohnsitz der Freiherren. Innerhalb des Marktes erbauten sie 1554 das *Burgsinn-Schloß.* – Im 15. und 16. Jh. waren die Herren von T., die ab 1495 der freien Reichsritterschaft angehörten, Amtmänner in 24 Ämtern und stellten u. a. zwei Bf.e in → Würzburg und → Bamberg. Obwohl die Familie mit dem Würzburger Bf. Konrad II. (1519–40) einen der vehementesten Verfechter des kath. Glaubens in ihren Reihen hatte, wechselte sie zum Protestantismus. Zwischen 1548 und 1555 wurden fast alle thüngischen Pfarreien reformiert. Der Markt selbst blieb gemischt konfessionell. Die nachgot. *Kirche*, die vor 1753 erbaut und im 19. Jh. erweitert wurde, war bis 1834 Simultankirche, danach prot. Pfarrkirche. 1859/60 wurde eine kath. Kirche erbaut und 1972/73, nach Einweihung der neuen, modernen *St. Kilians-kirche*, abgerissen. Sie ist Filialkirche zu Stetten. – Von 1551 bis 1942 gab es in T. eine jüd. Gde., die zeitweise über 30 % der Einwohner stellte. Sie besaß ab der Mitte des 19. Jh.s eine eigene *Schule* und wohl seit 1885 eine *Synagoge*, die beide, unter anderer Verwendung (Wohnhäuser), heute noch stehen. Unter der Herrschaft der Nationalsozialisten verließen vor allem 1938 viele Juden T.; die Zurückgebliebenen wurden während des 2. Weltkriegs deportiert und ermordet. – 1803 kam der Markt T. zum neueingerichteten Landgericht Karlstadt. 1814 fiel er an Bayern. 1846 gründete die Familie von T. die Schloßbrauerei, seit 1998 ein Teil der Brauerei Arnstein. 1879 wurde der Markt Bahnstation an der Werntaleisenbahn (Personenverkehr 1976 eingestellt). T., heute ein aufstrebender Ort mit neuen Siedlungsgebieten, gehört seit 1972/73 zum LK Main-Spessart und ist seit 1978 Teil der Verwaltungsgemeinschaft Zellingen. (II) *Wolfgang Schuster*

E. Riedenauer, HAB Karlstadt, 1963. – F. Kugler, Thüngener Heimatbuch, T. 1988. – H. von Thüngen, Das Haus T. 788–1988, Würzburg 1988.

Thulba (Gde. Oberthulba, LK Bad Kissingen, UFr.). Der Ort liegt am gleichnamigen Fluß am Südrand der Rhön. – Mit der urk. Ersterwähnung 796 begann eine Reihe von Besitzübertragungen in T. an das Kloster Fulda, die bis in das 10. Jh. andauerte. Für die Abtei waren diese Neuerwerbungen eine willkommene Ergänzung des 777 von Karl dem Großen überlassenen Königsgutkomplexes von → Hammelburg. Bereits für das Jahr 816 ist im Ort eine dem hl. Lambertus geweihte Kirche archäologisch nachweisbar. – Der fuldische Ministeriale Gerlach von Herlingsberg und seine Ehefrau Regilinde übergaben 1127 ihren Besitz in und um T. an Abt und Konvent zu Fulda unter der Maßgabe, daß damit ein dort zu erbauendes Kloster ausgestattet werden solle. Zwischen

1131 und 1140 wurden Kirche und Klostergebäude an der Stelle des ursprünglichen Sakralbaus aus dem frühen 9. Jh. errichtet und Benediktinerinnen übergeben. Ein von Papst Innozenz II. 1141 ausgestellter Schutzbrief schloß die Neugründung ab; allerdings waren für eine ausreichende wirtschaftliche Grundlage noch zahlreiche weitere Besitzübertragungen u. a. durch die Fuldaer Äbte Konrad I. und Markward I. notwendig. Um 1500 besaß das Kloster schließlich Streubesitz in 52 Ortschaften zwischen → Ostheim v.d. Rhön und Rieden im Gramschatzer Wald. – Während von der ursprünglichen roman. Klosteranlage kaum Reste vorhanden sind, ist die Kirche (heute *kath. Pfarrkirche St. Lambertus*) mit ihrem für die Region ungewöhnlichen Vierungsturm trotz Umbauten im 16. und 17. Jh. im wesentlichen noch in ihrer ursprünglichen basilikalen Form erhalten. – 1505 wurde das Klosterleben in Anlehnung an die Bursfelder Union reformiert und für kurze Zeit auf eine neue geistige Grundlage gestellt; wenige Jahre später geriet der Konvent in die Wirren des Bauernkriegs von 1525 und löste sich auf. Die bereits vorher durch Mißwirtschaft darniederliegenden ökonomischen Grundlagen konnten nicht in ausreichendem Maße wiederhergestellt werden. Deshalb wurde das Benediktinerinnenkloster 1626 förmlich nach Fulda transferiert und stattdessen vor Ort eine Propstei errichtet, die bis 1802 Bestand hatte. Aus dieser Zeit stammt der 1701 errichtete und 1736 veränderte neue *Propsteibau,* der heute als Pfarrhaus genutzt wird. – Das Pfarrdorf T. kam 1816 zu Bayern. 1978 wurde die zuvor selbständige Gde. nach Oberthulba eingemeindet. (II) *Jens Martin*

A. Feulner, KDB Hammelburg, 1915, ND 1982. – G. H. Wich, HAB Brückenau-Hammelburg, 1973. – A. Köhler, 1200 Jahre T. Geschichte und Geschichten, T. 1996.

Thurn (Gde. Heroldsbach, LK Forchheim, OFr.): → Heroldsbach.

Thurnau, Markt (LK Kulmbach, OFr.). *Schloß* und Ort T. liegen ca. 10 km sw. von → Kulmbach (an der A 70 Bayreuth-Bamberg) und gehen auf einen Ansitz des meranischen Ministerialengeschlechts der Förtsche zurück, den diese auf einem Felssporn im Aubachtal errichteten. Sowohl die Burg, nach der sich diese erstmals 1239 »von Turnowe« benennen, als auch die mit der Anlage im Zusammenhang stehende Siedlung, die wohl im Verlauf des 14. Jh.s das Marktrecht und eine Pfarrei erhielt, entwickelten sich zum Mittelpunkt einer freieigenen geschlossenen Herrschaft, die vermutlich in der Nachfolge der edelfreien Walpoten bis spätestens 1308 das Hochgericht umfaßte. Die zwischen 1537 und 1546 prot. gewordene Herrschaft ging 1564 nach dem Tod Georgs, des letzten Förtsch, auf dessen Schwiegersöhne Hans Georg von Giech zu Buchau und Hans Friedrich von Künßberg zu Wernstein über, die Schloß und Dorfschaften teilten, über T. jedoch im Kondominat herrschten. Aus dem Zusammenleben resultierende, ständige Differenzen wurden erst durch den Verkauf des künßbergischen Anteils an Schloß und Ort T. an die von Giech 1731 bereinigt. – Im Zuge der preuß. Revindikationspolitik verlor die kleine Herrschaft 1796 ihre Unabhängigkeit, fiel während der Napoleonischen Kriege 1806 an Frankreich und schließlich 1810 an das Kgr. Bayern. Nach dem Verlust seiner Verwaltungseinrichtungen verliehen sowohl die durch die Thurnauer *Pfarrkirche St. Laurentius* seit 1552 betriebene und bis zu Beginn des 20. Jh.s existierende *Lateinschule* als auch das seit langem etablierte Töpferhandwerk mit seinem 1982 in den Räumlichkeiten der ehem. Lateinschule entstandenen *Töpfermuseum* dem Ort auch weiterhin eine besondere Bedeutung. – Das Thurnauer Schloß gehört zu den bedeutendsten Schlössern Oberfrankens. Seinen ältesten Kern bilden der *Turm* und das sog. hûs uf dem stein, später auch die »hohe Kemnat« oder das »hohe Haus« genannt. Sie werden 1292 urk. erstmals erwähnt. Die ursprüngliche Anlage wurde im Norden und Westen durch Trocken- und Wassergräben, im Süden durch eine Ummauerung, den heutigen oberen Schloßhof, geschützt. Um 1430 wurde das Schloß durch die Hussitenzüge in Mitleidenschaft gezogen. Zwischen 1430 und 1477 entstand, rechtwinklig zur ersten, eine zweite Kemenate, die in der Folgezeit als Künßbergbau bezeichnet und schließlich im 19. Jh. zum

Archivbau umgestaltet wurde. Um 1483 erfolgte eine Erhöhung der alten Kemenate, nach den Zerstörungen im Bauernkrieg 1525 die Instandsetzung der gesamten Burg. Infolge der Teilung des Schlosses zwischen den von Künßberg und von Giech 1576 lassen sich noch heute ein künßbergisches *unteres Schloß* (zweite Kemenate oder Künßbergbau; bis 1675 errichteter Künßbergflügel; Storchenturm oder späterer Centturm; Storchenbau oder Torhaus) sowie ein giechsches *oberes Schloß* (erneut erhöhte alte Kemenate im Renaissancestil mit 2 Treppentürmen am Ende des 16. Jh.s; 1580 erbautes, 1832 abgebranntes und 1833 im neugot. Stil wiedererrichtetes Torhaus; Hans-Georgen-Bau von 1600/06; 1781–86 vergrößertes Kutschenhaus; Carl-Maximilian-Bau von 1729/31) unterscheiden. Der s. des Schlosses gelegene und in seinen Anfängen auf einer für das herrschaftliche Baille-Maille-Spiel erforderlichen Lindenallee beruhende Schloßpark wurde 1968 durch einen Orkan vernichtet, statt dessen aber 1978 w. des Parks ein Schloßweiher angelegt. – Nach dem Aussterben der von Giech im Mannesstamm 1938 ging deren Erbe an die Freiherren Hiller von Gaertringen über, welche die Thurnauer Schloßanlage 1972 in die Gräflich Giechsche Spitalstiftung überführten. Seit 1977 ist in einem Großteil der Gebäude das Forschungsinstitut für Musiktheater der Universität Bayreuth untergebracht. (III) *Rüdiger Barth*

U. von Petzold, Die Herrschaft T. im 18. Jahrhundert, Kulmbach 1968. – T. 1239–1989, T. 1989. – G. Schwarz, Das Schloß zu T. Beschreibung, historische Entwicklung, Bauherren, Bayreuth 1990 (Heimatbeilage zum Amtlichen Schulanzeiger des Regierungsbezirks Oberfranken 170).

Treuchtlingen, Stadt (LK Weißenburg-Gunzenhausen, MFr.). T. liegt n. der Einmündung des Möhrenbachs in die Altmühl, s. der Schwäb. Rezat. In dieser verkehrsgünstigen und ertragreichen Landschaft ist seit vorgeschichtlicher Zeit Besiedlung nachgewiesen. Im Hinterland des röm. → Limes bestanden im 1.–3. Jh. mehrere Landgüter, am Weinbergshof wurde eine *Villa rustica* ergraben und in den Fundamenten konserviert. – Die erste Nennung erfolgte 899 als »villa Drutelinga« im

Sualafeldgau. 1175 ist eine adelige Nonne des Klosters Odi-
lienberg im Elsaß mit Namen Hedewic de Truhtlingen erwähnt. Der älteste Sitz dieser Familie ist an Stelle des heutigen
Unteren Schlosses im Stadtkern zu suchen, dessen sichtbare
frühneuzeitliche Bausubstanz archäologisch auf eine Wasserburg des 10./11. Jh.s zurückgeführt werden konnte. Zwei
früh- und hochmittelalterliche Burgställe liegen zudem im
Südosten des Ortes auf dem Weinberg. In salischer Zeit errichtete die Familie derer von T. zusätzlich eine *Höhenburg*
(*Oberes Schloß*) auf dem w. Bergsporn. – 1365 verlieh Ks. Karl
IV. Ritter Wirich III. von T. das Marktrecht und die hohe Gerichtsbarkeit über den Ort. Die *Marktbefestigung* ist nur noch in
geringen *Resten* erhalten. Wenige Jahrzehnte nach dem Erlöschen der Herren von T. 1422 kam T. 1447/53 an die Marschälle von Pappenheim. In der Folgezeit wurde das Obere
Schloß aufgegeben und verfiel; die *Burgruine* wurde im 20. Jh.
saniert und ergänzt. – Mit der Konversion von Marschall
Gottfried Heinrich von Pappenheim-T., 1628 in den Reichsgrafenstand erhoben, zum kath. Glauben 1614 wurde T. konfessionell gespalten. Die *Kirche St. Lambertus* (1733/34 Neubau
des Langhauses und Barockisierung) wurde 1619 an das Kloster Rebdorf (↑ Eichstätt) übergeben. 1596 ist erstmals ein
Schulmeister erwähnt, 1626 ist ein kath. Lehrer bezeugt. – Mit
dem Erlöschen der Pappenheim-Treuchtlinger Linie 1647
wurde der Ort als erledigtes Lehen bzw. in Folge von Verpfändungen vom Markgrafen von Ansbach eingezogen und dem
Oberamt Hohentrüdingen unterstellt. Nach den Bestimmungen des Westfälischen Friedens bzw. aufgrund des »Normal-
jahres« 1624 galt T. als kath. Herrschaft. Erst seit 1658 wurde in
einer Frühmeßkapelle wieder ev. Gottesdienst gefeiert, an deren Stelle 1757 die *ev. Pfarrkirche* erbaut wurde. – Juden sind
1349 als Opfer der Pest belegt. Die 1730 aus der Judenschule
erbaute Synagoge wurde 1938 zerstört. Der *jüd. Friedhof* wurde auch von Juden aus → Ellingen und → Markt Berolzheim
genutzt. – Ab 1792 preuß., gelangte T. 1806 an Bayern. Seit
1862 gehört der Ort zum Bezirksamt (später LK) Weißenburg.
1898 wurde der Markt T. zur Stadt erhoben. 1933/34 entstand

außerhalb des alten Ortskerns die neue *kath. Stadtpfarrkirche St. Maria*, im vom Jurakalk geprägten regionalen Heimatstil. – T. wurde 1869/70 Bahnknotenpunkt der Linien von München nach Würzburg und Nürnberg, 1890–92 wurde die Strecke doppelgleisig ausgebaut, 1901–06 die Linie T.-Donauwörth eingerichtet. Ein neues großes *Bahnbetriebswerk* entstand. Die hohe verkehrstechnische Bedeutung führte im 2. Weltkrieg zu Bombardierungen. Am w. Hang des Nagelbergs wurde 1958–61 eine *Kriegsgräberstätte* errichtet. Durch das Ende des Dampflokbetriebs schwand ab den 1960er Jahren die Bedeutung von T. als »Eisenbahnerstadt«, das Bahnbetriebswerk schloß 1968. An die vormalige Bedeutung erinnert die auf der Promenade als Denkmal aufgestellte *Schnellzuglok 01 220*. – Der Ort wandelte sich zu einer Wohn-, Betriebs- und Erholungsgde. 1968 erhielt T. die staatl. Anerkennung als Erholungsort, 1973 wurde ein Hallenwellenbad eröffnet, 1979 durch eine Tiefbohrung eine Thermalquelle erschlossen, die wesentlich zum Wandel von T. zu einem Bade- und Kurort (staatl. anerkannter Heilquellen-Kurbetrieb, *Altmühltherme*) beigetragen hat. (VI) *Daniel Burger*

H. H. Hofmann, HAB Gunzenhausen-Weißenburg, 1960. – Heimatbuch T, T. 1984. – J. Frank/R. Frank, Eisenbahnkreuz T., Egglham 1989. – G. Kiessling, DiB Landkreis Weißenburg-Gunzenhausen, 1999.

Trieb (Stadt Lichtenfels, LK Lichtenfels, OFr.). 1132/33 stattete Bf. Otto I. von Bamberg das Kloster → Langheim mit dem »predium« T. aus, das er von Graf Hermann von Höchstadt-Stahleck erworben hatte. Aus einer Grangie entwickelte sich im ausgehenden Mittelalter ein Regiebetrieb, organisiert von einem Langheimer Mönch als Hofmeister und gestützt auf die Fron langheimischer Hintersassen umliegender Dörfer. Nahe dem Ort ließ Abt Gallus Knauer 1693 von Leonhard Dientzenhofer den *Gutshof Nassanger* in Form eines Rings errichten. In T. selbst entstanden unter Knauer ein *Schlößchen* (1723/24 von dem → Coburger Hofmaurer Johann Georg Brückner) als Sommersitz der Langheimer Äbte und der Neubau der *Hofmeisterei* (1727 von demselben Architekten, erweitert

1733). – Nach der Säkularisation verbrachte der letzte Langheimer Abt (gest. 1814) in T. seinen Lebensabend. Aus den langheimischen Liegenschaften wurden zwei Gutshöfe gebildet, von denen einer dem bay. Diplomaten Konrad Adolf von Malsen (1792–1867) gehörte. (III) *Günter Dippold*

100 Jahre katholische Kirche in T., Lichtenfels 1970. – P. Ruderich, Der Nassanger bei Lichtenfels. Untersuchung zu Funktion und Form eines einmaligen Profanbaus des 17. Jahrhunderts, in: Beiträge zur fränkischen Kunstgeschichte 1/2 (1995/96), S. 180–191. – G. Dippold, T. Ein langheimisches Klosterdorf und seine Entwicklung im 19. Jahrhundert, Bayreuth 2005 (Heimatbeilage zum Oberfränkischen Schulanzeiger 322).

Triefenstein, Markt (LK Main-Spessart, UFr.). T., eines der ganz wenigen *Augustinerchorherrenstifte* Frankens, wurde wahrscheinlich während des Investiturstreits von einem Kanoniker Gerung unweit der Neuenburg und unmittelbar über dem Mainübergang der Fernstraße Frankfurt-Würzburg-Nürnberg ins Leben gerufen. 1102 wurde T. vom Würzburger Bf. offiziell gegründet und 1123 vom Papst bestätigt. – Die Patrozinien weisen T. als Reformkloster aus, das auch im späten Mittelalter offenbar eine wichtige Rolle im geistigen Leben spielte. 1459–61 waren Triefensteiner Ordensleute bei der Gründung des frk. Chorherrenstifts Birklingen beteiligt. Das vogtfreie Kloster, das direkt dem Hochstift Würzburg unterstand, erhielt große Zuwendungen, vornehmlich vom Hochstift und der Benediktinerabtei → Neustadt a. Main, und wuchs bald zu einem reichen Stift heran. Nach einem Urbar von 1421 besaß es Zins- und Gültgefälle in 49 Ortschaften, daneben die Dorfherrschaft in mehreren Orten. – Im 15. und 16. Jh. gelang es den Grafen von Wertheim immer wieder, Leibeigene und Vogteirechte in den Orten T.s an sich zu reißen. Im Bauernkrieg fielen viele Klostergrundholden von T. ab und gingen zu Wertheim über. 1683 besaß es nur noch Gefälle in 27 Orten. – Im 30jg. Krieg kam T. zeitweise ganz in die Gewalt der Grafen von Löwenstein-Wertheim. Seit 1687 entschloß man sich zum Neubau von Kirche und Kloster, der sich freilich lange hinzog. 1694 stand zumindest der Rohbau der *Kirche St. Peter und Paul*, die *Konvents-* und *Propsteibauten* folgten erst 1715. Die noch erhaltene Inneneinrichtung der Klosterkirche wurde erst 1783–1803 geschaffen. Sie zählt zu den wenigen noch erhaltenen Werken frühklassizistischer Dekorationskunst in Franken. Die schmucklosen ehem. Klostergebäude dienten nach der Säkularisation 1803 als Löwenstein-Wertheim-Freudenbergsches Schloß, nach 1945 als Flüchtlingsheim und seit 1986 wieder als Kloster, und zwar der ev. Christusträger-Bruderschaft. – Die heutige, im Rahmen der Gebietsreform 1978 aus den Gde.n → Homburg a. Main, Lengfurt, Rettersheim und Trennfeld neugebildete Marktgde. T. ist nach dem in der Gemarkung Trennfeld gelegenen Kloster benannt. (I) *Wilhelm Störmer*

A. Feulner, KDB Marktheidenfeld, 1913, ND 1981. – W. Störmer, HAB Marktheidenfeld, 1962. – E. Langguth, Die Gründung des Augustiner-Chorherrenstifts T. in neuem Licht, in: Wertheimer Jahrbuch 2002, S. 11–38.

Triesdorf (Gde. Weidenbach, LK Ansbach, MFr.). Erstmals wird das zwischen → Ansbach und → Gunzenhausen gelegene T. 1282 erwähnt, als der Reichsministeriale Konrad von Guggenberg Güter in »Trivesdorf«/»Triefesdorf« dem Kloster → Heilsbronn verkaufte. Neben der Zisterze Heilsbronn, deren Besitzungen 1525 im Zuge der Säkularisation von den Markgrafen zu Brandenburg eingezogen wurden, waren hier zunächst die von Vestenberg, dann die von Seckendorff begütert. In ihren Besitz war um 1383/86 die *Wasserburg* in T. (1789 bis auf die *Toranlage* abgebrochen) samt den zugehörigen Gütern gekommen. Mindestens umfangreiche Baumaßnahmen an dem Wasserhaus, wenn nicht sogar ein Neubau, erfolgten 1454. 1469 trug Burkhard von Seckendorff den Sitz Markgraf Albrecht zu Lehen auf. 1600 verkaufte Wolf Balthasar aus der Linie Seckendorff-Nold das Gut T. an Brandenburg-Ansbach. – Unter Markgraf Joachim Ernst wurden 1615 ein Reiherhaus und ein Fasanengarten angelegt; 1621/22 kaufte er die Untertanen zu T. aus, ließ die Bauernhöfe niederreißen und bezog Dorfbereich und Gemarkung in das herrschaftliche Ökonomiegut ein. Sein Sohn Albrecht errichtete 1654 einen großen

Tiergarten, der in der Folgezeit immer wieder erweitert und neu gestaltet wurde. Unter Markgraf Johann Friedrich begann mit dem Bau des sog. *Weißen Schlosses* im Jahr 1682 (Erweiterungen 1700–76) der Aufstieg von T. zur ländlichen Sommerresidenz. Markgraf Georg Friedrich baute den Lustgarten aus und ließ an der Straße nach Gunzenhausen 1695/97 *Kavaliershäuser* errichten. Zur »Jagdresidenz« wurde T. unter Markgraf Carl Wilhelm Friedrich: Das später (1758) zum fürstlichen Wohnsitz (*Rotes Schloß*) umgebaute *Falkenhaus* entstand 1730/32, die *Menagerie* 1739, das *Reithaus* 1744/46. Nicht mehr erhalten sind die drei 1750/55 erbauten Beizhäuser, die sog. Passagen, die bereits 1764 bzw. 1771 wieder abgetragen wurden. Von den Bautätigkeiten unter Markgraf Alexander zeugen das 1759/64 erbaute *Jägerhaus,* der *Marstall* (1762/63), das *Forsthaus* (1772), das *Hofgärtnerhaus* (1772) und die 1785 für Lady Craven, die Freundin und seit 1791 Gemahlin des Markgrafen, erbaute *Villa Sandrina,* die spätestens ab 1787 als Gästehaus des Markgrafen (Hôtel d'Alexandre) genutzt wurde. Auf Lady Craven geht die Umgestaltung des Barockparkes in einen engl. Landschaftsgarten zurück. Die Gartenneubauten der mißliebigen Engländerin wurden 1793–97 beseitigt. – Zum Ensemble der Sommerresidenz gehört auch die *ev. Pfarrkirche* in Weidenbach, ein Werk Leopoldo Rettys im sog. Markgrafenstil, die Markgraf Carl Wilhelm Friedrich 1735/36 als Gotteshaus für Gde. und Hof errichten ließ. – Heute ist T. Sitz des Landwirtschaftlichen Bildungszentrums Nordbayerns, das auf eine 1847 gegründete Ackerbauschule zurückgeht. (V) *Robert Schuh*

H. Braun, T. Sommerresidenz der Markgrafen von Brandenburg-Ansbach 1600–1791, in: Jahrbuch für fränkische Landesforschung 17 (1957), S. 181–242. – E. Eichhorn, Die markgräfliche Sommerresidenz T., T. 1981. – G. Rechter, Die Herren v. Seckendorff an der mittleren Altmühl und auf T., T. 1991.

Trimberg (Gde. Elfershausen, LK Bad Kissingen, UFr.). Auf einer weit in das Tal der Fränk. Saale hineinreichenden steilen Bergzunge stehen die *Überreste* zweier *Burganlagen,* die einst der Stammsitz einer bedeutenden Familie von Edelfreien waren. Diese Herren von T. sind erstmals 1136 urk. nachweisbar.

Die ursprüngliche Anlage, die auf dem höchsten Punkt des Bergrückens gelegene *Alt-Trimburg*, wurde bereits vor 1234 aufgelassen und ist nur noch durch das erhaltene *Graben-Wall-System* im bewaldeten Gelände erkennbar; annähernd in der Mitte des Burgstalls wurden die Fundamente eines wohl noch aus dem 12. Jh. stammenden runden Bergfrieds aus Buckelquadern nachgewiesen. – Zu Beginn des 13. Jh.s wurde die Kernanlage der heutigen Ruine *Trimburg* vermutlich von Konrad I. erbaut, der sie 1226 zusammen mit dem unterhalb der Burg auf einer Terrasse gelegenen Wirtschaftshof (später »Linsenburg« genannt) und weiteren Besitzungen dem Hochstift Würzburg zu Lehen auftrug. *Reste* der ehemals starken Befestigung dieses Gutes sind in unmittelbarer Nachbarschaft von Kirche und Friedhof der Gde. T. noch heute zu erkennen. – 1279/92 fiel die Trimburg endgültig an das Hochstift Würzburg, wurde in mehreren Phasen ausgebaut und Sitz eines würzburgischen Amtmannes. Von 1377/78 bis 1483/90 war sie an verschiedene frk. Adelsfamilien verpfändet, 1525 wurde der Amtssitz von aufständischen Bauern schwer beschädigt. Seit der 2. Hälfte des 16. Jh.s war die wiederhergestellte Trimburg Mittelpunkt des hochstiftischen Oberamtes Aura-T., das in dieser Form bis 1803/04 Bestand hatte. Den gewandelten Ansprüchen an einen barockzeitlichen Oberamtssitz Rechnung tragend, gaben weitere Umbauten wie die Errichtung des heutigen Zugangstores 1679 der Burg ihre endgültige Gestalt. – Nach dem Abzug der letzten Bewohner um 1805 wurde die Anlage zum Abbruch freigegeben; die immer noch beeindruckenden Reste verdankten ihre Rettung dem starken Aufblühen des Kurbetriebs im benachbarten → Bad Kissingen, dessen Förderer auf der Suche nach attraktiven Ausflugszielen für die Kurgäste die Anlage neu entdeckten. Daraufhin einsetzende Sicherungsmaßnahmen an der Bausubstanz ab ca. 1830 konservierten im wesentlichen den damaligen Zustand bis heute. Seit 1977 befindet sich die Trimburg im Eigentum der Gde. Elfershausen, die gemeinsam mit dem Förderverein »Freunde der Trimburg« intensiv um die Erhaltung der Anlage bemüht ist. (II) *Jens Martin*

G. H. Wich, HAB Brückenau-Hammelburg, 1973. – J. Martin/U. Müller, Neue Ausgrabungen auf dem Burgstall Alt-T., in: Mainfränkisches Jahrbuch 48 (1996), S. 165–180.

Trockau (Stadt Pegnitz, LK Bayreuth, OFr.). Am w. Ortsrand des Dorfes T. steht über dem Püttlachtal das bedeutendste *Barockschloß* des Pegnitzgebietes. Seine Wurzeln gehen auf eine 1316 erstmals erwähnte mittelalterliche Burganlage zurück. Eine nach diesem Sitz benannte Familie tauchte mit Wernher de Trogav schon 1273 in einer Urkunde für das Kloster → Engelthal auf. Bereits 1316 befand sich die Burg (bis heute) im Besitz der Familie Groß, die sich schließlich Groß von T. nannte. Das weitverzweigte Geschlecht zählte zu den bestimmenden Adelsfamilien des ö. Franken und war häufig in den Diensten der benachbarten Territorien und im → Bamberger Domkapitel zu finden. 1737 erreichten die Groß die Reichsunmittelbarkeit ihrer Herrschaft T.; sie gehörten dem Kanton Gebirg der Reichsritterschaft an. Nach Zerstörungen im Krieg um das Nürnberger Landgericht 1460/62, im Bauernkrieg und im 30jg. Krieg entstand 1769–79 der heutige dreigeschossige Bau des Schlosses unter Karl Ludwig Wilhelm Casimir Groß von T. – 1820–48 war das Schloß Sitz des Patrimonialgerichts der Groß. In T. kam es 1848 zu den einzigen nennenswerten revolutionären Aktionen im LK Pegnitz, da sich die Einwohner von der Schloßherrschaft bedrückt fühlten. – Nö. des Schlosses liegt die *Schloßkapelle St. Oswald*, die seit Gründung der Burg an dieser Stelle ihren Platz hat. Ihre äußere Gestalt stammt aus der Zeit eines Erweiterungsbaus von 1603, im Inneren aber wurde sie 1777 neu gestaltet. 1550–1669 diente sie dem ev., dann dem kath. Gottesdienst. Erst 1950 erhielt die kath. Gde. mit *St. Thomas* eine Kirche außerhalb des Schlosses. – Seit dem Bau der Autobahn von Nürnberg nach Berlin durchschnitt die Trasse der Fernstraße den Ort, so daß sich die Ansicht des Schlosses von Osten zahllosen Vorbeifahrenden einprägte. Im Zuge des sechsspurigen Ausbaus der Autobahn wurde die »Trockauer Kurve« entschärft und die Verkehrsader weiter ö. am Ort vorbeigeführt. (III) *Martin Schieber*

A. Schädler, KDB Pegnitz, 1961. – H. Kunstmann, Die Burgen der östlichen Fränkischen Schweiz, Würzburg 1965.

Tüchersfeld (Stadt Pottenstein, LK Bayreuth, OFr.): → Pottenstein.

Tückelhausen (Stadt Ochsenfurt, LK Würzburg, UFr.). Wo sich die Hochfläche des Ochsenfurter Gaus in das Maintal hinabsenkt, liegt auf einem Bergsporn oberhalb des Thierbaches das 887 erstmals erwähnte T. Um 1050 ist die Wallfahrt zum Berg des hl. Lambert belegt, die in der Region von Bedeutung war (*Lambertus-Kapelle*). Dort gründeten in den Jahren vor 1139 namentlich nicht bekannte Edelfreie mit Unterstützung Bf. Ottos I. von Bamberg ein *Prämonstratenserkloster*, das sich während zwei Jh.n, auf Grund der unzureichenden materiellen Ausstattung offenbar nur mit wechselndem Erfolg, um die Pflege religiösen Lebens bemühte. Erst als der → Würzburger Domdekan Eberhard von Riedern unter der Bedingung, das Kloster in eine Kartause umzuwandeln, umfangreiche Güter hinzustiftete, waren 1351 die wirtschaftlichen Schwierigkeiten dauerhaft überwunden. Auf diesem Fundament überstand die »Cella salutis« schwere Verwüstungen im Bauernkrieg und im 30jg. Krieg. Eine Blütezeit stellte die 1. Hälfte des 18. Jh.s dar, aus der die weitgehend erhaltene Klosteranlage stammt (seit 1991 *Kartäusermuseum*). – Die mit 13 Mönchen besetzte und wirtschaftlich intakte Kartause wurde 1803 im Rahmen der Säkularisation aufgehoben. Erst in den darauffolgenden Jahren entstand durch Ansiedlung von Bauern das heutige Dorf T.

(II)   *Thomas Horling*

R. Rackowitz, Ehemalige Kartause »Cella Salutis« T. Rundgang durch die Klosteranlage mit Klosterkirche und Fränkischem Kartausenmuseum, T. ⁵1992. – T. Horling, Gründung und Frühzeit des Prämonstratenserstifts T. (vor 1139 – 1172), in: ZBLG 68 (2005), S. 441–484.

Uffenheim, Stadt (LK Neustadt a.d. Aisch-Bad Windsheim, MFr.). Die fruchtbare Gaulandschaft um U. im w. Mittelfranken war bereits in vor- und frühgeschichtlicher Zeit Siedlungslungsgebiet und wurde, wie Funde aus der Merowingerzeit im heutigen Stadtgebiet nahelegen, durch die sog. frk. Landnahme in der 2. Hälfte des 6. Jh.s dauerhaft erschlossen. 1103 standen dem Reichskloster Hirsau in Ostfranken auch Leistungen aus Huben zu »Offenheim«, dem »Heim des Offo«, zu. 1136/39 erhielt das Benediktinerkloster Michelsberg (→ Bamberg) dort ebenfalls Güter. – 1253 kam U. als Reichslehen an den Grafen Hermann von Henneberg. Die Niederlage der hennebergischen Partei in den Nachfolgestreitigkeiten um das Würzburger Bistum (1266 Ritterschlacht bei → Kitzingen) brachte U. und seine Zugehörungen an die Hohenlohe, die seit 1269 hier urkundeten und Residenz nahmen. Anfang des 14. Jh.s war U. zum Amtssitz und Markt herangewachsen. 1331, ganz zweifelsfrei aber erst in Zusammenhang mit der Errichtung einer Frühmesse in der 1291 erstmals erschließbaren Kirche 1349 wird U. als Stadt greifbar, doch lag das 1360 von Gerlach von Hohenlohe gestiftete Spital noch außerhalb der Umwallung. (Die heutigen *Spitalgebäude* wurden 1704 errichtet, die 1691 baufällig gewordene *Spitalkirche* 1711/12.) 9 Jahre später mußte der Hohenlohe U. an → Rothenburger Geldgeber verpfänden, 1378 kauften dann die Burggrafen von Nürnberg Stadt und Amt. Unter diesen erhielt U. eine Reihe von Privilegien: 1406 Handlohnfreiheit, 1415 Beschränkung der Stadtsteuer, 1423 Abhaltung von 4 Jahrmärkten. – Wohl noch unter den Hohenlohe, vielleicht aber auch erst als Schutz gegen die Anfang des 15. Jh.s drohenden Hussiten war die alte Planstadt, die wohl nur die heutigen Baukarrees zwischen *Würzburger Tor* und Schweinemarkt umfaßt hat und die alte Siedlung außen vor ließ, auf den bis zum Ende des Alten Reichs gültigen Umfang (ca. 8,7 ha) unter Einschluß des Spitals erweitert und ummauert worden. Die Stadt litt 1461/62 im Fürstenkrieg, wobei 1461 die Veste niedergebrannt wurde. Wohl gleich nach 1462 wieder aufgebaut, erforderte das *Wasserschloß* als Sitz des (Ober-)Amtmanns immer wieder größere und kleinere Baumaßnahmen, ehe es 1737–52 nach Plänen von Johann David Steingruber grundlegend saniert und erweitert wurde. Ein neues *Kanzleigebäude* (Friedrich-Ebert-

Str. 20) entstand 1721 an Stelle des alten hohenlohischen (Marktplatz 1). Die obere Vorstadt (vor dem Würzburger Tor) bestand seit dem ausgehenden 16. Jh. (1631 eingeäschert, einzelne Anwesen seit Ende des 17. Jh.s, planmäßiger Ausbau ab Anfang des 18. Jh.s), die untere (vor dem *Ansbacher Tor*) seit Anfang des 18. Jh.s. Um 1900 kam es zu einer Erweiterung der Stadt nach Osten, 1937 entstanden neue Siedlungsbauten. Am 11./12.4.1945 wurde ein großer Teil der Stadt bei Kämpfen zwischen dt. und US-Truppen durch amerikanischen Artilleriebeschuß zerstört. – U. konnte seinen Charakter als Amts- und Marktstadt bis zur Gebietsreform mit dem Verlust des Landratsamts (seit 1808 Landgericht, 1862 Bezirksamt) 1972 an → Neustadt a.d. Aisch bewahren. Die schnurgerade Landstraße nach Würzburg wurde 1777 angelegt, 1864 erfolgte der Anschluß an die Eisenbahnlinie Ansbach-Würzburg. – Das Patronat der *Pfarrkirche St. Johannes d. Täufer* wurde erst 1478 vom Fürstbf. von Würzburg dem Markgrafen vertauscht. Seit 1528 ist sie ev. 1724/31 entstand an Stelle eines kleineren Gotteshauses ein neues Kirchengebäude, dieses brannte 1890 ab. Der Nachfolgebau wurde 1945 zerstört, der heutige Bau stammt von 1953. – Erstmals 1298 werden Juden in U. erwähnt, 1526 eine (erneute?) Ansiedlung. Eine Synagoge wurde 1732 errichtet. Die Gde. bestand bis 1938, die Synagoge fiel den Kampfhandlungen von 1945 zum Opfer; *Schule* und *Ritualbad* überstanden den Krieg. (V) *Gerhard Rechter*

H. K. Ramisch, BKD Uffenheim, 1966. – E. Fuchshuber, HONB Uffenheim, 1982. – G. Rechter (Bearb.), U. Häusergeschichte 1530 bis 1945, Nürnberg 2003.

Ullstadt (Gde. Sugenheim, LK Neustadt a. d. Aisch-Bad Windsheim, MFr.). U. wird als »Ulgestat«, die »Wohnstatt des Uligo«, unter den Ausstattungsgütern des 816 von den Mattonen gestifteten und später abgegangenen Klosters Megingaudshausen genannt. – Erst Anfang des 14. Jh.s wird der Ort wieder greifbar. Die Lehenbücher des Fürstbf.s von Würzburg zeugen von einer großen grundherrschaftlichen Zersplitterung, bis Burkard von Seckendorff-Nold zu Frankenberg um 1400 die Konkurrenten auskaufen und Sitz, Halsgericht und Ort (bis auf die Hintersassen der Kartäuser zu → Nürnberg) in seine Hand bringen konnte. 1404 war U. Markt. Nach dem Verkauf an die Linie Seckendorff-Obersteinbach, die Ende des 15. Jh.s über Vaihingen ins Badische abwanderte, ging der Besitz 1477 an die Linie Gutend von Obernzenn über. 1662 veräußerten sie die Herrschaft an die reichsritterschaftlichen von Franckenstein, die nach Verkauf ihrer odenwäldischen Stammgüter in den frk. Domkapiteln Fuß gefaßt hatten. Diese konnten ihren Herrschaftsbezirk (u. a. durch Aufkauf der nürnbergischen Besitzungen 1664) vollständig arrondieren, was sie aber 1796 nicht vor der Unterwerfung durch Preußen rettete. 1806 fiel U. an Bayern, ein eigenes Patrimonialgericht bestand bis 1848. Das *Schloß* ist noch heute in Besitz der Franckenstein. – 1371 wird ein Bauhof genannt, 1432/33 eine »Behausung« mit Graben, 1477 werden ein »Schloß«, 1504 ein »Wasserhaus« erwähnt. Dieses wurde angeblich im Bauernkrieg 1525 niedergebrannt, aber unmittelbar darauf wieder aufgebaut. 1638 wird ein neu errichtetes »Haus« genannt, sicherlich dasjenige, das die Franckenstein 1662 erwarben. 1718 wurde die alte Burg vollständig abgetragen und nach Plänen von Johann Dientzenhofer bis 1725 das heutige Barockschloß errichtet. Nach der Wahl Johann Philipp Antons von Franckenstein zum Fürstbf. von Bamberg 1746 wurde das Schloß 1747/50 nach Plänen des Bamberger Architekten Johann Jakob Michael Küchel zur Sommerresidenz erweitert. Die Anlage wurde in den 1990er Jahren gänzlich restauriert. – Die *ev.-luth. Pfarrkirche St. Johann Baptist* wird erstmals 1349 als Pfarrsitz erwähnt; sie wurde 1532 ev. Die *kath. Pfarrkirche Mariä Himmelfahrt* erwuchs aus der 1606 in dem 1594 von der alten Kirche weg verlegten Friedhof errichteten Kapelle Hl. Kreuz, in der seit 1662 kath. Gottesdienste abgehalten wurden; 1767 erfolgte die Erhebung zur kath. Pfarrei. Das heutige Gotteshaus wurde 1876/77 als Stiftung des Gutsherrn Georg von Franckenstein errichtet. – Die seit dem ausgehenden 16. Jh. belegte jüd. Gde. in U. (Friedhof 1623) konnte die Stärke von der zu → Sugenheim nicht erreichen. 1823 wurde eine *Synagoge* errichtet. 1934 zogen die letzten Juden nach → Ansbach und Nürnberg, die Kultgegenstände wurden der Gde. in Sugenheim übergeben, die Synagoge an die Gde. U. verkauft, welche sie 1935 an einen Privatmann veräußerte. (V) *Gerhard Rechter*

W. D. Ortmann, HONB Scheinfeld, 1967. – G. Hojer, BKD Scheinfeld, 1976. – Landkreis Neustadt a.d. Aisch-Bad Windsheim. Heimatbuch für den Landkreis, Neustadt/Aisch 1982.

Unsleben (LK Rhön-Grabfeld, UFr.). Das am Flüßchen Streu und an der B 19 zwischen → Bad Neustadt a.d. Saale und → Mellrichstadt gelegene U., der Namensform nach eine thür. Gründung, wird durch die Erwähnung eines danach benannten würzburgischen Ministerialen ca. 1163 erstmals bezeugt, dessen Sitz wohl bereits der Vorläufer des heutigen *Wasserschlosses* war. Die Familie starb um die Mitte des 14. Jh.s im Mannesstamm aus. Im Besitz des Schlosses (früher auch der umfangreichen zugehörigen Güter im Ort) wechselten sich verschiedene Adelsgeschlechter (Truchseß von U., Speßhardt, Habermann) ab. Durch Heirat befindet es sich heute im Besitz der Grafen von Waldburg-Wolfegg. – Das Erdgeschoß des Nordbaus dürfte mittelalterlich sein, die Obergeschosse sind in Fachwerktechnik aufgesetzt (wohl 16. Jh.). Der Südbau sowie das Tor wurden 1736 errichtet. Die dreiflügelige Anlage wird von einer annähernd quadratischen Mauer umschlossen, an deren Ecken jeweils Rundtürme stehen. Neben anderen Renovierungsarbeiten wurde auch der die Anlage umgebende, im Laufe der Zeit fast völlig zugewachsene *Wassergraben* von den jetzigen Besitzern wieder in den ursprünglichen Zustand versetzt. Im Südostturm des Schlosses befindet sich die *Schloßkapelle*, in der vor der Habermannschen Zeit prot. Gottesdienst abgehalten wurde. – Das vom Ortsadel ausgiebig genutzte Judenregal der Reichsritterschaft führte zum Bestehen einer größeren jüd. Gde., die mit der Deportation aller unterfränk. Juden 1942 ein Ende fand. Die 1835 erbaute und 1938 innen zerstörte *Synagoge* wurde von der Gde. erworben (»Haus der Bäuerin«). – Als besonderer Glücksfall für einen Ort dieser Größe bieten heute ein Ziegelwerk sowie ein auch international gefragtes Furnierwerk zahlreiche Arbeitsplätze. (II) *Heinrich Wagner*

K. Gröber, KDB Neustadt a. Saale, 1922, ND 1983. – H. Wagner, HAB Neustadt a.d. Saale, 1982. – F. Bungert, Chronik von U. Beiträge zur Geschichte des Dorfes, U. 2002.

Untermerzbach (LK Haßberge, UFr.). Die am rechten Ufer der Itz, an einer alten Hochstraße von Baunach nach Heldburg (Thüringen), 6 km nö. von → Ebern gelegene Gde. U. gehört zu den Siedlungen, die in der 1. Hälfte des 8. Jh.s mit dem Vordringen des frk. Landesausbaus in das eher siedlungsunfreundliche Gebiet der s. Haßberge und des Haßberg-Itz-Hügellandes entstanden sind. Erstmals erwähnt wird der Ort in einer im 12. Jh. gefälschten Urkunde. – U. gelangte vermutlich noch im 13. Jh. an die in den Haßbergen und im Itzgrund reich begüterten reichsritterschaftlichen Familien von Rotenhan und Lichtenstein, die sich fortan über Jh.e die Grund- und Dorfherrschaft in U. mit der Abtei (→ Kloster) Banz teilten. Um 1370 bildeten die Rotenhan in U. eine jüngere, die sog. Merzbacher Linie, die 1774 in den Grafenstand erhoben wurde und 1886 ausstarb. – Das ehem. rotenhansche *Schloß* präsentiert sich in seiner Hanglage als dreigeschossiger Rechteckbau mit zwei schrägstehenden Flankentürmen und geht in seinen ältesten Bauteilen in das Jahr 1534 zurück. Seine heutige Gestalt erhielt der Bau um 1747/50. 1922 erwarben die Pallottiner das Schloß und richteten ein Noviziat ein. 1954 entstand neben dem Schloß eine *Ordenskirche*, 1970 wurde ein Bildungshaus des Ordens eingerichtet. – Die heutige *Simultankirche* im Ort hatte einen mittelalterlichen, bereits 1225 bezeugten Vorgängerbau. Um 1540 wurde U. durch Lutz von Rotenhan luth. Mit der Rückkehr der Merzbacher Linie der Rotenhan zum alten Glauben 1675 wurde in der Ortskirche das Simultaneum eingeführt. – An die einst blühende jüd. Gde. in U., die 1843 122 Mitglieder zählte, erinnern ein *Friedhof* und das Gebäude der *Synagoge*. – Die Einwohner von U. lebten bis zum Ende des 19. Jh.s fast ausschließlich von der Land- und

Viehwirtschaft, als Waldarbeiter, Schreiner und Zimmerleute oder als Steinhauer in den zahlreichen kleinen Sandsteinbrüchen der Haßberge. (III) *Thomas Wehner*

G. L. Lehnes, Geschichte des Baunachgrundes in Unterfranken, in: Archiv des Historischen Vereins von Unterfranken und Aschaffenburg 7,1 (1843), S. 1–216. – I. Maierhöfer, HAB Ebern, 1964.

Unternzenn (Gde. Obernzenn, LK Neustadt a.d. Aisch-Bad Windsheim, MFr.). Der auf einem überschwemmungssicheren Hügel im Zenntal angelegte, 1294 durch Burggraf Konrad den Frommen an den Deutschen Orden geschenkte Ortsteil ist wohl Ausbausiedlung von → Obernzenn. Diese Anwesen wurden 1732 von der Gutsherrschaft eingetauscht, und Sekkendorff-Aberdar erlangte dadurch geschlossene Ortsherrschaft; die Güter um die Kirche dagegen waren aus dem sekkendorffischen Wirtschaftshof gezogen worden. – Die deutlich erkennbare räumliche Trennung der beiden Ortsteile spiegelt die Herrschaftsgeschichte noch heute wider. 1303/04 empfing Arnold von Seckendorff würzburgische Lehenzehnten; wohl bereits zu dieser Zeit saß sein Bruder Konrad gen. Aberdar auf der kaum wesentlich vorher errichteten, erstmals 1431 als »sloß« belegten *Wasserburg*. Diese wurde 1508 dem Fürstbf. von Würzburg zu Lehen aufgetragen. 1609–15, 1711/12 und 1747–53 erfolgten größere Umbaumaßnahmen, 1909 wurden Zinnen aufgesetzt. Der Graben verlandete um die Mitte des 19. Jh.s. 1717/43 entstand ein Neubau des ehemals durch Weiher geschützten *Wirtschaftshofs*, 1735–37 ein Neubau des *Verwaltergebäudes* (Ansbacher Hofbaumeister Leopoldo Retty). – Die *Kirche St. Maria*, 1445 als Kapelle erwähnt und 1518 unter Erhebung zur Pfarrkirche von Obernzenn separiert, ist seit 1539 ev. und wurde 1552 Filiale von → Egenhausen. Langhaus und Turmläutgeschoß wurden 1730/31 neu errichtet. Die Kirche erfuhr in den 1980er Jahren eine Renovierung. – Nach dem Übergang an Bayern 1806 bestand das Patrimonialgericht U. bis 1848. (V) *Gerhard Rechter*

M. Krieger, Schloß U., in: Jahrbuch des Historischen Vereins für Mittelfranken 78 (1959), S. 93–112. – G. Rechter, Die Seckendorff. Quellen und

Studien zur Genealogie und Besitzgeschichte, Bd. 3: Die Linien Aberdar und Hörauf, Neustadt/Aisch 1997.

Unterschwaningen (LK Ansbach, MFr.). Auf einer Anhöhe zwischen zwei Bächen lag ca. 1 km s. des heutigen U. ein um 90 n. Chr. erbautes röm. Holz-Erde-Kastell. Wohl vor der Mitte des 2. Jh.s wurde es wieder geräumt und die Besatzung in das direkt am → Limes erbaute Kastell → Dambach verlegt. – Die Lage im fruchtbaren Albvorland nahe bei einer Römerstraße und der »-ingen«-Name lassen auf eine frühe, mindestens ins 6./7. Jh. zurückreichende germanische Siedlung im Bereich von Ober-/U. schließen. »Sweiningen« wird 1053 in einer (verschollenen) Urkunde Ks. Heinrichs III. ersterwähnt. Mit Heinrich von Sweiningen tritt 1163 erstmals urk. ein Angehöriger des sich nach dem Ort nennenden, 1455 erloschenen Geschlechts auf. – Nach mehreren Besitzerwechseln seit 1429 kaufte 1517 Ernst von Rechenberg Schloß und Gut. Die Herren von Rechenberg führten 1543 die Reformation ein; 1544 wurden ihnen von Ks. Karl V. die Hochgerichtsrechte zu U. verliehen. Nach ihrem Aussterben 1583 fielen Schloß und Gut U. an Markgraf Georg Friedrich von Ansbach-Kulmbach heim, dessen Ansbacher Nachfolger Joachim Ernst 1603 den Komplex an Johann Philipp Fuchs von Bimbach zu Lehen gab, der 1603–10 durch Blasius Berwart ein neues Schloß errichten ließ. 1626 kam das Gut an den kaiserlichen Fiskus. Die Heimfallansprüche Ansbachs wurden abgelehnt und U. 1628 an den Neffen Johann Philipps, Hans Karl Fuchs von Bimbach, übergeben, der dafür konvertierte und den alten Glauben in U. einführte. 1630 kaufte Markgräfin Sophie U. und setzte den ev. Pfarrer wieder ein. 1634 brandschatzten kaiserliche Truppen den Ort; das festungsartige Schloß überstand den Krieg. – Von 1712 an war U. zumeist Sitz der Markgräfinnen. 1714–20 entstand w. des Berwart-Baus eine in großen Teilen erhaltene *Neuanlage*, die vornehmlich als Marstall, zur Rinderhaltung und als Wohntrakt für Bedienstete genutzt wurde (häufig fälschlich als »Sommerpalais« bezeichnet). Etwa 1720–29 entstand ö. des alten Schlosses ein dreiflügeliges neues Schloß. In den folgenden Jahren wurden umfangreiche Gartenanlagen errichtet und 1731–37 das alte Schloß umgebaut und erneuert. – 1791 wurde U. der allgemeinen Landesverwaltung des Fürstentums Ansbach unterstellt, das 1792 preuß. wurde und 1806 an das Kgr. Bayern fiel. 1807 wurden Marstallgebäude und Gartenbauten versteigert, 1811 auch das alte und neue Schloß. Ersteres wurde völlig abgebrochen, von letzterem sind nur die 4 *Eckpavillons* übrig geblieben. Das besterhaltene Bauwerk der einstigen Markgräfinnenresidenz ist die an der Stelle einer 1388 erbauten *Kirche* 1737–43 für die Gde. und den Hof errichtete Pfarrkirche *(Hl. Dreifaltigkeit)*, ein hervorragendes Werk Rettys im sog. Markgrafenstil, die zuletzt 1984–89 aufwendig restauriert wurde. (V) *Robert Schuh*

A. Gebessler, BKD Dinkelsbühl, 1962. – O. Veh, Zur Geschichte des Schlosses von U., in: Jahrbuch des Historischen Vereins für Mittelfranken 97 (1984/85), S. 143–175. – W. Czysz u. a., Die Römer in Bayern, Stuttgart 1995.

Unterzell (Gde. Zell a. Main, LK Würzburg, UFr.): → Oberzell.

Urspringen (LK Main-Spessart, UFr.). Das zwischen → Karlstadt und → Marktheidenfeld gelegene Dorf U., mit einem *ehem. Wasserschloß* (einfacher Barockbau), gehörte zum Typ der ritterschaftlichen Dörfer Frankens. Das Hochstift Würzburg hatte hier früh einige Lehen. 1326 verkaufte ein Helbrich von Steinfeld seinen Urspringener Besitz an das Kloster → Neustadt a. Main. Vom 14. bis ins 17. Jh. übten die in der Burg ansässigen Ritter Voit von Rieneck die Vogtei über U. und Duttenbrunn aus. Im 14./15. Jh. begegnen auch die Grafen von Wertheim sowie die Grafen von Rieneck, die ihre Eigenleute in U. an das Hochstift Würzburg verkauften, das 1474 den Ort zu seinem Amt Rothenfels zählte. – Die Wasserburg der Voit von Rieneck war seit 1479 Würzburger Lehen. Burg und Vogtei kamen im 17. Jh. an die Kottwitz von Aulenbach (im Spessart), im 18. Jh. besaßen die Grafen von Ingelheim Burg und Bauhof. Die Vogtei über U. war dagegen im 18. Jh. in der Hand der Grafen von Castell, die schließlich auch das Schloß übernahmen. – Wie so oft in der Reichsritterschaft existierte auch in U. zumindest seit dem 17. Jh. eine jüd. Gde. mit *Synagoge*, Ritualbad und *Schule* in der Judengasse (Synagoge heute *Gedenkstätte*). Die letzten Urspringener Juden wurden 1942 von den Nationalsozialisten ermordet.

(I)   *Wilhelm Störmer*

A. Feulner, KDB Marktheidenfeld, 1913, ND 1981. – W. Störmer, HAB Marktheidenfeld, 1962.

Veitshöchheim (LK Würzburg, UFr.). Mutmaßlich war der vor den Toren → Würzburgs mainabwärts gelegene Ort schon Ende des 7. Jh.s ständig besiedelt. Die hl. Bilhildis (gest. um 720), Stifterin des Klosters Altenmünster bei Mainz und Gattin eines in Würzburg residierenden thür. Hz.s aus dem Geschlecht der Hedene (wohl Hetan II. und nicht wie früher vermutet Hetan I.), soll nach dem Zeugnis ihrer Viten aus Höchheim stammen. Während die ältere Forschung diese Nachricht auf Hochheim bei Mainz bezog, wird in jüngster Zeit wieder für V. als Geburtsort der Bilhildis plädiert. – Die erste sichere schriftliche Nennung des Ortes entstammt einer Schenkungsurkunde des Jahres 1097, in welcher der Würzburger Bf. Emehard die Pfarrei in »Hochheim« dem Spital des Klosters St. Stephan in Würzburg übergibt. 1246 wurde hier der thür. Landgraf Heinrich Raspe zum Gegenkönig gewählt. Ende des 13. Jh.s hat sich nach dem Zeugnis des Geschichtsschreibers Lorenz Fries eine Wallfahrt nach Höchheim entwickelt, das sich – erstmals 1301 nachweisbar – durch die Aufnahme seines Kirchenpatrons St. Veit in den Ortsnamen von dem auf der anderen Mainseite liegenden (Margets)Höchheim absetzte. – Die besondere architekturgeschichtliche Stellung des Ortes ergibt sich aus seiner Funktion als Sommerresidenz der Würzburger Fürstbf.e, die hier zunächst unter Peter Philipp von Dernbach 1680–82 ein »*Lusthaus*« sowie einen Tiergarten errichten ließen. Auf Johann Philipp von Greiffenclau geht der Anfang des 18. Jh.s in 4 Zonen errichtete *Hofgarten* zurück, der seit den 1760er Jahren unter Fürstbf. Adam

Friedrich von Seinsheim eine Umgestaltung zu einem Roko-kogarten erfuhr und dabei nicht zuletzt durch das von den Hofbildhauern Ferdinand Tietz und Johann Peter Wagner geschaffene Figurenprogramm zu den herausragenden Vertretern seiner Art zählt. Unter den Fürstbf.n Anselm Franz von Ingelheim und Carl Philipp von Greiffenclau erfolgte nach den Plänen Balthasar Neumanns zwischen 1749 und 1753 der Umbau des Lusthauses in eine Sommerresidenz. Der 1776 für die Allgemeinheit geöffnete Hofgarten erlitt im 2. Weltkrieg schwere Schäden.– Die 1727 für die etwa 50 Personen umfassende jüd. Gde. errichtete *Synagoge* entging 1938 der Zerstörung und beherbergt seit 1994 ein jüd. *Kulturmuseum* (u. a. mit einem erhaltenen rituellen Tauchbad und Genisa-Literatur). Für den Anschluß an die Ludwigs-Westbahn erhielt der Ort einen repräsentativen *Bahnhof*, der 1853–55 nach den Plänen des Gärtner-Schülers Gottfried Neureuther erstellt wurde. Die Verbindung von V. zum Weinbau dokumentiert die 1902 eröffnete *Kgl. Wein-, Obst- und Gartenbauschule* (heute *Bay. Landesanstalt für Weinbau und Gartenbau*).   *(II) Thomas Heiler*

W. Tunk/B. von Roda (Bearb.), V. Schloß und Garten. Amtlicher Führer, München 1962, ⁷1997. – 900 Jahre V., V. 1997. – H. Wagner, Die Hedene, die hl. Bilhildis und die Erstnennung von Bamberg, in: Würzburger Diözesangeschichtsblätter 61 (1999), S. 13–50.

Velden, Stadt (LK Nürnberger Land, MFr.). V., etwa 35 km nö. von → Nürnberg an der Pegnitz gelegen, wird erstmals 889 in einer hier ausgestellten Urkunde Kg. Arnulfs erwähnt und ist für 912 als Königshof bezeugt. Der Königshof und der unter seiner Verwaltung stehende ausgedehnte Forst an beiden Seiten der Pegnitz wurden 1009 von Kg. Heinrich II. an das zwei Jahre vorher von ihm gegründete Hochstift Bamberg übertragen. Blutgerichtsbarkeit und Vogtei übte der Graf von Sulzbach aus. Nach dem Aussterben der Sulzbacher erwarben um 1200 die Staufer die Vogtei, die schließlich 1268 an die Wittelsbacher Hz.e fiel. Dem Bamberger Bf. blieb nur das Forstgebiet, dessen Verwaltung er an Veldenstein (→ Neuhaus a. d. Pegnitz) übertrug. Mitte der 14. Jh. erwarb Ks. Karl IV. mit großen Teilen der Oberpfalz auch V., dem er 1376 das

Stadtrecht verlieh, nachdem es 1374 bereits Sitz eines Halsgerichtes geworden war. – Das Marktrecht geht möglicherweise noch auf die Staufer zurück; der lokale Handel und die reichen Fischbestände der Pegnitz waren für das abseits der Fernhandelswege gelegene V. wichtige Einkommensquellen. Der Markt war vermutlich schon früh provisorisch befestigt, die *Stadtmauern* wurden aber wahrscheinlich erst während der Hussitenkriege in der 1. Hälfte des 15. Jh.s vollendet. – Im Landshuter Erbfolgekrieg wurde V. vollständig niedergebrannt, fiel dann 1505 endgültig an → Nürnberg und wurde mit Nürnberger Unterstützung wieder aufgebaut. Ab etwa 1520 war der Veldener Richter auch Nürnberger Pfleger. Er erhielt 1541/42 an Stelle des alten Schlosses ein repräsentativeres, neues *Schloß* als Amtssitz. Im 30jg. Krieg widerstand V. im Mai 1627 dem zehntägigen Angriff einer weit überlegenen kath. Übermacht. Ins 17. Jh. fällt auch die Entdeckung der Veldener Heilerde in der nahegelegenen Geisloch-Höhle. – Im 18. Jh. erlebte V. friedlichere Zeiten und einen wirtschaftlichen Aufschwung. 1806 kam es endgültig an Bayern. Im 19. Jh. wuchs der Tourismus, besonders seit Eröffnung der Pegnitztalbahn 1877. Schon vorher war die Geisloch-Höhle eine weit bekannte Attraktion. In der Höhle wurden Siedlungsschichten der Urnenfelderzeit und der Latènezeit ergraben. – Mit der Herstellung von Metallpigmenten kam 1918 die Industrie in das obere Pegnitztal, die heute noch größter Arbeitgeber in V. ist. Am 19.4.1945 wurde V., bis dahin vom Krieg verschont und eigentlich schon in amerikanischer Hand, nach erneutem Widerstand dt. Soldaten durch einen Bombenangriff schwer zerstört, konnte aber in den folgenden Jahren wieder aufgebaut werden, einschließlich des *Mühltors*, des einzigen noch erhaltenen der ehemals 3 Tore der Stadtbefestigung. (VI) *Wolfgang Wach*

W. Schwemmer/G. Voit, HAB Lauf-Hersbruck, 1967. – W. Schwemmer, V. a. d. Pegnitz. Aus der Geschichte einer alten Stadt, Nürnberg 1976.

Veldenstein (Gde. Neuhaus a.d. Pegnitz, LK Nürnberger Land, MFr.): → Neuhaus a.d. Pegnitz.

Vestenbergsgreuth, Markt (LK Erlangen-Höchstadt, MFr.). In der vermutlich im Rahmen des bambergischen Landesausbaus im 11./12. Jh. entstandenen Rodungssiedlung in einem Seitental der Kleinen Weisach (1217 »Rute«) besaß das → Bamberger Kloster Michelsberg die Vogtei und ein Gut. Unter den Herren von Vestenberg (gleichnamiger Stammsitz bei Petersaurach, LK Ansbach), seit 1314 Lehensmänner der Grafen von Castell in Burghaslach und eines der mächtigsten Geschlechter im s. Steigerwald, erreichte es eine führende Stellung unter den Dörfern des Oberen Weisachgrundes. – Nach dem Aussterben der Vestenberger 1687 kam ihr Rittergut V. 1756 an das → Nürnberger Patriziergeschlecht der Freiherren Holzschuher von Harlach. Unter ihnen wurde es Mitglied im Ritterkanton Steigerwald und wuchs durch planmäßige Peuplierung von 20 Häusern 1720 auf 62 im Jahre 1818 an. 1756/60 bis 1837 war neben zahlreichen lokalen Gewerben die erste Berliner-Blau-Fabrik in Franken tätig. Auch gab es in dem Ort einige jüd. Familien, ferner eine 1759 eingerichtete Schule und ein 1785 erbautes steinernes *Haus* (*»Schloß«*) der Ortsherren. – Nachdem V. 1806 mit der Grafschaft Castell an Bayern gefallen war, erlosch das Patrimonialgericht 1848 unter den Freiherren von Künßberg, die 1838 den Allodialbesitz erworben hatten. 1959 erhielt V., das um 1500 kirchlich zu Schornweisach eingepfarrt und um 1530 zur neuen Lehre übergetreten war, eine eigene *Kirche*. Seit 1972 gehört es zusammen mit 13 weiteren Orten zur Verwaltungsgemeinschaft → Höchstadt an der Aisch. (III)   *Andreas Jakob*

H. H. Hofmann, HAB Höchstadt-Herzogenaurach, 1951. – G. Dassler (Hg.), Landkreis Höchstadt a.d. Aisch. Vergangenheit und Gegenwart, Aßling-München 1970. – Der Landkreis Erlangen-Höchstadt, Hof/Saale 1979.

Vierzehnheiligen (Stadt Bad Staffelstein, LK Lichtenfels, OFr.). Beim Hof Frankenthal, 1344 durch das Zisterzienserkloster → Langheim von der Familie von Kunstadt erworben, hatte der jugendliche Schäfer Hermann Leicht 1445/46 Erscheinungen, mit denen ihn die 14 Nothelfer zum Bau einer

Kapelle aufforderten. Die Abtei Langheim ließ nach anfängli-
chen Zweifeln alsbald eine Maria und den Nothelfern geweihte Kirche errichten (Weihe des Hochaltars 1448), die
zum Zentrum der Nothelferverehrung schlechthin wurde.
Durch Ablässe gefördert, entwickelte sich die Kapelle zum
Anziehungspunkt für Wallfahrer, darunter Ks. Friedrich III. –
Die seelsorgerliche Betreuung übernahm nicht der örtlich zuständige Pfarrer von (→ Bad) Staffelstein, sondern das Kloster
Langheim. Für den als »Propst« abgeordneten Konventualen
entstand 1466 ein Haus neben der Kapelle. Bei Bedarf unter-
stützten ihn weitere Langheimer Mönche. Langheim verwaltete auch das anfallende Opfer. Die Kirche wurde im Bauernkrieg 1525 geplündert und in Brand gesteckt. Ein Neubau
wurde 1543 geweiht. Um eine Belebung der Wallfahrt bemühte sich das Kloster seit den 1590er Jahren. – Seit 1699
strebte Langheim für die V.-Kirche einen *Neubau* an. Jedoch
erst 1741/42 wurde eine Einigung zwischen dem Fürstbf. von
Bamberg und dem Langheimer Abt über die Finanzierung erzielt. Nachdem Bamberg die Pläne von Gottfried Heinrich
Krohne und Langheim die von Johann Jakob Michael Küchel
abgelehnt hatte, wurde 1743 der Bau nach Entwürfen von
Balthasar Neumann begonnen. Offenbar vom Kloster veranlaßte Änderungen im Plan durch Krohne erzwangen 1744
eine grundlegende Umplanung durch Neumann. Die Ausführung des Baus lag in den Händen des Staffelsteiner Baumeisters Johann Thomas Nißler; mit der Stuckierung wurde
Johann Michael Feichtmayr aus ↑ Wessobrunn, mit der Ausmalung Joseph Ignaz Appiani aus ↑ München beauftragt. 1772
wurde die Kirche geweiht. – Mit der Aufhebung des Klosters
Langheim 1803 endete die ausschließliche Betreuung durch
Zisterziensermönche. In der Propstei wurden ab 1806 Bamberger Dominikaner untergebracht. 1839 berief Kg. Ludwig I.
Franziskaner nach V. – Ein Kirchenbrand 1835 und wegen nur
notdürftiger Wiederherstellung auftretende Witterungsschä-
den machten ab 1848 eine gründliche Erneuerung des Baus
erforderlich. Dabei wurden bis 1872 sämtliche Gemälde und
Fresken durch Arbeiten des Nazareners Augustin Palme er-

setzt. Die Beseitigung der meisten seiner Fresken, die Freilegung der Werke Appianis und deren Ergänzung erfolgten 1915–18 durch Kaspar Schleibner und Anton Ranzinger. – 1897 erhob Papst Leo XIII. V. als erste dt. Kirche zur Basilica minor. (III) *Günter Dippold*

S. von Pölnitz, V. Eine Wallfahrt in Franken, Weißenhorn 1971. – Die Restaurierung der Wallfahrtskirche V., 2 Bde., München 1990. – P. Ruderich, Die Wallfahrtskirche Mariä Himmelfahrt zu V. Eine Baumonographie, Bamberg 2000.

Virnsberg (Gde. Flachslanden, LK Ansbach, MFr.). V., die *Burg* auf dem Berg im (786 urk. genannten) Vircunnia-Wald, wurde zum Schutz der Hochstraße zwischen Rothenburg ob der Tauber und den Reichsgütern um → Nürnberg wohl in der 2. Hälfte des 12. Jh.s auf einem Zeugenberg im Kemmathbachtal errichtet. Urk. wird die Anlage 1235 faßbar. 1294 schenkte Burggraf Konrad der Fromme von Nürnberg die Burg mit Besitzungen in 27 Orten an den Deutschen Orden, der bereits seit 1260 mit dem Patronatsrecht in → Obernzenn in der Gegend präsent war und hier eine *Kommende* errichtete (mit Amt Ickelheim). Mit nach Zukäufen und Besitzarrondierungen relativ geschlossenem Herrschaftsbezirk sowie mit 1731/54 von den Häusern Brandenburg vertraglich zugesichertem Hochgerichtsbezirk war V. vor dem Zugriff Preußens nach 1792 sicher. 1806 fiel die Kommende an Bayern. – In der Reformationszeit konnte V. nur die Pfarreien Unteraltenbernheim und Sondernohe kath. halten. Die Bauern der Kommende beteiligten sich am Bauernkrieg 1525, wobei in V. keine Schäden entstanden. Im 30jg. Krieg stand die Kommende V. 1631/34 unter schwed. Verwaltung; insgesamt fielen mehr als die Hälfte aller Anwesen wüst. – Die Siedlung V., genannt Steinweg (1574 vier Anwesen), entwickelte sich unter Übernahme des Burgennamens seit den 1680er Jahren zum Ort. – Die *kath. Pfarrkirche St. Dionysius* wurde 1915 errichtet. Dort war das wohl von Komtur Friedrich Philipp von Wildenstein (1741–70) für den Vorgängerbau der 1777–81 neu errichteten *Pfarrkirche Sondernohe* gestiftete *Heilige Grab* bis in die 1950er Jahre in liturgischem Gebrauch. Wiederentdeckt 1988 und in der Folge restauriert, wird es seit 2001 unter Einbeziehung in den kirchlichen Jahreslauf in einem eigenen Gebäude präsentiert. – Der älteste Teil der Burg, die große *Ringmauer*, geht in die staufische Zeit zurück. Die Anlage wurde im 16./17. Jh. umgestaltet und um durch (inzwischen teilweise verlandete) Weiher geschützte Wirtschaftsgebäude (*Unteres Schloß*) erweitert. Die 1809 vom Staat veräußerte Anlage befindet sich seitdem in privaten Händen und durchlief eine wechselhafte Besitz- und Nutzungsgeschichte (u. a. als Landjugend- und Altenheim). – Das 1532 errichtete und 1764 neugebaute *Spital* erwarb die Gde. 1819 als Schulhaus, heute ist es in Privatbesitz. (V) *Gerhard Rechter*

G. Rechter, Das Land zwischen Aisch und Rezat. Die Kommende V. Deutschen Ordens und die Rittergüter im oberen Zenngrund, Neustadt/Aisch 1981.

Völkershausen (Gde. Willmars, LK Rhön-Grabfeld, UFr.). Das 5 km nö. von → Ostheim v.d. Rhön gelege, 1316 erstmals urk. genannte V., 1350 von Graf Johann I. von Henneberg-Schleusingen für 350 Pfund Heller an Reinhard Schrimpf versetzt, verlieh sein Sohn Graf Heinrich X. 1378 dem Ritter Johann von Stein. Seitdem ist V. bis auf den heutigen Tag Sitz und z. T. Besitz derer von Stein (Nordheimer Linie) geblieben. – Ein erstes, »altes« *Schloß* (Aussehen unbekannt) wurde vor dem 30jg. Krieg erbaut, 1722 aber für den geplanten *Neubau* abgebrochen. Dessen Grundstein wurde am 23.6.1722 gelegt und der Bau selbst in einem Zuge in den Jahren 1722–30 aufgeführt. Zum Bau des Schlosses sowie der ebenfalls neu erbauten *Dorfkirche* wurde u. a. Material der Peterskirche (ehemals im Wald zwischen Ruppers und Neuberg, alter LK Meiningen, gelegen) verwendet. Die Bauleitung hatte sich der meist in Diensten des Deutschen Ordens abwesende Bauherr selbst vorbehalten, so daß das ganze Unternehmen nur mit der tatkräftigen Hilfe des Oberverwalters Christian Friedrich Fischer in die Tat umgesetzt werden konnte. 1726 legte Carl von Stein auch fest, wo der Kirchenneubau entstehen sollte, der 1730 mit dem Aufsetzen des vergoldeten Turmknopfes abgeschlossen werden konnte. Hinzu kam ein langgestrecktes *Hofgebäude*, das Back- und Waschstube, eine Brennerei, Backofen, Malzdarre, Pferdestall und eine Bauernwohnung enthielt. Das symmetrisch angelegte Schloß ist ein zweigeschossiger Bau von 13 Fensterachsen. Die mittleren 3 Achsen sind durch Pilaster und einen Mansardengiebel besonders hervorgehoben. Im Osten schließt sich ein *Engl. Garten* an.

(II)   *Heinrich Wagner*

K. Gröber, KDB Mellrichstadt, 1921, ND 1983. – H. Körner, Der Schloßbau in V. bei Mellrichstadt 1722–1730, in: Mainfränkisches Jahrbuch 18 (1966), S. 161–183. – H. Wagner, HAB Mellrichstadt, 1992.

Vogelsburg (Stadt Volkach, LK Kitzingen, UFr.): → Volkach.

Volkach, Stadt (LK Kitzingen, UFr.). V. liegt zwischen → Kitzingen und → Schweinfurt am Kreuzungspunkt mit der Straße von Würzburg nach Gerolzhofen am Scheitel der sog. Volkacher Mainschleife und ist von einem der größten geschlossenen Weinanbaugebiete Frankens umgeben. – Erstmals erwähnt wird V. 906, als König Ludwig das Kind die Schenkung V.s (»Folkaha«/»Folchaa«) durch König Arnulf von Kärnten für 889 an die Abtei Fulda bestätigte. V. im seit dem 8. Jh. bezeugten Volkfeldgau gehört damit zu den typischen Orten des frühmittelalterlich-frk. Landesausbaus. – 1158 wird erstmals eine Pfarrei erwähnt. Eine jüd. Gde. fiel offenbar 1298 dem sog. Rindfleisch-Pogrom zum Opfer. – Nach häufigem Besitzerwechsel kam V. im 12. Jh. an die Grafen von Castell, wurde von diesen 1258 erstmals Stadt (civitas) genannt und erhielt 1395 Wappen und Siegel. – Von 1328 an teilten sich die Grafen von Castell die Stadtherrschaft mit den Fürstbf.n von Würzburg. Von 1407 an bestanden in V. eine Castellsche (seit 1398) und eine hochstiftische Münze. – Jahrmarktprivilegien (1406, 1451) und die in der Gegend geltenden Volkacher Maße und Gewichte unterstreichen die zentralörtliche Funktion der Stadt, die vor allem vom Weinhandel lebte und ein wichtiger Umschlagplatz für Tuche, Salz und Fische war. 1432 verlieh der Fürstbf. von Würzburg V. die Hochgerichtsbarkeit; 1484 wurde eine Stadtordnung erlassen. Ab 1520 waren die Fürstbf.e alleinige Stadtherren. – Im Bauernkrieg 1525 plünderten die Volkacher umliegende Orte und zogen dann gegen die Marienburg in → Würzburg. V. wurde daraufhin von Fürstbf. Konrad von Thüngen eingenommen und blieb fortan fest in bischöflicher Hand. Unter dieser Herrschaft bis zum Übergang an Bayern 1803/14 erlebte V. eine fast 300jährige Blütezeit. – Im 30jährigen Krieg wurden gerade die wohlhabenden Weinorte am Main in Mitleidenschaft gezogen: 1631 besetzten die Schweden V., 1648 plünderten sie die Stadt. – Seit dem Mittelalter sind wohltätige Stiftungen in V. bezeugt: 1410 das Seel- und Armenhaus, 1464 das Siechenhaus. 1607 ließ Fürstbf. Julius Echter von Mespelbrunn ein Spital errichten. – Im 19. Jh. war V. 1804–62 Landgerichtssitz, 1862–72 Sitz des Bezirksamtes, auch kath. Dekanatsbezirk. Im 20. Jh. gingen die zentralen Verwaltungsinstitutionen nach und nach verloren. Ein *Distriktkrankenhaus* wurde 1857 eröffnet, 1897 erneuert und zum heutigen Kreiskrankenhaus. 1896 gründeten Franziskanerinnen eine höhere Töchterschule und 1912 eine Haushaltsschule. – Die wirtschaftliche Entwicklung im 19. Jh. war durch den starken Rückgang des Weinbaus gekennzeichnet; auch Getreide-, Obst- und Gartenbau wurden fast bedeutungslos. Zudem wurde V. von zwei Großbränden (1804, 1859) heimgesucht. Ein Wandel im wirtschaftlichen Strukturgefüge setzte erst nach 1900 mit dem erfolgreichen Übergang vom Weinbau zum standardisierten Feldgartenbau mit Konzentration auf bestimmte Obst- und Gemüsesorten ein, der nun die Landwirtschaft in der Mainschleife bestimmte. 1892 wurde die steinerne Mainbrücke dem Verkehr übergeben (im April 1945 gesprengt und nur wieder als Behelf errichtet). Mit der wachsenden Nachfrage kam es zum Massenanbau und der Errichtung von zwei Konservenfabriken; eine Großmarkthalle wurde 1929 in Betrieb genommen. Die landwirtschaftlichen Sonderkulturen beziehen heute auch den Weinbau wieder ein. – Neben Handel und Gewerbe haben auch einige

Industriebetriebe in V. Fuß gefaßt. Seit 1955 ist die Stadt (Warenumschlag an der städt. Mainlände) mit dem *Umgehungskanal* Gerlachshausen-V. (Seitenkanal mit Mainausbau, Wehr und Kraftwerk) gut an das Wasserstraßennetz angeschlossen. Der Fremdenverkehr nimmt seit den 1980er Jahren ebenfalls eine herausragende Stellung ein. Seit 1976 besteht die bundesweit bekannte »Deutsche Akademie für Kinder- und Jugendliteratur« mit Sitz in V. 1978 wurde die Stadt Sitz einer Verwaltungsgemeinschaft. Seit 1986 ist V. Garnison der Bundeswehr mit großer Kasernenanlage. – Die älteste Kirche der Stadt ist die außerhalb liegende *Wallfahrtskirche St. Maria auf dem Kirchberg* (um 1500 vollendet; *Rosenkranzmadonna* von Tilman Riemenschneider), deren roman. Vorgängerbau (um 1300 zu einer Beginenklause gehörend) die erste Pfarrkirche für Stadt und Umgebung war. Die *kath. Stadtpfarrkirche St. Bartholomäus* entstand im 15. und 16. Jh. mit reich gegliedertem spätgot. Chor, dreischiffigem Langhaus (Rokokoausstattung) und siebengeschossigem Turm. Die heutige *ev.-luth. Pfarrkirche St. Michael* wurde 1420 errichtet und im 17. Jh. umgebaut. Im 19. Jh. abgebrannt und wieder errichtet, wurde sie 1982 als ev. Kirche eingeweiht. – Die *Befestigungsanlagen* der Stadt sind erstmals 1320 belegt; für 1375 ist die älteste Ummauerung bezeugt. Im Laufe des 16. Jh.s wurde die Altstadt mit einer Doppelmauer, Graben und Mauertürmen umgeben (im 17. Jh. noch weiter ausgebaut). Heute sind nur noch *Reste* der Mauern und Türme erhalten, u. a. die beiden mächtigen Renaissance-Haupttore: das *Sommeracher Tor* (Oberes Tor, 1597, auch Gefängnis) und das *Gaibacher Tor* (Unteres Tor, 1579). Die inneren und äußeren Vorbauten mußten im 19. Jh. dem Verkehr weichen. – Das *Rathaus* wurde 1544 als dreigeschossiger Renaissancebau errichtet. Das sog. *Schelfenhaus* zählt zu den Prachtbauten bürgerlicher Prägung (erbaut 1719/20 von Georg Adam Schelf).

Eine der bedeutendsten prähistorischen Wehranlagen Frankens befindet sich auf der sog. *Vogelsburg*, 3 km w. von V. (noch innerhalb der Mainschleife) auf der Hochebene über dem Main gelegen. *Abschnittswälle* sind im Osten und Westen erhalten. Die Besiedlung geht vermutlich bis in die Hallstattzeit zurück. Nach einem gewaltsamen Untergang wurde der Ort im 8. oder 9. Jh. n. Chr. wegen seiner hervorragenden Lage wieder zu einer Burg ausgebaut. Diese im Volkfeldgau auf kgl. Grund liegende (»Fugalespurc«) Burg mit Kirche wurde 889/ 906 der Abtei Fulda geschenkt. Im 13. Jh. stifteten die Grafen von Castell ein *Karmelitenkloster* (Mons Dei) und erhoben es zu ihrer Grablege. 1525 wurde das Kloster zerstört und im 17. Jh. wieder aufgebaut. Nach der Säkularisation kam es 1957 an die Augustinus-Schwestern; die Anlage beherbergt u. a. eine Tagungsstätte. Gebäudeteile aus dem 15.–18. Jh. (Kirche, Tagungshaus, Umfriedungsmauer) sind erhalten.

Der 1978 zu V. eingemeindete, 3 km n. der Stadt gelegene Ort Gaibach wird im 12. Jh. erstmals erwähnt und gehörte nach wechselnden Grund- und Ortsherren von 1651 bis 1803 den Grafen von Schönborn. Eine Burg bestand schon vor der heutigen *Schloßanlage*: Im 14. Jh. ist ein Burgstall bezeugt, der im 15. Jh. von den Zollnern von der Hallburg befestigt wurde. Um 1600 entstand ein Renaissanceschloß (Reste erhalten), das um 1700 nach Plänen von Johann Leonhard Dientzenhofer barock umgebaut wurde. Im 18./19. Jh. gestaltete man das Innere klassizistisch um; 1820 war der »Konstitutionssaal« fertiggestellt. 1949 wurde im Schönbornschen Schloß das überregional bedeutende sog. Frankenlandschulheim (Gymnasium und Realschule) eingerichtet. – Die *kath. Pfarrkirche* wurde nach den Plänen Balthasar Neumanns 1740–45 erbaut. Die *Hl.-Kreuz-Kapelle* wurde 1700 geweiht. Die Kapelle liegt außerhalb des Ortes in der Nähe der *Konstitutionssäule*. Diese 32 m hohe klassizistische Säule wurde 1828 (nach einem Entwurf Leo von Klenzes) zum zehnten Jubiläum der bay. Verfassung in Anwesenheit Kg. Ludwigs I. eingeweiht. Durch die Verfassungsfeier von 1832 mit der berühmten Rede des → Würzburger Bürgermeisters Josef Behr wurde Gaibach zu einem Angelpunkt der neueren bay. Geschichte.

Der der Stadt V. jenseits des Mains gegenüberliegende ursprüngliche Fährort Astheim wurde 1972 eingemeindet und erfuhr in der gleichen Urkunde wie V. seine erste Erwähnung

889/906 als frühmittelalterlicher Landesausbauort. Nach dem Kloster Fulda waren ebenfalls vorübergehend die Grafen von Castell Ortsherren. 1409–1803 gehörte der Ort zum Astheimer *Kartäuserkloster Marienbrück* (Pons Mariae). Das Kloster wurde von den damaligen Ortsherren Erkinger von Seinsheim und seiner Frau Anna von Bibra gestiftet. Von der Kartause Astheim, die zu Beginn des 19. Jh.s säkularisiert wurde, sind noch *Kirche*, *Priorat*, *Zwischenbau* und *Kapelle* erhalten; Gebäude und prächtige Ausstattung gehören vorwiegend dem 16. bis 18. Jh. an. In der Laienkirche finden sich Grabsteine des Hauses Schwarzenberg. Nachdem das Haus Schwarzenberg die Gebäude übernommen hatte, gingen sie an die Stadt V. über. Seit 1999 nutzt die Diözese Würzburg die restaurierten Gebäude als *Museum*. – Der Kartause wurde 1410 die Pfarrei Astheim zugeschlagen. Die *kath. Pfarrkirche St. Johannis* stammt aus der Mitte des 15. Jh.s und wurde im 18. Jh. im Rokokostil verändert. Die Pfarrkirche ist ebenso wie die Klosterkirche Grablege des Hauses Schwarzenberg. (II) *Dirk Rösing*

H. Weber, HAB Kitzingen, München 1967. – Unsere Mainschleife, 1978 ff. – H. M. Biedermann OSA u. a., V., Escherndorf, Köhler, München/Zürich 1982 (Kleine Kunstführer 1464). – Landkreis Kitzingen, Kitzingen 1984. – H. Muth, Die Kirchen zu V. am Main, München/Zürich ³1987 (Kleine Kunstführer 227). – E. Schneider, Gaibach, München/Zürich ²1988 (Kleine Kunstführer 1464). – C. Benedum u. a., Astheim und seine Kartause, Würzburg, 1991.

Volkersberg (Stadt Bad Brückenau, LK Bad Kissingen, UFr.): → Bad Brückenau.

Wässerndorf (Gde. Seinsheim, LK Kitzingen, UFr.): → Seinsheim.

Wahrberg (Gde. Aurach, LK Ansbach, MFr.). Die auf einer west-ö. Bergzunge mit weiter Sicht ins obere Altmühltal gelegene *Burg W.* mit ihren Zugehörungen, wohl aus der Gütermasse des Klosters → Herrieden stammend, trugen Mitglieder der seit 1228 bezeugten (damit auch Erstnennung des Ortsnamens), im ausgehenden 13. Jh. ausgestorbenen edelfrei-

en Familie derer von W. vom Bf. von Eichstätt zu Lehen.
Seit 1257 waren die Grafen von Oettingen Inhaber dieses
bischöflichen Lehens. Sie wurden als mächtige Vögte im oberen Altmühlraum zu Gegnern der Eichstätter Bf.e; nach
kriegerischen Auseinandersetzungen mußten sie im Nördlinger Vergleich von 1317 und endgültig 1322/23 gegenüber
dem Bf. von Eichstätt auf die Feste W. mit allen Zugehörungen verzichten. – 1322 verlieh der Bf. an Heinrich Truchseß
von der Limpurg die Burghut zu W. Eine Linie dieser Truchsessenfamilie nannte sich seitdem »von W.«. 1355 kaufte der
Eichstätter Bf. einen Teil der Burghut zurück, 1398 dann
den restlichen Teil. – Ende des 14. Jh.s war W. Sitz des bischöflich-eichstättischen (Amts-)Vogtes, später des »Pflegers« bzw.
»Oberamtmanns«. Das Oberamt W., dessen gerichtliches und
administratives Zentrum → Herrieden war, bildete – wie die
Ämter Abenberg, Arberg, Sandsee und Wernfels – mit seinem
seit 1537 vertraglich gesicherten Hochgerichtssprengel eine
eichstättische Exklave in brandenburg-ansbachischer Umgebung und umfaßte die Vogtämter Aurach und Lehrberg sowie
die herriedischen Ämter (Kastenamt, Stadtvogtei- und Prop-
steiamt, Steueramt des Stifts). – Im Zuge der Säkularisation des
Hochstifts Eichstätt ergriff Bayern 1802 auch vom Amt W.
Besitz, trat es aber mit dem eichstättischen Oberstift 1803 an
Preußen ab (Besitzergreifung 1804). Mit dem damals preuß.
Fürstentum Ansbach kam W. 1806 endgültig an Bayern. – Von
der mittelalterlichen Burg ist kaum etwas erhalten; spätmittelalterlich sind vermutlich die ö. Bauteile des *Schlosses* und die
Kellergewölbe unter der nicht bebauten ö. Terrasse. Der 1905
nach einem Brand völlig umgebaute Hauptbau wurde 1613
errichtet, der Torturm zwischen 1736 und 1757. Nur eine Ah-
nung barocker Pracht vermitteln die s. an die Gebäude anschließenden, aus der 2. Hälfte des 18. Jh.s stammenden *Gar-
tenterrassen* mit ihren Treppen und Toren.   (V) *Robert Schuh*

H. K. Ramisch, BKD Feuchtwangen, 1964. – R. Schuh, Territorienbildung im oberen Altmühlraum. Grundlagen und Entwicklung der eichstättischen Herrschaft im 13. und 14. Jahrhundert, in: ZBLG 50 (1987),
S. 463–491.

Waischenfeld, Stadt (LK Bayreuth, OFr.). Von zehn im 11./ 12. Jh. im Kerngebiet der Fränk. Schweiz ansässigen edelfreien Geschlechtern waren die mit der Dynastenfamilie der Aufseß verwandten Waischenfelder bis in den Beginn des 13. Jh.s die bestimmenden Machthaber an der mittleren Wiesent. 1079 ist mit Wirint von W. erstmals ein Mitglied der Dynastie namentlich faßbar. – Die *Burg* ging um 1216 an die Edelfreien von Schlüsselberg über. 1315 verlieh Kg. Ludwig der Bayer dem unter Konrad II. von Schlüsselberg (1295–1347), dem letzten männlichen Sproß der Schlüsselberger, unterhalb der Burg ausgebauten Dorf W. die Rechte und Freiheiten der Stadt → Bamberg. Konrad erhielt das Recht, Juden in W. zu behausen. – 1348 kaufte das Hochstift Bamberg Herrschaft, Burg, Stadt und Zentgericht W. Bis 1803 blieb W. Sitz eines bambergischen Amtes bzw. Oberamtes sowie weiterhin von Vogtei-, Kasten- und Forstamt. Im Hussiten- und 2. Markgrafenkrieg (1430 bzw. 1553/54) erlitt W. schwere Schäden. – Kirchlich gehörte W. ursprünglich zur Mutterpfarrei Nankendorf, deren Sprengel sich weitgehend mit der Zent W. deckte. Unterhalb der Hauptburg ließ Konrad II. von Schlüsselberg an Stelle der älteren Burgkapelle eine *Filialkirche* errichten. Zwischen 1406 und 1415 wurde der Pfarrsitz von Nankendorf nach W. verlegt und die Filialkirche zur Pfarrkirche erhoben. 1513/14 stiftete der Bamberger Domherr Eberhard von Rabenstein ein Spital für 7 Pfründner. – Das 1804 errichtete bay. Landgericht W. (später Hollfeld-W.) wurde 1862 dem Bezirk (später LK) Ebermannstadt zugeschlagen; 1869 verlor W. auch das 1806 errichtete bay. Rent- bzw. Finanzamt. – Die *Reste* der Burganlage bestimmen bis heute das Stadtbild. Die Burg der Waischenfelder stand auf dem höchsten Punkt der Anhöhe rechts der Wiesent. Das sog. Alte Haus wurde 1875/76 abgerissen (Teile des alten Mauerwerks erhalten); der 1444 erstmals bezeugte Bergfried wurde bereits 1768/69 abgebrochen. S. und w. der Hauptburg erstreckte sich eine geräumige, wohl schon unter den Schlüsselbergern angelegte Vorburg. An deren Nordrand steht noch das ehem. bischöfliche *Oberamtsschloß* (Westteil 1518, Ostflügel 1754/56; heute »Haus des

Gastes«). Im Norden und Osten der Hauptburg befanden sich mehrere Ansitze ehem. Burgmannen. Von der Burg der Rüssenbacher ist der roman. Rundturm erhalten, der als »*Steinerner Beutel*« das Wahrzeichen von W. ist. Für die Pfarrkirche *St. Johannes d. T.* stiftete 1550 der in W. geborene Theologe und Wiener Bischof Johannes Grau (Nausea) den neuen Chorbau. Die ursprüngliche Stadtbefestigung wurde im 19. Jh. abgerissen. (III) *Franz Machilek*

H. Kunstmann, Die Burgen der östlichen Fränkischen Schweiz, Würzburg 1965. – G. Voit, Die Schlüsselberger. Geschichte eines fränkischen Adelsgeschlechtes, Nürnberg 1988. – P. Poscharsky, Die Kirchen der Fränkischen Schweiz, Erlangen 1990, ⁴2001. – D. Fastnacht, HONB Ebermannstadt, 2000.

Wallenfels, Stadt (LK Kronach, OFr.). Bis in die Mitte des 14. Jh.s wird zwischen der Siedlung im Tal und der auf dem Schloßberg gelegenen Burg unterschieden. Die Talsiedlung wird 1126 erstmals als »Ilowen« (Eilau) bezeugt und von einem sich nach Seibelsdorf nennenden Adelsgeschlecht an das → Kloster Banz gegeben. Sie war wohl einige Jahrzehnte zuvor an einer hochwassersicheren Stelle im Mündungsbereich eines kleinen Seitentals in das enge Tal der Wilden Rodach angelegt worden; hier zweigte eine Verbindungsstraße nach Neuengrün von der durch das Tal verlaufenden Straße von Kronach nach Lichtenberg und Hof ab. – 1195 tauschte Bf. Otto II. von Bamberg den Ort vom Kloster Banz ein und gab ihn an seinen Neffen, Hz. Berthold II. von Andechs, als Lehen weiter. Wohl erst danach errichtete man eine mit einem tiefen umlaufenden Graben und zwei Halsgräben befestigte Höhenburg, von der aus das damals noch im Ausbau begriffene Land zu beherrschen war. – Die Burg kam bald in den Besitz eines Mitglieds der andechsischen Ministerialenfamilie der Förtsche von Thurnau, das sich erstmals 1248 nach Waldenfels nannte und ein eigenes Adelsgeschlecht begründete. Die Talsiedlung wurde zum Marktort und Gerichtssitz eines auf die Burg bezogenen, rechtlich und geographisch geschlossenen Sprengels, der nach dem Heimfall an Bamberg 1248 mit dem Aussterben der Andechser zunächst im Besitz der Waldenfelser blieb. Erstmals 1348 erscheint W. als Sitz eines eigenen bambergischen Amtes. Nach einer Zeit häufiger Verpfändungen wurde dieses seit etwa 1460 bis zum Übergang des Hochstifts Bamberg an Bayern von einem bambergischen Amtmann oder Vogt verwaltet, der in Abhängigkeit vom Haupt- bzw. Amtmann von → Kronach stand. – Die seit etwa 1400 nach der Burg benannte Talsiedlung war zunächst von Bauerngütern geprägt, aber schon seit dem ausgehenden Mittelalter bestimmten Klein- und Kleinstanwesen das Ortsbild. Seit dem 14. Jh. waren viele Einwohner als Berg- und Hüttenarbeiter und Flößer tätig. Im nahegelegenen *Silberberg* ist wie in dem zum Amt W. gehörigen Neuengrün nach Silber und Eisenerz gegraben worden. Das Hammer- und spätere Sägewerk in Hammer bei W. ist schon 1407 bezeugt. – Als Marktort hatte W. nur untergeordnete Bedeutung; Brände im 2. Markgrafenkrieg (1553) und im 30jg. Krieg (1634) zerstörten den unbefestigten Ort weitgehend. Zwar wurden W. von den Bamberger Bf.n verschiedene Vorrechte gewährt und immer wieder bestätigt, 1588 erhielt es sogar formale Stadtrechte, doch blieb der Rat in enger Abhängigkeit vom Bf. bzw. vom Kronacher Amtmann. Nach der Zerstörung der Burg während des Bauernkriegs 1525 wurde der Amtssitz des bambergischen Vogts in die Stadt verlegt, wo ihm das heutige *Rathaus* als Amtshaus diente. – Die 1595 errichtete Pfarrei W. war um 1530 durch den Bf. von der damals prot. gewordenen Pfarrei Seibelsdorf abgetrennt worden. – Nach dem Übergang an Bayern verlor das etwa 170 Anwesen umfassende W. als Landgde. des Landgerichts Kronach sämtliche Vorrechte, erhielt dann 1851 den Status einer Marktgde. und wurde 1954 wieder Stadt. – W. liegt im Naturpark Frankenwald und profitierte in den vergangenen Jahrzehnten vom Tourismus. (III) *Helmut Demattio*

H. Simon, W. im Frankenwald. Ortsgeschichte (überarbeitet von W. Ring), 2 Bde., W. 1948/54. – H. Demattio, HAB Kronach, 1998.

Wassertrüdingen, Stadt (LK Ansbach, MFr.). Die wichtigste Grundlage bei der frühen Herrschaftsbildung der Herren bzw.

Grafen von Oettingen bildete die Bevogtung eichstättischen Gutes im s. Gebiet des 1053 von Ks. Heinrich III. der ↑ Eichstätter Bischofskirche übergebenen Bannforstes um das Wörnitzknie. Hier liegt das erstmals 1242 in einer oettingischen Urkunde als Ausstellungsort genannte »Wazzertrvhendingen«. Aber entgegen der häufig vertretenen These, wonach W. im Ursprung eine gegen die ebenfalls im Bannforst zur Macht strebenden Herren und späteren Grafen von Truhendingen und ihr altes Zentrum Altentrüdingen gerichtete oettingische Gegengründung sei, ist doch anzunehmen, daß W. bereits im Frühmittelalter gegründet wurde. Keimzelle dürfte eine Hofsiedlung an der Wörnitz im Bereich der Stadtmühle sein, 100 m oberhalb deren einst eine Marienkirche stand. – Von wem die wohl im 11./12. Jh. erbaute, von einem breiten Graben umzogene Burg errichtet wurde, ob von den Truhendingern oder den Oettingern, ist ungewiß. Jedenfalls war das erstmals 1283 erwähnte »castrum«, sei es von ihnen errichtet oder erworben, mindestens seit der Mitte des 13. Jh.s in der Hand der Grafen von Oettingen. Nach dem ältesten eichstättischen Lehenbuch von ca. 1300 hatten sie es vom Bf. zu Lehen. 1283 werden auch bereits Kastellane und Bürger zu W. erwähnt, als »oppidum« erscheint es 1313. Die Stadt entwickelte sich n. der Burganlage, beiderseits der breiten, von der Burg zum *Oberen Tor* führenden *Marktstraße*. Sie wurde vermutlich spätestens im 14. Jh. durch eine *Stadtmauer* (in Teilen erhalten) mit vorgelagertem Graben umwehrt. – 1371 wurde W., das seit 1366 in hohenlohischem Besitz war, von Burggraf Friedrich V. von Nürnberg erworben. Die frk. Zollern, seit 1415 Markgrafen von Brandenburg, machten die Stadt zum Mittelpunkt eines zielstrebig erweiterten und verdichteten Amtskomplexes (seit Ende des 17. Jh.s Oberamt) und Hochgerichtssprengels. Jahr- und Wochenmärkte (Verleihung eines Wochenmarktes durch den Markgrafen 1489) festigten die wirtschaftliche Zentrumsfunktion. – Im Städtekrieg wurde 1388 W. bis auf *Schloß* und *Kirche* zerstört, im Bauernkrieg 1525 geplündert, und 1634 brannten bay. Truppen die Stadt nieder. Das Hauptgebäude des beschädigten Schlosses wurde erst 1688 neu aufgebaut. Die

Pfarrkirche *(St. Georg und Sigmund)* der seit 1536 luth. Stadtgde. (mit Dekanatssitz) war 1654 notdürftig wiederhergestellt worden, 1738/40 wurde nach Plänen des in W. geborenen markgräflichen Baumeisters Johann David Steingruber ein neues Langhaus errichtet. Das nach dem 30jg. Krieg wiederaufgebaute *Rathaus* wurde 1850 abgebrochen und durch einen *Neubau* am selben Platz ersetzt. – In W. befanden sich in der 1. Hälfte des 18. Jh.s rund 200 bürgerliche Häuser. Darunter waren 18 von Juden bewohnt (1732), die auch eine eigene Schule unterhielten (seit 1858 auch *Synagoge*). 1933 wohnten noch 29 Juden in der Stadt. Nach der Pogromnacht im November 1938 verließen die letzten 8 Juden W. – 1792 kam W. mit dem Fürstentum Ansbach an Brandenburg-Preußen. Nach dem Übergang an Bayern (1806) wurden 1808 ein Landgericht (seit 1879 Amtsgericht, ab 1943 nur noch in Zweig- bzw. Außenstellenfunktion, 1970 aufgelöst) und ein Rentamt (1920 Finanzamt, 1932 aufgelöst) gebildet. – Wirtschaftlich war die Entwicklung der seit 1849 an das Eisenbahnnetz angeschlossenen Stadt von der handwerklichen Textilverarbeitung bestimmt, in der am Anfang des 19. Jh.s mehr als die Hälfte der Bevölkerung tätig war. Heute sind v.a. Kosmetikartikelherstellung und Textilindustrie wichtige Wirtschaftszweige. Seit dem Ende des 2. Weltkriegs, in dem W. noch am 8.4.1945 einen schweren Luftangriff zu erleiden hatte, ist die Stadt erheblich erweitert worden.　　　　　　(V)　　*Robert Schuh*

F. Löhrl, Geschichte der Stadt W., W. 1926. – A. Gebessler, BKD Dinkelsbühl, 1962. – N. Ott, W. unter Krone und Kanzler. Chronik der Stadt W. 1806–1987, W. 1987. – K. Böhner, Das Hesselbergland von der Römerzeit bis ins Mittelalter, in: A. Berger u. a., Der Hesselberg. Vor- und Frühgeschichte des Hesselbergraumes bis zur Entstehung der Städte Dinkelsbühl und W., Gunzenhausen 1993, S. 25–110.

Wechterswinkel (Gde. Bastheim, LK Rhön-Grabfeld, UFr.). Der Ort liegt zwischen → Mellrichstadt und → Bad Neustadt a.d. Saale. – Das 1143 erstmals urk. genannte W. war ursprünglich als Doppelkloster konzipiert, wurde aber schon 1144 vom Papst als *Frauenkloster* bezeichnet und auf die Beobachtung der Benediktinerregel verpflichtet. Allerdings macht die Bestäti-

gung einer Grangie in der Schutzurkunde Papst Eugens III.
von 1150 wahrscheinlich, daß W. mindestens nach den Wirt-
schaftsformen der Zisterzienser organisiert war. In der 2. Hälfte des 13. Jh.s lebte W. freiwillig nach den Konstitutionen von
Citeaux (Erlangung des Privilegium commune von Papst
Alexander IV., 1254–61). Seit dem Beginn des 14. Jh.s wird W.
jedoch stets als Benediktinerinnenkloster bezeichnet. – Im
12. Jh. war die Klosterzucht der Insassinnen vorbildlich (Brief-
wechsel der zweiten Äbtissin Mechthild mit der hl. Hildegard
von Bingen). Der Zulauf war so groß, daß der Würzburger Bf.
Hermann von Lobdeburg 1231 eine Aufnahmesperre erließ,
die so lange gelten sollte, bis die Zahl der Nonnen unter 100
gesunken sei. In W. wurden schon damals nur adelige Fräulein
aufgenommen; 1257 wird es ausdrücklich »nobilis ecclesia«
genannt. – In Sachen der geistlichen und weltlichen Gerichtsbarkeit scheint W. nie dem Zisterzienserorden, in dessen Statuten es nicht erscheint bzw. einem Weiserabt, sondern immer
den Bf.n von Würzburg unterstanden zu haben. Hieraus erklärt sich auch, daß diese immer wieder und aus eigener
Machtvollkommenheit Reformstatuten für W. erließen. Die
Pröpste von W. wurden von Äbtissin und Konvent gewählt
und vom Bf. von Würzburg, der von Beginn an die Vogtei des
Klosters besaß, bestätigt. Seit dem Tod Heinrichs von Gries-
heim 1358/59, der Bamberger Kanoniker war, scheint die
Propstei regelmäßig an → Würzburger Domherrn verliehen
worden zu sein, wodurch die Landsässigkeit von W. noch mehr
betont wurde. Diese »Oberpröpste« hatten jedoch keine Resi-
denzpflicht, sondern ließen ihre Aufgaben von weltlichen
Unterpröpsten wahrnehmen, die sich vielfach am Klostergut
bereicherten. – Erst nach der Reformation bzw. dem Bauernkrieg ist eine engere Beziehung zwischen W. und der Zisterzienserabtei (→ Maria) Bildhausen festzustellen. Abt Bartholomäus Streit installierte 1539 die neugewählte Wechterswinkeler Äbtissin Gertrud von Görz. Unterstützt vom
Würzburger Fürstbf. Julius Echter bemühte sich der Abt von
Ebrach um eine Neubesetzung des in der 2. Hälfte des 16. Jh.s
ausgestorbenen Klosters. Diese Bemühungen zogen sich von

1575 bis 1578 hin, blieben jedoch ohne dauerhaften Erfolg.
Dabei war W. wohl das reichste Frauenkloster der Diözese
Würzburg mit (um 1590) 7 Vogteiorten. 1592 genehmigte
Papst Clemens VIII. auf 3 Jahre die Nutzung der Klostereinkünfte für die Unterstützung bedürftiger Kirchen und Pfarrer;
eine Regelung, die auf mündliche Anweisung aus Rom beibehalten wurde. In großherzoglicher Zeit wurde 1809 ein Teil
des ehem. Klostervermögens in die »Wechterswinkeler Pfar-
reien- und Schulenstiftung« überführt, die noch heute besteht
und von der Juliusspitalstiftung Würzburg verwaltet wird. –
Nach der Säkularisation entstand aus der Aufteilung des ehem.
Klosterguts das Dorf W., das durch die Els in zwei Teile (»Kloster« und »Dorf«) geteilt wird. Die ehem., 1179 der hl. Margaretha geweihte *Klosterkirche* (heute *St. Cosmas und Damian*),
eine dreischiffige Basilika von 6 Jochen (mit einer von Holz-
säulen getragenen »Oberkirche« für die Nonnen), wurde 1811
im Osten um etwa ein Drittel verkürzt (von außen gut sichtbare Baunaht), die Mittelapsis erneut aufgemauert. Nonnenempore und Paradies wurden wohl schon bei Renovierungen
der frühen Neuzeit beseitigt.   (II)   *Heinrich Wagner*

F. X. Himmelstein, Das Frauenkloster W., in: Archiv des Historischen
Vereins von Unterfranken und Aschaffenburg 15,1 (1860), S. 115–176. –
M. Wieland, Kloster W., in: Cistercienserchronik 11 (1899), S. 257–265,
289–299, 321–329, 353–357. – K. Gröber, KDB Mellrichstadt, 1921, ND
1983. – H. Wagner, Zur Frühgeschichte des Frauenklosters W., in: Hei-
mat-Jahrbuch des Landkreises Rhön-Grabfeld 10 (1988), S. 165–178. –
Ders., HAB Mellrichstadt, 1992.

Weibersbrunn (LK Aschaffenburg, UFr.). Aus der Neuordnung der Kurmainzer Glasproduktion im Spessart ging 1698
die Spiegelmanufaktur → Lohr hervor mit der Hütte in Rechtenbach und einer neuen Hütte in einem Seitental der Hafenlohr. In diesem Raum lassen sich zeitweilig schon im Spätmittelalter fliegende Hütten nachweisen. Die neue Anlage wurde
1699–1708 ausgebaut. Hier sollte vor allem Flachglas (»Mond-
glas«) produziert werden. 1716/17 wurde eine zweite größere
Hütte erbaut; die langsam entstehende Hüttensiedlung wird
erstmals als W. erwähnt. Ortsvorsteher war bis 1823 der Hüt-

tenmeister. – Seit Ende des 18. Jh.s verlor die Glashütte an Bedeutung, nachdem die Produktion in Rechtenbach (1801)
und Lohr (1803) eingegangen war. 1819–45/51 pachtete der
Fürst von Löwenstein-Wertheim-Rosenberg die Hütte, die er
aber nicht zu neuer Blüte zu bringen vermochte. Auch eine
Übertragung an die Glasmacher selbst (1851) konnte das Ende
des Betriebs nur bis 1862 hinauszögern. – W. erhielt erst seit
1784 landwirtschaftlich nutzbare Flächen. 1823 erhob man
den Ort zur Landgde. W. war zunächst Filialort der Pfarrei
Rothenbuch, wurde aber 1764 kirchlich selbständig. Eine erste Kapelle (ca. 1755–1868) stand am Friedhof. Die heutige
Pfarrkirche wurde 1862–64 am Platz der Glashütte errichtet.
1887 bezogen Franziskanerinnen vom Kloster Maria Stern in
↑ Augsburg ihr neues *Schwesternhaus* und blieben hier bis 1991
tätig. – Seit der 1. Hälfte des 20. Jh.s wurde der Tourismus für
das Dorf wichtig, zumal durch den Anschluß an die Autobahn
(A 3) bis 1963.   (I)   *Georg Knetsch*

R. Welsch, W. in Wort und Bild, W. 1995.

Weidenberg, Markt (LK Bayreuth, OFr.). Ein Ministerialengeschlecht der Hz.e von Andechs-Meranien nannte sich seit
1223 nach seinem Stammsitz W. Die 1241 urk. erwähnte Burg,
die sich auf dem Kirchhügel befand, bildete das Zentrum einer
niederadeligen Rodungsherrschaft, die eine Reihe von Siedlungen im Tal der Steinach umfaßte. – 1339 bzw. 1412 trugen
die Herren von W. ihren Besitz – darunter die 1398 als Markt
bezeugte Siedlung W. – den Burggrafen von Nürnberg (ab
1415 Markgrafen von Brandenburg) zu Lehen auf. Als das
Ritteradelsgeschlecht 1414/25 erlosch, kamen Markt und
Herrschaft W. als markgräfliches Lehen an die Herren von
Künßberg. Die wohl bereits im ausgehenden 12. Jh. begründete Pfarrei unterstand bis zur Einführung der Reformation
1529 dem Bistum Bamberg. Bis zum Beginn des 18. Jh.s existierte eine kleine jüd. Gde. Nach der Teilung der Herrschaft
in die beiden Rittergüter »Unteres« und »*Oberes Schloß*« 1602
war der etwa 100 Wohnhäuser umfassende Markt W. Sitz
zweier Linien der Freiherren von Künßberg, die der Fränk.

Reichsritterschaft angehörten. 1661 gelangte das »Untere«, 1745 das »Obere« Rittergut – es befand sich seit 1648 im Besitz der Freiherren von Lindenfels – durch Kauf an das Markgraftum Brandenburg-Bayreuth. 1792–1806 gehörte W. zum Kgr. Preußen. Auf die frz. Verwaltung folgte 1810 der Übergang an das Kgr. Bayern. Der Bahnanschluß 1896 förderte das örtliche Handwerksgewerbe, doch dominierte bis zur Mitte des 20. Jh.s die Landwirtschaft. Nach dem 2. Weltkrieg fanden über 1000 Vertriebene aus Schlesien und dem Sudetenland in W. eine neue Heimat. Damit verbunden war die Ansiedlung von Betrieben der Gablonzer Glasindustrie. Die Einwohnerzahl verdreifachte sich zwischen 1780 und 1995 auf 3300. – Das Ortsbild ist geprägt durch die Gliederung in zwei Ortsteile – den auf einer Anhöhe über dem Ufer der Steinach sich erstreckenden Obermarkt und den im Tal gelegenen Untermarkt. Das seit 1602 urk. faßbare Untere Schloß wurde 1770 durch einen Brand zerstört, der den gesamten Oberen Markt verwüstete. Ein Großteil der Häuser wurde im sog. Markgrafenstil als zweigeschossige unverputzte Quaderbauten wiederaufgebaut. Das seit 1538 bezeugte, mehrfach erneuerte Obere Schloß diente ab 1770 als Amtssitz.   (IV)   *Richard Winkler*
J. Kröll, Geschichte des Marktes W., W. 1967. – R. Winkler, HAB Bayreuth, 1999.

Weiltingen, Markt (LK Ansbach, MFr.). Die Lage an einer Wörnitzfurt im fruchtbaren, schon von den Römern einbezogenen Albvorland und der »-ingen«–Name lassen auf eine frühe, mindestens ins 6./7. Jh. zurückreichende germanische Siedlung schließen. Der Ortsname (»Wilitingen«) ist erstmals in einem zwischen 1096 und 1133 entstandenen Güterverzeichnis des Domkapitels ↑ Augsburg überliefert. Im 13. Jh. nannte sich ein Zweig der reichsministerialischen Küchenmeister von Nordenberg nach W. (erstmals mit Marquard von W. belegt 1238), im 14. Jh. war W. zunächst im oettingischen bzw. truhendingischen Besitz. 1360 verkauften die Grafen von Oettingen die Burg W. mit Zubehör an Hans von Sekkendorff-Aberdar. – Nach mehreren Besitzerwechseln wurde das Schloß 1542 von Hans Wolf von Knöringen erworben. Die Knöringen erhielten 1555 Marktrecht (die nur in geringen *Resten* sichtbare *Ortsbefestigung* dürfte älteren Ursprungs sein) und Blutbann zu W. Allerdings blieb die Hochgerichtsbarkeit zu W. zweieinhalb jahrhundertelang ein Streitobjekt zwischen den Inhabern von W. und den Grafen von Oettingen sowie den Markgrafen von Ansbach. Wohl 1563 baute Wolf Ulrich von Knöringen eine neue Schloßanlage (1814 von der bay. Regierung auf Abbruch verkauft). – Bereits vor 1556 war in W., wo seit 1295 Pfarrer belegt sind, die Reformation eingeführt worden; die heutige *ev. Pfarrkirche St. Peter* ist ein im 17. Jh. erweiterter Bau des 15. Jh.s. In der Fürstengruft unter dem Langhaus sind Mitglieder der herzoglich-württ. Familie bestattet. – 1605 wurde W. von Wolf Ulrich von Knöringen dem Hz. von Württemberg zu Lehen aufgetragen; 1616 fiel es heim. Ab 1617 war der als Kammerschreiberamt verwaltete, von einem Obervogt geleitete Komplex W., 1618 aus 245 Haushaltungen mit 1381 Personen bestehend, Apanage einer herzoglich-württ. Seitenlinie. Schwer zu leiden hatte W. im 30jg. Krieg, als kaiserliche Truppen das vor dem Oberen Tor liegende Wohnviertel niederbrannten. Nach dem Erlöschen der Linie Württemberg-W./Brenz kam das Amt W. 1705 wieder an den regierenden Hz. und wurde 1758 zum Oberamt erhoben. Das *Oberamtshaus*, 1781/86 erbaut, ist seit 1817 ev. *Pfarrhaus*. – Nach dem Anfall des Fürstentums Ansbach an Brandenburg-Preußen ließ Hardenberg 1792 W. mit militärischer Gewalt besetzen und das preuß. Besitzergreifungspatent anschlagen, mußte sich aber auf kgl. Geheiß wieder zurückziehen. So blieb W. württ. und kam erst durch den Pariser Vertrag vom Mai 1810 an das Kgr. Bayern. (V) *Robert Schuh*

G. Braun, Markt W. an der Wörnitz. Eine lokalhistorische Studie, Ansbach 1909. – A. Gebeßler, BKD Dinkelsbühl, 1962. – R. O. Burkert, Die württembergische Herrschaft W.-Brenz, in: Alt-Dinkelsbühl 56 (1980), S. 9–13.

Weisendorf, Markt (LK Erlangen-Höchstadt, MFr.). In dem 1288 erstmals erwähnten »Weizzendorf« im heute durch seine

Karpfenteichlandschaft bestimmten Seebachgrund, in dem um 1365 auch die Wolffersdorfer begütert waren, besaßen die mit den Reichsministerialen von Gründlach verwandten Herren von Berg die Dorf- und Grundherrschaft. Nachdem ihre hiesige Burg 1399 wegen Landfriedensbruch geschleift wurde, erfolgte 1418 die Lehenauftragung an den → Bamberger Dompropst. 1424 erwarben die Seckendorff-Nold, die nach Aussterben der von Berg 1464 als Erben nachrückten, Burg und Dorf W. zumindest teilweise. Nachdem das Schloß 1449 im 1. Markgrafenkrieg niedergebrannt worden war und im 2. Markgrafenkrieg Albrecht Alcibiades 1552 vorübergehend die Lehenauftragung erzwang, kaufte 1626 der schwed. Oberst und Statthalter des Herzogtums Franken, Wolf Dietrich Truchseß von Wetzhausen, das Gut, das bis dahin dem Ritterkanton Steigerwald, nunmehr dem Kanton Altmühl angehörte. Nach mehreren Besitzerwechseln – u. a. Freiherren von Lauter, die 1698 die großzügige zweigeschossige Vierflügelanlage des heutigen *Schlosses* errichteten – fiel das nach Peuplierung im 18. Jh. und Aufnahme von Schutzjuden 46 Häuser, Mühle, Badhaus und Judenschule (Synagoge) umfassende Rittergut, das in Hochgerichtsbarkeitsfällen das Einfangrecht besaß, 1812 an die Freiherren von Guttenberg. Das 1802 errichtete Patrimonialgericht, dem 151 Familien unterstanden, hatte bis 1848 Bestand. Nach dem Anfall an Preußen 1803, dann frz. Hoheit 1806–10 und zuletzt dem endgültigen Übergang an Bayern wurde der Ort nach vergeblichem Antrag 1813 bereits 1820 Markt genannt. – 1358 erfolgte aufgrund der Dotation durch die von Berg die Separation von W. von der Pfarrei Büchenbach und die Gründung einer mit umfangreichem Sprengel versehenen Pfarrei, die 1539 prot. wurde; die innerhalb eines befestigten Friedhofs gelegene got. *Chorturmkirche* stammt aus dem 15. Jh. 1581–1686 und seit 1716 ist W. mit der Pfarrei Rezelsdorf verbunden. Die 1715 von den von Lauter gestiftete und 1820 neu dotierte kath. Schloßkuratie wurde 1916 Pfarrei. Das Schloß befindet sich seit 1957 im Besitz des karmelitischen Säkularinstituts Notre Dame de Vie. (VI) *Andreas Jakob*

Der Landkreis Erlangen-Höchstadt, Hof/Saale 1979. – W. Siegismund, Weisendorfer Chronik, W. 1988.

Weismain, Stadt (LK Lichtenfels, OFr.). W., vor dem Nordrand der Fränk. Alb gelegen, wird als »Wizmovne« in einer verunechteten Urkunde Karls d. Gr. von 800 genannt. Zwar gehört dieser Ortsname zum unechten Teil des Urkundentextes, doch belegt ein 1972/73 untersuchtes Reihengräberfeld mit mindestens 210 Bestattungen der Zeit von ca. 720 bis ca. 850 das Vorhandensein einer karolingerzeitlichen Siedlung, die links des Flüßchens Weismain zu suchen ist. – Nahe diesem älteren W., das zur Vorstadt wurde, legten die Andechs-Meranier im frühen 13. Jh. eine Stadt mit breitem Straßenmarkt und ihrer Pfalz in der Nordecke des Mauerrings an (bestehende *Stadtmauer* 14. Jh., *Stadtgraben* 1431 als Reaktion auf die Hussiteneinfälle). 1247 war W. Sitz einer Pfarrei, 1255 eines Amtes. – Nach dem Tod des letzten Andechs-Meraniers auf der nahegelegenen Burg Niesten 1248 errang das Hochstift Bamberg spätestens 1250 die Herrschaft über die Stadt, 1255 über die Burg Niesten. Im späten 14. Jh. wurde der Sitz des Amtmanns auf die Burg Niesten verlegt; Kastner und Vogt blieben in der Stadt (schlossartiger *Kastenhof* 1701/07 von Leonhard Dientzenhofer). 1710 übersiedelte der Amtmann nach W., wo ein Bürgerhaus (jüngeres *Neydeckerhaus*, 1590) für ihn eingerichtet wurde. – Ihre Blütezeit erlebte die Stadt, möglicherweise dank der Woll- und Textilproduktion, im 16. und frühen 17. Jh. In dieser Zeit entstanden mehrere erhaltene *Bürgerhäuser* am Marktplatz sowie Turm und Chor der *Pfarrkirche* (Turm spätes 15./frühes 16. Jh., abgeschlossen 1621, Chor vollendet 1538; Langhaus aus der Mitte des 15. Jh.s 1890/91 durch *Neubau* ersetzt). Aus W. ging damals eine auffällig lange Reihe namhafter Geistlicher hervor, u. a. der Bamberger Generalvikar Paul Neydecker (gest. 1565), dessen Bruder 1543 das größte Haus der Stadt errichtete (heute *Rathaus*), der Bamberger Weihbischof und Generalvikar Friedrich Förner (gest. 1630), mehrere Äbte der Klöster Michelsberg in → Bamberg und → Langheim, darunter Mauritius (gest. 1664) und sein Neffe

Gallus Knauer (gest. 1728). – Durch den 30jg. Krieg schwer in Mitleidenschaft gezogen – die Stadt verlor 70 % der Einwohner, 60 % der Wohnhäuser und 98 % der Scheunen –, versank W. in eine wirtschaftliche Lethargie. Neben Landwirtschaft und Brauerei bildete bis weit ins 19. Jh. die immer mehr durch die maschinelle Konkurrenz bedrohte Tuchmacherei das ökonomische Rückgrat der Bürgerschaft. Nach 1830 erlangte zeitweilig der Hopfenanbau große Bedeutung. Ansätze zur Industrialisierung zeigen sich durch Anschaffung einer Spinnmaschine 1827, die Gründung mehrerer Privatbrauereien ab 1852 und einer Wurstfabrik 1889; allerdings erlangte vor 1945 nur das letztgenannte Unternehmen größere Bedeutung (Konkurs 1974). – Im 19. und 20. Jh. verlor die Stadt, die keinen Bahnanschluß erhalten hatte, ihre Amtsfunktionen (bis 1862 Landgericht, dann aber kein Bezirksamt; 1932 Aufhebung des Finanzamts, 1943 des Amtsgerichts, 1959 des zum Amtsgericht Lichtenfels gehörigen Zweiggerichts). Im NS-Staat war die Stadt Sitz eines Reichsarbeitsdienstlagers und einer Gauführerschule. (III) *Günter Dippold*

M. Besold-Backmund, Stiftungen und Stiftungswirklichkeit. Studien zur Sozialgeschichte der beiden oberfränkischen Kleinstädte Forchheim und W., Neustadt/Aisch 1986. – G. Dippold (Hg.), W. Eine fränkische Stadt am nördlichen Jura, Bd. 2, W. 1996 (Bd. 1 noch nicht erschienen). – R. Winkler, W. und die Andechs-Meranier, in: Bericht des Historischen Vereins Bamberg 136 (2000), S. 33–46.

Weißdorf (LK Hof, OFr.). An der jungen Sächs. Saale liegt am Osthang des Münchberger Gneisbeckens der Ort W., dessen Gründung wohl schon auf die Zeit der frk. Besiedlung im 11. Jh. zurückgeht. Als es 1364 erstmals urk. erwähnt wurde, war W. im Besitz der Herren von Sparneck, Nachkommen der giengen-vohburgischen Ministerialen von Waltstein, die um das Waldsteingebirge einen großen Güterkomplex aufgebaut hatten. Deren *Hauptburg*, das »*Rote Schloß*«, befand sich auf dem 877 m hohen Großen Waldstein. Ebendort, im Abstand von einigen hundert Metern, hatte bereits von ca. 1100 bis 1300 die sog. *Ostburg* als Wohnstätte gedient. Nach der Zerstörung durch die Truppen des Schwäb. Bundes 1523 wurde das »Rote Schloß« nicht mehr aufgebaut. Von den beiden Burgen sowie einer zur Ostburg gehörenden roman. Kapelle zeugen heute nur noch *Ruinen*. In deren unmittelbarer Nachbarschaft steht der 1656 erstmals bezeugte *Bärenfang*, ein aus Granitquadern bestehendes Gebäude, das als Raubtierfalle genutzt wurde. – Im Ort selbst besaßen die Sparnecker ein *Wasserschloß*. Schon frühzeitig muß auch ein Hammerwerk an der Saale betrieben worden sein. Beim Einfall der Hussiten 1430 wie auch in der Absberger Fehde 1523 wurde der Ort zerstört. 1591 wurde W. an Melchior von Tettau verkauft, der das Wasserschloß wieder aufbaute. Nach mehrfachem Besitzerwechsel sind seit 1853 die Freiherren von Leuckart im Besitz der Gutsherrschaft. – Mit der Markgrafschaft Bayreuth kam W. 1792 an Preußen, stand 1806–10 unter frz. Verwaltung und gelangte dann an Bayern. Bis zur Gebietsreform 1972 gehörte W. zum LK Münchberg, seither zum LK Hof. – Von kunsthistorischer Bedeutung ist die *ev. Pfarrkirche St. Maria*, die 1397 erstmals urk. erwähnt wird. Die spätgot. Hallenkirche dürfte von den Sparneckern erbaut worden sein, die Wandmalereien im Inneren entstanden um 1480/90. Ab 1542 ist ein ev. Pfarrer bezeugt. Im Ort, der mit Sparneck heute eine Verwaltungsgemeinschaft bildet, haben sich Betriebe der Textilindustrie niedergelassen.

Die Marktgde. Sparneck erhielt ihren Namen von dem gleichnamigen Rittergeschlecht. Der 1223 erstmals urk. erwähnte Rüdiger von Sparneck hatte sich nach 1200 von seiner Stammburg auf dem Waldstein aus einen Talsitz geschaffen. 1323 bestätigte Kg. Ludwig der Bayer die Halsgerichtsbarkeit. Im 14. Jh. stellten die Sparnecker ihren Besitz unter die Lehenshoheit des böhm. Kg. In der Fehde des Hans Thomas von Absberg standen sie dann auf seiten des Raubritters, ihr Schloß wurde daraufhin 1523 von den Truppen des Schwäb. Bundes zerstört. – Der Legende nach stiftete Friedrich von Sparneck 1462 ein Karmeliterkloster. 1477 dürfte zumindest der Chor fertiggestellt gewesen sein, da der Erbauer in diesem Jahr darin beigesetzt wurde. Die Klostergebäude wurden später abgerissen, die *Kirche* wurde zur *ev. Pfarrkirche*

St. Veit. 1563 erwarben die Bayreuther Markgrafen den Ort, der seine Geschichte im folgenden mit W. teilte. Das wirtschaftliche Geschehen prägen heute die Steinindustrie und die Textilveredlung.   (IV)   *Ingeborg Fuhrmann-Hoffmann*

T. Breuer, BKD Münchberg, 1961. – E. Schülke, 500 Jahre Evangelisch-Lutherische Pfarrkirche St. Maria zu W., Thierstein 1980.

Weißenburg i. Bay., Stadt (LK Weißenburg-Gunzenhausen, MFr.). Die Große Kreisstadt W. liegt unterhalb der Südlichen Frankenalb, ö. der Schwäb. Rezat. Steinzeitliche und bronzezeitliche Funde liegen in größerer Zahl aus der näheren Umgebung vor. Im engeren nö. Stadtgebiet ist eine keltische Siedlung des 1. Jh.s v. Chr. mit Viereckschanze bekannt. – In röm. Zeit (1.–Mitte 3. Jh. n. Chr.) war der Ort »Biricianis« (Tabula Peutingeriana) ein Hauptort am raetischen → Limes. Im *Kastell* war eine berittene Auxiliartruppe stationiert (Ala I Hispanorum Auriana). Im Osten, Süden und Westen des Kastells bestand eine umfangreiche Zivilsiedlung, zu der eine große *Therme* gehörte. In unmittelbarer Nähe wurde 1979 der Weißenburger Römerschatz entdeckt (heute im *Römermuseum*). Ein weiteres, nur kurzzeitig belegtes Kastell in Holz-Erde-Bauweise befand sich nö. der Stadt. – In merowingischer Zeit entwickelte sich eine Siedlung auf einem höher gelegenen Plateau im Osten, ein ausgedehntes Reihengräberfeld liegt zwischen der Eichstätter und Niederhofener Straße. Die zugehörige Siedlung vermutet man um die frühmittelalterliche St. Martinskirche (heute durch die neugot. *Schranne* ersetzt). Die erste urk. Erwähnung als Königshof Uuizinburc stammt aus dem Jahre 867. Dieser Hof ist um die *ev. Pfarrkirche St. Andreas* zu lokalisieren. – Im Hochmittelalter wuchsen die präurbanen Siedlungskerne um St. Martin und den Königshof zusammen und bildeten die länglich-ovale Struktur der ersten Stadtanlage. 1188 wird W. als »burgus« bezeichnet, 1240 werden Bürger erwähnt, von 1241 hat sich das erste Siegel der Bürgerschaft erhalten. In den Auseinandersetzungen zwischen Hz. Ludwig II. dem Strengen von Bayern und dem Marschall von Pappenheim wurde W. 1262 durch Brand verwüstet, das 1238 gegründete *Augustinerinnenkloster* (heute *Landratsamt*) vor der Stadt wurde verlassen und die Nonnen 1276 nach ↑ Pettendorf umgesiedelt. – Das 14. Jh. war für die Reichsstadt W. trotz mehrerer Verpfändungen (zwischen 1315 und 1375) eine Blütezeit mit der Stiftung des *Karmeliterklosters* 1325, dem *Neubau* der Pfarrkirche St. Andreas (Weihe 1327), der Umwandlung des verlassenen Frauenklosters in ein → Wülzburger Spital (1331) sowie mit der Verstärkung der *Stadtmauer* ab 1372. Letztere Maßnahme wurde 1376 in eine Stadterweiterung umgewandelt, welche die ummauerte Stadtfläche nahezu verdoppelte. Durch Ks. Ludwig den Bayern erhielt die Stadt 1338 den Weißenburger Wald, 1350 fügte Karl IV. nochmals ein Waldstück hinzu, so daß W. mit 1766 ha zu den größten kommunalen Waldbesitzern Bayerns zählt. 1431 erhielt die Stadt den Blutbann. 1425 wurde der *Hallenchor* der Pfarrkirche St. Andreas geweiht, 1456 erwarb W. die Dörfer Suffersheim und Schambach, 1470–76 entstand das *Gotische Rathaus*. Auch zahlreiche *Fachwerkhäuser* stammen aus dem ausgehenden 15. Jh. Den Endpunkt setzte der Weißenburger Finanzskandal, in dessen Folge 1480 der Rat von Ks. Friedrich III. abgesetzt wurde. 1520 wurden die seit 1288 in der Stadt bezeugten Juden aus W. vertrieben. – Die Reichsstadt schloß sich 1529 der Speyrer Protestation an und erklärte sich 1530 auf dem ↑ Augsburger Reichstag zum ev. Bekenntnis gehörig (großes *Konfessionsbild* von 1606 in der St. Andreaskirche). Seit 1534 war die Stadt auch Inhaber der Reichspflege W. 1536 wurde eine *Lateinschule* eingerichtet, die 1580/81 einen Neubau neben der Pfarrkirche bezog. 1537/38 entstand das Wildbad mit einem bis um 1800 überregionalen Kurbetrieb. Im 30jg. Krieg erlitt die Stadt gravierende Schäden. Auf das 18. Jh. gehen zahlreiche Brauereiwirtschaften und Gebäude der leonischen Industrie (etwa das an ein Adelspalais erinnernde »*Blaue Haus*« von 1765/66) zurück. – Unter dem Eindruck der Kriegsgefahr unterwarf sich die Reichsstadt 1796 freiwillig preuß. Schutz. Erstmals 1802 und endgültig 1806 fiel W. an Bayern; seit 1904 führt die Stadt offiziell den Zusatz »in Bayern«. – Ab 1806 siedelten sich in der zuvor rein ev. Stadt wieder

Katholiken an. Die neugot. *kath. Kirche St. Willibald* wurde 1869 vor der s. Altstadt errichtet (seit 1890 Pfarrei). – 1867–69 wurde der *Bahnhof* an der Hauptstrecke Nürnberg-Ingolstadt-München erbaut, 1875 eine *Gewerbeschule* an der Stelle des alten Wildbades eingeweiht (heute *Fachoberschule*). Entlang der Ringstraßen, an den Ausfallstraßen nach Nürnberg, Augsburg und Eichstätt, w. der Bahnlinie sowie mit der Galgenbergsiedlung (ab 1930) im Nordosten wurden neue Baugebiete erschlossen. – Mit dem 1. Weltkrieg endete die Vormachtstellung der nochmals aufgeblühten leonischen Industrie für die wirtschaftliche Entwicklung der Stadt. Nach 1918 siedelten sich eine Eisengießerei, ein Zementwerk, Sägewerksbetriebe, eine Kunststoff- und eine Turbinenfabrik an. Der Fremdenverkehr gewann an Bedeutung. 1929 wurde am Waldrand über der Ludwigshöhe die *Freilichtbühne* des »*Bergwaldtheaters*« eingeweiht. – Der 2. Weltkrieg ließ die Stadt weitgehend unzerstört. Nach Kriegsende kamen rund 6000 Vertriebene nach W.; die meisten wurden zunächst im Flüchtlingslager Wülzburg untergebracht. 1962–64 wurde eine zweite kath. *Kirche* errichtet (*Hl. Kreuz*). Es entstanden weitere moderne Baukomplexe, u. a. seit den 1950er Jahren das *Schulenviertel*. Durch die Gebietsreformen 1972–78 verlor W. seine Stellung als kreisfreie Stadt und wurde Große Kreisstadt im LK W.-Gunzenhausen. 1985 wurde das städt. Krankenhaus durch das neue *Kreiskrankenhaus* im Nordosten der Stadt ersetzt. (VI) *Daniel Burger*

H. H. Hofmann, HAB Gunzenhausen-Weißenburg, 1960. – H. Stoob, W. i. Bay., Dortmund 1989 (Deutscher Städteatlas IV,10). – F. P. Haberkorn, W. in Bayern. Stationen seiner Geschichte vom römischen Zentralort zur spätmittelalterlichen Reichsstadt, Mammendorf 1996. – G. Kiessling, DiB Landkreis W.-Gunzenhausen, 1999. – U. Jäger, Die Regesten der Reichsstadt W., Neustadt/Aisch 2002. – O. Rieder, Geschichte der ehemaligen Reichsstadt und Reichspflege W. am Nordgau, bearb. von Reiner Kammerl, 3 Bde., W. 2002/03.

Weißenohe (LK Forchheim, OFr.). In einem nach Gräfenberg führenden Seitental des Schwabachtales, am sw. Rand der Fränk. Schweiz, wurde vor 1109 (Klostertradition 1053) vom Ehepaar »Erbo« und »Guilla« zusammen mit deren Base »Hadimuot« das den Heiligen Bonifaz, Wunibald und Walburga geweihte *Benediktinerkloster W.* gegründet. Erbo wurde von der Historiographie mit Pfalzgraf Aribo II. von Bayern, Guilla mit dessen Gemahlin, einer Gräfin von Görz gleichgesetzt, während eine klosterinterne Tradition des 16. Jh.s die Eichstätter Hochstiftsvögte, die Grafen von Hirschberg, als Gründer bezeichnete. Erst 1109 wurde die Gründung von Papst Paschalis II. bestätigt, päpstlicher Schutz zugesichert und das Recht der freien Vogtwahl zugestanden, was 1205 von Kg. Philipp bestätigt wurde. – Über die frühe Klostergeschichte ist wenig bekannt, es scheint jedoch zu Hoheitsstreitigkeiten mit dem Bf. von Bamberg und Bamberger Eigenklöstern gekommen zu sein. Dennoch ging das Vogteirecht um 1350 und nach einem böhm. Zwischenspiel 1388/89 an die pfälz. Wittelsbacher über. Im Landshuter Erbfolgekrieg besetzte die Reichsstadt → Nürnberg nach der Ächtung des Kf.n Ruprecht von der Pfalz das Kloster, obwohl der Abt die Herrschaftsrechte an Bamberg übertrug. So konnte die erstrebte Reichsunmittelbarkeit nicht erreicht werden. In einem Vertrag von 1526 wurde das Hochgericht über das Kloster und seine Untertanen Nürnberg zugesprochen, die anderen landeshoheitlichen Rechte der Pfalz, deren Kf. Ottheinrich das Kloster 1556 im Rahmen der calvinistischen Reformation auflöste. – Nachdem die Oberpfalz von 1621 an durch Kf. Maximilian I. rekatholisiert wurde, konnte seit 1661 auch das klösterliche Leben wieder entstehen, zunächst durch zwei Prüfeninger Benediktiner, 1669 als gemeinsames Priorat der Klöster ↑ Ensdorf und Prüfening (↑ Regensburg), 1695 als selbständige Abtei. – 1690–92 wurde wohl nach Plänen Johann Dientzenhofers mit dem Bau der Klostergebäude begonnen, der erhaltene *Abteiflügel* wurde 1725–27 errichtet. Die barocke *Klosterkirche* nach Plänen von Wolfgang Dientzenhofer wurde 1707 eingeweiht. Sie ist ein schönes Beispiel einer landständischen barocken Klosterkirche mit qualitätvollen Fresken, Stuckausstattung und erhaltenen Altären und Orgel. – Nach der Aufhebung des Klosters im Zuge der Sä-

kularisation 1803 mußten die Konventsmitglieder bis auf den
Subprior, der Pfarrer wurde, ausziehen, der Komplex und die
Klostergüter wurden verkauft. Ein Brand um 1850 zerstörte
große Teile des Konventbaus. Die Kirche ist heute Pfarrkirche, in den *Wirtschaftsgebäuden* besteht eine Klosterbrauerei
mit Gasthof weiter.   (VI)   *Andreas O. Weber*

H. Räbel, Das ehemalige Benediktiner-Adelsstift W. in der Zeit vom
Landshuter Erbfolgekrieg bis zur Wiedererrichtung (1504–1699) nebst
einem Anhang über die Vorgeschichte des Klosters, Forchheim 1905. –
U. Pechloff, W., Passau 1998 (Peda Kunstführer 425).

Weißenstadt, Stadt (LK Wunsiedel, OFr.). Der Ort ist in einem weiten Becken im Tal der oberen Eger, zwischen dem
Schneebergmassiv und dem Waldsteinzug des Fichtelgebirges gelegen. Den rund 5 km w. entfernten Höllpaß passierte
schon in frk. Zeit eine wichtige Verkehrsverbindung zwischen dem Nürnberg/Bamberger Raum und Böhmen. Der
Ort findet 1299 als Weissenkirchen (»alba ecclesia«) seine erste urk. Erwähnung und gehörte zum Herrschaftsbereich der
3 km s. gelegenen Höhenburg Rudolfstein. Dort saßen die
Herren von Hirschberg, die im frühen 13. Jh. als Gefolgsleute
der Andechs-Meranier im w. Fichtelgebirgsraum auftauchen.
Im späten 13. Jh. verloren die Hirschberger den Rudolfstein
im Zuge einer Fehde an das Kloster ↑ Waldsassen, welches
1333 die Brüder Arnold und Haiman von Hirschberg als
Amtleute auf dem Rudolfstein einsetzte. 1347 erwarben die
Burggrafen von Nürnberg den Rudolfstein und übernahmen die Hirschberger als Amtleute, die diese Funktion noch
bis in das 16. Jh. innehatten. – Der noch 1348 als »Weizzen-
kirchen« bezeichnete Ort findet sich schließlich 1368 als »Stat
Weissenstat«, so daß in diesem Zeitraum die Verleihung der
Stadtprivilegien aus den Händen der Burggrafen von Nürn-
berg erfolgt sein muß. Die älteste erhaltene Bestätigung der
Stadtprivilegien stammt aus dem Jahr 1476. Neben → Wun-
siedel war W. das einzige privilegierte Gemeinwesen im
Sechsämterland, das auch über eine Stadtmauer verfügte.
Neben dem Stadtgericht, vor dem auch Fälle der hohen

Gerichtsbarkeit zur Verhandlung kamen, war W. noch der Sitz eines »Zinner- und Berggerichts« mit überregionalen Funktionen sowie eines 1398 von Burggraf Johann III. eingesetzten Zeidelgerichts (Zeidlerei = Waldbienennutzung), dessen Gerichtsbezirk über das Fichtelgebirge hinaus reichte. – Das Weißenstädter Zinnbergbaugebiet lag vor allem im Hangbereich des Rudolfsteins. In W. selbst war vom 16. bis zum 18. Jh. die bergmännische Gewinnung von Bergkristallen im Gange, die etwa beim Bau des neuen Schlosses der Eremitage in → Bayreuth Verwendung fanden. – Am Ende des 15. Jh.s hatten die Herren von Hirschberg die Burg Rudolfstein endgültig verlassen und sie dem Verfall preisgegeben; sie verlegten ihren Amtssitz nach W., wo sie zwei Edelsitze besaßen, die allerdings noch vor dem 30jg. Krieg in die Hände anderer Familien kamen. Heute zeugen keine baulichen Überreste mehr von diesen Schlössern. – Das gegenwärtige Stadtbild prägen vor allem die stattlichen *Bürgerhäuser*, die nach dem Stadtbrand von 1823 entstanden sind. Vom alten Rathaus (erbaut 1513–15) mitten auf dem Marktplatz ist heute nichts mehr vorhanden; das heutige *Rathaus* wurde 1828/29 auf der Brandstatt zweier Bürgerhäuser ö. der Kirche errichtet. Von der *ev.-luth. Stadtpfarrkirche* haben allein die Außenmauern des im frühen 16. Jh. erbauten Chores sowie der Kirchturm den Brand von 1823 überdauert. Allein die außerhalb der Stadt, jenseits der Eger gelegene *Gottesackerkirche* hat vieles ihrer manieristisch/frühbarocken Ausstattung bewahrt. – W. ist die Heimat und Wirkungsstätte von Erhardt Ackermann, dem Begründer der industriellen Granitveredelung in Deutschland, dem es um die Mitte des 19. Jh.s als erstem gelang, unter der Nutzung von Wasserkraft Granit zu schleifen und zu polieren. 1899 erhielt W. einen Eisenbahnanschluß; eine Stichbahn über Kirchenlamitz verbindet den Ort mit der Bahnstrecke Hof-Regensburg. 1993 wurde sie endgültig stillgelegt.

(IV) *Harald Stark*

B. H. Röttger, KDB Wunsiedel-Marktredwitz, 1954. – G. Krauss, Weissenstädter Heimatbuch, Weiden 1971. – Weissenstädter Hefte, 1986 ff.

Wendelstein, Markt (LK Roth, MFr.). Wohl im 11. Jh. wurde hier ein Königshof als vorgeschobener Stützpunkt der → Nürnberger Reichsburg errichtet. An der Furt durch die Schwarzach konnte von W. aus die Wegverbindung von Nürnberg und Schwabach nach Altdorf und Allersberg bewacht werden. Dem Königshof, lokalisiert innerhalb der Schwarzachschleife auf der dortigen Hochterrasse, war das Waldgebiet s. und sö. von W. zwischen Schwarzach und Hembach zum Landesausbau zugeteilt worden. – 1259 wird W. im Nürnberger Urkundenbuch erstmals erwähnt. Um 1300 war das ganze Reichsamt W. im Besitz der Nürnberger Burggrafen. 1330 war die burggräfliche Pfandschaft dieses Reichsgutes erloschen. 1336 verlieh Ludwig der Bayer seinem Diener »Chunrad ze W.« das Gericht zu W. Es kam zur Teilung des Gerichts. Die eine Hälfte ging an die Familie von W., die andere Hälfte an die Familie Voit (bzw. Vogt) als Reichslehen. 1467 erwarb das Nürnberger Hl.-Geist-Spital drei Viertel des Gerichts, während der Markgraf von Brandenburg-Ansbach ein Viertel kaufte. Die Herren von W. sind bis 1482 nachweisbar, 1718 starb das Nürnberger Geschlecht der Voit/Vogt aus, das bis dahin im Lehensbesitz des markgräflichen Viertels geblieben war. 1530 hatte der Markgraf von Ansbach in W. die fraischliche Obrigkeit. – Der Ort war vom Handwerk dominiert; im Umfeld des Wirtschaftszentrums Nürnberg produzierten Messerer, Klingenschmiede, ferner Metalldrücker, Schleifer und Scheidenmacher, die ihr Rohmaterial meist aus dem Eisenhammer des nahen Sorg bezogen. Das Dorf W. hatte durchaus das Gepräge eines Marktes, war zeitweise mit Zäunen, Graben und Schranken geschützt und wurde seit dem 16. Jh. regelmäßig als Markt bezeichnet. Gehandelt wurde auf dem »Plan« (Marktplatz). Als Zuflucht diente der befestigte *Kirchhof* an der *Pfarrkirche St. Georg*. – Der Ort erhielt 1886 einen Bahnanschluß über Feucht nach Nürnberg (Stillegung 1955/59). Zu Beginn des 21. Jh.s hat die Marktgde. W. mit ihren eingemeindeten Ortsteilen 16.000 Einwohner.

(VI)   *Wolfram Unger*

H. Schlüpfinger, W. Geschichte eines Marktes mit altem Gewerbe und moderner Industrie, Nürnberg 1970. – F. Eigler, HAB Schwabach, 1990.

Werneck, Markt (LK Schweinfurt, UFr.). Der Markt liegt nahe einem Knie der Wern an der 1779 vollendeten Straße von Würzburg nach Meiningen (heute B 19). – Seit dem Mittelalter war der Ort ein würzburgischer Verwaltungsmittelpunkt mit Oberamtmann, Amtskeller und Zehntgrafen. Trotzdem definierte sich W. bis 1803 vor allem durch seine *Burg* bzw. seine *Sommerresidenz* der Fürstbf.e. Die älteste Nennung eines »castrum in Wernecke« stammt von 1223. Damals erscheinen Bodo von Rabensberg, der Deutsche Orden, Konrad von Reichenberg und Konrad von Schmiedelfeld als Eigentümer. Im Jahr 1400 besiegte Fürstbf. Gerhard von Schwarzburg von W. aus die aufständische → Würzburger Bürgerschaft. Nach mehreren Besitzerwechseln kam W. unter Fürstbf. Rudolf von Scherenberg (1466–95) endgültig an das Hochstift. 1525 und 1554 wurde die Burg erneut zerstört. Fürstbf. Julius Echter renovierte die Anlage 1601 in größerem Umfang. – Nach einem Brand von 1723 ließ Fürstbf. Friedrich Carl von Schönborn ab 1731 durch seinen Baumeister Balthasar Neumann unter anfänglicher Beratung von Lucas von Hildebrandt eine bedeutende Sommerresidenz mit Fasanerie erbauen. Von dort aus entband am 29.11.1802 der letzte Fürstbf. Georg Karl von Fechenbach seine Untertanen von ihrer Treueverpflichtung und empfahl sie dem neuen Landesherrn, dem bay. Kf. – 1806–14 war W. Sommerresidenz des Würzburger Großherzogs Ferdinand von Toskana, der durch Salins de Montfort im Inneren aufwendige Umbauten vornehmen ließ. Seit 1855 sind im Schloß eine psychiatrische Heil- und Pflegeanstalt und seit 1952 außerdem eine orthopädische Klinik angesiedelt. – Nach einer Räumung der Anstalt im Oktober 1940 wurde der größte Teil der fast 1000 Insassen von den Nationalsozialisten in Tötungsanstalten ermordet. – In der Zeit nach 1853 wurden das Treppenhaus und die bedeutende wandfeste Ausstattung zerstört und die Fasanerie zu einem *engl. Garten* umgewandelt. Aus dem 18. Jh. hat sich lediglich die *Schloßkirche* mit den Stuckarbeiten des Antonio Bossi erhalten. Einzig der »Himmelsaal« erinnert an die Ausstattung der Toskana-Zeit. – Die Gde. W. wurde 1984 zum Markt erhoben. (II) *Erich Schneider*

K. Treutwein, W. Ein Heimatbuch, W. 1982. – E. Schneider, Die ehemalige Sommerresidenz der Würzburger Fürstbf.e in W., Neustadt/Aisch 2003.

Wernfels (Stadt Spalt, LK Roth, MFr.): → Spalt.

Wernstein (Gde. Mainleus, LK Kulmbach, OFr.). Das etwa 4 km w. von → Kulmbach gelegene *Schloß* ist bereits seit über 600 Jahren im Besitz des Adelsgeschlechtes derer von Künßberg. Erbaut wurde es zwischen 1362 und 1376 auf der Stelle einer alten, abgegangenen Burg. Die Ersterwähnung läßt sich auf 1376 datieren, als Heinrich von Künßberg anläßlich einer Pfarrgründung die Auflage machte, wöchentliche Messen »zu dem W.« abzuhalten. Damit erschließt sich schon zu diesem Zeitpunkt das Vorhandensein einer *Burgkapelle,* deren ursprünglich roman. und doppelgeschossige Anlage trotz Zweckentfremdung noch heute erkennbar ist. – Bis 1398 setzten die zollerischen Burggrafen von Nürnberg eine Öffnungs- und Gewartungspflicht derer von Künßberg hinsichtlich der Burg durch. In der frühen Neuzeit bildete sie den Sitz des zur Fränk. Reichsritterschaft zählenden Ritterguts W. Dessen wirtschaftliche Ausstattung hielt sich in seinem Kernbereich bis zum Ende des 18. Jh.s wohl in Grenzen, so daß erst durch den Neubau von 11 Tropfhäusern durch die von Künßberg das Dorf W. entstand. Seit 1567 ist die Existenz von zwei Schloßteilen belegt. Während der Hauptkomplex, das *Obere Schloß*, markgräfliches Lehen war, stand das *Untere Schloß* in freiem Eigen. Nachdem W. in bay. Zeit 1810–48 Sitz eines Patrimonialgerichts war, wurde die Ritterherrschaft 1862 gänzlich in künßbergisches Eigentum überführt. – Das Obere Schloß auf einer nahezu rechteckigen Bergkuppe wurde ab 1561 durch Hans Friedrich von Künßberg um die Hälfte verkleinert und im Renaissancestil umgebaut. 1607 trat ein Neubau auf der Nordseite hinzu. Im 30jg. Krieg wurde es schwer in Mitleidenschaft gezogen, 1682/83 jedoch um Befestigungen und einen Anbau sowie 1754 um ein weiteres Gebäude am Nordflügel erweitert und 1882 gründlich renoviert. Das Untere Schloß besteht aus einem langgestreckten, zweigeschossigen Südostflügel sowie einem kurzen Nordflügel und erfuhr zwischen 1587 und 1593 eine umfangreiche Neukonzeption durch Georg von Künßberg. 1705 wurde die s. Außenfront neu aufgeführt, Mitte des 19. Jh.s dem Nordflügel sein jetziges Aussehen verliehen und 1955 die mittlere Hoffront nach einem Einsturz wiedererrichtet. (III) *Rüdiger Barth*

H. Kunstmann, Zur Baugeschichte des Schlosses W. bei Kulmbach, Kulmbach 1955. – Ders., Der Burgenkranz um W. im Obermaingebiet, Neustadt/Aisch 1978.

Wettringen (Gde. Stadtlauringen, LK Schweinfurt, UFr.). Das heute weder eine eigenständige Gde. noch eine Pfarrei bildende W. ist als kirchlicher und gerichtlicher Mittelpunkt des schon seit vorgeschichtlicher Zeit besiedelten Haß- oder Hofheimer Gaus anzusehen. In diesem ertragreichen Gebiet, in dem auch Weinbau betrieben wurde, hatte seit der Mitte des 8. Jh.s das Kloster Fulda umfangreiche Besitzungen inne (795 Güter in »Weterungom«). – Im um 1340 entstandenen Zenturbar der Grafen von Henneberg erscheint W. als Sitz einer offenbar alten, genossenschaftlich strukturierten Zent, die sich als territorialer Sprengel auf den grundherrschaftlich im Amt Rottenstein organisierten Hofheimer Gau erstreckte. Mit dem Verkauf des Amtes Rottenstein von 1354 durch den mit einer hennebergischen Erbtochter verheirateten Grafen Eberhard von Württemberg gelangte die Zent W. trotz mehrmaliger Verpfändungen dauerhaft an das Hochstift Würzburg. – »In der Zent« vor dem Tor des in der 1. Hälfte des 13. Jh.s aus 16 Huben bestehenden, leicht befestigten Dorfes kamen unter dem Vorsitz des vom Bf. mit dem Blutbann belehnten Zentgrafen neben den 12 Schöffen die Schultheißen und Bauern der zugehörigen Orte und Gde.n bis zum Ende des Alten

Reichs jährlich zu 12 Hochgerichten zusammen. In bürgerlichen Sachen tagte das Gericht im Wettringer Wirtshaus. Todesstrafen wurden am Hochgericht im Flurdistrikt »Galgen« n. des Ortes vollzogen. Allerdings war bei Kapitalverbrechen schon seit dem 16. Jh. das spätere Malefizamt in Würzburg federführend. – Durch die Neuorganisation der Verwaltung unter Bf. Johann Gottfried von Guttenberg wurde W. Ende des 17. Jh.s grund- und vogteiherrschaftlich geschlossen dem würzburgischen Kellereiamt → Stadtlauringen zugeschlagen. Nach dem Brand des Wettringer Pfarrhofs 1626 war der Sitz der einstmals weit ausgreifenden und im wesentlichen mit der Zent deckungsgleichen Pfarrei ins benachbarte Aidhausen verlegt worden.   (II)   *Helmut Demattio*

H. Kössler, HAB Hofheim, 1964. – W. Fränkisches Dorf mit großer Geschichte, W. 1994. – H. Demattio, Genossenschaft, Herrschaft und Gerichtsbarkeit. Kommunikationsformen und Staatlichkeit in der frühen Neuzeit in Franken am Beispiel eines Dorfes im Haßgau, in: Jahrbuch für fränkische Landesforschung 63 (2004), S. 25–50.

Wetzhausen (Gde. Stadtlauringen, LK Schweinfurt, UFr.). Die Geschichte von W. ist bestimmt von seiner Lage im n. Teil des fruchtbaren Haß- oder Hofheimer Gaus, einer seit der Völkerwanderungszeit offenen Siedlungslandschaft. Sie ist durch den nach Nordwesten vorspringenden, über 500 Höhenmeter erreichenden Großen Haßberg (Breiter Berg), der immer bewaldet blieb, vom ebenfalls sehr ertragreichen Grabfeld getrennt. – Das um 1340 erstmals bezeugte, aber sicherlich schon im Frühmittelalter angelegte Dorf W. wurde damals zum Zentgericht im benachbarten → Wettringen gezählt, das wie der schon seit dem 12. Jh. als Forst organisierte Wald um den Großen Haßberg bis zum Verkauf an das Hochstift Würzburg 1354 von den Grafen von Henneberg beansprucht wurde. – Seit 1346 ist für W. das weitverzweigte Geschlecht der Truchseß von W. bezeugt. Dieses später dem Kanton Baunach der Fränk. Reichsritterschaft angehörige Geschlecht konnte den gesamten Ort zusammen mit dem benachbarten Mailes in grundherrschaftlicher Hinsicht in allodialem Besitz behalten und auch in bezug auf die halsgerichtliche Herrschaft aus der Zent Wettringen herauslösen. W. umfaßte um 1800 über 30 Anwesen, zu denen aber meist nur kleine Flurstücke gehörten. – Über die 1407 zur Pfarrkirche erhobene *Kirche*, in der sie 1546 die Reformation einführten und die ihnen, wie die teilweise hervorragend gestalteten Epitaphien zeigen, als Grablege diente, war den Truchsessen vom Würzburger Bf. das Patronatsrecht zugebilligt worden. Darüber hinaus erlangten sie 1372 das im Hinblick auf die Holzversorgung der umliegenden Gde.n sehr bedeutende »Forstamt über den Haßberg« als würzburgisches Lehen. 1481 stifteten die Truchseß in W. auch ein Spital oder Seelhaus. – Die große vierflügelige, ehemals von einem Zwinger und einem Wassergraben umgebene *Schloßanlage* entstand nach den Zerstörungen des Bauernkriegs an der Stelle eines wohl aus dem 14. Jh. stammenden Vorgängerbaus. – Noch heute ist ein Großteil der Gemarkung W. sowie der Haßbergwaldungen im Besitz der Familie, doch ist das Schloß seit Jahrzehnten unbewohnt. – Zwischen 1908 und 1910 ließen die damals durch eine vorteilhafte Heirat sehr vermögend gewordenen Truchseß das n. von W. auf einer weithin sichtbaren Anhöhe liegende *Schloß Craheim* errichten. In dem am Schloß Solitude bei Ludwigsburg orientierten neobarocken Bau wie in dessen ehem. *Wirtschaftshof* (*Franziskushof*) haben seit etwa 40 Jahren aus ev. und kath. Christen bestehende Gemeinschaften ihren Sitz.   (II)   *Helmut Demattio*

H. Kössler, HAB Hofheim, 1964. – H. Demattio, Die Forstwirtschaft in den Haßbergen im Hinblick auf ihre verfassungs- und motivgeschichtlichen Hintergründe, in: Jahrbuch für fränkische Landesforschung 62 (2002), S. 179–201.

Wiesentfels (Stadt Hollfeld, LK Bayreuth, OFr.): → Hollfeld.

Wiesentheid, Markt (LK Kitzingen, UFr.). W. liegt zwischen dem Westabhang des Steigerwaldes und dem Maintal und wird erstmals 918 in einer Schenkungsurkunde für das Kloster Münsterschwarzach (→ Schwarzach a. Main) erwähnt. Seit dem 11. Jh. gehört W. zur Grafschaft Castell; ab 1452 wurde die alte frk. Familie der Fuchs von Dornheim dort Lehensträger. 1547 kaufte Valentin von Dornheim das *Schloß W.* vom Grafen Konrad von Castell als Erblehen. 1576 wurde dieses zu einem Renaissancebau durch Hans Fuchs von Dornheim (*Fuchsbau*) erweitert. – Die Witwe des letzten Fuchs von Dornheim heiratete Graf Johann Otto von Dernbach; dieser erhob 1682 W. zum Markt. Er erweiterte und festigte den Besitz zur reichsunmittelbaren Herrschaft W.; diese erhielt 1681 Sitz und Stimme im frk. Grafenkollegium. – 1701 kam W. durch Heirat an den Reichsgrafen Rudolf Franz Erwein von Schönborn und ist seither Stammsitz der Grafen von Schönborn zu W., die den Markt im 18. Jh. zu einem barocken Residenzort ausbauten. – Die Herrschaft W. kam zu Beginn des 19. Jh.s an Bayern. 1853 erhielt der Ort eine kgl. Postexpedition. 1866 fanden Waffenstillstandsverhandlungen zur Beendigung des preuß.-österr. Kriegs im Schloß statt. Das Ortsbild erfuhr im 19. Jh. keine wesentlichen Veränderungen. Mit dem Bau der Bahnnebenstrecke Kitzingen–Gerolzhofen verbesserten sich 1893 die Verkehrsverbindungen (Personenverkehr 1981 eingestellt). – 1947 wurde ein Realprogymnasium eröffnet, das heutige Gymnasium »Steigerwald-Landschulheim«. In W. befindet sich der Sitz der Verbandsschule (Grund- und Hauptschule), die ihr Einzugsgebiet aus bis zu 9 umliegenden Gde.n hat. – W. hat seinen dörflichen Charakter bewahrt, ist aber durch seine gemeindlichen Einrichtungen ein zentraler Ort des Steigerwaldvorlandes geworden (seit 1976 Sitz einer Verwaltungsgemeinschaft), der seit 1964 ein zentrales Institut des Blutspendedienstes des Bay. Roten Kreuzes beherbergt. – Beherrschender Mittelpunkt des Ortes ist das Schloß (16./ 18. Jh.). Der *Schloßpark* ist heute eine großzügige Anlage im engl. Stil aus dem 19. Jh. Die *kath. Pfarrkirche* entstand 1727–32 nach Plänen von Balthasar Neumann; eine Pfarrei gibt es in W. schon seit 1364. Die *Kreuzkapelle* ist die Begräbnisstätte der Grafen von Schönborn und wurde 1687–92 von Antonio Petrini errichtet und im 18. Jh. umgebaut. Unter den weiteren Bauten der Barock- und Rokokozeit ragt das *Rokoko-Rathaus* von 1741 hervor. Die *ev. Gnadenkirche* wurde 1953 in der Nähe des Bahnhofs errichtet. (II) *Dirk Rösing*

J. Heining, VG Wiesentheid, in: Landkreis Kitzingen, Kitzingen 1984, S. 557–566. – Landkreis Kitzingen. Ein Kunst- und Kulturführer, Marktbreit 1986. – K. Treutwein, Von Abtswind bis Zeilitzheim. Geschichtliches, Sehenswertes, Überlieferungen, Volkach ⁴1987.

Wiesenttal, Markt (LK Forchheim, OFr.). Die Marktgde. W. mit ihren Hauptorten Muggendorf und Streitberg liegt inmitten der felsenreichen Tallandschaft der Fränk. Schweiz. Die Höhlen dieser Juralandschaft boten den Menschen der Mittel- und Jungsteinzeit Schutz. In der mittleren Bronzezeit, besonders aber in der Hallstatt- und Frühlatènezeit war das Gebiet im Umfeld der → Ehrenbürg dicht besiedelt. Dann ist bis in die Zeit um 1000 n. Chr. keine vergleichbare Besiedlung mehr anzunehmen.

Die *Burgruine Neideck* liegt auf einer steil abfallenden Felsnase beherrschend über einer Flußschleife der Wiesent. Die neuesten Befunde deuten auf einen Burgenbau des 11. Jh.s hin. Die Burg der Stauferzeit bestand aus einer von einer hohen Schildmauer und Graben gesicherten Vorburg, die durch weitere Gräben und turmbewehrte Mauern von der Hauptburg getrennt war. Hier auf dem Gipfelplateau stand im 11. Jh. ein mächtiger Rundturm von ca. 10 m Durchmesser. Erst 1219 wird in einer Bamberger Urkunde ein »Heinrich de Nideche« als Bamberger Ministeriale genannt. Bis 1312 wurde die Burg durch Erbe und Kauf Eigentum des Konrad von Schlüsselberg. Dieser letzte und bedeutendste seines Geschlechts provozierte 1347 durch die Errichtung einer mauerbewehrten Mautstelle unter der Neideck bei Streitberg einen Angriff der gegen ihn verbündeten Bf.e von Würzburg und Bamberg und der Burggrafen von Nürnberg. Nürnberger Truppen belagerten und beschossen die Neideck, wobei Konrad von einem Wurfgeschoß tödlich getroffen wurde. Die Burg wurde anschließend bis zu ihrer Zerstörung im 2. Markgrafenkrieg 1553 Sitz eines bambergischen Amtes.

Die *Burgruine Streitberg* liegt nur 1 km von der Neideck entfernt auf dem gegenüberliegenden Felshang des Wiesenttales auf einem steilen Felssporn. Nach dieser Burg nannte sich seit ca. 1124 ein bambergisches, später andechsisches und schlüsselbergisches Ministerialengeschlecht. Die Schlüsselberger erwarben 1280 Anteile an der Burg, die 1347 an Bamberg übergingen; der größere, noch den Streitbergern gehörende Teil wurde 1486 den Markgrafen von Brandenburg verkauft, die 1507/38 die ganze Burg in Besitz nahmen und so einen Brückenkopf im Hochstift Bamberg besaßen. Nachdem Markgraf Albrecht Alcibiades 1553 die bambergische Neideck zerstört hatte, belagerten einen Monat später Bamberger Truppen unter Claus von Egloffstein zu Kunreuth zusammen mit Nürnberger Soldaten die Burg und zündeten diese und den darunterliegenden Ort an. 1563–65 baute Caspar Fischer, der markgräfliche Architekt der Plassenburg in → Kulmbach, die Burg mit neuen Gebäuden wieder auf. Nach Beschädigung im 30jg. Krieg und nochmaligem langwierigem Wiederaufbau verfiel die Anlage im Laufe des 18. Jh.s. Außer dem gut erhaltenen *Haupttor* mit markgräflichem Wappen ist die Burg heute eine weitläufige Ruine.

Muggendorf war Zentrum und Ziel des frühen Natur- und Denkmaltourismus des späten 18. und vor allem des 19. Jh.s. Nachdem J. F. Esper 1774 in einem Buch über die Höhlen in der Umgebung von Muggendorf die Landschaft erstmals als »schweizerisch« bezeichnete, zog das »Muggendorfer Gebirg«, das Joseph Heller in einem Reiseführer 1829 als Fränk. Schweiz bezeichnete, schon bald die Frühromantiker wie Ludwig Tieck und Wilhelm Wackenroder an, denen nach den Erlanger Studenten auch Bildungsreisende wie Fürst Hermann Ludwig von Pückler-Muskau folgten, um Höhlen und Burgruinen zu besichtigen. So konnte sich in Muggendorf früh eine Hotellerie entwickeln, die noch heute – zum Teil auf hohem kulinarischen Niveau – besteht.

(III)   *Andreas O. Weber*

H. Kunstmann, Die Burgen der westlichen und nördlichen Fränkischen Schweiz, Bd. 1, Würzburg 1971, ²1971. – D. Fastnacht, HONB Ebermannstadt, 2000.

Wildbad (Stadt Burgbernheim, LK Neustadt a.d. Aisch-Bad Windsheim, MFr.): → Burgbernheim.

Wildberg (LK Rhön-Grabfeld, UFr.). Die *Burg W.* wird mit den edelfreien Brüdern Gerwich und Konrad von W. 1122 erstmals erwähnt. Das Geschlecht wurde wohl schon im 12. Jh. von den mit ihnen verwandten Herren von Thundorf beerbt, die sich danach von W. nannten. Ihr Erbbegräbnis hatten die Dynasten von W. im *Nonnenkloster St. Johanniszell* am Fuße des Burgberges, von dem auf Grund seiner geringen Größe und Bedeutung sowie einer desolaten Quellenlage sehr wenig bekannt ist. Die älteste urk. Erwähnung stammt erst aus dem Jahr 1294. Bei der in frühneuzeitlicher Überlieferung als Stifterin genannten Pfalzgräfin »Gebra« wird es sich von Titel und – wenngleich fehlerhaft überlieferter – Namensform her am ehesten um Gertrud, die Witwe des rheinischen Pfalzgrafen Hermann von Höchstadt-Stahleck, handeln, die 1157 schon das Zisterzienserinnenkloster Sankt Maria und Theodor zu → Bamberg gestiftet hatte. Da sie selbst noch 1182 als Nonne in St. Theodor lebte und laut (nur literarisch überlieferter) Grabsteininschrift 1201 starb, wird die Gründung des Klosters St. Johanniszell am ehesten in die Zeit um 1190 fallen. Schon auf Grund der Lage ihrer Burg nur 1,5 km n. von St. Johanniszell werden es die Herren bzw. Grafen von W. gewesen sein, die neben dem Klosterfundus auch die meisten der klösterlichen Besitzungen zur Verfügung stellten. Diese befanden sich mit wenigen Ausnahmen in unmittelbarer Umgebung des Klosters (und damit auch der Burg W.). Das Kloster wurde infolge von Reformation und Bauernkrieg kurz nach der Mitte des 16. Jh.s aufgelassen, die Kirche abgerissen; der letzte, baulich vielfach veränderte Überrest des Klosters ist der heutige *Johanneshof.* – Die Herren bzw. Grafen von W. starben kurz nach 1305 aus, ihr Erbe war zwischen dem Hochstift Würzburg, das die Lehnshoheit beanspruchte, und den mit den Wildbergern verwandten Grafen von Henneberg umstritten. – Die Burg W. diente wohl zunächst vor allem zur Überwachung des nach Bamberg führenden Rennweges auf dem Rücken der Haßberge. Sie wurde im sog. Bauernkrieg 1525 zerstört und nicht wieder aufgebaut; der Amtsmittelpunkt wurde zunächst in den unterhalb gelegenen Lindleshof, später nach → Sulzfeld verlegt. – Die heutige *Ruine W.* auf gemeindefreiem Gebiet im Sulzfelder Forst befindet sich in Spornlage auf einem nach Westen vorgeschobenen Ausläufer der Haßberge, der nach Norden, Süden und Westen steil abfällt. Der annähernd ovale *Bering* ist etwa 140 m lang und ca. 40 m breit, der ca. 100 m lange Hauptteil wird durch einen tiefen *Halsgraben* geschützt.   (II)   *Heinrich Wagner*

J. W. Rost, Versuch einer historisch-statistischen Beschreibung der Stadt und ehemaligen Festung Königshofen und des Landgerichts Königshofen, Würzburg 1832, ND Bad Königshofen 1980. – M. Wieland, Das Kloster zu St. Johannis Zelle, in: Cistercienser-Chronik 8 (1896), S. 257–266. – H. Karlinger, KDB Königshofen, 1915, ND 1983. – H. Wagner, Das Urkundenverzeichnis des Frauenklosters St. Johanniszell unter W. von 1555, in: Würzburger Diözesangeschichtsblätter 56 (1994), S. 197–233.

Wildenberg (Gde. Kirchzell, LK Miltenberg, UFr.). Die *Burganlage,* die – heute mitten in der Waldeinsamkeit am Südrand des LKs Miltenberg gelegen – aufgrund ihrer künstlerischen Ausstattung eher an eine kgl. Pfalz als an eine Adelsburg erinnert, wurde von den Herren von Dürn, Vögten des Klosters → Amorbach, innerhalb der ehem. Amorbacher Großmark geschaffen. Diese Burg hat bei Kunsthistorikern, mehr noch bei Literaturhistorikern lebhafte Debatten ausgelöst. Grund ist Wolfram von Eschenbach, der in seinem »Parzival« auf die großen Feuer (Kamin) »ze Wildenberc« verweist. Es ist wahrscheinlich, daß Wolfram (ca. 1170–ca. 1220) hier Teile seines Parzivals schrieb. Eine Inschrift am Burgtorturm (»Diese Burg machte Herr Rvhreht von Dürn«) verweist offensichtlich auf den Gründer Rupert I., der 1197 letztmalig urkundete. – Die Burg dürfte in einer ersten Gründungsphase zwischen ausgehendem 12. Jh. und etwa 1220 entstanden sein (mit Ringmauer, Bergfried, Nordwestturm, Palas-Untergeschoß und Wohnbau); der prächtige *Torturm* mit Georgs-Kapelle wird auf 1216 datiert. Das künstlerisch hochwertige Palas-Obergeschoß entstand freilich erst nach 1230. 1253 war offensichtlich der Bauprozeß abgeschlossen. – Die aufwendige Burganlage der Dürn wurde bereits 1271 an das Erzstift Mainz verkauft, Zeichen des rapiden Niedergangs der Adelsfamilie. Seitdem war sie Sitz des Amorbacher (Ober-)Amtmanns bis zu ihrer Zerstörung durch die Bauern im Bauernkrieg von 1525. Bereits 1356 war sie von einem Erdbeben stark in Mitleidenschaft gezogen worden, wurde aber damals wieder aufgebaut. Die *Ruine*, die zu den Hauptburgen staufischer Zeit zählt, gehört seit 1803 den Fürsten zu Leiningen. Teile der kunstvollen Wildenberger Bauplastik befinden sich in Amorbach und → Aschaffenburg. (I)   *Wilhelm Störmer*

W. Hotz, Burg W. im Odenwald. Ein Herrensitz der Hohenstaufenzeit, Amorbach 1963. – W. Störmer, HAB Miltenberg, 1979. – T. Steinmetz, Die stauferzeitliche Burg Prozelten und ihre Beziehung zur Burg W., in: Burgen und Schlösser 29 (1988), S. 22–36.

Wildflecken, Markt (LK Bad Kissingen, UFr.). Über die Entstehung der Siedlung am w. Rand des Salzforsts, eines ausgedehnten Waldgebiets vom Sinntal im Westen bis → Bad Neustadt a. d. Saale im Osten, das zum Hochstift Würzburg gehörte, fehlen urk. Nachrichten. Die Überlieferung besagt, daß seit dem Bauernkrieg an der Stelle der heutigen Orte W. und dem benachbarten Oberbach einzelne Siedler ansässig wurden. 1537 wird die Siedlung, die zunächst nur aus einzelnen Höfen bestand, erstmals erwähnt. 1544/46 leisteten die Bewohner dem Fürstbf. von Würzburg den Huldigungseid. Zum Hochstift Würzburg gehörte W. bis zum Ende des Alten Reichs. – Land- und Viehwirtschaft bildeten die Lebensgrundlage für die Bevölkerung, erst zu Beginn des 20. Jh.s kam Abbau von Schwerspat und Basalt hinzu. 1908 wurde die Bahnlinie von (→ Bad) Brückenau bis W. verlängert. – 1936 begannen die Planungen für einen *Truppenübungsplatz* nw. des Ortes, der 1938 eröffnet wurde und heute eine Fläche von über 7000 ha einnimmt. Für den Platz wurde die Auflassung und Umsiedlung einiger Dörfer, darunter das seit 1268 bezeugte Werberg, erforderlich. Nach vorübergehender, teilweiser Wiederbesiedlung durch Flüchtlinge und frühere Bewohner im und nach dem 2. Weltkrieg wurde die Absiedlung 1966 endgültig abgeschlossen; die Dörfer wurden zerstört. Während des Kriegs dienten Teile des Platzes als Lager für

Kriegsgefangene. Nach dessen kampfloser Übernahme durch die Amerikaner am 7.4.1945 bestanden in W. bis 1950 Lager für Displaced Persons. 1951 wurden die militärischen Einrichtungen durch die US-Armee wieder in Betrieb genommen. Seit 1965 ist W. auch Standort der Bundeswehr, die den Truppenübungsplatz nach dem Abzug der Amerikaner 1994 übernommen hat.

Auf dem Gelände des Übungsplatzes, aber der Öffentlichkeit zugänglich, liegt auf einer Anhöhe, zu der eine barocke Treppenanlage hinaufführt, die *Wallfahrtskirche Maria Ehrenberg*. 1522 soll bereits eine erste Kapelle für das Gnadenbild aus dem Ende des 14. Jh.s errichtet worden sein. Gesichert ist der Bau einer Wallfahrtskapelle auf Veranlassung des Fuldaer Fürstabtes für 1666. Das Aufblühen der noch heute bestehenden Wallfahrt in der Barockzeit führte 1731–54 zur Erweiterung der Kapelle um ein Langhaus. Mehrfache Renovierungen, zuletzt 1958/59, haben den ursprünglichen Bauzustand verändert. (II)   *Georg Salzer*

P. Burckhardt, Die Truppenübungsplätze Grafenwöhr, Hohenfels, W. Anfänge, Entwicklungen, Ereignisse, Weiden/OPf. ³1989. – G. Kellermann, 475 Jahre W., W. 1999.

Wilhelmsdorf (LK Neustadt a. d. Aisch-Bad Windsheim, MFr.). Der Ort liegt 2 km nö. von → Emskirchen. Der 1361/64 als Zugehörung des burggräflichen Amts Schauerberg erstmals genannte, später zum Amt Emskirchen gehörige und im 30jg. Krieg wüst gefallene Weiler »Unteralbach«, an den noch die *Unteralbacher Mühle* erinnert, wurde 1686 mit 15 Hugenottenfamilien (»Bonnettesche Truppe«) aufgesiedelt und 1694 zu Ehren des Erbprinzen Georg Wilhelm von Brandenburg-Kulmbach(-Bayreuth) in W. umbenannt. Die Réfugiés zogen jedoch wieder ab, da sie wirtschaftlich nicht Fuß fassen konnten. – 1694 kaufte der markgräfliche Bankier Isaak Buirette von Oehlefeldt, ein Glaubensflüchtling aus Holland, den Ort mit 18 Häusern und dem 1688 geweihten Holzkirchlein als landsässiges Rittergut vom Markgrafen Christian Ernst. In der Folgezeit erfuhr W., nicht zuletzt durch Abwerbung von Gerbern und Strumpfwirkern aus der → Erlanger Neustadt, einen wirtschaftlichen Aufschwung. 1696 wurde ein Herrenhaus für Buirette von Oehlefeldt, 1753/54 die frz.-reformierte (jetzt ev.-luth.) *Kirche* erbaut. – Nach 1712 zogen auch verstärkt Deutsche nach W.; 1812 gehörten von 450 Einwohnern noch 42 zur reformierten Gde., der letzte Reformierte in W. starb 1943. – Um 1800 lebten 80 Strumpfwirker (in ca. 50 Anwesen) am Ort, im 19. Jh. kam es jedoch zum Niedergang des Gewerbes. 1896 erfolgte die Ansiedlung einer Reißzeugfabrik, an die ein *Zirkelmuseum* erinnert. Nach einem starken Rückgang der Landwirtschaft in den 1970er Jahren gelang die Konsolidierung der wirtschaftlichen Lage durch feinmechanische Betriebe (Reißzeugmacher) und Kunststoffverarbeitungsbetriebe. *(VI)   Gerhard Rechter*

J. Bischoff, Lexikon deutscher Hugenotten-Orte, Bad Karlshafen 1994. – A. Jakob, W., in: C. Friederich u. a. (Hg.), Erlanger Stadtlexikon, Nürnberg 2002, S. 748.

Wilhermsdorf, Markt (LK Fürth, MFr.). Der Markt W. liegt 25 km w. des Großraums Nürnberg/Fürth im Zenngrund in einer Zone des karolingischen Landesausbaus. Das 1096 erstmals erwähnte Ministerialengeschlecht derer von »Willehalmesdorf« hatte seinen Sitz bis zu seinem Aussterben 1566 in W. 1358 öffneten sie Karl IV. ihre Veste, die 1410 als »Wylhelmsdorf« nebst zwei Höfen als böhm. Lehen erwähnt ist. 1566 gelangte W. bis zu dessen Aussterben (1656) an das hessische Geschlecht der Schutzbar, genannt von Milchling. Danach folgten mehrere Besitzerwechsel, bis W. 1667 an die Grafen von Hohenlohe gelangte. 1612 wurde nach längeren Auseinandersetzungen das Halsgericht als ansbachisches Lehen anerkannt. 1671 wurden durch den Ks. 4 Jahrmärkte privilegiert. – Das Dorf gehörte zum Kanton Altmühl der frk. Ritterschaft und war 1702–92 Sitz der *Kantonskanzlei*. Vorübergehend im Besitz der Grafen von Limburg-Styrum (1760–69) wurde W. von den Freiherren Wuster von Creutzburg gekauft, die ihre Besitzrechte jedoch erst nach einem langwierigen Prozeß durchsetzen konnten. – Die Filialkirche St. Martin in W. wurde 1387 zur Pfarrei erhoben. 1437 wird eine Wehrmauer um den Kirchhof erwähnt. Nach dem Abriß des Vorgängerbaus wurde 1714 die erhaltene barocke *Pfarrkirche* geweiht. – Der Zeitpunkt der Einführung der Reformation in W. ist nicht genau bestimmbar; 1553 wird der erste ev. Pfarrer erwähnt. Das 1594 gestiftete Spital wurde 1717 durch einen *Neubau* ersetzt und erhielt 1727 eine *Spitalkirche*. – Die Wurzeln der jüd. Gde. reichen bis in die Mitte des 15. Jh.s zurück. 1568 werden eine jüd. Schule und ein Judenfriedhof erwähnt. Überregionale Bedeutung erlangte der jüd. Buchdruck im letzten Drittel des 17. Jh.s, der 1739 nach → Fürth verlegt wurde. – 1796 wurde W. von Preußen okkupiert, an das 1792 das Markgraftum Ansbach gefallen war. Seit 1806 ist der Ort bay.; das Lehen W. kam 1838 an den bay. Staat. – Im 18. Jh. existierte in W. eine Bandmanufaktur, seit 1870 entwickelte sich eine Pinselfabrikation, die vor allem nach dem Anschluß von W. an das Eisenbahnnetz (1895) überregionale Bedeutung erlangte. – 1831 gehörten von 1170 Einwohnern 203 zur jüd. Gde. 1938 wurden die jüd. Betriebe in W. enteignet; es kam zu Übergriffen auf die jüd. Bevölkerung. *Synagoge* und Schulhaus wurden an Wilhermsdorfer Bürger verkauft. – Seit Beginn des 18. Jh.s bestand in W. eine kath. Gde., die nach dem Zuzug von Vertriebenen und Flüchtlingen in der Folge des 2. Weltkriegs stark anwuchs und seit 1963 eine eigene *Pfarrkirche* (*St. Michael*) besitzt. – An Stelle der 1560 abgebrannten Veste errichteten die Schutzbar von Milchling ein Schloß (1672–1793), das 1878/79 abgebrochen wurde. Ansonsten hat sich in W. ein bedeutendes Ensemble von Bauwerken erhalten, die die Geschichte des ritterschaftlichen Ortes der Barockzeit widerspiegeln. (VI) *Martin Winter*

H. H. Hofmann, HAB Neustadt-Windsheim, 1953. – A. Dürr, Markt W. Vom Ministerialensitz zur Marktgemeinde, W. 1995. – H. Bodenschatz, W. in Franken. Ein barockes Aschenputtel, in: Die Alte Stadt 20 (2000), S. 283–299.

Windsbach, Stadt (LK Ansbach, MFr.). Zahlreiche Siedlungsfunde weisen W. und seine Umgebung als seit vorgeschichtlicher Zeit dauerhaft besiedelt aus. Der Ort liegt im Bereich alter Fernverkehrsstraßen und der Regensburger Siedlungen an der Fränk. Rezat, die mit den Schenkungen an das dortige Kloster St. Emmeram und der Gründung des Salvator-, später St. Emmeramsklosters in → Spalt begannen. Die Ortsnamen der Umgebung weisen auf bay. Einflüsse hin, die sog. Nordbairische Westschranke bezieht W. und Mitteleschenbach in den bay. Sprachraum ein. – Hochmittelalterliche Schatzfunde von Regensburger Pfennigen bei Dürrenmungenau, ebenso wie bei den anderen Spalter Zentren im oberen Altmühltal und an der Bibert, weisen auf die frühe Verbindung des Gebietes zu ↑ Regensburg hin. Hier gibt es auch eine besondere Häufung von Ortsnamen slaw. Herkunft, die durch vereinzelte archäologische Funde ergänzt wird. Im Hochmittelalter hatte W. noch immer Verbindungen zum Donaugebiet und zum bay. Nordgau. – Die erste Nennung des Ortsnamens zeigt den Ort 1130 als Sitz eines Ministerialen des Grafen Kuno von Horburg, der mit den Grafen von Sulzbach eng verwandt war. Der Horburger Ministeriale findet sich später in den Diensten der Grafen von Hirschberg. Vermutlich gehörte dieser Ministerialenfamilie auch der Winsbekke an, der um 1220 ein mittelhochdt. Lehrgedicht verfaßte. Mitte des 13. Jh.s wird erstmals Albrecht Rindsmaul zu W. genannt, der ebenfalls aus dem bay. Nordgau stammte. Die Lehensherrschaft hatte der Graf von Oettingen in W., deren eine Hälfte er an Wolfram von Dornberg, die andere an den Burggrafen Friedrich von Nürnberg abtrat. Nach dem Tod des letzten männlichen Dornbergers 1288 kam dessen Anteil über seine Erben, die Heidecker und Oettinger, ebenfalls an den Burggrafen, der hier ein Amt einrichtete. W. blieb bei den hohenzollerischen Burggrafen, den späteren Markgrafen von Ansbach. – Bereits 1298 waren in W. Juden ansässig, die dem Pogrom des Rindfleisch zum Opfer fielen. Die jüd. Bevölkerung ist ein Indiz auch für die Bedeutung des Ortes und für ihre Rechtsstellung als Stadt bereits im 13. Jh. In W. bestand bis in die NS-Zeit eine jüd. Gde., die bis zu den Pogromen eine *Synagoge* (heute Privatbesitz) besaß, deren Gebäude

noch heute steht. – Im 1. Markgrafenkrieg 1449–52 wurde
W. niedergebrannt. In der 1400 gegründeten *Kapelle zur Got-
tesruh* finden sich Fresken aus dem 15. Jh., die 1947 freigelegt wurden. 1530 wurde in W. die Reformation eingeführt.
Die *St. Margarethenkirche* wurde 1728–30 umgebaut. W. bietet mit der den ganzen Ort zwischen den beiden *Stadttürmen* durchziehenden Marktstraße und weitgehend erhaltener
Stadtbefestigung (13./14. Jh.) das Bild einer mittelalterlichen
Stadt, die vom Fernverkehr geprägt war. – 1806 kam W. an
Bayern. 1894 wurde ein Bahnanschluß nach Ansbach eingerichtet. – Seit 1810 besteht das ev.-luth. Dekanat W. 1928
wurde ein Sägewerk in Bahnhofsnähe in eine erste kath. Kirche umgestaltet, 1971/72 dann die *kath. Pfarrkirche St. Bonifatius* errichtet (Pfarrei seit 1975). – Auf der Basis eines 1836/37
für Waisen aus Pfarrfamilien eingerichteten *Pfarrwaisenhauses*
nö. des Stadtkerns, seit 1898 mit Progymnasium, wurde 1946
in der Tradition der großen sächs. Kirchenchöre der Winds-
bacher Knabenchor gegründet und stieg rasch zu einem der
bedeutendsten Vokalensembles in Deutschland auf.

(VI)   *Manfred Jehle*

K. Dunz, W. Heimat- und Kulturgeschichte der Stadt mit allen Ortsteilen, W. 1985. – H. Altmann, Zur Geschichte der Stadt W., Bd. 1, W. 1994.

Windsheim: → Bad Windsheim.

Winterhausen, Markt (LK Würzburg, UFr.): → Sommerhausen.

Wirsberg, Markt (LK Kulmbach, OFr.). Auf einem Burgfelsen
nö. des Zusammenflusses von Kosser und Schorgast erbaute ein ehemals walpotisches, nach 1200 andechs-merani-
sches Ministerialengeschlecht Ende des 12. Jh.s seine ab 1203
namengebende Burg W., sw. der im 12. Jh. entstandenen,
einschiffigen roman. *St. Leonhardskapelle* gelegen. Das weitverzweigte niederadelige Geschlecht der 1687 erloschenen
Herren von W. war bis ins 17. Jh. in Oberfranken (Lanzendorf,
→ Kulmbach), in der Oberpfalz (↑ Tirschenreuth) und im

Egerland (Eger) reich begütert. – Burg und Gericht W. gelangten 1340 aus dem Erbe der Grafen von Orlamünde in den Besitz der Nürnberger Burggrafen von Zollern (später Markgrafen von Brandenburg-Kulmbach), die hier vor 1366 einen Markt (ab 1432 Wochenmarkt) und vor 1406 einen Amtssitz einrichteten. Seit 1528 wie die gesamte Markgrafschaft Kulmbach prot., wurde W. nach erheblichen Zerstörungen 1633/34 um den dreiseitigen Marktplatz wiederaufgebaut (1701 *Rathausneubau*; 1711 *Schorgastbrücke*). Zahlreiche zweigeschossige *Giebelhäuser*, zum Teil aus dem 16., vor allem aus dem 17. und 18. Jh., sind erhalten. – 1792 zunächst an Preußen gefallen, wurde W. 1810 dem Kgr. Bayern zugesprochen. Für die wirtschaftliche Entwicklung im 20. Jh. waren die Inbetriebnahme des neuen Kurbades 1956 und die Anerkennung als staatl. Luftkurort 1961 prägend.   (IV)   *Hubertus Seibert*

K. Hahn, Chronik des Marktes W., W. 1984.

Wörth a. Main, Stadt (LK Miltenberg, UFr.). Die Stadt W. liegt am s. Ende der Untermainebene in einer lößbedeckten Talweitung eines Odenwaldausläufers. – Das ehem. röm. Kastell in der Flurabteilung »Au« ist als einziges der Mainlinie nicht überbaut und noch nicht systematisch untersucht. Ob dieses Kastell (0,8 ha) zum Odenwaldlimes (um 90 n. Chr.) gehörte, ob diese Grenzlinie hier oder im benachbarten → Obernburg begann oder ob das Wörther Lager erst in der Phase der Vorverlegung des → Limes bis → Miltenberg (um 150) entstand ist ebenso ungeklärt wie die Frage, ob das »Kastell Seckmauern« (im Wörther Wald) ein Numeruskastell oder ein befestigtes Landgut gewesen ist. Die militärische Besetzung dauerte bis zur Mitte des 3. Jh.s – In das frühe Mittelalter zu datieren ist die *St. Martins-Kirche*, die Urpfarrkirche für das nahe Odenwaldhinterland und wohl auch des sw. Spessarts auf der anderen Mainseite. Die Kirche ist heute *Friedhofskapelle* (Bestand 15. Jh., seit 1739 nur noch der Chor erhalten). – Vor dem Hintergrund der nachstaufischen Machtauseinandersetzungen im Spessart und am Untermain ist – einige Jahre vor der urk. Erstnennung 1291 – die Stadt W. als Marktort der Herren vom na-

hen Breuberg unter Mainzer Oberhoheit gegründet worden.
Die befestigte Siedlung erhielt den Namen »Werde«, d. h. Inselstadt, an deren oberen Ende die gleichnamige *Wasserburg*
stand (*Bergfried* erhalten). Der *Galgen* vor der Stadt aus der Mitte des 18. Jh.s ist ein Denkmal für die einstige Blutgerichtsbarkeit. – Im weiteren Verlauf drängte Mainz die offenbar weit
zurückreichenden umfassenden Rechte der Breuberger zurück. Die Stadt, die nach Ausweis des *Wappensteins* am *Oberen
Tor* unter Erzbf. Theoderich von Erbach (1434–59) neu befestigt worden ist (*Stadtmauerring* großenteils erhalten), wurde
in der Folge als »Pfandschaft« an verschiedene Amtmänner
verliehen: an die Herren von Erlebach (ausgestorben 1507),
die wohl ihren Stammsitz in Ur-W. hatten, das noch in der
Mitte des 13. Jh.s »Erlebach« genannt worden ist; an die Grafen
von Kronberg (das 1600 errichtete *Rathaus* trägt über dem
Renaissanceportal das Wappen dieses Geschlechts, das seit
1870 als Stadtwappen fungiert); an die Freiherrn von Hoheneck, bis 1719 die Stadt vom Oberamtmann in → Klingenberg
»regiert« wurde. Im Zeitalter Napoleons wechselte die Landesherrschaft von Mainz auf Löwenstein (1803), Baden und
Hessen (1806) und schließlich zu Bayern (1816). – W. entwikkelte sich – ausgehend von der Gründung der Werft Schellen-
berger (1652–1918) – nach dem verheerenden 30jg. Krieg zu
einer »Schiffer- und Schiffbauerstadt« (mit zeitweise bis zu 5
Schiffbauplätzen); im ehem. Schloßgebäude nahm die Industrialisierung (zunächst Metall, dann Holzverarbeitung) ihren
Einzug. – Da Überschwemmungen die Stadt regelmäßig
heimsuchten, kam es nach 1883 zur planmäßigen Gründung
der *Neustadt* mit geometrischem Straßennetz und über 200
Wohnhäusern, die nach zwei Einheitsplänen mit roten Sand-
steinen errichtet wurden. Mittelpunkt Neuwörths im hochwasserfreien Gelände zwischen Altstadt und Bahnhof (1876)
ist die neoroman. *St. Nikolauskirche* (1898). In der ehem. *Stadtkirche St. Wolfgang* (Kirchturm 15. Jh., barockes Langhaus ab
1729, profaniert 1903) wurde 1991 ein *Museum* eingerichtet,
das die Entwicklung von Schiffahrt und Schiffbau am Main
dokumentiert. (I) *Werner Trost*

W. Conrady, Das Kastell W., Heidelberg 1900 (Der obergermanisch-raetische Limes des Römerreiches, Abt. B, Bd. 11, Nr. 36). – R. Wohner,
HAB Obernburg, 1968. – W. Trost, W. am Main. Geschichte einer fränkischen Kleinstadt, 4 Bde., W. 1989–99.

Wolframs-Eschenbach, Stadt (LK Ansbach, MFr.). W.-E. liegt
zwischen → Ansbach und → Gunzenhausen im Osten des
LKs Ansbach. Erstmals wird der Ort zwischen 1057 und 1075
in der Liste der Kirchweihen des Eichstätter Bf.s Gundekar
erwähnt. Ca. 1157–61 wird eine Pfarrkirche genannt, die
ca. 1210–20 unter der Lehensherrschaft des Grafen Poppo
von Wertheim und seiner Gattin Mechtildis stand und von
ihnen dem Deutschen Orden übertragen wurde. In Eschenbach entstand eine Kommende des Deutschen Ordens, die
erstmals 1236 erwähnt wurde. Zu Beginn des 14. Jh.s wurde
die eigenständige Kommende aufgehoben und der Kommende → Nürnberg als Amt unterstellt. Erst jetzt gelang es,
in Eschenbach nach und nach alle Gerichts- und Besitzrechte an den Orden zu bringen. So überließen die Grafen von
Wertheim und die Grafen von Oettingen ihren Besitz dem
Deutschen Orden. Den bedeutendsten Besitz aber hatten die
Ministerialen von Eschenbach, u. a. die Hälfte des Gerichts
im Ort, Höfe und Hofstätten, die zum großen Teil Lehen der
Grafen von Wertheim und Oettingen, des Deutschen Ordens
und des Hochstifts Eichstätt waren. Den größten Teil ihres
Besitzes mußten sie zwischen 1324 und 1329 an den Orden
verkaufen. Ihre Nachkommen gingen zum Teil in der Bürgerschaft des Orts auf, zum Teil wanderten sie wohl auch
nach Nürnberg aus. Aus dieser Ministerialen-Familie stammte mit hoher Wahrscheinlichkeit der Dichter Wolfram von
Eschenbach, dessen Werk zahlreiche Bezüge zu Eschenbach
und seiner Umgebung enthält. – Langjährige wissenschaftliche und lokalpatriotische Auseinandersetzungen zwischen
mehreren Städten endeten zunächst, als der bay. Kg. Maximilian II. den Anspruch von Eschenbach bei Ansbach anerkannte und 1861 ein Denkmal für Wolfram errichten ließ.
Weitere Auseinandersetzungen beendete 1916 Johann Baptist
Kurz mit einem soliden Nachweis, daß der Anspruch der

Stadt zu Recht bestehe; die Folge war die amtliche Umbenennung der Stadt in W.-E. 1917. – Das Stadtrecht erhielt
Eschenbach 1332 von Ks. Ludwig dem Bayern, verbunden
mit dem Blutbann über die Herrschaft für den Deutschen
Orden. Mit dem benachbarten Markgraftum Brandenburg-
Ansbach entstanden im 15. Jh. Konflikte um die Ausübung
von Hochgericht und Landesherrschaft im Amt, die nach
zahlreichen Prozessen 1667 durch die Beschreibung der
Grenzen von Gericht und Jagddistrikt um die Stadt Eschenbach beendet wurden. Die Stadt war ein eigener Hochgerichtsbezirk des Deutschen Ordens, während der Amtsbezirk dem Hochgericht und der Landesherrschaft des Amtes
Windsbach unterstellt war. – Im *ehem. Deutschordens-Schloß*
(erbaut 1623 für den Landkomtur) am Marktplatz ist seit
1859 das *Rathaus* der Stadt untergebracht; das *alte Rathaus* aus
dem Jahr 1471 war in einem spätgot. Gebäude am Wolframs-
von-Eschenbach-Platz untergebracht. Die Pfarrei blieb auch
seit der Reformationszeit kath. Die dreischiffige *kath. Pfarrkirche* am Marktplatz aus dem 13. Jh. zählt zu den ältesten got.
Hallenkirchen in Deutschland. In ihr befand sich nach Be-
richten aus dem 15. und 17. Jh. das Grabmal des Minnesängers, von dem aber keine Spuren erhalten sind. Die *Ringmauer*
um die Stadt mit zwei *Tortürmen* und zwei *Zwingern* ist fast
vollständig erhalten; Anfänge einer Befestigung hatte es bereits im 13. Jh. gegeben, die heutige Anlage geht auf die Bauten des späten Mittelalters sowie auf Reparaturen im 17. und
frühen 18. Jh. zurück.   (VI)   *Manfred Jehle*

J. B. Kurz, Heimat und Geschlecht Wolframs von Eschenbach, Erlangen
1916. – E. Seitz/O. Geidner, W.-E. Der Deutsche Orden baut eine Stadt,
W.-E. 1997.

Wülzburg (Stadt Weißenburg, LK Weißenburg-Gunzenhausen, MFr.). Die *Festung W.* liegt ö. der Stadt → Weißenburg auf
einer der höchsten Erhebungen der s. Frankenalb. – In der
1. Hälfte des 11. Jh.s wurde, wahrscheinlich durch Ks. Konrad II. oder seine Gemahlin, die Benediktinerabtei St. Peter
und Paul zu W. gegründet. Der erste Beleg stammt aus der

Vita des hl. Bf.s Otto I. von Bamberg, der (um 1080) im Kloster W. seine erste Ausbildung genoß und ein Pilgerhaus stiftete. Die Vogtei über das Kloster übte zunächst der kgl. Amtmann zu Weißenburg aus, später die zollerischen Burggrafen von Nürnberg. Diese verleibten das Kloster ihrem Territorium ein. 1524 wurde das Kloster durch Markgraf Georg von Brandenburg-Ansbach in ein weltliches Chorherrenstift umgewandelt und 1536/37 endgültig aufgehoben. – Markgraf Georg Friedrich d. Ä. ließ ab 1588 an Stelle des Klosters mit dem Bau der *Artilleriefestung* beginnen, der um 1605 abgeschlossen war. Als Architekten wirken vornehmlich Blasius Berwart d. Ä. und Rochus Graf zu Lynar. Die Anlage der Festung als regelmäßiges Fünfeck mit kasemattierten *Bastionen* ist im wesentlichen auf den Italiener Lynar zurückzuführen. Das *Schloß* wurde nur in zwei der geplanten fünf Flügel ausgeführt, es besitzt im w. einen 130 m tiefen *Brunnen*. Im 30jg. Krieg unter kaiserlicher bzw. kath. Besatzung, konnte die Festung trotz schwed. Blockaden nicht eingenommen werden. Das Schloß brannte 1634 durch Unachtsamkeit aus. Nach dem Westfälischen Frieden wieder in ansbachischen Händen, diente die militärisch kaum mehr bedeutende Festung als Kaserne und Gefängnis. – Nach 1806 in bay. Besitz, wurden umfangreiche Renovierungen durchgeführt und 1823–31 sechs *Regenwasserzisternen* eingebaut, jene im Hof als größte des Kgr.s. 1867 verlor die W. ihre Festungseigenschaft und wurde 1882 an die Stadt Weißenburg verkauft. Im Krieg von 1870/71 sowie im 1. Weltkrieg diente die Anlage als Kriegsgefangenenlager (u. a. Charles de Gaulle 1918), im 2. Weltkrieg als Internierungslager. 1945–52 war die W. Flüchtlingslager, darauf Altersheim. Heute beherbergt sie ein Internat. Der nur wenige Gebäude umfassende Weiler W. entstand erst nach Auflassung der Festung. (VI) *Daniel Burger*

H. H. Hofmann, HAB Gunzenhausen-Weißenburg, 1960. – G. Leidel, Geschichte der Benediktinerabtei W., Ansbach 1983. – T. Biller, Die W. Architekturgeschichte einer Renaissancefestung, München/Berlin 1996. – D. Burger, Weißenburg in Bayern – Festung W., Regensburg 2002.

Würzburg, Stadt (UFr.). Der Name W. haftete zunächst an dem die Stadt dominierenden Berg bzw. an der Befestigung auf diesem Berg. Erst später wurde er auf die sich am Fuß des Berges und auf der gegenüberliegenden Mainseite entwickelnde Siedlung übertragen. Der Berg selber erhielt später nach der auf ihm errichteten *Marienkirche* den Namen Marienberg. Erstmals erwähnt ist W. in einer Urkunde aus dem Jahr 704, die »in castello Virteburch« ausgestellt wurde. Ob es sich bei der von dem um 700 schreibenden Geographen von Ravenna, der aber auf Quellen aus der Zeit um 500 zurückgreifen konnte, erwähnten »civitas Uburzis« tatsächlich um W. handelt, ist nicht sicher. – W. liegt im Zentrum des Fränk. Gäulandes in einer vom Main ausgeräumten Talbucht. Hier tritt der Fluß aus den harten Schichten des oberen in die weicheren des mittleren Muschelkalks ein und hatte dadurch weit bessere Erosionsmöglichkeiten zu den Seiten hin. Das Einmünden mehrerer Seitentäler erweiterte den vom Main ausgewaschenen Talkessel noch zusätzlich und ermöglichte einen relativ einfachen Aufstieg zur Hochfläche. Durch die Seitentäler führten Wege von der Hochfläche herab, die den Main an einer Furt überquerten.

Siedlungsspuren im Würzburger Becken sind erstmals für die Alt- und Mittelsteinzeit belegt. In jüngster Zeit konnte auf der rechten Mainseite in der Domerschulstraße ein Siedlungsplatz ergraben werden, der auf die Zeit vor 5600 v. Chr. datiert wird. Danach gibt es für lange Zeit nur noch Einzelfunde. Erst für das 9. und 8. Jh. v. Chr. ist wieder eine intensive Siedlungstätigkeit belegt, und zwar eine Befestigung auf dem Marienberg sowie eine Siedlung an seinem Fuß. Diese Siedlungstätigkeit setzte sich, ob allerdings bruchlos ist nicht sicher, auch in der anschließenden Hallstattzeit fort. Eine Befestigung auf dem Berg mit Ansiedlung am Fuß ist auch für die Latènezeit belegt. Für die Römer- und die anschließende Völkerwanderungszeit gibt es nur einzelne Siedlungsspuren. Erst aus der Merowingerzeit sind wieder Belege vorhanden, die auf eine intensivere Siedlungstätigkeit hindeuten. – Der Schwerpunkt der Besiedlung in der Zeit der Würzburger

Hz.e und in den Anfängen des Bistums befand sich auf der linken Mainseite beim Marienberg. Der Herzogssitz, das 704 auch urk. belegte »castellum« W., wurde immer wieder auf dem Marienberg lokalisiert. Allerdings haben in jüngster Zeit Ausgrabungen im Bereich der *Kirche St. Burkard* eine Siedlung in diesem Bereich zutage gefördert, die stark befestigt war. Dadurch hat nun die Ansicht, daß der eigentliche Herzogshof am Fuß des Berges lag, während dieser nur eine Befestigung für Notzeiten trug, neue Nahrung erhalten. Auf der rechten Mainseite läßt sich dagegen aus den bisherigen Funden lediglich auf eine lockere Siedlung in Einzelhöfen und kleineren Siedlungskernen schließen.

Von entscheidender Bedeutung für die weitere Entwicklung von W. war die Gründung des Bistums 742. Der Bischofssitz lag zunächst auf dem Marienberg. Dort befand sich eine Marienkirche, die der karolingische Hausmeier Karlmann dem neugegründeten Bistum geschenkt hatte und die zu dessen erster Domkirche wurde, sowie ein Kloster, das der letzte Würzburger Hz. Heden II. für seine Tochter Immina errichtet hatte, und das der erste Bf. Burkard von dieser eintauschen konnte. Ob das Kloster St. Burkard am Fuß des Berges dem Klerus an der Domkirche als Wohnsitz diente, erscheint eher fraglich und war, wenn überhaupt, nur von vorübergehender Dauer. Mit Sicherheit bestand aber die Siedlung um das Kloster weiter. – Spätestens mit der Verlegung des Bischofssitzes auf die siedlungsgünstigere rechte Mainseite in der 2. Hälfte des 8. Jh.s verlagerte sich der Siedlungsschwerpunkt allmählich dorthin. Bis zur Jahrtausendwende lassen sich aber aus den archäologischen und den spärlichen Schriftquellen nur einzelne Siedlungsinseln rekonstruieren. Die »villa«, in der der neue *Dom* errichtet wurde, befand sich wohl n. von diesem im Bereich um die ehem. Martinskapelle in der heutigen Martinstraße. S. an den Dom schloß sich das Kloster für den Domklerus an, auf seiner Nordseite entstand die Bischofspfalz. In unmittelbarer Nähe lagen die Wohn- und Wirtschaftsgebäude der von der Domkirche abhängigen Personen. Die immer wieder erwähnte Mainfähre sowie Markt, Münze und Zoll lassen auf eine Ansiedlung von Kaufleuten und Gewerbetreibenden schließen. Sie befand sich am ehesten zwischen Dom und Mainufer, wo sich später entlang der Domstraße und in ihren Nebengäßchen und -plätzen der tägliche Markt etablierte. Unmittelbar w. der Domimmunität, im Bereich der späteren Domstufen und des Kürschnerhofs, kann eine Siedlung von Handwerkern erschlossen werden, die in wirtschaftlicher und rechtlicher Abhängigkeit von der Domkirche standen. Eine weitere Siedlungszone läßt sich in einem Streifen entlang des Mainufers lokalisieren. Diese rechtsmainischen Siedlungsinseln waren bereits im 10. Jh. von einer Wall-Graben-Befestigung umgeben. – Auf der linken Mainseite bestand die Siedlung um das Kloster St. Burkard weiter. Daneben muß mit einer Siedlung im Bereich des linksmainischen Endes der späteren Mainbrücke gerechnet werden, wo wichtige Fernstraßen zusammentrafen, um hier den Fluß an der Furt bzw. der dort eingerichteten Fähre zu überqueren. Zudem ist mit einer Fischersiedlung zu rechnen, die ursprünglich wohl der Burg zugeordnet war.

Im 11. Jh. wurde vor allem der Siedlungsbereich auf der rechten Mainseite stark ausgebaut, insbesondere zwischen Mainübergang und Dombezirk. Im Bereich des heutigen Rathauskomplexes und seiner näheren Umgebung entstand ein wirtschaftliches Zentrum mit täglichem Markt. Die älteste Stadtmauer, nach ihrer Form meist als »Fünfeckmauer« oder »Bischofsmütze« bezeichnet, verlief entlang der heutigen Neubaustraße, Balthasar-Neumann-Promenade, Theaterstraße und der Juliuspromenade sowie parallel zum Mainufer. – Im 12. Jh. wurde der Ausbau fortgesetzt, und zwar jetzt zur dicht bebauten bischöflichen Bürger- und Klerikerstadt. Um dem steigenden Verkehr Rechnung zu tragen, wurde der Mainübergang 1133 durch eine steinerne *Brücke* erleichtert. In diesem Zusammenhang wurde wohl auch die Stadtmauer etwas näher zum Mainufer hin verlegt, wodurch für den Marktbetrieb mehr Platz gewonnen wurde. Im Bereich des Marktes bezogen nun bischöfliche Ministerialen ihren Wohnsitz, die

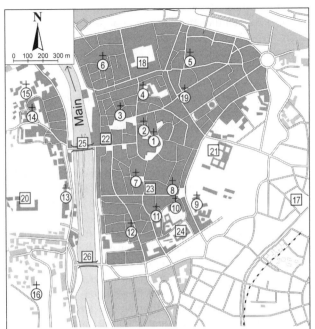

1. Dom St. Kilian
2. Neumünster
3. Marienkapelle
4. Ehem. Dominikanerkirche, jetzt Augustinerkirche
5. Pfarrkirche Stift Haug
6. Kath. Pfarrkirche St. Gertraud
7. Franziskanerkloster
8. Ehem. Jesuitenkolleg mit Kirche St. Michael
9. Ehem. Benediktinerinnenkloster St. Afra, jetzt Kilianeum
10. Ehem. Benediktinerabtei St. Stephan jetzt ev. Pfarrkirche St. Stephan
11. Pfarrkirche St. Peter und Paul
12. Reuererkirche (Kirche der Unbeschuhten Karmeliten)
13. Pfarrkirche St. Burkard
14. Ehem. Deutschordenskommende mit Kirche St. Maria, jetzt ev. Deutschhauskirche
15. Ehem. Schottenkloster St. Jakob, jetzt Don Bosco-Kirche und Salesianerheim
16. Käppele
17. Synagoge
18. Juliusspital
19. Bürgerspital zum Hl. Geist
20. Festung Marienberg
21. Ehem. fürstbischöfliche Residenz
22. Rathaus
23. Alte Universität mit Neubaukirche
24. Neue Universität
25. Alte Mainbrücke
26. Löwenbrücke

im Auftrag ihres Herrn das Marktgeschehen kontrollierten, sich aber bald an diesem beteiligten und so in die Stadtwirtschaft verflochten wurden. Die Höfe dieser Ministerialen – ein Überrest hat sich bis heute im *Grafeneckart*, dem Kern des *Rathauses*, erhalten – verbanden vom Markt ausgehend zusammen mit den Höfen der Kaufleute und Münzer die beiden älteren Siedlungsschwerpunkte am Mainufer und vor der Domimmunität. Sie häuften sich in der heutigen Augustinerstraße sowie zwischen Karmelitenstraße und heutigem *Marktplatz*.

Im Laufe des 11. Jh.s entwickelten sich auf der rechten Mainseite außerhalb des ummauerten Stadtbereichs vorstädt., d. h. in den Gesamtbereich der Bischofsstadt gehörende Siedlungen. Die frühesten entstanden wohl bei dem Nebenstift Haug und bei dem Stift bzw. später *Kloster St. Stephan*. Es handelte sich dabei um typische Kirchensiedlungen, deren Bewohner zur »familia« der betreffenden Kirche gehörten und über die diese die niedere Gerichtsbarkeit ausübte. In ihnen entstanden im 11. und frühen 12. Jh. Pfarrkirchen, in deren Sprengel auch jüngere vorstädt. Siedlungen aufgenommen wurden, die so mit den Kirchensiedlungen zusammenwuchsen. Schließlich wurden seit dem frühen 12. Jh. neue Siedlungen für Gewerbetreibende planmäßig vor der Stadt angelegt. Dies gilt für die Siedlung der Gerber, Metzger und Gärtner an der Pleichach, für die Semmelbäcker vor dem Hauger Tor, für Müller und Weingärtner im Neuen Dorf und wohl auch für die Steinbrecher vor dem Stephanstor. Daneben entstanden auch spontan Ansiedlungen vor wichtigen Stadttoren, vor allem durch den Zuzug aus ländlichen Gebieten. In der Vorstadt Sand vor dem Georgstor, die um 1200 zusammen mit der Klostersiedlung um St. Stephan in die Stadtbefestigung einbezogen wurde, ließen sich, ebenso wie in der im 13. Jh. ebenfalls ummauerten Vorstadt jenseits des Mains, auch städt. Handwerker, Ministeriale und sonstige Bürger nieder. Die von der Stadt aus planmäßig oder spontan gebildeten Vorstadtsiedlungen wuchsen mit den ursprünglich eigenständigen Kirchensiedlungen unter der bischöflichen Stadtherrschaft zusammen.

Die anfangs unterschiedlichen Rechtsverhältnisse verloren an Bedeutung.

Die Bf.e residierten seit der Mitte des 13. Jh.s, als sie in immer heftigere Konflikte mit der Stadtbevölkerung gerieten, wieder auf dem Marienberg, den sie im Laufe der Jh.e zu einer mächtigen *Festung* ausbauten. In der Folgezeit kam es nur noch zu kleineren Veränderungen im Siedlungsgefüge. Schon um 1200 wurde die Vorstadt Sand in den städt. Mauerring einbezogen. Die Vorstadt jenseits des Mains hatte ebenfalls im 13. Jh. eine eigene Befestigung erhalten. Seit etwa 1330 wurden durch die Vorstadtmauer alle Vorstädte in einen weit ausholenden Mauerring einbezogen, der 1506 auch auf das Kloster St. Afra ausgedehnt wurde. Somit blieb nur das Stift Haug auf Dauer außerhalb der Stadtbefestigung. Als sich im 15. Jh. mit dem Aufkommen der Feuerwaffen herausstellte, daß die Vorstadtmauer nicht zu verteidigen war, verstärkte man einerseits die Altstadtmauer und verkürzte andererseits die vorstädt. Verteidigungslinie im Osten durch den Bau der sog. Mittelmauer. Dadurch wurden die dichter besiedelten n. Vorstädte besser geschützt. In der Altstadt entstand nach der Zerstörung des Judenviertels 1349 ein neuer Marktplatz, der bis heute vor allem dem Verkauf agrarischer Güter aus dem Umland dient.

Für die Versorgung von Bedürftigen wurden Spitäler eingerichtet. Das Spital des Klosters St. Stephan, 1120 belegt, wurde bald aufgegeben. Das Dietrichspital am heutigen Marktplatz, wohl kurz vor 1144 vom Dompropst Otto gegründet, unterstand dem Domkapitel bzw. einer von diesem kontrollierten Bruderschaft und wurde bei der Säkularisation zusammen mit dem Domstift 1803 aufgelöst. Die Johanniter hatten bei ihrem Einzug in die Stadt das Spital St. Oswald übernommen und allmählich zu einer Kommende ausgebaut, wobei auch hier der Spitalbetrieb sehr bald aufgegeben wurde. Zu Beginn des 14. Jh.s stiftete der Bürger Johann vom Steren in der Vorstadt Haug außerhalb der Stadtmauer ein Spital, das ursprünglich zumeist Neues Spital genannt wurde, später aber den Namen *Bürgerspital* annahm, unter dem es heute noch besteht. 1494 wurde auf der linken Mainseite bei der Mainbrücke das Spital zu den 14 Nothelfern bzw. Hofspital gegründet. Es unterstand der Aufsicht der bischöflichen Hofkammer und existierte bis zur Säkularisation. – Zwei sog. *Sondersiechenhäuser* wurden vor den Mauern der Stadt errichtet: das eine im Süden in der Vorstadt Sand vor dem Sander Tor, das andere im Nordwesten auf der linken Mainseite vor dem *Zeller Tor*. Mit dem allmählichen Erlöschen der Lepra in Europa verloren sie ihre Funktion. Das Haus vor dem Sander Tor wurde in ein Heim für bedürftige Dienstboten umgewandelt und erhielt den Namen *Ehehalten-haus*. Dieses besteht heute noch als der Bürgerspitalstiftung angegliedertes Altenheim. Das Haus vor dem Zeller Tor diente zunächst als Armenhaus, wurde schließlich auf die andere Mainseite unter den Steinberg verlegt und beim Bau der Bahnlinie nach Aschaffenburg abgerissen. – 1576 gründete schließlich Bf. Julius Echter das nach ihm benannte Spital in der Vorstadt Pleichach auf dem Gelände des jüd. Friedhofs. Von seinem Stifter reich ausgestattet, widmete sich diese Gründung vor allem der Krankenpflege. Aus diesem Grund bestand eine enge Verbindung zwischen dem *Juliusspital* und der medizinischen Fakultät der Universität. Die Trennung von medizinischer Fakultät und Spitalverwaltung erfolgte erst 1921 mit dem Umzug der Universitätskliniken in das neuer-richtete *Luitpoldkrankenhaus* im Stadtteil Grombühl. Das Juli-usspital ist heute eine Stiftung mit Weingut, Krankenhaus und Altenheim. – Das 1794 als bürgerliche Stiftung entstandene *Spital* zum hl. Josef, später nach seinem Stifter meist »*Huebers-pflege*« genannt, besteht ebenfalls bis heute. – Nachdem ein er-ster Versuch 1402 an einer völlig unzureichenden materiellen Ausstattung und einer ungesicherten rechtlichen Stellung ge-scheitert war, gründete Bf. Julius Echter im Südosten der Stadt auf dem Areal des eingegangenen Benediktinerinnenpriorats St. Ulrich wieder eine Universität, die 1582 eröffnet wurde.

Unter dem Eindruck des 30jg. Kriegs begannen die Fürst-bf.e im 17. Jh., das Schloß Marienberg zu einer mächtigen Fe-stung auszubauen. Die Stadt selbst wurde mit einem Gürtel aus Bastionen und Wällen umgeben. Dieser Neubefestigung fielen u. a. das Stift Haug und das Kloster St. Afra zum Opfer. Beide wurden in den Bereich der Innenstadt verlegt. – Der Grundstein zum Bau der fürstbischöflichen *Residenz* wurde 1720 gelegt, bis 1744 war der Rohbau fertiggestellt. Damit nahm die bischöfliche Hofhaltung wieder ihren Sitz in der Stadt.

Parallel zum Ausbau der bürgerlichen Stadt verlief die Entwicklung von W. zu einem geistlichen Zentrum. Der Bischofssitz befand sich zunächst auf dem Marienberg links des Mains, wurde aber bereits im 8. Jh. auf die rechte Mainseite verlegt. In den ersten Dom auf der rechten Mainseite, ob zunächst an der Stelle der heutigen *Neumünsterkirche* oder bereits an seinem heutigen Ort gelegen, ist immer noch strittig, wurden 788 die Gebeine Kilians und seiner Gefährten überführt. Der Dom, nach einem Brand 855 neu errichtet, erhielt Mitte des 11. Jh.s seine endgültige Gestalt und wurde zum Mittelpunkt von W. Wohl mit der Gründung des Bistums entstand ein Domkloster als Wohnung für den in der Bischofskirche tätigen Klerus. Mit der Verlegung des Bistumssitzes auf die rechte Mainseite zog auch der Domklerus dorthin und erhielt s. des Domes eine neue Bleibe, während n. davon die Bischofspfalz entstand. Zurück blieb auf der linken Mainseite das Andreaskloster, das zur Bedeutungslosigkeit herabsank, bis es Bf. Hugo 986 reformierte, mit Benediktinermönchen besiedelte und die Gebeine des ersten Würzburger Bf. Burkard dorthin übertragen ließ. Seitdem benannte sich das Kloster nach diesem St. Burkard. Der Marienberg mit der Marienkirche als ursprüngliche Domkirche wurden dem Kloster übertragen, das dort eine Propstei einrichtete. 1464 in ein adeliges Chorherrenstift umgewandelt, bestand es bis zur Säkularisation.

Auf der w. Seite des Domes entstanden im Verlauf des 11. Jh.s nach der Auflösung des gemeinsamen Lebens des Domklerus im Domkloster die Domherrenhöfe der Würzburger Kanoniker, außerdem Wohnungen für den niederen Klerus. Im Laufe des 12. und 13. Jh.s dehnte sich dann auch ö. des Domes der hauptsächlich von Klerikern bewohnte Stadtteil aus. Die Zahl der Domherrenhöfe stieg. Dazu kamen die

Kanonikerhöfe des Stifts Neumünster, als auch dort das gemeinsame Zusammenleben im 12. Jh. aufgelöst wurde, sowie, vor allem in der heutigen Bibrastraße, Häuser und Höfe von Vikaren und niederen Geistlichen des Domes und des Neumünsters. Zunehmend kamen auch Höfe und Häuser bischöflicher Vasallen und sonstiger weltlicher Besitzer im ummauerten Stadtbereich in geistliche Hand. Gleichzeitig wollten die Bf.e durch die Gründung von Stiften, Klöstern und Kirchen außerhalb der in dieser Zeit entstandenen Stadtmauer ihre Stadt gleichsam mit einem zweiten geistlichen Mauerring umgeben. Um 1000 entstand auf einem Hügel im Norden der Stadt im Bereich des heutigen Hauptbahnhofs das Stift Haug. Der Stiftskomplex mit der Kirche, den Stiftsgebäuden und Stiftskurien wurde Zeit seines Bestehens nie in den Mauerring einbezogen und im Gefolge der Neubefestigung der Stadt in der 2. Hälfte des 17. Jh.s abgetragen. Innerhalb der Befestigung im Norden der Stadt entstand eine neuer Stiftskomplex. Das Stift selbst wurde in der Säkularisation aufgelöst, die *Stiftskirche* dient bis heute als Pfarrkirche für das Hauger Viertel. – Um 1014 entstand im Süden der Stadt ein weiteres Kanonikerstift, St. Peter, Paul und Stephan. 1057/58 wurden die Stiftsherren umgesiedelt und erhielten im Inneren der Stadt neben dem Dom an der Stelle, an der angeblich der hl. Kilian das Martyrium erlitten hatte, eine neue Bleibe, die künftig den Namen Neumünster führte. Das Stift bestand bis zur Säkularisation. Erhalten haben sich davon bis heute die *Neumünsterkirche* sowie Teile des *Kreuzgangs* im *Lusamgärtchen*. Die ursprünglichen Stiftsgebäude vor der Stadtmauer wurden mit Mönchen aus Münsterschwarzach (→ Schwarzach a. Main) besiedelt. Das nunmehr St. Stephan genannte Kloster existierte bis zur Säkularisation. Die *Klosterkirche* wurde danach von der bay. Regierung der prot. Gde. in W. für ihre Gottesdienste überlassen und besteht bis heute als ev. Pfarrkirche St. Stephan.

Der Kirchenkranz um die Stadt wurde im Laufe des 12. Jh.s vollendet. Um 1135 errichtete Bf. Embricho auf der linken Mainseite am nw. Rand der dortigen Besiedlung das *Kloster*

St. Jakob (»*Schottenkloster*«) für irische Mönche. Nachdem der
Konvent im 16. Jh. zweimal ausgestorben war, wurde er 1595
mit Schottenmönchen aus ↑ Regensburg neu besetzt, die bis
zur Säkularisation dort lebten. – Das Benediktinerinnenkloster St. Afra, gegründet vielleicht schon Mitte des 11. Jh.s als
Doppelkloster von St. Stephan, wurde um 1150 an seine spätere Stelle weit vor der Mauer im Nordosten der rechtsmainischen Siedlung verlegt. Dort fiel es der Neubefestigung der
Stadt Mitte des 17. Jh.s zum Opfer. Die Nonnen fanden eine
neue Bleibe am s. Ende des Hofgartens auf dem Areal des späteren Kilianeums, bis ihr Kloster im Zuge der Säkularisation
aufgelöst wurde. – Mit dem Beginn der Kreuzzüge hielten
auch die Ritterorden ihren Einzug in die Stadt. 1179 sind die
Johanniter erstmals belegt. Sie hatten das Oswaldspital in
der Vorstadt Sand übernommen und dort eine Kommende
errichtet, die bis 1810 Bestand hatte. Der Deutsche Orden
folgte 1219, als ihm der Bf. den ehem. staufischen Königshof
auf der linken Mainseite in der Nähe des Schottenklosters
schenkte. Die dort errichtete Kommende wurde 1805 aufgelöst. Die ehem. *Kommendegebäude* werden heute vom Amt für
ländliche Entwicklung genutzt, die Kommendekirche dient
als ev. Pfarrkirche (*Deutschhauskirche*).

Im 13. Jh. ließen sich die Bettelorden in W. nieder, zuerst in
den 1220er Jahren die Franziskaner, die seit 1249 an ihrem
heutigen Standort an der Franziskanergasse/Klostergasse belegt sind. Von den Franziskanern seelsorgerlich betreut wurde
das Kloster St. Agnes, eine Gemeinschaft von Frauen, die 1254
die Klarissenregel angenommen hatte und ihre endgültige
Bleibe im Südosten der Innenstadt auf dem Areal des heutigen *Priesterseminars* fand. Der Konvent starb Mitte des 16. Jh.s
aus, das Kloster wurde dem nach W. geholten Jesuitenorden
übertragen, der dort ein Kolleg errichtete. – Um 1227 kamen
die Dominikaner, seit 1266 bestand ihr Kloster in der Nordostecke der inneren Stadt. Das Kloster wurde bei der Säkularisation zwar zunächst aufgehoben, die *Klosterkirche* mit den
Klostergebäuden aber 1813 den Augustinereremiten überlassen,
die dort bis heute wirken. Die Augustinereremiten, 1262 in

die Stadt gekommen, hatten ihr ursprüngliches Kloster, das sie im Verlauf der Säkularisation verloren, im Südwesten der Innenstadt an der nach ihnen benannten Straße auf dem Gelände des heutigen Polizeipräsidiums errichtet. Von den Dominikanern geistlich betreut wurde das 1246 dem Orden inkorporierte Frauenkloster St. Marx in der Vorstadt Pleichach. Es wurde im Rahmen der Säkularisation aufgelöst, heute existieren keine Reste mehr davon. – Die Karmeliten kamen um die Jahrhundertmitte in die Stadt und hausten zunächst am Fischmarkt, bis sie an der nach ihnen benannten Straße hinter dem Rathaus ihre endgültige Bleibe fanden. Nach der Auflösung des Klosters in der Säkularisation erwarb die Stadt das Areal und nutzte es zur Erweiterung des Rathauses. – Seit 1227 sind in W. die sog. Reuerinnen belegt, die ihr Kloster in der Vorstadt Sand hatten. Der Konvent starb Mitte des 16. Jh.s aus, die Klostergebäude und die Besitzungen des Klosters wurden der Verwaltung des Domstifts unterstellt. – Auf dem Areal der späteren *Alten Universität* ist seit 1256 eine Gemeinschaft von Frauen belegt, deren Klause dem hl. Ulrich geweiht war. 1476 wurde diese in ein Benediktinerinnenpriorat umgewandelt und erhielt den Namen St. Scholastika zur Gnadenpforte. Nachdem der Konvent Mitte des 16. Jh.s ausgestorben war, wurde das leere Ulrichskloster der neugegründeten Universität inkorporiert. – 1352 gründeten die Kartäuser ihre Engelgarten genannte Niederlassung im Nordosten vor der Fünfeckmauer im Anschluß an das Neue Dorf. Die Anlage, bei der Säkularisation aufgelöst, wurde beim Bau des ersten Würzburger Bahnhofs völlig abgetragen. – Zu diesen Klöstern in der Stadt kamen noch zahlreiche Höfe und Häuser auswärtiger Klöster, die zum Teil als Zuflucht in Notzeiten dienten, zum Teil zur Verwaltung des Besitzes im weiteren Umkreis der Stadt und zum Teil als Handelsstützpunkte, um hier die Überschüsse aus der klösterlichen Wirtschaft auf dem städt. Markt zu verkaufen.

Im Zuge der Gegenreformation kamen neue Orden in die Stadt. 1567 errichteten die Jesuiten ein Kolleg. Zu diesem Zweck wurden ihnen die Gebäude und Besitzungen des Klosters St. Agnes übertragen. Sie leiteten das Gymnasium und spielten an der neugegründeten Universität eine wichtige Rolle. Als der Orden 1773 aufgelöst wurde, zog die bischöfliche Hofkammer sein Vermögen und seine Besitzungen an sich und verwaltete sie als Exjesuiten-Güteradministration. Kurz vor der Säkularisation übertrug der Bf. dann Güter und Einkünfte der Universitätsverwaltung, so daß sie als nomineller Besitz der Universität nicht von der bay. Regierung eingezogen werden konnten. – 1615 wurden die Kapuziner nach W. berufen. Ihre Kirche in der nach ihnen benannten Straße wurde 1617 geweiht. 1747 wurde ihnen die Seelsorge in der *Wallfahrtskirche* auf dem Nikolausberg, im Volksmund meist *Käppele* genannt, übertragen, wo sie ein Hospiz errichteten. Nach der Säkularisation veräußerten sie ihren Besitz in der Stadt, während sich das Käppele bis heute in ihrer Obhut befindet. – Erst nach der Überwindung großer Widerstände konnte der Reformzweig der Karmeliten, die Unbeschuhten Karmeliten, in der Stadt Fuß fassen. 1627 wurden ihnen das leerstehende *Kloster der Reuerinnen* überlassen, weshalb sie in W. meist Reuerer genannt werden. Diese Niederlassung hat bis heute Bestand. – Als letzter Orden vor der Säkularisation kamen 1712 die *Ursulinen* nach W. Auf Wunsch des Bf.s übersiedelten einige Nonnen aus dem → Kitzinger Kloster nach W., um hier ein Institut für den Mädchenunterricht einzurichten. Schon bald verselbständigte sich die Würzburger Niederlassung von ihrem Mutterkloster und konnte 1725 die Gebäude beziehen, in denen sich ihre Schule heute noch befindet.

Das Pfarreinetz der Stadt W. erhielt ebenfalls bereits im Mittelalter seine Ausprägung, die bis ins 19. Jh. hinein unverändert Bestand hatte. Für die Siedlung auf dem linken Mainufer lagen die Pfarrechte wohl schon seit dem Frühmittelalter bei der Marienkirche auf dem Berg. Nach der Verlegung des Bischofssitzes auf die rechte Mainseite wurde die Kirche dem Kloster St. Burkard überlassen. Dieses übertrug dann schon bald die Pfarrechte auf seine *Klosterkirche*, die damit auch zur Pfarrkirche für die Vorstadt auf der linken Mainseite wurde.

Auf der rechten Mainseite bestand wohl ebenfalls schon im Frühmittelalter eine Martinskapelle in der nach ihr benannten Straße ö. der späteren Neumünsterkirche. Sie besaß wohl anfangs ebenfalls Pfarrechte, die aber nach der Verlegung des Bischofssitzes bald auf die Domkirche übertragen wurden. Bis ins 19. Jh. hinein blieb die Domkirche die einzige Pfarrei im Innenstadtbereich. Der Bürgerschaft gelang es nicht, hier eine weitere Pfarrkirche zu errichten, die ihrer Kontrolle unterstand. Die von ihr 1349 an der Stelle der zerstörten jüd. Synagoge errichtete *Marienkapelle* auf dem Marktplatz erlangte nie Pfarrechte.

Im 5. Jh. wurde der Würzburger Raum von den Alemannen beherrscht. Spätestens nach der Niederlage gegen die Franken dürfte der alem. Einfluß hier um 500 geschwunden sein. Vermutlich drang nun die frk. Kolonisation langsam in das Maingebiet vor, aber auch thür. Einflüsse sind in der Umgebung von W. belegt. Als die Franken 531 das thür. Reich zerstörten, kamen die Mainlande endgültig unter frk. Herrschaft. – W. erscheint erstmals im Zusammenhang mit der Ermordung des Iren Kilian und seiner Gefährten um 689 und den sich darum rankenden Quellen, die allerdings stark legendenhafte Züge tragen. Kilian war wohl in Konflikt mit der Herzogsfamilie der Hedene, die mit W. als Herrschaftszentrum die Mainlande beherrschte, oder mit einflußreichen Adelskreisen am Hof geraten. 741/42 gründete Bonifatius mit Unterstützung des frk. Hausmeiers Karlmann in W. ein Bistum und weihte Burkard zum ersten Bf. Karlmann stattete das neue Bistum großzügig aus. Sein Bruder Pippin verlieh der Würzburger Kirche die Immunität und nahm sie in den Schutz des Kg.s auf. Dies bedeutete die Herauslösung der bischöflichen Grundherrschaft und des Bischofssitzes aus der gräflichen Verwaltung und Gerichtsbarkeit und stellte damit eine wichtige Grundlage für die weltliche Herrschaft der Würzburger Bf.e dar. – Hatte die Immunitätsverleihung den Bf. bereits in den Besitz der Gerichtsbarkeit gebracht, so konnten im Laufe der Zeit weitere ursprünglich kgl. Rechte erworben werden: die Zolleinkünfte am Mainübergang vor 918 und vor 1030 die Münze und der tägliche Markt. So wurden die Bf.e allmählich zu den alleinigen Herren in W.

Als Bf. Erlung während des Investiturstreits auf die päpstliche Seite übertrat, setzte Ks. Heinrich V. in W. einen Burggrafen aus dem Geschlecht der Grafen von Henneberg, die auch die Hochstiftsvogtei ausübten, zur Wahrung der kgl. Interessen ein. Mit diesem mußten sich die Bf.e von nun an die Macht in der Stadt teilen. Aber spätestens unter den Staufern gewannen sie die kgl. Gunst zurück. Mit der 1168 von Friedrich Barbarossa verliehenen sog. Güldenen Freiheit verschwand der kgl. Burggraf aus der Stadt. Das Amt wurde künftig von bischöflichen Ministerialen ausgeübt. Auch die Hochstiftsvogtei der Henneberger erlosch bald darauf. Damit waren die Bf.e wieder die alleinigen Herren in der Stadt. Sie gerieten jedoch in Konflikt mit einer neuen städt. Führungsschicht aus Vertretern der Ministerialität und aus den durch Handel und Gewerbe zu Wohlstand gelangten Bevölkerungsteilen, die eine Mitbeteiligung an der Stadtherrschaft forderten, wenn nicht sogar die Lösung aus der bischöflichen Herrschaft und Erhebung zur Reichsstadt anstrebten. Dazu kamen als weiteres unruhiges Element die in Zünften organisierten kleinen Gewerbetreibenden und Ackerbürger. Die Auseinandersetzungen, die bereits Mitte des 11. Jh.s begonnen hatten, dauerten mit Unterbrechungen das ganze 12., 13. und 14. Jh. an und endeten erst 1400 mit dem Sieg der bischöflichen Partei in der Schlacht bei Bergtheim. W. blieb fortan unter bischöflicher Herrschaft. – Städt. Selbstverwaltungsorgane entstanden in W., für das es eine regelrechte Stadtrechtsverleihung nicht gibt, zunächst noch gegen den Widerstand des Stadtherrn. Städt. Bürger sind erstmals 1069 belegt, ein besonderes städt. Siegel 1195. Eine Stadtgde. wird erstmals 1211 genannt, eine regelrechte Gemeinschaft der Würzburger Bürger 1243. Ein Rat taucht in den Quellen erstmals 1256 auf. An der Spitze dieses Gremiums standen aber 1264 noch immer die vom Bf. eingesetzten Schultheißen. Sie schieden erst zwischen 1290 und 1293 aus dem Rat aus und wurden durch von diesem eingesetzte Bürgermeister

– solche sind erstmals für 1265 belegt – ersetzt. Auch die Zünfte, die 1265 erstmals politisch in Erscheinung traten, forderten Zugang zum Rat, in den sie 1303 zwei von insgesamt 20 Vertretern entsandten. Nach der Schlacht von Bergtheim übte der Rat seine Aufgaben im Namen von Bf. und Domkapitel aus, während die Zünfte als politische Kraft völlig verschwanden. – Seit 1444 bestand das Ratskollegium aus 24 Personen mit zwei Bürgermeistern an der Spitze. Nach der Niederschlagung des Bauernaufstandes, dem sich Teile der Würzburger Bevölkerung und des Rates angeschlossen hatten, erließ Bf. Konrad von Thüngen eine neue Stadtordnung, die er 1528 nochmals verschärfte. Darin wurden die Rechte des Rates stark beschnitten. Aber bereits während des Interregnums nach seinem Tod milderte das Domkapitel viele der restriktiven Bestimmungen wieder ab. Die dann bis zur Aufhebung des Hochstifts gültige Ratsordnung wurde 1618 erlassen. Danach bestand der Rat aus 24 Personen, aus denen ein achtköpfiger Innerer Rat gewählt werden sollte. Den Vorsitz führten wie bisher zwei Bürgermeister, die jährlich vom Rat aus den Reihen seiner Angehörigen gewählt wurden und von Bf. und Domkapitel bestätigt werden mußten. – 1316 konnten Bürgermeister und Rat den Hof zum *Grafeneckart* mit zwei anliegenden Häusern erwerben und dort eine Ratsstube und Räume für die städt. Verwaltung einrichten. Im Laufe der Zeit kamen dazu zahlreiche An- und Umbauten, so 1659 der sog. *Rote Bau* mit dem neuen Sitzungssaal, nach der Säkularisation die Einbeziehung des Areals des aufgelösten Karmeliterklosters und 1892/93 der Neubau an der Karmeliterstraße. – Neben diesem städt. Rat existierte noch ein weiterer, herrschaftlicher Rat, der 1296 als schon seit längerem bestehend erwähnt wird. In diesem 1337 erstmals so genannten »Oberrat« herrschte ein Kräftegleichgewicht zwischen den Vertretern der Geistlichkeit und der Bürgerschaft. Er führte die Aufsicht über Handel und Gewerbe, kontrollierte die Zünfte, legte die Arbeitslöhne fest und war für Gewerbepolizei und Gewerbeordnungen zuständig. Der Oberrat bestand mit kurzen Unterbrechungen bis 1804.

1631 mußte sich W. Kg. Gustav Adolf von Schweden ergeben, der hier eine schwed. Landesregierung einrichtete, der vor allem Vertreter der mit ihm verbündeten frk. Ritterschaft angehörten. 1633 wurden die Hochstifte W. und Bamberg als »Herzogtum Franken« an Bernhard von Sachsen-Weimar verliehen, der in W. seinen Regierungssitz einrichtete. Bereits 1634 wurde die Stadt von kaiserlichen Truppen zurückerobert, während die Festung erst im folgenden Jahr kapitulierte. Danach blieb die bischöfliche Herrschaft bis zur Säkularisation unangefochten.

Die wirtschaftliche Entwicklung von W. im Laufe der Jh.e wird durch 3 Faktoren bestimmt: die natürliche Fruchtbarkeit und das relativ günstige Klima des Umlands, die Lage am Schnittpunkt wichtiger Verkehrswege und schließlich von Anfang an die Rolle der Siedlung als Herrschaftsmittelpunkt. – Die Lößablagerungen und die Verwitterungslehme des auf dem Muschelkalk aufgelagerten Lettenkeupers auf der Hochfläche der frk. Platten boten dort von jeher die Grundlage für einen ertragreichen Ackerbau. Die Talhänge, insbesondere auch im Würzburger Becken selbst, bilden mit ihren leicht zu erwärmenden Muschelkalkböden eine geradezu ideale Voraussetzung für den Weinbau. Noch heute bestimmen daher Weinberge an den Hängen das Stadtbild. Agrarerzeugnisse, insbesondere Getreide und Wein, waren daher stets die Hauptexportgüter der Würzburger Wirtschaft. Schon um 800 sind Getreidetransporte auf dem Main und Rhein bis in die Niederlande belegt. Der Würzburger Wein, in den Quellen seit spätestens 779 belegt, wurde im Hochmittelalter bis nach Dänemark und England exportiert und blieb auch in den Jh.n danach das wichtigste Handelsgut der Stadt. – Zu allen Zeiten haben sich hier wichtige Verkehrsverbindungen gekreuzt und W. zu einem Handels- und Umschlagplatz gemacht. Seit dem frühen Mittelalter verlief der Weg von der Nordsee und von Mitteldeutschland nach Augsburg und weiter nach Oberitalien durch W. Er stieß hier auf ein Wegesystem, das den Mittelrhein mit dem bay.-österr. Donauraum verband und über das der Osthandel lief. Auch der Main als natürliche West-Ost-Verbindung war in dieses Verkehrswegesystem eingebunden. Die mittelalterliche Stadt W. entwickelte sich beiderseits des Mainübergangs. Die verkehrsgünstige Lage sowie der Schutz, den Bf. und Kg. hier boten, förderten die Niederlassung von Fernkaufleuten. Sie machten die Stadt im frühen und hohen Mittelalter zu einem wichtigen Fernhandelszentrum, dem aber andere Handelszentren wie Frankfurt und → Nürnberg bald den Rang abliefen. In der Folgezeit konnte kein Exportgewerbe in nennenswertem Umfang entwickelt werden; es blieb bei der Ausfuhr von Agrarprodukten, insbesondere von Wein. – W.s Wirtschaft beschränkte sich vornehmlich auf die Versorgung der Stadt und ihres Umlandes und auf die Organisation des Austauschs zwischen Stadt und Region. Eine wichtige Rolle spielte dabei der tägliche Markt, der der Stadt 1030 verliehen worden war. Er breitete sich von seinem ersten Standort unmittelbar am ö. Mainufer bei der Furt und dem Landeplatz der Schiffe allmählich auf beiden Seiten entlang der Domstraße aus, wobei sich in den Seitengassen und auf kleine Plätzen Spezialmärkte ausbildeten. Diese Entwicklung fand ihren Abschluß mit der Umwandlung des 1349 abgebrannten Judenviertels zum Bauern- oder Grünen Markt auf dem heute noch bestehenden Marktplatz. Neben dem täglichen Markt waren die Jahrmärkte wichtige Austauschbörsen zwischen Stadt und Umland.

Von den 1373 erwähnten 37 Zünften waren allein 10 für Winzer, Häcker und Weinbergarbeiter zuständig. Eine Reihe weiterer Zünfte belegen die enge Verknüpfung der städt. Wirtschaft mit der Weinproduktion und dem Transithandel: die für den Weintransport zuständigen Weinschröter und Ohmträger, die Büttner und Flaschner, die Weinmesser, die Schiffer, Kärrner und Sackträger sowie die Wirte und Fütterer, die die Versorgung Durchreisender übernahmen. An dieser Struktur der Würzburger Wirtschaft änderte sich bis zum Ende des Alten Reichs wenig. Die Bemühungen der Fürstbf.e zum Aufbau von Manufakturen in der Stadt scheiterten. Allerdings wirkte die fürstbischöfliche Hofhaltung in der Stadt fördernd auf den Lokalhandel und das städt. Gewerbe.

Die erstmals 1147 erwähnte jüd. Gde. in W. wuchs in der 2. Hälfte des 12. und der 1. Hälfte des 13. Jh.s zu einer der bedeutendsten jüd. Gde.n Deutschlands heran. Die Juden ließen sich mehrheitlich im Zentrum der ummauerten Innenstadt beim Dom im Bereich des heutigen Marktplatzes und der Schustergasse nieder. Eine Synagoge wird erstmals 1170 erwähnt. In der n. Vorstadt Pleichach wurde ein Friedhof angelegt. Die Epoche einer relativ ungestörten wirtschaftlichen Entwicklung und kulturellen Blüte endete 1298, als im Zuge des Rindfleisch-Pogroms in W. über 800 Juden getötet wurden. Zwar bildete sich schon bald wieder eine neue Gde. aus Zuwanderern, die aber bei weitem nicht mehr die Bedeutung der alten Gde. erreichte. Die Juden ließen sich wieder in ihrem alten Siedlungsgebiet im Bereich des Marktplatzes nieder. Das Ende der Gde. kam 1349, als im Gefolge der Pest neue Judenverfolgungen ausbrachen. Auf dem Areal des jüd. Viertels wurde der noch heute bestehende Marktplatz errichtet. An Stelle der Synagoge baute die Bürgerschaft die Marienkapelle. – Seit 1377 sind erneut Juden in W. belegt. Unter dem Schutz des Bf.s siedelten sie anscheinend relativ geschlossen in einer Gasse bei der Marienkapelle und beim Marktplatz, der heutigen Dettelbacher Gasse und errichteten eine neue Synagoge. 1446 erwarben sie vom Bf. ihren alten Friedhof in der Vorstadt Pleichach zurück. Ihre frühere Bedeutung erlangte die nun auch zahlenmäßig kleine Gde. nicht mehr. Zum Lebensunterhalt waren sie nunmehr völlig auf Darlehensgeschäfte angewiesen. In der Folge wechselten Zeiten der Duldung und sogar großzügigen Förderung mit Zeiten der Vertreibung, die aber nie sonderlich streng durchgeführt wurde. 1560 wies Bf. Friedrich von Wirsberg alle Juden aus der Stadt aus; sein Nachfolger Julius Echter beschlagnahmte 1576 den jüd. Friedhof, ließ das Gelände planieren und hier das nach ihm benannte Spital errichten. Trotzdem lebten auch weiterhin einzelne Juden in der Stadt bzw. ließen sich wieder dort nieder. Erst 1642 wurden sie endgültig vertrieben.

1802 wurde W. von bay. Truppen besetzt, im Reichsdeputationshauptschluß von 1803 das Hochstift W. aufgelöst und dem Kurfürstentum Bayern als Ersatz für seine verlorenen linksrheinischen Besitzungen zugesprochen. 1806–14 nochmals für kurze Zeit Residenz des Großherzogtums W., ging die Stadt 1814 endgültig an Bayern über und verlor ihren Residenzcharakter, blieb aber bis heute Sitz der bay. Bezirksregierung. – In der 1. Hälfte des 19. Jh.s stagnierte die Entwicklung von W. Als Haupthemmnis erwies sich der Befestigungsgürtel um die zur Festung erklärte Stadt, der vorerst eine weitere Ausdehnung verhinderte. 1854 erreichte die Eisenbahn W. Der Bahnhof wurde innerhalb der Wälle auf dem Gelände der ehem. Kartause beim heutigen *Theater* errichtet. Die Geleise wurden in einem Tunnel unter den Bastionen hindurchgeführt. So entstand hier an einem vormaligen Randbereich der Altstadt ein neuer Siedlungsschwerpunkt. Ein Straßendurchbruch – die heutige Maxstraße – stellte die Verbindung zur Innenstadt her, während neben dem Bahnhof und der Hauptpost mit der Schrannenhalle ein neuer Markt- und Versammlungsort entstand. Aufgrund des gesteigerten Verkehrsaufkommens wurde der alte Bahnhof 1864 durch einen Neubau außerhalb der Stadtbefestigungen an der Stelle des heutigen *Hauptbahnhofs* ersetzt, die Bahnlinie wurde nun im Osten um die Stadt herum geführt. Auf dem alten Gleiskörper schuf man in den folgenden Jahren die erste große Straße in W. mit einheitlicher Bebauung, die heutige Ludwigstraße. – An mehreren Stellen wurde nun auch der Befestigungsgürtel durchbrochen. Die Festungseigenschaft wurde für das rechtsmainische Stadtgebiet 1856, für den linksmainischen Teil 1867 aufgehoben. Im folgenden Jahr konnte die Stadt die Festungswerke mit dem Glacis auf der rechten Mainseite erwerben. Nach und nach wurden die Tore abgetragen, die Wälle und Gräben eingeebnet. An ihre Stelle trat nun – 1880–87 von Jens Lindahl angelegt – der *Ringpark*, dessen Verlauf den barocken Festungsgürtel bis heute nachzeichnet. Nur am linken Mainufer und rund um den *Hofgarten* blieben die Befestigungsanlagen erhalten. – Es entwickelten sich nun die ersten Stadtviertel außerhalb des alten Befestigungsrings. Durch die neue Bahnlinie von der Altstadt getrennt und nur über eine einzige Brücke mit ihr verbunden, entstand im Nordosten das Eisenbahnerviertel Grombühl. S. und ö. des Ringparks entwickelten sich die vornehmen Wohnviertel der Sanderau. Bis etwa 1900 füllte die Stadt ihren Talkessel ganz aus. In diese Zeit fällt die Anlage einer Ringstraße um die Stadt herum entlang der beseitigten Befestigungswerke. Zu dieser hin wurden Straßen aus der Innenstadt durchgebrochen. Gleichzeitig wurden im Innenstadtbereich zahlreiche Straßen verbreitert und erneuert. So entstand etwa an Stelle der alten und engen Sandgasse die heutige als Fußgängerzone genutzte Schönbornstraße. Die diesen Baumaßnahmen im Wege stehenden Tore und Bauwerke wurden meist rücksichtslos abgerissen oder in veränderter Form wieder aufgebaut. – 1855 war die Gasbeleuchtung eingeführt worden. 1892 nahm eine Pferdebahn den Betrieb auf, die 1900 durch eine elektrische Straßenbahn ersetzt wurde.

Um 1900 setzte eine neue Ausbauphase ein. Die alte Mainbrücke wurde durch zwei neue Brückenbauten entlastet: seit 1888 durch die Luitpoldbrücke, seit 1895 durch die Ludwigsbrücke, die spätere *Löwenbrücke*. Dadurch wurde vor allem die Talbucht der Zellerau als neues Wohngebiet erschlossen. Um die Jahrhundertwende wurde auch der seit 1875 bestehende Schutzhafen zu einem leistungsfähigen Hafenbecken ausgebaut. Wenig später entstanden in der mainabwärts gelegenen rechtsmainischen Talbucht nacheinander einer der zwei größten Industriebetriebe der Stadt (Schnellpressenfabrik König und Bauer 1901), ein großer Rangierbahnhof (1909) und nach 1940 ein neues Hafengelände. Sw. der Stadt entstanden seit 1900 an den linksmainischen Prallhängen und den benachbarten Tälern am Rand des Guttenberger Waldes Villenviertel. Nachdem im Gebiet ö. der Bahnlinie zunächst mehrere öffentliche Bauten errichtet worden waren, entwickelte sich dort nach dem 1. Weltkrieg ein neuer Stadtteil, das Frauenland. Etwa zur gleichen Zeit, als der Würzburger Talkessel fast vollständig bebaut war, wurde 1930 die s. von W. gelegene

Stadt → Heidingsfeld eingemeindet, womit die Einwohnerzahl auf über 100.000 stieg und W. erstmals zur Großstadt wurde. – Einem Bombenangriff am 16.3.1945 fiel nahezu die gesamte Innenstadt zum Opfer. Der Bereich innerhalb des früheren Befestigungsgürtels war zu über 80 % zerstört. Der
Wiederaufbau und war in den 1960er Jahren im wesentlichen
abgeschlossen. Vielfach konnte zumindest die äußere Fassade
schwer beschädigter Häuser erhalten werden. Da sich auch der
Stadtgrundriß kaum veränderte, blieb nach dem Wiederaufbau der Gesamteindruck der Stadt im wesentlichen gewahrt.
Die Bevölkerungszahl erreichte 1956 wieder die 100.000. –
Die Besiedlung griff nun auch auf die Hochfläche über
(Amerikanersiedlung Skyline, Gartenstadt Keesburg, Univer-
sitätszentrum am Hubland, Heuchelhof). Gleichzeitig wurde
die Zellerauer Talbucht ausgefüllt. Der Wohnungsbau schob
sich in die Täler von Pleichach und Kürnach vor, wo die
Verbindung zu den ebenfalls stark im Wachsen begriffenen
Randgde.n hergestellt wurde. Im Zuge der Gebietsreform
wurden in den 1970er Jahren mehrere dieser Randgde.n eingemeindet: 1974 Rottenbauer, 1976 Ober- und Unterdürr-
bach und 1978 Lengfeld und Versbach. Dies brachte nochmals
eine große Erweiterung des Stadtgebiets.

Die Säkularisation bedeutete das Ende der weltlichen Herrschaft der Würzburger Bf.e. Der letzte Fürstbf. verzichtete
1802 auf das Hochstift W. und zog sich nach → Bamberg, wo er
ebenfalls die Bischofswürde innehatte, zurück. Erst nach Abschluß des Konkordats zwischen dem Röm. Stuhl und dem
Kgr. Bayern konnte 1821 ein neuer Bf. seinen Einzug in W.
halten. – Im 19. Jh. entstanden zunächst mehrere Frauenklöster, so das der *Ebracher Schwestern* (Töchter des göttlichen Er-
lösers), benannt nach ihrem 1875 bezogenen Mutterhaus, dem
ehem. Stadthof des Klosters → Ebrach. Erst zwischen dem
1. Weltkrieg und dem 2. Vatikanischen Konzil faßten dann
auch wieder neue Männerklöster in der Stadt Fuß. – Im Zuge
der Erweiterung der Stadt wurden nach und nach neue Pfarrkirchen errichtet. Als neues Element kam nun die ev. Kirche
hinzu. Für ihre Gottesdienste erhielten die Protestanten zu-

nächst die Kapelle der aufgelösten Kartause, dann, als diese
zu klein wurde, die *Kirche* des ebenfalls aufgelösten Klosters
St. Stephan. Die Gde. wuchs rasch an. 1827 wurde in der Stadt
ein eigenes Dekanat eingerichtet, 1860 die Errichtung einer
zweiten Pfarrei beschlossen. Diese Bestrebungen fanden mit
dem Bau der *Johanniskirche* 1895 ihren Abschluß. 1924 konnte
die prot. Gde. die *Kirche der ehem. Deutschordenskommende* übernehmen. Erst nach dem 2. Weltkrieg kam es im Zuge der Erweiterung der Stadt zur Gründung neuer Pfarreien.

Als W. mit dem endgültigen Übergang an Bayern seinen
Residenzcharakter verlor, nahm die Bevölkerungszahl rapide
ab und erreichte erst um 1840 wieder den Stand von 1818.
Obwohl der Zunftzwang 1825 aufgehoben worden war, stagnierte das Gewerbe. Die Bemühungen um eine Wiederbelebung der Mainschiffahrt schlugen fehl, so daß sich der Transithandel andere Wege suchte. Die Phase der Hochindustrialisierung Ende des 19. Jh.s ging an W. relativ spurlos vorbei. W.
blieb bis heute vor allem Regierungssitz mit zentralen Funktionen, ein Ort des Austausches zwischen der Stadt und ihrem
Umland und der für diesen Austausch notwendigen Einrichtungen wie Banken und Versicherungen mit starker Konzentration auf Dienstleistungen sowie das Einkaufszentrum für
das weitere Umland. Dies wird auch daran deutlich, daß Universität und Stadtverwaltung bis heute zu den größten Arbeitgebern am Ort gehören.

Erst nach dem Übergang der Stadt an Bayern ließen sich
wieder Juden in W. nieder. 1813 lebten hier wieder 14 jüd.
Familien. Zur Bildung einer regelrechten Gde. kam es aber
erst 1863, als ihre Zahl auf ungefähr 1000 angestiegen war.
1841 hatte man mit dem Bau einer Synagoge in der Domerschulstraße begonnen. Bis 1933 wuchs die Gde. auf ca. 2200
Personen an. – Die Verfolgung durch die Nationalsozialisten
machte auch vor den Würzburger Juden nicht Halt. Am
10.11.1938 wurde die Synagoge zerstört, die Lebensmöglich-
keiten der jüd. Bürger in den folgenden Jahren zunehmend
eingeschränkt. In 6 Transporten wurden 1941–43 alle Juden
aus der Stadt deportiert. – Nach dem 2. Weltkrieg bildete

sich aus zurückgekehrten Emigranten und Überlebenden der KZ eine neue Gde. Ihre Zahl wuchs von 15 Mitgliedern 1945 auf 135 im Jahr 1962 und 150 im Jahr 1970, als die neue *Synagoge* in der Valentin-Becker-Straße eingeweiht wurde.

(II) *Ekhard Schöffler*

A. Herold, W. Analyse einer Stadtlandschaft, in: Berichte zur deutschen Landeskunde 35 (1965), S. 185–229. – A. Wendehorst (Hg.), W. Geschichte in Bilddokumenten, München 1981. – U. Wagner (Hg.), Geschichte der Stadt W., bisher 2 Bde., Stuttgart 2001 ff.

Wunsiedel, Stadt (LK Wunsiedel, OFr.). Den Kern der Siedlung bildete die auf einem Felssporn über der Röslau errichtete Burg W. Die erstmals 1163 urk. bezeugte Burg sicherte eine von mehreren Altstraßenzügen genutzte Furt und zählt noch zu den in der ersten Kolonisationsphase im Egerland unter Markgraf Diepold III. errichteten Ministerialensitzen. Später findet sich die Burg W. im Besitz der im s. Fichtelgebirgsraum reich begüterten Herren von Hohenberg, von denen sie 1285 an den Burggrafen Friedrich III. von Nürnberg kam. Damit war es den Hohenzollern gelungen, im Herzen des Egerlandes Fuß zu fassen. 1326 gründete Burggraf Friedrich IV. unterhalb der Burg W. eine neue Stadt, welche das Zentrum des Zinnbergbaus im Fichtelgebirge werden sollte, um ein sich damals anbahnendes Zinnhandelsmonopol der Stadt Eger zu brechen. – Im Zuge der aggressiven Erwerbungspolitik der Burggrafen von Nürnberg, die bis 1415 das gesamte Gebiet des heutigen LK W. dem seit 1322 an Böhmen verpfändeten Egerland entrissen, entwickelte sich W. zum Verwaltungsmittelpunkt innerhalb dieses Bereichs. Aus den nach und nach von den Hohenzollern erworbenen Adelsherrschaften waren die 5 Amtsbezirke Hohenberg, Weißenstadt, Kirchenlamitz, Selb und Thierstein hervorgegangen. 1504 wurden die Amtsbezirke W. und Hohenberg voneinander getrennt; seitdem ist vom Sechsämterland die Rede. 1613 wurden die einzelnen Ämter aufgehoben und das gesamte Gebiet einem Amtshauptmann unterstellt, der in W. seinen Sitz hatte. Damit war W. eine der Hauptstädte des

Fürstentums Brandenburg-Kulmbach-Bayreuth geworden. –
Aufgrund der Ansiedlung spezialisierter Handwerker nahm
W. einen rasanten Aufschwung als Berg- und Schmiedstadt.
Besonders die Plattner und die Blechverzinnung (Weißblech-
fabrikation) gewannen überregionale Bedeutung. Wohl noch
im 14. Jh. vergrößerte sich die beiderseits der Fleischgasse zu
lokalisierende älteste Stadtanlage nach Osten; es entstand die
Breite Gasse als Straßenmarkt. Schon zur Zeit des Hussiten-
einfalls von 1430 war die erweiterte Altstadt von einer steinernen Stadtmauer umgeben. 1462, im Krieg des Markgrafen Albrecht Achilles gegen den Hz. Ludwig von Bayern-Landshut,
hielten die Mauern einer sechswöchigen Belagerung durch
böhm. Truppen stand. – Der wirtschaftliche Wohlstand von W.
brachte eine reiche Entfaltung des kirchlichen Lebens in der
Stadt mit sich. Die zahlreichen kirchlichen und karitativen
Stiftungen wurden von den Stiftern vor allem durch den Erwerb von umliegenden Dörfern, den später sog. Wunsiedler
Stadtdorfschaften, fundiert. Besonders erwähnenswert ist die
1450 von dem Blechzinner und Weißblechhändler Sigmund
Wann begründete Hospitalstiftung. Das im Kern noch aus
dem 15. Jh. stammende *Hospitalgebäude* beherbergt heute das
Fichtelgebirgsmuseum. – Nach den kriegerischen Ereignissen
des Jahres 1462 erlangten die Wallfahrten zur Kirche auf dem
nahen Katharinenberg ihren Höhepunkt, da sich seitdem die
Kunde verbreitete, die hl. Katharina habe entscheidend gehol-
fen, das böhm. Kriegsvolk zu vertreiben. Die im 14. Jh. gegründete (Ablaßbrief von 1364) und um 1453 erweiterte *Wallfahrtskirche* wurde nach Einführung der Reformation aufgelassen; die ansehnliche *Ruine* bildet heute das Herz des
Naherholungsgebietes Katharinenberg. – W. erlebte eine Reihe verheerender Stadtbrände, zuletzt 1834. Daraufhin wurde
die Stadtanlage neu konzipiert; W. erhielt sein heutiges klassi-
zistisches Stadtbild. Die Pläne für das die Sichtachse der neuen
Maximilianstraße nach Westen abschließende *Gewerbeschul-
haus* lieferte 1838 der Münchner Oberbaurat Friedrich von
Gärtner. – Nach dem Übergang an das Kgr. Bayern wurden im
Bereich des ehem. Sechsämterlandes die Landgerichtsbezirke

(ä. O.) W., Kirchenlamitz und Selb eingerichtet. 1862 wurde schließlich aus den Distrikten W. und Kirchenlamitz, sowie dem 1859 gegründeten Landgericht Thiersheim, das Bezirksamt W. zusammengefügt. Der Tradition als administrativer Mittelpunkt des inneren Fichtelgebirgsraumes folgend, wirkt W. noch heute als »Schul- und Beamtenstadt« und teilt sich mit den Großen Kreisstädten → Selb und → Marktredwitz die Funktion als kulturelles Zentrum des LKs. (IV) *Harald Stark*

E. Jäger, Eine Geschichte der Stadt W., 3 Bde., W. 1983–94. – F. W. Singer, Die Wallfahrt zur hl. Katharina in W., in: Beiträge zur Geschichte des Bistums Regensburg 28 (1994), S. 84–96.

Zeckern (Gde. Hemhofen, LK Erlangen-Höchstadt, MFr.): → Hemhofen.

Zeil a. Main, Stadt (LK Haßberge, UFr.). Die Stadt Z. liegt zwischen Main und Haßbergen in einer Niederung des Krumbachtals; neben dem Main stellte die hoch- und spätmittelalterliche Maintalstraße Schweinfurt-Bamberg, die ihren Verlauf über Z. nahm, einen wichtigen Verkehrsweg dar. Funde aus der Stein-, Bronze- und Urnenfelderzeit weisen auf eine sehr frühe Besiedlung hin. – Der 1018 erstmals als »Zilin« genannte Wirtschaftshof Z. wurde von Ks. Heinrich II. an das Kloster Michelsberg (→ Bamberg) geschenkt und kam zwischen 1024 und 1040 an das Hochstift Bamberg. 1258 wird eine Burg des Hochstifts in Z. genannt (wohl »Kapellenberg«). Die *Burg Schmachtenberg*, deren *Ruinen* heute noch zu sehen sind, ist wahrscheinlich erst später (15. Jh.?) entstanden. – Die Cent Z. war zunächst in den Händen der Grafen von Abenberg-Frensdorf als Vögten des Hochstifts und fiel mit deren Erlöschen an das Hochstift Bamberg. Das Amt Z., das bambergische Besitzungen n. des Mains umfaßte, war im 15. Jh. mehrmals an adelige Familien verpfändet. Die Stadterhebung von Z. erfolgte wohl kurz vor oder im Jahr 1379; für diese Zeit ist der Bau einer Stadtmauer belegt. 1397 gestand Kg. Wenzel der Stadt 3 Markttage zu und stellte dafür auswärtige Kaufleute unter seinen kgl. Schutz. Die aus Ober- und Unterbürgermeister sowie 6 Ratsherren bestehende städt.

Regierung hatte ihren Sitz im *Rathaus* unterhalb der Kirche. Die erste Erwähnung eines (lat.) Schulmeisters datiert aus dem Jahr 1598, eine »deutsche Schule« wurde um 1830 errichtet. – Der mittelalterliche Kern der Stadt Z. zeigt einen durch abfallendes Gelände bedingten schildförmigen Grundriß; sie war von einer Mauer umgeben, die durch zahlreiche Türmchen verstärkt und von zwei großen Toren in der nw. Ecke (»Oberes Tor«) und der Mitte der Ostmauer (»Unteres Tor«) durchbrochen war. Bis heute erhalten ist der *Stadtturm* am »Oberen Tor«. Ursprünglich verlief die Ostmauer wohl ein Stück weiter w. entlang der Entenweidengasse, der Marktplatz lag damit genau im Zentrum der Stadt. Er wird beherrscht durch die zu Beginn des 18. Jh.s neu erbaute *Stadtpfarrkirche St. Michael*. Das für die Besiedlung eher ungeeignete sumpfige Gelände zwischen (alter) Stadtmauer und Krumbach mußte wohl wegen einer starken Zunahme der städt. Bevölkerung bebaut werden. In diesem Gebiet findet sich auch die parallel zum Krumbach verlaufende »Judengasse«, in der die 1398 erstmals erwähnte jüd. Bevölkerung der Stadt wohnte. Eine bis 1920 genutzte *Synagoge* (heute Privatbesitz) war in dem Eckhaus Judengasse/Speiersgasse untergebracht. Die Vorstadt jenseits des Krumbachs reichte schon 1595 bis an den Friedhof. – In Z., das als ehem. Filiale von → Eltmann wohl schon sehr früh zur Pfarrei erhoben worden war, dominierte im 16. Jh. zunächst die prot. Bewegung, bevor eine strikte Gegenreformation bis Ende des 16. Jh.s die Rückkehr zum Katholizismus bewirkte. Im 17. Jh. war Z. stark vom Hexenwahn betroffen, der in der Stadt zahlreiche Opfer forderte. – In bay. Zeit wurde Z. bereits 1852 an die Bahnstrecke Würzburg-Bamberg angeschlossen. Wirtschaftlich war die Stadt seit dem Ende des 19. Jh.s vor allem durch die Steinindustrie geprägt, deren Niedergang aber bereits mit dem 1. Weltkrieg einsetzte. Bis zum Ende der 1960er Jahre fand eine beträchtliche Industrieansiedlung statt; zu nennen sind Werke der Möbel-, Zucker und Elektroindustrie, von denen jedoch einige in den letzten Jahren des 20. Jh.s wieder geschlossen wurden. (III) *Alexander Tittmann*

H. Mauer, Castrum Zilanum. Das alte Bergschloß zu Z., in: Bericht des Historischen Vereins Bamberg 103 (1967), S. 269–282. – H. Mauer u. a., Chronik der Stadt Z. am Main, 3 Bde., Z. 1971–81. – L. Leisentritt, Ein Spaziergang durch Z. Stadt- und Kirchenführer für Einheimische und Gäste, Z. 1990. – A. Tittmann, HAB Haßfurt, 2003.

Zirndorf, Stadt (LK Fürth, MFr.). Die Stadt Z. liegt w. von → Nürnberg im Biberttal. Der Raum war bereits in vorgeschichtlicher Zeit besiedelt. Erstmals erwähnt wird der Ort 1297 in einer Schenkungsurkunde eines Hofes in »Zirendorf« an das St. Klara-Kloster in Nürnberg. Der Ort war anfänglich im Besitz der Ministerialenfamilie von Berg, die ihren Sitz zunächst in dem s. von Z. gelegenen Altenberg hatte und in der 1. Hälfte des 13. Jh.s die sog. Alte Veste errichtete. 1306 verkaufte Heinrich von Berg die Alte Veste und einige Höfe in Z. an den zollerischen Burggrafen Friedrich IV. von Nürnberg. Z. gehörte fortan zum Oberamt Cadolzburg, durch das auch die Vogteirechte ausgeübt wurden, und blieb bis zum Übergang an Preußen 1792 markgräflich ansbachisch. Im Städtekrieg 1388 wurde die Alte Veste durch → nürnbergische Truppen geschleift und wohl auch der Ort Z. in Mitleidenschaft gezogen. – Aus einer Urkunde von 1343, durch welche die Zirndorfer *Kirche* dem Domstift Eichstätt inkorporiert wurde, geht hervor, daß das Bistum Eichstätt bereits »seit alters« die Patronatsrechte über die Kirche von Z. ausübte. 1528 ist der erste ev. Pfarrer bezeugt. 1801–85 war Z. Dekanatssitz. – Im 30jg. Krieg errichtete Wallenstein 1632 im Gebiet um Z. ein befestigtes Feldlager mit einem Umfang von etwa 16 km, das Teil eines Blockaderings um die Stadt Nürnberg war, in der die schwed. Truppen des Kg.s Gustav Adolf lagen. In der verlustreichen Schlacht an der Alten Veste am 24.8.1632 unternahm Gustav Adolf den vergeblichen Versuch, das Lager der kaiserlichen Armee zu erobern. – Die enormen Bevölkerungsverluste des 30jg. Kriegs konnten allmählich durch die Aufnahme österr. Exulanten ausgeglichen werden. – 1806 wurde Z. bay., erhielt 1877 das Marktrecht und wurde 1911 zur Stadt erhoben. In der 2. Hälfte des 19. Jh.s entwickelte sich in Z. eine bedeutende Spielwaren- und

Spiegelindustrie. 1890 wurde die Eisenbahnverbindung nach Fürth hergestellt, 1898 die erste lokale Elektrizitätsversorgung eingerichtet. 1939 errichtete die Deutsche Luftwaffe einen ausgedehnten *Kasernenkomplex*, der 1945–95 von amerikanischen Streitkräften genutzt wurde. Die Einwohnerzahl stieg nach dem Ende des 2. Weltkriegs durch die Ansiedlung von Vertriebenen und Flüchtlingen sowie Eingemeindungen 1976/78 erheblich an. 1955 wurde in der ehem. *Polizeikaserne* ein Lager für ausländische Flüchtlinge eingerichtet, 1965 das spätere Bundesamt für die Anerkennung ausländischer Flüchtlinge nach Z. verlegt, das hier nach der Rückverlegung der Zentrale nach Nürnberg weiterhin eine Außenstelle unterhält. – Der 1838 fertiggestellte Aussichtsturm auf der Alten Veste wurde im 2. Weltkrieg für Zwecke der Luftabwehr genutzt und 1945 durch die Wehrmacht gesprengt. An gleicher Stelle wurde 1980 am Jahrestag der Zerstörung der Burg im Städtekrieg von 1388 ein neuer *Aussichtsturm* eingeweiht. (VI) *Martin Winter*

H. H. Hofmann, HAB Nürnberg-Fürth, 1954. – W. Wiessner, HONB Fürth, 1963. – H. Mahr, Z. Eindrücke einer Stadt, Z. 1983. – 75 Jahre Stadt Z., Z. 1986.

Grundlegende Literatur zur bayerischen Geschichte

Einführende Gesamtdarstellungen

Andreas Kraus, Geschichte Bayerns. Von den Anfängen bis zur Gegenwart, München 1983, ³2004.

Ders., Grundzüge der Geschichte Bayerns, Darmstadt 1984, ²1992.

Hans Rall/Marga Rall, Die Wittelsbacher in Lebensbildern, Graz u. a. 1986, ²2005.

Peter Claus Hartmann, Bayerns Weg in die Gegenwart. Vom Stammesherzogtum zum Freistaat heute, Regensburg 1989, ²2004.

Friedrich Prinz, Die Geschichte Bayerns, München 1997, ²1999.

Alois Schmid/Katharina Weigand (Hg.), Die Herrscher Bayerns. 25 historische Portraits von Tassilo III. bis Ludwig III., München 2001.

Wilhelm Volkert, Geschichte Bayerns, München 2001, ²2004.

Alois Schmid/Katharina Weigand (Hg.), Schauplätze der Geschichte in Bayern, München 2003.

Dies. (Hg.), Bayern – mitten in Europa. Vom Frühmittelalter bis ins 20. Jahrhundert, München 2005.

Handbücher

Max Spindler (Hg.), Handbuch der bayerischen Geschichte, 4 Bd.e, München 1967–75 [Bd. I, II, III,1–3 und IV,1 in völlig neubearbeiteter Auflage: I 1981; II 1988; III,1 1997; III,2 2001; III,3 1995; IV,1 2003].

Eckart Schremmer, Die Wirtschaft Bayerns. Vom hohen Mittelalter bis zum Beginn der Industrialisierung, München 1970.

Wilhelm Volkert (Hg.), Handbuch der bayerischen Ämter, Gemeinden und Gerichte. 1799–1980, München 1983.

Peter Kolb/Ernst-Günter Krenig (Hg.), Unterfränkische Geschichte, 5 Bd.e, Würzburg 1989–2002.

Walter Brandmüller (Hg.), Handbuch der bayerischen Kirchengeschichte, 3 Bd.e, St. Ottilien 1991–99.

Max Liedtke (Hg.), Handbuch der Geschichte des bayerischen Bildungswesens, 4 Bd.e, Bad Heilbrunn 1991–97.

Gerhard Müller/Horst Weigelt/Wolfgang Zorn (Hg.), Handbuch der Geschichte der evangelischen Kirche in Bayern, 2 Bd.e, St. Ottilien 2000/02.

Überblicksdarstellungen zu einzelnen Epochen

Kurt Reindel, Bayern im Mittelalter, München 1970.

Hubert Glaser (Hg.), Wittelsbach und Bayern, 3 Bd.e, München 1980 [Bd. 1: Die Zeit der frühen Herzöge. Von Otto I. zu Ludwig dem Bayern; Bd. 2: Um Glauben und Reich. Kurfürst Maximilian I.; Bd. 3: Krone und Verfassung. König Max I. Joseph und der neue Staat].

Wolfgang Zorn, Bayerns Geschichte im 20. Jahrhundert. Von der Monarchie zum Bundesland, München 1986.

Wolfgang Czysz u. a., Die Römer in Bayern, Stuttgart 1995, [2]2005.

Maximilian Lanzinner, Zwischen Sternenbanner und Bundesadler. Bayern im Wiederaufbau 1945–58, Regensburg 1996.

Wilhelm Störmer, Die Baiuwaren. Von der Völkerwanderung bis Tassilo III., München 2002.

Hans-Michael Körner, Geschichte des Königreichs Bayern, München 2006

Atlas

Max Spindler (Hg.), Bayerischer Geschichtsatlas. Redaktion: Gertrud Diepolder, München 1969.

Reihen

Die Kunstdenkmäler von Bayern, München 1892 ff.

Schriftenreihe zur bayerischen Landesgeschichte, München 1929 ff.

Historischer Atlas von Bayern, München 1950 ff.

Historisches Ortsnamenbuch von Bayern, München 1951 ff.

Bayerische Kunstdenkmale. Kurzinventare, 35 Bd.e, München 1958–77.

Georg Dehio, Handbuch der deutschen Kunstdenkmäler. Bayern, 5 Bd.e, München u. a. 1979–91, ²1999 ff.

Denkmäler in Bayern. Ensembles – Baudenkmäler – archäologische Denkmäler, München u. a. 1986 ff.

Lexika und Nachschlagewerke

Erich Keyser/Heinz Stoob (Hg.), Bayerisches Städtebuch, 2 Bd.e, Stuttgart u. a. 1971/74 (Deutsches Städtebuch V, 1–2).

Hans Rall, Zeittafeln zur Geschichte Bayerns und der mit Bayern verknüpften oder darin aufgegangenen Territorien, München 1974, ²1992.

Karl Bosl (Hg.), Bosls Bayerische Biographie, 2 Bd.e, Regensburg 1983/88.

Wolf-Armin Frhr. von Reitzenstein, Lexikon bayerischer Ortsnamen. Herkunft und Bedeutung, München 1986, ²1991.

Hans-Michael Körner (Hg.), Große Bayerische Biographische Enzyklopädie, 4 Bd.e, München 2005.

Zeitschriften

Archiv für Geschichte von Oberfranken, 1828 ff.

Jahrbuch des Historischen Vereins für Mittelfranken, 1830 ff.

Archiv des Historischen Vereins von Unterfranken und Aschaffenburg, 1832 ff. (Haupttitel seit 1949: Mainfränkisches Jahrbuch für Geschichte und Kunst).

Oberbayerisches Archiv, 1839 ff.

Verhandlungen des Historischen Vereins für Oberpfalz und Regensburg, 1839 ff.

Verhandlungen des Historischen Vereins für Niederbayern, 1847 ff.

Zeitschrift des Historischen Vereins für Schwaben, 1874 ff.

Bayerische Vorgeschichtsblätter, 1921 ff.

Zeitschrift für bayerische Kirchengeschichte, 1926 ff.

Zeitschrift für bayerische Landesgeschichte, 1928 ff.

Jahrbuch für fränkische Landesforschung, 1935 ff.

Ostbairische Grenzmarken (seit 2005 Passauer Jahrbuch), 1957 ff.

Das archäologische Jahr in Bayern, 1980 ff.

Quelleneditionen

Monumenta Boica, hg. v. der Kommission für bayerische Landesgeschichte bei der Bayerischen Akademie der Wissenschaften, 54 Bd e, München 1763–1956.

Quellen und Erörterungen zur bayerischen (vor 1930: und deutschen) Geschichte, hg. v. der Kommission für bayerische Landesgeschichte bei der Bayerischen Akademie der Wissenschaften, Alte Folge, 9 Bd.e., München 1856–63. Neue Folge, München 1903 ff.

Dokumente zur Geschichte von Staat und Gesellschaft in Bayern, hg. v. der Kommission für bayerische Landesgeschichte bei der Bayerischen Akademie der Wissenschaften, München 1974 ff.

Bayerische Bibliothek, hg. v. Benno Hubensteiner/Hans Pörnbacher, 5 Bd.e, München 1978–90.

Quellentexte zur bayerischen Geschichte, hg. v. Institut für Bayerische Geschichte, München 2000 ff.

Quellen zur Neueren Geschichte Bayerns, hg. v. der Kommission für bayerische Landesgeschichte bei der Bayerischen Akademie der Wissenschaften, München 2000 ff.

Bibliographie

Bayerische Bibliographie, 1966 ff. (www.bayerische-bibliographie.de).

Internet

Bayerische Landesbibliothek Online (www.bayerische-landesbibliothek-online.de), bereitgestellt von der Bayerischen Staatsbibliothek u. a.

Informationsknotenpunkt Geschichte Bayerns (www.geschichte-bayerns.de), bereitgestellt von der Kommission für bayerische Landesgeschichte bei der Bayerischen Akademie der Wissenschaften u. a.

Glossar

Erläuterungen Verfassungs-, Gesellschafts- und Wirtschaftsgeschichtlicher Ausdrücke

Allod, Eigengut, im Gegensatz zum Leih- oder Lehensgut.

Ammann/Amtmann, Inhaber eines Amtes wie dem des Bürgermeisters, Dorfvorstehers, Beamten, Richters.

Archidiakonat, Aufsichtsbezirk innerhalb eines Bistums. Der Archidiakon ist ein mit besonderen Rechten ausgestatteter Diakon, in der Regel Mitglied des Domkapitels (Vermögensverwaltung, Beaufsichtigung), »Auge des Bischofs«; in protestantischen Städten ist der A. Pfarrer der Hauptkirche.

Ballei, (von französisch: *baillage* = Verwaltungsbezirk) (von einem Landkomtur geleitete) Provinz (z. B. Franken) des Deutschen Ordens bzw. des Johanniterordens, bestehend aus mehreren Kommenden (Komtureien), die B. Franken umfaßte z. B. 15 Kommenden.

Beginen, Betschwestern, fromme Frauen (meist Jungfrauen und Witwen), die ohne dauerndes Gelübde und approbierte Regel allein oder in Gemeinschaft ein klosterähnliches Leben führten und kirchenrechtlich zwischen den Ordensleuten und Laien einzuordnen waren, in Bayern seit dem 13. Jh.

Bergfried, Hauptturm einer Burg.

Bistum, (Diözese) geistlicher Jurisdiktionsbereich eines kath. Bischofs, im Gegensatz zum Hochstift, dem Landeshoheitsbereich eines Bischofs.

Blutbann, das Recht der → Blutgerichtsbarkeit.

Blutgerichtsbarkeit, (Malefizgericht) Gerichtsbarkeit über die Verbrechensfälle, auf die die Todesstrafe stand. Ein Ergebnis der Landfriedensbewegung des hohen Mittelalters.

Burgus, (1) spätantiker und mittelalterlicher Wehr- und Wohnturm, von Wall und Graben umgeben (normannisch *donjons*). (2) praeurbane Siedlung nichtagrarischen Charakters.

Ehaft/Ehehaft, (1) Zusammenschluß der mit gewissen Rechten und Pflichten ausgestatteten Gemeindemitglieder. (2) Die an bestimmten Tagen im Jahr stattfindende Versammlung dieser Gemeindemitglieder, um Gemeindeangelegenheiten zu verhandeln. (3) Sammlung aller örtlichen Satzungen, Rechte und Pflichten einer Gemeinde.

Etter, Dorfgemarkung, Zaun um ein Haus oder ein Dorf, eine Hofmark, eine Dorf- und Feldflur. Der E. bezeichnete die Grenze zwischen Dorf und Ackerflur und bestand aus Holz oder Hecken.

Fiskus, kgl. Domanialland, Königsgut (*fiscus dominicus*), in meist

abgesteckten Grenzen (Fiskal-
zone) mit Königshöfen, Leibei-
genen und ländlichem Besitz
von Freien wie von Knechten.

Ganerben, Dorf, Burg, Schloß
oder Gut, von mehreren Besitzern »zu gesamter Hand« genutzt.

Gerechtsame, Inbegriff der Rechte und Rechtsansprüche, Privileg, wohlerworbenes Recht,
bewilligte oder gesetzliche Be-
fugnis; (1) erworbenes oder be-
willigtes Recht ein Handwerk
auszuüben. (2) Das vom Bauern
an einem Leihgut erworbene
Recht. (3) Vermögenswert eines
Anwesens und der damit verbundenen Rechte.

Grangie, Wirtschaftshof, insbesondere landwirtschaftlicher
Betrieb der Zisterzienser, bei
dem die Güter durch die Mönche selbst bewirtschaftet wurden.

Halsgericht, Gericht über den Hals
(Leben) bei Kapitalverbrechen.
Meist wurde so die → Blutge-
richtsbarkeit genannt, die einem
Adeligen für sein Herrschaftsge-
biet bewilligt wurde.

Hauptmannschaft, im Herzogtum
Ober- und Niederbayern in der
Regel identisch mit Obmannschaft, oft bilden mehrere H.n
eine Obmannschaft; unterste
Verwaltungseinheit (Vereinigung einer Anzahl von Ge-
meinden) des Herzogtums mit
Aufgaben im Bereich der Mu-
sterung, Steuererhebung, Si-
cherheitsverwahrung und Vermittlung zwischen Untertan
und Obrigkeit; Verwaltung

durch Obleute, die in der Regel
von der Obrigkeit ernannt wurden.

Hausmeier/Oberbauer, Verwalter
oder Besitzer eines Meierhofes.

Hochadel, die älteste Aristokratie
der Stämme und des Franken-
reiches, die im 10. Jh. einen
Strukturwandel erlebte, im 12./
13. Jh. zum großen Teil ausstarb,
in Nebenlinien und einigen
großen Familien aber noch bis
heute weiterlebt (depossedierte
Souveräne, Standesherren) und
durch kaiserliche Erhebung
noch ergänzt wurde. Der Niederadel dagegen setzte sich aus
Ministerialen verschiedenster
Herren und aus städtischen Patriziern zusammen und schloß
sich im Spätmittelalter gegen
Aufstieg von unten ab.

Hochstift, der weltliche Herrschaftsbereich eines Bischofs, in
dem er bis 1803 Landesherr war.

Hofmark, im bayerischen Landesstaat wurden für die oberbayerischen Landstände in der
Schnaittacher Urkunde von
1302, für die niederbayerischen
durch die Ottonische Handveste
von 1309 die Niedergerichtsbarkeit, Polizei, direkte Militär- und
Steuergewalt an Adel und Kirche verliehen. Der Herzog behielt sich Hoch- und Schran-
nengericht vor. H. waren kleinere Rechtsbezirke häufig vom
Umfang eines Dorfes. Es gab
geschlossene und offene H.n,
Adels- und Prälatenh.n. Die H.n
stellten die unterste Einheit
staatlichen Lebens im bayerischen Herzogtum dar und zwar
unabhängig vom Landesherrn.
Sie waren meist ziemlich ge-

schlossene Kirchen- und Kulturräume. Allerdings waren weite Teile des ländlichen Raumes landgerichtsunmittelbar, gehörten also keiner H. an.

Immunität, Freiheit vom Eingriff des weltlichen Beamten, Freiheit von Steuern und Dienstabgaben, Recht, innerhalb eines bestimmten, umgrenzten Gebietes zu gebieten und zu verbieten; meist vom König an Kirchen verliehen und dann mit der Vogtei (Schutz seit Ludwig dem Frommen) verbunden. Die Adelsherrschaften waren auch I.n, aber nicht vom König verliehen. Innerhalb der geistlichen I.n übte die weltlichen Herrschaftsrechte (Gericht, Militärhoheit) ein weltlicher → Vogt aus, der über die Untertanen der Kirche Schutz und Schirm hielt.

Inkorporation, (Einverleibung) nach dem Investiturstreit Form des Eigenkirchenrechts geistlicher Anstalten (z.B. Klöster) am Niederkirchenbesitz (z.B. Pfarreien). Der → Kirchensatz war eine Folge oder Teil der I.

Kartause, Kloster (mit Einzelhäusern) der Kartäusermönche.

Kastenamt, Amt der Grundherrschaft, das die Aufsicht über die Getreidespeicher führte und damit zur Verwaltung der Einnahmen einer Grundherrschaft wurde; oft Mittelpunkt eines Amtes, das ein Kastner verwaltete (Keller und Kellereiamt im hochstiftischen Franken).

Kastner, Finanzbeamter, Verwalter des Wirtschaftsbesitzes einer Institution, Steuer- und Abgabenverwalter, in einem Kloster der Verwalter der klostereigenen Landwirtschaft, in der Regel mit beschränkter Gerichtsbarkeit in Bezug auf die Abgaben.

Keller/Kellner, Verwalter von Einkünften, Kellermeister, Küchenmeister, zuständig für Verpflegung; Finanzbeamter, Leiter einer → Kellerei.

Kellerei, Amt zur Erhebung und Verrechnung von Abgaben (Unterfranken).

Kommende, Niederlassung der Ritterorden (Deutschherren, Johanniter, Malteser) mit einem Komtur als Vorsteher, die in Balleien zusammengefaßt war. Der Deutschorden der Ballei Franken war mit seinen zahlreichen Streugütern reichsunmittelbar (→ Reichsunmittelbarkeit).

Landeshoheit, oberste Gebotsgewalt innerhalb eines umgrenzten und geschlossenen oder auch von anderen reichsunmittelbaren Gewalten (→ Reichsunmittelbarkeit) durchsetzten »Landes«. Diese *superioritas territorialis* = Oberherrlichkeit war nicht wie im modernen Staat die Summe aller Hoheitsrechte. In Franken beruhte sie auf der Vogtei und dem Niedergericht, in Altbayern vor allem auf Hochgericht, Gericht über Erb und Eigen (Schranne), Steuer- und Militärhoheit und war ursprünglich aus der alten Herzogsgewalt entstanden. Überall hatte die L. in irgendeiner Form mit Landfriedenswahrung zu tun und hob das Recht legitimer Gewaltanwendung durch die das Land bebauenden und beherrschenden Leute (Landstände) auf oder schränkte es wenigstens ein.

Landgericht/Pflegamt, unterste landesherrliche Amtsorganisation im bayerischen Landesstaat. Der Landrichter war in seinem Sprengel herzoglicher Hochrichter, Verwaltungs- und Steuerbeamter sowie Militärkommandant. Erst im modernen bayerischen Staat verlor er zuerst seine Finanzaufgabe (Entstehung der Rentämter) und dann 1862 seine Gerichtskompetenz (Entstehung der Amtsgerichte). Daneben bestanden die Pflegämter mit dem Pfleger an der Spitze, in denen das Herzogsgut verwaltungsmäßig zusammengefaßt war. Die L.e standen über den Hofmarken und wirkten in sie hinein. In Franken waren L.e meist Überbleibsel kgl. Domänengerichtsbarkeit in bestimmten Königsgutsprengeln mit Schiedsgerichtskompetenz über Erb und Eigen, aber ohne Blutgericht, das in den → Zenten ausgeübt wurde (Kaiserliches L. Nürnberg, Rothenburg o. T., Bamberg). Das kaiserliche L. des Bischofs von Würzburg war der fehlgeschlagene Versuch, eine umfassende Herzogsgewalt auch über den Adel des Landes (Schiedsgerichtsbarkeit) auszuüben.

Landrecht, das im »Lande« (= Landesstaat, Territorium) geltende, durch Aufzeichnungen bzw. Fragebögen festgestellte und gleichzeitig verordnete und vom Landesherrn gebilligte Recht (z. B. L. Ks. Ludwigs des Bayern von 1346 für Oberbayern). Zu unterscheiden von Königsrecht, das ebenfalls oft als L. bezeichnet wird, und von Hofrecht.

Lehen/Lehenswesen, geliehenes Gut (*feudum, beneficium*), das gegen *fidelitas* (geschworene Lehenstreue) und *homagium, hominium* (Unterwerfung, Mannschaft) vom Lehensherrn (*dominus, senior*) dem zumeist waffentragenden Lehensmann (*fidelis, miles*) und Vasallen (*vassus*) übertragen wurde. Der Vasall übernahm die Verpflichtung zu Heer- und Hoffahrt oder zur Übernahme von Ämtern und Aufgaben und erhielt dafür ein angemessenes nutzbares Gut, das im Todesfall eigentlich an den Herrn zurückfiel, im Laufe der Jahrhunderte aber erblich wurde. Im 8. Jh., besonders unter Karl dem Großen, zur Symbolform des Dienstes der Großen des Reiches für den König geworden, vornehmlich auf der ethischen Grundlage des christlichen oder vorchristlichen Dienst- und Treuegedankens fußend und unter dem Einfluß des Wandels vom Fußheer zur Technik des Panzerreiterheeres entstanden, wurde das Lehenswesen zur eigentlichen Form der Eingliederung der autonomen Gewalten von Adel und Kirche in die Königsherrschaft. Wo, wie in Frankreich und England, daraus eine Form des Treuevorbehaltes für den König entwickelt wurde, wandelte sich Lehensrecht zum Staatsrecht.

Liga, Bund der katholischen Fürsten im 30jg. Krieg, der der »Union« der protestantischen Fürsten gegenüberstand.

Malefiz, (1) Verbrechen, auf das die Todesstrafe stand. (2) Strafgericht.

Mark, (1) der gemeinschaftlich, nicht individuell genutzte Bestand an Wald, Weide, Wasser, der von der Grundherrschaft den M.- oder Dorfgenossen, d.h. den Bauern eines oder mehrerer Dörfer, zugeteilt wurde. In diesem Fall spricht man von Allmend- oder Markgenossenschaft. (2) Die ganze Flur eines Dorfes einschließlich der Allmende. (3) Militärisch organisierter Grenzbezirk großen Umfangs unter dem Kommando eines M.grafen.

Mediatisierung, Eingliederung reichsunmittelbarer (→ Reichsunmittelbarkeit) und eigene Landeshoheit ausübender weltlicher Herrschaften und Gewalten unter einen Landesherrn, wodurch die Reichsfreien »landsässig« wurden. Insbesondere versteht man darunter die staatlich-politische »Flurbereinigung«, die in den neuen Territorien der Rheinbundfürsten von 1805 bis 1815 durchgeführt wurde. In Franken und Schwaben wurden die gesamte Reichsritterschaft und die späteren »Standesherren« (Castell, Löwenstein-Wertheim, Schwarzenberg usw.) mediatisiert. Parallelvorgang war die → Säkularisation.

Ministeriale, Berufskrieger, Hof- und Verwaltungsbeamte, die seit dem 10. Jh. durch die Besonderheit und Wichtigkeit ihres gehobenen Dienstes am Königs-, Bischofs-, Abts- und Adelshof aus der Unfreiheit zum fest umrissenen Stand aufstiegen, sich im Spätmittelalter gesellschaftlich mit der alten Hocharistokratie zum Ritterstand und ständisch mit den städtischen Patriziern zum Niederadel (Uradel) verbanden, unter allmählichem Verschwinden ihrer alten Unfreiheitsmerkmale.

Motte, Turmhügelburg.

Mutungsrecht, (1) das Recht, Steuern zu verlangen bzw. zu beantragen. (2) Gesuch des Vasallen um eine neue Belehnung.

Patronat, die weltliche Form des alten Eigentums an den Niederkirchen seit dem Investiturstreit, die bis heute noch Geltung hat und vor allem das Recht beinhaltet, den Pfarrer vorzuschlagen. Für das Fußfassen des Luthertums auf dem Land war die Haltung des P.sherrn entscheidend, der dann sogar ein eigenes Kirchenregiment darauf aufbaute.

Patrozinium, meist der Hauptheilige oder die Hauptheiligen einer Kirche.

Pfleger, (1) Vormund, Verwalter einer Stiftung. (2) Im Herzogtum Bayern und in anderen Territorien Vorstand eines Landgerichts, seit dem 13. Jh. nachweisbar. Er war zuständig für den militärischen Schutz (Burghut), die Verwaltung und die Rechtspflege. In größeren Landgerichten des Herzogtums wurden die richterlichen Aufgaben von einem eigenen Landrichter versehen. (3) Im städtischen Bereich Bürgermeister (Stadtpfleger), Ratsherr, Aufseher über Stiftungen.

Pfund, (1) als bayerisches P. Gewicht zu 32 Lot (560 g. als Handelsgewicht). (2) Als Apothekergewicht = 12 Unzen = 360 g. (3) Als Rechnungseinheit (Münzstückzahl) = 240 Einheiten (Pfennige).

Reichnis, Abgabe, Steuer.

Reichsritter, zur Wahrung ihrer Unabhängigkeit vor den immer mehr erstarkenden Landesherren schlossen sich → Ministerialen des Königs sowie geistlicher und weltlicher Dienstherren, soweit sie nicht schon landsässig waren, seit dem 15./16. Jh. zur reichsunmittelbaren (→ Reichsunmittelbarkeit) Reichsritterschaft zusammen, die auf ihren Gütern und Grundherrschaften eine korporative Landeshoheit ausübte; auf dem Reichstag wie auf den Reichskreistagen aber waren die R. nicht vertreten. Die R.schaft war ihrerseits in drei Kreise eingeteilt, die in Kantone untergliedert waren. 1805/06 wurden die Herrschaften der R. (→ Mediatisierung) mediatisiert; der Deutsche Bund von 1815 stellte sie nicht wieder her.

Reichsunmittelbarkeit, Rechtsstellung der natürlichen und juristischen Personen mit Sitz und Stimme auf dem Reichstag.

Rentmeister, Mittelinstanz zwischen Landrichter und herzoglicher Zentralregierung in Bayern, meist mit Finanzaufgaben betraut, Nachfolger des alten → Viztums und Vorläufer des modernen Regierungspräsidenten.

Säkularisation, (Verweltlichung) Beschlagnahme geistlicher Güter durch den Staat gab es seit den Anfängen der Geschichte. Insbesondere meint S. (1) die Aufhebung der Klöster in den protestantischen Gebieten Bayerns im 16./17. Jh. mit Einziehung der Klostergüter durch den Landesherrn und (2) die S. von 1803 auf Grund des Reichsdeputationshauptschlusses, die zwei Vorgänge beinhaltet: a) die Aufhebung der Hochstifte als geistliche Staaten und Übernahme ihrer Landeshoheit und Rechte durch den bayerischen Kurfürsten und b) die Einziehung aller Kloster- und Bistumsgüter unter gleichzeitiger Aufhebung dieser geistlichen Anstalten durch den Staat. Wertvollste Kunst- und Handschriftenschätze wanderten dabei in die Münchener Handschriftenabteilung der Bayerischen Staatsbibliothek.

Schranne, (1) durch Bänke (S.n) abgegrenzter Gerichtsplatz (Landschranne, Forstschranne), Hochgericht. (2) Marktplatz, Markthalle (vor allem für Getreide).

Schultheiß, Vertreter, Beamter des Grundherrn im Dorf, der dessen Interessen gegenüber den Bauern oder Dörflern vertrat. Wo mehrere Grundherren im Dorf begütert waren, gab es auch mehrere S.n, die also nicht Vertreter der Bauern waren, aber allmählich eine Mittlerstellung zwischen ihnen und den Grundherren gewannen.

Suburbium, Vorstadt, Siedlung eigenen Rechts, meist am Rand alter Stadt- oder Siedlungskerne, auch außerhalb der ältesten

Ummauerung, die aber im Laufe des Hoch- und Spätmittelalters einverleibt und in den Mauerring einbezogen wurde, jedoch noch lange kirchlich, steuerlich, militärisch und verwaltungsmäßig eine Sonderstellung einnahm.

Truchseß, Küchenmeister, Hofamt.

Tumba, (1) Scheinbahre beim katholischen Totengottesdienst. (2) Überbau eines Grabes mit Grabplatte. (3) große Trommel.

Umgeld/Umgelt/Ungelt, indirekte Steuer auf Getränke oder Nahrungsmittel.

Urbar, Verzeichnis der Untertanen, des Grundbesitzes, der Erträge und Rechte einer Grundherrschaft.

Verlag, (1) Organisationsform der Gewerbeproduktion, bei der ein Verleger den produzierenden Handwerkern Herstellungsaufträge erteilt, das Rohmaterial vorstreckt, die Produktion gegen Festpreis abnimmt und auf der Grundlage entsprechender Marktkenntnisse den Absatz der Waren in größerem Stil organisiert. (2) Vorratshaltung, Vertrieb.

Viztum, Stellvertreter des bayerischen Herzogs mit Gerichtskompetenz. Das Viztumsamt ist seit dem 13. Jh. nachweisbar. Es wurde ausschließlich von Adeligen versehen. Im 16. Jh. wurden die Viztumsämter in Rentämter umbenannt, mit einem → Rentmeister als oberstem Verwaltungsbeamten.

Vogt, die Vogteiuntertanen waren dem V. mit Rat und Hilfe verpflichtet; letztere äußerte sich seit dem Spätmittelalter in *Reis* (Waffenhilfe), *Robot* (körperliche Dienste) und Steuer, die der Vogteiuntertan dem V. leistete. Besonderen Schutz brauchte die Kirche; die Kirchenvogtei spielte deshalb eine besondere Rolle; sie verlieh dem Kloster-, Dom-, Hochstiftsvogt besondere Herrschafts- und Gerichtsrechte über die Kirchenuntertanen. Noch bedeutsamer war die weltliche Vogtei, die der Herr über seine Leute ausübte. Am höchsten stand der Schutz, den Kaiser und Reich gewährten. Auf der Reichsvogtei beruhte die → Reichsunmittelbarkeit der Reichsstädte. Seit die Gerichtsrechte sich im 12. Jh. in eine Blut-, Hoch- und Niedergerichtsbarkeit aufspalteten, zog die Vogtei die gesamten niederen Gerichtsfälle an sich, die eigentlich die Haupteinnahmequelle der Gerichtshoheit waren. Auf der Vogtei beruhte mindestens in Franken und Schwaben die Landeshoheit, wie aus den Quellen hervorgeht. Wer Schutz und Schirm mit dem Schwert zu üben vermochte, dem gestanden die Geschützten freiwillig bzw. ohne Widerstand die Herrschaftsrechte zu.

Zehnt/Zehent, ursprünglich nur von der Kirche für den Unterhalt von Pfarrer, Kirche und Seelsorge erhobene Abgabe, dann bis ins 12. Jh. Übergang an weltliche Grundherren. Allgemeine Abgabe an den Grundherrn: großer Z. = Getreideabgabe; kleiner Z. = Obst-, Kraut-, Gemüse-, Flachsabgabe; Blutzehent = Abgabe in Form von Tieren (z. B. Geflügel). Der Kleinzehent für den Pfarrer war in der Regel auf gewisse Naturalien beschränkt (Krautzehent, Leinzehent, Grummetzehent).

Zent/Cent, (Gericht) in fränkischer Zeit war die *centena* = Z. Wehr- und Gerichtsgemeinde der freien Franken = der kgl. Wehrbauern. Seit der Landfriedensbewegung des 12. Jh.s wurde sie zum Blutgerichtssprengel für die → Malefizfälle, die hohen Poen- oder Rügfälle (die sog. Fraisch), die sehr genau umgrenzt und vermarkt (→ Mark) waren. Wer sie in einem Territorium ganz in seiner Hand hatte, konnte wie in Bayern seine Landeshoheit darauf begründen. Dem fränkischen Z. entsprach im bayerischen Herzogtum das Landgericht.

Alzenau i. UFr.
Schöllkrippen
Burgsinn
Rieneck
Kahl a. Main
Mömbris
Frammersbach
Gemünden a. Main
Karlstein a. Main
Sailauf
Schönrain
Schmerlenbach
Lohr a. Main
Main
Stockstadt a. Main
Rothenbuch
Main-Spessart
Aschaffenburg
Groß-ostheim
Weibersbrunn
Neustadt a. Main
Großwallstadt
Mespelbrunn
Rohrbrunn
Rothenfels
Urspringen
Obernburg a. Main
Marktheiden-feld
Matten-statt
Erlenbach a. Main
Eschau
Grünau
Triefenstein
Wörth a. Main
Klingenberg a. Main
Stadtprozelten
Homburg a.Main
Remlingen
Laudenbach
Collenberg
Kreuzwert-heim
Holzkirchen
Kleinheubach
Bürg-stadt
Neubrunn
Miltenberg
Amorbach
Wildenberg

Nordhalben

Lichtenberg

Weißer Main

Naila• Selbitz

Hof

Gattendorf•
•Regnitzlosau

Schauenstein•

Oberkotzau

Helmbrechts•

Schwarzenbach
a.d. Saale•

Rehau•

Pilgramsreuth

Münchberg•

•Weißdorf

Stadtsteinach

•Marktleugast

Selb•

Guttenberg•

Kirchenlamitz•

•Kupferberg

Marktleuthen•

Hohenberg
a.d. Eger

Wirsberg•

Gefrees

Thierstein•

Schirn-
ding

Marktschorgast

Weißenstadt•

Himmelkron

Bad Berneck
i. Fichtelgebirge

Wunsiedel•

Thiersheim•

Arzberg•
i. Fichtelgebirge

Roter Main

Goldkronach•

Marktredwitz•

Bayreuth•

Donndorf•

Weidenberg•

Creußen•

Schnabelwaid•

Pegnitz•